Schriftenreihe Geschichte & Frieden – Bd. 48
Hg. von Dieter Riesenberger und Wolfram Wette

In der *Schriftenreihe Geschichte & Frieden* erscheinen Darstellungen, Biografien, Dokumentationen, Streitschriften und Abhandlungen, die mit dem Problemfeld Krieg und Frieden zusammenhängen. Gegenstand der Veröffentlichungen sind bedeutende Pazifist/Innen, Friedensgruppen und -organisationen sowie übernationale Institutionen, deren Ziel es war, Krieg zu verhindern und Frieden zu fördern. Das Interesse gilt zugleich Kriegsursachen, Erscheinungsformen der Gewalt und des Militarismus, der Rolle des Militärs, den Problemen von Rüstung und Abrüstung in der Geschichte und innergesellschaftlichen Konflikten. *Geschichte & Frieden* möchte einen Beitrag zur historisch-politischen Aufklärungs- und Bildungsarbeit leisten und Autoren und Lesern ein Forum bieten, die eine wichtige Aufgabe darin sehen, die Probleme des Friedens in ihrer historischen Dimension begreifen zu lernen.

Wolfgang Liesigk

Metzelsupp und Marschgetös

Eine Pfälzer Familiengeschichte
1900-1970

Mit einem Geleitwort von
Hans-Dieter Schlimmer

Donat Verlag

Bibliografische Information der Deutschen Bibliothek
Die Deutsche Bibliothek verzeichnet diese Publikation
in der Deutschen Nationalbibliografie; detaillierte
bibliografische Daten sind im Internet über
http://dnb.ddb.de abrufbar.
ISBN 978-3-949116-03-2

Bildnachweis: Archiv der Univerität der Künste, Berlin: S. 212 (unten rechts). – Stadtarchiv Landau: S. 205 (unten), 206, 215, 216 (oben links und rechts). – Nußdorfer Ortschronik im Museum für Lokalgeschichte, Landau: S. 214 (unten). – Kreisheimatmuseum Luckenwalde: S. 210 (unten). Alle anderen Fotos stammen aus dem Privatarchiv des Autors. Wir danken allen Leihgebern für die freundliche Erlaubnis des Abdruckes.

Gedruckt mit freundlicher Unterstützung der
Beate + Hartmut Schaefers Stiftung, Bremen.

© 2021 by Donat Verlag
Borgfelder Heerstr. 29 · D-28357 Bremen
Telefon: (0421) 1733107
E-Mail: info@donat-verlag.de
www.donat-verlag.de
Alle Rechte vorbehalten
Lektorat: Helmut Donat, Bremen
Umschlaggestaltung: Daniel von Bothmer, Bremen
Druck: ITC Print, LV-1035 Riga

Inhalt

Hans-Dieter Schlimmer: ZUM GELEIT	6
AUFTAKT	9
Schon gleich Weltmeister	9
Die Sinti aus dem „Texas-Viertel"	17
HARRY, MUSIKER AUS DEM VOGTLAND	23
Kindheit und Ausbildung	24
Vom Aushilfsgeiger zum Soldaten im Musikkorps	43
Landauer Garnisonszeit und Frankreichfeldzug	56
EMMEL, TOCHTER DES STANDORTSCHLACHTERS	68
Geburtsort Nußdorf in der Pfalz	68
Zwei Brüder im Ersten Weltkrieg	72
Der „Rotschorsch"	82
Dorfleben – Heirat von Martha und Ludwig	88
Metzgerei und Wirtshaus im bayrischen Miesbach	93
Die Nußdorfer Übel-Familie in den 1920er Jahren	103
Der „Mannemer Unkel"	124
Anfangsjahre der Hitlerei – Emmels Kindheit und Schulzeit	128
Olympiade 1936, Elsässer Freundschaft	139
Schulabschluss, Heimtücke	155
Am Tegernsee	170
IM ZWEITEN WELTKRIEG	221
Kriegsbeginn	221
Kriegsliebschaft	226
Emmel beim RAD in Mähren – Harry in Nordafrika	232
Harrys Berliner Jahre	273
Hochzeitsfeier	309
Musikmeister – Dem Kriegsfinale entgegen	318
NACH DEM DESASTER	336
Volltreffer – Lange Schatten nach dem Krieg	336
Aufwärts geht's – Die Schlachterei bankrott	378
SCHLUSSSTRICH	391
Nachbemerkung	398
Dank und Autor	400

Zum Geleit

„Wenig genügt, damit unser Leben nicht das eine, sondern das andere wird", schreibt Domenico Dara in seinem Roman „Der Postbote von Girifalco" – ein ebenso einfacher wie tiefgründiger Satz, der sich mir bei der Lektüre „Metzelsupp und Marschgetös" von Wolfgang Liesigk immer wieder aufdrängte. Hin- und hergeworfen, mitgemacht, aber auch leidvoll erfahren in einem ganz besonderen Jahrhundert. In seiner „Pfälzer Familiengeschichte 1900-1970" erweckt er gleich mehrere Generationen zu neuem Leben. Vom deutschen Kaiserreich bis zu den politischen Aufbruchjahren der „68er" Generation reicht sein virtuoses Familienkaleidoskop. Eine Geschichte vom Untertanenstaat bis hin zu einer Zeit tiefgehenden gesellschaftlichen Wandels, geprägt von Willy Brandts berühmten Satz „Mehr Demokratie wagen".

Wer aber meint, Wolfgang Liesigk lege eine biedere pfälzische Familienchronik vor, angereichert mit etwas derbem Witz und buntem Lokalkolorit, irrt gewaltig. Sicher, die Besonderheiten pfälzischen Seelenlebens kommen, höchst unterhaltsam und mit parodistischem Witz präsentiert, nicht zu kurz. Aber der Autor versteht es, sie in einen klaren und unmissverständlichen Zusammenhang gesellschaftlicher Entwicklungen zu stellen, die bis hin zum Pfälzischen Bauernkrieg oder Friedrich Engels Einlassungen zur 1848/49er Revolution auf pfälzischem Boden reichen. Prägnant setzt er die familiären Ereignisse in einen allgemein historisch-politischen Bezug. Das macht die Stärke des Werkes aus. Seine Familiengeschichte lässt sich immer auch als spannendes allgemeingültiges Gesellschafts- und Geschichtsdrama lesen. Die Schilderungen privater Geschehnisse seiner Familie sind letztendlich übertragbar auf die Ereignisse in vielen Städten der Zeit. Somit schafft er das Kunststück, die übergeordneten politischen Ereignisse der ersten Hälfte des 20. Jahrhunderts mit dem Alltag der „kleinen Leute" zu verbinden. Deren An- und Einsichten, Lebenserfahrungen, Erkenntnisse, ja, auch ihre Stärken und Schwächen sowie der Umgang damit, erscheinen so als Teil eines größeren historischen Mosaiks. Auf diese Weise macht Wolfgang Liesigk „Geschichte" im besten Sinne des Wortes erfahr- und nachvollziehbar.

Der Autor ist in Natura ein blendender Erzähler, der, von einem guten Pfälzer Tropfen beseelt, eine ganze Tischgesellschaft bestens zu unterhalten versteht. Mit seinem Werk belegt er darüber hinaus seine Stärke, sich mitzuteilen. Wolfgang Liesigk schreibt zugleich kraftvoll und sensibel; er recherchiert verlässlich und bis in kleine, aber erhellende Details hinein. Sein Erzählton ist amüsant und spannend, anschaulich, ohne jeden schulmeisterlichen Ton und niemals gefühlsduselig verklärend. Er möchte forschend verstehen, deckt Widersprüche auf, verurteilt aber nicht. Die Schlussfolgerungen überlässt er den Leserinnen und Lesern. Als solcher kann man mit Alberto Moravia festhalten, dass „die Tür zur Vergangenheit ohne Knarren nicht zu öffnen" sei. Oder: In schmutzigen Zeiten bleibt eben auch mal etwas am eigenen Rock hängen – ob im Kaiserreich und Dritten Reich, in und nach den beiden Weltkriegen, in den Jahren des Wiederaufbaus und der Verdrängung.

Ganz unerwartet lässt Wolfgang Liesigk seine „Metzelsupp" mit einer Tour d'Horizon durch die eigene Kindheit und Jugend sowie der späteren Freundschaft mit dem Landauer „Zigeunermusiker" Oskar Weiss beginnen – um sogleich gängige Vorurteile über das „fahrende Volk" zurechtzurücken. Die Geschichte seines Vaters Harry aus dem sächsischen Vogtland erinnert an den eingangs zitierten Satz D. Daras. Man versteht im spannenden Nachvollzug seiner Geschichte und der seiner Frau Emmel im heutigen Landauer Stadtteil Nußdorf, welche pädagogischen und politischen Ideale die späteren Entgleisungen ermöglichten: „Sittliches Verhalten, Fleiß, Aufmerksamkeit und Ordnungsliebe", waren benotete Schulfächer – sogenannte „Sekundärtugenden", mit denen man, so später der heutige Linkenpolitiker Oskar Lafontaine, auch ein KZ führen könne: „Gehorsam leisten, nicht aufmucken, nicht widersprechen, aufhören, selber zu denken" – eingeimpfte Werte mit fatalen Folgen.

Man verfolgt gebannt die Wege Harrys und Emmels, den Eltern, verschlungene Pfade, eingebunden in deren Herkunft aus so unterschiedlichen Landstrichen. Selbstverständlich lässt der Autor auch Originale wie den Nußdorfer „Rotschorsch" oder den „Mannemer Unkel", liiert mit einer Opernsängerin, nicht aus. Sie führen uns vor Augen, dass es neben allem duckmäuserischen Kleinbürgertum auch selbstbewusste, großzügige und hilfsbereite Zeitgenossen gab. Erschüttert hat mich die Geschichte des protestantischen Landauer Dekans Kleinmann, eines letztendlich geläuterten Nazis, und seinen Tod im Klassensaal. Erschüttert, weil mein Vater als Schüler in eben dieser Klasse saß und Zeuge des Vorfalls war. Noch erdrückender die Erlebnisse von Emmels Bruder Karl, auch „Karlemann" genannt, als Soldat im ukrainischen Winter 1943. Eindringlich schildert

Wolfgang Liesigk das Elend der Frontsoldaten und die Unmenschlichkeit jeden Krieges. Wem das nicht unter die Haut geht, der sollte sich fragen, wo sein Mitgefühl geblieben ist.

Kriegszeiten in Berlin und in Landau, die Heirat der Eltern, die Ausbombung, Kriegsende und die Zeit danach, Erziehungsjahre und das Aufbegehren der Autorengeneration gegen „Verdrängung" und Mitläufertum der Eltern und Großeltern. Doch sei den geneigten Leserinnen und Lesern nichts vorweggenommen. Sie werden vielem mit großem Vergnügen und gar manchem mit nachdenklichem Innehalten folgen. Gute Geschichten laden zum Lachen und Weinen gleichermaßen ein. Das gelingt Wolfgang Liesigk mit einer ganz normalen und doch so besonderen wie typischen Familie allemal. Besonders angetan haben es mir die zahlreich genannten und mit Inbrunst gesungenen Lieder sowie die überlieferten Rezepte klassischer Pfälzer Küche. Köstlich ist beides! Offenbar paart sich in ihm Weltoffenheit mit einer Heimatverbundenheit, die es ganz neu zu entdecken gilt.

Wolfgang Liesigk hat Kurt Tucholsky früh gelesen und verstanden: „Wer die Enge seiner Heimat begreifen will, der reise." Er machte sich 1972 nach Bremen auf – gemeinsam mit seiner späteren Frau. Den Kontakt zu seiner Heimatstadt Landau indes hat er nie verloren. Die alten Freunde erwarteten ihn stets mit Ungeduld und hofften auf fröhliche Runden und neue Geschichten. Er hat sie nie enttäuscht. Das gilt auch und noch mehr für sein Buch, dem ich eine aufmerksame und große Leserschaft wünsche.

Landau, im März 2021   Hans-Dieter Schlimmer
Oberbürgermeister a. D. von Landau/Pfalz

Auftakt

Schon gleich Weltmeister

Träge plätschert das Bächlein vor sich hin. Braun gefärbt. Algen recken ihr kräftiges Grün den Sonnenstrahlen entgegen. Einmal im Monat rücken „Bachputzer" an, entsorgen allerlei Gerümpel: leere Bier- und Weinflaschen, Glasscherben, Haushaltsgegenstände, Schlappen oder gar einen Stahlhelm. Nachkriegsjahre kennen keine Wegwerfordnung. Im Gegenteil. Trümmergrundstücke locken uns an. Bis hinauf in den vierten Stock reichen begehbare Gerippe in der kleinen südwestdeutschen Stadt.

Nebenan, im zerstörten Wirtshaus „Bratwurstglöckel", zieht es uns Buben in den halb zerstörten Keller. Unmengen von Bierdeckeln, Zigarettensilberpapier und zerdepperte Flaschen liegen herum. Helmut ist Anführer von einem Dutzend Kindern aus dem Quartier. Drei bis vier Jahre älter ist der „Chef". Seine Schweinsaugen leuchten, als er zum geheimen Treff ins Kellerverlies einlädt: „Ich hab' eine besondere Überraschung!" Wenig später stakst sie in den schummerigen Raum, nimmt nervös auf einem zerborstenen Mauervorsprung Platz und glotzt aus dicken Brillengläsern entgeistert die auf Bohlen lungernde Jungengruppe an.

Freiwillig wäre Traudel nicht gekommen. „Big Boss" hat ihr eine Kugel Eis vom Lindner-Kiosk versprochen. Sogleich fordert er: „Ja, dann zeig mal deine Musch!" Aus dem Hintergrund tönt Protest: „Wenn du das machst, haut dich der Papa tot!" Helmut kontert: „Bleibt alles geheim." Sie solle sich vor allem nicht so anstellen, und man wolle ja nur mal gucken. „Aber ihr lasst mich dann gleich wieder gehen – und niemand sagt was." Zittrig streift sie den Baumwollschlüpfer herunter und gibt ihre Blöße frei. Kaum geschehen, zieht sie ihn unter hämischem Gejohle hoch, stürzt hinaus, der Sonne und dem Zuhause entgegen. Doch Hans von gegenüber verpetzt die Schandtat, und es hagelt Ohrfeigen. Traudels Geschrei hallt durch die Häuser. Schläge gehören ebenso wie ständige Befehlstöne zum Erziehungshandwerk nazi- und kriegsgeschädigter Väter, deren Familien in der Regel aus zwei bis drei Kindern bestehen. Die schmerzloseste Variante körperlicher Züchtigung ist die Maulschelle, bevorzugt Mädchen zugedacht. Ansonsten stehen Rohrstock, Teppichklopfer, Reitpeitsche und Ledergürtel zur Verfügung. Gründe zur Anwendung gibt es vielfach und immer.

Das Pfandgeschäft des selbsternannten Kinderhäuptlings Helmut läuft zunächst gut. Seine Aufforderung zum Mitmachen: „Du willst sicher mal den Zorro-Film sehen. Wie soll das ohne Eintrittsgeld gehen? Also musst du Kaufmann sein." Im leicht zugänglichen Hof des Lebensmittelgeschäfts sind Bier- und Wasserkisten mit Leergut gestapelt. Kein Problem, mal reinzugreifen und Pfandgeld zu erhaschen. Immerhin, zwanzig Rückgabeflaschen im Wert von einer Mark gehen durch, bevor es Jochen trifft. Der Ladenbesitzer überführt ihn. Personalien muss man nicht groß feststellen; der Sohn vom Bäckermeister wohnt gleich um die Ecke, hockt Angstschweiß schwitzend beim Verhör und vergießt Tränen. „So, das melde ich dem Polizeikommissar Fuchs. Er kennt ja deinen Papa ganz gut." Eine geschickte Drohgebärde des Getränkehändlers, die Eindruck hinterlässt. Die Nachricht verläuft aber später direkt und nicht auf administrativen Umwegen. Das erweist sich als viel wirksamer, weil der Übeltäter ebenso wie die anderen Beteiligten ordentlich Dresche bezieht.

Leichte Melodien erklingen an warmen Sommertagen. Der Rundfunk überträgt die deutschen Spiele bei der Fußball-Weltmeisterschaft. Pfälzer Familien treffen sich in Küchen, Wohnzimmern, Gärten zum Radiohören. Auf Wiesen, im Wald oder am Baggersee tönen Transistorgeräte. Seit Tagen debattiert Papa bei der Arbeit, auf dem Nachhauseweg oder beim Feierabendschoppen mit allen möglichen Leuten. „Mensch Harry, 3:8 gegen die Ungarn! Da können wir einpacken. Das wird nichts." Saxophonist Lange, aus Sachsen „rübergemacht", legt in nachbarschaftlichem Plausch nach: „Die weite Reise in die Schweiz hätten wir uns sparen können." Er sollte sich wieder mal mit seinen Prognosen täuschen. Trainerfuchs Herberger schmunzelt nach dem Spielergebnis hintersinnig. Die deutsche Nationalmannschaft mit dem überragenden Spielführer Fritz Walter erreicht das Finale. Mit dabei vier weitere Spieler des FCK, 1. FC Kaiserslautern. Am 4. Juli 1954 ergreift Landau in der Pfalz eine ungewohnte Aufgeregtheit. Der Sonntagsbraten gerät zur Nebensache. Alle Haushalte fiebern der Übertragung des Endspiels entgegen. Die Gassen sind leergefegt. Exklusiv knattert ein „Maicomobil" die Königstraße entlang. Und immer wieder ergießen sich Schauer auf die Sommerlandschaft. Gegen vier Uhr am Nachmittag treffen die Nachkriegsväter Ernst und Harry in der Gaststätte „Deutscher Kaiser" ein, wo man das Match an einem der wenigen Fernseher in der Stadt miterleben kann. Das Endspiel Deutschland-Ungarn auf dem Monitor eines 36 mal 27 Zentimeter großen Schwarz-Weiß-Fernsehers! Die achtjährigen Söhne Gerd und Wolfgang im Schlepptau. Der freundlichen Begrüßung des Wirts, „Das ist dem Fritz sein Wetter", folgt „nix mehr zu machen, die Buben müssen draußen bleiben. Kein Platz!" Klagen und Wehgeschrei: „Ihr habt uns doch versprochen, das Spiel sehen zu dürfen." In angestrengter Güte verweist der Wirt schließlich auf den Kachelofen des Gastraumes. „Also, wenn es die beiden da hoch schaffen, dann hätten sie halt auch noch ein Plätzchen." In null komma nix klettern wir auf die 1,80 Meter hohe Plattform und warten bei einer „Libella" mit Strohhalm auf den Anpfiff. Ebenso wie das rauchende und schwadronierende Publikum unter uns. Es sollte eine lange Stunde dauern.

Das Spiel beginnt. Schlagartig verstummen die Fußballanhänger im Gesellschaftssaal des Wirtshauses. Bernhard Ernsts Kommentar ertönt. In Erinnerung bleibt jedoch Herbert Zimmermanns einzigartige Radioreportage. Schemenhaft erkennen wir laufende Bilder auf dem winzigen Bildschirm. Ungarn geht sofort mit zwei Toren in Führung. Ausgerechnet der Lauterer Werner Kohlmeyer patzt beim 2:0. Murren und Schimpfen „des kannschd vergesse". Die meisten schalten auf Resignation. Maxl Morlock durchgrätscht mit seinem prompten 1:2 den Defätismus. In der zwanzigsten Minute gelingt Helmut Rahn der Ausgleich und beschert dem Wirtshauspersonal Sonderbestellungen. Halbzeit.

Nach Wiederanpfiff wogt die Partie hin und her. Rauchschwaden von „Burger-Stumpen" und „Ernte 23"-Zigaretten behindern die Sicht auf den Minifernseher. Als „Boss" Rahn sechs Minuten vor Schluss das 3:2 aus zwölf Metern mit dem linken Fuß ins rechte untere Eck gelingt, tobt ein Jubelsturm los. Vier endlose Minuten später plötzlich Totenstille. Ferenc Puskas, Major, genialer Spielmacher und Kapitän der Ungarn, trifft. Der Schweizer Schiedsrichter Dienst allerdings pfeift Abseits und nach weiteren einhundertzwanzig Sekunden das Spiel ab. Gleichbedeutend mit dem legendären „Aus, das Spiel ist aus! Deutschland ist Weltmeister!" Glückselig fallen sich gebeutelte Nachkriegserwachsene in die Arme, vergießen Tränen. Wir Buben fliegen hochgeschleudert wie Zirkusäffchen durchs Wirtshauszimmer.

Aus allen Häusern strömen Menschen auf Straßen und Gassen, beglückwünschen und umarmen sich mit lautem Hurra. Mittendrin das dicke Gesicht des Straßenkinderchefs Helmut. Er sprintet gestikulierend den Wohnungen von Kumpels zu und ordnet an: „In einer halben Stunde alle „Königsträßler" in die

,Rosengasse' kommen, weißes Unterhemd, schwarze Turnhose. Aber pünktlich." Auch mich erreicht die Botschaft. Die Eltern begleiten verständnisvoll das abermalige Weggehen. In gewünschter Montur trifft die komplette Straßenfußballmannschaft ein. Keinesfalls einheitlich. Das eine oder andere gerippte Hemd liegt zur Reparatur im Flickkorb der Oma. Phantasie ist gefragt. Den Vogel schießt Eugen ab, der im weißen Kommunionshemd seines Bruders eintrifft. Helmut, selbst ernannter Kapitän, erscheint mit einer in Pomade eingelegten „Fritz Walter-Welle", der Frisur des Kaiserslauterer Idols. Er legt gleich los: „Heute ist ein großer Tag. Wir sind dabei. Das hat es noch nie gegeben, so ein Glück. Jetzt nehmt mal Aufstellung. Alle an die Wand. Wir müssen der Mannschaft, unseren Lauterern und dem Bundestrainer Sepp Herberger danken und singen jetzt die Nationalhymne: ,Deutschland, Deutschland über alles, über alles in der Welt...'" Nicht anders machen es an diesem Abend viele Erwachsene in Wirtshäusern oder zuhause und jubilieren bis in die Morgenstunden. *„Ich wusste aber natürlich nicht, dass diese Leute die erste Strophe nicht mit Absicht gesungen hatten, sondern die kannten die anderen Strophen gar nicht"* – erklärte der bekannte Kabarettist Dieter Hildebrandt einige Jahre danach.

Berauscht von dem Auftritt laufen wir Buben nach Hause. Jahrzehnte später erschien auch mir das Ereignis in überschaubarer Dimension: Es war halt ein Fußballspiel. Doch nicht für Zeitung, Funk und Fernsehen. Da sah man die Nachkriegsväter Anerkennung und Energie aus dem Ereignis schöpfen – Auftrieb für das Wirtschaftswunder. Die Tragödie der ungarischen Elf war offensichtlich. Jener „goldenen Mannschaft", wie sie nach 32 unbesiegten Spielen zwischen 1950 und 1954 hieß. Gespickt mit genialen Fußballern. Die „Ostblock-Spieler" erfuhren schon beim Logieren in der Schweiz hochnäsigen Service. Nach der Niederlage folgten Schmach und existentielle Nöte hinterm „Eisernen Vorhang". Unzufriedenheit erfasste das Volk in Ungarn. In Budapest zogen über hundert Tausend Menschen durch die Straßen, schlugen Schaufenster ein, warfen Straßenbahnen um, demolierten die Wohnung des Nationaltrainers Gusztav Sebes. Zwei Jahre später brach der Volksaufstand gegen das kommunistische Regime aus.

Besonders litt der elegante, stets in schwarzem Dress aufgetretene Torwart Gyula Grosics unter der Niederlage. Jener zehn Zentimeter an seinen Fingerspitzen vorbeigeflitzte Siegesschuss von Helmut Rahn blieb sein ewiges Trauma. *„Als der Ball hinter mir im Netz lag, ging für mich die Welt unter. Nach Ende des Spiels war ich wie betäubt."* Viele seiner Landsleute machten ihn verantwortlich. Er hätte nicht gut ausgesehen bei den Toren der Deutschen. „Die Angst des Tormanns beim Elfmeter" geriet nicht so martialisch wie in Peter Handkes Erzählung. Aber fundamental: „*Nach dem Spiel war ich auch im Leben der einsamste Mensch. Dieses eine Spiel hat mein ganzes Leben aus der Bahn geworfen.*" Aus Heimatverbundenheit verzichtete er auf „das große Geld" und lehnte das Angebot der „Flamengo Rio de Janeiro" in Brasilien ab. Puskas bei Real Madrid, Kocsis und Czibor in Barcelona wurden reiche Leute. Er selbst blieb eine tragische, verbitterte, gedemütigte Figur.

Wenige Tage nach dem großen Erfolg reisen die „Weltmeister" aus der Schweiz mit der Bundesbahn nach Deutschland zurück. Die fünf Kaiserslauterer machen Zwischenstation in Landau. Mit Onkel Karl darf ich dem Ereignis beiwohnen. Wir spazieren in einer dichten Menschenmasse zum Bahnhof. Dort hievt er mich zum besseren Sehen auf seine Schultern. Tausende Fans säumen das zum größten Teil zerstörte und nicht wieder aufgebaute Bahnhofsgelände. Rosen fliegen den Helden entgegen. Immer wieder Hurra-Rufe. Weinflaschen oder ganze Kisten gelangen als Geschenke ins Sonderabteil der Kicker. Überwältigt und glücklich kehren wir nach Hause zurück. An schaurigen Trümmerruinen vorbei, steht auf einer kahlen Häuserwand in riesengroßen Lettern: Nie wieder Barras. Ich frage als achtjähriger Junge: „Lieber Onkel, was heißt das?" – „Barras bedeutet Armee, Militär, Soldaten. Der Hitler hat einen Krieg angezettelt, und ich musste auch hin. Zuletzt war ich in Frankreich und geriet in Gefangenschaft. Du siehst an den Ruinen, was es gebracht hat. Nur Tod und Zerstörung. Und dort, wo deutsche Soldaten einmarschierten, war es noch schlimmer. Kanzler Adenauer will wieder Soldaten. Dagegen richtet sich der Spruch."

Ungeachtet dessen findet einige Häuserzüge weiter ein Kinderbandenkrieg statt. Tassilo, der starke Junge mit dem Vornamen bayrischer Herzöge, hat auf einem zugewachsenen Trümmergelände mit seinen Kumpels aus der Nachbarschaft ein „Apachen-Indianerdorf" errichtet. Es besteht aus vier Buschwerkzelten. Sehr zum Leidwesen Helmuts, Anführer der Ceyennes und Pläne schmiedend, um das Idyll zu zerstören. Vorerst taktisch klug mit dem Versenden von „Kurieren". Mit Tritten in den Hintern jagen Tassilos „Wächter" uns naive Buben vom Territorium. „Es bleibt nichts anderes übrig. Wir müssen angreifen", fordert Helmut daraufhin. Die Attacke misslingt, weil die Tassilo-Bande aus viel älteren, weitaus derberen Mitgliedern besteht, Helmut mit dem Anrennen eines halben Dutzends „Milchbubis" jammervoll scheitert. Tassilo macht Gefangene, und die müssen büßen: „Euch werden wir's zeigen. Ihr kommt jetzt in das kleine Verlies, das duftet gut." Kurz zuvor hatte der dicke „Fleischwurst-Hansi" in den sechs Quadratmeter-Mini-Bunker einen brezeldicken Haufen geschissen. Drei kräftige Kerle schmeißen Gerd, Manfred und mich hinein. Mit dicken Pappen verschließen sie den Eingang. Die halbe Stunde Quälerei in dem Stinkloch dauert gefühlt drei Tage und hinterlässt einen lebenslangen Fäkalienekel. Manfred torkelt fahlgelb wie ein Velveta-Käse im Gesicht nach Hause. Sein Vater, Friseurmeister Gutzler empfängt ihn: „Wo kommst du so spät her? Ich hau dich grün und blau, du missratener Bankert!"

Volkssänger Kurt Dehn besingt einen solchen bei einer Veranstaltung im Buschmühltal als *„scheel, Rindvieh und Kamel"* in seinem Schlager genannt „Pälzer Bu". Hunderte Menschen strömen an dem warmen Sommertag des Jahres 1955 aus Landau und umliegenden Dörfern zum „Hüttenfest" in den Pfälzer Wald. An Sonntagnachmittagen ergänzen Ausfahrten in die Natur den morgendlichen Kirchgang. Auch meine Familie ist komplett angereist. Mama Emmel, Vater Harry, Bärbel, die ältere Schwester und Klaus, der kleinere Bruder. Es gibt Pfälzer Wurstplatte und weißen Käse mit Zwiebeln und Schnittlauch. Wir Kinder trinken Orangenlimonade, die Eltern Weinschorle. Immer wieder begrüßen sie Freunde, Bekannte und Verwandte. Bei seinem freudigen Hallo spendiert Onkel Richard uns Kindern „Mohrenköpfe". Zwischen Schunkeln und Gesang witzelt und frotzelt das Publikum an den Bierzelttischen. Drei Tische weiter poltert Lärm. Ein kräftiger Winzerbursche aus dem nahe gelegenen Burrweiler haut seine Faust auf die Holzplatte und blafft den Kontrahenten an: „Du bist ja so blöd wie Schifferscheiße. Von Fußball keine Ahnung!" Beleidigt kontert der Maurerpolier aus Edenkoben: „Ich habe gegen den Walter Fritz gespielt, als er mit 'ner Schuhschachtel unterm Arm in die Umkleide kam. Da war der noch ein Nichts!"

Dem Gegenüber passt das nicht. Urplötzlich schleudert er den Inhalt seines halb gefüllten Weinglases auf den Widersacher. Klatschnass schnellt der begossene „Städter" vor, schnappt sich den Tiroler Hut des Weinspenders und schleudert ihn in die Menge. Ein Rangeln und Ringen folgen, Flaschen und Gläser kippen, Frauen kreischen, Kinder weinen. Im Nu entsteht eine Menschentraube. „Auseinander, seid vernünftig, liebe Leut", beschwichtigten besonnene Gemüter. Binnen fünf Minuten entzerrt sich der Auflauf. Die Kampfhähne befinden sich im Pulk ihrer Anhängerschaft und schwadronieren erhitzt weiter.

Die Musik intoniert das nächste Stück. Am Nachbartisch reicht es dem bekannten Briefmarkenhändler Blarr: „Komm Erna, lass uns nach Hause gehen. Ich freu' mich auf den neuen Satz ‚Kiautschou und die kaiserliche Marine', den mir Herr Chaussy gestern gebracht hat." Ein Stammkunde, zugleich Vorsitzender des „Landauer Briefmarkenvereins". Gar nicht so einfach der Weg nach Hause für die in unmittelbarer Nachbarschaft wohnenden Mittvierziger. Willy Blarr ist wie Bruder Gerhard an Kinderlähmung erkrankt. Zusammen mit Ehefrau Erna schleppen sich die beiden an Holzkrücken zur Bushaltestelle hinunter. Nach Ankunft in der Königstraße müssen sie das Treppenhaus hinauf zum im ersten Stock befindlichen Briefmarkengeschäft. Täglich thront Inhaber und Kettenraucher Willy in dickem Zigarettennebel vor dem Tresen. In Griffnähe stets ein Glas Milch. Es soll den Abbau von Nikotin beschleunigen und den Gedanken- und Markenaustausch mit der Kundschaft fördern.

Die Besucher schimpfen über zahlreiche den Treppenaufgang blockierende Kinder. Mama Blarr lässt sie gewähren. Der Papa appelliert an die Vernunft. Ohne Erfolg. Die Behinderung lässt ihm keine Chance, seinen Vorstellungen Nachdruck zu verleihen. Sohn Helmut rennt in solchen Situationen einfach weg. Überhaupt genießt er paradiesische häusliche Verhältnisse. Hagelt es bei seinen meist jüngeren Freunden fast täglich Prügel, so bleibt er stets unbehelligt. Ein Schabernack jagt den anderen, Überschreitungen inbegriffen. Dreist veräußert er „herumliegende Marken" gegen Naturalien oder Groschen zur Aufbesserung des Taschengelds.

Gegenüber dem Briefmarkenladen trifft sich der „Tipp-Kick-Club". Zweimal wöchentlich finden die Spiele statt. Mehr als sechs Buben dürfen nicht teilnehmen. Jeder hat seine Lieblingsmannschaft. Klar, dass Helmut mit dem 1. FC Kaiserslautern aufläuft. Es stehen sich zwei Metallfiguren als Feldspieler samt Drücker fürs Spielbein über dem Kopf und hin- und her hechtende Torleute gegenüber. Zwölfeckige Bälle, schwarz und weiß, bestimmen, wer schießen darf. Während der Spielerei im Turniermodus erfährt der Sportsgeist Korrektur durch die Älteren. Denn allzu häufig ist Schwarz gleich Weiß, ein Treffer im engmaschigen, sehr starren Feindrahtnetz Pfosten anstatt Tor. Die Jüngeren geraten so häufig ins Hintertreffen: „Wolfgang, wenn du noch mal behauptest, das wäre ein Tor, dann fliegst du raus!"

Besonders gereizt reagiert Bill an einem der Spieltage im Herbst 1955. Es läuft schlecht für ihn. Trotz Buhlens blitzt er sogar bei seinen Altersgenossen ab: „Nee

Bill, das haut nicht hin. Wenn du den Zeitlupenschuss nicht halten kannst, dann ist es ein Tor. Sieht ja ein Blinder mit Krückstock. Und jetzt Schluss!" Er bellt zurück: „Hinaus mit euch, in den nächsten Tagen ist hier Eintrittsverbot. Vorerst sind alle Spiele annulliert." Widerwillig löst sich die Gruppe auf. Die eigentliche Gastgeberin Hilda, schickt hinterher: „Er meint's ja nicht so." Aber wie. Der pubertierende Bill lauert auf sie. Hildas alleinstehende Mutter weilt auf der Arbeit. Nun ist die Wohnung leer und der Lustmolch seiner Angebeteten ganz nah. „Du bist mein Schatz, endlich sind wir allein und die Bagage ist fort." Bill stürzt sich auf Hilda, schmeißt sie auf den Teppich, wippt auf ihr hin und her, hoch und runter. Sie aber wehrt sich, haut ihm eine hinter die „Löffel" und bugsiert ihn resolut beiseite: „Du bist ja meschugge!" Gerd und ich sehen ihnen am Flurfenster zur Etagenwohnung, auf einem kleinen Regal stehend, zu. Doch nicht mehr lange. Bills Kopf schnellt in die Höhe. Seine Augen treffen uns grinsende Zuschauer. „Ihr Babbsäcke, haut bloß ab. Ich schlag euch zu Brei!" Wutschnaubend rennt Bill zur Tür, öffnet sie in rasender Hektik und erwischt Gerd auf der Flucht über die Treppe. Von hinten packt er zu, schüttelt kräftig und bringt ihn zum Liegen. Vom Krach alarmiert, betritt Mieter Rolf D. den Flur. Der pferdegesichtige, junge „Bundesbahner" braust auf: „Was ist denn hier los? Soll ich die Polizei rufen? Wollt ihr euch umbringen?" Ungewöhnlich sein Wortschwall. Ansonsten heißt es in der Nachbarschaft, wenn der die Kelle zur Abfahrt so hebt, wie er spricht, fährt nie ein Zug ab. Und jeder Zug überhole sicher seine Durchsage bis zum nächsten Halt! Zu allem Überfluss schenken ihm Kollegen Jahre später zum 40. Geburtstag einen „Schlumpfzug" – aus vier Eisenbahnwagen mit Schlümpfen der Marke Peyo bestehend. Es ist der Anfang einer unsäglichen Sammelkrankheit von belgischen Kitschfiguren Mitte der siebziger Jahre. Und so setzte er sich voller kindlicher Freude auch jedes freie Wochenende in den Zug, um auf Auktionen Ballerina-, Sträflings-, Karnevals- oder Keksschlümpfe zu ersteigen.

„Hoch mit dir, Gerdel! Ich sag's deinem Vater. Hier wird nicht randaliert." Bill erfreut die Einlassung, „Die kommen einfach so rein. Sind doch Fremde im Haus." Unbeeindruckt spaziert D. auf Bill zu und scheuert ihm links und rechts eine Backpfeife. „Von wegen Fremde, du bist ein großer Bluffer. Deine Mama tut mir leid. Sie muss sich ganz allein mit dir herumplagen. Und jetzt alle ab nach Hause."

In der Erwachsenenwelt pendelt sich nach dem verlorenen Krieg, den langen Zeiten von Entbehrungen und Einschränkungen vieles wieder ein. Anfang Mai

1962 findet die Landauer Kerwe, der Frühjahrsmarkt, statt – mit feucht-fröhlichen Abenden im bayrischen Bierzelt. Dörfler aus der Umgebung schunkeln mit Städtern zum Schneewalzer und stehen beim Defiliermarsch stramm. Weißwein gefüllte Schoppengläser kreisen ebenso wie in Steinkrügen gezapftes Bier. Mitunter klirren Gläser, fliegen Fäuste zum Nachhelfen passender Argumente. Als ob kein Gestern gewesen sei, stolziert „Maggedulle" vom „Zigeunerviertel" mit Enzian besticktem Trachtenjanker, weißem Hemd, Hitlerschnauzbart und schwarzer Haartolle ein, ruft Heiterkeit und Beifall auf den Plan. Andeutungsweise, teils verstohlen, recken nicht wenige die Hände zum bekannten Gruß. Sein „Vorbeimarsch" führt durch den Mittelgang des Bierzeltes. Einmal Platz genommen, stehen gleich viele „Steine Bier", die Pfälzer Bezeichnung für die „bayerische Maß", auf dem Tisch. Allesamt Freigetränke seiner Anhängerschaft, die den Gelegenheitsarbeiter schnell außer Gefecht setzen.

Die Administration übersieht die Posse lange Zeit. Nein, der „Doppelgänger" ist ganz bestimmt kein „Zigeuner", wie viele meinen. Er wohnt nur in einem ähnlichen Bezirk. Aber die Wintersteins als stadtbekannte Sinti empfinden solche Auftritte schmerzlich. Der gruselig Aufgeputzte verspottet unwissend ihre Geschichte, die so wenige kennen oder nicht kennen wollen.

Die Sinti aus dem „Texas-Viertel"

Ich musste erst erwachsen werden, um Genaueres über die dem Spott und Hohn preisgegebenen Landauer „Mitmenschen" zu erfahren. Bis dahin verbreiteten Eltern, Lehrer und andere ernst zu nehmende Autoritäten lediglich hässliche Sprüche oder Ängste. „Zigeuner" gehörten zum Stadtbild. Aufrecht kamen sie aus dem „Texas-Viertel", wie gemeine Bürger abfällig jene Barackensiedlung im Süden nannten; ihre Bewohner galten als „Texaner". Neben dem „Bürgergraben" war es der am meisten „heruntergekommene" Stadtteil. Die Assoziationen zum „Wilden Westen" in den USA von klapprigen windschiefen Häusern, Schmutz, Dreck, Gesetz- und Zügellosigkeit sowie Gewaltbereitschaft standen bei der Bezeichnung Pate.

Seit über dreihundert Jahren waren „Zigeuner"-Familien in der Pfalz ansässig. Trotz aller Pogrome und Anfeindungen blieben sie ihren Gemeinden treu, von Bürgermeistereien und dem überwiegenden Teil der Bevölkerung toleriert.

Sie fanden Anstellungen bei der Post und Reichsbahn, arbeiteten als Holzschnitzer, Korbflechter, Bildhauer. Einige dienten beim Militär im Ersten Weltkrieg oder bis zur Entlassung aus rassistischen Gründen bei der Wehrmacht. Die Eußerthaler Bürger lobten ihre etwa einhundert Sinti ausdrücklich. Ein Lokalreporter der „Pfälzischen Rundschau" schrieb 1932: *„Die Familien kommen ins Dorf, kaufen ihre Milch und Brot ein, schicken die Kinder zur Schule, besuchen Gottesdienste und haben auch bei der letzten Reichstagspräsidentenwahl ihre Pflicht erfüllt."* Vor allem als Musiker erfreuten sie sich großer Beliebtheit. Adolf Boko Winterstein, Geigenbauer, Musiker und Kunstmaler veröffentlichte seine Lebensgeschichte 1988 in einem Buch. Während der zwanziger Jahre reiste er als zwölfjähriger Junge mit Pferd und Wagen in die weite Welt. Regelmäßig zur Winterszeit kehrte die Familie nach Gräfenhausen bei Annweiler am Trifels, dem Heimatstandort des Wohnwagens am Waldrand zurück. Sein Großvater, ein besonders guter Musiker hatte sogar bei Fürsten und Königen gespielt und verfügte zudem über den „Kunstschein" des Konservatoriums Karlsruhe. Ende der 1920er Jahre kaufte der Vater, als schwer verletzter Soldat aus dem Ersten Weltkrieg zurückgekehrt, einen ausrangierten Waggon. Der Eisenbahnwagen vierter Klasse diente der sechsköpfigen Familie in Landau fortan als Wohndomizil. Es bestand aus zwei Teilen mit neun Metern Länge. *„Sehr armselig. Der Herr war jedoch bei uns und wir waren zufrieden",* resümierte der tief gläubige Katholik.

Die Lebensverhältnisse der Familie änderten sich radikal. Die Sinti fielen der Kriminalisierung durch die Nazis ab 1933 zum Opfer. Spezialist dafür war Dr. Adolf Würth von der „Rassenhygienischen Forschungsstelle (RHF)" in Berlin. Seine programmatische Zielsetzung: *„Die Zigeunerfrage ist für uns heute in erster Linie eine Rassenfrage. So wie der nationalsozialistische Staat die Judenfrage gelöst hat, so wird er auch die Zigeunerfrage grundsätzlich regeln müssen."* Ein Team und Orte zur „Regelung" trafen sich in der Pfalz. Im August 1937, März sowie Juli 1938 reisten Eva Justin, Dr. Sophie Ehrhardt und Dr. Ritter nach Eußerthal, Gräfenhausen und Stein bei Bergzabern, allesamt idyllische Dörfer im Südpfälzer Wald. Als spezialisierte „Eugeniker" wollten sie rassenkundliche Vorgaben in groß angelegten Untersuchungen nachweisen. Vor Ort erzählten sie, Familienforschung zu betreiben und helfen zu wollen. Die jeweiligen Pfarr- oder Landratsämter waren eingeweiht. Die „Experten" sprachen allesamt die Sprache der Sinti, brachten Bonbons mit, schenkten den Erwachsenen Zigaretten oder Stumpen. Es sollte kein Argwohn aufkommen. Und doch machte sich

Misstrauen breit. Die Peiniger ließen ihre Maske fallen und offenbarten ihre Rücksichtslosigkeit: *„Falls du dich nicht unseren Anordnungen fügst, schneiden wir dir die Haare ab oder nehmen dir deine Kinder weg."* Die Repressalien erfolgten ohne großes Risiko, weil in unmittelbarer Nähe die Polizei Deckung gab und sämtliche Aktionen eskortierte. Die Vermessung jeder einzelnen Testperson erfolgte durch Registrieren von Haar-, Haut-, Augenfarbe, Mundwinkel, Augapfel, Ohrläppchen. Akkurat hielten sie Informationen auf Karteikarten fest. Das Rassegutachten sollte den Mischlingsgrad des Probanden bestimmen und die Gefährdungen der Reinerhaltung des „deutschen Blutes" durch „Zigeuner, Neger und Bastarde" bestätigen. Die damaligen Geigenbauer, Korbflechter, Hausierer, Maler oder Musiker drängte man allmählich aus dem Berufsleben und schloss sie wie die Juden vom öffentlichen Leben aus: Kino-, Straßenbahn-, Schulbesuch-, Berufsverbote. Ehen oder sexuelle Kontakte mit „Reichsdeutschen" waren verboten. Doch es blieb nicht bei den Ausgrenzungsmaßnahmen. Den ersten Verhaftungswellen 1938 und 1939 folgte die Deportation aller Pfälzer Sinti. Am 16. Mai 1940, einem kühlen Donnerstag, umzingelten in tiefster Nacht Landespolizisten die „Zigeunerlager", um bei Tagesanbruch alle Bewohner festzunehmen. Nur die persönlichen Dinge sowie Federbetten waren beim Abtransport erlaubt. Mit Lastwagen holte man die meisten Menschen ab.

In Gräfenhausen brachte ein Fuhrmann auf seiner „Gummirolle" Familie Weiss nach Albersweiler zur „Verfrachtung" nach Ludwigshafen. Am dortigen Bahnhof wartete der Zug aus Mainz mit zweihundert Leidensgenossen. Die Fahrt führte mit „Zuladung" der Karlsruher Familien nach Hohenasperg bei Ludwigsburg. Allein der Weg durch die Ortschaft Asperg hinauf zur Festung stellte sich infolge der gaffenden und nahezu gleichgültigen Blicke der Bevölkerung als quälend dar. Eine Woche lang dauerte die Aussortierung der südwestdeutschen Sinti, bis schließlich SS-Mann Eichberger „Zigeunerausweise" ausstellen ließ. Auf den linken Unterarmen tätowierten seine Helfer mittels roter Farbe fortlaufende Nummern. Im Falle der verbotenen Rückkehr nach Deutschland drohten Sterilisierung und Vorbeugehaft.

Aus dem Gefängnis eskortierten Begleitpersonen und Polizei die Männer, Frauen, Kinder hinunter zum Bahnhof und dem Verladen in einen Personenzug mit der Endstation polnischer „Zigeunerlager". Schließlich Auschwitz. Insgesamt 500 000 Sinti und Roma fielen den Nazi-Schergen durch Vergasungen, Erschießungen, Vergiftungen, medizinische Versuche zum Opfer. Tatsächlich ist keiner dieser Sadisten nach 1945 bestraft worden: Stattdessen erlitten meistens Opfer erneut Demütigungen.

Obermedizinalrat Hermann Arnold, ein respektabler großgewachsener Mann, leitete seit Kriegsende als Amtsarzt das Gesundheitsamt Landau. Ab 1971 erhielt er eine Berufung als „außerplanmäßiger Professor für Sozialhygiene" an der Universität Saarbrücken. Er galt bis in die 1980er Jahre als der führende „Zigeunerexperte" Deutschlands. Sich selbst nannte er „Sozialmediziner". Arnold beriet Behörden sowie Fürsorgeeinrichtungen in „Zigeunerfragen" und unterhielt Beziehungen zu Ministerien, Universitäten und Wissenschaftsgesellschaften. Vielfach entsprachen seine Kenntnisse und Ansichten immer noch der „NS-Rassenhygiene". Erst mehr als ein Vierteljahrhundert später kam es zur Aufklärung. Bis dahin verteidigte er Robert Ritter, jenen Wegbereiter eugenischer Maßnahmen, den er als Kriminalanthropologen bezeichnete. Sieben Jahre nach Kriegsende forschte Arnold, offensichtlich unbeeindruckt vom Schicksal und Leid während der Nazi-Zeit, über „Vaganten, Gauner, Räuberbanden, Asoziale, Zigeuner, Zigeunermischlinge". Dazu verwendete er die komplett in seinem Besitz befindlichen Schriften und Fotos von Ritter. Leutselig trat er als perfekt Romanes sprechender „Urpfälzer" in den Siedlungen auf. Viele schenkten ihm Vertrauen.

Erschreckend zynisch fiel sein Urteil aus: *„Zigeuner sind gemeinschaftsfremde Asoziale, deren alte Züchtungskreise besonders in Süddeutschland erhalten geblieben sind. Die Heirat wiederum mit Angehörigen der Wirtsvölker entfesselt die Fruchtbarkeit der Nachkommen."* Fünf Jahre danach, 1965, erschien sein Buch „Die Zigeuner". Auf einer Tagung zum Thema „Hilfe für Zigeuner" in Hildesheim erläuterte er 1966 in seinem Vortrag, dass Zigeuner keine intellektuellen Fähigkeiten besäßen. Sie seien nur für einfache manuelle Arbeiten geeignet, besonders dem Reinigen von Abwasserkanälen, dem Mähen von Wiesen oder als Ofen- und Schuhputzer.

Die Betroffenen reagierten spät. Erst Anfang der 1980er Jahre entwickelte sich eine Bürgerrechtsbewegung. Anklagend prangte eines Tages an der Hauswand des Anwesens von Arnold in seiner gutbürgerlichen Umgebung das Graffito: „Mörder" – eingerahmt von zwei Hakenkreuzen. Jahre später, 1988, hieß es: „Hier wohnt Dr. Mengele " – plakative Aufschreie gegen die rassistischen Auffassungen des „Sozialhygienikers". Beleidigt kämpfte er bis zu seinem Tode 2005 gegen den „Sinti und Roma-Schwindel", welchen der „Zentralrat Deutscher Sinti und Roma" seiner Meinung nach initiiert habe. Starrsinnig, sicher auch dem Alter geschuldet, wies er in seiner 1999 erschienenen Schrift „Sinti und Roma – Von der Zigeunertragödie zur Politkomödie" sämtliche Kritik zurück. Stattdessen warf er seinen Widersachern eine Manipulation des schlechten Gewissens der Nation vor, *„indem sie die Masse der Deutschen verantwortlich machen für Verbrechen, die ohne ihr Wissen und ohne ihren Willen eine Bande von Massenmördern begangen hat."*

Den Verfolgungen entkam auch Oskar Weiss nicht. Seine Leidensgeschichte ist den Dokumenten des „International Tracing Service (ITS)" in Bad Arolsen zu entnehmen: 1918 in Neustadt an der Weinstraße geboren. Staatsangehörigkeit: deutsch. Religion: katholisch. Familienstand: ledig, später verheiratet. Beruf: Musiker, Kunstmaler. Wohnhaft: Gräfenhausen/Pfalz, später: Krakau. Ehefrau: Klara, geborene Reinhard. Er galt als „Asozialer" und war wegen Bettelns vorbestraft. Am 28.Juni 1938 lieferte ihn die Kriminalpolizei Stuttgart zwecks „Schutzhaft" in das Konzentrationslager Dachau ein. Grund: „Zigeuner, männlich, erwachsen und standesamtlich nicht verheiratet." Häftlingsnummer 17882. Am 21. März 1939 in das Konzentrationslager Mauthausen deportiert. Häftlingsnummer 1431. Entlassung am 20. Juni 1939 nach Gräfenhausen. Erneute Verhaftung wegen „Amtsanmaßung" und Diebstahlverdachts. Einlieferung in das KZ Auschwitz durch den Kommandeur der Sicherheitspolizei und des Sicherheitsdienstes. Häftlingsnummer 20964. Am 11. November 1941 gelang ihm die sensationelle Flucht nach Straßburg, wo seine Eltern lebten. Wie durch ein Wunder entdeckten ihn die Nazi-Handlanger nicht. 1949 zog er nach Landau und blieb dort fast ununterbrochen bis zu seinem Tod im August 2004.

Ich lernte Oskar Weiss Mitte der 1960er Jahre bei einem Auftritt seines Trios in einer Landauer Gaststätte kennen. Die Musiker verzückten an diesem Abend das vornehmlich junge Publikum mit „Zigeunerjazz", spielten zwischendurch aber auch Csardas oder Operettenmelodien. Am Ende der Veranstaltung saß ich mit Freunden am Tisch vor einer Weinschorle und lauschte den Ausführungen des freundlichen „Maestros", der sich gern mit uns jungen Leuten unterhielt: „Mein Großvater hat mir das Geigenspielen, Gitarre und Klavier beigebracht. Alles ohne Musiknoten, stets ging es nach Gehör. Mit sieben Jahren durfte ich schon mal vor Publikum spielen." Er erzählte weiter über seine familiären Verbindungen zum berühmten Häns'che Weiss, den Austausch von musikalischen Erfahrungen und Stücken mit Django und Schnuckenack Reinhardt im nahen

Haßloch. Schwierig war es immer. Bei Wirtsleuten in der Pfalz oder im Badischen mussten sie sich als „Ungarn" ausgeben, wenn sie für ein Essen und „den Hut" spielten. „Bloß kein Zigeuner sein! Und der Csardas war ja ein ungarischer Tanz. Das wollten die Leute hören."

Bis zu meinem Wegzug aus der Pfalz im Jahre 1969 gab es weitere Treffs mit Oskar Weiss bei musikalischen Abenden. Manchmal auf Weinfesten oder in bescheidenerem gastronomischem Ambiente. Ebenso auf eigens organisierten Musikveranstaltungen. Nur auf Nachfrage sickerten Informationen über die Nazizeit durch. „Das kann keiner glauben, wie die mit uns umgegangen sind, wie Dreck und Vieh haben sie uns behandelt, meine Familie umgebracht. Ich hatte viel, viel Glück, die Zeit zu überstehen. Und dann sind wir Überlebenden und unsere Pfälzer Nachkommen in Wirtshäusern und auf Weinfesten mit Geigenspiel und Gitarre für ein Essen und wenige Pfennige aufgetreten oder andere mussten Lumpen, Alteisen, Knochen, Papier sammeln." Endlich, während einer Dachau-Gedenkausstellung in Landau, sprach er nach dem Vortrag einiger Lieder zum ersten Mal öffentlich über sein Schicksal.

Jannis, Wormser Griechenwirt „Unter den Linden" in der Ludwigstraße, veranstaltete an Wochenenden Sirtaki-Abende mit original „Busuki-Combos". Sie lockten Landsleute aus dem gesamten Rhein-Main-Gebiet an. Um ein Konzert 1970 mit dem Landauer „Oskar Weiss-Quartett" zu organisieren, wandte ich mich, mittlerweile Student an der dortigen Erziehungswissenschaftlichen Hochschule, an den Wirt. Es gelang eine Gala. Auf deren Höhepunkt lag sich ein buntes Publikum aus damals so bezeichneten Gastarbeitern, Studenten und „Normalbürgern" zum Ohrwurm „Du schwarzer Zigeuner, komm spiel mir was vor" in den Armen. Das Vico Torriani-Lied erfuhr, der rebellischen Zeit angemessen, eine adjektive Korrektur. Aus schwarz wurde rot.

Einige Jahre später zog ich nach Bremen, wo Ende der 1970er Jahre Oskar Weiss mit seinem Ensemble im Szenelokal „Hotel Osterdeich" des Pfälzer Kultwirtes Franz Schneiderbanger gastierte. In der schillernden Abendveranstaltung von mehr als dreihundert, zumeist norddeutschen Gästen, ergänzt um viele Pfälzer Freunde des Kneipiers, zirpten die Geigen angesichts zahlreicher Freaks, Alt-Hippies, umtriebiger Haschrebellen oder Professoren der jungen roten Uni. Einige Besucher schluchzten am Schluss, provoziert durch klagende Melodien in melancholischer Schwere. Vielleicht auch wegen des damals verbreiteten allgemeinen Weltschmerzes.

Danach gingen die Kontakte verloren. Im August 2004 starb Oskar Weiss. „Die Rheinpfalz" widmete ihm einen Nachruf und ehrte ihn als „bekannten südpfälzischen Geiger", dessen Leben Musik war und der als „Träger von Kultur und Tradition" galt. Eindringlich führte das Blatt sein Schicksal als Überlebender verschiedener Konzentrationslager vor Augen.

Harry, Musiker aus dem Vogtland

Ein großer Tag. Papa besucht mit Bruder Klaus und mir die Kerwe. Gegen vier Uhr nachmittags Aufbruch, die Haare gestriegelt, Schuhe geputzt, Sonntagspullover angezogen. Nur wenige Meter Fußweg und wir erreichen das Portal des Maimarkts. Allerhand Leute spazieren an Ständen und Buden vorbei. Papa grüßt fortwährend und spendiert beim „Zucker-Groß"-Stand Lakritz-Schnecken und geröstete Mandeln. Gegenüber der Bratwurstbude tönt eine sonore Stimme: „Erleben Sie die Weltsensation. Kommen Sie herein und staunen Sie über eine einzigartige Laune der Natur. Kein Schwindel, keine Tricks. Sie sehen schon hier draußen auf unserer Bühne unter dem Tuch zwei Köpfe vereint in einem Körper. Drinnen können Sie während unserer Schau den Doppelmenschen bewundern. Sich mit den siamesischen Zwillingen unterhalten. Ihrem Gesang lauschen. Einzigartig auf der Erde." Urplötzlich zieht der in schwarzem Frack, zylinderbehütete, schnauzbärtige Ansager das Tuch herunter, und es blicken zwei bleiche Frauenköpfe starr ins Publikum. „Sie merken, kein Betrug." Und schon ist das Tuch wieder übergestülpt. „Beeilen Sie sich, es gibt nur noch wenige Plätze." Papa will da partout nicht rein und beantwortet keine Fragen.

Weiter geht es zur „Schiffschaukel" und dem „Reitschulkarussell". Endlich Kinderprogramm. Nur kurz, denn gleich danach eilen wir zum Erwachsenenvergnügen ins Bierzelt. „Ein Prosit der Gemütlichkeit." Selbige dauert bei Limonade und Bratwurst bis zur Dämmerung und endet mit einem Rausch des Vaters, der dem akkordartigen Zuprosten am Tisch von Freunden und Bekannten geschuldet ist. Der Alkohol erhöht die Lebenslust, spült Frust weg, verdrängt Demütigungen, Entbehrungen und Kriegserlebnisse, über die man auch nach Jahren nicht spricht.

Kindheit und Ausbildung

Am 25. September 1912 schien die herbstliche Sonne kräftig in Plauen im Vogtland und ließ die Stadt im Jahre ihrer höchsten Blüte noch mehr glänzen. Das textile Erzeugnis, die „Plauener Spitze" in Stickereien, Tischwäsche, Damenoberbekleidung, Dessous und Lingerie, erzeugte einen rasanten wirtschaftlichen Aufschwung und katapultierte die Einwohnerzahl auf über einhunderttausend. In dem nun großstädtischen Ambiente schenkte Maria Liesigk, geborene Petzold aus Eger in Böhmen, einem Jungen das Leben. Glücklich hob der junge Vater den kleinen Harry hoch und ließ ihn ins helle Licht blinzeln.

Der vor kurzem als Aushilfsgeiger im Stadtorchester eingestellte Hermann stammte aus Lichterfelde bei Jüterbog, einem winzigen brandenburgischen Straßendorf im Niederen Fläming südlich von Berlin. Man hatte ihn wie seine drei älteren Brüder, die in den achtziger Jahren des neunzehnten Jahrhunderts geborenen Paul, Johann, Otto und die jüngere 1893 zur Welt gekommene Schwester Helene in der kleinen spätromanischen Dorfkirche getauft. Ein stattlicher Vierseithof mit auskömmlicher Schankgaststätte gehörte den Eltern, die hauptsächlich Landwirtschaft betrieben. Rund um den Anger am Dorfteich erlebte Hermann eine behütete, ländliche, aber von unnachgiebiger Strenge geprägte Kindheit. Während die Geschwister alle im Ackerbau auf ihre Zukunft setzten, sah es bei ihm anders aus.

Sein Lehrer, zugleich Leiter der Einklassenschule und im Jahre 1880 einer der ersten Abgänger vom Königlich Preußischen Lehrerseminar, spielte Orgel. Schon früh entdeckte der Schulmeister das musikalische Talent des aufmerksamen Schülers. Dessen Blick verweilte oft bewundernd am Porträt von Kaiser Wilhelm II., das über der Tafel hing. Ein Ruck durchzuckte den Körper des Jungen beim dreimaligen Skandieren im Chor: „Unser allergnädigster und geliebter Kaiser, er lebe hoch!" Das gefiel ihm. Oft hagelte es Stockschläge. Befehlstöne donnerten im Klassenzimmer und auf dem Schulhof. Hermann akzeptierte alles ohne Murren. Als durchaus angemessen hielt er die Prügel für Mitschüler wegen Störens oder Vergessens der Hausaufgaben. Nicht nur zu Kaisers Geburtstag sang er begeistert mit: „*Der Kaiser ist ein lieber Mann, er wohnt in Berlin, und wär das nicht so weit von hier, so ging ich heut noch hin. Und was ich bei dem Kaiser wollt? Ich reicht ihm meine Hand und gäb die schönsten Blumen ihm, die ich im Garten fand.*" Bereits während der Schulzeit spielte er perfekt Flöte, wirbelte auf der Blechtrommel und übte mit einigen seiner Freunde auf dem Schulhof in den Pausen Exerzieren.

Nach Ende der Schulzeit 1903, im Alter von 14 Jahren, bescheinigte sein Lehrer ihm nur gute Zensuren im Abschlusszeugnis. Er redete auf den Vater ein, den hoch talentierten Sohn bei einer Stadtkapelle als Musiklehrling unterzubringen. Schnell fühlte Hermann sich dort wohl und schloss die Lehre nach vier Jahren erfolgreich ab. Danach tingelte er als freier Musiker durchs Land, spielte in verschiedenen Formationen und zu unterschiedlichen Anlässen auf Dorfbällen, dem Feuerwehrjubiläum, der Kirchweih, beim Kurkonzert. Abwechselnd Klarinette oder Violine, manchmal Klavier. Um sein Leben auf eine grundlegende Basis zu stellen, aber vor allem um endlich Soldat zu werden, meldete er sich freiwillig zum Musikkorps des königlich-sächsischen Infanterie-Regiments 134 in Plauen. Nach zwei Jahren klang die Militärmusik aus, eröffnete sich ihm doch durch Kontakte von Musikerkollegen die Möglichkeit auf Einstellung beim Plauener Theater. Er ließ sie nicht verstreichen. Der junge Orchestergeiger zog als Untermieter in die Rähnisstraße-Straße und gefiel rasch einer von sechs Töchtern der resoluten Lokomotivheizer-Witwe Petzold, die außerdem noch die zwei jüngsten Buben ihrer acht Kinder versorgen musste.

Ihr Mann Franz hatte bis zu seinem Tode für die „Voigtländische Staatseisenbahn" gearbeitet und die Familie lange Zeit im böhmischen Eger gelebt. Um die Jahrhundertwende war sie nach Plauen gezogen. Bevorzugt fuhr Franz auf der Bahnstrecke Plauen-Eger, die durch das Syra-Tal und Schönberg nach Hof führte. Sein kurzes Leben lang befeuerte er mit einer Riesenschaufel aus einem Kohlenvorratsloch den Schlund von Lokheizöfen. Harte Knochenarbeit. Technisch durchaus anspruchsvoll, galt es, Dampfdruck und Wasserstand zu kontrollieren, Maschinen zu pflegen oder zu reparieren. Jede Fehlbedienung oder Unachtsamkeit konnte gefährliche Unfälle herbeiführen. Daher erhielten „Heizer" und zugleich Kesselwärter eine längere Ausbildung.

Rußschwärze im Gesicht, grinste der stets gut gelaunte Egerländer aus dem Maschinenraumfenster. Nur auf seinen Wink hin durfte der Zug beim Halt an Bahnsteigen weiterfahren. So ging es jahrein, jahraus. Plötzlich schleppte er sich keuchend und hustend zur Arbeit. Tagelang. Nein, kein Innehalten, keine Bettruhe, keine Schonung. Hinweise seiner Frau missachtete er. Franz spuckte Blut, das Fieber stieg immer höher, Schweißströme perlten vom Körper ab. In seinen Träumen holte ihn der tägliche Arbeitstrott ein. Nur viel intensiver die Hitze, die sich mit Speichel, Blut und Schweiß vermischte. Der Arzt kämpfte vergeblich gegen die Lungenentzündung. Gerade fünfzig Jahre alt, hinterließ Franz Frau und acht Kinder.

Hermann gewöhnte sich das Milchtrinken an, weil Maria, die älteste Petzold Tochter, täglich im Molkereigeschäft Dübler einkaufte. Es funkte nach kurzer Zeit zwischen beiden gewaltig. Ein ganzes Jahr turtelte das Paar offensichtlich ohne besondere Verhütungsvorkehrungen herum. Deshalb war plötzlich Eile für eine Eheschließung geboten. Die „gute Hoffnung" der Braut wölbte sich am 14. Mai 1912 anlässlich der Hochzeitsfeier fast augenfällig. Als Trauzeuge bot Familie Petzold den im nahe gelegenen Auerbach wohnenden Verwandten Richard Gustav Kolbe auf. Nach dem Auslöffeln der Hochzeitssuppe setzte der Friedhofsverwalter zur Festrede an. „Ja, ihr Lieben, heute dürfen wir mal alle abschalten, selbst ich von meinem Trübsinns-Alltag. Dem Hochzeitspaar gewidmet, vogtländischer Bockigkeit und Verdrossenheit zum Trotz, erhebe ich das Wort. Und lobe den Bräutigam, seine Musikalität. Oh ja, ich vernehme den Violinpart in Mozarts ‚Figaro'. Das berührt mich ebenso wie der böhmische Charme der Braut. Ich sehe sie grazil über den Marktplatz Egers spazieren. Vorbei am ‚Stöckl', den kunstvollen Fachwerkhäusern. In den Fußstapfen des tschechischen Königs Georg von Podiebrad wandeln. Den Blick in die Auslagen feiner Waren und Spezereien der reichen Kaufhäuser gerichtet. Na, da musste den Geldbeutel öffnen, lieber Gemahl. Aber unserer Maria reicht bei ihrer Bescheidenheit schon ein Sonntagsausflug. Also hinein in die Zukunft von Familie. Ich prophezeie ihr ein zünftiges Gelingen. In dieser schönen Maienzeit, hier die Petzolds, da die Liesigks. Ein wunderbarer Aufbruch. Ein gelungener Zusammenschluss. Ein Hoch auf das Brautpaar. Und nach dem Essen unbedingt auf ins Tanzvergnügen!" Otto, Hermanns Lieblingsbruder, ergriff das Wort: „Ich möchte dem lieben Brautpaar eine Kostprobe unseres geschätzten Dichters Wilhelm Busch entbieten und meinen herzlichsten Glückwunsch aussprechen. Das Gedicht handelt von Gründen für eine Heirat. Also zugehört:

„Warum man heiratet
Der eine tuts um die Dukaten,
der zweite um ein hübsch Gesicht,
der dritte darf nicht länger warten,
der vierte, weil Mama so spricht.

Der fünfte will sich einmal setzen,
der sechste ist nicht gern allein,
der siebte hofft, sich zu ergötzen,
der achte möcht auch einmal frein,
beim neunten sind es Mitleidstriebe,
doch ihr – ihr heiratet sicher nur aus Liebe."

Nur kurze Zeit währte das unbeschwerte Familienleben. Die politischen Entwicklungen versprachen nichts Gutes. Ende des Jahres sah sich Kaiser Wilhelm II. auf dem Höhepunkt seiner Flottenpolitik. Das Wettrüsten der Großmächte, diverse Krisen vor allem auf dem Balkan, aber besonders die eitle Großmannssucht des deutschen Monarchen und seiner Claqueure führten zwei Jahre später zum Ersten Weltkrieg. Mitte Juli kam Tochter Irma zur Welt. Wie kaum anders zu erwarten, musste der frischgebackene Papa 1914 „hinaus ins Feld". Sein Wunsch erfüllte sich endlich, und begeistert schmetterte er inmitten der Kameraden: „Jeder Tritt ein Britt, jeder Stoß ein Franzos, jeder Schuss ein Russ". Gleichwohl führte sein Einsatz nicht an die Front, sondern zum Musikkorps, und er schob Dienst als Krankenträger.

Zum Leidwesen der deutschen Generalität verliefen die Gefechte, „das Preisschießen auf Paris", nicht so wie geplant. Aus einem kurzen Krieg wurde ein langer, und die Bevölkerung im eigenen Land litt außerordentlich. Im Herbst 1917 gab es angesichts der britischen Seeblockade so gut wie keine Lebensmittel mehr. Einzig Steckrüben blieben auch im Vogtland in etlichen Varianten auf dem Speisezettel, als Suppe, Marmelade, Kaffee, Gemüse, Salat oder Kuchen.

Mutter Maria wohnte gegen Kriegsende mit den Kindern Harry und Irma im Plauener Stadtteil Haselbrunn, einem von der Textil- und Spitzenindustrie dominierten Vorort unter Kleinbürgern im Arbeitermilieu. Die Soldatenfrauen und Kriegerwitwen pflegten eine herzliche Nachbarschaft und betreuten gegenseitig ihre Kinder. Am Freitag, dem 19. Juli 1918 durfte der fast sechsjährige Harry während eines „Kaffeekränzchens" hinunter auf die Straße zum Murmeln spielen. Schwester Irma musste oben bleiben. Es war ein außerordentlich heißer Sommernachmittag. Gustav, der zwei Jahre ältere Sohn von Kriminalwachtmeister Nestler, entschied, heute „Wandmurmeln" an Bäcker Heinrichs Hauswand zu spielen. Der Weg zum naheliegenden Rähnisberggelände erschien wegen der

Hitze zu weit. Dort buddelte er sonst mit seinem grobschlächtigen Schuhwerk die Kuhlen fürs „Kugeln" aus. „Wir spielen Rückpraller. Wer am nächsten dran ist, gewinnt alles! Du hast aber ein volles Säckel, Fritz. Dann fang mal an." Im Verlaufe des Spiels nahm der Vorrat des Stickmeister-Sohnes von gegenüber merklich ab, und Harrys Säckchen füllte sich mit den aus Lehm gebrannten, bunten Kugeln. Ganz besonders freuten ihn rote und schwarze, weil sie zusammen mit Weiß die Vereinsfarben des in der Nachbarschaft spielenden Fußballvereins VFB Plauen waren.

Mitten in seinen Jubel hinein krachte ein infernalischer Donner aus südwestlicher Richtung der Stadt. Sämtliche Fenster der Straße öffneten sich. Nervöse Rufe forderten die Kinder auf, schnell „nach oben" zu kommen. Vom dritten Stockwerk aus bei Oma Petzold sahen die Frauen eine riesige Rauchwolke. Aus dem Pulk der nunmehr in der Luisenstraße umhereilenden Anwohner drang hinauf: „Die Kartuschieranstalt brennt. Eine schlimme Explosion! Und sicher gibt es viele Tote." Die Frauen verabschiedeten sich nach einer weiteren Stunde so gegen 18 Uhr. Irma spielte indessen unverdrossen mit ihrer Lieblingspuppe in der Kinderecke. Mutter Maria, irre aufgeschreckt, nahm sogleich ihren Harry ganz fest in die Arme: „Ach mein ‚Gutester', diese schlimme Kriegszeit! Jetzt hoffen wir, dass mal ein Ende naht." Zu seinem Schwesterchen gewandt rief sie: „Irmchen, jetze komm mal zur Mama. Dich muss ich doch auch drücken."

Die gesamte Stadt verharrte in Aufregung und Angst. Offiziell flossen nur spärlich Informationen. Kein Zeitungsbericht am folgenden Tag. Stattdessen die Schlagzeile „Schlacht zwischen Aisne und Marne neu entbrannt" im „Vogtländischen Anzeiger". Fast dreihundert Tote hatte das Unglück im Flammenmeer der Pulverfabrik gefordert. Eine Solidaritätswelle nahm sich der Opfer spontan an. Die AEG, Allgemeine Elektrizitätsgesellschaft, Eigentümerin des Unternehmens, räumte Sicherheitsdefizite ein, beschwichtigte. Stellte schließlich auf Verlangen von Oberbürgermeister Lehmann zukünftig eine nichtmilitärische Nutzung des Betriebs in Aussicht.

Mit über zwanzig Millionen Toten endete der Erste Weltkrieg. In Berlin tobten politische Unruhen. Kaiser Wilhelm II. schlitterte in deren Verlauf seinem Abgang entgegen. Während die Umwälzung Russlands zur Sowjetunion ablief, empfing Maria erleichtert ihren Hermann als ausgedienten Soldaten. Dem „Heldentod fürs Vaterland" war er entgangen. Sein Musikkorps spielte abseits des erbarmungslosen Stellungskrieges und der Materialschlachten. Im Juni 1919 beschlossen die Gewinner des „Weltbrandes" den Versailler Vertrag mit für Deutschland harten, aber nicht ungerechten Reparationen. Mit dem Wohlstand der Metropole des Vogtlandes war es vorbei.

An einem trüben, regnerischen Apriltag, kurz nach Ostern 1919 begleiteten die Eltern Maria und Hermann zusammen mit Schwesterchen Irma ihren Harry in die Gunoldstraße zur 14. Bürgerschule, später „Rückert-Schule", nach dem Schriftsteller und Orientalisten des 19. Jahrhunderts genannt. Rektor Emil Fischer begrüßte die Schulanfänger in der Aula. Stolz hielt Harry sich an einer fast gefüllten Zuckertüte fest. In vielen anderen befand sich unter ein paar Keksen sowie Zuckerstangen weit mehr Zeitungspapier oder Holzwolle. Der Schulchor hob an und sang: *„Fuchs, du hast die Gans gestohlen, gib sie wieder her, sonst wird dich der Jäger holen mit dem Schießgewehr".* Die dritte Strophe beendete den Vortrag: *„… nimm, du brauchst nicht Gänsebraten, mit der Maus vorlieb".* Es klang despektierlich angesichts der offensichtlich ärmlichen Einschulungsgemeinde im Auditorium. Die neuen Erstklässler eilten ihren Klassenleitern zu. Der humorige Lehrer Curt Mühle führte bereits einen Abzählreim ein, und Vater Liesigk erledigte Formalien im Sekretariat. Im Herbst 1921 übernahm Lehrer Heinze die Klasse. Harry bereitete den Eltern große Freude, seine Leistungen lauteten „gut bis sehr gut". „Sittliches Verhalten, Fleiß, Aufmerksamkeit und Ordnungsliebe" galten die gesamte Zeit über als „völlig zufriedenstellend". Es stimmt mit dem Erziehungskonzept der Eltern überein: Gehorsam leisten, nicht aufmucken oder widersprechen.

Die Geisteshaltung des Vaters ging darüber hinaus. Bereits am 20. Juni 1925 trat er in die Nationalsozialistische Deutsche Arbeiterpartei ein. Seine gerade mal vierstellige Mitgliedsnummer 9066 wies auf eine starke braune Gesinnung und rechtslastige Energie hin. Protesthaltung und Frust jener schwierigen Zeit liefen in die falsche Richtung. Gefühlskälte, Härte und bedingungslosen Obrigkeitsglauben hämmerte er seinem Sohn ein. Und das, obwohl er über einen zwar nicht regelmäßigen, aber doch sehr kreativen Job beim Stadttheater als Geiger des Orchesters verfügte.

Statt unbeschwertem Theatergang erlebte Plauen in diesen Jahren einen Niedergang. Spitzen- und Stickerei-Produkte waren in der Textilbranche nicht mehr gefragt. Andere Industriezweige anzusiedeln scheiterte. Die Arbeitslosenquote stieg rasant und wies den höchsten Stand aller deutschen Großstädte auf. Nicht genug. Ergänzt um die Massen von Klein- und Sozialrentnern, Kriegsbeschädigten und Hinterbliebenen, kletterte im Inflationsjahr 1923 die Zahl der Sozialfürsorgeempfänger auf 55 Prozent! Die wirtschaftliche Misere traf die Musikerfamilie sehr hart, denn Ausgaben für Kultur reduzierte der Staat auf Pfennige. Das ständige Hin und Her über den rechtlichen, letztlich pekuniären Status des Orchesters im Stadttheater verunsicherte alle Musiker. Der Violinist Hermann Liesigk litt unter dem ungeklärten Angestelltenstatus. Einem langen Geplänkel, vom Orchesterpersonal angezettelt, folgte endlich die Übernahme durch die Stadt – verbunden mit ganzjähriger Anstellung der meisten des Ensembles und Angestelltensalär. Eine enorme Verbesserung gegenüber früher, als es während spielfreier Sommermonate keinerlei Gage gab. Auftritte als Gastorchester in Zeulenroda, Oelsnitz und Auerbach erweiterten die Einnahmequelle. Ebenso „auswärtige Dienstleistungen" während der Sommerzeit als Kurmusik in Bad Elster. Die geringe Bezahlung entsprach der unteren Gehaltsgruppe eines städtischen Angestellten. Brotlose Kunst! Fast. Der Speiseplan von Familie Liesigk jedenfalls fiel schlicht und monoton aus. Kleidung musste lange halten. Nur ab und an kam es wie bei vielen notleidenden Nachbarn zum Anschreiben in den kleinen umliegenden Lebensmittelläden.

Im Hauch eines zarten wirtschaftlichen Aufschwungs begann im März 1927 die „Richard Strauß-Festwoche" in Plauen, welche der bedeutende Komponist höchst persönlich betreute und zum größten Teil als Dirigent oder besser gesagt „Pultvirtuose" leitete. Sie geriet zum musikhistorischen Ereignis der Stadt, betrat das Genie doch sonst nur die besten Bühnen Deutschlands oder der Nachbarländer. Hermann geigte unter Dauerstress und doch mit künstlerischer Hingabe im Orchester der Provinzstadt, das Klänge produzierte, die der Impresario freundlich würdigte. Nach intensiven Wochen der Vorbereitung hob sich der Vorhang für die Opern „Elektra", „Rosenkavalier" und „Ariadne" sowie für das lockere Abschlusskonzert mit der Sinfonie „Aus Italien". Die beschwingte Darbietung des Jugendwerkes von Richard Strauß begeisterte den Kulturreporter des „Vogtländischen Anzeigers", Ernst Günther. Am 13. März 1927 formulierte er für die als emotionsarm geltenden Vogtländer einige geradezu flippige Zeilen: *„ Dann der vierte Satz ‚Neapolitanisches Volksleben'. Keck wirft Strauß das Gassenhauermotiv ‚Funiculi, Funicula' hin, das jedes ältere Ehepaar, wenn es noch beieinander ist, auf seiner Hochzeitsreise in Italien gehört hat. Es erscheint in Moll, in Dur, leise angedeutet, dann in ganzer Frechheit. Es kommt die Tarantella herangetanzt, herangefegt. Bald verschwistert sie sich mit der Leitmelodie* *und ist am Ende wieder allein. Neue Themen – bis ein toller Wirbel alles durcheinanderjagt."*

Einige Wochen später nach dem außergewöhnlichen Ereignis und beim Ausspannen während einer Orchesterprobe für Franz Lehars Operette „Der Graf von Luxemburg" witzelte im „Café Trömel" Kollege Goßmann: „Na, kennste den schon Hermann? Sagt Frau Möbius: Nachdem wir nun im Plauener Theater die Strauß-Woche hatten, Richard persönlich da war und dirigierte, lässt man jetzt zur nächsten Beethoven-Aufführung diesen selbst kommen. Antwortet Frau Neumann: Nu reden Sie aber keinen Unsinn. Beethoven ist doch lange tot. Frau Möbius: Was? Blamieren Sie sich nicht. Wie können Sie sagen Beethoven wäre tot? Frau Neumann: Ach, es stimmt ja, ich habe ihn jetzt mit Mozart verwechselt."

Vor derartigen Verwechslungen blieb die Musikerfamilie gefeit. Vor Erfolgen in diesem Jahr nicht, denn kurz darauf, Ostern 1927, feierten die Eltern und Schwester Irma im Restaurant „Waidmannsruh" Harrys Schulabschluss mit Kartoffelsalat und Hofer Würstchen. Oberlehrer Hense, angesehener Kantor und musikalischer Förderer Harrys, unterrichtete zuletzt als Leiter die Abschlussklasse und überreichte während eines Festaktes das Zensurbuch. Nun lag das Prachtstück mit erstklassigen Beurteilungen der achtjährigen Volksschulzeit als ansehnliche „Visitenkarte" auf dem Wirtshaustisch. Im Vereinszimmer nebenan spielte eine Combo zum Auftakt der Frühjahrssaison Operettenmelodien und Schlager. Besonders erheiterte das Publikum der Hit vom letzten Jahr „Was macht der Maier am Himalaya" des österreichisch-jüdischen Autors und Komponisten Fritz Rotter, der später groteskerweise seine so erfolgreiche Karriere im Jahre 1966 ins Abseits trieb, und zwar mit einem Schlagertext für Freddy Quinn, „*Wer will nicht mit Gammlern verwechselt werden? Wir!*" Die Musiker swingten der finalen Liedaussage entgegen: „*Rauf, ja da kommt er / Ich frag mich aber / Wie kommt er runter ... Er macht 'nen Rutsch und ist futsch!*" Den Schlagertext aufgreifend, sprach der Papa: „Mensch, lieber Harry, wenn du nun ins Berufsleben gehst, dann darf dir aber so ein Rutsch nicht passieren! Also, dass alles daneben gehen sollte." Darauf antwortete der Sohn in Konfirmandenanzug und Schlips ungewohnt locker: „Keine Sorge. Dagegen werde ich ganz sauber geigen!"

Die Aussage kam nicht von ungefähr. Schon mit sechs Jahren gab es strikt dirigierten Unterricht vom Papa mit großem Lernerfolg. Der Filius klimperte auf dem heimischen Klavier und bewältigte nach kurzer Zeit die „Gustav Damm – Klavierschule" der Chemnitzer Edition Steingräber. Wie der Papa sollte auch Harry Musiker werden. Nach Recherchen in Kollegenkreisen meldete Hermann ihn in der Orchesterschule der Stadt Kötzschenbroda bei Dresden an. Für Jugendliche aus einfachen Verhältnissen eröffnete sie große Chancen einer musikalischen Grundausbildung. Ein Studium am Konservatorium wäre unerschwinglich gewesen. Aber auch die kleine Lösung gab es nicht umsonst.

Die Kosten der vierjährigen Ausbildung zum Musiker betrugen jährlich einhundert Reichsmark. Dafür erhielten die Auszubildenden Kost und Logis unter Beachtung rigider Verhaltensanordnungen. *„Der Schüler hat mitzubringen: zwei vollständige Bettbezüge (alle vier Wochen zu wechseln), acht Handtücher (wöchentlich zwei zu benutzen), vier Unterhemden (wöchentlich zu wechseln), vier Nachthemden, sechs Oberhemden, 12-18 Kragen, 2 Paar Schuhe, 1 Paar Hausschuhe, 2 Anzüge und einen Hausanzug. Der Schüler gelobt Fleiß und Gehorsam seinem Direktor, Gehorsam aber auch dessen Ehefrau, dem Vertreter und Beauftragten des Direktors, den angestellten Lehrern und gelobt, sich gewissenhaft und willig in die Hausordnung einzufügen."*

Am 28. April 1927 reiste Harry mit seinen Eltern per Frühzug gen Dresden, wo sie nach zwei Stunden Fahrt umsteigen mussten. Vater Hermanns Frage auf dem Hauptbahnhof hätte wie folgt lauten können: „Verzeih' n Sie, mein Herr, fährt dieser Zug nach Kötzschenbroda?" Ihr liegt die Idee von Bully Buhlan und Peter Rebhuhn zugrunde, welche Glenn Millers Dampflok-Hit „Chattanooga Choo Choo from New York to Tennessee" aus dem Jahre 1941 kurz nach dem Zweiten Weltkrieg ins Deutsche transferierten. Der Schlager entstand durch die Entdeckung des ungewöhnlichen kleinstädtischen Namens. Aufgrund gesprengter, defekter Gleise konnten Züge damals Dresden nur rechtselbisch über die Stadt Radebeul und den Stadtteil Kötzschenbroda erreichen. Den Musikern und Komponisten geriet der Provinzbahnhof zur genialen Textidee vom „Kötzschenbroda-Express" mit der Melodie des Swing-Titels. Der Hit erfuhr schlagartig einen großen Bekanntheitsgrad in Deutschland. Nicht genug mit der flotten Melodie, denn Udo Lindenberg textete 1983 den „Sonderzug nach Pankow", der ihn in die DDR rocken sollte.

Unspektakulär und pünktlich kam der Zug am Bahnhof Kötzschenbroda, später „Radebeul-West" genannt, an. Schnellen Schrittes ging es mit einem großen Koffer zur Villa „Bruno Krumbholz" in der Blücher-Straße. Stadtmusikdirektor

Wilhelm Laudel, der dort wohnte und zugleich unterrichtete, empfing persönlich den zukünftigen Musikschüler Harry samt Eltern. Die Gattin des Schulleiters, Frau Martha Margaretha, stellte ihr Betreuungsprogramm vor: „Ich bin für den Internatsbetrieb zuständig, kümmere mich um Sitte und Moral. Aber keine Bange, das Seelenheil liegt mir auch am Herzen. Ich lasse es nicht an der nötigen Zuwendung fehlen. Die jungen Talente sind bei mir unter allerbester Kontrolle. Nur zu ihrem eigenen Wohle. Außerdem wissen Sie ja, dass sich bei uns einige Plauener Jungmusikanten eingefunden haben."

Den offiziellen Aufnahmeakt, nach Durchsicht von Regularien und Unterzeichnung des Vertrages, beschloss der Konzertmeister jovial: „Wir sind doch eine große Musikgemeinde. Nicht wahr, lieber Geigerkollege? Also, dann geht der junge Mann sicher mit Freude ans Werk." Mama Maria kullerten die Tränen herunter. Harry starrte mit schweißnassen Händen und unsäglichen Trennungsängsten durchs Fenster ins trübe Aprilwetter. Vater Hermann nickte gedankenvoll, als der Maestro eine humoristische Auflockerung nachschob: „Na, dann lassen Sie mal die neue ‚Stadtpfeife' zurück. Die piept sich schon zurecht!" Im Volksmund nannte man die Musikfachschüler so, was auf einem geschichtlichen Hintergrund beruhte. Bis Ende des 18. Jahrhunderts leisteten sich Städte sogenannte „Stadtpfeifer", die in Zünften zusammengeschlossen waren und zu allen möglichen Anlässen spielten: auf Hochzeiten, Banketts, der Kirmes, in der Kirche. An normalen Tagen mit Posaunen und Zinken, aber an Festtagen mit Pauken und Trompeten!

Der Eintritt in die Lehrjahre brachte den vierzehneinhalb Jahre alten Eleven aus der Fassung. Weg vom überschaubaren Zuhause der Familie. Hinein in die riesige, bedrohlich erscheinende Villa, wo er im angeschlossenen Hinterhaus ein Zimmer mit drei anderen Musikkandidaten teilte. Unvergessen die erste Nacht. Das Rattern vorbeifahrender Züge auf den nahe gelegenen Bahngleisen rief ein Rinnsal von Tränen hervor. Fuhren sie doch alle bestimmt in seine vogtländische Heimat. Ansonsten blieb für Sentimentalitäten wenig Zeit. Die Tage liefen strikt nach einem geregelten Muster ab. Um 6.30 Uhr aufstehen, Frühstück, sodann praktischer Unterricht bis zum späten Nachmittag im Hauptfach Violine und Posaune im Nebenfach. Teilnahme am allgemeinen Berufsschulunterricht „Abteilung für Musiker" und an der „wissenschaftlichen Nachbildung" als flankierende Maßnahme zur Musikausbildung. Der Lehrplan beinhaltete Geschichtliches, Grundlehre, Biographien, Literarisches, des Weiteren Fachrechnen, Bürger- und Geschäftskunde sowie Buchführung. Leibesübungen, vor allem Turnen, sollten der körperlichen Ertüchtigung dienen – auch auf dem Außengelände, wo es um Schlag-, Hand-, Faust-, und Fußballspiele ging. Turnerische Übungen mussten zackig und diszipliniert ablaufen.

Allmählich lebte sich der Haselbrunner Junge aus Plauen ein und merkte, wie sehr sein leichtes Erfassen beim Instrumente-Spielen den Unterrichtenden gefiel. Der erste Sommer verstrich wie im Flug. Am 25. September 1927, seinem fünfzehnten Geburtstag, arrangierte die Internatsleiterin eine kleine Feier. Sie gestaltete eine Kaffeerunde, überreichte ein Päckchen aus Plauen und schenkte ihm die Novelle „Mozart auf der Reise nach Prag" von Eduard Mörike. Sehr praktisch, denn kurze Zeit später benötigte er das Büchlein als Lektüre in der Musikerklasse der Berufsschule. Wie nicht anders zu erwarten, endete die Geburtstagsfeier pünktlich um 21 Uhr, zur obligatorischen Zubettgehzeit oder wie es deutlicher hieß, dem Zapfenstreich. Der ritualisierte Internatsalltag behagte Harry, entsprach er doch dem autoritären Erziehungsstil des Elternhauses. Die klaren Vorgaben provozierten nur selten Konflikte. Im Gegenteil. Sie manifestierten das verinnerlichte Orientierungstaktmaß. Einsamkeit und fehlende emotionale Zuwendung begleiteten in Mollmelodien seine Freizeit. Stets die Maßgabe des Vaters vor Augen, ein guter Orchestergeiger zu werden, vertiefte er sich ins praktische Musizieren und sein Lieblingsinstrument, die Violine. Sie diente ihm als Gemütsausgleich.

Im Januar 1929 übernahm Kammervirtuose der Staatsoper Dresden Otto Wunderlich als Lehrer den Geigenunterricht. Dadurch erhöhte sich die Qualität in Harrys Musikspiel. Fortan stieg die Zahl seiner Einsätze bei Auftritten im Laudel-Stadtorchester Radebeul. Sie wurden Teil der Ausbildung und lagen zugleich im ökonomischen Interesse des Direktors. Weniger Anklang erfuhr das zögerliche und angepasste Auftreten Harrys im Internatsalltag bei den Kameraden. Immer wenn Frau Laudel ihre Rundgänge machte, waren sein Spind und Bett aufgeräumt, Instrumente und Bücher wohl geordnet am Platz. So wetterte sein Zimmergenosse Eugen, nachdem er wieder einmal einen Rüffel wegen „schlampiger Ordnung" erhalten hatte: „Mensch Harry, was soll denn dein braves Getue. Du verdirbst ja die Preise. Das ewige Kuschen haste wohl aus dem finsteren Vogtland mitgebracht! Lass uns mal am nächsten dienstfreien Mittwoch zusammen runter zur Elbe in eine Schänke gehen, damit ich dir Lebensschwung zeigen kann, du trübe Tasse!"

„Aber nur, wenn Rudi mitkommt." Der Kontrabassist stammte ebenfalls aus Plauen, ein Jahr bereits älter, also fast „volljährig" und für Harry eine Art Mentor, zugleich ruhender Pol mit hintersinnigem Humor: „Der Eugen ist freilich ein Hallodri, aber einen kleinen Blödsinn mache ich schon mit." Also rückten die drei gegen 18 Uhr an einem milden Spätsommertag aus. An prächtigen Villen vorbei schlenderten sie Richtung Elbe-Ufer und erreichten das Vergnügungszentrum von Altkötzschenbroda. Hier standen aufgereiht Gasthäuser, Ausflugslokale, Cafés und Einkehrstätten. Trotz verschärfter wirtschaftlicher Lage existierten nahezu dreißig solcher Wirtshäuser in dem Kleinstadtbezirk. Anhand verschiedener Auftritte im Laudel-Orchester kannten die drei „Ausflügler" besonders die Balllokale. Besser daran vorbei, hätte man sie doch sofort als „Stadtpfeifen" erkannt. Sie landeten im „Goldenen Anker", der ebenfalls einen Vortragssaal besaß. Aber dort hatte bisher noch kein Konzert der Stadtkapelle stattgefunden.

Unsicher betraten sie das Lokal und näherten sich der Theke. Ein Kellner empfing sie jovial hinterhältig: „Guten Abend, die jungen Herren. Bevorzugen Sie einen Gartenplatz oder möchten Sie lieber hier sitzen? Ich hätte diesen Tisch mit Blick nach draußen frei." Da im Garten sehr viel los und im Gastraum nur der Stammtisch besetzt war, entschieden sie sich für drinnen. „Belieben die Herrschaften zu speisen?" Nein, danke. Eugen bestellte stattdessen Biere für alle drei. Der ursprüngliche Plan einer Lößnitz-Weinprobe entfiel angesichts der Preise auf der Getränkekarte.

„Wohl bekomm's!" Resolut platzierte der Kellner drei „Halbe" auf dem Eichentisch. Hell klang das Anstoßen der schweren Gefäße. Der erste Schluck „Lößnitz-Quell" floss Harry erfrischend durch die Kehle. Mollig wohltuend erreichte er den Magen und stieg mangels Übung gleich zu Kopf. Schnell machte sich Leichtigkeit breit. Ungewohnt behänd lancierte er Redebeiträge zum Internatsbetrieb. Die strengen Regeln gingen ihm entschieden auf die Nerven! „Mensch Harry, das sind ja ganz neue Töne, die du uns jetzt vorsingst!" Bass erstaunt, bestellte Rudi die nächste Runde.

Dem mit mehr als einem halben Dutzend Männern besetzten Stammtisch gegenüber entging kein Detail. Sie beäugten die unbedarften Jugendlichen als willkommene Abwechslung in ihrem routinierten Wirtshausalltag. Verschmitzt und spöttisch fielen die Kommentare über die längst erkannten Personen aus. „Dann machen wir uns mal ein Späßchen." Als erster kontaktierte ein schnauzbärtiger

Handelsvertreter mit tiefer Stimme freundlich die jungen Leute. „Nu, ihr seid aber nicht von hier? Nu, was macht ihr denn so?" Schlagfertig entgegnete Eugen keck: „Also, ich bin aus der Großstadt Chemnitz und genieße gerade mein Bier." Harry und Rudi traf die Aussage wie der morgendliche Weckruf im Internat. Sie zuckten zusammen, während der Stammtisch in Wallung geriet.

„Und deine Begleiter, sind das auch so Großmäuler?" „Nee, ganz normale, sie kommen aus dem schönen Vogtland, der Spitzenstadt Plauen." Verlegenes Lächeln. Aus dem Hintergrund kreischte der bereits angeschwipste Kellner: „Jetze weiß ich, wo die Kerle hingehören. Das sind Stadtpfeifen. Die spielen beim Laudel-Orchester." Belustigt kam die Aufforderung eines schlaksigen Reichsbahnbeamten: „Och freilich, du Herr Ober im Ruhestand! Und weil sie gerade so in Stimmung sind, könntense sicher eine kleine Melodie oder ein Liedchen zum Besten geben. Hier steht unser Klavier!" Er zeigte auf den zwischen Ballsaal und Schankraum stehenden Stutzflügel, gut postiert für eine Stammtisch-Darbietung.

Die drei zuckten ängstlich zusammen, weil die Kneipenhonoratioren entschieden auf eine Kostprobe der Musikerlehrlinge drängten. „Menschenskind, so eine kleine Mugge muss doch drin sein, wir verraten auch nichts! Also, mal einer ran ans Piano." Am besten nen Gassenhauer zum Mitsingen oder was fürs Gemüt. Keiner der drei war Klavierschüler, nur Harry konnte spielen. „Kamerad, das ist deine Chance. Du klimperst doch fast jeden Abend in der Villa." „Ich hab' schon einen Kleinen im Tee. Wie soll das denn gehen?" „Ach was", erwiderte Eugen, „wir unterstützen dich mit Gesang. Keine Bange, das kriegen wir hin. Wir sind ja schließlich vom Fach. Und letzte Woche stand doch der „Lindenbaum" auf dem Programm. Da sind Rudi und ich allemal textsicher." Richtig, Konzertmeister Kloß behandelte im Unterricht ausführlich Franz Schuberts „Winterreise" und das darin enthaltene ursprüngliche Volkslied, welches jeder bis zur nächsten Stunde auswendig lernen sollte. Eugen stand plötzlich auf und entschied ohne Rücksprache mit seinen Freunden: „Nun, wir geben ein Lied zum Besten, obwohl wir das nicht dürfen. Wir wagen es und hoffen auf Ihr Vertrauen." Harry und Rudi erstarrten. Die Kleinbürger-Runde hingegen raunte und witzelte. Eugen war es aber noch nicht genug. Wie ein schon auf festen Bühnenbrettern wandelnder Conférencier, setzte er die Ansprache fort: „Meine Herrschaften, in wenigen Augenblicken erleben Sie eine Premiere der Lößnitzer Musikkultur in Darbietung eines allseits geschätzten Volksliedes."

„Jetzt aber mal los!" Eugen packte Harry und schleppte ihn zum Piano. Dem zitterten die Hände. Doch als er auf dem Klavierschemel saß, die Tastatur in Fingernähe, ergriff ihn die Leichtigkeit des Bedienens. Blickkontakt, kurzes Nicken. Harmonische Akkorde erschallten. Getragen kraftvoll klang das Lied vom „Lindenbaum am Brunnen vor dem Tore". Und anders als erwartet, fiel das Auditorium nicht grölend ein. Zu überzeugend gelang der Vortrag der drei Musikschüler. Eugen provozierte bei der vorletzten Strophe einen „kleinen Lacher", indem er seine Mütze andeutungsweise nach hinten warf, als es hieß:

Die kalten Winde bliesen
Mir grad' in's Angesicht;
Der Hut flog mir vom Kopfe,
Ich wendete mich nicht.

Begeistertes Klatschen. Der anwesende Bäckermeister L., Vorstand im „Männergesangverein Liederkranz Kötzschenbroda", ergriff das Wort. „Liebe Freunde, wir danken den Musikanten ganz herzlich für ihren schönen Vortrag. Aber so, wie ich ihren Chef kenne, darf er das nicht erfahren. Also bitte Diskretion. Von unserer Runde gibt es ein Abschlussbier, aber dann sollten die wohl angesäuselten Pennäler schnellstens den Nachhauseweg antreten!" Erneut Beifall. Eugen dankte, das Bier kam. Der Chorbruder und dessen Freund, ein Malermeister, setzten sich an den Tisch der drei. Nach einer halben Stunde Fachsimpelei und Fragen zur Musikausbildung erging die Order: „Nun ab nach Hause." Der Kellner eilte herbei: „Die Herren wollen bezahlen?" Die jeweils ausgerechnete Summe landete auf dem Tisch. „Ich wünsche einen guten Heimweg." Unbeholfen rappelten die drei sich mit höflicher Verabschiedung auf. Draußen traf sie die kühle Abendluft. Es war inzwischen 8 Uhr abends. „Jetzt legen wir mal einen Marschschritt ein. Du schwankst ganz schön, Harry!"

Es war seine erste richtige Begegnung mit der Volksdroge Alkohol. Der Vater, obwohl Wirtssohn, trank im Gegensatz zu vielen Musikerkollegen und Nazi-Kameraden überhaupt nicht. Probieren, kurzes Nippen, das erlaubte er seinem Sohn nach dessen Konfirmation. Danach gab es keine Gelegenheiten mehr für solche Experimente. Nun also die erste Herausforderung. Harrys Schritte erlahmten. „Ich kann nicht mehr!" „Stell' dich nicht so an. Wir helfen dir." Eugen und Rudi versprühten weiter gute Laune. Sie hakten den Kumpel unter und schleppten ihn bis zur Villa Krumbholz. Eine gute Viertelstunde dauerte ihr Weg.

Vereinzelte abendliche Spaziergänger beäugten das Trio misstrauisch. Gegenüber vom Bürgersteig bellte ein Rauhaardackel in allerschrillsten Tönen. Die ältere Dame hielt verkrampft die Leine fest: „Rieke brav. Jetzt ist aber gut. Die tun dir doch nichts."

Nur nicht auffallen beim Eintritt ins Gebäude. Harry schwebte fast die Eingangstreppe hinauf, weil ihn die beiden Begleiter trugen. Auf ins dritte Stockwerk. In der Bude angekommen, stürzte Harry samt Kleidung aufs Bett. „Oh, wie ist das schön." Eugen versuchte, der Lage Herr zu werden: „Klamotten aus. Vielleicht kommt nachher der Stubendurchgang. Da solltest du nicht auffallen." Rudi half beim Entkleiden. Die Prozedur zog sich hin, aber passend zum Zapfenstreich schien der Trunkenbold zur Ruhe gelangt. „Jedenfalls liegt er flach und zappelt nur wenig."

Aber es ging wieder los: „Ich will zu meiner Mutti. Kommt mit mir raus. Ich bleib' nicht mehr länger hier in dieser Kaserne." Nun griff Peter, der Vierte im Zimmerverbund, ein. „Wenn ich dich so sehe, bin ich grad' froh, nicht bei eurer Sauftour dabei gewesen zu sein. Jetzt ist Schluss, du hältst die Klappe. Sonst, gieß ich dir 'nen Eimer Elbwasser über deinen Hiefekließ." Peter stammte aus dem vogtländischen Reichenbach und bezeichnete Harrys Kopf grollend als Hefekloß! Das wirkte, mehr aber das viele Bier im Magen. Zunehmende Übelkeit drückte, quälte, ekelte bis zum Erbrechen. Das Hochschnellen aus dem Bett provozierte einen fontäneartigen „Kotzstrahl", der am Waschbecken verrann, um erneut auszubrechen. Die anderen waren entsetzt. Harry versank in Traurigkeit und Ohnmacht. Vereint wischten seine Kameraden die Spuren weg, ertrugen den fauligen Geruch von Erbrochenem. Am nächsten Tag bestellte Harry neue Bettbezüge. Auf Nachfrage versicherten alle, dass der Verzehr einer Knackwurst ihm beim gestrigen Stadtrundgang total den Magen verdorben habe. Sie musste verdammt schlecht gewesen sein!

Alles ging gut. Die alkoholische Entgleisung blieb eine anekdotische Ausnahme während der harten Lehrzeit. Die Ausbildungsqualität stieg und Harrys Ansehen mit ihr. Am 12. März 1930 dirigierte Direktor Laudel im Festsaal des Kötzschenbrodaer Veranstaltungslokals „Zum Heiteren Blick" das zweite Städtische Sinfoniekonzert mit seinen nahezu fünfzig Musikern überaus beeindruckend. Darüber berichtete sogar der „General Anzeiger Kötzschenbroda". Dem Geiger Liesigk prophezeite die Zeitung „eine schöne künstlerische Laufbahn", wie es im Artikel hieß. *„Der erst siebzehnjährige junge Mann spielte das* *große Konzert für Violine mit Orchester ‚Scene de Ballett' von Charles de Beriot. Der sangliche Ton, die fertige Technik und die musikalische Einfühlung in das schwierige Werk brachten ihm starken Beifall ein, auf den der junge Mann recht stolz sein kann.* " Ausgerechnet die von den Nazis missbrauchte sinfonische Dichtung „Präludium" von Franz Liszt, jene im wahrsten Sinne bombastische Begleitmusik der Wehrmachtsberichte in den „Wochenschauen", bildete das Ende des Konzerts. Der zwei Stücke vorher dargebotene „Rosenkavalier" von Richard Strauß hätte das Publikum wohl beschwingter entlassen.

Die öffentliche Anerkennung tat Harry gut. In Schule und Internat lief es ebenfalls vielversprechend. Am 25. September 1930 zelebrierte er mit den fünf besten Freunden seinen 18. Geburtstag, fast offiziell in der „Villa", weil Frau Laudel hinzukam. Sie hielt eine kleine Laudatio und stellte die „Freigabe einer Flasche Bier pro Person" in Aussicht. „Glückwunsch, mein lieber Jubilar. Sie sind zwar nicht volljährig, aber schon erwachsen, ein guter Grund zum Feiern. Es ist aber nicht jeder Tag dafür geeignet, besonders nicht der heutige Donnerstag, denn morgen müsst ihr alle wieder recht früh zur Schule. Die Pflicht geht vor." Diese fiel selbst ihm manchmal schwer. Aber das praktische Musizieren gelang immer. Bereits länger agierte der Schüler als Solist. Beim *„Anrechtskonzert der Stadtkapelle am 28. Dezember 1930 fand das zahlreiche Publikum an seinem Violinsolo der Heyre Kati großen Gefallen.* "

Zum Jahreswechsel ging es auf die Zielgerade der schulischen Laufbahn. Er schloss sich mit einigen Klassenkameraden zum gemeinsamen Lernen musiktheoretischer Inhalte für die Abschlussprüfung zusammen. Ein Vierteljahr später, am 15. April 1931, war es soweit. Die Probanden erwartete ein anspruchsvolles Programm. Heute undenkbar, gab es am Vormittag eine öffentliche Veranstaltung im Festsaal der Berufsschule zur theoretischen Prüfung. Abends folgte im Veranstaltungslokal „Heiterer Blick" die Praxis in Form eines Konzertes. Sicher waren die Tests in den Fächern schon vor diesem Tag abgeschlossen und Noten festgelegt. Aber die hochfeierliche Präsentation verlangte Nervenstärke.

Fast dreißig Schüler saßen in der Aula vor einem Publikum aus amtlichen Vertretern, Fachleuten, Gönnern und Musikfreunden. Der Vorsitzende des Musikdirektorenverbandes Gustav Schütze aus Leipzig war zugegen, ebenso die Prominenz der örtlichen Politik wie Schul- und Berufsschulkollegen. Die Veranstaltung stellte eine Prestigeangelegenheit für die Stadt Kötzschenbroda als Trägerin der Laudelschen-Orchesterschule dar.

Recht nervös eröffnete Otto Neubert die Prüfung zu Gehörbildung und Harmonielehre. Der beliebte Lehrer Kloß folgte mit Aufgaben zur Formenlehre und Kontrapunkt. Bei den „Intervallen" schnellte Harrys Finger hoch. Die Frage zur kleinen Septime des Dominantseptakkords beantwortete er korrekt: „Sie löst sich abwärts in die Terz der Tonika auf und im Trugschluss zur Quinte der Tonika Parallele." – „Und Herr Liesigk, wissen Sie auch, wie sich die kleine None des erweiterten Dominantseptakkords auflöst?" – „Ja, sie löst sich in die Quinte der Tonika auf, die große None ebenso. Oder in den Grundton." – „Sehr gut, Sie können sich wieder setzen."

Berufsschuldirektor Frenzel zelebrierte seinen Auftritt zur „Musikgeschichte" und jonglierte mit Fragen. Er verlangte so viele Details, dass die Antwort auf eine Ortsfrage durchaus lauten konnte: „Hier schlenderte Mozart den Bach hinunter!" Gar so genau kam es nicht. In seinem Unterricht ging es bereits modern zu. Einsatz von Radio und Grammophon, Gesangsbeispiele mit Flügel. Professoral begann sein Kolloquium: „Meine Herren, es bietet sich uns ein weites Feld mit vielen herausragenden Persönlichkeiten der Musik, ihren Instrumenten und den sozialen Gegebenheiten. Nun ‚in medias res', dem künstlerischen Mekka Sachsens zu."

Frage: „Carl Maria von Weber machte Dresden wann zum Zentrum welcher Musik?" – Antwort: „Im 19. Jahrhundert wirkte von Weber mit der sogenannten musikalischen Romantik hier. – „Welche weiteren großen Musiker gab es?" – Antworten von drei nacheinander aufgerufenen Schülern: „Richard Wagner. Er komponierte in Dresden den ‚Tannhäuser' und ‚Lohengrin'." – „Robert Schumann wirkte hier, und Richard Strauss dirigierte in der Dresdner Oper seine neun Uraufführungen."

Hier und da verteilte der Direktor Augen zwinkernd einen Rüffel. „Wie lauten die unterschiedlichen Kunstformen musikgeschichtlicher Inhalte?" Antwort Harry: „Kunstlied, Kammermusik und Symphonie, Chorwerke und Oper." Er lehnte sich entspannt zurück. Sein Part war erledigt. Der Reporter urteilte tags darauf im „General Anzeiger Kötzschenbroda": *„Die jungen Leute hielten sich im Kreuzfeuer ihrer Examinatoren recht brav und wacker!"*

Nach hastig verschlungenem Mittagessen und zwei Stunden Pause ging es in das Lokal „Heiterer Blick" zum abendlichen „Prüfungskonzert". Erstmals standen Einspielen und Konzentration auf dem Programm. Stadtmusikdirektor Wilhelm Laudel bereitete alle Mitglieder des fast in Symphoniestärke angetretenen Orchesters einfühlsam vor und gab den zehn Solisten letzte Ratschläge zum Vortrag ihrer Stücke. An Harry vorbei schlendernd, bemerkte er: „Dich kennen die Leute. Schwungvoll den Bogen durchziehen. Keine Bange." Zur Aufmunterung landete die Dirigentenhand resolut auf dem Rücken des schmächtigen Scholaren. Das tat gut.

Eugen nutzte die große Pause bis zum Auftritt, um im benachbarten Blumengeschäft zusammen mit zwei anderen Schülerkollegen den Lorbeerkranz samt Schleife abzuholen, von ihnen vierzehn Tage zuvor in Auftrag gegeben. Kurz nach Einlass, um sieben Uhr, belegten interessierte Bürgerinnen und Bürger aus Kötzschenbroda bereits viele Stühle. Eine halbe Stunde später platzierten sich die Honoratioren in den ersten Reihen: der fast vollständige Stadtrat samt Damen und Bürgermeister Dr. Brunner an der Spitze, Prominenz der Staatsoper Dresden, Schul- und Bildungsrepräsentanten. Berufsschulleiter Frenzel begrüßte feierlich das vollbesetzte Auditorium, verwies auf die Verbundenheit der Orchesterschule mit der Stadt und deren Kapelle und betonte den wirtschaftlich und kulturell bedeutenden Faktor für die Region.

So langatmig hatte Harry sich das nicht vorgestellt. Als endlich nach gefühlten Stunden der Maestro mit dem Taktstock vortrat, dem Publikum einen kurzen Blick zuwarf, sich seinem Orchester zuwandte, war es soweit. Es ging los mit der Oberon-Ouvertüre. Die den Solisten zugeordneten Stücke klappten ausnahmslos gut. Von lautem Klatschen getragen, erfüllten alle die Anforderungen, Spezialisten der Klarinette, des Kontrabasses, Waldhorns, der Trompete und Posaune, des Xylophons. Es folgte das Mozart A-Dur Konzert und Harrys Solo der „Joachim Kadenzen".

Riesenapplaus am Ende für alle Prüflinge. Zentnerlasten von Anstrengung, Spannung und Unsicherheit fielen ab. Schließlich der große Augenblick, die Geste des Dankes an Wilhelm Laudel. Unter Staunen des Publikums hingen zwei Schüler ihrem verehrten Impresario einen Lorbeerkranz um: „Vielen Dank für alles. Ihre Schüler." Beim anschließenden „Großen Ball" übte Harry erste Tanzschritte zum allseits beliebten Walzer „An der schönen blauen Donau". Nur einige hundert Meter von der ruhig dahinfließenden Elbe entfernt.

Sein Blick auf den Fluss symbolisierte Zufrieden- und Gelassenheit nach dem ersten großen Lebensabschnitt und dem prächtigen Schulabschluss. Harrys Förderer Otto Wunderlich, Kammermusiker der Dresdner Staatsoper, stellte ihm ein Empfehlungszeugnis aus, verwies zugleich auf den Abschied aus der Lößnitz.

Am 2. Mai 1931 formulierte er mit schwungvoller Handschrift: *„Harry Liesigk ist geigerisch wie musikalisch sehr begabt, tonlich wie technisch sehr fortgeschritten und hat bei weiterem Studium durchaus solistische Eigenschaften, die zu hoher Entwicklung gebracht werden können. Auf Wunsch seines Vaters verlässt er Kötzschenbroda, wo er bis jetzt als Führer der 1. Geigen im Stadtorchester tätig war und damit auch meinen Schülerkreis. Ich kann ihn als Mensch wie als Musiker zur weiteren Förderung empfehlen und wünsche ihm alles Gute auf dem ferneren Lebensweg!"*

Dieser führte nach Plauen. Aber nicht in eine musikalische Zukunft, sondern zurück in das unsichere Dasein als Arbeit suchender Musiker. Vater Hermann wollte ihn an seiner Seite sehen, obwohl das keine Perspektive versprach. Seit mehr als einem halben Jahr war er selbst arbeitslos und die familiäre wirtschaftliche Not so groß, dass er nicht einmal den Mitgliedsbeitrag für die NSDAP bezahlen konnte und daher am 30. Juni 1930 austrat. Zur weiteren Pflege seiner rechten Gesinnung schloss er sich dem beitragsfreien „Frontkämpfer-Bund Stahlhelm" im März 1931 an. Die republikfeindliche, antidemokratische und besonders judenfeindliche Organisation erhielt gerade in dieser Zeit immer mehr Zuspruch. Sie wollte *„das geknechtete Vaterland befreien, notwendigen Lebensraum im Osten gewinnen und das deutsche Volk wieder wehrhaft machen."* Hermann lief bei den häufigen Straßenkundgebungen als Bläser einer Querflöte im Spielmannszug mit.

Während der letzten Nacht in der Villa Krumbholz ereilte Harry ein arger Albtraum. Im Pulk von marschierenden Kameraden sah er seinen Flöte spielenden Vater auf sich zukommen. Plötzlich riss dieser das Instrument von den Lippen. Es nahm an Größe zu und das Format eines Baseball-Schlägers an. Mit festem Griff wirbelte er damit herum, beschleunigte seinen Stechschritt auf Harry zu, der flüchten wollte. Er rannte und rannte in tiefe Dunkelheit. Modriger Atem entwich der schrillen Befehlsstimme. „Halt an, du Nichtsnutz. Du entkommst mir nicht!" Ein dumpfer Schlag traf den Kopf. An der Seitenwand seines Bettes schlug er auf – die Angst der Allmacht des Vaters vor Augen. Warum nur musste er zurück in die Abhängigkeit, die Gängelei, den braun gefärbten Alltag.

Vom Aushilfsgeiger zum Soldaten im Musikkorps

Im Stadtorchester Plauen herrschte im Sommer 1931 Flaute. Schlechte Zeiten für Kulturtreibende. Für Harry ging nichts in Erfüllung. Die Anstellung als Teilzeitkraft bedeutete überwiegend Einsätze als Krankheitsvertretung im angesehenen Theater seiner Heimatstadt. Mehr nicht. Die Sonne warf grelles Licht ins Elternwohnzimmer, wo Harry unermüdlich den Frust mit immer wieder kehrenden Etüden auf der Violine hoch und runter strich. Plauen steuerte abermals schlechten Zeiten entgegen: Erwerbslosigkeit, Kurzarbeit – die Textilindustrie am Ende. Harry besaß genug Zeit, das Elend Schlange stehender Menschen in Suppenküchen und die Zunahme von Bettlern sowie Obdachlosen zu beobachten. Am „Dach", dem zentralen Platz des Ortsteiles Haselbrunn, wo die Familie seit kurzem nicht mehr wohnte, schlenderte er manchmal vorbei. Jugendliche Arbeitslose trafen sich hier, führten Kartenkunststücke vor, spielten Steinstoßen mangels Eisenkugeln. Am beliebtesten war der Handstand-Wettlauf. Braun gebrannte, muskulöse Burschen sprinteten auf Händen dem markierten Ziel zu. Beim Spielen eines Bartträgers, der die Gassenhauer „La Paloma" und „Santa Lucia" aus seiner Mundharmonika herausquälte, rümpfte Harry überheblich die Nase.

Die soziale Spannung, das Elend explodierten förmlich. An den fast täglichen Aufmärschen verschiedener rechter Gruppierungen nahm in vorderster Linie Vater Hermann teil. Sein Bewusstsein vernagelt, *„erst kommt das Fressen, dann die Moral, erst muss es möglich sein auch armen Leuten, vom großen Brotlaib sich ihr Teil zu schneiden ..."* Über Bertolt Brechts Grundforderung hinaus musste für den Geiger doch ein Anspruch auf Ästhetik, Humanität und Freiheit in der Musik existieren. Seiner bisher gespielten und gelebten Musik! Er beherrschte die Violine, spielte sie brillant, kannte alle klassischen Konzerte der großen Meister. Beschäftigte sich mit ihrem Kosmos. Und folgte doch den dumpfen Trommeltakten. Aussichtslos.

Der Regierung Brünings, die mit Notverordnungen, ohne Zustimmung des Parlaments, radikal Löhne und Gehälter im öffentlichen Dienst sowie Sozialausgaben senkte, Steuern zum Beispiel auf Bier, Tabak, Zucker anhob, folgten zwei weitere Präsidialkabinette. Es handelte sich um die Adeligen von Papen und von Schleicher. Sie läuteten das Ende der Weimarer Republik ein. In Haselbrunn, der einstigen Arbeiterhochburg, bröckelte die rote Zuversicht. Das verdammte

Leben im Blick, Hoffnung im Herzen und Versprechungen der „Braunen" im Sinn, folgten viele den Nazis. Im November 1932 gewann die NSDAP im Ortsteil eindeutig die Wahl, wenn auch mit etwas weniger Prozent als dem Gesamtergebnis von Plauen.

Harry betrat zusammen mit dem Vater das Wahllokal. Sein Kreuz auf dem Wahlzettel markierte den Listenkreis Nummer eins, die NSDAP. Krakelig geriet das Kreuz. „Ohne Musik wäre das Leben ein Irrtum", glaubte schon Friedrich Nietzsche. Hier aber irrten die beiden Musiker gewaltig!

Der 30. Januar 1933 markierte auch in Plauen den Tag der Machtübertragung an die Nazis. Am folgenden Mittwoch, den 1. Februar, stand Harry mit Vater und Schwester Irma anlässlich einer „Freudenkundgebung" auf dem Altmarkt und bewunderte den Fackelzug. Zehntausende waren dabei, außer Mama Maria, weil sie das Gegröle nicht mochte und den Pomp verachtete: „Lasst mich damit zufrieden. Hermann, am Samstag darfst du ausnahmsweise die ‚Zauberflöte' fiedeln. Hoffentlich kannste das dann noch angesichts des heftigen Getrommels heute Abend! Und du, Harry, musst morgen zum Arbeitsamt. Denk dran!" Das Tempo der braunen Bewegung und die Zustimmung zu ihr waren erschreckend. Am 1. März 1933 erlangte Plauen den fragwürdigen Ruhm, erste Großstadt zu sein, die Adolf Hitler eine Ehrenbürgerschaft verlieh. Nach den Wahlen flatterten vier Tage später von allen Amtsgebäuden und vielen Privathäusern Hakenkreuzfahnen oder schwarz-weiß-rote Reichsflaggen. Die Nazis übernahmen die Polizei, eroberten im Handstreich das Rathaus und setzten ihre Statthalter ein.

In der nunmehr von Misstrauen, Ruppigkeiten und Wut geprägten Atmosphäre gab es für Harry kein festes Engagement. Die Vertretungsaktivitäten am Theater blieben dürftig, trotz des Einflusses vom Papa, der auf weitere Gelegenheiten musikalischer Betätigungsfelder oder Berufsmöglichkeiten für den Sohn lauerte.

Eine solche ergab sich überraschend auf der belebten Plauener Bahnhofsstraße. Im Spätherbst 1933 begegnete dem Stahlhelm-Kämpfer Liesigk der prominente SA-Brigadeführer Arthur Heß, Musikliebhaber, Präferenz Militärmusik. Ein Sohn Plauens, Träger des „Eisernen Kreuzes II", Inhaber der väterlichen Schuhmacherei und Mitte der zwanziger Jahre, knapp vor dem Theatergeiger (Nr. 9066) in die NSDAP mit der Nummer 6 840 eingetreten. Die Karriere verlief rasant. Schon bald im Mai 1934 Ernennung zum Landeshandwerksführer Sachsens, Leiter der Reichsfachgruppe Orthopädie-Schuhmachermeister, Reichsinnungsmeister, Wehrwirtschaftsführer, ehrenamtlicher Richter und Beisitzer am Volksgerichtshof mit entsprechend gnadenloser Justizpraxis, zumeist Todesurteile. Unbehelligt tauchte er nach dem Ende des Dritten Reiches in der Bundesrepublik unter und lebte bis 1959 zurückgezogen mit seiner Familie am Bodensee.

Kumpelhaft legte Heß los: „Mensch Volksgenosse Hermann, das waren noch Klänge bei der großen Wachtparade. Und die vielen jubelnden Menschen in unserer Garnisonsstadt!" Wissend um die miserable ökonomische Situation der Musikerfamilie, legte er nach: „Nun darf ich dir von unserer Initiative erzählen. Die SA gibt erwerbslosen Berufsmusikern die Chance, eine Anstellung zu finden. Arbeit und Brot für Künstler. Da seid ihr doch dabei!" In Zusammenarbeit mit dem ehemaligen Obermusikmeister des Plauener Hausregimentes aus der Kaiserzeit Paul Tietze kam es zur Gründung der „Ersten Sächsischen SA-Kapelle Musikzug 134". Eine Mischung aus sinfonischem Orchester, Marschmusik und NS-Propagandaliedern. Tatsächlich überlegte Harry nicht lange und schloss sich für geringes Salär der Formation an.

Es widersprach den Vorstellungen von Mutter Maria, deren Mannes Beeinflussung der Berufskarriere des Sohnes sie sehr störten. „Warum nur soll der Junge für deine braunen Paukenhauer die Saiten streichen, wo die davon so wenig halten?" Hermann reagierte empört: „Da bringste einiges durcheinander, weil deutschnationale Kräfte musikalische Vorgaben unserer großen Komponisten zur größten Zufriedenheit erledigen. Bei den SA-Musikern sind nicht nur tüchtige Parteigenossen vereint, sondern Harry kann musikalisch weiterlernen. Er bekommt Schliff, Rundung der Technik, rhythmische Präzision und Veredlung des Klangs beim Violinspielen beigebracht. Auf einen besseren Förderer als Tietze kann er gar nicht treffen. Zum Repertoire gehören Mozarts Kleine Nachtmusik, Leonoren-Ouvertüre, die große Fantasie aus Cavalleria Rusticana. Und da beschwerst du dich?" – „Nu, den ganzen anderen Schmu haste aber vergessen. Das Marschgetöse und die Nazi-Lieder!"

Ein halbes Jahr später am 29. Januar 1934 besuchte die Plauener Nazi-Prominenz den Jubiläumssaal des Kaffeehauses „Trömel" um dem „Fest-Konzert zum Gedenktag der nationalen Erhebung" zu lauschen. Im Publikum saß der an Neujahr in die SA eingetretene Papa Hermann. Die Vorstellung bot Stücke von Beethoven, Mozart, Strauß bis zu Führers Lieblingsmarsch „Badenweiler" und dem „Horst Wessel Lied" an. Harry überzeugte laut „Neuer Vogtländischer Zeitung" vom 30. Januar 1934 mit *„einem tonschönen und warmen"* Vortrag *des Adagios aus Max Bruchs Violinkonzert in G-Moll"*. Der im Tongeschlecht durchklingende Pessimismus symbolisierte offenbar die Liaison des Künstlers mit der Militärmusik unter dem flatternden Banner des Hakenkreuzes.

Hitler organisierte noch im selben Jahr weitere Schritte zur Vollendung der faschistischen Diktatur. Der steigende Einfluss der SA im NS-Staatswesen sollte zurückgedrängt, die Reichswehr als Armee gestärkt und die Souveränität erhalten werden. Um diese durchzusetzen, leitete der „Führer" die Liquidierung einstmaliger SA-Gefährten, seines Duz-Freundes Ernst Röhm, weiterer missliebiger Parteigenossen sowie konservativer Gegner, u.a. des ehemaligen Reichskanzlers Kurt von Schleicher ein. In ganz Deutschland ermordeten die Nazis bis zum 2. Juli mehr als einhundert Menschen. Die offizielle Berichterstattung stellte Hitler als Opfer eines hinterhältigen Putsches dar. Er selbst legitimierte seine Verbrechen nachträglich am 3. Juli per Gesetzbeschluss: *„Die zur Niederschlagung hoch- und landesverräterischer Angriffe am 30. Juni, 1. und 2. Juli 1934 vollzogenen Maßnahmen sind als Staatsnotwehr rechtens."* Der fortan oberste Richter erhielt nach dem Tod Hindenburgs am 2. August obendrauf die Verfügungsgewalt über die Reichswehr. Minister von Blomberg ließ ab sofort „Führereide" schwören.

Nur zwei Monate später sprach auch Harry ihn nach. Immer wieder hörten sich Vater und Sohn im Bekannten- und Freundeskreis nach Beschäftigungsmöglichkeiten um. Warum nicht eine Berufssoldatenstelle? Seine Bewerbung für die Militärmusik gestaltete sich erfolgreich. Er gehörte nun der durch den Versailler Vertrag auf 100 000 Mann reduzierten Reichswehr an. Im März 1935 aber scherte sich Hitler nicht mehr um die Bestimmungen des Versailler Vertrages und führte die allgemeine Wehrpflicht wieder ein. Das brachte viele junge Männer von der Straße und ergänzte die Aufrüstungspläne vortrefflich.

Am 1. Oktober 1934 reiste Harry mit dem Zug von Plauen ins nicht allzu weit entfernte Nürnberg. Am Bahnsteig winkten ihm Mutter Maria, Vater Hermann und Schwester Irma hinterher. Eine tiefbraune Stadt mit autoritärem Familienführer blieb zurück. Jeder Eisenbahnkilometer davon weg minderte den autoritären Ballast. Die Haltestation Bayreuth stimmte bereits optimistisch. Richard Wagners Klangrausch drang in seine Ohren, „Parsifal", das „Bühnenweihfestspiel", exklusiv fürs hiesige Festspielhaus gedacht. Die Opern „Tristan und Isolde" oder „Der fliegende Holländer". Zufrieden dachte er an Darbietungen einiger anspruchsvoller Ouvertüren, die er als junger Musiker mit Kollegen zelebriert hatte. Die Frage „Ist dieser Sitz noch frei?" riss ihn aus seinen Gedanken. Ein uniformierter Reisender nahm Platz, plauderte mitteilsam vor sich hin und entlockte seinem Gegenüber einige Informationen. „Na, so was. Sie rücken ins II. Bataillon des 21. Infanterie Regimentes der Reichswehr ein. Da können Sie sich aber freuen. Glückwunsch. Wissen Sie schon, wie die Kameraden bei uns Landsern heißen?" Harry hatte keine Ahnung. „Wir nennen sie ‚Nürnberger Stadtschlacken'!" Der Feldwebel ließ sich in seinem Redeschwall kaum stoppen: „Im Gegensatz zum I. Bataillon in Würzburg, bekannt für Sportlichkeit und Cleverness, in dem viele Unterfranken, Rheinländer und Pfälzer dienen, steht das III. Bataillon in Bayreuth für Härte und striktes soldatisches Auftreten. Paradedisziplin „Präsentiergriff". General Kreß von Kressenstein, Kommandeur der 7. Division, bietet sie höchsten Stellen zum Vorführen an. So dem verehrten Herrn Generaloberst von Seeckt. Dem schrieb er: ‚Wenn Exzellenz etwas ganz besonders Infanteristisches sehen wollen, müssen Exzellenz einmal nach Bayreuth gehen.' Ihr II. Bataillon ist hingegen personell durch viele Großstädter geprägt. Insofern differenzierter und vielfältiger. Daher der Spitzname."

Von den „Stadtpfeifen" in Kötzschenbroda kam Harry nun zu den „Stadtschlacken" in Nürnberg. Die „Großreuth-Kaserne" unterschied sich allerdings sehr vom Orchesterinternat des Direktors Laudel. Ab sofort verschwand die zivile Kleidung auf lange Zeit im Spind. Auch musikalische Kreation war nicht mehr gefragt. Die Rekrutenausbildung sollte den Grundstein zur Verinnerlichung des Prinzips von „Befehl und Gehorsam" legen. Unerbittliche Ausbilder sorgten dafür, dass Erich Maria Remarques „Im Westen nichts Neues" und sein Unteroffizier Himmelstoß als Zugabe dem Nazi-Sadismus beigemengt wurden.

Harry lernte in der Ausbildung vor allem Exerzieren. Nicht nur stundenlang, sondern Tage andauernd – als charakterbildende Maßnahme. Die Ausflüge zum Truppenübungsplatz Grafenwöhr am Rande der Fränkischen Schweiz in der Oberpfalz dienten dem „Kriegsspiel". In der kargen, unwirtlichen Landschaft, den weiten von Grasbüscheln gepolsterten Hügeln, vereinzelten Baumgruppen, Sträuchern, wenigen Dörfern oder Weilern ließ es sich intensiv trainieren. Ein halbes Jahr dauerte die soldatische Ausbildung. Schließlich erfolgte die ersehnte Versetzung zum Musikkorps, wo sich schon alles anders darbot. Die militärische Arbeitsplatzbeschreibung entsprach der eines Hilfskrankenträgers, mithin keine Verwendung für Kampfhandlungen. Den Tagesablauf bestimmte ausschließlich das Musizieren.

Im Mai 1935 rückte Harrys Nürnberger Musikkorps zum Üben, Marschieren und Präsentieren ins idyllische Reit im Winkl ein. Bei herrlichem Wetter, wie er den Eltern schrieb, *„erklommen wir das auf 1670 Meter gelegene Schuhmacher Kreuz"*. Dort schmückte der leitende Offizier es mit einem Kranz zum Gedenken an den ehemaligen 21-jährigen Angehörigen der Reichswehr. Am Eggenalmkogel, unweit der Grenzschneise zu Österreich, patrouillierte der Pechvogel am 23. November 1933. Durch versehentlich abgegebene Schüsse österreichischer Wachsoldaten starb er fürs „Vaterland" recht außergewöhnlich und ungerecht. Ein Trompetensolo und Gesang der zweiten und dritten Strophe von „Ich hatt' einen Kameraden" umrahmten das spontane Gedenken:

> *Eine Kugel kam geflogen,*
> *Gilt' s mir oder gilt es dir?*
> *Ihn hat es weggerissen,*
> *Er liegt mir vor den Füßen,*
> *Als wär's ein Stück von mir.*

Hinterher spielte die Kapelle auf dem Rathausplatz in der Chiemgau-Gemeinde für die Bevölkerung Marschmusik – umrahmt vom alpinen Gipfelpanorama als Kulisse. Die Musiker trieb es nach Feierabend in Zivil hinaus zu den Wirtshäusern. Sie packten ihre Instrumente aus und brachten die Menschen der gut besuchten Almhütten mit Volks- und Unterhaltungsmusik in Feierstimmung.

Im Herbst 1935 konkretisierte sich die Planung des Musikkorps zur Teilnahme an den Olympischen Winterspielen in Garmisch-Partenkirchen. Keinem anderen Thema galt in der Kaserne mehr Beachtung. Gewissheit herrschte Mitte November. Obermusikmeister Ludwig Gaul wählte die fähigsten Musiker aus. Unter ihnen auch Harrys Name. Es schnürte ihm vor Freude die Kehle zu. Sein Stubenkamerad Winkelsträter schlug ihm herzhaft auf die Schulter und konstatierte: „Mensch, alter Vogtländer, da werden wir auch nur in den Bergen blasen!"

Zu dem Glück gesellte sich ein Weihnachtsurlaub. Pünktlich zum Fest traf Harry am Vortag des Heiligabends 1935 in Plauen ein. Alles war zum ersten Mal wieder wie früher. Sogar die Weihnachtsgans mit grünen Klößen, ebenso die Edeltanne und der Christstollen. Auch für den SA-Vater und Frontkämpferbundmitglied ging es aufwärts. Die Engagements im Stadttheater als Geiger nahmen zu. Schwester Irma hatte ihren Freund Hubert während der Festtage dabei: „Nu, du hast einen tollen Bruder. Ist der doch tatsächlich als Teilnehmer für die Olympiade vorgesehen!" Und irgendwie glaubte die Familie, dass ihr Leben jetzt dem Schlamassel entronnen sei.

Vorerst sicherlich, und für Harry ganz besonders. Noch am Abend des zweiten Feiertages endete sein Urlaub. Der Gang in die Kaserne fiel ihm nicht schwer. Wartete doch am 28. Dezember die Soldaten-Weihnachtsfeier des Infanterie-Regimentes 21 im Nürnberger Hubertussaal auf ihn. Beim „Bunten Abend" trat allerlei zivile kulturelle Prominenz auf. Magda Reinhardt vom Opernhausballett tanzte einen feurigen „Ungar". Franz Bauer riss derbe fränkische Witze, ein Flötist des Musikkorps karikierte den „Alten Fritz", und Professor Seby Horvath spielte in Begleitung von Hans Butterhof zwei Violinsoli. Die „Nürnberger Zeitung" bewertete den Beitrag des Streichquartetts in der Besetzung Fecher, Winkelsträter, Israel und Liesigk in einem Artikel vom 30.12.1935 als Bereicherung der musikalischen Delikatessen des Abends. Humorvoll titelte sie: *„Beim GAUL und seinen Musikern"*.

Mit Obermusikmeister Ludwig Gaul an der Spitze traf die Kapelle des II. Bayerischen Infanterie Regiments Nürnberg am 2. Februar 1936 in Garmisch-Partenkirchen ein. Die Musiker erhielten vom örtlichen Organisationskomitee Privatunterkünfte. Die Spiele dauerten vom 6. bis 16. Februar. Harry wohnte mit zwei seiner Kameraden in der Dreitorspitzstraße Nummer 11 im Zentrum der Stadt. Voller Freude schrieb er eine Ansichtskarte mit dem Motiv der „Großen Olympiaschanze": „Jetzt bin ich schon den zweiten Tag hier, und es wird immer schöner. Heute Nacht hat es zu schneien angefangen und will gar nicht mehr aufhören. Mir gefällt es ausgezeichnet. Nur braucht man etwas Kleingeld, um damit zwei angenehme Wochen zu verbringen."

Im Olympia-Skistadion hielt das Schneetreiben an, als am 6. Februar um 11 Uhr die Zeremonie zur Eröffnung der Winterspiele anfing. Mehr als zwanzigtausend Zuschauer waren im Stadion, der Führer ante portas und Harry hinten als Posaunist im Glied seines Musikkorps vor der Westtribüne. „Hitler-Jungen" und „Arbeitsdienst" bildeten Spalier. Zehn Jugendliche vom Garmisch-Partenkirchener Skiklub standen als Geleit am Einmarschtor der Nationen. Sportler und Sportlerinnen aus vielen Ländern, abgesehen von Stalins Sowjetunion, passierten das Osttor unter der Melodie des Hellenen-Marsches. Die Aufstellung erfolgte nach genau vorgegebenen Planquadraten in Begleitung strammer Militärmusik: Yorckscher Marsch, Bayerischer Defiliermarsch, Fridericus-Rex-Marsch.

Um 11.26 Uhr erklärte Adolf Hitler die Winterspiele für eröffnet. Entzünden der Olympischen Flamme, Salutschießen, Glockengeläut. Behutsam rankte sich die Flagge zum Mast empor. Dem Schwur „In ritterlichem Geiste, zur Ehre der Länder und zum Ruhme des Sports" folgte der Ausmarsch unter Beschallung des Regimentsgrußes, des Kaiser-Friedrich- und Königgräber Siegesmarsches.

Welch ein Spektakel! Es klappte so gut, weil unzählige Proben dem Auftritt vorausgegangen waren. Bis auf chronischen Geldmangel ging es dem Gefreiten fabelhaft, wie er den Eltern auf weiteren Postkarten mitteilte: „Am Nachmittag habe ich Sonja Henie, die Eiskunstlauf-Olympiasiegerin aus Norwegen gesehen! Hier trifft sich alle Welt, vor allem Prominenz! Es ist so viel los." Garmisch-Partenkirchen platzte aus allen Nähten. Gassen, Plätze und Sportstätten quollen vor Menschenmassen über. Die Kehrseite der Medaille: das Stadtbild prägten maßgeblich Uniformen der Wehrmacht, SA, SS und des Reichsarbeitsdienstes. Tausende von ihnen schippten rund um die Uhr Schnee. Eine brenzlige Situation entstand unmittelbar vor Beginn der Spiele durch das am 4. Februar in Davos von David Frankfurter tödliche, auf den Schweizer NSDAP-Landesgruppenleiter Wilhelm Gustloff ausgeführte Attentat. Sofort unterband jedoch Reichsinnenminister Frick jegliche Aktionen gegen Juden, um international nicht aufzufallen.

Die Maßnahmen der Nazis beinhalteten längst andere Methoden gegen sogenannte Volksfeinde. Boykotte jüdischer Geschäfte, Nürnberger Gesetze, allgemeine Judenhetze zählten zum Alltag. Anlässlich der internationalen Präsentation Hitler-Deutschlands passte dieses Schreckensszenario nicht ins Propagandaschema. Insofern ließ nach höchster Anordnung NSDAP-Gauleiter Adolf Wagner die überall in Garmisch-Partenkirchen und Umgebung angebrachten Schilder mit der Aufschrift „Für Juden kein Zutritt" oder „Juden unerwünscht" während der Olympiazeit entfernen. Weiter weg vom Ort des Geschehens entsorgte niemand die Parolen.

Harry schien derlei nicht zu registrieren. In seinem Milieu, der militärmusikalischen Welt, dominierte das vermeintlich Musische, Märsche, getragene Hymnen, beschwingte Polkas. Die Marschmusik war immer dabei, drückte Trauer oder Freude aus. Alles Weitere, besonders Politik und das Soldatische rückten in den Hintergrund. Die Spiele endeten ohne Zwischenfälle. Besonders beeindruckte Harry der norwegische Skispringer Birger Ruud, von dem er sich eine Autogrammkarte besorgte. Am wolkenverhangenen Morgen des 16. Februar pilgerte er mit Abertausenden von Menschen zur 48 Meter hohen Sprungschanze am Gudiberg, um das Spezialspringen mitzuerleben. Ein Riesenwettkampf, und am Ende gewann sein Idol. „Hol nieder die Flagge" erschallte das Kommando bei der Schlussfeier am späten Nachmittag desselben Tages im Stadion. Unter dem Donner von Böllerschüssen sank das Tuch mit den fünf Ringen. Zugleich erlosch das Olympische Feuer. Dagegen erhellte ein polterndes Feuerwerk den nächtlichen Himmel. Beeindruckt verließen viele Menschen voller Respekt den Schauplatz des friedlichen Wettbewerbs. Leider nur eine Momentaufnahme, welche die folgenden politischen Entwicklungen konterkarierten. So etwa das spätere Schicksal des Ausnahmesportlers Birger Ruud. Während der Okkupation Norwegens im Zweiten Weltkrieg durch die deutsche Wehrmacht weigerte er sich, bei Ski-Wettbewerben anzutreten, um die Besatzer nicht mit seiner Popularität zu unterstützen. Daraufhin inhaftierten ihn die Nazis zusammen mit seinen Brüdern Sigmund und Asbjörn sowie elf anderen norwegischen Skispringern wegen „illegalen Skispringens". Ab 1943 kamen sie ins Konzentrationslager Grini bei Oslo, und Ralph Tams, einer seiner Freunde und Widerstandskämpfer deportierte man ins KZ Natzweiler im Elsass, wo er 1944 starb. Ruud überlebte: *„So habe ich beide Gesichter Deutschlands kennengelernt. Aber das trübt nicht mein Urteil. Man muss zwischen Deutschland und den Nazis unterscheiden."* Waren die Nazis keine Deutschen?

Die Rückkehr nach Nürnberg in den Militäralltag dauerte nur kurz. Am 7. März 1936 um sechs Uhr früh schreckten Alarmsignale das Personal der Kaserne auf. Kein Wochenendausgang! Für sämtliche Soldaten bestand Marschbereitschaft. Offiziere regelten Details, und über den Exerzierhof schepperte die Rundfunkansprache des Führers mit dessen Proklamation zur Wehrhoheit über das entmilitarisierte Rheinland: „Deutsche Soldaten übernehmen wieder die Wacht am Rhein." Mit diesem Vorgehen ignorierte Hitler den „Locarno-Vertrag" von 1925, in dem Außenminister Stresemann die Entmilitarisierung anerkannt hatte. Der Befehl der Kommandantur lautete: „Fertigmachen zum Abtransport des Regiments am frühen Abend." Bis Mitternacht dauerte die Verladung. Schließlich waren die Züge abfahrbereit. Doch keiner der Mannschaftsdienstgrade wusste, zu welcher neuen Garnison die Reise führte. Das Ziel blieb vorerst unbekannt. Via Ansbach ging es nach Westen. Gegen sechs Uhr morgens ratterte der erste Zug über den Rhein. Von Germersheim dem schlummernden Speyer entgegen.

Am Bahnhof empfingen um 7.15 Uhr Landsknechtstrommeln und Fanfaren den ersten Zug. Schlaftrunkene Jugendliche, Jungvolk, SA, NSDAP-Mitglieder,

Veteranen mit Kyffhäuser-Mützen, Sympathisanten sowie einige Neugierige füllten den Bahnsteig. Im Laufe des Sonntags gesellten sich nachfolgende Züge und Josef Bürckel, Gauleiter der Saarpfalz, hinzu. Er skandierte eher markige, denn freudige Begrüßungsworte. Die Einquartierung erfolgte in der ehemaligen Pionierkaserne, danach von der Landespolizei belegt. Pferde erhielten Ställe in der „Schwarz-Storchen-Brauerei". Mangels ausreichenden Platzes gab es weitere Quartiere in Gastwirtschaften oder privat. Die Mitglieder des Musikkorps kamen in Wohnhäusern unter. Harry teilte ein Strohsacklager mit anderen Kameraden bei Familie Hoffmann. Deren pubertierende Kinder Ruth und Lorle freuten sich über die kurzweilige Unterbrechung ihres Alltags und brachten den lustigen Musikern und Soldaten großes Interesse entgegen.

Beim „Ersten Kirchgang der Speyerer Garnison", drei Wochen später, am 29. März, marschierte das Regiment mit klingendem Spiel vom Dom durch das Stadttor „Altpörtel". Staunende Zuschauer säumten die mit unzähligen Hakenkreuzfahnen beflaggten Innenstadtstraßen. Klatschen und Hurra-Rufe begleiteten die triumphale Marschmusik zurück in die Kasernen. Fotografen und sogar Filmkameraleute hielten das Ereignis fest.

Frankreich und Belgien reagierten nicht auf die Aktion, welche das national und patriotisch gestimmte Volk in den pfälzischen Truppenstandorten begeistert goutierte. Großbritannien hielt sich bedeckt. Es blieb bei einer Protestnote und der Verurteilung Deutschlands durch den Völkerbund wegen Vertragsbruchs. Hitler hingegen gewann in Deutschland an Prestige, was ihn zu der Aussage ermunterte, dass mit entschiedenem Auftreten gegenüber den schlappen Demokraten erfolgreich Politik zu machen sei.

Vorerst war allerdings Mäßigung geboten, weil die Olympischen Sommerspiele in der Reichshauptstadt Berlin bevorstanden. Stabsmusikmeister Ludwig Gaul erhielt mit seinem nun in Speyer stationierten Infanterie-Regiment 21-Musikkorps erneut den Zuschlag. Zu den 49 abkommandierten Akteuren gehörten Harry sowie Unteroffizier Benjamin Israel, dessen vermutlich weiterer Nachname nirgendwo, auf keiner Namensliste auftauchte. Es war eine Besonderheit, noch während dieser Zeit der Wehrmacht als Jude anzugehören. Geraume Zeit später, nach Ende des Spektakels, sollte auch für ihn Schluss sein.

Harry bedauerte das plötzliche Verschwinden des Kameraden, fragte aber nicht nach. Stoisch ertrug er in den Gasthäusern das Höhnen von SA-Leuten, die unüberhörbar ihre Sprüche skandierten: „Sind die Spiele vorbei, schlagen wir die Juden zu Brei!" Sein Bewusstsein klammerte Abweichungen oder Widersprüche im Beruf und Alltagsleben aus. „Du musst dich immer anstrengen. Gehorchen. Nicht beirren lassen. Keine Widerreden gegenüber Vorgesetzten. Du dienst dem Vaterland. Das ist deine Chance." Der Nazi-Vater pulsierte in seinen Adern. Das Denken wurde dem Führer überlassen.

Wieder mal Grafenwöhr. Aber diesmal zur Vorbereitung der Musikauftritte während der Olympischen Spiele in Berlin. Vierzehn Tage lang probte die Kapelle. Anstatt ins unwirtliche Gelände zu marschieren, spielten die Infanteriemusikanten unermüdlich Märsche und Hymnen. Für Harry überhaupt kein Stress, weil er neben anspruchsvollen Musikstücken selbst monotone Übungselemente schätzte.

Das Oberkommando des Heeres setzte am 25. Juli 1936 das „Musikkorps I.R. 21 Speyer" in Marsch. Über Hof und Leipzig erreichte der Militärtransport am nächsten Tag um 9.58 Uhr Berlin. Nach der öden Nachttour schlug die Stimmung im Reiseabteil der Mannschaften und Unteroffiziere während der Einfahrt zum Hauptbahnhof Wellen. Beim Passieren riesiger Kleingartenkolonien kamen sie aus dem Staunen nicht heraus. Obergefreiter Peuntinger, neben Harry am Fenster sitzend, entdeckte ein ums andere Detail. „Ist das nicht wunderschön, schau mal, jetzt fahr'n wir schon mindestens zwei Kilometer, und die Zäune sind einheitlich von Wicken bewachsen! Da hinten leuchten rote und gelbe Dahlienfelder. Hier haben alle Kleingärtner Kletterrosenbögen an den Eingangspforten oder prächtige Rosenpyramiden gesetzt." Ja, die „Laubenpieper" kamen den Empfehlungen des „Reichsbundes der Kleingärtner und Kleinsiedler Deutschlands" mehr als nach: *„Schmückt eure Gärten so aus, dass die Ausländer auch von den Berliner Kleingärten nur die besten Eindrücke mit nach Hause nehmen."* Unteroffizier Dörfler, mit Blick auf seine Kameraden, bemerkte gehoben wie immer: „Dieser Botanik hat man den passenden akkuraten Olympia-Schmuck verpasst, was glaubt ihr wohl, wie es in der Stadt aussieht?" In allen wichtigen Stadtteilen standen Hunderte von Fahnenmasten mit Girlanden-Umwicklung. Tannen- oder Eichengrün verdeckten hässliche Zäune oder Baulücken. Bislang vernachlässigte Springbrunnen sprudelten dank Reparatur verstopfter Düsen unentwegt Fontänen hervor. Am Kaiser-Wilhelm-Platz flatterten von einem Segelschiffmast bunte Fähnchen. Die Blumenkästen auf dem Balkon des alten Schöneberger Rathauses strahlten den Betrachter in freundlichen roten, gelben, violetten Farben an.

Den Bezirksbürgermeistern übertrug man die Koordinierung von Sanierungs- und Verschönerungsarbeiten. Für die Zeit der Olympischen Spiele erhielten ihre städtischen Arbeiter und Angestellten nur in Ausnahmefällen Erholungsurlaub. Beamte zum Übersetzen fremdsprachiger Schriftstücke einfacheren Inhalts waren gefragt oder Dolmetscher. Etliche Spezialisten brauchte das im Mai gegründete „Olympia-Verkehrs- und Quartieramt" für seinen Plan, 250000 Betten in Privatquartieren bereitzustellen. Hinzu kam ein Stab von Mitarbeitern, vor allem Bedienstete zum Ausfüllen von Karteikarten. Sie rekrutierten sich aus unterschiedlichsten Behördenstellen, vom Schulamt bis zur Stadtkasse und halfen *„angesichts der weltpolitischen Bedeutung der Olympiade gern und freudig"* aus, um *„ihrer Pflicht im Dienste des Deutschen Volkes"* nachzukommen, wie Bezirksbürgermeister Schulz schrieb. Die „Abkommandierung" führte in den vielen Ämtern zu einem beträchtlichen Arbeitsstau. Die Reichspost schließlich kreierte „Sommer-Olympia-Postwertzeichen" zur Förderung der „Deutschen Sporthilfe" und hielt sämtliche Dienststellen sowie die Schulen an, Bestellungen vorzunehmen.

Unzählige private Hausbesitzer, vor allem an den Hauptverkehrsstraßen, brachten ihre Fassaden in Schuss, die sie zum Teil aufwändig restaurierten. Blumenschmuck, wohin das Auge schaute – auf Balkonen, Fenstersimsen, Eingangstoren. Ein Pelargonien- und Geranienmeer in Rot und Grün. Verschwunden der Charme von Alltäglichkeit. Weder Unterhosen noch Büstenhalter hingen, wie sonst üblich, am Balkonwäscheseil in Berliner Luft. Stattdessen Beflaggung mit Olympiaringen, diversen städtischen, nationalen und internationalen Motiven. Es dominierte das Hakenkreuz. In sogenannten „Ausländerquartieren" wehten die Fahnen der jeweiligen Nation.

Wie bei den Winterspielen hielten sich die Nazis und Behörden zurück, ließen Hetzparolen gegen Juden auf Straßen und in Zeitungen verschwinden. Berliner Jazzlokale durften „Swing" spielen. Aber mehr als 50000 Kommunisten, Sozialdemokraten, Juden, harmlose Kleinkriminelle und weitere unbequeme Personen saßen derweil in Konzentrationslagern und Gefängnissen. Bedeutende Dichter und Künstler waren emigriert. Auch die Berliner „Zigeuner" sollten aus dem Stadtbild verschwinden. Zwecks „Bekämpfung der Zigeunerplage" auf Grundlage des Runderlasses von Reichsinnminister Wilhelm Frick sammelte die Polizei ab 6. Juni 1936 die Menschen ein, um sie auf dem „Zigeunerrastplatz Marzahn" zu internieren. Während der „Spiele" durfte niemand der mehr als 600 Insassen das Lager verlassen. Dr. Robert Ritter und seine Mitarbeiter von der „Rassenhygienischen Forschungsstelle" nutzten die Gelegenheit und statteten Besuche zur Erstellung ihres Zigeunersippenarchivs ab. Ein Jahr später reisten die „Zigeunerforscher" zur Erweiterung ihrer Datendateien in die Pfalz.

All das drang nicht zu Harry vor. Ihn fesselte das Ambiente des Spektakels. Stärker noch als in Garmisch saugte er alles auf, die eindrucksvollen Proben im gigantischen Olympiastadion, den Rummel vor- und nachher, die Begegnung mit Zeitungsleuten, Funk und sogar einem Fernsehteam, dem Sender „Paul Nipkow". Letzteres beobachtete er weit entfernt beim Experimentieren und dank eindringlicher Hinweise seines Kameraden Nowak, der jede Neuigkeit erfasste und sofort weitergab.

Ansonsten blieb keine Zeit für Ablenkungen. Stabsmusikmeister Gaul studierte alle möglichen Stücke immer wieder bis ins kleinste Detail ein, ließ ständig repetieren. Die knappe Vorbereitungswoche endete mit dem Höhepunkt der Generalprobe aller Beteiligten. Am 1. August 1936 erlebten 90 000 Zuschauer die Eröffnungszeremonie. Um 15.50 Uhr erschienen der „Führer" und sein Gefolge am Glockenturm des Olympia-Stadions, begleitet von schrillen Fanfarenstößen des Trompeter-Korps der Wehrmacht. Hitler schritt die Ehrenbataillone ab, passierte die Aktiven auf dem Maifeld. Um 16 Uhr betrat er das Stadion und nahm in seiner Loge Platz. Eine Kapelle spielte das Deutschland- und Horst Wessel- Lied. Nach Hissen der Nationen-Flaggen und Glockengeläut ging es für Harry los.

Zum Einzug der Athletinnen und Athleten blies er Posaune im hintersten Glied der Infanterie-Kapelle 21 des Festorchesters unter der Gesamtleitung von Professor Havemann. Fast eine Stunde lang dauerte das Potpourri deutscher Marschmusik. Um 17.03 Uhr erklärte der Führer die „XI. Olympischen Spiele neuer Zeitrechnung" für eröffnet. Acht Minuten später hastete der Fackelläufer zur Feuersäule hoch, um die Flamme zu entfachen. „Halleluja!" Als Schlussakkord der Veranstaltung intonierten die Berliner Philharmoniker das Händel-Stück. Harry überkam Freude. Tränen des Glücks wollten ihn übermannen. Aber weil ein deutscher Soldat nicht weinen sollte, hielt er vor den Kameraden den wässrigen Blick starr geradeaus.

Das Engagement der Speyerer Militärmusiker dauerte über die volle Länge der Spiele vom 1. bis zum 16. August. Pausentage inbegriffen. Spielstätte waren das Olympia-Stadion und einmal auch die Deutschlandhalle. Vielleicht hätte ihn die Anwesenheit seines zukünftigen Schwiegervaters aus dem Rhythmus gebracht. Doch bis dahin wusste keiner von dem anderen. Am Abend des 13. August arrangierte die Wehrmacht im Olympiastadion eine über die Maßen dimensionierte Propagandaveranstaltung. Heeresmusikinspizient Hermann Schmidt leitete ein Großkonzert der deutschen Militärmusik mit sage und schreibe 1 800 Musikern aus 46 Musikkorps. Darunter die Speyerer Regimentsmusiker. Den feierlichen Schlusstag bestückte das Organisationskomitee mit „den gleichen musikalischen Kräften wie zur Eröffnung". IOC-Präsident Bailett-Latour schwärmte: *„In dieser herrlichen Feststimmung konnten die Olympischen Spiele in einer Atmosphäre allgemeiner Sympathie, die durch keine politischen Schwierigkeiten getrübt wurden, stattfinden."*

Das Oberkommando des Heeres zollte der „Regiments-Musik" für die gelungenen Darbietungen Anerkennung – verlängerte den Berlin-Aufenthalt. Ein lockerer Dienstplan erlaubte Stadterkundungen und Feier-Abende. Am Morgen des 20. August führte die Zugreise über Magdeburg, Kassel zurück nach Speyer. Dort empfingen spät abends Oberst Dippold und sein Tross die Olympia-Teilnehmer. Während einer feierlichen Begrüßung tags darauf applaudierte der mannschaftliche Rest, die Infanteristen auf dem Kasernenhof.

Landauer Garnisonszeit und Frankreichkrieg

Genau sechs Wochen später, am 1. Oktober, erhielt Harry seine Auszeichnung, die Beförderung zum Unteroffizier. Zum Feiern blieb wenig Zeit, weil schon fünf Tage danach das Regiment nach Landau in die Pfalz umzog. Dort wieder militärischer Rummel. „Landau grüßt seine Soldaten", titelte die „Nationalsozialistische Zeitung Rheinfront" am 8. Oktober 1936 und sah Menschen in allen Straßen die Erfüllung einer großen Sehnsucht feiern: die Belegung von Kasernen durch die Wehrmacht in der vormaligen bayerischen Garnisonsstadt. Die vielen erfolgreichen Auftritte mit dem Musikkorps hievten den biederen Plauener Jungen in die erhoffte bessere Zukunft. Die Gedanken gingen jedoch kaum über Musikstücke und damit verbundene Veranstaltungen hinaus. Nach Speyer stand nun Landau Spalier, wo von überall her Veteranen und Nationalisten anreisten, um dem Festakt beizuwohnen.

Am „Schänzel" begleitete die Kapelle mit zackigen Melodien den Akt des zu überreichenden Ehrentrunkes, dem Weißwein „Forster Ungeheuer". Bürgermeister Stolleis kredenzte das stattliche Römerglas dem neuen Standortkommandeur Dippold, der sich einen kräftigen Schluck gönnte. Die „Regimentsmusik" an der Spitze, marschierten die Soldaten durch die Stadt zum Messplatz, dem Meldeantritt der Truppen. Danach Präsentation auf dem in bayrischer Tradition stehenden Paradeplatz. Eine außer Rand und Band befindliche Bevölkerung steckte den „Feldgrauen" ein ums andere Mal Blumen ans Revers. Anhaltender Jubel erschallte von der mit Marschmusik betäubten Menschenmenge. Das Häuserkarree rundum war bis zur Unkenntlichkeit in Hakenkreuzbanner eingehüllt. Ein bizarres Szenario. Ungewöhnlich kühler Wind begleitete die Veranstaltung. Harry blies voller Leichtigkeit in die gewichtige Posaune. Sein Auftrieb blieb ungebremst.

Kaum in Landau angekommen, lud Dippold bereits am folgenden Sonntag zum erneuten militärischen Zeremoniell ein. Das Regimentsmusikkorps sollte eine schlichte „Gefallenenehrung" begleiten und anschließend „Standmusik" spielen. Ort des Geschehens: das Denkmal der pfälzischen Division am „Deutschen Tor". Fehlinformiert wartete ein großes Publikum auf dem Paradeplatz und wollte eigentlich sein sonntägliches Militär-Potpourri anhören. Die Wege in Landau sind kurz. Daher klärte sich das Missverständnis rasch auf. Schnell quollen Menschenmengen aus Nebenstraßen und Gassen zur „Löwen"-Skulptur. Sieben Meter hoch auf einem rustikalen Sockel aus Bamberger Muschelkalk ruhend. Den riesigen Löwen darauf zu setzen, galt weder der Schönheit der Kreatur oder dem Versteinern von Wappentieren noch der Verbundenheit mit Bayern, geschweige denn der Sympathie zu Afrika. Nein, er sollte im Zuge von Gedenkopferkampagnen nach Ende des Ersten Weltkrieges symbolisch in Blickrichtung „Erzfeind Frankreich" die „Pflegestätte Pfälzer Wehrkraft und des Pfälzer Wehrwillens" ausdrücken. Nach einigem Vorgeplänkel und öffentlichen Debatten vor der Machtübernahme hatten die Nazis erst kürzlich im August 1936 ihr Kriegstotenmahnmal „Deutscher Wehr zur Ehr" mit pompösen Feierlichkeiten eingeweiht. Einer der Redner, Generalleutnant Müller, betonte in seinem Beitrag: *„Der Volks- und Wehrgemeinschaft, dem waffenbrüderlichen Kampf von Infanterie, Feldartillerie und Kavallerie gilt unser Denkmal."*

Vorerst lief die Ehrung ohne das fehlgeleitete Publikum vom Paradeplatz ab. Die unter Oberleutnant Völker angetretene Abordnung des Regiments präsentierte das Gewehr. Hauptmann Quehl legte einen Lorbeerkranz mit vergoldeten

Lettern nieder: *„Den gefallenen Helden der Pfalz. Die Soldaten des Standorts Landau. "* Die Kapelle begleitete den Akt mit der Melodie „Ich hatt' einen Kameraden". Eine halbe Stunde später begann das erste „Standkonzert" der Garnisonskapelle in Landau. Es sprach sich herum, dass sie auf der Olympiade gespielt hatte und zu den besten des „Reiches" zählte, so der „Landauer Stadtanzeiger". Nach erfolgreichem Auftritt unter Hurra-Rufen marschierte Harry mit seinen Musikerkollegen zurück in die Kaserne.

Das Soldatenleben in der pfälzischen Kleinstadt fing gut an. Für einen Kameraden noch besser, weil er vom Werbegag des patriotischen Juweliers Albert Partik profitierte. Vor Jahren hatte jener den Vorsatz gefasst, falls Landau jemals wieder Garnisonstadt sein sollte, dem ersten, das Geschäft aufsuchenden Soldaten einen Siegelring als Geschenk zu überreichen. Die freudige Entgegennahme gelang einem überglücklichen Unteroffizier, wie der „Landauer Stadtanzeiger" meldete. Harry wäre nie in diese Situation gekommen, lag doch das Betreten eines Juwelierladens weit außerhalb seiner Vorstellungswelt. Keine Braut, kein Bedarf. Stattdessen galt sein Interesse dem von Musik bestimmten Dienst und Obliegenheiten. Mit großem Eifer legte er sich weiter ins Zeug. Kapellmeister Gaul schätzte das Können des Geigersohnes. Bald standen die sogenannten kleinen Proben unter dessen Leitung. „Na, der rhythmusfeste Bursche aus dem Vogtland hat ja allerlei Presto in petto. Da kann er schon mal die Posaunen des Tenorregisters einblasen."

Zeitgleich zu den Feierlichkeiten der Einweihung des „Deutschen Weintores" am 18. Oktober 1936 war das zweite Standkonzert der Regimentskapelle vorgesehen. Die Landauer mussten sich daran gewöhnen, dass ihr langjähriger „Max-Josef-Platz" seit zwei Jahren „Herbert-Norkus-Platz" hieß. Die Nazis benannten ihn nach einem während der Berliner Straßenkämpfe getöteten Hitlerjungen um. Nur wenige Zuschauer mit Regenschirm, Hut, Wetterjacke oder Kleppermantel standen verloren herum. Der Wind peitschte, von Regengüssen begleitet, den Musikern auf die Instrumente. Trübnis auf dem fast menschenleeren Karree. Dabei sollte das Programm locker, hell und leicht erklingen. Besonders durch die Ouvertüren der „Lustigen Weiber von Windsor" oder „Geschichten aus dem Wiener Wald". Gelang das noch beschwingt, so glitt die Marschfolge „Die Wache zieht auf" bedenklich ins Szenario der Enthüllung des Kaiser-Wilhelm-Denkmals durch Diederich Heßling in Heinrich Manns Roman „Der Untertan" ab. Es fehlten nur Donner und Blitze. Klatschnass und frustriert marschierte die Musikerformation in die Kaserne zurück. „Ja, so ein Sauwetter haben wir noch nicht mal bei uns an der Küste!" schimpfte Jan, der ostfriesische Trompeter. „Mensch, Kamerad, beschwer' dich nicht. Das kenne ich zur Genüge aus dem Vogtland. Da ist es dunkel. Hier in der Pfalz überwiegt der Sonnenschein. Wie sollte es sonst den leckeren Wein geben und so gut gelaunte Menschen?" entgegnete Harry. Ihm gefiel der neue Standort von Anfang an. Auch die anderen Regimentsmusiker schätzten das Anforderungsprofil in der Wein- und Garnisonsstadt. Schon am nächsten Wochenende spielte die Kapelle zum „Südpfälzer Weinfest" in der Landauer Festhalle flotte Märsche, gefolgt von Weinliedern aus klassischen Operetten und später in kleinerer Besetzung Tanzmusik. Am Klavier Harry. Lokale Mundartkomödianten, an der Spitze der „Bellemer Heiner", der Männerchor unter Leitung von Hauptlehrer Emich, sorgten für ausgelassene Stimmung. Mundartdichter Richard Müller beschrieb in seinem hier übersetzten pfälzischen Gedicht „Ich bin ä Pälzer", die Feierlaune:

> *„Und wenn der Pfälzer so sein Weinfest feiert,*
> *die Musik bläst, dass es scheppert in dem Saal,*
> *sein Weinglas dazu schwenkt und kostet von den Sorten all.*
> *Dann lässt er sein die Sorgen*
> *und feiert bis zum Morgen*
> *Dann lallt er noch beim letzten Tropfen Wein.*
> *Ich bin ein Pfälzer, will ein Pfälzer sein."*

Das landessprachliche Original gelangte am 26. Oktober 1936 in die Montagsausgabe des „Pfälzer Anzeigers". Erst um 5 Uhr morgens endete die proppenvolle Veranstaltung in entsprechend trunkenem Zustand eines Großteils des vor allem um diese Zeit männlichen Publikums. Auch Harry wankte, einige Freibiere für den Mann am Klavier intus, unrhythmisch der nicht allzu weit entfernten Kaserne entgegen. Das Weintrinken war ihm noch nicht geläufig.

Kurz darauf ging es am Mittwoch zum Posaune-Blasen auf den „Herbert Norkus-Platz", wo die ersten Landauer Rekruten öffentlich den Treueschwur für die Nazis bekundeten: *„Ich schwöre bei Gott diesen heiligen Eid, dass ich dem Führer des Deutschen Reiches und Volkes Adolf Hitler dem Obersten Befehlshaber der Wehrmacht, unbedingten Gehorsam leisten und als tapferer Soldat bereit sein will, jederzeit für diesen Eid mein Leben einzusetzen."* Die Formel erhielt musikalische, militärische, administrative und religiöse Rückendeckung, um im Bild zu bleiben. Nach der Begrüßung, *„Deutsche Soldaten, dieses feldgraue Ehrenkleid, das ihr nun tragt, ist vielfach geweiht"*, verkündete der evangelische Dekan Kleinmann als rechter Arm seines Herrgotts vom Balkon der Kommandantur in vollster geistlicher Überzeugung: *„Deutsche Soldaten sind christliche Soldaten. Als Christen wissen wir, dass in den Worten Dienst und Opfer die heiligste und tiefste Bedeutung des menschlichen Lebens gegeben ist. Ihr sollt bereit sein, Leib und Blut als letzten Einsatz hinzugeben für unser Volk und Vaterland."* Wortwörtlich stand es in der Donnerstagsausgabe des „Pfälzer Anzeigers" am 29. Oktober 1936. Der gute Mann musste ob solcher Worte besonderes erleuchtet gewesen sein und vor allem über seherische Fähigkeiten verfügt haben. Prognostizierte er doch eigentlich jedem Rekruten den zwangsläufigen Weg zur Schlachtbank für „Führer" und den eigenen „Verein" ins Jenseits. Ironie des Schicksals, weil der wackere Kirchenmann trotz solch eindeutigem Systembekenntnis in Schwierigkeiten kam. Irgendwie meinte er das Christliche gegenüber den Nazis hervorheben zu müssen und scheiterte. *„Christen spenden völlig freiwillig, während hinter dem Winterhilfswerk der Staat mit seinem Zwang steht"*, soll er formuliert haben. Das Verfahren verlief im Sande. Schwierigkeiten blieben, und der sensible Mann bekam es mit dem Herzen zu tun. Einige Jahre später, während einer Auseinandersetzung in dem von ihm erteilten Volksschulunterricht, erlag er einem Herzschlag – ganz ohne den Gang in das bis dahin schon lang eröffnete „Feld der Ehre" im Jahre 1942.

So weit war es Ende 1936 in Landau noch nicht. Die wieder erweckte Garnisonsstadt genoss den Aufschwung. Es gab viel Musik. Kaum verging eine Woche ohne Veranstaltungen: Kameradschafts-Wehrmachtsabend oder Standkonzert. Eine nicht enden wollende Party für Harry. Immer Musizieren und jede Menge Beifall. Im Dezember fast täglich mit der Infanteriekapelle auf karitativen Veranstaltungen. Besonders in umliegenden Dörfern. Das Militärweihnachtskonzert leuchtete mit der Festhalle als Veranstaltungsort über die Kasernenmauern hinaus.

„Garnisonsstadt Landau, das Einfallstor zur Deutschen Weinstraße entbietet ihren Bewohnern, Freunden und Gästen die besten Glückwünsche zum neuen Jahr," lautete das Inserat der Stadtverwaltung in der Silvesterausgabe des „Pfälzer Anzeigers". Und zum Jahresübergang titelte das Blatt: *„Soldatenstadt marschiert ins neue Jahr."* Augen also geradeaus und alles auf den militärischen Auf-

schwung gerichtet. Harry konnte es recht sein. Er merkte nicht, in welchem Ausmaß sich die Sprache inzwischen militarisiert hatte. Selbst die „Schneeglöckchen marschierten" im Dritten Reich, woran der „Berliner Tagesspiegel" in seiner Ausgabe vom 24. Februar 1946 erinnerte. Am 19. Januar 1937 veranstaltete das Winterhilfswerk als Höhepunkt des „Eintopfessens" ein „Großes Militärkonzert in der Festhalle". Wieder eine Beweihräucherung mit klassischer Musik und dem Violinisten Harry. Die Sammel- und Spendenaktionen des Winterhilfswerkes waren *„rassisch wertvollen, erbgesunden Familien"* zugedacht. Und so ging es weiter. Äußerlich mit Marschmusik und Gloria. Innerlich mit Selbstzufriedenheit.

Es gab Standkonzerte, Heldengedenkfeiern, Maiaufmarsch, einen Paul-Lincke-Abend. Der Landauer Festhalle blies der Marschknüller „Das ist die Berliner Luft, Luft, Luft" Hauptstadtflair ein. Alexander Franck, Kulturreporter des „Landauer Anzeigers", kam während des Militärkonzerts in der Festhalle am 22. August aus dem Schwärmen gar nicht mehr heraus: *„Man freute sich wie ehedem an dem sauberen und beschwingten Stil dieser Musikschar, an dem feinen Sinn für das melodische Singen und die Klangpracht der Instrumentengruppen. Dabei zeigte sich aufs Neue, dass die leichtere Musik am ehesten eine Übertragung auf das Blasorchester erträgt, teilweise auch die volltönende harmonien- und farbenreiche Kunst Richard Wagners, während die zauberhafte einleitende Nachtstimmung und die Elfenmusik der Nicolaischen Ouvertüre sich dafür weniger eignen."* Die vielen Winterhilfswerk-Konzerte mit schmissiger Marschmusik prägten den provinziellen Alltag, der Harry wenig tangierte. Hauptsache Musik, sämtliche Engagements verbesserten seine Fähigkeiten. Er genoss die jeweiligen Vorbereitungen und nutzte die freie Zeit, um mit anderen Kameraden in allen Tonlagen und auf verschiedenen Instrumenten Tanz- und Schlagermusik im Proberaum einzuüben. Ob Klavier, Geige oder Posaune, unentwegt war er am Klimpern, Streichen oder Blasen. Die nächsten zwei Jahre verliefen ähnlich, abgesehen von der Aufgabenstellung als Soldat. Auch Musiker sollten „ins Feld" und wenigstens assistierende Dienste leisten. Dem Regimentsarzt blieb es vorbehalten, einen solchen Einsatz anzuordnen. Also besuchte Harry gemeinsam mit drei Kollegen, einem Streichbassisten, Baritonhornisten und Piccolo-Flötisten, den erweiterten „Erste Hilfe-Kurs". Sie sollten Kenntnisse der ersten militärischen Ausbildung auffrischen, sich vertraut machen mit Sanitätstasche und Krankentrage, mit Instruktionen zur Bergung, Beförderung und Pflege von Verwundeten oder Kranken. Problemlos bestand Harry die Prüfung zum „Hilfskrankenträger". Noch am selben Abend organisierten die Kameraden eine Feier, bei der das „Dreifach Hoch auf den Sanitätsgefreiten Harry" in vielen musikalischen Varianten nicht enden wollte und ungewöhnlich lang dauerte. Er war gelandet im anheimelnden Garnisonstädtchen mit den gemächlichen und leutseligen Pfälzern, die ihre Landser über alles liebten und verehrten. Ein trügerisches Szenario. Bald endeten die „Friedenskonzerte", im Lande wurde es ungemütlich. Die Garnisonseuphorie schwand, das Zivilleben im Nazi-Deutschland strudelte ätzender Aggression zu. Es schürte Neid, schuf Feindbilder, erzeugte Angst und Misstrauen. Unteroffizier Benjamin Israel verschwand von einem zum nächsten Tag. Er sei demissioniert, hieß es lapidar vom Stabsoffizier. Ohne Ankündigung oder Erklärung. Keiner der Kameraden wusste mehr. Nur Getuschel, zum Teil spöttisch. „Die deutsche Wehrmacht soll judenfrei sein. Wir brauchen keinen Geiger Israel." In der Nacht kam Harry nicht zur Ruhe. Teufelsfratzen flogen aus einem Himmel voller Geigen auf ihn zu. Mit knöchernen Fingern zogen sie den Bogen auf und ab, erzeugten quälende Quietschtöne. Aus dem Pulk der verschwommenen Masse tauchte das Gesicht von Benjamin Israel auf. Wie oft hatten sie doch gemeinsam und mit viel Freude gefiedelt! Immer näher schwebte ihm der Kopf entgegen, die Augen voller Anklage und Trauer. Plötzliches Erwachen, verbunden mit heftigem Armschlagen, riss ihn vom Bett hoch. Tränen rannen, sein schlechtes Gewissen brach sich Bahn.

In den Morgenstunden des 26. August 1939 erging der Befehl, das Heer mobilzumachen. Wildes Geschrei und donnernde Anordnungen der Vorgesetzten unterstrichen den Ernst der Lage: „Wird's bald, ihr fußlahmen Musiker. Heraus aus den Betten. Ihr dürft gleich den Angriffsmarsch blasen!" Die Soldaten hetzten mit dumpf metallisch klingenden Schaftstiefeln auf den Kasernenhof. Appelle und Anweisungen kündigten unhagliche Zeiten an. Zunächst ging es um die Grenzsicherung des Raumes Saarpfalz-Karlsruhe. Abteilungen des Bataillons marschierten Richtung Westwall.

Hochsommer und Erntezeit. Goldene Weizenfelder. Prachtvoll glänzte das Grün der Weinberge, breitete sich wohlige Wärme aus. Der Hauch mediterraner Leichtigkeit machte den Abschied aus der geliebten Garnisonsstadt besonders schwer. Auf dem Weg in eine ungewisse Zukunft blieben Vertrautheit und Anerkennung zurück. Nicht nur meteorologisch näherte er sich der dunklen Jahreszeit. Zum Jahreswechsel zogen auch die Musiker in die Schlacht, bliesen in Frontnähe manchen Marsch, bewährten sich als Hilfskrankenträger in der Eifel, in Belgien und Frankreich. Das Bataillon ruhte über Weihnachten und Neujahr in einem kleinen Weindorf unweit der Nahe. Viele Kameraden nutzten die Möglichkeit zum Urlaub. Harry nicht. Er spielte im Kasino auf dem Klavier für die Dagebliebenen, sprach mit den Kumpels über die Zukunft. Nein, nicht über den Fortgang des Krieges, sondern die Perspektive musikalischer Entfaltung. Den letzten Anstoß gab der Regimentskapellmeister: „Liesigk, jetzt mal ran an Ihre Karriere. Tauschen Sie das Notenblatt unverzüglich gegen ein Schreibpapier und formulieren Sie flott die Verwendung eines Kommandos zur Veredlung ihrer Fähigkeiten. Aber im Laufschritt!" Am 9. Januar 1940 überreichte er dem Stabsoffizier das Bewerbungsschreiben zum Studium an der Musikhochschule in Berlin.

Bis Mai 1940 passierte wenig. Lediglich ein paar Übungen und Unterhaltungsmusik im Offizierskasino der Ortsunterkunft im Hunsrück standen auf dem Programm. Die Offensive der 33. Infanterie-Division von Daun aus über die belgische Grenze bis nach Bastogne, einer Kleinstadt in den Ardennen, verpasste Harry, weil er beim Alarmüben die Treppenstufen zu ungestüm nahm. Die Sanis fuhren ihn mit einem dicken Bluterguss am linken Fuß ins Reservelazarett nach Montabaur in den Westerwald, wo er einen Monat verbrachte. Eine durchaus angenehme Zeit mit Blick aufs Schloss und am Ende des Aufenthaltes Spaziergängen durch die von Fachwerkhäusern geprägte Altstadt.

Im Juni 1940 ging es von einem Brückenkopf der Somme aus über den Fluss Aisne. An der Oise tobte eine heftige Schlacht. Danach überquerte das Bataillon die Marne und Seine. In Orleans durfte Harry in der Offiziersmesse die Feierlichkeiten musikalisch begleiten. „Un grand dîner!" Ein glanzvolles Festmahl. Der Mann am Klavier erhielt ebenfalls einen Schampus, wobei der vorlaute Ordonanz-Leutnant Wilhelm Busch zitierte: „Ach wie herrlich perlt im Glase, der Witwe Cliquot ihre Blase!"

Der Tross folgte den Kämpfen an den Cher und bis Blois an die Loire. Eine Palette grausamer Kriegsszenarien. Die Musik schwieg vorübergehend. Demolierte Kirchen, Häuserkämpfe in brennenden Dörfern, Maschinengewehrsalven, Sprengungen, Handgranaten, Infanteriefeuer, Panzerschlachten, Gefallene und Heldengräber, unzählige Zivilopfer. Für die Beteiligten stets eine Mischung aus Angst, Unwägbarkeit und Unheil. Plötzlich die Nachricht von Massakern gegen die „Tirailleurs Senegalais". Es handelte sich um die schwarzafrikanische Abteilung der französischen Truppe, die zur Verteidigung im Osten und Nordosten eingesetzt war. Raffael Scheck bezeichnete sie in seinem gleichnamigen Buch als „Hitlers afrikanische Opfer". Die Nazis monierten aufgrund ihres rassistischen Herrenstandpunktes den Einsatz der „Kolonialreserven aus Westafrika" als Makel und Beleidigung. Bereits an der Besetzung des Rheinlandes nach dem Ersten Weltkrieg in Deutschland waren französische Kolonialsoldaten beteiligt. Sie galten als „schwarze Schmach am Rhein". Die deutsche Propaganda bediente sexistische, rassistische, deutschnationale und klassenbezogene Muster von Ausgrenzung. Im Mittelpunkt stand die weiße Frau als Opfer schwarzer Sexualität und ungehemmter barbarischer Wildheit. Wie die deutsche Nation durch den Versailler Vertrag von ihren Feinden vergewaltigt gewesen sein soll und sich darauf die Hetzkampagne gegen den Frieden von 1919 aufbaute, so musste nun – wie schon im „Ruhrkampf" 1923 – die „schwarze Schmach" erneut für die schwarz-weiß-rote Schande" herhalten. Die Arbeiter sollten einsehen, wer ihre wahren Feinde seien: nicht die deutschen Unternehmer, sondern die zu allen Schandtaten bereiten Franzosen.

Gleichwohl gab es Kontakte zwischen Schwarzen und Weißen. Sie galten als „Verbrechen der Ehre". Offen riefen die Nazis zu Attacken gegen jede Frau auf, die aus der Reihe tanzte. Im Jahre 1937 sterilisierten Ärzte 385 Kinder von deutschen Frauen und dunkelhäutigen Besatzungssoldaten als „Rheinlandbastarde". Der Rassismus übertrug sich auf viele Landser, die grelle Feindbilder beschworen: *„breit geklopfte Negergesichter, Algerier mit schwermütigen Mandelaugen, Franzosen aller Haut- und Haarfarben, die nonchalant ihre Zigarette im Mundwinkel kleben haben".* Versprengten schwarzen Soldaten drohte nicht einfach nur die Gefangenschaft. Oft erschoss man die *„unzivilisierten, grausamen, mordsüchtigen Wilden"* sofort. Weit mehr als tausend Exekutionen vollzogen die Deutschen.

Besonders das „Coupe-Coupe", ein vierzig Zentimeter langes Messer, welches die „Tirailleurs" traditionell im Nahkampf verwendeten, erregte große Ängste bei deutschen Soldaten als Symbol von Hinterhältigkeit und Verschlagenheit sowie als Waffe zur Verstümmelung. Am 7. Juni 1940 ereigneten sich in den beiden kleinen Ortschaften Le Menge und Riencourt an der Somme grausame Vergeltungstaten. Deutsche Soldaten entkleideten ihre afrikanischen Gegner auf einem Hinrichtungsgelände und töteten mehrere mit deren „Coupe-Coupes".

Harry hörte die Sprüche seiner Kameraden von „Vergewaltigern, Neger-Sadisten mit Buschmessern oder Raubtieren". Zutiefst erschrocken begegnete er einer kleinen Gruppe gefangener, farbiger Angehöriger der französischen Armee. Er bekam höllische Angst, und man sah ihm seine Verwirrung an. Wieder bei seiner Truppe, sprach ihn der bayerische Trompeter Werner an: „Was ist nur mit dir los? Schaust daher, als ob die Welt untergeht. „Ja mei, glaubst du denn, das sind gar keine Menschen? So ein Schmarrn. Die haben ein anderes Äußeres. Aber das ist überhaupt nicht entscheidend. Gar nicht. Schau mal einem solchen in die Augen. Da spürst du Wärme. Ich kann ja ein bisschen Französisch und hab mich mit einem Hassan unterhalten. Der ist allweil gebildet, sehr sympathisch. Sag' ich zu ihm: Ihr seid ja reichlich bunt zusammengesetzt. Da antwortet der mir doch glatt, ihr habt ja auch Bayern bei euch. Halleluja! Jetzt leg' wenigstens deine Furcht ab." Einsicht nein, nur vages Sinnieren. Es blieb Verunsicherung. Gruselige Träume plagten ihn. In der Nacht tanzten wilde, schwarze Gesellen, Dolche schwingend, in wilder Rhythmik auf sein Feldbett zu.

Marc Bloch, von der Gestapo ermordeter französischer Historiker und Widerstandskämpfer, bezeichnete die Ereignisse bis zum Waffenstillstand am 20. Juni 1940 in seinem Buch als eine „seltsame Niederlage". Er unterstellte dem französischen Militär Versagen und Inkompetenz: *„Im Grunde ihres Herzens waren sie von vornherein bereit, an dem Land zu zweifeln, das sie verteidigen sollten, und an dem Volk, das ihnen ihre Soldaten lieferte."* Zugleich beklagte er die innere Zwiespältigkeit der französischen Gesellschaft in diesen Zeiten. Die scharfen Gegensätze zwischen der Großbourgeoisie, den „Notablen", Gewerkschaften und deren Führern, Arbeiterschaft, Pazifisten und fehlender Verteidigungsbereitschaft.

Unerwartet schnell kehrte eine Abteilung des Hausregiments als erste Einheit der Südpfalz „siegreich" aus Frankreich zurück: *„Landau hat seine Soldaten wieder!"* Der „Pfälzer Anzeiger" schwärmte am 1. August 1940, einem „Paradesommertag" über alle Maßen. Das Regiment, in dessen Reihen der, wie es hieß, tapfere Gefreite Fritz Peters, ehemaliger Nazi-Bürgermeister Landaus, gefallen war, erhielt alle Aufmerksamkeit. Harry flogen bunte Sommerblumen entgegen. Auf der Marktstraße zupften Personen beim Einmarsch an seiner Uniform. Leute brüllten „Hurra" und boten Wein an. Es war wohl der von Bürgermeister Ecker in seiner nachfolgenden Rede auf dem Marktplatz angekündigte „Ehrentrunk", den jeder siegreiche Heimkehrer erhalten sollte. Zwischen und nach den Festreden blies das Musikkorps leichte Märsche. Die ganze Stadt, Bürgerinnen und Bürger waren benebelt. In ein Blumenmeer und Hakenkreuzfahnen eingehüllt, gab es keine Bodenhaftung mehr. Die Massen schwebten dahin.

Für die Soldaten des Schützenregiments 104 und damit Harry begann ein halbes Jahr Friedenszeit inmitten des Krieges in der südpfälzischen Garnisonsstadt. Wenig tangiert von der Lage an der Front, flanierten an Sonn- und Feiertagen junge Frauen aus Bürgerhäusern in der Innenstadt. Zum magischen Viertel gehörten drei bedeutende Straßen, Markt-, Gerber- und Königstraße. Hinzu stießen auf der gegenüber liegenden Straßenseite männliche uniformierte Spaziergänger. In Anbetracht der gerade mal fünf Meter Blickentfernung von einem zum anderen Bürgersteig standen die Chancen, Kontakte zu knüpfen, recht gut.

Seit einiger Zeit versäumte Metzgertochter Emmel Reiss, wohnhaft in der Königstraße, im Pulk ihrer Freundinnen nicht, Augenaufschläge eines charmant lächelnden Soldaten zu erwidern. Es vergingen noch einige Tage, dann raunte ihr Freundin Gretel zu: „Du, das ist ein Musiker, der spielt Klavier beim Sonntagstanz im ‚Englischen Garten'." Von nun an besuchte Emmel mit Freundinnen und Verwandtschaft regelmäßig den sonntäglichen „Tanztee". Harry musizierte nicht nur dort, sondern in eigentlich allen Landauer Lokalen, die Tanzmusik anboten. Mal im „Hotel Geist", der „Festhalle", im „Hotel Körber". Gewöhnlich ertönten „Gassenhauer", die den Nazis nicht unbedingt in den Kram passten. Oder es entging ihren Recherchen, dass diese „volksschädlich" seien: „Ausgerechnet Bananen", „Was machst du mit dem Knie lieber Hans", „Ich hab' das Fräulein Helen baden sehn", „Am Sonntag will mein Süßer mit mir segeln gehen". Kaum jemand wusste zu diesem Zeitpunkt, dass die Komponisten und Texter emigrieren mussten oder in Konzentrationslagern ermordet wurden.

Emmel genoss den neuen Sonntagnachmittagszeitvertreib ebenso wie den nächsten Hit „Im Prater blüh'n wieder die Bäume". Heute begleitete sie ausnahmsweise ihr Vater. Der merkte recht schnell, was mit seiner Tochter passiert war und lud einfach während einer Pause den Musikus zum Getränk an den Tisch ein. „Na, wo kommen Sie denn her? Sie haben ja ein feines Rhythmusgefühl in Ihrem Klavierspiel!" Kurz darauf tuschelten die beiden miteinander, indes pflegte der Papa seine Honneurs am Tresen.

Obwohl die Chance gering war, ihren Schwarm bei der Auslieferung von Fleisch- und Wurstwaren des elterlichen Geschäfts in der Kaserne anzutreffen, bat die Metzgerstochter um Mitfahrt im Kombiauto. Sie lernte einige Küchenleute kennen, Harry aber erblickte sie nicht. Dieser blies weit entfernt auf dem Exerzierplatz Posaune oder probte in der Kasernen-Aula am Klavier. Aber auch ihn ließ die Sehnsucht nicht zur Ruhe kommen, und so betrat er die Fleischerei: „Könnte ich bitte eine Thüringer haben?" – „Probieren Sie doch lieber mal die Pfälzer Bratwurst!" Harry willigte natürlich ein und brachte eine kurze Verabredung, aber nur unter „Geleitschutz" von Emmels beiden besten Freundinnen, zustande.

Einen Monat später erklang während der sonntäglichen Veranstaltung Franz Lehars Operettenklassiker aus dem „Land des Lächelns" zum Klaviersolo ihres Angebeteten: *„Dein ist mein ganzes Herz! Wo du nicht bist, kann ich nicht sein. So, wie die Blume welkt, wenn sie nicht küsst der Sonnenschein!"* Ausdauernd schmuste das Liebespaar im Schillerpark zum Auftakt einer lebenslangen Verbindung. In aller Härte unterbrachen die Hitlerei und das Kriegsgeschehen jedoch die gerade entstandene Liaison. Am 26. März 1941 reiste Emmel, gerade 19 Jahre alt, mit dem Zug nach Nimlau in Mähren, um ein Jahr im Reichsarbeitsdienst (RAD) zu dienen. Harry verließ drei Wochen später, am 19. April 1941, Landau. Sein Musikkorps sollte Rommels Afrikafeldzug begleiten.

Emmel, Tochter des Standortschlachters

Geburtsort Nußdorf in der Pfalz

Emmels Geburtsort Nußdorf, drei Kilometer nördlich von Landau in der Pfalz gelegen, war zugleich die Wiege ihrer Eltern. Das Dorf erhebt sich auf einer kleinen Anhöhe und zählte schon bei ihrer Geburt am 8. März 1922 fast anderthalb tausend Einwohner. Es ist eingerahmt von Weinbergen, aus denen auch heute noch einige Walnussbäume herausragen. Die aufgrund des Haupterwerbszweiges der Winzerei trinkfesten, resoluten und schlagfertigen Bewohner können auf eine beachtliche Geschichte zurückblicken.

Am sonntäglichen 23. April 1525 zündeten Nußdorfer Bauern auf ihrem Kerweplatz Brandfackeln gegen die verhassten feudalen Unterdrücker an. Durchaus befeuert vom Leeren etlicher Weinkrüge, folgten sie den Parolen und der Propaganda schwäbischer Protagonisten und lösten den „Pfälzischen Bauernkrieg" aus. Der „Nußdorfer Haufen", verstärkt um Kämpfer aus Nachbargemeinden, plünderte Klöster und Burgen – brannte sie ab. In der letzten Schlacht bei Worms-Pfeddersheim am 24. Juni 1525 verloren Tausende Bauern ihr Leben. Die Herren blieben

Die Nußdorfer betraf auch ein anderes historisches Ereignis, die Revolution von 1848/49. Die Ideen der Paulskirche und die Erarbeitung einer demokratischen deutschen Verfassung stießen auf große Sympathie. Nach ihren Vorstellungen befragt, wollten sie zum Beispiel an der Wahl des Pfarrers beteiligt sein. Ebenso wichtig war ihnen die Trennung von Staat und Kirche. Ansonsten wünschten sich die Gemeindevertreter vor allem praktische Regelungen zur besseren Dorfverwaltung sowie gerechtere finanzielle Vereinbarungen.

Als die Fürstenvereinigung des „Deutschen Bundes" und dessen Mitglied Bayern, zu dem die Pfalz seit Mai 1816 politisch gehörte, die Reichsverfassung ablehnte, entwickelte sich die in Geschichtsbüchern nachzulesende „Reichsverfassungskampagne 1848/49". In Baden organisierte Friedrich Hecker einen Aufstand. Die Protestwelle erreichte die Pfalz, wo sich in Nußdorf Freischärler-Verbände, Agitatoren und bayrische Soldaten tummelten.

Ein vermutlich desertierter Artillerist erschoss während einer lärmenden Sauftour durch die Gassen des Orts und in Begleitung zweier Kameraden den Schullehrer Göring. Er hatte nur vermitteln und beschwichtigen wollen. Wie Bürgermeister Jakob Pfaffmann später beklagte, kam Göring „auf meuchelmörderische Art und Weise" ums Leben. Die schreckliche Tat war jedoch nur ein bedauerlicher Einzelfall im Verlauf der Auseinandersetzung von Staatsmacht und Freiheitskämpfern. Von der Nußdorfer Anhöhe aus wollten sie die Landauer bayrische Garnison erobern. Oberst Blenker, bankrotter Weinhändler aus Worms, scheiterte kläglich mit 1500 Freischärlern beim Angriff auf die Festung der Stadt. Kein geringerer als Friedrich Engels porträtierte den „Oberst" bissig als *„hervorragende militärische Persönlichkeit dieser glorreichen Kampagne mit imponierendem Heckerbart, stets hoch zu Ross. Groß, stark, mit einem trutzigen Antlitz, einer allgewaltigen Stimme und all den übrigen Eigenschaften begabt, die den süddeutschen ‚Volksmann' ausmachen und zu denen bekanntlich der Verstand nicht gerade gehört. Vor dessen bloßem Anblick hätte sich Napoleon verkriechen müssen!"* So Friedrich Engels in seiner längeren Abhandlung über „Die deutsche Reichsverfassungskampagne", die er von August 1849 bis Januar 1850 abschnittsweise in der „Neuen Rheinischen Zeitung" veröffentlichte.

Erste Gewehrfeuer und Kartätschenhagel veranlassten die Aufrührer zum sofortigen Rückzug. Ein zweiter Versuch, dem Landauer Fort zuzusetzen, bestand im Zerstören einer zentralen Wasserleitung. Bereits nach einem Tag gelang die Reparatur trotz der Attacken der Freischärler. Genervt von Sabotage und Renitenz skizzierte General Jeetze, Kommandant der bayrischen Festung, seinen operativen Racheplan auf dem Reißbrett in der Kommandozentrale. Dieser sah die rückhaltlose Beschießung Nußdorfs vor. Das Manöver misslang. Schon der Tag war äußerst ungünstig gewählt, denn die Nebelschwaden auf der Nußdorfer Anhöhe wollten einfach nicht verschwinden. Weder stimmte die Geschossbestückung noch die Entfernungskalkulation, um das vermeintliche „Freischärlernest" mit Kanonen zu treffen. Zwei Stunden lang versuchte die Artillerie mit über vierhundert Schüssen, das anvisierte Ziel in Schutt und Asche zu legen. Ohne einen einzigen Treffer! Krachend schlugen die Kanonenkugeln auf freie Felder. Frustriert beendete die Generalität den Misserfolg. Dank desaströser Treffsicherheit der Landauer bayrischen Festungsartilleristen entging das kaum revolutionäre Nußdorf völliger Zerstörung.

Es gab nur noch wenige Scharmützel, und die meisten Freischärler waren verschwunden. Das preußische Militär sorgte vorerst in der Pfalz für die „Wiederherstellung der Ordnung". „Der Traum von der Freien Republik" und dem Sturz deutscher Fürstentümer dauerte etwas länger. Trotz alledem schwärmte Friedrich Engels: *„Wer die Pfalz nur einmal gesehen hat, begreift, dass eine Bewegung in diesem Lande einen höchst heiteren Charakter annehmen musste. Alle Klassen der Gesellschaft kamen in denselben öffentlichen Lokalen zusammen und ein sozialistischer Schwärmer hätte in diesem ungebundenen Verkehr die Morgenröte der allgemeinen Brüderlichkeit sehen können."*

Ein knappes halbes Jahrhundert später kam Emmels Vater Ludwig Reiss am 25. August 1896 in Nußdorf zur Welt. Zusammen mit den älteren Geschwistern Emma und Karl war er Bürger des seit 1871 „von oben" und mit „Blut und Eisen" geeinten „Deutschen Reiches". Ansonsten war es kein gutes Jahr für die Eltern Salomea und Georg, denn das „persische Feuer", der Milzbrand, befiel die Kühe in den Ställen. Mit aller Kraft stemmte sich das junge Paar in der eigenen Landwirtschaft gegen die Seuche. Sie schafften es, und auch mit dem Dorf ging es voran: Anschluss ans Fernsprechnetz, Straßenbeleuchtung mit elektrischem Strom und Bau einer Wasserleitung, die, aus dem zwanzig Kilometer entfernten Gemeindewald fließend, fast jedes Haus mit frischem Wasser versorgte. Gerade recht für das jüngste Kind der Familie, den im April 1900 geborenen Richard.

Ludwig besuchte die Volksschule. Der Unterricht fand in dem eindrucksvollen, 1879 fertiggestellten Schulhaus statt. Dessen Pforten blieben jedoch immer mal wegen ansteckender Krankheiten für längere Zeit geschlossen. Vor allem die lebensbedrohlichen Masern setzten den Kindern zu. Die Schulzeit bewältigte der spitzbübisch agierende Junge problemlos. Speziell das Rechnen lag ihm, Schreiben mochte er eher nicht. Alle praktischen Arbeiten gelangen auf Anhieb. Bei Schabernack war er in vorderster Reihe anzutreffen und besonders mutig. Das imponierte nicht nur seinen Freunden, sondern insgeheim auch den Erwachsenen. Was tun nach dem Schulabschluss? Emma und Karl halfen fleißig in der Landwirtschaft, für eine dritte Arbeitskraft gab es keine Verwendung. Blieb das Handwerk, das diverse Angebote bereitstellte. Ausschlaggebend für Ludwigs Berufswunsch waren schließlich die von ihm geliebten „Schlachtfeste" oder die „Metzelsupp", wie Pfälzer ihre Hausschlachtung nennen. Seine Begeisterung galt schon als Kind dem großen Festtag, an dem er mit Vergnügen das lustige Treiben und Feiern von Freunden und Verwandtschaft verfolgte, der humorvoll-tiefsinnigen Ansprache des Lehrers und manchmal Pfarrers, die geladen waren, lauschte. Er genoss das köstliche Kesselfleisch und die frische Blutwurst, das Herumtollen zwischen Bottichen und Töpfen; den spannenden, eigentlich für Kinder verbotenen Moment, wenn die Sau Schmerz und Angst aus ihrem Leib herausschrie und in den Tod taumelte. Die anschließende Zerstückelung, Reinigung, Verwurstung und Kocherei dauerte Stunden. Knifflige Handgriffe, genaue Schnitte, Wetzereien, Hauen und Sezieren waren nötig. Gesänge der lustigen Schoppenstecher-Gemeinschaft begleiteten jedes Schlachtfest. Ludwig Uhland schrieb eigens ein Metzelsuppenlied:

„So säumet denn, ihr Freunde nicht,
die Würste zu verspeisen,
und lasst zum würzigen Gericht
die Becher fleißig kreisen!

Es reimt sich trefflich Wein und Schwein
und passt sich köstlich Wurst und Durst,
bei Würsten gilt's zu bürsten."

Als Vierzehnjähriger gewann Ludwig der Prozedur des Schlachtens noch mehr Interesse ab: vor allem dem Metzgermeister, der wie ein Torero das von zwei kräftigen Männern an den Ohren gepackte und am Hinterbein mit einer Schlinge festgehaltene Schwein empfing; wie zwei Helfer das Tier seitlich legten und ein dritter den Betäubungsschlag mittels stumpfer Seite einer schweren Axt gezielt auf die Schädeldecke schmetterte; wie der Meister den gezielten Schnitt in die Halsschlagader anbrachte, was Fontänen von Blut herausspritzen ließ und den Exodus herbeiführte. Was martialisch klang, beruhte auf elementarem Hintergrund. Fleisch stellte im Laufe der Menschheitsgeschichte ein wertvolles Nahrungsmittel dar. Das „Rote Gold" existierte noch auf satten Wiesen und Weiden, erfuhr respektvolle Pflege, Haltung und Bearbeitung, erforderte handwerkliches Können. Man brachte Ludwig alles bei.

Eiserne Disziplin, filigrane Handfertigung, Überstunden und Laufdienste gehörten zu seinem Lehrlingsalltag. Zerlegung, Verwertung und Verwendung des Fleisches musste er aus dem Effeff kennen. Am Wochenanfang kaufte der Meister Vieh ein. Mittwochs holte man es zum Schlachten, und Donnerstag war

Schlachttag, Freitag „Wurstlerei" und ganz früh am Samstag Ausfahren des Fleisches in die umliegenden Ortschaften. Die Gesellenprüfung im Sommer 1913 legte Ludwig „klar wie Wurstbrühe" ab.

Zwei Brüder im Ersten Weltkrieg

Der Nußdorfer Gemeinderat beriet im Frühsommer des Jahres 1914 über die Gehaltserhöhung des Hilfslehrers Cappel und die Bekämpfung des Neu- und Sauerwurmes. Die Entfesselung des Krieges nahm man zunächst gelassen hin, obwohl am 7. August die Order erging, drei Offiziere und 115 Soldaten mit 105 Pferden einzuquartieren. Aus früheren Zeiten war man ganz andere Zuweisungen im Umfeld der Garnisonsstadt Landau gewohnt. Der Ruf zu den Waffen fiel für fast alle Nußdorfer Familien auf fruchtbaren Boden. Die Stunde des Vaterlandes hatte geschlagen, und viele meldeten sich freiwillig, glaubten, so ihre patriotische Pflicht zu erfüllen. Ludwig traf mit gerade achtzehn Jahren begeistert bei der Sammelstelle ein. „Nun ade, du mein lieb Vaterland". Der Marschbefehl beorderte ihn zur Königlich-Bayerischen Infanterie-Division und im März 1915 „ins Feld" zur Westfront an die Somme. Nach äußerst verlustreichen Schlachten bezog die Division fast einen ganzen Monat lang Quartier im lothringischen Mörchingen, um sich zu erholen. Der Feldpostfotograf knipste ihn vor der Gulaschkanone mit Kameraden der Küchenabteilung. Auf der Rückseite der so entstandenen Ansichtskarte formulierte er am 20. August 1916 mit gerader Handschrift: „Meine Lieben. Die herzlichsten Grüße bei bestem Wohlergehen. Habe die Pakete bis Nummer 14 alle erhalten." Die Karte erfreute besonders Bruder Richard, der mit seinen fünfzehn Jahren und einem Dutzend Nußdorfer Freunden der Landauer Jugendkompanie beigetreten war. In den vor der Landauer Stiftskirche aufgestellten hölzernen „Feldgrauen" hämmerten sie als patriotischen Beitrag einen Nagel: *„Damit wir zerschmettern mit wuchtigem Streich. Die Feinde ringsum. Für Kaiser und Reich."* Der Obolus wanderte in die Spendendose. Sammlungen zur Finanzierung des Krieges gab es viele. Sie nahmen im Verlauf ab und reichten bei weitem nicht aus. Die Gemeinde Nußdorf berappte eine Kriegsanleihe nach der anderen. Rückzahlungen von insgesamt 31 500 Mark einschließlich Zinsen gab es später nicht. Besonders stieß die Spende der seit dem 27. Juli 1917 abgegebenen zwei Nußdorfer Kirchenglocken auf, die als eingeschmolzene Kanonenkugeln dazu dienten, das Vaterland zu verteidigen.

Wehende Fahnen, aufgepflanzte Bajonette, Präsentier-Märsche während zahlreicher Propagandaveranstaltungen vermittelten der Bevölkerung ein Gefühl von Triumph und Zusammengehörigkeit. Der Krieg aber war ganz anders und zeigte seine hässliche Fratze, fraß blühendes Leben im Maschinengewehrfeuer weg. Grausames Sterben am laufenden Band. Immer mehr Soldaten fielen für „Gott, Kaiser und Vaterland" – in Wahrheit für einen „Dreck", wie es Kurt Tucholsky am 1. August 1925 in dem Artikel „Machen wir's richtig?" – veröffentlicht in der pazifistischen Wochenzeitung „Das Andere Deutschland" – geschrieben hatte: *„Gefühle von Mördern bedürfen keiner Schonung. Auf die zarten Seelen von verkleideten Sanitätsräten sei keine Rücksicht genommen. Wer im Kriege getötet wurde, ist nicht zu feiern, sondern aufs Tiefste zu bedauern, weil er für einen Dreck gefallen ist."* Die betroffenen Familien haderten mit dem Schicksal, betrogen um ihr Glück und ihrer starken Stützen beraubt – und ließen sich doch auf weitere „Heldenverehrung" ein. Pfarrer Stilgenbauer führte Buch. Dreihundert Männer waren in den Krieg gezogen. Zweiundsechzig kehrten nicht zurück.

Ludwigs Bruder, der ältere Karl, hielt seine Begeisterung für den Soldateneinsatz in Grenzen. Trotzdem machte er mit. Nach seiner Ausbildung zum LKW-Fahrer fuhr er als Angehöriger der 6. bayerischen Reservedivision, 6. Feldartillerieregiment, stets der Front hinterher – oft durch schwieriges Gelände und an manchen Heckenschützen vorbei. Einsatzort: Westfront, Oberelsass. Angetan war er von seiner Exzellenz, dem Oberbefehlshaber der Infanterie-Armee General Hans Emil Alexander Gaede. Dieser leitete den Einsatz an der sogenannten „Vogesenfront" in den Bergmassiven des südlichen Elsass, wo spezielle Gebirgskämpfe stattfanden, da die Vogesen beträchtliche Höhenunterschiede auf kurzer Distanz aufweisen. Seit der Annexion von 1871 gehörte das Elsass zum Deutschen Reich. Am 4. August 1914 erhielt die französische Armee nach der deutschen Kriegserklärung den Befehl zur Rückeroberung. Es kam zu ersten verlustreichen Kämpfen, und nach der Marne-Schlacht Ende September 1914 erstarrte die Front zum Stellungskrieg.

Infanteristen gruben tiefe Minenstollen, bis zu 120 Meter tief unter die Erde. Bauten Blockhäuser und Bunker, mauerten Zementwälle, befestigten Unterstände, schleppten Eisenschienen und Stacheldraht heran. Konstruierten Drahtseilbahnen, sammelten Reisig, hackten Holz. Die Winter in den Vogesen sind besonders streng. Karls Abteilung war ausgerechnet Mitte Februar 1915 in Kämpfe mit den Franzosen verwickelt. „Dös glaub i fei ned, mei liaba Karl. So a kuaza Weg von der Pfalz daha. Aba di Berg, da Schnä und Eis san grod wia bei uns dahoam in Berchtesgadn. Aba ois so weid weg." Mit Toni verstand sich der Pfälzer gut. Bei dienstlichen Obliegenheiten wechselten sie sich ab. Mal mit dem LKW fahren oder mit dem Pferdegespann. Für beides waren sie verantwortlich.

Fünf Tage lang dauerte die Schlacht. Eisstollen an den Stiefeln, senkrechte Abhänge vor Augen, Maschinengewehrsalven um die Ohren, umlauert von französischen Baumschützen. Ein solcher saß wohl länger in seinem Versteck angesichts des Funds von dreißig leeren Konservenbüchsen, die um den Stamm einer Schwarzerle verstreut herumlagen. Karl und Toni gelang dadurch dessen Entdeckung und Gefangennahme. Immerhin blieb es beiden erspart, an den mörderischen Kämpfen um den „menschenfressenden" Berg „Hartmannsweilerkopf" teilzunehmen. Viermal wechselte der Gipfel im Jahre 1915 die Besitzer. Mindestens 30 000 Soldaten ließen ihr Leben.

Im Frühjahr kam es zu einem Gefecht im Tal bei Kayserberg, dem Geburtsort von Albert Schweitzer, Missionsarzt von Lambarene in Gabun, Zentralafrika. Auch er entging den Wirren des Ersten Weltkrieges nicht und musste sein Urwaldhospital-Projekt am Fluss Ogowe abbrechen. Wegen seiner deutschen Staatsangehörigkeit internierte ihn die französische Armee in Bordeaux. Nach Kriegsende kehrte er vorerst ins Elsass zurück, um als Arzt, Philosoph, Organist und Pfarrer weiterzuarbeiten.

Die zahlreichen Störche waren mit ihrer Paarungszeit fast durch. Aber eben nur fast. Aufgeschreckt vom Donner der Kanonen besetzten vorübergehend nur wenige die hohen Masten, Häuserschornsteine oder Kirchentürme. Flatterten später mit auswogenden Flügeln nervös auf ihre Nester zu, um ihren Nachwuchs zu beschützen. Elsässische Attraktionen bemerkten die Soldaten kaum. Karl schon: „Was ist das für eine schöne Natur und Tierwelt. Und all die Dörfer grad wie in meiner lieben Pfalz."

Im Spätsommer erschien Karl das Soldatenleben besonders aufregend und interessant. Als Mitglied einer Abordnung durfte er an der Kaiserparade in Merxheim am Flüsschen Lauch teilnehmen. Am 23. September 1915 um 10 Uhr schritten der leibhaftige Kaiser und Kronprinz Wilhelm von Preußen die Formation ab. Karl starrte auf die zu überhöhten Menschen gewordenen Autoritäten. General Gaede salutierte preußisch korrekt und sprach in seiner Rede vom Soldaten als Vorbild der Pflichterfüllung für Kaiser, Volk und Vaterland. Das gefiel Karl allerdings nicht. Wenige Tage später schrieb er eine Feldpostkarte an die Eltern mit dem Wunsch, dass der Krieg hoffentlich bald zu Ende ginge. Doch obwohl dieser nicht mehr zu gewinnen war, hielten die zivile und militärische Reichsleitung an ihrer Kriegspolitik und dem weiteren Einsatz ungeheuren „Menschenmaterials" fest.

Armeekommandant Gaede starb am 16. September 1916 an einer Krankheit. Für Karl ging der Grabenkrieg weiter, begleitet von Starkregen, Nebel, Eis, Schnee oder Graupel. Feuchte Verhaue, verschlammte Schützengräben, muffige Bunker oder enge Blockhäuser dienten als Domizile. Gewehr- und Granatfeuer gehörten zum Alltag an einer Front, an der sich die Gegner oft so dicht gegenüber lagen, dass es ihn jederzeit treffen konnte.

Sonntag, 18. Februar 1917. Schon längere Zeit waren die Kampfhandlungen erlahmt. Das Erstarren der Front ging einher mit bitterkalter Witterung. Seit Beginn des Monats herrschten Minusgrade. Karl und der lustige Franz aus Unterfranken erhielten am frühen Morgen den Befehl, Brennholz abzuholen. Per LKW sollten sie von Münster nach Hammerschmiede fahren, wo das Holz lagerte. Die Abfahrt verzögerte sich um mehr als zwei Stunden, weil der Motor einfach nicht auf Betriebstemperatur kam. Gegen Mittag klappte es endlich, und das Gefährt stotterte auf vereister Straße durchs Münstertal.

Über die spärlichen Sonnenstrahlen, die auf die Windschutzscheibe schienen, freute sich besonders Franz. „Mei Karlemanli, wenn mir vun dem Barras ford sin, wenn das dann hie is, dann kumsd fei zu mir und ich servier dir zwa Broudwärschd, a Weggle un a Silvaner Bocksbeidl. Nacherd a Schdamberla. Bei uns in Frange, da isses lustig, da isses schö. Da kannst vor Lache die Aache verdreh." Karl nahm eine scharfe Rechtskurve am Waldrand und steuerte auf die vor ihm liegende Wegkreuzung zu. „An mir solls nid liche. Jezd guck emol uff die schä Lichdung." Es knallte. Aus etwa sechs Kilometer Entfernung schoss französisches Artillerie-Sperrfeuer auf den kleinen LKW. Die Frontscheiben zerbarsten. Karl traf es an Kopf und Schultern. Schlaff sackte er in Franzens regungslose Arme. Der Laster schlingerte in den Straßengraben. Im Fahrerhaus zwei Tote.

Karl hatte während seiner zweieinhalb Jahre Kriegszeit fleißig Ansichtskarten geschrieben. Fast dreißig mit genau ausgesuchten Motiven – bunte Zeichnungen oder Fotos – gelangten per Feldpost nach Nußdorf. Zum Beispiel wie Seine Majestät Kaiser Wilhelm II. und der Große Generalstab das Gefecht beobachten, Truppen durch Vogesen-Wälder marschieren, die Radfahrabteilung mit Stahlrössern auf den Schultern, Landser in Sandsackstellung Gewehre bedienen, Schützengräben am Dorfrand, beheizte Feldküche auf dem Weg zur Front, eine „Total-Ansicht" von Colmar oder der Pferdestall von Karls Transportabteilung. Seine handschriftlichen Mitteilungen auf der Rückseite wirkten meist profan und drückten viel Dank aus – besonders für die, wie es im Soldatenjargon hieß, „Fress"-Pakete der Eltern: Kuchen, Butter, Wurst und Käse. Und doch sehnte er sich weiter nach baldigem Frieden. Auf der letzten Karte „An die liebe Schwester Emma" klebte das Todesmeldungsetikett „Nr. 194, Gefallener Karl Reiss". Hinfällig seine darauf enthaltene Botschaft, dass alles beim Alten sei.

Zuhause setzte das Lamentieren ein. Warum gerade er, doch erst 22 Jahre alt? *„Auf dem Felde der Ehre und in Erfüllung seiner Pflicht gefallen",* lautete die von Hauptmann König aufgegebene Todes-Anzeige im „Landauer Anzeiger".

Der Kriegsdienst des zwei Jahre jüngeren Bruders Ludwig dauerte an und führte weiter von der Heimat weg. Nach der Zeit in Mörchingen ging es aufgrund der Kriegserklärung Rumäniens im August 1916 an die sogenannte Karpatenfront. Tagelang zuckelte der mit deutschen Soldaten vollgepfropfte Zug durch Österreich, Ungarn und über den Balkan nach Siebenbürgen. Dort sollten sie den Einbruch der russischen Armee verhindern. Die strategischen Planspiele der Generalität sahen die Eroberung der Gipfel des Gyergyo-Gebirges von über 2 000 Metern vor. Die Schlachten dauerten bis zum Winter an. Die raue karpatische Landschaft – wegen des Regens im Herbst beschwerlich zu begehen – verwandelte sich im Winter in eine von Schnee gepuderte Kältewüste. Ludwig erlebte eine nie für möglich gehaltene Grausamkeit abgeschiedener Natur. Vor seinen Augen fraßen sich Pferde mangels Futter gegenseitig Schweif und Mähne ab. Wie Eisklötze fielen sie einfach um.

Die im wenig besiedelten Land wohnende rumänische Bevölkerung floh vor dem Krieg. Endlose Flüchtlingszüge trotteten in Richtung ukrainischer Grenze. Zerlumpt und fast erfroren kamen sie an. Die Menschen litten in erbärmlichen Barackensiedlungen unter klirrendem Frost. Epidemien mit tödlichen Folgen grassierten. Die wohlhabende Bevölkerung setzte sich derweil nach Frankreich und England ab. Zweitausend Tote galt es bis dahin, auf deutscher Seite zu beklagen. Die Division verharrte über den Jahreswechsel in der mühsam erreichten Stellung im galizischen Teil der Ukraine. Während der Feuerpause improvisierten die Soldaten eine Weihnachts- und Neujahrsfeier.

In solchen schwierigen Tagen wuchs Ludwig der Elsässer Karl Geyer, auch Charles genannt, besonders ans Herz. Von Beruf ebenfalls Metzger und wie Ludwig ausgebildet an der „Feldkanone 96" sowie an der Mauserpistole und immer wieder in der Versorgungskompanie verwendet. Geradeaus, hilfsbereit, leutselig und witzig. Seine Sprache klang heimatlich, fast pfälzisch, lag doch sein Geburtsort nur etwa siebzig Kilometer von Nußdorf entfernt.

Am „Heiligen Abend 1916" hockten die zermürbten Gestalten in einer Bretterbude, deren Kargheit bei weitem den Stall von Bethlehem übertraf. Schneidende Kälte vertrieb jegliche Behaglichkeit. Kurzweilige Besserung versprachen Sonderschnapsrationen. Wohlig floss der Sprit in leere Mägen und hellte die Stimmung auf. Karl und Ludwig erzählten sich noch in der Nacht ihre Lebensgeschichten. Jene von den guten alten Zeiten, wie sie betonten. Über die Wurstlerei, komplett als Handarbeit, lediglich mit Handwolf, -wiege oder oder Tischspritze. Schwelgten von gemütlichen Feierabendsitzungen in den Wirtschaften. Karl war in Assweiler in der Nähe Zaberns aufgewachsen. Sein Vater betrieb eine Schlachterei und Viehhandel, tief verwurzelt in der Gegend um Straßburg.

Elsässisches Unbehagen offenbarte das Dilemma des Landstriches westlich des Rheins: sozial, kulturell, sprachlich, religiös. Franzosen beschimpften sie als Deutsche, umgekehrt diese als Franzosen. Von beiden Seiten argwöhnisch beobachtet, standen sie verunsichert in der Mitte. Die Gesellenwanderschaft führte Karl nach Bitsch, Saarbrücken, in die Eifel und nach Metz. Schließlich wieder zurück nach Straßburg, wo 1914 seine Musterung für das „Deutsche Reich" erfolgte. In einem preußischen Regiment zu dienen, kam aber nicht in Frage. Zu sehr wirkte die „Zabern-Affäre" nach.

Ein zwanzigjähriger preußischer Leutnant namens von Forstner provozierte die ihm zugewiesenen elsässischen Rekruten am 28. Oktober 1913 in Zabern: *„Wenn Sie einen Wackes über den Haufen stechen, so schadet es nichts."* Wackes als Synonym für den Elsässer bedeutete Taugenichts, Strolch, Bummler, Schurke. Solche und weitere Beleidigungen gelangten in die Öffentlichkeit. Die elsässische Bevölkerung empörte sich, was zum Kaiser vordrang, der aber nicht reagierte. Forstner setzte seine Hetze fort. Fünf Wochen später, am 2. Dezember, erkannten Arbeiter bei einer Militärübung nahe der Schuhfabrik Dettweiler den Leutnant und provozierten ihn mit spöttischen Rufen. Wütend drosch er mit seinem Säbel, eskortiert von fünf Soldaten, auf einen unbewaffneten, halbseitig gelähmten Schuster ein. Disziplinarische Konsequenz des Militärs: 41 Tage Arrest. Die zweite Instanz hob das Urteil auf. Der Skandal beschäftigte den Reichstag und endete mit einer Missbilligung des Parlaments gegen die konservative Regierung Bethmann-Hollwegs – allerdings ohne irgendeine Konsequenz. Der Konflikt verstärkte bei den Elsässern die abgrundtiefe Distanz zu Preußen und dessen Militärs. Kurt Tucholsky dichtete:

Der Held von Zabern

„Ein ‚Mann' mit einem langen Messer,
und zwanzig Jahr –
ein Held, ein Heros und Schokoladenesser,
und noch kein einzig Schnurrbarthaar.
Das stelzt in Zaberns langen Gassen
und kräht Sopran –
wird man das Kind noch lange ohne Aufsicht lassen? –
Es ist die allerhöchste Eisenbahn! –
das ist so einer, wie wir viele brauchen! –
Er führt das Korps!
Und tief bewegt sieht man die Seinen tauchen
nach Feinden tief in jedes Abtrittsrohr.
Denn schließlich macht man dabei seine Beute –
wer wagt, gewinnt!
Ein lahmer Schuster ist es heute,
und morgen ist's ein Waisenkind.
Kurz: er hat Mut, Kuhrasche oder besser:
eEn ganzer Mann!
Denn wehrt sich jemand, sticht er gleich mit's Messer."

Karl gab die Stelle in Straßburg auf und versuchte, nach Bayern zu gelangen, das nur einen Katzensprung entfernt war, nämlich in Landau, der bayrischen Pfalz. Metzgermeister Schupp in der Kronstraße stellte ihn ein. Der Wochenlohn fiel bescheiden aus, besser gefiel ihm das Ambiente des neuen Domizils. „C'était formidable! Dass mir do nid schun zsammegdroffe sin, mon bon ami Louis." Karl entging somit den Preußen und rückte in ein bayrisches Regiment ein.

„D' Luft isch issig un bissig. Un do sitze mir gfrore, stiff un starr fer de Kommiss." Die beiden malten in bunten Worten ihre so geliebte Heimat in die Tristesse des elenden karpatischen Verhaus. Schwärmten von der Südpfalz, die so sehr der Gegend zwischen Barr und Colmar im Elsass ähnelt: im Vordergrund das Rebengelände mit herrlichen Weindörfern, im Hintergrund Berge. Zählten kulinarische Spezialitäten wie Sürkrüt, Saumagen, Gückel au Vin, Lewerwurscht, Cervelat auf. Lutschten stattdessen an in Branntwein eingetunktem Schwarzbrot. „Le dampfnudel caramélisé aux fruits, des gibt's nid bei eich. Oder?" „Mit Bereschnitz awer schunn!" Als Ludwig mal nach draußen zum Pinkeln musste, rief ihm Charles hinterher: „Lauf uffem Trottoir, net en de Stroß!" Prompt die Antwort: „Merci vielmols, mei Biewel."

Die Sonderrationen der Feiertage waren aufgebraucht. Am 3. Januar 1917 lautete der Befehl: Fußmarsch nach Zlotzow, Galizien. Es vergingen zwei Wochen, schließlich Ankunft mit Übernachtung in einer Kaserne. Der Aufenthalt dauerte nicht lange. Unwegsames Gelände erwartete sie. Glatteis, peitschender Wind und Schneestürme begleiteten sie zur nächsten Frontlinie – ein überdimensionales Tiefkühlfach als landschaftliche Kulisse mit Temperaturen von minus 30 Grad. Die Schlacht erlahmte.

Das Frühjahr nahte mit Schlammmassen, in denen die von Pferden gezogenen Geschütze regelmäßig stecken blieben. Artilleriegefechte südlich von Brody fanden sporadisch statt. Ab und an erging der Befehl, feindliche Stellungen im Nahkampf zu erstürmen. Bei einer solchen, wenig durchdachten Aktion sackte Ludwig ohnmächtig in den braunen Matsch. Karl, direkt neben ihm in der Angriffsformation, erfasste die Situation. Jetzt nicht mehr weiter! Er packte seinen Freund und zog ihn Meter um Meter rückwärts laufend aus der Gefahrenzone. Nach fast dreihundert Metern erreichte er Sanitäter, die den Lädierten sofort aufmöbelten. Ein Schwächeanfall. „Das war knapp. Mensch. Elsässer, du bist sein Lebensretter!"

Anfang April erhielt Karl Geyer Heimaturlaub. Die Wege trennten sich. Für Ludwig ging es Richtung Westen nach Flandern, anschließend zur „Siegfriedlinie". Im Oktober 1917 plagte ihn Rheuma. Der Arzt veranlasste seine Einweisung ins Reservelazarett Landau. Nach Genesung Anfang November änderte sich sein Einsatzgebiet erneut. Er fuhr mit seiner Batterie nach Brest-Litowsk und gleich wieder ins Militärspital. Der Grund diesmal kein seriöser; die Diagnose lautete: Tripper.

Es musste unterwegs auf der Etappe, im Hinterland passiert sein. In einer dieser Kaschemmen, wo im Tabakdunst, das Hirn voll billigem Schnapsfusel, Csárdás-Melodien beseelt, junge sexuell ausgehungerte Körper aufeinandertrafen. Verdreckt, verroht, enthemmt, den Untergang und die Allgegenwärtigkeit des Todes vor Augen. Vielen seiner besten Kameraden erging es wie Ludwig. Nach dem Aufstehen entdeckte er beim Wasserlassen das „Bonjour-Tröpfchen", wie Ärzte es nannten. Ein Sekret an der Harnröhrenöffnung. Viel später, nach Rötungen an der Peniseichel und als der schmerzhafte eitrige Ausfluss nicht mehr nachließ, schlich er zum Sanitätsarzt. Stirn runzelnd, kommentierte dieser das Untersuchungsergebnis: „Na, scheint ein schlechtes Puff gewesen zu sein. Jetzt gebrauchen Sie in Zukunft bitteschön die hechtgrauen Präservative Marke ‚Neosalvarsan'. Aber bitte behutsam aufziehen. Keine Sorge, den Tripper hau ich Ihnen mit Penicillin weg." Hunderttausende deutscher Soldaten, in einigen Einheiten gar jeden Dritten, erwischte die Geschlechtskrankheit. Trotz Einrichtung offizieller Kriegsbordelle zum Triebabbau, klassifiziert für Offiziere, Unteroffiziere und Mannschaften.

Ludwigs persönliches Chaos mit Helm, Gasmaske, Gewehr, Mauserpistole, Handgranate und Artilleriegefährt war geprägt vom Abbild nicht enden wollender Kriegsereignisse. Diktiert vom Spiel der Generäle, deren ständigem Verschieben von Frontlinien, Anordnen aussichtsloser Offensiven und Stellungen; dem Hin und Her brutaler Schlachten, Besetzung von Dörfern und Städten. Die Raserei, die stattfand, ging im wahrsten Sinne des Wortes mit Bauernopfern einher.

Am 18. Juli 1918 starteten die Alliierten ihre Gegenoffensive an der Marne. Sie begann am frühen Morgen mit einem Artillerieschlag, dem eine Feuerwalze folgte. Die Infanterie setzte nach. Es erwischte Ludwig. Mehrere Granatsplitter trafen den rechten Oberarm und das Schulterblatt. Blut quoll aus feldgrauer Uniform. Schwer verletzt transportieren ihn zwei Hilfskrankenträger, ein Trompeter und ein Posaunist der Militärmusik, auf einer Bahre zum Truppenverbandsplatz. Dort stoppte das Personal den Blutfluss und versorgte die Wunden antiseptisch. Nachdem eine Ration Morphium eingetroffen war, schoss der diensthabende Stabsarzt mit gezielter Injektion Ludwig aus dem Schlamassel auf eine von kunterbunten Menschen bewohnte sonnige, glückselige Insel. Allzu kurz! Die Realität verlangte sofortige Einlieferung ins Lazarett. Es sollte dauern. Die Rückzugsszenarien schleppten sich hin. Der Patient litt unter heftigen Schmerzen. Erst am 5. August nahm ihn das an der belgischen Grenze gelegene deutsche Lazarett Fourmies auf. Einhundert Kilometer vom Schlachtgeschehen entfernt.

Inzwischen hatten allerlei Kokken die Wunden durchflossen und sorgten für Eiter, verstärkt von anderen Fäulniserregern. Die Behandlung erfolgte viel zu spät. Immerhin verfügte das gut ausgestattete Hospital über eine Röntgenapparatur. Die Aufnahmen zeigten eine komplett zertrümmerte Schulterblattgelenkpfanne. Der Feldchirurg entfernte die Knochensplitter, legte alle Winkel frei, verschaffte sich Zugang zu bis dahin versteckten Entzündungen und zertrennte Gewebe. Er wusch die Wunde mit einem Antiseptikum aus, positionierte Tamponaden für den Abfluss des Wundsekrets. Freundliche Schwestern pflegten den Patienten, dem es dadurch besser ging.

Die Hoffnung, nach Hause in die Pfalz reisen zu dürfen, erfüllte sich aber nicht. Der Verwundetentransport führte in den Osten des Deutschen Reiches zur Lutherstadt Eisleben. Im dortigen Hilfslazarett, einem Knappschaftskrankenhaus, schloss sich eine vierwöchige Weiterbehandlung an. Mäßig erfolgreich. Röntgenuntersuchungen diagnostizierten eine Fraktur am Oberarmknochen, Kopf- und Pfannenrand. Schmerzen und Probleme blieben. Endlich, am 22. September 1918, erfolgte die Aufnahme im Reservelazarett Landau und eine nochmalige Operation. Aus einer an der Einschussstelle gebildeten Fistel entfernten Ärzte erneut Knochentrümmer sowie etwas Kleiderstoff. Die komplizierte Heilung zog sich bis zum Kriegsende hin.

In seiner Heimatstadt stürzten indes vereinzelte Luftangriffe die Einwohner in schwere Depressionen. Die Lazarette mussten immer mehr Verwundete aufnehmen; selbst die städtische Festhalle diente als Krankenlager. In Nußdorf herrschte zudem Nervosität wegen nächtlicher Diebstähle und fremder, kümmerlicher Gestalten, die tagsüber in den Gassen herumirrten. Die beiden Schutzleute erhielten Verstärkung. Danach beruhigte sich die Situation. Die Sorge der Eltern Reiss um ihre Söhne ließ nicht nach. Zuletzt rückte der 18-jährige Richard im Oktober mit einem Infanterie-Ersatzbataillon als Landsturm-Rekrut ins Feld. Am 11. November 1918 um 12 Uhr läutete die einzig verbliebene Nußdorfer Kirchenglocke den Waffenstillstand ein: endlich Frieden. Bis zu seiner Entlassung am 17. November 1918 blieb Ludwig im Lazarett. Tags darauf musterte ihn das Militär mit 50 Mark Entlassungsgeld, zusätzlich 3 Mark Marschgebühr, aus. Richard kehrte unversehrt vom Einsatz des letzten Armeeaufgebots zurück. Die schon länger anhaltenden reichsweiten Rebellionen griffen auch auf Landau über. Kompromisslos lösten am 1. Dezember eingerückte siegreiche Franzosen den eher plakativ revolutionär agierenden Landauer Soldatenrat auf. Im Nußdorfer Schulhaus richteten sie Büros ein. Die Schulkinder freute es, denn der Unterricht fiel aus.

Von Freude über den Frieden konnte in der Gemeinde keine Rede sein. Wie nach einem gewaltigen Rausch, der Winzerbevölkerung vertraut, brummten Schädel, bohrte das schlechte Gewissen, schmerzten Glieder. Der Krieg traf jeden ins Mark. Zumal nicht nur die großen familiären Verluste, sondern auch die fürchterlichen Verstümmelungen menschlicher Körper, besonders der Gesichter, jener „zerrissenen Fressen", die peu a peu an die Öffentlichkeit gelangten.

Aber das Leben ging weiter. Anfang des Jahres 1919 durften Nußdorfer Frauen zum ersten Mal den bayrischen Landtag mitwählen. Der Kaiser entzog sich seiner Verantwortung und desertierte ins holländische Exil, um endlich einem sozialverträglichen Zeitvertreib nachzugehen, dem Holzhacken. Ohne monarchistische Privilegien trat die parlamentarisch demokratische Weimarer Verfassung in Kraft. Für die Nußdorfer geriet der Abschied von liebgewonnenen Autoritäten, die ihnen Entbehrungen, Opfer und Leid zugemutet hatten, eine Spur zu schnell.

Viel Zeit zum Räsonieren übers untergegangene Kaiserreich blieb nicht, denn die Franzosen installierten eine ungemütlich empfundene Besatzungsmacht in der Pfalz. Bis zur vorzeitigen Beendigung 1930 dauerte das sogenannte Rheinlandabkommen vom 28. Juni 1919, eine Bestimmung des Versailler Vertrages. Anfänglich mit dem unerbittlichen Befehlshaber Gérard an der Spitze und harten Maßnahmen gegen die Bevölkerung – begleitet von innerpfälzischen politischen Unruhen.

Der „Rotschorsch"

Ludwig, mit 23 Jahren in stattlichem Mannesalter, war von seiner Kriegsverletzung nicht wirklich genesen. Als Metzgergeselle fand er dennoch und trotz angespannter Wirtschaftslage in Landau Arbeit. Das drei Kilometer entfernte Nußdorf blieb sein Lebensmittelpunkt. Mit Kumpels besuchte er Wirtschaften wie „Zum Deutschen Haus" oder das „Gasthaus Zur Pfalz". Auch „Straußwirtschaften", wo Winzer ihre eigenen Weine ausschenkten und ihre Spezialitäten in improvisierten Gaststuben anboten, wie seine Lieblingsvesper Handkäse.

Weit größere Freude bereiteten ihm die Reize, Koketterien und Schönheit von Frauen. Auch in Nußdorf gab es viele Gelegenheiten, sie zu treffen. Bei der ersten Kirchweih nach dem Krieg legte sich die wieder aufgestellte Harmoniemusikkapelle im Gasthaus „Zum Löwen" leidenschaftlich ins Zeug. Es beflügelte das Publikum, vor allem die jungen Leute zum Tanz. Ludwig genoss einen nach dem anderen mit der dunkelhaarigen, grazilen Martha Übel. In den Pausen begleitete er sie zu ihrem Tisch, wo der feuerfarbene „Rotschorsch", ihr Vater Georg, saß. Er thronte vor mehreren Weißweinschoppengläsern, allerlei Würsten, Sauerkraut und Schweinsknöchel. Um ihn herum seine beiden besten Dorffreunde sowie die streng dreinschauende Ehefrau Anna Marie, die Kinder Ludwig, Anna und Susi. Karl und Barbara, die Kleinsten, mussten zuhause bleiben. Martha, außerordentlich bezirzt, nahm die Kulisse schemenhaft wahr. Sie blieb beharrlich stehen, um den Weggang ihres Dauertanzpartners zu verfolgen. „Jetzd sedscht dich awer hie. Mir sin jo ach noch do!" polterte ihr Vater. Die Order wirkte. Hitze schoss in den Kopf, Röte ins Gesicht, das Gesäß sank auf den harten Wirtshausstuhl. Erst mal verschnaufen.

Doch schon für den übernächsten Tag, den Kerweausklang, flüsterten sie sich eine Verabredung zu. Das Verlangen war groß. Die Veränderungen der beiden auch. Viel Zeit war inzwischen vergangen. Früher gingen Ludwigs Bruder Richard und Martha gemeinsam in eine Klasse der Nußdorfer Volksschule. Und auch sonst traf man sich im Dorf. Aber nach vier Jahren Krieg, Abwesenheit und vor allem Erwachsensein gab es viel Neues zu entdecken.

Familie Übel wohnte in der Böchinger Straße 81. Der „Rotschorsch", wie ihn jeder im Dorf nannte, von Beruf Landwirt, Küfer und Weinhändler, betrieb zeitweise eine „Straußwirtschaft". Als solcher schenkte er seinen auf guten Böden wachsenden, selbst hergestellten Wein meist während der Sommerzeit im Hof oder jahreszeitlich etwas später im Wohnzimmer des Anwesens aus. Brat-, Leber- und Griebenwürste galten als kulinarische Begehrlichkeit.

Ein eigensinniger, selbstbewusster Mensch. Anweisungen von Behörden waren ihm stets ein Dorn im Auge. Jeder sollte selbstverantwortlich handeln dürfen. Es sei denn, die Allgemeinheit leide darunter. Kein Mensch dürfe Macht über andere haben. Viele Leute mochten ihn, aber manchen gingen seine anarchistischen Vorlieben zu weit. Besonders der Administration. So gelangte Georg Übel in den von Obrigkeitsverordnungen dominierten Zeiten der Jahre von 1905 bis 1907 ins Strafregister der Amtsanwaltschaft Landau. Die Verurteilungen waren aus heutiger Sicht lächerlich. Bei Meinungsverschiedenheiten im Wirtshaus kam es zu Handgreiflichkeiten, die mit einer Tracht Prügel für den Kontrahenten endeten. „Rotschorsch" wurde angezeigt. Partout war er von seiner Unschuld überzeugt. Das Amtsgericht sah es anders und verurteilte ihn nach kurzer Verhandlung zu zwei Tagen Gefängnis.

Munter gestimmt, Dispute befeuernd oder verständnisvoll zurückrudernd, erzeugte er in seiner Wirtsstube eine vitale Atmosphäre des Wohlbehagens. Die Kundschaft blieb gern bis zum letzten Tropfen und darüber hinaus. Die fröhlichen Lieder und das ausgelassene Gelächter provozierten den Unmut und Groll von missgünstigen Menschen. Besonders den Staatsdienern gegenüber, die ihre Kontrollen verstärkten. Zwei Mal ahndete die Staatsgewalt das Übertreten der Polizeistunde mit neun Tagen Haft!

Trotzig ging er in die Strafanstalt hinein und aufrecht wieder hinaus. Vor allem betrieb er seinen Weinhandel weiter nach eigenen Vorstellungen und kaufte Erzeugnisse auch außerhalb des Anbaugebietes. Er legte sich einen abschließbaren Eisschrank zu, in dem bessere Weißweine lagerten. Kleinere Fässer beinhalteten Qualitätssorten, die er in Flaschen umfüllte und etikettierte. Hinzu kamen sein eigener Wein und nicht alkoholische Erfrischungsgetränke wie Mineralwasser oder Apfelsaft. Infolge des vielfältigen Getränkesortimentes geriet einiges durcheinander. Böse Zungen lancierten Gerüchte, die justitiable Schritte in Gang setzten: Anlässlich der Kirchweih schenke er unerlaubt etikettierten Wein aus und verkaufe Flaschenbier!

Wenig später erschien Gendarm Johannes Armbrust im Hause des Delinquenten: „Herr Übel, Sie verstoßen zum wiederholten Mal gegen die Vorschriften. Sie sind angezeigt, ich muss daher eine Untersuchung durchführen. Bitte widersetzen Sie sich nicht." Rotschorsch explodierte wie ein Vulkan. Schon wieder eine Inspizierung des Betriebes. Aber es war ihm bewusst, dass es jetzt darauf ankam, sich zurückzuhalten. Daher gleich der Versuch, die Amtsperson in beschwichtigendes Geplauder zu verwickeln: „Herr Armbrust, der Wilhelm Tell hat ja mit einer solchen, der Ihr Name ist, für Freiheit gesorgt. Meinen Sie nicht auch, ein Mensch hätte eine selbständige Entfaltung verdient? Wie ich, der rechtschaffen gute Weine ausschenkt und schmackhaftes Essen anbietet?" „Das tut nichts zur Sache. Ich muss Ihr Geschäftsgebaren überprüfen, und es entspricht in keiner Weise den Vorschriften." Schnell gingen Musterung und Kontrolle vonstatten. Das erste Fazit lautete: „Ihr Betrieb hat keine Konzession. Aber Sie führen ihn wie eine Gastwirtschaft. Ich bin außerdem erstaunt über die Weinvorräte. Nun gut, Sie sind Weinhändler, aber 11 000 Liter Fasswein und 688 Liter Dürkheimer im Anstich. Das ist enorm!"

„Ich führe eben meinen Beruf sehr gern aus. Schauen Sie hier, eine Rarität, Herr Inspektor. Den Riesling vom Ochsenloch wollte ich Ihnen als bescheidenes Präsent auf den Heimweg geben." Entschieden lehnte der Beamte ab. „Was fällt Ihnen ein, Herr Übel? Ich notiere das als Bestechung. Mit einem bayrischen, also pfälzischen Staatsdiener können Sie das nicht machen."

Verunsichert protokollierte Johannes Armbrust: *„Eine genaue Zuordnung von etikettierten Flaschenweinen und gewöhnlichen ist aufgrund der unterschiedlichen Lagerung äußerst erschwert, respektive unmöglich! Übel erklärt, er brauche als Weinhändler Flaschenweine und müsse sich als solcher, da sie verlangt würden, auch Unterländer, also welche aus Bad Dürkheim und Umgebung, halten. Dass er diese in seiner Straußwirtschaft verkaufe, bestreitet derselbe, wie auch den Verkauf von Flaschenbier während der Kirchweih."* Gleichwohl sprach sich das nachfolgende Urteil des Bezirksamtes für unbefugte Wirtschaftsführung aus, verbunden mit zwei Tagen Haft.

Auch Geldstrafen gab es. Die Verfehlungen summierten sich auf 26 Mark. Das entsprach mehr als fünfzig „Zweipfünder" Laiben Brot. Gängelei und pharisäerhaftes Verhalten seiner Umwelt veranlassten ihn, die Straußwirtschaft zu schließen. Stattdessen konzentrierte er sich nun auf eine „richtige Schankwirtschaft".

Als Johann Wambsganß das traditionelle Gasthaus „Zum Deutschen Haus" nach mehr als zwanzig Jahren aufgab, pachtete „Rotschorsch" das Anwesen. Am 24. Januar 1912 hielt er die *„Conzessionsurkunde"* in Händen. Er kannte das Gebäude. In ihm hatten, als er gerade zwei Jahre alt war, seine Eltern am Ostermontag 1876 ein großes Konzert erlebt, samt Ball des Nußdorfer gemischten und des Männerchors sowie zwei siebenköpfigen Streicherformationen. Sie eröffneten mit Mercadantes Ouvertüre „Emma Antiochien" am Nachmittag das Ereignis; später folgten „Vaterlandsliebe und Abschied vom Wald" am frühen Abend, der alsbald zum Tanze überging. Es wurde fröhlich und ausgelassen – aber längst nicht so wie bei manch späteren Faschingsbällen, als die Polonaise aus dem Nebenzimmer des oberen Stockwerks über die Eingangstreppe auf den Hof zur Gasse führte, um den nahe gelegenen Dorfbrunnen zu umrunden.

Das Gebäude war in die Jahre gekommen, weshalb der Pachtvertrag diverse Bedingungen zur Betriebsaufnahme enthielt: das Anbringen von Geländern, Ventilatoren, Hinweisschildern, das Streichen von Decken, Wänden und Tünchen des Kellers. Das berührte den neuen Besitzer aber nicht, sah er doch die

Möglichkeit, sich endlich ohne Maßregelungen zu entfalten. Der Schankraum, Tanzsaal und zwei Nebenzimmer boten sich für vielfältige Nutzung an. Ihm war erlaubt, Bier, Wein, Branntwein und „nichtgeistige Getränke" anzubieten.

Das Sanieren dauerte länger als gedacht, der Gästeandrang blieb nach anfänglicher Begeisterung gering. Ausnahmen bildeten die Veranstaltungen von Dorfvereinen. Wenn allerdings am Sonntag, besonders zur Sommerzeit, einige „Stadtleute" zum Probieren seines Qualitätsweines eintrafen, bediente sie ein bestens gelaunter Schorsch: „Verehrter Herr Postsekretär, wie Sie wissen, bin ich kein Freund amtlicher Verdikte oder Weisungen, aber die jetzigen Reblausgesetze kann ich nur unterstützen. Ich bin strikt gegen den unkontrollierten Rebenverkehr! Das hat die Epidemie verursacht! Na, dann zu genüsslicheren Angelegenheiten. Was soll es sein? Probieren Sie doch unseren Dürkheimer Abtsfronhof Riesling. Etwas Besonderes. Löß- und Lehmboden mit Kalkstein. Feines Mineral, ordentlich Säure. Mein Lieblingswein." Daraufhin der Geschäftsinhaber für Haushaltswaren: „Herr Übel, wir sind im Bilde. Wenn Sie noch weiterreden, wird Ihre besondere Abfüllung auch nicht besser! Also her mit dem Gewächs!" Das hörte sich überheblich an. Kurz durchzuckte es den Wirt, aber er entschloss sich zu einer eleganten Lösung mit einem seiner Standardsprüche: „Ich bring' den Herren mal eine Flasche, denn wie Goethe schon sagte, *„ohne Wein und ohne Weiber, hol der Teufel unsre Leiber!"*

Nur zweieinhalb Jahre währte seine Geduld. Häufige Meinungsverschiedenheiten, Mäkeleien, Antichambrieren und Scharwenzeln brachten ihn, abgesehen von ausbleibendem ökonomischem Erfolg zu der Erkenntnis, diese Art des Gelderwerbs einzustellen. Lieber gewohnt profund und charakterfest Weinhandel betreiben!

Um die Jahrhundertwende und in dem ersten Jahrzehnt danach erblickten seine sieben Kinder das oft trügerisch anheimelnde Licht des Winzerortes: Ludwig 1898, Martha 1900, Anna 1903, Susanne 1904, Karl 1907, Barbara 1909, Elise 1911. Raue Lebensverhältnisse herrschten, als Anna Marie mit Elise schwanger war. Beim Unkrautjäten auf dem Kartoffelacker überfielen sie heftige Wehen. Nirgendwo Hilfe in Sicht. Wankend und voller Schmerzen schleppte sie sich nach Hause. „Rotschorsch" empfing sie entsetzt. Niemand hatte mit der Geburt bereits im Juni gerechnet.

Kompliziert ging es weiter. Die Hebamme befand sich ebenfalls bei der Feldarbeit. Die Kinder schwärmten aus, um sie zu finden. Schließlich entdeckte Karl die robuste Person im Weinberg beim Rebenschneiden. Sie raste ihm hinterher, aber die Laken waren bereits rot gefärbt. Eine entkräftete Frau voll Angstschweiß, mit fiebrigen Augen und großen Schmerzen lag vor ihr. Ein Bündel Mensch entfleuchte der warmen nassen Dunkelheit in eine grelle, unwirtliche Welt, um sogleich ins tiefe, kalte Grab zu sinken. Der Herrgott nahm Ende August die „Liesel" wieder zu sich, wie es die Familie beschrieb und was in jenen Jahren der Säuglingssterblichkeit häufig passierte.

Martha mit ihren gerade mal elf Jahren verdaute das entsetzliche Ereignis schlecht. Die Traurigkeit wollte einfach nicht aufhören. Allein die Schule tröstete über den Kummer hinweg. Liebend gern und erfolgreich nahm sie am Unterricht teil. Außer ihr und dem Lehrer registrierte es niemand. Nach Ende der Schulzeit begann der Krieg. Schlechte Bedingungen für eine Ausbildung. Sie musste im Bauernhaus bleiben. Besonders, weil ihre Mutter bei der stattlichen Kinderschar stets Hilfe brauchte.

Als seine Martha mal wieder beim Abendbrot am Tischende vor Erschöpfung zusammensackte, forderte der „Rotschorsch" schoppenselig und derb dazu auf: „Nid schlapp mache! Mer brauche dich so und du bischd jo so fleißisch in de Kich. Wenn de Kriech vorbei is, dann kummt schun noch de rischdische Prinz un hold dich von uns weg."

Tatsächlich erschien er in Person von Ludwig, Sohn des Adjunkten Georg Reiss, ab 1920 Bürgermeister. Jede freie Minute kreisten die Gedanken um den Angebeteten. In einem ihrer Schulhefte notierte sie heimlich ein Liebesgedicht von Friedrich Schiller. Es ging ihr nicht mehr aus dem Kopf. Schnell auswendig gelernt, trug sie es bei einem Sonntagsspaziergang durch die Weingärten am „Herrenberg" vor:

„O! zarte Sehnsucht, süßes Hoffen,
der ersten Liebe goldne Zeit!
Das Auge sieht den Himmel offen,
es schwelgt das Herz in Seligkeit.
Oh, dass sie ewig grünen bliebe,
die schöne Zeit der jungen Liebe!"

Ludwig, ansonsten profan orientiert, umarmte sie theatralisch – durchaus ein Hinweis auf die Illusion des Ewiggrünen.

Dorfleben – Heirat von Martha und Ludwig

Längst nicht mehr grün, im trübkalten, grauen Dezember 1920, ereignete sich ein verhängnisvoller Unfall. Der passionierte Nußdorfer Jäger Julius Spitzfaden spazierte mit seinem drei Jahre alten Jagdhund Richtung Nachbarort Böchingen. Das gut parierende Tier lief diszipliniert an seiner Seite. Auf der Landstraße kam ihnen ein Militärauto der französischen Rheinarmee entgegen. Weder Tierhalter noch Fahrer erinnerten sich genau an die nachfolgenden Sekunden. Jedenfalls karambolierte der Hund mit dem Auto und verendete in kurzer Zeit. Für den Halter ein herber Verlust, immerhin 800 Reichsmark Anschaffungskosten, die er nicht auf sich sitzen lassen wollte. Außerdem hatte er sehr an ihm gehangen. Von der französischen Armee forderte er Schadensersatz. Über zwei Jahre dauerte das Verfahren. Im Januar 1923 wies Monsieur Prudhomme im Namen des Generalstabs das Verlangen zurück. Der Fahrer habe keinen Fehler gemacht. Außerdem sei der Hund in den langsam fahrenden Wagen hineingesprungen.

Mehr als zehn Jahre danach sah sich der streitbare Weingutsbesitzer brutal behandelt. Am 11. Mai 1933 erging der „Schutzhaftbefehl". Noch am Abend wurde er verhaftet und in das Bezirksgefängnis Landau eingeliefert. Spitzfaden war örtlicher Gruppenführer des 1924 gegründeten Verbandes „Reichsbanner Schwarz-Rot-Gold". Zusammengesetzt vor allem aus ehemaligen Militärangehörigen, die der SPD, dem Zentrum und der DDP nahestanden, betrachteten die Mitglieder des Verbandes sich als Schutzschild gegen Feinde der Weimarer Republik. Es vergingen kaum Wirtshausdebatten, in denen der couragierte Spitzfaden sich nicht gegen die braunen Sprüche seiner Widersacher wehrte und am Ende stets mit dem Gruß „Frei Heil!" verabschiedete. Derart widerspenstig, galt er örtlichen Nazis als renitenter Staatsfeind, den man zur Räson bringen musste.

Nach der Machtübernahme in der Pfalz am 10. März 1933 kam es zu vielen Festnahmen und Inhaftierungen. Denunziationen waren nicht nur sprichwörtlich „Tür und Tor" geöffnet. Die ländliche Bevölkerung beteiligte sich bereitwillig daran, totalitären Direktiven Folge zu leisten. Das Dorf erhielt ein anderes Gesicht. Es galt, vorsichtig zu sein oder den Nachbarn zu verpfeifen. Die SA half nach. Am Stadtrand Landaus entstand ein Schutzhaftlager mit Aufenthaltsbaracken für Regimegegner. Man sperrte sie aber nicht dort ein, sondern in das Bezirksgefängnis. Täglich brachte sie ein Wachtrupp am Abend hin und holte sie am nächsten Morgen für Arbeiten zur Herstellung eines Sportplatzes wieder ab. Die Aktion verlief improvisiert. Man nannte solche Lager auch „wilde". Sie waren nicht unbedingt an verborgenen Orten errichtet und wurden auch nicht generell vor der Bevölkerung geheim gehalten. In ganz Deutschland gab es insgesamt 59 solcher Lager bis 1934. Das in Landau zählte zwar dazu, verfügte über entsprechendes Repressionspotential, wies aber noch nicht die Merkmale späterer Konzentrationslager auf. Dennoch litten die Insassen unter Misshandlungen, Demütigungen, harter Arbeit und schlechten hygienischen Verhältnissen.

Wenig verwunderlich, dass auch Spitzfaden zu den 135 Häftlingen gehörte, die bis zur baldigen Schließung am 15. Juli 1933 dort inhaftiert waren. Die Maßnahme sollte alle andersdenkenden Südpfälzer eindringlich warnen und einschüchtern, ihnen verdeutlichen, wohin der Weg führt, wenn man sich außerhalb der Volksgemeinschaft stellt. Fast alle kamen wieder nach Hause. Das gerade errichtete Konzentrationslager Dachau allerdings füllte sich in diesen Tagen zusehends. Im Unterschied zu anderen Inhaftierten mussten die vier verhafteten Landauer Juden für die Lagerzeit bezahlen. Die SA stellte einen Verpflegungssatz von 10 RM pro Tag in Rechnung.

Relativ spät, weil während des Krieges wenig Zeit blieb, heiratete Ludwigs ältere Schwester Emma den dreiunddreißigjährigen aus vielen Schlachten nur leicht verwundet heimgekehrten Bauern Wilhelm Pfaffmann am 6. September 1919. Auf der Feier zählten Martha und Ludwig zu den Gästen. Im Frühjahr 1920 verlobten sie sich. Die Trauung fand in der Nußdorfer evangelischen Kirche am 21. Mai 1921 statt. Endlich weg von Enge, Gängelungen und dem Arbeitsjoch. Das neue, schlichte Zuhause in einer Dachgeschosswohnung sah Ludwig als Provisorium an: „Wir bleiben hier nicht lang. Lass' uns eine eigene Existenz aufbauen. Ich schaue überall herum. Du kannst dich auf mich verlassen."

Schnell traten die Veränderungen aber nicht ein, und beide bekamen mit, welche Herausforderungen das neue Amt des Bürgermeisters für den Papa und Schwiegervater bereithielt. Im Oktober 1921 konfrontieren ihn die zur Gemeinde gehörenden Familien Schreiber und Pfaffmann mit einem heftigen Streit. Beide waren Nachbarn und mochten sich nicht. Schreibers litten sehr unter ihrem schweren Stand im Dorf. Eines Tages verschwand die zum Trocknen aufgehängte weiße Wäsche des Pfarrers Stilgenbauer. Kurze Zeit später sah Bertha Pfaffmann im Garten nebenan weiße Kleidungsstücke auf der Leine im Winde flattern. Sie bezichtigte daraufhin ihre unliebsamen Nachbarn des Diebstahls.

Der Fall kam ins Rollen. So stark, dass Schreibers den angesehenen Landauer Rechtsanwalt Dr. Sali Feibelmann zwecks Privatklage wegen übler Nachrede konsultierten. Der unternahm allerlei Anstrengungen zur Deeskalation. Das Amtsgericht wiederum protokollierte Aussagen gegen Aussagen. Die Klägerin Frau Schreiber: „Klar und deutlich waren die Worte, da hängt die gestohlene Wäsche des Pfarrers, zu hören!" Die Gegenseite dementierte: „Meiner Nachbarin Auguste Schlachter habe ich, nachdem wir vom Felde heimfuhren, nur gesagt, dass Schreibers Wäsche hängen haben, und das Fräulein Reta Stilgenbauer solle vielleicht mal nachsehen, dass da von ihrer gestohlenen Wäsche nichts dabei sei."

Unglücklicherweise ertappte währenddessen Feldhüter Hess auf einem seiner herbstlichen Rundgänge Frau Schreiber beim Traubendiebstahl. Ihr Mann bestritt den Vorwurf und ließ im „Landauer Anzeiger" eine Gegendarstellung abdrucken, was Hess zum Anlass nahm, eine Anzeige wegen „Dienstbeleidigung" auf den Weg zu bringen.

Es rief Bürgermeister Reiss auf den Plan, der zur Wahrung des Gemeindefriedens intervenierte und das Sühneverfahren vorschlug. Die außergerichtliche Aussprache vermasselte jedoch der zweite Bürgermeister Wambsganß. Anwalt Feibelmann erreichte dadurch die nächst höhere Instanz, das Bezirksamt. Zuständig war nun der dritte Bürgermeister Heupel. Es gelang ihm, die zerstrittenen Parteien zur Besinnung zu bringen. Das junge Paar amüsierte sich köstlich über die kleinkarierte Dorfwelt. Marthas zwei Jahre älterer Bruder und Namensvetter ihres Mannes Ludwig, wie sein Vater Küfer von Beruf, heiratete im Alter von 23 Jahren am 26. November 1921 in Nußdorf Anna Marie Ruppert aus Böchingen. Die brausenden Klänge der Orgel erfüllten die kleine, geschichtsträchtige Kirche. „Treulich geführt" ertönte die allgemein als Hochzeitsmarsch bekannte Melodie des Brautchors aus der Oper Lohengrin von Richard Wagner.

Eindringlich schilderte Pfarrer Stilgenbauer von der Kanzel herab die Wege des Allmächtigen, welchen das Paar bis zum Tode folgen sollte – auch wenn manche Umleitungen oder Prüfungen dem Christenmenschen sich nicht von vornherein erschließen ließen. Zum Mitsingen folgte das „Lobe den Herren" in voller Länge. Besondere Blicke galten dem Brautpaar bei der Strophe: *„Lobe den Herren, der aus dem Himmel mit Strömen der Liebe geregnet. Denke daran,* *was der Allmächtige kann, der dir mit Liebe begegnet."* Illusorisch? Jedenfalls kam es später den meisten realen Ehejahren entsprechend eher so, wie Bertolt Brecht orakelte: *„Lobet die Nacht und die Finsternis, die euch umfangen! Kommet zuhauf, schaut in den Himmel hinauf: Schon ist der Tag euch vergangen."*

Unter obligatorischem Geläut ging es aus dem Gotteshaus die Treppenstufen hinunter zum Wohnhaus. Vor der Eingangspforte trotzte der Männerchor als Empfangskomitee frostigen Temperaturen und jubilierte zum Auftakt besonders „lebendig" den Friedrich Silcher-Klassiker „Hab oft im Kreise der Lieben in duftigem Grase geruht..." „Frisch gesungen!" wie es in allen Strophen heißt, sollte das Paar auch weniger gemütliche Ehezeiten überbrücken. Der zweite Beitrag war ein Liebesbekenntnis. Der Chor zwitscherte von einem Vögelein, das gesetzt den Fall, es hätte zwei Flügel, zur Geliebten fliegen und überhaupt gedanklich immer bei ihr sein wollte. Also, „Wenn ich ein Vöglein wär":

„Keine Stund in der Nacht
da nicht mein Herz erwacht
und an dich denkt,
dass du mir tausendmal,
dass du mir tausendmal
dein Herz geschenkt."

Die Braut fühlte sich geschmeichelt, und den Bräutigam freute das Repertoire. „Rotschorsch" eröffnete das Mittagsmahl samt Hochzeitssuppe. Neben ihm saß sein fünf Jahre jüngerer Bruder Wilhelm, ein Großstadtmensch aus Mannheim und dazu noch gut „betucht". Seine elegante Garderobe hob sich von den Bauernsonntagskleidern deutlich ab. Er war Inhaber einer gut florierenden Kohlengroßhandlung. Früh hatte er das ländliche Idyll verlassen und sich mit Intelligenz erfolgreich im urbanen Umfeld durchgesetzt. Die Verwandtschaft nannte ihn nur den „Mannemer Unkel", wobei – angesichts seiner Spendierfreudigkeit – die Augen glänzten. Auch dem frisch vermählten Paar sollte später, in soziale Schieflage geraten, von ihm geholfen werden

Bereits mittags flossen einige gute Tropfen, begleitet von Georg Übels Unterland Edition, dem Königsbacher Riesling. Nach dem Intermezzo mit Kaffee und Kranzkuchen genoss die Gesellschaft am Abend eine Bauernvesper mit deftigen Weinen, was die Stimmung noch mehr hob. Ein Quintett spielte zum Tanz auf, und „Rotschorsch" ergriff während einer Pause das Wort. „Endlich", raunte es durch die Reihen. Fast staatsmännisch winkten beide Arme als Eröffnungsgeste dem Publikum zu. Die rechte Hand fuhr hoch, der Zeigefinger schoss heraus. Gewohnt parodistisch legte er los. Das Christliche läge ihm, daran bestehe wohl kein Zweifel. Er sei ein braver Gottesmann, und doch ließ der Allwissende ihn manchmal im Stich. Der Blick schweifte hinüber zum angesäuselten protestantischen Pfarrer. Heute hätte der Erbarmer mit der Hochzeit eine große Tat vollbracht. Und so wolle er das Schoppenglas erheben und mit Martin Luther anstimmen: *„Wer nicht liebt Wein, Weib und Gesang, der bleibt ein Narr sein Leben lang!* Ein Hoch auf das Paar!" Bis weit in den kalten Novembersonntag hinein dauerte das Fest. Ludwig gehörte zu den letzten Gästen. Martha verabschiedete sich vorzeitig – aus gutem Grund. Sie war im sechsten Monat schwanger.

Nach dem strengen Winter blinzelte an einem mäßig sonnigen Mittwoch, den 8. März 1922, ein Mädchen, meine Mutter, zum ersten Mal ins Leben. Ihr Taufname lautete Emma. Gerufen wurde sie von den ersten Stunden an nur Emmel. Bei aller Freude blieb die wirtschaftliche Situation niederschmetternd. Energisch stemmte sich Vater Ludwig dagegen. Mittlerweile hatte er den Metzgermeisterbrief erworben. Stellen in der Pfalz gab es kaum.

Im Jahr der Hyperinflation 1923 fiel sogar die Nußdorfer Kerwe aus. Rasant steigende Preise verwirrten die Veranstalter: Ein Pfund Schweinefleisch kostete 40 000 Mark, ein Brötchen 1 200 Mark, ein Dreipfünder Brot 25 000 Mark. Die Winzer klagten über Absatzmangel. Generell zählten die Bauern, wie viele Sachwertbesitzer, kaum zu den Verlierern, besonders nicht, wenn sie Schulden hatten. Die kleinen Sparer und vor allem Bezieher fester Geldeinkommen gehörten infolge nahezu minutiöser Abwertung zu den Verlierern. Ludwig konnte ein Lied davon singen. Rückhalt bot das Elternhaus mit einträglicher Landwirtschaft und Weinbau. Erst nach der Währungsreform durch die Regierung Stresemann und Einführung der Rentenmark, ein halbes Jahr später Reichsmark, sah man Silberstreifen am Horizont. Es sollte weiter dauern, bis stabilere Verhältnisse herrschten.

Der Widerstand gegen die Ruhrbesetzung und die damit einhergehenden Unruhen provozierten auch Aufstände mit französischer Unterstützung in der Pfalz. Separatisten unter Leitung von Franz Joseph Heinz, genannt Heinz-Orbis nach seinem Heimatort in der Hinterpfalz, besetzten Städte. Darunter Neustadt und Landau. Etwa 300 sogenannte „Sonderbündler" marschierten ein. Es kam zu erheblichen Tumulten mit Verletzten und zum wiederholten Wechselspiel des Hissens und Herunterreißens der Separatistenflagge am Rathaus. Am 12. November 1923 riefen sie die „Autonome Pfalz" aus. Mangels des Rückhaltes in der Bevölkerung brach die zum Teil mit dubiosen Mitgliedern durchsetzte Vereinigung schnell zusammen.

In der Nacht zuvor verirrte sich ein Trupp schwer bewaffneter Separatisten in Nußdorf. Sofort erkannt, hielten einige kräftige Bauernburschen das Kommando an, verprügelten die überraschten Hasardeure und nahmen ihnen die Waffen ab. Major Proudhomme erfuhr von dem Vorfall und bestellte am übernächsten Tag Bürgermeister Georg Reiss zum Rapport in die französische Kommandantur nach Landau. Stocksauer schnauzte er diesen an: „Was passierte letzte Nacht in Nußdorf?" Aufrecht und beherzt antwortete der Ortsvorsteher: *„Ich lag im Bett und habe geschlafen. Auf einmal wache ich auf, weil da Leute an mein Fenster klopfen und rufen: Bürgermeister komm heraus, da sind Leute, die haben Waffen! Daraufhin habe ich gesagt: Uff se, des hot de Herr Major verbote!"* Staubtrocken fügte er hinzu: *„Ich denk doch, dass ich eben darum in ihrem Sinn gehandelt habe!"* Unbehelligt verließ der Gescholtene das Zentrum der Besatzungsmacht.

Die Separatistenbewegung stob bereits anderthalb Monate später auseinander. Vermutlich mit Billigung der bayrischen Regierung schoss ein Exekutionskommando, bestehend aus zwanzig Männern des „Wikinger Bundes" sowie des „Freikorps Oberland", Franz Joseph Heinz und seine vier engsten Vertrauten über den Haufen – und das am 9. Januar 1924 beim Abendessen im „Wittelsbacher Hof" in Speyer. Die Planung des Attentats hatten die Akteure zwei Tage zuvor ausgeheckt und sich dazu im Münchner Stabsquartier der „Brigade Ehrhardt" getroffen, in dessen Holzhandlung etliche aggressiv gestimmte Kameraden aus verschiedenen rechtsradikalen Kampfbünden nach dem gescheiterten Hitlerputsch Unterschlupf fanden.

Metzgerei und Wirtshaus im bayrischen Miesbach

Generell waren die politischen Gegebenheiten in Deutschland von Gewalt geprägt und Ausdruck der so miserablen wirtschaftlichen Lage. Ludwig schwadronierte oft im Wirtshaus, ließ sich die „Dolchstoßlegende" einreden, wetterte über den „Versailler Vertrag", fühlte sich benachteiligt. Gleichwohl bemühte er sich um sein persönliches Fortkommen. Unermüdlich suchte er in der näheren Umgebung nach einem Arbeitsplatz. Vergeblich. Schließlich orientierte er sich außerhalb, sondierte Zeitungsanzeigen und stieß auf ein Inserat der „Waitzinger Brauerei" im bayrischen Miesbach: „Pächter für unsere Gastwirtschaft samt Metzgerei gesucht." Eine große Chance! Als er seinen Plan Martha eröffnete, fiel sie aus allen Wolken: „Unser Emmele is noch nid emol zwä Johr alt – und dann so weit fort. Un die viele fremde Leit." – „Ich will aber in die Selbstständigkeit und mein eigener Herr sein. Und des schaffe mir schunn!"

Am „Nikolaustag" im Dezember 1923 reiste Ludwig mit dem Zug nach München. Kaum in Karlsruhe umgestiegen, entdeckte er im Abteil ein liegen gebliebenes Exemplar des „Berliner Tageblatts" vom vorherigen Tag. Interessiert griff er zu, blätterte eifrig in der eigentlich für ein gebildetes, liberales Bürgertum gedachten Zeitung. Seite drei titelte: *„Knilling über Hitler-Putsch. Die heutige Programmrede im bayrischen Landtagsausschuss."* Der Text darunter interpretierte die Ausführungen des Ministerpräsidenten von Knilling: Was am 8. November im Bürgerbräukeller proklamiert worden war, sei nicht bloß ein hochverräterisches Unternehmen, sondern auch eine Riesendummheit, zugleich aber eine Todsünde gegen den vaterländischen Gedanken gewesen. Hitler habe der vaterländischen Sache schweren Abbruch getan und sich bereit gezeigt, unübersehbares Unheil über Deutschland und Bayern herbeizuführen. Er habe sich als unfähig erwiesen. Ludwig wies die schroffe Kritik zurück. Aber ganz geheuer war selbst ihm nicht der kürzlich von Hitler und Ludendorff angezettelte Marsch der NSDAP zur Feldherrnhalle erschienen. In dessen Verlauf starben bei einem kurzen Feuergefecht vierzehn Aufrührer sowie drei Polizisten. Hitler hatte sich schnell vom Geschehen entfernt. Das Urteil von fünf Jahren Festungshaft fiel gnädig aus, besonders in Anbetracht der Möglichkeit einer vorzeitigen Entlassung. Bereits nach neun Monaten kam der spätere „Führer" wieder frei und nutzte den Gefängnisaufenthalt in Landsberg am Lech zum Verfassen seines Buches „Mein Kampf".

In Stuttgart betrat ein älteres Ehepaar das Abteil und plauderte nach Ludwigs Vorstellung als Pfälzer unentwegt über Weine. Die Württemberger hätten in Hanglage sehr gute „Öchsle-Werte" vorzuweisen. „Werter Herr, sehetse, selbst in unmittelbarer Nähe zu Stuttgart wachsen edle Reben wie unser Cannstatter Zuckerle im Neckartal. Ganz zu schweige vom Trollinger." Recht bald, in Göppingen, verabschiedeten sich die schwäbischen Weinwerber und Großeltern, um ihre Enkelkinder beim Auftritt von „Knecht Ruprecht" zu erleben.

In Geislingen an der Steige nahm ein gut genährter Handelsvertreter der Firma Holder aus Metzingen Platz. Nach etwa zehnminütigem Mustern der Mitreisenden galten seine Worte Ludwig. „Der Herr ist geschäftlich unterwegs? Meinethalben ebenfalls, und zwar in Sachen Schädlingsbekämpfung aller Kulturpflanzen. Wir bieten an Hederich-, Baum-, Rebenspritzen, Desinfektions- und Eimerspritzen. In Augsburg erwartet mich Herr Rädle von der Firma BAYWA. Ein erst kürzlich gegründeter Genossenschaftsverein."

Allmählich gewöhnte sich Ludwig ans Plaudern. „Vum Ackersenf, dem Hederich, is de Weiße am gefährlichsde. Bei uns wird er gekeppt un geroppt. Awer oft nützt nix uf de Weizefelder." – „Na lieber Meister, unsre Firma arbeitet dagegen außerordentlich probat! Ich lasse Ihnen meine Karte da. Falls Probleme auftauchen, zögern Sie nicht und rufen mich an. Aber lassen Sie uns das Thema wechseln."

„Ich komm' ja viel herum, da erlebe ich so manches. Neulich, bei der vornehmen Deutschen Bank in Stuttgart, sagte die Sekretärin zum Bankdirektor: ‚Soll ich wirklich Hochachtungsvoll schreiben an diesen elenden Betrüger und Halsabschneider? Sie haben recht, schreiben Sie ‚Mit kollegialen Grüßen.'" Schallendes Gelächter ertönte im vollbesetzten Abteil und war Anlass für eine Zugabe: „Nun ist die Zeit der galoppierenden Inflation ja fast vorbei. Die Pferdchen sind davon. Hat natürlich nix mit unseren Rössern zu tun. Aber Sie erinnern sich noch? Dann können Sie mir auch sagen, weshalb man damals lieber ein Taxi als den billigeren Autobus nahm?" Schweigen. Aus dem Hintergrund eine tiefe Bassstimme: „Dös is a Kalauer, Sie umherreisender Conférencier! Ich sag's ihnen grad: Weil man im Bus beim Einsteigen, im Taxi aber erst am Ende der Fahrt bezahlen musste!"

Die unterhaltsame Zugfahrt endete am Münchner Hauptbahnhof. Ludwig vesperte mit zwei Weißbieren, Schweinsbraten, Apfelschmarrn und Obstler. Gestärkt setzte er die Fahrt ins 45 Kilometer entfernte Miesbach, eine Stadt von etwas mehr als sechstausend Einwohnern, fort. Zum ersten Mal betrat er in Begleitung der Brauereivertreter das Objekt, die stattliche Wirtschaft „Münchner Kindl". Genau sah Ludwig sich Wurstküche, Gastraum, andere Gebäudeteile an und glaubte nach dem Rundgang, am richtigen Ort seiner Existenzgründung zu sein. Nur achtete er nicht auf die nähere Umgebung und die Lage der

Wirtschaft in dem Stadtteil. Das Umfeld sollte später zum Stolperstein werden. Nach ausführlichen Geschäftsverhandlungen erbaten die Verpächter Bedenkzeit bis zum folgenden Tag. Ihr Mienenspiel sendete positive Signale aus.

„Nun Herr Reiss, Sie san nid vun do, aber oan Pälzer Bayer. Basst scho. I soags ene glei. Mia gloabn, Sie san der Richtge. Bringns mol an Schwung in das Haisl nei!" Ludwigs Freude über den Zuschlag war riesig. Er machte sich auf den Weg zum Postamt, um die Bürgermeisterei in Nußdorf anzurufen und dem Vater die Nachricht mitzuteilen. Er blieb übers Wochenende, erledigte am Montag Amtsgänge. Tags darauf zuhause angekommen, herrschte Aufregung. Es galt jetzt, den Umzug zu organisieren. Etliche Utensilien, die vermutlich am neuen Wirkungsort fehlten, sollten mit. Hilfreiche Tipps steuerte die Verwandtschaft bei. Schwester Anna fragte, ob es einen Garten gäbe und falls ja, dürften sie auf keinen Fall Rebsetzlinge vergessen.

Ende Januar 1924 transportierten die Brüder Richard und Ludwig auf dem Pferdefuhrwerk sechs große Umzugskisten, vor allem mit Kleidung, kleinen Möbelstücken, persönlichem Geschirr, einigen Bildern und Spielzeug für das Emmele. Klirrende Kälte hatte das Land fest im Griff, und dem Gaul stand so gar nicht der Sinn an diesem Tag, auf der vereisten „Hohl", der Hauptstraße von Nußdorf nach Landau, zum Bahnhof hinunter zu trotten. Selbst durch die dicke Decke über den Beinen der beiden Männer auf dem Kutschbock zog der Frost. Sie waren froh, nach mehr als einer Stunde endlich einzutreffen. Da geringer Betrieb herrschte, kam das Gepäck sofort in den Lagerraum. „Jetzt nämme mer noch ä Stärkung fer de Hämwech. Dem Gaul schmeiße mir die Decke umenand, dass er die Raschd aushald."

Die „Läwerknepp mit Kraut", also Leberknödel auf Sauerkraut, in der Bahnhofswirtschaft schmeckten ausgezeichnet. Gegen den Durst tranken die beiden vier Schoppen Schorle und zur Verdauung zwei Obstler. Am langen Tisch nebenan saßen zwei junge Burschen, ihrem Gebaren nach Studenten. Sie überbrückten ihre Zugwartezeit mit von Bellheimer Bier gefüllten Krügen und Debattieren. „Die sogenannten Helden haben im *Speyrer Wittelsbacher Hof* einfach auf am Tisch essende Separatisten geballert. Da war jetzt ein Foto in der Zeitung. Es zeigt jede Menge Einschusslöcher in der Wand des Speisesaals. Und der völlig unbeteiligte Hotelgast Sand kam ums Leben." Ludwig schaltete sich ein: „Den Hellinger und Wiesmann hat's beim Schusswechsel aber auch erwischt." Die Aussage galt dem drahtigen Bartträger von beiden, der daraufhin in einwandfreiem Hochdeutsch kreischte: „Ursache und Wirkung! Lieber Landmann, mit Waffengewalt löst man keine Meinungsverschiedenheiten, schon gar nicht politische Probleme."

Die Lautstärke provozierte das Personal. „Bitte, es sind noch andere Gäste hier. Und wenn Sie so weitermachen, schenken wir keinen Alkohol mehr aus." Der Appell wirkte, und das Gesprächsquartett kehrte trotz gegensätzlicher politischer Meinungen, wie in der Pfalz üblich, schnell zur konfliktfreien Konversation zurück. „Sie fahren also nach Heidelberg zum Studieren der Rechtswissenschaft. Na, dann viel Glück. Parlieren können Sie ja fast ohne Pause." – „Für Ihr Unternehmen in Bayern wünschen wir großen Erfolg und jetzt kommen Sie gut nach Hause mit ihrem hoffentlich nicht erfrorenen Gaul." Der „Fuchs" genannte Kaltblüter ließ sich geduldig einspannen und die Trense anlegen. Seine gestärkten Kutscher lenkten ihn durch die Stadt, die Anhöhe hinauf zum Dorf und dem Stall entgegen.

Acht Tage später reiste die junge Familie, unzählige Ratschläge der großen Verwandtschaft im Gepäck, ab. „Passt gut auf euer Emmele auf!" Ankunft im tief verschneiten Bayern. Am 30. Januar 1924 ließ Ludwig den Zuzug in Miesbach, Schützenstraße 217, bei der Meldebehörde eintragen. Der Anblick des stattlichen Gebäudes überwältigte Martha. Das zweieinhalbstöckige Schopfwalmhaus wies an seiner Längsseite einen prächtigen Giebel auf. Ein halbes Stockwerk darunter prangte in schwarzer Frakturschrift vor weiß gekalkter Außenwand die Aufschrift „Fleischindustrie Miesbach – Gasthaus Münchner Kindl". Die über sechs Treppenstufen erreichbare Eingangspforte überspannte ein Rundbogenfenster mit symmetrischen Sprossen. Darüber, von Motiven umrahmt, lächelte ein Stuckkindskopf. Im Erdgeschoss befanden sich der Gastraum mit langem Tresen, ein großer Saal und die geräumige Wurstküche. Zum Interieur gehörten solides Gestühl, grob gezimmerte Tische, durchgehende Holzbänke entlang der Wände, rustikale Trinkgefäße, folkloristisches Geschirr sowie ein Eichenfußboden. Eine große Einliegerwohnung für den Wirtshauspächter befand sich neben anderen Mietparteien im ersten Stockwerk, weitere Zimmer im Dachgeschoss.

„Ach, du mein geliebter Ludwig. Hier werden wir unser Glück finden!" Es ließ sich gut an, weil das Restpersonal des Vorgängers recht vertrauensvoll kooperierte. Der anfänglichen Euphorie und dem Zuspruch von Gästen folgte entgegen optimistischer Erwartungshaltungen des neuen Wirtspaares große Verwirrung. Im heimatlichen Nußdorf kannten sie Entbehrungen, Armut und deftige Rangeleien unter den Bewohnern, auch in der Familie. Das war jedoch kein Dauerzustand, und vieles endete in Eintracht. Man kannte sich eben. In Miesbach, jedenfalls am Standort ihres neuen Zuhauses, stießen sie auf eine komplett andere Konstellation.

Die Schützenstraße bildete die Haupttangente des Arbeiterviertels, das unweit eines Kohlebergwerkes Mitte des letzten Jahrhunderts entstanden war. Nach Schließung 1911 fanden viele entlassene Bergleute Arbeit in einer nahe gelegenen Papierfabrik. Das Quartier vergrößerte sich im Laufe der Jahre. Es entstanden winzige, billig gebaute Häuser ohne solides Fundament, Bad, fließendes Wasser. Immerhin schon mit Toiletten. Zum Teil verbaute man einigermaßen erhaltene Türen oder Fenster aus Münchner Abbruchhäusern. Kleine Geschäftsleute und Gewerbetreibende schufen sich Existenzen: Schuhmacher, Rossmetzger, Friseur, Bäcker, Gärtnerei, Obst- und Gemüseladen, Baugeschäft, Schäfflerei und die Limonadenfabrik Schirlinger.

Die Menschen kamen nicht nur aus der unmittelbaren Umgebung oder dem restlichen Bayern, sondern von weit her, aus Schlesien, Böhmen, Ungarn, Südtirol, der Steiermark. Ein buntes Gemisch und eine echte Herausforderung aufgrund unterschiedlicher Sprachen, Gebräuchen, Kleidung, Habitus. Es provozierte Attacken der Alteingesessenen. Besonders giftig von jenen, die gar nicht unmittelbar betroffen waren, den Bürgersleuten im Stadtkern des alten Miesbach.

Eine derartige Konfrontation mit fremden, unbekannten Menschen hatte es zumindest für Martha noch nie gegeben. Schwer wiegten auch die Geschichte und Tradition der Gaststätte. Das „Münchner Kindl" fungierte als Zentrum von Arbeitervereinen, des Gesangsvereins „Frohsinn", der Volkstrachtengruppe und als Übungsstätte der Geräteturner. Doch nicht genug damit. Gewerkschaften, Sozialdemokraten und Kommunisten hielten ebenfalls ihre Versammlungen ab. Das Gasthaus war überhaupt in einen zwielichtigen Ruf geraten, weil dort im Jahre 1908 eine Messerstecherei stattgefunden hatte. Der „Miesbacher Anzeiger" berichtete über einen lärmenden Infanteristen, welcher eine Rauferei zwischen etwa zehn Gästen auslöste, in dessen Verlauf ein gewisser Xaver dem völlig unbeteiligten Fabrikarbeiter Dörflinger ein Messer in den Bauch rammte. Lebensgefährlich verletzt, verbrachte er vier Wochen im Krankenhaus.

Lokalredakteur Eck als Sprachrohr der 1918 in Miesbach gegründeten Ortsgruppe der Bayrischen Volkspartei wetterte gegen die „Politik der Straße" von

Sozialdemokraten und beschimpfte den Sozialisten und Schützensträßler Priller als „Volltrottel". Die Ermordung Kurt Eisners am 21. Januar 1919 pries Eck als nationale Tat. Das reichte dem Miesbacher Arbeiterrat, der sodann das Verlagsgebäude besetzte. Mit Erfolg. Immerhin äußerte sich Eck danach gemäßigter.

Die rechtslastige Lokalzeitung, selbstverständlich nicht den Bewohnern des Viertels zugetan, griff auch sonst Auseinandersetzungen und Schlägereien in der Nachbarschaft des „Münchner Kindl" zur Stimmungsmache auf: *„Die Tagelöhner und Korbflechter, sämtliche wohnhaft Schützenstraße in Miesbach, standen schon einige Zeit einander feindlich gegenüber. Am Montag, den 9. Januar 1919 nachts kam nun diese Feindschaft auf offener Straße zum Austrag."* Mit Messern gingen Burschen aufeinander los und brachten sich lebensgefährliche Verletzungen bei. Ein Mann namens Pfadisch erhielt Stiche in die Bauchhöhle, worauf Gedärme herausdrangen. Er verstarb tags darauf im Nymphenburger Krankenhaus in München. Nach Ausrufung der Bayrischen Räterepublik in München am 7. April 1919 fand vier Tage später eine Versammlung im Miesbacher „Münchner Kindl" statt. Die Teilnehmer beschlossen, Lebensmittel und Kleider bei vermögenden Leuten in Miesbach zu beschlagnahmen. Die Waren brachten sie ins „Münchner Kindl", welches den Rotgardisten als Hauptquartier diente. Sie hielten dort sechs Bürger als Geiseln fest. Es kam zu Schießereien, und es spielten sich wilde Szenen mit betrunkenen Revoluzzern ab. Vieles lief aus dem Ruder, und das eigentliche Ziel einer gerechteren Gesellschaft verloren die Protagonisten aus dem Sinn. Umso mehr freute sich das Miesbacher Bürgertum nach Aufgabe der Aufständischen am 30. April 1919 über das schnelle Ende der „Spartakl-Wirtschaft".

„Mensch Ludwig, warum hast du nichts erzählt. Das ist doch nicht unsere Welt. Wir sind anders. Denk mal an unsre Leut' in der Pfalz. Und hier muss ich Umstürzler, vaterlandslose Gesellen und Hallodris bedienen", jammerte Martha. Aufgebracht entgegnete Ludwig: „Ja schon, aber ich kann mir in diesen Zeiten nicht auswählen, wem ich den Aufschnitt hinlege, und muss mich mit dem abfinden, was da ist. In der Pfalz gibt es fast keine Wurst mehr! Jetzt machen wir das Beste draus. Die Roten werden nie meine Freunde."

Ganz sicher nicht, obwohl fast nur solche im Lokal verkehrten. Also stellte sich der neue Chef darauf mit seiner leutseligen Art ein, denn sie sollten vor allem gute Kunden sein. „Ja, so eine Gaudi. Du nimmst sicher noch eine Maß." Den Durst der Kundschaft förderte er aufmunternd mit der Frage nach eventuellem Hunger. Da wäre doch eine kleine Mahlzeit angebracht. Traditionelle Saalvermietungen und Vereinsversammlungen behielt er bei, und die seltsam anmutenden Gestalten sowie das fremdländische Palaver fanden Anklang. Aufgrund unerwarteter, frühsommerlicher Geschäftsblüte kam Verstärkung aus der Pfalz in Person von Schwägerin Susanne.

Im Juni 1924 schloss Martha ihre Schwester Susanne, die alle nur Susi nannten, in die Arme. „Wie schön, dass du da bist, wir brauchen dringend Hilfe." Die gute Seele erfüllte die Erwartungen, ob in Küche oder beim Service. Persönlich empfand sie ihre Anstellung und neue Lebensperspektive als großes Glück, liebte sie doch Bayern sehr. Sie konnte es kaum glauben, als am Sonntag, den 13. Juli 1924, ihrem zwanzigsten Geburtstag, ein blauweißes Dirndl den Geschenktisch zierte. „So ein wunderbares Feiertagskleid. Ich hoffe, dass ich es oft anziehen kann." Um sich selbst und anderen zu gefallen, trug sie es häufig, ungeachtet passender Anlässe. Daraus ergaben sich weitere Berührungspunkte, insbesondere musikalischer Art. Susi sang, wo immer sie stand, ging oder sich aufhielt. Stets hatte sie ein Lied auf den Lippen.

Spontanes Musizieren gehörte auch zum „Münchner Kindl". Zitterspieler, Blechbläser und vor allem Sänger erzeugten eine grandiose Stimmung. Sentimentale Arien der Zugezogenen, Ländler, Jodler, Volkslieder und auch Märsche erschallten im geräumigen Gasthaus. *„I bin der Fürst der Wälder, koa Kugel geht mar ei, drum fürcht i koan Jaga und sollts der Teifi sei."* Das Matthäus Klostermaier gewidmete Lied, einem im Jahre 1771 geräderten Räuber und Wilderer, sangen die Gäste voller Inbrunst. Ebenso wie jenes über den am 6. November 1878 erschossenen Wildschütz Jennerwein: *„Ein stolzer Schütz in seinen schönsten Jahren, er wurde weggeputzt von dieser Welt..."* Während der Trinkpausen kreisten Erzählungen um den Dritten im Bunde, den bayrischen Anarchisten Mathias Kneißl, der wie so viele Bayern eine Einwanderungsgeschichte hatte. Seine Mutter war die jüngste Schwester des bekannten Räubers Johann Pascolini. Die Familie stammte aus der Lombardei.

> *„I bi vo Weikatshofa,*
> *i sag's ganz unscheniert,*
> *mei Vata war a Müller,*
> *da Paschkoliniwirt.*
> *Mei Muatta war a Zweigerl*
> *vom Paschkolini-Kern,*

*sie liabt bis heut no allerweil
die junga Burschn gern."*

Nach der Verkündung seines Todesurteils am 19. November 1901 soll der Volksheld, verehrte Räuber und Einbrecher bemerkt haben: *„De Woch fangt scho guad o."* Zurück ins Jahr 1924. Der von mir so geschätzte bayrische Schriftsteller Oskar Maria Graf schrieb seinen ersten Dorfroman: „Die Chronik von Flechtling", zugleich Auftakt zur grundlegenden Charakterisierung des bayrischen Menschenschlages in seinem literarischen Gesamtwerk und stets von Maximen seiner humanen Einstellung geleitet: *„ Wer die Wirklichkeit aufhellt und ihr eine unzweideutige Gestalt zu geben vermag, der schafft Erkenntnisse für die Zukunft."*

Zur Stammkundschaft im „Münchner Kindl" gehörte der in die Jahre gekommene Knochen- und Lumpensammler Huber. Eine Maß nach der anderen rann durch die durstige Kehle. Seine beiden Rappen und das Fuhrwerk fanden währenddessen im Hof ein Plätzchen zur Rast. Gelegentlich schmiss Metzgermeister Reiss bei Hubers Abfahrt einige Ochsenschlegelknochen auf den klapprigen Wagen. Der alte Mann bedankte sich herzlich: „Woas is dös fia a Schmankerl ihna ihre Nußdorfer Cervelat. Aba leida könna de arme Leid des ned kaufn." Der Wirtshausbetrieb lief gut, aber die Fleisch- und Wurstwaren, das eigentliche Kerngeschäft, fanden nur schleppenden Absatz. Im Stadtteil konnten sich nur wenige so etwas leisten. Andere Gasthäuser oder Kolonialwarenläden als Vertragspartner der Brauerei kochten ebenfalls auf Sparflamme. Die hohen Pachtgebühren taten ihr Übriges. Zunächst war der Existenzkampf geprägt von großem Einsatz, der Lust am Laufen und der Freude, viel zu leisten. Dann die Durchhänger, das Hecheln nach Luft, die Angst zu scheitern. Es half nichts, der Umsatz blieb aus. Vergebens die Hoffnung des soeben von Walter Kollo kreierten Schlagers, „Warte nur ein kleines Weilchen, bald kommt auch das Glück zu dir."

In die Miesbacher Schützenstraße wollte der in Deutschland prognostizierte Aufschwung des Jahres 1924 nicht einziehen. Nur die kleine Emmel erlebte unbeschwerte Tage. Das Umhertollen mit Nachbarkindern, die intensive Betreuung durch die Mama, Tante oder das Dienstmädchen, welches solche Aufgaben als Erholung gegenüber der sonstigen Schufterei im Haushalt der Wirtsleute empfand.

Ein Gefühl anderer Art überkam den Chef, Schlachtermeister, Familienvater und Wirtshausbesitzer Ludwig Reiss. Die Lust am Sex. Das eheliche Prozedere reichte ihm bei weitem nicht aus. Stets fielen Blicke auf die weibliche Umgebung. Hinein in das Dekolletee des Dirndls, den anmutigen Gang, das pralle Hinterteil oder die vermeintlich aufreizenden Bewegungen. Stets unter Geheimhaltung vor Ehefrau Martha plante Ludwig, materielle Zugaben inbegriffen, halbwegs charmante Verabredungen mit Frauen „unter Stand". Mal adressiert an eine Servierin, aber vor allem mit dem Dienstmädchen. Als ob es kein Morgen gäbe, stürzte er sich hinein ins Vergnügen, gewann Gefallen an der ungleichen Beziehung, schlich als Dauergast in die bescheidene Kammer.

Der Einsatz für das Geschäft litt darunter nicht, da stand er erst recht seinen Mann. Die Alltagsbewältigung, vor allem die Verständigung mit den „Roten", kam zu kurz. Sie merkten schnell, was es mit dem „Patron" politisch auf sich hatte. Ein enttäuschter, geschundener „Feldgrauer", dem sein Rock als Symbol fürs Vaterland näher als alles andere stand, der auf keine Fragen über soziale Ungerechtigkeiten und deren Verursacher einging. Nein, ihre Lage wollte er nicht ebenso wie sie betrachten. Trotz einiger Empathie. Letztendlich fehlte ihm der Mut, sich auf ihre Seite zu schlagen – angesichts des Erfolgsdrucks der „besseren Leute", den Brauereibesitzern, Schlachthofbetreibern und Viehhändlern.

Im Spätherbst reiste Bruder Richard an. Ihm gefiel das, wie er sich ausdrückte, „vornehme Geschäft" sehr. „Großartig, wunderbar. Davon können mir daheim nur träumen! Und so eine herrliche Landschaft mit so viel Wald." Er sah nicht das existenzielle Drumherum. Nur leise Andeutungen fielen während seiner acht Tage Aufenthalt. Bei einem Morgenspaziergang begegnete ihm Stammgast Huber mit seinem Pferdegespann. Erst beim zweiten Blick erkannte er den Knochensammler. Er saß mit schwarzem Zylinder auf dem Bock, hinterrücks ein Sarg auf der Pritsche des Wagens. „Das Unglück nimmt kein Ende. Jetzt hat es den Loisl dabatzt. Hinterlässt Frau und sechs Kinder, grade mal kurz vor den fünfzig. So eine Armut. Keine Arbeit, kein Acker, nichts zu fressen. Hast sie wahrscheinlich schon gesehen, all die bettelnden Kinder in der Schützenstraße. Ein Elend. Ich fahre den Sarg zum Friedhof. Ja, das ist mein zweites Auskommen. Traurig, aber wahr." Richard wollte es nicht glauben. Irritiert kehrte er nach Nußdorf zurück.

Der Winter in Miesbach meinte es gut und zeigte sich von milder Seite. Wenig Schneefall und kaum Frost. Wohlige Atmosphäre blieb mangels Publikums am warmen Kachelofen der Wirtshausstube trotzdem aus. Das sensationslüsterne Debattieren über den Massenmörder Haarmann aus Hannover belebte das Geschäft kurzzeitig. In den Tagen des Gerichtsprozesses Anfang Dezember nahmen Gespräche über die Morde an vierundzwanzig Jungen kein Ende.

Die Weihnachtsveranstaltungen verliefen besinnlich. Ein jeder gönnte dem anderen Frieden, die „Roten" indes unterschlugen den Tag des Herrn. Ihr Zuspruch im Wirtshaus und bei Feiern hielt sich in Grenzen. Zu Beginn des Frühjahrs 1925, das frostig daherkam, entschieden sich Martha und Ludwig zum Weggehen. Sie informierten Susi, die besonders enttäuscht reagierte. Nein, es passte nichts mehr. Der Umsatz im Wirtshaus sank immer stärker, Fleisch- und Wurstwaren fanden keinen Absatz. Immerhin beinhaltete der Pachtvertrag die Möglichkeit zur Auflösung der Geschäftsbeziehung. Karfreitag, den 10. April 1925, prangte eine Tafel an der Eingangstür des „Münchner Kindl": „Wegen Geschäftsaufgabe geschlossen".

Die Pfälzer Wirtsleute reisten zurück in die Heimat nach Nußdorf, wo schon die Osterglocken blühten. Aber es gab Tuscheleien über die rasche Heimkehr der kleinen Familie samt Schwester aus dem gelobten Bayern. Zurück blieb eine schwangere Miesbacher Liebschaft, deren Zustand nicht mehr zu verbergen war. Martha wollte, konnte es nicht glauben. Ludwig gelangen keine Lügen mehr. Die Betrogene, seine Ehefrau, befand sich ebenfalls, allerdings gesittet und zur Freude der Verwandtschaft, „in guter Hoffnung". Seit dem Weggang war nicht viel passiert in Nußdorf. Die wirtschaftliche Situation hatte sich kaum entspannt. Ludwig wollte jetzt erst recht bestehen, um der großen Blamage zu entgehen. In Landau fand er nach vorherigen Kurzbeschäftigungen eine Anstellung in der Metzgerei Kopf.

Die Nußdorfer Übel-Familie in den 1920-er Jahren

Die Familie seiner Frau Martha zog in der damaligen Zeit häufig um. „Rotschorsch" wohnte in der Böchinger Straße, Kirchstraße, Lindenbergstraße und zuletzt in der Eckgasse. Das hatte viel mit der Verwirklichung von Geschäftsideen zu tun. Sie trieben ihn ständig werkelnd und rackernd um. Niemand wollte glauben, dass sein letztes Anwesen zugleich Endstation sein sollte. Unvermittelt rief der Herrgott den Heißsporn am 15. September 1925 ab. Seit zwei Wochen hatten ihn Schmerzen im Oberarm geplagt, dauerhafte Müdigkeit seine Energie gelähmt. Nein, da agierte nicht mehr die streitbare, ironische und von Humor strotzende Persönlichkeit. Bettlägerig mosernd, ertrug er das Ende, welches ihm mit gnadenlosen Stichen in der Brust die Besinnung raubte. Die Schmerzen strahlten in Arme, Bauch und Schulterblätter aus. Beim kurzen Aufstehen wurde ihm schwindlig, rang er nach Atem. Sein Brustkorb war eingeschnürt wie durch einen zu engen, glühenden Harnisch. Fahl, mit zittrigen Händen, Angstschweiß im Gesicht, trank er das von seiner Frau, der „Eck-Mutter", gereichte Wasserglas. „Do hoschd dein Schorle. Des isch die beschd Medizin. Hoschd doch selwer immer gsachd. Awer so früh sollschd mich nid verlosse." Tat er aber doch. Ein Arzt hätte das Schlimmste vielleicht verhindert. Aber so schnell rief man damals keinen herbei. Es folgte ein kurzes Aus, stilvoll betrauert von der großen Familie.

Das Leben musste weitergehen. Am zweiten Weihnachtsfeiertag 1925 trafen alle Übel-Geschwister samt Anhang in der Eckgasse zum Kaffeetrinken ein. Die Gespräche kreisten um die bevorstehende Heirat ihrer Schwester Anna mit Oswald Pfaffmann. Den gelernten Nußdorfer Bäcker und Konditor hatte es auf der Suche nach einem besseren Leben und Betätigungsmöglichkeiten schon vor dem Ersten Weltkrieg im Jahre 1913 ins „Land der unbegrenzten Möglichkeiten", die USA, gezogen. Wehmütig kehrte er zurück. Seine pfälzische Heimat bot ihm jedoch in wirtschaftlich schwierigen Zeiten keine Chancen. Nun wollte er es in den USA wieder versuchen. Nicht mehr allein, sondern mit einem „Pfälzer Mädel", Anna Übel, an der Seite.

Die Skepsis gegenüber der nochmaligen Auswanderung überwog in der geschwisterlichen Kaffeerunde vor dem Weihnachtsbaum. „Ach, was tust du mir so leid, Anna, das muss schrecklich sein, so eine ewig lange Seereise. Wir sind doch Landmenschen. Ich habe noch nie das Meer gesehen!" – „Mensch Martha, das geht vorüber wie eine heftige Grippe. Aber Oswald kann dort einen Betrieb aufbauen und guten Lohn erhalten." – „Warum müsst ihr so weit weg von unserem schönen Pfälzer Land? Wieso könnt ihr nicht bleiben?" Bruder Ludwig schaltete sich ein. Bissig brachte er die Malaise auf den Punkt und betonte: „Ei, weil sie mutig sind, hier wenig zu erwarten ist und falls doch, es dafür Vorschriften gibt. Wenn der fette Amtmann ginge, bräuchten sie nicht gehen!"

Vor ihrer Abfahrt fand am 30. Januar 1926 die Hochzeit in Nußdorf statt. Der neue Pfarrer Emil Krieger wünschte dem Paar „edle Menschlichkeit in der Fremde, christliche Liebe und den Segen des Herrn". Oswald reiste nach einem halben Jahr ab. Im New Yorker Viertel „Little Italy", Lower Manhattan, bekam er Arbeit und mietete eine kleine Wohnung. Anna schenkte in seiner Abwesenheit Ende 1926 in Nußdorf einem Jungen namens Oswald Louis das Leben. Das Datum ihres Dampfschiff-Tickets, Abfahrtshafen Hamburg, lautete auf: 1. April 1927 mit der S.S. *New York*. Ein ganz besonderes Ereignis, denn an diesem Tag stach der am 12. März bei Blohm & Voss vom Stapel gelassene Schraubenschnelldampfer zur Jungfernfahrt in See.

„Purer Luxus" stellte Ehemann Oswald fest, als er davon erfuhr. Er musste früher im Zwischendeck in einem riesigen Schlafsaal mit mehr als fünfzig fremden Männern übernachten, lange im Waschraum anstehen und stets um einen Platz fürs eintönige Essen rangeln: Erbsen, Linsen, weiße Bohnen, Graupen, Zwieback, Pökelfleisch und ab und an einen Hering. Entsprechend mufte es unter Deck. Ein Grund mehr, so oft wie möglich an der frischen Luft zu sein. Da gab es Gesellschaft, Tanzende mit Ziehharmonikabegleitung, spontane kleine Chöre oder Experten, die über die Geschwindigkeit und den Kurs des Schiffes referierten. Besonders gefielen ihm die Himmelserscheinungen, das Morgen- und Abendrot, die Nachtsterne. Aber am meisten fürchtete er die schweren Gewitter und Stürme, die häufig in der Golfstromregion wüteten. Dann floh er in sein Etagenbett und verkroch sich unter der von Erbrochenem kontaminierten Wolldecke.

Überraschend gut klappte bei seinen Überfahrten das Miteinander, an welchem es gewöhnlich haperte. Feindseligkeiten und üble Schlägereien vermiesten oft die Stimmung an Bord. „Die Männer waren allesamt freundlich und hilfsbereit. Und immer traf ich Landsleute aus der Pfalz. Eine Flasche Wein hatte ich dabei. Die spendete ich fürs ‚Bergfest', als die Hälfte der Fahrt vorüber war. Sogar einen Kuchen durfte ich nach Sondergenehmigung durch den Schiffskoch backen." Oswald prahlte mit seinen überseeischen Kenntnissen. Verwandtschaft und Nußdorfer zollten eher gelassen Anerkennung für seinen Mut.

Strikte Ratschläge ereilten Anna monatelang vor ihrer zehntägigen Schiffsreise. Der Ehemann instruierte sie minutiös über alle Eventualitäten oder Gefahren. Nach einem Zwischenaufenthalt im Hamburger Auswandererdorf Veddel betrat sie unsicheren Schrittes und voller Gepäck die Gangway des riesigen Schiffes. Nervös belegte sie mit dem fünfmonatigen Säugling die nagelneue

Vierbettkabine der Kategorie „dritte Reiseklasse". Aufatmen. Stabile Etagenbetten, Holzspinde, Stofftrennvorhänge und sogar ein Waschtisch bedeuteten auf jeden Fall Komfort für vier Personen minderbemittelter Zahlungsliquidität auf etwas mehr als sechs Quadratmetern.

Unerwartet gut verlief die Überfahrt. Der kleine Oswald quäkte und kreischte nicht mehr als andere Kleinkinder. Dennoch war es eine Last und große Verantwortung, die Anna mit Bravour und ohne viel Aufheben bewältigte. Darüber machte sich Ehemann Oswald wenig Gedanken. Überhaupt realisierte er nicht, welch starke Frau ihm zur Seite stand, die es schaffte, allein aus tiefster Provinz mit Säugling in ein völlig unbekanntes riesiges Land aufzubrechen!

Schwindel, Übelkeit und Erbrechen gingen nach drei Tagen an Bord zurück. Der große Sturm blieb aus. Die Ankunft in der Neuen Welt gestaltete sich problemlos. Zumal Anna mit ihren ersten, vermeintlich englischen Vokabeln bei der vergleichsweise humanen Einwandererprüfung punktete: „Mister Gendarm, mei Männ häs ä schmol Haus in New York!" Der *Immigration Officer* schmunzelte, obwohl Humor kein Qualitätssiegel der Einwandererbehörde darstellte. In gebrochenem Deutsch folgte ein Glückwunsch: „Great! Willkommen in our Country. Gute Reise! Good luck! Viel Glück!"

Am Kai empfing Oswald Mutter und Kind. Er brachte sie zur winzigen Wohnung im lauten Manhattan, wo am Abend niemand zu schlafen schien. Bis Mitternacht drangen Rufe, Singsang oder Verkehrsgeräusche in den dritten Stock – für Anna eine irritierende Lärmkulisse. Über ein Jahr hielt Oswald die kleine Familie mit Gelegenheitsjobs in Bäckereien über Wasser. Während dieser Zeit bewegte sich seine Frau nur im unmittelbaren Wohnviertel. Von New York bekam sie nichts zu sehen, sprach statt Englisch eher einige Brocken Italienisch. Schließlich folgte Oswald, wie so viele, dem Angebot der Ford-Werke in Detroit, Michigan, und nahm einen gut bezahlten Job in der Autofabrik an. Der Umzug zur Motown City versetzte Anna in großes Staunen über die gewaltigen Ausmaße der modernen USA.

Am Tag ihrer Abreise ging es durch Häuserschluchten zum Zentralbahnhof. Obwohl noch nie im Hochgebirge gewesen, müsste es dort so aussehen, folgerte Anna. Hier waren die Häuserriesen mit unzähligen Fenstern verglast und ragten senkrecht in den tiefblauen Himmel hinein.

An der „Grand Central Station" angekommen, verweilte sie erstmal vor der Eingangspforte. „Das kann doch kein Bahnhof sein, das sieht ja aus wie ein vom

Herrgott geschaffener Dom!" – „Bleib nicht so lange stehen, wir müssen uns beeilen!" Erst drinnen bemerkte sie die durchaus berechtigte Nervosität Oswalds, denn es galt, den richtigen von vierundvierzig Bahnsteigen zu finden. Fast routiniert bahnte sich Oswald den Weg durch die Menschenmassen zum abseits gelegenen Bahnsteig. Ihr Zug der „New York Central Railroad" erreichte nach fünfzehn Stunden Fahrt über Albany, Utica, von wo es südlich des Ontariosees über Syracuse bis Buffalo weiterging. Hier übernachteten sie und setzten die Reise am folgenden Tag in aller Frühe mit der „Michigan Central Railroad" fort.

Nach einer halben Stunde Fahrt entstand Unruhe im überfüllten Abteil. „Take a look around. You can see the famous ‚Niagara Falls'. It's unbelievable!" Die Aufregung verebbte, weil die Strecke weit entfernt an dem Naturwunder vorbeiführte und sich daher keine Aussichtsplattform bot, wie ein ortskundiger Fahrgast erklärte. Gut eine halbe Stunde lang konnten die Passagiere danach, sofern sie das Privileg eines Fensterplatzes besaßen, Blicke auf den Ontariosee genießen. Nächster Halt Hamilton. Danach London und Chatham-Kent. Stundenlang nördlich des Erie-Sees entlang.

Am späten Abend rollte der mächtige Zug majestätisch in die „Michigan Central Station" ein, den 1913 fertiggestellten, damals höchsten klassizistischen Monumentalbahnhof der Welt. Für Anna die nächste Sensation. Hinzu kamen erste Eindrücke von Glanz und Glitter. Reichtum und Perfektion. Die gesellschaftlichen Erfolge in den Vereinigten Staaten von Amerika. Wie in einem Brennglas festgehalten, konstruiert wie eine Pyramide. Für die Einwanderer eine große Herausforderung.

Die beiden standen in guter Tradition. Großer wirtschaftlicher Druck und viel Hoffnung bewegten die Menschen in der Pfalz, ihr Land zu verlassen, dem Elend zu entfliehen. Bereits im 18. Jahrhundert waren es 100 000 Menschen, die ihrer vertrauten Heimat den Rücken gekehrt hatten. Die doppelte Zahl kam im darauf folgenden Jahrhundert zustande. Die meisten siedelten in die USA über. Viele waren in früheren Jahren dem Ruf Katharinas der Großen an die Wolga gefolgt. Andere gingen ans Schwarze Meer oder in die Ukraine. Allein aus dem kleinen Nußdorf wagten fast 400 Menschen den Aufbruch: Bauern, Tagelöhner oder Handwerker.

Zurück in die Pfalz, wo Ludwig Reiss weiterhin sein Glück probierte. Ihm genügte nicht „das Wursteln für andere", wie er zerknirscht knurrte. Selbständigkeit sollte das Ziel sein. Überall hörte er sich um. Überraschend bot sich die

Möglichkeit, nur einen Steinwurf von seiner Arbeitsstelle entfernt, ein Ladengeschäft samt Wohnung zu mieten. Es klappte. Nach Erledigung vieler Formalitäten stand er Ende Februar 1927 bei der Eröffnung seines eigenen Geschäfts in frisch gestärkter Metzgerkutte hinter dem Verkaufstresen in der Landauer Königstraße 43. Geschickt schnitt der junge Meister Schinkenscheiben ab, hackte Koteletts, klopfte Schnitzel und tranchierte Rindfleisch vom Knochen. „Bitte schön, verehrte Dame, die Knöchel sind für ihren Hund. Was, Bacchus heißt er? Dann füllt wohl ab und an ein Achtel Hauswein seinen Napf."

Das Geschäft lief gut an. Als Spezialität zierten „Münchner Weißwürste nach Originalrezept" das bescheidene Auslagenfenster. Die Qualität sprach sich herum und machte Gastwirte neugierig. Im Nu folgten Bestellungen. Schnell erwarb die Metzgerei einen guten Ruf, richtete sich die Familie im kleinstädtischen Ambiente ein.

Emmel genoss ihr Umfeld und die Rolle als ältere Schwester. Oft schleppte sie den am 26. November 1925 geborenen kleinen Karl zum Spielen auf die Straße zu ihren Freundinnen, die ihn gern als „Bobbele" verhätschelten. Ein halbes Jahr später begann für sie Mitte April 1928 die Schulzeit. Freudig, mit einer prächtig gefüllten Tüte. Zum Empfang der Neuen sang der Schulchor „Ein Männlein steht im Walde". Der Rektor ließ in der Begrüßungsrede seinen pädagogischen Auftrag sogleich den kleinen Wesen angedeihen. „Wer ist denn das Männlein mit dem kleinen schwarzen Käppelein? Das wisst ihr schon? Na klar, die Hagebutte."

Emmel besuchte die Schule gern, wenn sie auch nicht alles gleich verstand. Das Rechnen gelang zufriedenstellend, der sprachliche Ausdruck haperte, das Schreiben bedurfte kleiner Korrekturen. Das Fach Heimatkunde sowie die dazugehörenden Geschichten und Erzählungen mochte sie besonders. Zum Thema Herbst bot der Lehrer seine poetische Ader an: *„Im Wingert beginnt die Ernte. Reife Trauben fallen in Kübel und Eimer. Männer mit schwer beladenen Hotten wanken durch die Zeilen. Traubenmühlen rasseln, und das Rebenblut fließt zäh und süß in die großen Bottiche. Blasiger Schaum bildet sich und lockt Schwärme von Insekten an, die in brummender Gier die Näscherei umschwirren. Lieder liegen in der Luft und sind wie letzte Sommerfäden, die das Land einspinnen."* Solche Sätze standen in der heimatkundlichen Fibel für die Volksschule in den 1920er Jahren. Die Kinder sollten ihre unmittelbare Lebenswelt als heimatlichen Erfahrungsraum erleben und schätzen lernen. Heimatkunde existierte von 1920 bis 1966 in deutschen Volksschulen als eigenständiges Fach. Die angestrebte „Heimatliebe" verschmolzen die Nazis rasch mit ihrer „Blut- und Bodenideologie" von eigener Erde, eigener Sippe, eigenem Volk.

Sachlich ergänzte Emmels Lehrer: „*Der Most kommt in Fässer. Ein paar Tage bleibt er ruhig. Aber dann sorgen Hefe und Pilze für ein lebendiges Kochen und Gären im Fass. Der Zucker verwandelt sich in Alkohol und Kohlensäure, die als Gas durch den Gärspund entweicht. Den Most nennt man in diesem Zustand Federweißer oder Bitzler. In etwa einer Woche wird er dann zu Wein. Wie das Brot ist auch der Wein ein Geschenk des Himmels. Mäßig genossen, dient er zur Erheiterung des Lebens und zur Stärkung der Gesundheit.*"

Heiterkeit gehörte zu Emmels Charakter, und gesund blieb sie auch ohne alkoholischen Rebensaft. Die ersten beiden Grundschuljahre vergingen wie im Flug. Die Ferien verbrachte sie bei den Großeltern und Onkel Richard auf dem Land und in den Weinbergen. Beim Herbsten half sie, mit der Rebenschere einige Trauben abzuschneiden. Hauptsächlich musste sie den kleinen Bruder Karlemann betreuen, dabei unterstützt von anderen Kindern aus dem Dorf. Das Erntepersonal stimmte während der Lese viele Gesänge an. Oft tönte das aus dem Odenwald stammende Volkslied „Wenn alle Brünnlein fließen" durch die Weinbergzeilen. Mitunter kam es zur Unterbrechung der Arbeit bei übermütigen Interpretationen des „Winkens mit den Äugelein und Tretens auf den Fuß".

Immer wieder mal war Mutter Marthas jüngster Bruder, der zwanzigjährige Karl Georg, Neckereien ausgesetzt. Sie bezogen sich auf seine etwas andere Kleidung, Frisur oder sein höfliches Auftreten, was ganz und gar nicht ins dörfliche Milieu passte. Seinem derben älteren Bruder Ludwig ging er elegant aus dem Weg. Für die vier Übel-Schwestern war er jedoch ein kleiner Kronprinz. Sie mochten ihn sehr. Die sanfte Art des Umgangs und Miteinanders tat ihnen gut. Er hielt nichts von den grobschlächtigen Verhaltensweisen seiner Geschlechtsgenossen, die er während der Schulzeit ertragen musste. Mithin reagierte er darauf weich, rücksichtsvoll und kameradschaftlich. Und wie er sich bewegte! Wunderlich, fast weibisch. Die gezierten Gesten passten zu seiner pummeligen Figur. Auch schaute er sich nicht wie andere junge Männer nach einer Braut um. Las lieber ein Buch und blieb Zuhause. Die Geschwister tuschelten, legten sich Meinungen über ihn zurecht. Er aber wich stets aus und glänzte stattdessen mit guten Leistungen in Schule und Beruf. Seine Kaufmannslehre bestand er mit Bravour. Der „Mannemer Unkel" war begeistert und bot ihm eine Stellung in seiner Kohlen-Großhandlung in Mannheim an.

Karl Georg konnte es kaum fassen: „Ach, was für ein Glück und so eine gute Position. Unglaublich. Da will ich der Familie alle Ehre machen!" Ab Mai zählte er zu dem halben Dutzend anderer kaufmännischer Angestellten des Kohlen-Großhandels Übel in Mannheim. Der Onkel übertrug ihm schnell die Verwaltung der zentralen Kasse, und setzte ihn für Überweisungstätigkeiten an die Banken ein. Bei Familie Streib in H3, 8, so die Bezeichnung der Straße im Kern der Quadrate-Stadt, bewohnte er als Untermieter im zweiten Stock ein schönes Zimmer. Das Großstadtleben gefiel ihm auf Anhieb. Besonders der Besuch von Kaffeehäusern nach Feierabend bereitete ihm Vergnügen. Trotzdem ging es an jedem Samstag nach Büroschluss heimwärts zur Eck-Mutter nach Nußdorf. Er hielt sich bei ihr im Haus auf. Das Ausgehen in Dorfwirtschaften oder auf Tanzveranstaltungen interessierte ihn nicht, im Unterschied zu seinen Schwestern Susi und Bawettel. Oft kehrten die beiden erst nach Mitternacht wieder heim, den einen oder anderen Begleiter am Hoftor abwimmelnd.

Karl erfüllte rein äußerlich kaum die Ansprüche der Damenwelt. Etwas untersetzt mit einem Meter dreiundsechzig, weichen Gesichtszügen und bereits einem Doppelkinn. Ein Bäuchlein dazu. Hervorstechend: volles, nach hinten gekämmtes, schwarzes Haar – und das bei einem „Rotschorsch" als Vater. Ungewöhnlich muteten ihn die Aussagen des nicht mehr ganz jungen Heidelberger Buchhändlers Walter R. in seinem Stamm-Café in Mannheim an, der ihm nach dem dritten Zusammentreffen offenbarte: „Karl Georg, du bist ein kluger Kopf, ein guter Unterhalter. Dein Humor ist umwerfend. Aber noch was. Ich mag auch deine glänzenden Wangen, deine strahlenden Augen, deinen sinnlichen Mund. Vielmehr muss ich jetzt nicht erklären, du weißt Bescheid – und fühlst es sowieso schon lange. Wären wir doch im fernen Berlin unter toleranteren Lebensumständen. Da steht die Abschaffung des Paragraphen 175 zur Debatte. Aber in der bayrischen Pfalz oder hier in der Kurpfalz anders herum zu sein, bedeutet Stigmatisierung und Versteckspiel. Lass uns einen gemeinsamen Weg finden. Obwohl es selbst für mich schwer ist, diese Lebensform mit dir einzuschlagen. Komm, wir machen noch einen kleinen Spaziergang durch den Luisenpark."

Hinter dem dicken Stamm einer Eiche umschlangen die beiden Männer einander, küssten und drückten sich. Aber sie schnellten gleich wieder hoch, glaubten sich von Spaziergängern entdeckt und fürchteten, angezeigt zu werden. Hastig verabschiedeten sie sich. Karl Georg flüsterte noch: „Ich habe eine Idee.

Lass uns mal auf den Dürkheimer Wurstmarkt verabreden. Der findet demnächst statt. Ich schreibe dir eine Karte. Du kannst mir ja antworten. Alles Gute für dich, mein Lieber!"

In seinem Zimmer angekommen, schwirrten ihm die wirrsten Gedanken durch den Kopf. Beim Einschlafen sah er sich in einer weißen Hochzeitskutsche auf der Rückbank mit Cutaway-Anzug, Zylinder auf dem Kopf und dem Angebeteten Hand in Hand sitzen. Zwei Rappen trabten der kleinen Kapelle auf einer Anhöhe zu. Es schien die Kleine Kalmit bei Ilbesheim zu sein. Dort empfing das Paar eine fröhliche Gruppe bunt gekleideter Menschen. Frauen, elegant kostümiert mit ausladendenden Strohhüten oder Blumen im Haar. Männer, keck Schieber- und Ballonmützen, breite knallige Hosenträger über schneeweißen Hemden tragend. Ohrenbetäubender Jubel. Mitten hinein ein dumpfer Schlag. Wieder rumpelte der Hausherr nach einer Zechtour gegen die Untermietertür, verlor sein Gleichgewicht und holte Karl zurück in die Realität.

Die übernächste Woche verlief im Betrieb ohne Auffälligkeiten. Das Arbeitspensum fand zügige Abwicklung. Gewohnt freundlich und zuvorkommend plauderte er mit Kolleginnen und Kollegen in der Pause. Dann kam die Postkarte des Freundes: „Geht in Ordnung, treffen uns Sonntag, 11. September, auf dem Dürkheimer Wurstmarkt, 8.30 Uhr am Abend. Freue mich. Gruß." Nur nichts anmerken lassen. Er steckte die Karte schnell weg. Doch Freude pulsierte in seinen Adern. Am Samstag nach Büroschluss ging es wieder zur Mutter. In einer Aktentasche transportierte er Schmutzwäsche, um sie Mama zu überreichen. Das Wochenende in Nußdorf wollte nicht vergehen. Zumal sie ihm ein ums andere Mal beim stundenlangen Zwetschgenmus Einkochen im großen Waschkessel den Rührer in die Hand drückte. Damit ja nichts anbrannte.

Das sollte auch am Sonntag nicht passieren. Äußerlich gelassen verbrachte Karl den Tag, alles schien normal und ruhig. Wie immer aß er vier Stücke Zwetschgenkuchen und trank drei große Tassen Kaffee. „Fährst wieder wie üblich hin? Aber hast dich heute richtig herausgeputzt. Dein bester schwarzer Rock und die schöne graue Hose, das weiße Zephirhemd und der dunkelgestreifte Pulli. Das macht was her. Ich habe frische Wäsche eingepackt." – „Nett von dir, Mutter. Gott vergelts. Ich fahr noch ein bissel über den Wurstmarkt, da schadet es nicht, gut auszusehn!" – „Du trägst ja sogar deinen goldenen Siegelring. Ist das normal?" – „Ach, Mutter, es ist doch Sonntag, da wollte ich das feine Stück spazieren führen."

Pochenden Herzens fuhr er mit dem Zug nach Neustadt/Weinstraße, stieg in die „Nordpfälzer Bahn" um, erreichte über Mußbach, Deidesheim und Wachenheim sein Ziel Bad Dürkheim. Er eilte zum Vorplatz des Bahnhofs, wo sein Freund der „Rhein-Haardt"-Bahn aus Ludwigshafen entstieg. Hunderte von Menschen hasteten zum Gelände des „Wurstmarkts" oder beschritten den Nachhauseweg. Trotzdem trafen sich die beiden schnell. Allerdings sah man nur Karl die Wiedersehensfreude an. Walter bemerkte: „Lass uns bitte in ein Wirtshaus gehen, mir ist nicht nach Rummel auf der Kerwe zumute. Ich kenne mich kaum aus, aber die *Marktschenke* ist schnell zu erreichen und eine gute Adresse."

Das Wirtshaus war sehr gut besucht. In der Schankstube fanden sie einen Zweiertisch, abseits der komplett besetzten Eichentische mit laut palavernden Männern. Offensichtlich Angehörige eines Chores. „Was können wir Dürkheimer so stolz auf unseren Ludwig Strauß, den Synagogen-Vorstand und Stadtrat sein. Der Sängerehrenbrief vom Hauptausschuss aus Berlin, den macht ihm so schnell keiner nach. Auf deutsches Lied und deutsche Art! Prost, Ihr Sangesbrüder", dröhnte es durchs Lokal.

Jeder der beiden bestellte sich ein Viertel Wein. „Karl Georg, ich muss dir etwas gestehen. Du bist nicht der einzige, den ich liebe. Es gibt weitere Menschen, denn ich habe eine Familie, einen schon größeren Buben und eine Frau. Die Krux besteht darin, dass ich mein Familienleben erhalten will. Gleichwohl weiß meine Frau von meiner Neigung und will meine Eskapaden nicht mehr dulden. Ich muss mich beugen, will nicht alles verlieren. Aber mal ganz ehrlich: du bist nur einer von mehreren der so ausgeprägten Begierde meiner Libido. Ich bin hergekommen, um das offen auszudrücken. Ich hätte dich auch hängen lassen können. Das wollte ich dir aber nicht zumuten. Du bist ein liebenswerter Geselle. Hast das nicht verdient. Gönnen wir uns noch ein Viertel, und dann sagen wir uns zum Abschied Servus."

Das Viertel nahm Karl Georg. Aber es rutschte ihm zugleich der Boden unter den Füßen weg, Wasser schoss in die Augen und Betäubung in die Ohren. Ohnmächtig schaute er auf das ebenmäßige Gesicht des Gegenübers, die weichen, harmonisch geschwungenen Lippen, dicken Augenbrauen, das lockige Haar, die saloppen Bartstoppeln und flunkernden Augen. „Das ist zu viel. Warum, Walter, tust du mir das an? Ich bin wohl nur der Bauerntrottel für dich. Mich derart zu verachten. Wo bleibt dein Anstand?"

„Vielleicht, mein lieber Karl Georg, habe ich dich tatsächlich zu sehr in Illusionen versetzt. Du bist nicht geübt im Spiel unserer geächteten Gemeinschaft. Und wenig gefestigt im Anderssein. Nun will ich dir wenigstens eine kleine Freude machen und das kürzlich erschienene Buch von Klaus Mann „Der fromme Tanz" schenken. Er verarbeitet darin seine Jugendliebe zu einem Mitschüler in der Odenwaldschule, die er 1923 besucht hat. Ein Drama in unserer unmittelbaren Nähe. Du musst dich damit beschäftigen. Du liest doch so gern. Solche Kundschaft wollte ich immer haben. Jetzt geht es für mich aber auf den Heimweg. Es gibt Schlimmeres. Nimm's nicht so krumm. Es kommen bestimmt bessere Zeiten für dich."

Mit diesen Worten verschwand Karl Georgs erste Liaison, der Hoffnungsschimmer auf ein geschlechtliches Zusammenleben. „Ja, der Herr hat bezahlt. Haben Sie noch einen Wunsch?" Nein. Das Büchlein stopfte der Düpierte fahrig in seine Aktentasche. Nichts wie weg und ins Freie. Karl Georg irrte durch die Gassen des Kurorts und landete wieder auf dem Kerweplatz. Er passierte die Achterbahn, „Senfts-Hahnenbräterei" und stoppte an einem „Schubkärchlerstand". Hier trank er einen Schoppen Schorle. Drumherum trällerten angeheiterte Chorsänger das Pfälzer Lied:

„Ja, schön bist du, o Fleckchen Erde am deutschen Strom, am grünen Rhein,
du Land voll Biederkeit und Treue, du Land im Frühlingssonnenschein!
Und find' ich einst in deinem Schoße, o Pfälzer Land, die selige Ruh',
dann ruf' ich mit dem letzten Hauche:
O Pfälzer Land, wie schön bist du! O Pfälzer Land, wie schön bist du!"

Zwei Schoppen mehr, und der Druck auf die Tränendrüsen nahm zu. Tapsig schritt er zum Bahnhof und stieg in den Zug nach Oggersheim. Ankunft gegen Mitternacht. Er beabsichtigte nicht mehr, nach Mannheim zur Wohnung und Arbeitsstelle zu fahren. Auf dem Bahnsteig in Oggersheim fragte er einen dezent daherkommenden älteren Herrn. „Können Sie mir bitte sagen, wie ich auf kürzestem Weg zum Rhein komme?" – „Da haben Sie aber was vor. Dazu brauchen Sie zu Fuß mindestens anderthalb Stunden. Ansonsten gibt es jetzt keine Verkehrsmittel mehr. Wo genau möchten Sie denn hin?" – „Zur Rheinsiedlung."

„Es geht mich ja nichts an, aber was haben Sie denn um diese unchristliche Zeit dort vor? Nichts für ungut. Sie passieren die Bahnbrücke Richtung Oppau, vorbei am Gaswerk und der Kalksteinfabrik, dann zum Willersinn-Weiher. Da ist gerade das Strandbad eröffnet worden. Der Bremer Weg führt sie nach Oppau. Sie treffen gleich auf die Saarstraße. Die ganz durchlaufen, anschließend links auf den Ostring, zweite Querstraße rechts in die Rheinstraße. Ab da immer geradeaus bis zum Ziel. Ich drücke Ihnen die Daumen." Zwei Stunden quälte sich Karl schleppenden Gangs erst an gedrungenen Arbeiterhäusern und dann an dem unendlich ausgebreiteten I.G. Farbenindustriewerk-Gelände der „BASF-Badischen Anilin und Soda Fabrik" vorbei. Allerlei Feuer aus schlanken Metallschloten flackerten, Elektrolichter brannten. Am Rheinufer sackte er schließlich in sich zusammen.

Inzwischen lag eine empfindliche Kälte auf den Rheinauen. Wie überhaupt der vergangene Tag ein Auf und Ab von böigen Winden, Sonnenschein und Regenschauern gewesen war. Der fast schon erreichte Vollmond warf fahles Licht auf die dunklen Wellen des Stromes. Im kommenden Dezember würde er gar zufrieren. Das Wetter verdichtete das Abschiedsszenario. Erschöpft lehnte Karl am dicken Stamm einer Pappel. Die Aktentasche als Polster im Genick fixierte sein Blick das gleichmäßige Fließen des sagenumwobenen Flusses. Auf der anderen Rheinseite sah er die sparsam illuminierte Kulisse Mannheims.

Er war kurz eingenickt und wachte frierend auf. Traurig und verbittert stürzte Karl Georg sich in die Fluten. Sie sogen den Nichtschwimmer sofort auf den Grund. Die Strömung trieb ihn flussabwärts. Bis nach Worms.

Am frühen Abend des 21. September 1927 schipperte Phillip Hess mit seinem Nachen Richtung Salzstein in der Hoffnung auf erfolgreichen Fischfang. Am Ufer des Rheins dümpelte ein dunkles Bündel im Wasser. Neugierig ruderte er darauf zu und erschrak – eine Wasserleiche. Er befestigte sie mit einem Strick an seinem Boot und fuhr zum Winterhafen, wo er „festmachte". So seine Aussage auf der Wache. Der Polizei sollte eine Personenbeschreibung wegen der Dunkelheit nicht mehr gelingen. Hauptwachtmeister Herrmann fand in den Taschen des Toten einige durchnässte und unleserliche Papiere. Leichenträger Farrenkopf transportierte den Toten zum Friedhof Hochheimer Höhe. Am nächsten Tag entzifferte Kriminalwachtmeister Fingerle die Mannheimer Anschrift auf einer Postkarte. Die Polizei machte Wohn- und Arbeitsort ausfindig und nahm Kontakt zu Wilhelm Übel auf, der noch am selben Tag zum Hessischen Amtsgericht nach Worms reiste. Als erstes galt es, den zwanzigjährigen Karl Georg zu identifizieren. Die Leiche bot einen gruseligen Anblick: Das rundliche Gesicht war ballonmäßig aufgeschwemmt. Das lange schwarze Haar asymmetrisch ins Gesicht gefallen. Ein verzerrter Mund stand offen. Der gesamte Körper lag aufgedunsen, grünlich marmoriert auf einer Pritsche, Hände und Füße dick angeschwollen.

„Den goldenen Siegelring haben wir abgenommen. Den dürften Sie kennen?" – „Sein bestes Stück. Er trug ihn nur zu besonderen Anlässen. Ich kann es gar nicht fassen. Was ist nur passiert?" Der „Mannemer Unkel" schilderte ausführlich die Reaktionen auf das Verschwinden seines Neffen. Gerichtsschreiber Referendar Reyl protokollierte: *„Am fraglichen Montag erschien er nicht. Ich glaubte, dass er krank sei und kommen und sich entschuldigen werde. Als er am Dienstag nicht erschien, erkundigte ich mich telefonisch bei seiner Mutter. Dies tat ich ebenfalls bei der Bürgermeisterei in Nußdorf, bei der Postagentur sowie den übrigen Verwandten von mir. Alle nahmen an, dass er in mein Geschäft zurückgekehrt sei. Ich meldete ihn alsdann bei der Polizeistation Mannheim-Jungbusch als vermisst."*

Den Suizidverdacht suchte er zu entkräften: *„Meine Nachforschungen, die ich nach seinem Verschwinden anstellte, haben ergeben, dass mein Neffe nicht in Selbstmordabsicht gehandelt hat. Ich fand insbesondere die von ihm geführten Bücher vollständig in Ordnung. Die Kasse, die er verwaltete, wies einen Überschuss von 41 Pfennigen auf. Bei den Banken, mit denen ich in Geschäftsverbindung stehe, waren ebenfalls keine Unregelmäßigkeiten vorgekommen. Die übrigen Angestellten, die mit meinem Neffen auf demselben Büro beschäftigt waren, hatten keine Veränderungen in dem Benehmen meines Neffen festgestellt."*

Dann erwähnte Onkel Wilhelm die braune Aktenmappe für die Wäsche, welche Karl schmutzig nach Nußdorf gebracht hatte und sauber nach Mannheim zurückbringen wollte. Sie blieb für immer verschwunden. Das Amtsgericht Worms resümierte zum tragischen Ableben des zwanzigjährigen Karl Georg Übel, geboren am 27. Februar 1907 in Nußdorf: *„Gründe der Annahme für ein fahrlässiges Handeln eines anderen oder Gründe zur Annahme, dass durch Selbstmord oder auch unglücklichen Zufall der Tod herbeigeführt worden ist, können nicht angegeben werden, da durch die bereits eingetretene Dunkelheit die Leiche nicht derart genau besichtigt werden konnte."*

Die Homosexualität blieb Karl Georgs Geheimnis. Er redete mit niemandem darüber. Man wollte es nicht wissen. Und doch drang einiges durch. Sehr viel später, zu vorgerückter Stunde in weinseliger Stimmung, als man den Gefühlen freien Lauf ließ, nannte man ihn einen „guten Burschen" mit einem kleinen, katastrophalen Fehler. Die Nazis hätten ihn ins KZ geschickt. Mit vielen heimlichen Vermutungen zum Freitod und dem Warum wurde Karl im engsten Familienkreis begraben. Die Eck-Mutter starrte mit wässerigen Augen in den wolkenverhangenen Himmel.

Das Leben der „Übels" stockte, auch bei der Verwandtschaft, aber nur kurz. Die französische Besatzungsarmee stellte Bürgermeister Reiss vor neue Aufgaben und Probleme. Im August 1929 fand in Landau und Umgebung abermals ein zweitägiges Infanteriemanöver statt. Die Gemeinde Nußdorf sollte Quartiere zur Verfügung stellen. Ein organisatorischer Kraftakt, der auf wenig Gegenliebe stieß. Neben drei Stabsoffizieren mussten zweiundfünfzig Unteroffiziere in Privathäusern Unterkunft finden. Über fünfhundert einfache Soldaten, sogenannte Mannschaften, verfrachtete man in Massenquartieren. Einundachtzig Pferde erhielten Einzelunterkunft. Hinzu kamen zwei Wachstuben, Geschäfts-, Speisezimmer, Küchen sowie ein ärztlicher Untersuchungsraum. Für die Massenunterkunft fielen zweiunddreißig Zentner Stroh an.

Gemäß Besatzungsleistungsgesetz erhielten die Quartiergeber eine Vergütung. Für die Unterbringung der Unteroffiziere gab es für zwei Übernachtungen 1,20 Reichsmark, die Stallkosten betrugen 30 und die der Mannschaften 40 Pfennige. Insgesamt wies der Bescheid, den „Le Bourgmestre" Reiss dem Kommandanten gegenzeichnete, einen Betrag von 242,32 Reichsmark aus.

Schwiegersohn Wilhelm Pfaffmann, verheiratet mit Tochter Emma Reiss, beherbergte zwei Unteroffiziere. Einer der beiden sprach sehr gut Deutsch. Obwohl erschöpft vom Tagwerk und trotz tiefen Misstrauens, kamen sie am Abend ins Gespräch. Nach einem kräftigen Schluck aus dem Pfälzer Halbliter-Schoppenglas parlierte der junge Franzose höflich: „Monsieur, mercy beaucoup für ihre Auberge. Ich bin aus dem Burgund, von der Côte Chalônnaise. Wir produzieren auch Wein. Der verbindet, je pense. Eine schöne Appelation haben Sie hier. Bei uns gibt es Weindörfer, très fameux, wie Givry, Rully, Buxy. Ici habe ich nicht beaucoup Kühe gesehen, aber bei uns sind die Charolais blanc auf den Wiesen. Ganz weiße Rinder. Quel bon goût. Das Steak ist formidable!"

Wilhelm überraschten die Ausführungen des „Franzmanns", der doch allenfalls übers Militärische mit ihm reden sollte. Dem Aussehen nach konnte er niemals Teilnehmer am Ersten Weltkrieg gewesen sein. Aus seinem Arbeitsjoppen kramte der dreiundvierzigjährige Wilhelm ein silbern blinkendes Edelweißabzeichen hervor und legte es auf den Tisch. Der Blick richtete sich auf sein Gegenüber. „Ich war im Ersten Weltkrieg Gebirgsjäger. Hier ist mein Ehrenabzeichen. Für das Vaterland habe ich in Serbien, den Karpaten, der Bukowina, Italien und zum Schluss bei euch in Amiens gekämpft. So eine Niederlage. An uns Soldaten lag es nicht. Ohne Rückhalt der Heimat bist du verloren. Und nun auch noch die Besetzung in der Pfalz."

„Mais Monsieur, les jeux sont fait. Je crois, dass es nicht mehr lange dauert, dann ist hier fini. La Grande Armee geht prochain nach Hause. Lassen Sie uns encore über angenehme Dinge reden, den Weinbau. Sehen Sie, wir haben für unsere Lagen ganz spezielle Namen wie les Cailles, die Wachteln, Genevrières, die Wacholdersträucher, Cote Rotie, den sonnenverbrannten Hang und, was Sie besonders erfreuen könnte, Clos de la Maréchale, den Weinberg der Marschallin." Wilhelm grinste. „Das ist bei uns nicht anders. Die Gemarkungen heißen Ochsenloch, Katzenstuhl, Hundsacker, Fuchsgarten, Saurüssel. Aber das ist schwer zu übersetzen. Meine Verwandtschaft in der Stadt kapiert es nicht mal."
– „Ich studiere Germanistik und schreibe mir alles auf."

Angetan von der unerwarteten Unterhaltung, tappte Wilhelm die Stiege zum Weinkeller hinunter, um Nachschub zu holen. Nein, nicht vorne am Hausweinfaß füllte er den Weinkrug, sondern hinten in der besseren Abteilung. Grinsend stellte Wilhelm das Gefäß bei seiner Rückkehr auf den Küchentisch und bemerkte: „Sie sind ja Kenner. Daher etwas Gutes für die Nacht. Ein Silvaner vom Kaiserberg. Prost, Santé." Der bislang stumme, zweite Unteroffizier redete auf seinen Kameraden ein, welcher übersetzte: Ob denn ein Liedchen als Dank zum Vortrag kommen dürfte. „Wenn er singen kann, ja. Aber nur kurz und vor allem nicht laut. Die Nachbarschaft hört alles, und meine Kinder Willy und Martha schlafen nebenan." Keine Sorge, er sei Musiker, spiele ansonsten die Orgel in Saint Amour, einer kleinen Stadt im französischen Jura. Daraufhin erfüllte eine melancholische Melodie den Raum: *Malbrough s'en va- t'en guerre*. Sie handelte vom Hinausziehen des Herzogs in den Krieg ohne Wiederkehr. Ein französischer Gassenhauer voll von Wehklagen über militärische Auseinandersetzungen.

„Zapfenstreich!" Resolut beendete Wilhelm die von ihm so nicht vorgesehene Fraternisierung mit dem Erzfeind. Nach mehrfachem „Merci beaucoup" und unsicheren Schrittes erklommen beide die steile Treppe zur Dachkammer. Es sollte eigentlich die letzte französische Einquartierung in Nußdorf gewesen sein.

„Au revoir" zum neuerlichen „Rendezvous". Fünfzehn Jahre später kehrten die Franzosen nach dem Zweiten Weltkrieg wieder in die Pfalz zurück.

Am 26. Juni 1930 stattete Richard seinem Bruder Ludwig am späten Nachmittag einen Besuch in der Metzgerei in Landau ab. „Du bist ja doch gekommen. Hier in der Stadt ist vielleicht was los. Überall Lastwagen der Franzosen, Pferdefuhrwerke und Militärautos Richtung Bahnhof. Menschenmassen von Soldaten. Welch ein Gewusel. Lass uns an dem Umzug teilnehmen. Wir besuchen nachher die Abschlussparade. Ich habe sowieso schon Feierabend." Kurz darauf bummelten beide zum „Stall", wie die Landauer den Platz zwischen „Marienkirche" und „Villa Streccius", der französischen Kommandantur, nannten. Nicht ohne mahnende Worte von Martha, die ihnen nachrief: „Kommt rechtzeitig heim, und trinkt nicht zu viele Schoppen bei der Feier im Wirtshaus!"

Punkt 17.45 Uhr begann die Zeremonie und das Einholen der Trikolore. Eine große Zuschauerkulisse beäugte die Formation der „18er-Dragoner", deren Parade General Mangin abnahm. Die Clairons des Musikkorps stimmten flotte Fanfarenklänge an. Zwischendurch klopften sich die Brüder amüsiert auf die Schultern, weil sich das Herunterlassen der Fahne wegen einer falsch verknoteten Schnur verzögerte. Doch selbst die zwei hartgesottenen deutschen Patrioten rührte die „Marseillaise" am Schluss.

In geordneter Aufstellung marschierte das Regiment zum Bahnhof und bestieg den Zug nach Verdun, dem neuen Garnisonsort. Richard und Ludwig betraten das nahe gelegene Gasthaus „Zum Vaterland" und begossen im Kreise ihrer Freunde die „freie Pfalz". Bis zur Polizeistunde dauerte das Besäufnis. Aufgekratzt und untergehakt wankten sie nach Haus. Empört empfing Martha die Trunkenbolde, wies ihren Ehemann an, keinen Ton mehr von sich zu geben und ins Bett zu schleichen. „Richard, du kannst nicht mehr nach Nußdorf laufen. Ich habe dir die Couch gerichtet."

Vier Tage später, in der Sommernacht vom 30. Juni auf den 1. Juli 1930, flackerten überall in der Pfalz Kerzen, Fackeln, Lampions oder Holzfeuer. Leuchteten hell Marktplätze, Burgen, Gassen, Brücken und Weinberge. Um Mitternacht läuteten landesweit Kirchenglocken den Abzug der französischen Truppen ein. Der mit Menschen vollgestopfte Landauer Paradeplatz bot ein wogendes Lichtermeer. Direkt von der offiziellen Befreiungsfeier vor dem Speyerer Dom sendete der Übertragungswagen des Bayrischen Rundfunks das Ende der „Occupation française des territoires Rhénans".

Ludwig und Martha nahmen an den Feierlichkeiten in Nußdorf teil. Gleich nach Geschäftsschluss radelten sie durch die Weinberge ihrem Heimatort entgegen. Im Gepäck Cervelats und Fleischklöße für Verwandtschaft, Freunde und Honoratioren. Papa Georg, der Bürgermeister, hatte zum Auftakt des Festakts am frühen Abend eingeladen. Moderat der Konsum von Schoppenweinen, lautete der Beschluss des Gemeinderates doch, eine schlichte und würdige Feier abzuhalten.

Die Eltern begrüßten ihre Kinder Emmel und Karl, welche am frühen Nachmittag mit Tante Susi in der „Pfälzer Oberlandbahn", einer elektrisch betriebenen Schmalspurbahn, „der Schneck", wie die Leute sie wegen der limitierten Geschwindigkeit nannten, von Landau nach Nußdorf gefahren waren. Susi berichtete: „Mal wieder so ein Geholper im ‚Bähnel'. Und die vielen Leut schon um diese Zeit. Eure Kinder wollten wegen der schönen Fensterplätze gar nicht aussteigen und futterten ihre ‚Befreiungsbrezeln'. Die hatte Emmel heute von der Schule gekriegt. Brav wie immer, die Lieben." Recht ausführlich hatten die Lehrer auf das große Ereignis vorbereitet und verteilten Backwaren. Vor allem beim Feuerspektakel wollten die Kinder dabei sein.

„Ich geh dann zur Eck-Mutter", verabschiedete sich Susi vorerst. Seit mehr als einem Jahr war sie als Haushaltsangestellte einer großbürgerlichen Familie in Frankfurt beschäftigt. Wegen der Feierlichkeiten war sie eigens in die Pfalz gereist. Eigentlich sollte Heinz dabei sein, den die attraktive junge Frau alsbald in der Mainmetropole kennengelernt hatte. Vor allem die poetische Ader des korrekten Kassenverwalters entzückte Susi. Als Anhängerin romantischer Lieder, die sie überall trällerte, imponierte ihr der Kavalier mit Liebesbriefen. Sie nahmen überhand. Vollends in Schmalz und Schmacht wollte sie nicht landen. Anlässlich seines letzten Elaborats erteilte sie ihm den Laufpass. Das war ihr einfach zu schwulstig: *„Mein lieber Goldschatz. Warst du vielleicht traurig? Hast du dich nach mir gesehnt? Mit Macht hat es mich zu Dir hingezogen. Oh Susi, es war so bitter, dich nicht anzutreffen. Kannst du dir meine Gefühle vorstellen, mit welchen ich wieder fort musste. Ach, auch diese sind unaussprechlich. Ich tröste mich damit, dass die Stunde, an der wir uns wiedersehen und an der wir nur uns gehören umso seliger ist. Siehst du, die Natur weint mit mir, denn es regnet in Strömen. Heiß und innig, liebste Susi küsst dich in Tränen dein treuer Heinz."* Die große Befreiungsfeier konnte jetzt auch ihre werden.

Die Gesellschaft brach am Abend unter Glockengeläut zum Nußdorfer Soldatendenkmal auf. Dort erfolgte ein Liedvortrag von Schülerinnen und Schülern und die Ansprache Pfarrer Kriegers. Fast alle Nußdorfer spazierten durchs Dorf. Die Menge bewegte sich unter Klängen eines Mandolinenorchesters zum Sportplatz. Vor dem von jungen Burschen entfachten riesengroßen „Freudenfeuer" hielt Bürgermeister Reiss seine Rede. Er hob die Vaterlandstreue und Einigkeit der Pfälzer in ihrer Ablehnung gegenüber der ungeliebten Besatzungsmacht hervor. Zugleich verwies er auf persönliche Nachteile, die jedem daraus entstanden waren, würdigte die abwartend-duldsame Haltung vieler Bürger und vermied eine Hasspredigt auf die Franzosen.

„Grüß Gott mit hellem Klang, heil dir deutschem Lied und Sang." Getragen klangen die Lieder der beiden örtlichen Gesangsvereine in den illuminierten Himmel. Danach brachten Ludwig und Martha ihre schlaftrunkenen Kinder zu den Großeltern, wo sie übernachteten. Sie selbst radelten zurück in die Stadt, um in aller Frühe ihr Geschäft zu öffnen. Andere Besucher blieben länger als gedacht. Zum Schluss, in rühriger Umarmung, hallte es in Richtung Schützenhof: „Dort, wo man Wein trinkt und ein Lied singt, da ist es herrlich auf der Welt."

Anders klang es in den frühen Morgenstunden in Kaiserslautern. Drei Ladenbesitzer, zwei Bürstenmacher und ein Musikalienhändler waren vor allem betroffen. Mehrere Hunderte Menschen rotteten sich zusammen, stürmten Geschäfte, drangen in Wohnungen ein, misshandelten Personen, schlugen alles kurz und klein. Möbel flogen auf die Straße, eine Werkstatt brannte. Ihr Zorn richtete sich gegen angebliche Separatisten: wirtschaftlich recht gut dastehende, ehemalige Anhänger einer Angliederung der Pfalz an Frankreich, von denen aber keine Aktivität mehr ausging. In der nationalsozialistischen Buchhandlung hing schon seit Wochen eine Liste mit Namen örtlicher Separatisten im Schaufenster.

Für Martha gestaltete sich die Nußdorfer Befreiungsfeier freudlos. Kurz vorher, nach wochenlangem Insistieren, hatte sie von einer neuerlichen Vaterschaft „ihres Ludwig" erfahren. Wer denn der Erzeuger des Kindes sei, welchen Verlobten sie hätte, ob sie nach der Entbindung wieder im Betrieb arbeiten wolle, so ihre Fragen an die Hausangestellte Anna: „Chefin, ich weiß es nicht, ich kann nichts sagen. Es ist so arg." Die beiden Frauen beäugten sich misstrauisch, und es flossen viele Tränen. Wütend bedrängte Martha Ludwig mit eindeutigem Verdacht.

Zwei lange Tage vergingen. Dann nahm er sie in den Arm, fistelte aus seiner Jackentasche ein kleines Schächtelchen und drückte es in ihre Hände. Mit zittrigen Fingern klappte sie den Verschluss auf. Eine mit Perlen bestückte Brosche funkelte ihr entgegen. Was für ein feines Stück. „Das bist du mir wert. Verzeihe bitte meinen Seitensprung. Du, die wahrlich Einzige. Nur dich liebe ich so sehr. Ich will es wirklich nicht mehr tun. Gib mir bitte noch eine Chance." Das Geschäft, die Metzgerei, florierte mittlerweile so gut, dass einiges übrigblieb. Ludwig verfügte zusätzlich zum gesparten Vermögen über einen „Sondertopf". Aus ihm bestritt er Extraausgaben für persönliche Belange. Seine heikle Situation bedurfte einer Versöhnungsgeste. Am besten materiell. Beim Juwelier in der Stadt hatte er ein relativ preiswertes Schmuckstück eingekauft. Martha vertraute dem aufwändigen Geplänkel, blieb aber unsicher.

Zwölf Wochen später heiratete auch Ludwigs Bruder Richard. Am 11. September 1930 führte er Katharina, geborene Pfaffmann, genannt Käthel, zum Altar. Martha liebte Feste, wenn alle zusammenkamen, die große Familie und speziell ihre Kinder Emmel und Karl, die sie ordentlich herausputzte.

Kleine, aber gemeine auf Obrigkeit und Ortspolitik gemünzte Racheakte kamen am 12. Juli 1931 in Nußdorf während einer Gemeinderatsitzung unter Vorsitz von Bürgermeister Reiss zur Verhandlung: Im Weinberg des Gemeinde- und Polizeidieners Schreiber hatten Unbekannte zwölf junge Rebstöcke umgeknickt und neue Triebe entfernt. Im Garten von Georg Wambsganss II wurden vier Bäume gefällt, bei Valentin Hochdörffer Fensterscheiben eingeworfen. Beide waren Gemeinderatsmitglieder. Polizeiliche Untersuchungen blieben ergebnislos. Das Gremium sprach den Leidtragenden eine Entschädigung zu.

Es kriselte im Lande. Die Pleite des Bremer Textilkonzerns „Nordwolle" löste die bis dahin größte Bankenkrise in Deutschland aus. Das Eingreifen der Reichsregierung verhinderte den Kollaps des Finanzsektors. Viele amerikanische Banken kündigten deutschen Firmen ihre Kredite. Unternehmenspleiten und noch mehr Arbeitslosigkeit waren die Folge. Banken ging das Geld aus. Auch in Landau und Umgebung versuchten vermögende Bürger, ihre Spareinlagen und Guthaben zurückzuholen. Bauern beklagten schlechte Viehpreise und die trostlose Ertragslage im Weinbau. Im Jahr zuvor hatte die Zigarrenfabrik Feibelmann fünfzig Arbeiter freisetzen und neunzehn Weinhandelsfirmen Insolvenz anmelden müssen. Vor dem Arbeitsamt in der Maximilianstraße beeinträchtigten Warteschlangen Unterstützungsbedürftiger den Straßenverkehr. Häufige Wahlen führten zu instabilen Regierungsverhältnissen.

Die NSDAP propagierte sich als Retter der Grenzregion, Befreier der „Pfalznot". Es folgten ihr hauptsächlich der gebeutelte Mittelstand, die kleinstädtische

Geschäftswelt, protestantische Dörfer sowie die nicht wenigen Militaristen und Nationalisten in der ehemals bayrischen Garnison. Familie Reiss zählte zum Ladenbesitzer-Milieu, sympathisierte, obwohl oder weil es in der Metzgerei aufwärts ging, stark mit den Nazis. Sowohl bei der Novemberwahl 1932 als auch nach dem 30. Januar, der Machtübertragung an Hitler, am 5. März 1933 lagen die Stimmanteile der NSDAP in Landau weit über dem Durchschnitt der Reichstagswahlergebnisse der Weimarer Republik. Sechsundfünfzig Prozent, 6 139 Landauer wählten zuletzt die Nazis. In der Republik knapp vierundvierzig Prozent.

Das protestantische Weindorf Nußdorf entwickelte sich Anfang der 1930er Jahre zur NSDAP-Hochburg. Nur die umliegenden Ortschaften Edenkoben, Godramstein, Herxheim und Maikammer übertrafen das Ergebnis von achtzig Prozent NSDAP-Stimmen. Bürgermeister Reiss blieb nach dem Gleichschaltungsgesetz der Länder im Amt. Als Sympathisant hatte er sich rechtzeitig zur „nationalen Bewegung" bekannt. 1937 trat er der Partei bei. Andere, nicht parteikonforme Gemeinderäte entließ man, einige verzichteten resigniert. Gemäß dem „Führerprinzip" kam es nur noch zur Anhörung, aber nicht Abstimmung der ohnehin NS-Partei-Ratsmitglieder. Sie mussten eidesstattlich und durch den schriftlich zu belegenden „Ariernachweis" ihre arische bzw. nichtjüdische Abstammung nachweisen.

Niemand in der Familie hinterfragte das weitreichende Hitler-Programm. Den aggressiven Schrei nach Expansion, die tödliche Gewalt gegenüber Andersdenkenden, den irrationalen Judenhass und unbedingten Gehorsam. Ein besseres Deutschland sollte es sein. Vielleicht rechneten sie wirklich nicht mit einer solch vernichtenden Krake, deren Arme sich in jeden, noch so verborgenen Winkel des Reiches hinein schlängelten. Aber vielleicht verhielten sie sich einfach so, wie es Goebbels auf den Straßen Berlins in einem Lautsprecherwagen gefordert hatte: „Deutsche, hört auf zu denken! Der ‚Führer' denkt für euch!" – „Und", so schlussfolgerte Sonja Sonnenfeld in ihren Erinnerungen „Es begann in Berlin", „die Deutschen hörten auf zu denken!"

Ganz so weit war es noch nicht, als Marthas jüngste Schwester Barbara Ende November 1932 in Landau den Kolonialwarenkaufmann Otto Weidmann heiratete. Dessen Vater Jakob war Möbelschreiner und lange Zeit als Handwerksgeselle auf Wanderschaft gewesen. Mitte der 1920er Jahre fand er zurück in seine Heimatstadt und eröffnete nach Aneignung kaufmännischer Kenntnisse und akribischer Auslotung von Erfolgsaussichten ein Lebensmittelgeschäft. Es lief so gut, dass er drei Jahre später ein Geschäftshaus am „Deutschen Tor" erwerben konnte. Sohn Otto hatte inzwischen als ausgebildeter Kaufmann Erfahrungen in unterschiedlichen Betrieben gesammelt. Sie beschlossen, einen „Kolonial- und Tabakwarenladen" zu eröffnen. Mit großem Erfolg. Und so kam es zu einem schlemmerhaften Hochzeitsfest. Vorerst tanzte die beschwingte Gesellschaft in eine trügerische Zukunft, an die Vater Jakob kaum glaubte. Zahlreich seine Erlebnisse auf Reisen und besonders erhellend Begegnungen mit dem sozialdemokratischen Milieu. Gern las er gesellschaftskritische Bücher. In der Wohnung zierten zwei, drei Schriften von Friedrich Engels, daneben August Bebel, Friedrich Ebert und Ferdinand Lassalle das Bücherregal. Sein ganzer Stolz galt der Gesamtausgabe von Heinrich Heine. Im Verlauf der Nazizeit verstaute er die geschätzte Literatur in unauffällige Kartons und versteckte sie im Hauskeller. Auf einem Beipackzettel hätte Heinrich Heines Klage stehen sollen:

„Denk' ich an Deutschland in der Nacht,
dann bin ich um den Schlaf gebracht.
Ich kann nicht mehr die Augen schließen.
Und meine heißen Tränen fließen."

In der Familie gab es schon bald reichlich Gründe zum Traurigsein. Einige Schicksalsschläge kamen unverhofft, andere kündigten sich an.

Mittwoch, 25. Januar 1933. Das Thermometer war auf fünf Grad unter null gesunken. Klirrende Kälte. Schneeflocken wirbelten durch die Luft. Betrübt schritten mehr als dreißig Menschen zum Nußdorfer Friedhof. Schwarze Schatten in Menschengestalt. An der Spitze des Trauerzuges ein kleines Kästchen, der Kindersarg. Die Gruppe passierte das zweiflügelige Eisentor der klassizistischen Eingangspforte aus dem Jahr 1830. Die beiden Sandsteinsäulen markierten den Weg zum Grab – ein kleines Loch unter gespenstisch kahlen Bäumen, deren Äste wie Skelette aus dem trüben Himmel grüßten.

Die kleine Trudel, Gertrud Salomea Anna Reiss, hatte es nicht gepackt. Ein knappes Jahr war dem Menschenkind vergönnt, dann starb es und ließ verzweifelte Eltern zurück, Richard und Käthel Reiss. „Die Wege des Herrn sind unergründlich." Pfarrer Krieger rang am Grab nach Worten des Trostes. Überzeugend wirkte er nicht, konnte es selbst nicht fassen. Er sprach über einen Vers aus dem Matthäusevangelium: „*Ebenso ist es nicht der Wille euers Vaters, der in den Himmeln ist, dass eins dieser Kleinen verloren gehe.*" Obwohl seine Worte durchaus persönlich und einfühlsam ausfielen, endete seine Rede streng christlich: „*Lasset die Kindlein zu mir kommen und wehret ihnen nicht, denn ihrer ist das Himmelreich.*"

Nach der Beisetzung traf man sich im Trauerhaus zum Leichenimbiss, bestehend aus kräftiger Rinderbrühe, Nußdorfer Riesling, Kaffee und Hefezopf. Es gab keine politischen Debatten, die in diesen Tagen allerorten heftig und endlos stattfanden. Der Schmerz war einfach zu groß, und die Landmenschen waren verzagt. Schwester Emma wandte sich urplötzlich an den Pfarrer: „Jetzt möchte ich aber wissen, weshalb der Herrgott unsere Trudel unbedingt haben wollte, wo er doch schon so viele Engel hat?"

Nicht nur Engel segneten das Jenseits in der dörflichen Welt. Ob der „Rotschorsch" zum Allmächtigen aufsteigen oder eher mutig durchs Fegefeuer gehen wollten, ist Spekulation. Wichtiges Kriterium zum Status des erhofften Weiterlebens wäre sicher das Fehlen von Regularien gewesen.

Der „Mannemer Unkel"

Die Bestattungsfeier von Marthas Vater Karl Georg Übel, der mit 51 Jahren viel zu jung starb, lief gesittet und würdig ab. Unübersichtlich gestaltete sich hingegen seine Hinterlassenschaft. Das Durcheinander führte zur Versteigerung des zuletzt erworbenen Hauses in der Eckgasse. Knapp sieben Jahre später, im Januar 1932, schrieb der „Mannemer Unkel" tief besorgt einen Brief an den Nußdorfer Bürgermeister, seinen Freund und Verwandten Georg Reiss. Es gäbe große Schwierigkeiten mit Ludwig, dem ältesten Sohn vom „Rotschorsch", da der jetzt das Anwesen mit seiner Familie und drei Kindern verlassen müsse. Er hoffe auf Georgs Hilfe. Die Witwe Anna-Maria, genannt „Eck-Mutter", hatte sich längst den Verhältnissen gebeugt und fand in Landau bei ihrer Tochter Martha Aufnahme. Nicht ganz uneigennützig, denn sie wirkte dort über Jahre hinweg als große Stütze im Haushalt und Betrieb.

Ludwig kochte vor Wut und sah nicht ein, dass man ihn aus dem Gebäude hinauskatapultieren wollte. Rigoros zerdepperte er einige Gegenstände, so die Häckselmaschine und ein kleines Weinholzfass, welches krachend, aber ohne

Inhalt, an der Stallmauer zerschellte. Zerknirscht schaufelte er, verbunden mit einigen leichteren Tritten gegen die Kreaturen im Stall, den Kuhdung auf die Schubkarre, um ihn dann voller Karacho auf den Misthaufen zu wuchten. Er entfernte das Kanalgitter, versteckte es ebenso wie ein Gewehr und die Weinpumpe. Aussichtslose Manöver!

Georg Reiss bewährte sich als kompetenter Vermittler. Besonnen und umsichtig regelte er Streitigkeiten unter den Dorfbewohnern. Im Brief von Wilhelm Übel aus Mannheim offenbarten sich solche Hoffnungen deutlich: *„Lieber Georg, ich habe Ludwig angeraten, den Weg zu dir zu finden; denn du würdest es gut mit ihm meinen. Er versprach mir, dies zu tun. Wenn er kommt, bitte, verzeihe ihm, wenn er früher unklug und unüberlegt an dir gehandelt hat. Die Menschen im Eck waren oft unglaublich verletzt und eigensinnig. Wie ich dich kenne, wirst du nichts nachtragen und deine Hilfe und deinen guten Rat in der Not nicht versagen. Zunächst gilt's der Wohnungsfrage. Ich nehme an, dass in Nußdorf für ihn etwas Passendes zu finden ist."*

Am 6. Februar 1932 veranlasste Gerichtsvollzieher Tremel die Räumung des Hauses, und Georg Reiss gelang es, für Ludwig eine Wohnung zu finden. Der „Mannemer Unkel" übernahm die Mietkosten, zahlte sie aus seiner „Portokasse". Ohne Aufhebens oder vertragliche Bindung. Er half gern und auf unkomplizierte Weise. In betriebswirtschaftlichen Angelegenheiten waren Durchsetzungsvermögen und Intelligenz gefragt. Mit großem Erfolg baute er, einen „Großhandel in sämtlichen Brennstoffen für Industrie und Hausbrand" auf. In Mannheim und Umgebung schätzte man sein umfangreiches Kohle-Angebot, die Spezialitäten von „Monopol-Flammnüssen, Sonne- und Union Briketts". Das Geschäft lief besonders gut, weil der fossile Brennstoff, das „schwarze Gold", in den zwanziger Jahren fast ausschließlich als Heizmaterial Verwendung fand. Die Firma adressierte einige Jahre in der Akademiestraße, dann im Planquadrat D4, 6. Die Privatanschrift lautete Collinistraße.

Wilhelms große Leidenschaft war die Oper. Vorhang auf für musikalisch unterlegte menschliche Tragödien, amouröse Verwicklungen oder humorvolle Handlungen. Das Nationaltheater Mannheim bot alles: Libretti, pompöse Bühnenbilder, Sängerensembles, Orchester, Dirigenten. Vom Abonnenten steigerte sich die Zuneigung zum Gönner und Förderer. Noch näher rückte er durch das persönliche Kennenlernen einiger Akteure an die faszinierend phantasievolle Gesellschaft heran.

Fürstin Jaroslawna klagte vor den zerstörten Mauern Putywls ihr Leid und blickte traurig in die Ferne. Das Timbre ihrer Stimme klang metallisch und herausfordernd. Zwei Reiter nahten, ihr Mann und dessen Retter Owlur. Erlöst fiel sie unter Glockengeläut und dem Jubel des heranströmenden Volkes in die Arme ihres Gatten. Die Oper des russischen Komponisten Alexander Boronin als Feuerwerk orientalisch geprägter Klänge und russischer Kirchenmusik inszeniert. Chöre und Ballett glänzten.

Wilhelm Übel umarmte und drückte die Sopranistin Gussa Heiken am Ende der gelungenen Erstaufführung des „Fürst Igor" 1925 im Mannheimer Staatstheater so heftig, dass sie kaum noch Luft aus ihrer begnadeten Sängerinnenkehle bekam. „Großartig, deine Rolle! Du meine liebste Jaroslawna, Stern des Opernhimmels. So ein toller Abend." Die beiden kannten sich schon länger. Seit Beginn ihres Engagements 1922 in Mannheim zirpten dem Abonnenten Wilhelm ihre Arien in den Ohren. Ein Augenschmaus, die muntere, verschmitzte Mimik ihrer Soubretten-Auftritte, begleitet von grazilen Bewegungen. Wilhelm, vierzehn Jahre älter, glänzte durch gewandtes Auftreten, legere Manieren und viel Wissen über Theater und Musik. Ohne Gockel-Gehabe im Bildungsbürgerdunst, aber mit ordentlich Geld.

Es reichte zum Anschaffen einer Luxuslimousine samt Chauffeur. Geschickt plauderte der Bonvivant über seine Heimat, die urige Pfalz und lockte Gussa zu Ausflügen aufs Land. Er malte ihr deftige Gerichte aus, welche durch landestypische Gewürze und Gemüse eine besondere geschmackliche Note erlangten, bestens begleitet von ausgezeichneten Weißweinen. Nicht nur genießerische Momente, sondern sein tief verwurzeltes Zugehörigkeitsgefühl lockte ihn immer wieder auf die andere Rheinseite, wo der Rest seiner Familie wirtschaftlich eher schlecht werkelte. Bruder „Rotschorsch" experimentierte lange Zeit ohne Erfolg. Ihn hatte das Zeitliche gesegnet. Nichten und Neffen krebsten am Existenzminimum. Umso mehr fieberte die Verwandtschaft einem Nußdorf-Besuch des spendablen „Mannemer Unkels" mit seiner Opernsängerin entgegen.

Ein Sommertag im Jahre 1929. Leichte Brise aus Südwest. Die Sonne stand hoch über den abgeernteten Weizenfeldern. Apfel- und Birnbäume trugen gelbrote Früchte. Die Weinberge hingen voller roter, lila und grüngelber Beeren. Das Nobelgefährt, ein Opel Cabriolet, näherte sich Nußdorf. Der in taubenblauer Livree gekleidete Fahrer samt Mütze erregte ebenso wie die im Fond Sitzenden Aufmerksamkeit. Sonntagsspaziergänger reckten ihre Hälse. Sie erkannten eine

Schiebermütze und einen Cloche-Hut im Fond. Schon befand sich das Auto auf der Lindenbergstraße, fuhr von da an im Schritttempo durch enge Gassen zum Eckhaus. Gelegenheit für die Dorfjugend, dem sensationellen Schlitten johlend hinterher zu rennen. Kaum angekommen, verscheuchte „Rotschorschs" ältester Sohn die aufgekratzte Korona. „Habt ihr noch nie so ein Auto gesehen? Jetzt ist genug. Lasst bitte meine Leute in Ruhe aussteigen und macht, dass ihr nach Hause kommt. Es ist sowieso Essenszeit." Lächelnd und abwinkend entstieg Wilhelm im Fischgrät gemusterten Knickerbocker-Anzug der Karosse. „Mensch, Ludwig, lass' ihnen doch das bisschen Aufregung. Ist halt eine kleine Abwechslung von ihrem harten Tretwerk." Gussa tänzelte hinzu. „Ein köstlicher Dorfkinder-Walzer. Emmerich Kalman und seine Operette lassen grüßen!" Tatsächlich war das Walzerlied zu hören, und sie signalisierte ihrem Wilhelm die Assoziation. Die Eck-Mutter lächelte gequält, sah irritiert auf das Jumperkleid, dessen schrille Farben und geometrische Muster.

Das Mittagessen war gerichtet, die Verwandtschaft längst da. „Nußdorfer Fläschknepp mit Meerrettich" standen auf dem Tisch. Metzgermeister Ludwig hatte Rindfleisch aus der Schulter und durchwachsenen Schweinebauch durch den Fleischwolf gedreht. Seine Frau Martha Klöße mit Brötchen, Eiern, Zwiebeln, Peterle, wie Petersilie in der Pfalz heißt, Pfeffer, Muskatnuss, Koriander, Thymian geformt und sieden lassen. Dazu Mehl und Butter angeschwitzt, Fleischbrühe, Milch, einen Schuss Sahne und Meerrettich hinzugegossen. Gleich duftete alles nach dem unverwechselbaren Winzerort. Es fehlte nur noch der Wein. „An solch heißem Tag gibt es natürlich einen erfrischenden Riesling vom Herrenberg. Du wirst dich wundern, Onkel Wilhelm, was für ein körperreiches Bouquet von unserem Wingert kommt. Spritzig, fruchtig, süffig. Die verehrte Künstlerdame sollte sich auch ein Schlückchen gönnen."

Die Kinder Emmel und Karl, ihre Cousins Georg und Wilhelm wuselten am „Unkel" vorbei, der ihnen einen Klaps auf den Allerwertesten gab und hinterher ein Geldstück in die Hand drückte. Auch die Erwachsenen kamen nicht zu kurz, nachdem sie die Malaise ihrer pekuniären Situation ausgeschmückt hatten. Der reiche Onkel blätterte gerührt einige Scheine hin; es lag ihm daran, Freude und Optimismus zu vermitteln. Seine Gussa forderte er zum Auftritt im Bauernhaus auf. Für die Sopranistin eine Herzensangelegenheit.

Sie übte gerade ihren Part für die komplizierte Kantate der „Rückkehr des verlorenen Sohnes" aus dem Ersten Weltkrieg von Darius Milhaud. Das anspruchsvolle Werk forderte sie heraus, was ganz im Sinne des Mannheimer Nationaltheaters lag, welches sich für Neuerungen starkmachte. Schon während der gesamten Fahrt hatte sie in abgehobenen Sphären gesummt. Schließlich sinnierte sie: „Ein Liedchen soll die Leute erfreuen. Und es lenkt mich ab. Oder vielleicht zu Wesentlichem hin." Alsdann ihre Erklärung: „Ich durfte mal die Marzelline in Ludwig van Beethovens ‚Fidelio' spielen. Es war großartig. Davon gebe ich jetzt eine kleine Probe." Leidenschaftlich zelebrierte sie in ständigem Blickkontakt mit Wilhelm die Liebesarie:

> *„In Ruhe stiller Häuslichkeit*
> *erwach ich jeden Morgen.*
> *Wir grüßen uns mit Zärtlichkeit,*
> *der Fleiß verscheucht die Sorgen.*
> *Und ist die Arbeit abgetan,*
> *dann schleicht die holde Nacht heran,*
> *dann ruhn wir von Beschwerden.*
> *Die Hoffnung schon erfüllt die Brust*
> *mit unaussprechlich süßer Lust,*
> *wie glücklich will ich werden!"*

Ein wunderschöner Tag endete. Die Verwandtschaft sah sich nach der Abreise des generösen Onkels und seiner mondänen Diva wieder der Realität des harten Landlebens ausgesetzt, angenehm berührt von dem Sonntagsereignis.

Anfangsjahre der Hitlerei – Emmels Kindheit und Schulzeit

Hier das Glück, dort das Leid. Mit Neffen Ludwig, Marthas älterem Bruder, meinte es das Schicksal schlecht. Nach Wegzug vom Elternhaus ins nahe Böchingen ereilten Widrigkeiten die junge Familie. Beide Kinder, der zehnjährige Wilhelm und die anderthalb Jahre alte Susanne waren an einer sogenannten Schiefhalsbildung erkrankt. Für Wilhelm war eine Operation unumgänglich. Zur Geradestellung des Kopfes musste das Durchschneiden des verkürzten Nackenmuskels erfolgen. Susanne konnte mit dem Tragen einer „Pappdeckelkrawatte" medizinische Korrektur erfahren. Die Kinder litten ungemein. Die „Allgemeine Ortskrankenkasse" aber wies sämtliche Kosten ab, da Ludwig zeitweise keine Beiträge entrichtet hatte.

Kurz darauf erkrankten der älteste Sohn Georg und der siebenjährige Fritz an Scharlach. Die Eltern wunderten sich über die heißen, kleinen Kinderbündel. Fieber, Schüttelfrost, Erbrechen, Wimmern. Drei Tage später konsultierten sie den Arzt. Er sah die am ganzen Körper rotgefleckten Kinder, ihre weiß belegten Zungen und tiefroten Rachen, stellte zudem ihre geschwollenen Mandeln fest und wies die beiden ins „Vinzentius-Krankenhaus" Landau ein. Vier Wochen dauerte die Genesungszeit. Das dafür notwendige Geld fehlte ebenso wie für die von Dr. Müller behandelte Mandelentzündung der Mutter Anna. Als Georg Reiss davon erfuhr, beraumte er eine Sitzung zur Kostenübernahme beim „Ortsfürsorgeausschuss" in Nußdorf ein. Mit Erfolg. Wilhelm und Susanne durften nach dem Beschluss des Gremiums vom 13. Mai 1933 mit weiteren Behandlungen rechnen.

In dieser Zeit traf sich die Familie stets unter dem Hakenkreuz. Ob in Nußdorf oder Landau. Alle machten mit. Onkel Richard trat Ende 1932 der NSDAP bei, Vater Georg am 1. Mai 1933. Welche Gründe bewog sie, sich als Nationalsozialisten zu begreifen? Die Anklageschrift vom 23. März 1948 an die Spruchkammer des Kreisuntersuchungsausschusses für politische Säuberungen in Rheinland-Pfalz gegen den Bürgermeister lautete: *„Der Betroffene war seit 1933 Mitglied der ehemaligen NSDAP. In der Nationalsozialistischen Volkswohlfahrt-NSV war er seit 1934 ehrenamtlicher Ortsgruppenleiter. Einfaches Mitglied war er noch im Reichskolonialbund-RKB und im Reichsluftschutzbund-RLB. Dem Gemeinderat Nußdorf gehörte der Betroffene bereits seit 1910 an und wurde 1920 ehrenamtlicher Bürgermeister. Die Erhaltung seiner Stellung als Bürgermeister dürfte ihn auch zum Eintritt in die NSDAP bewogen haben. Aktivistisch oder propagandistisch ist er jedoch nicht im nationalsozialistischen Sinne in Erscheinung getreten und hat sich jedermann gegenüber, gleichgültig, ob PG-Parteigenosse oder Nicht-PG, korrekt benommen. Die Ernennung zum Ehren-Bürgermeister erfolgte anlässlich seines Ausscheidens wegen Krankheit in Anerkennung seiner langen Gemeindetätigkeit. Die Einreihung des Betroffenen in die Gruppe der Mitläufer lässt sich nach Vorstehendem rechtfertigen. Die beantragte Sühnemaßnahme wird für angemessen gehalten."*

Ob in der Partei oder nicht, die Begründungen, weshalb man die NS-Bewegung unterstützt hatte, fielen allesamt opportunistisch aus: Wir denken national, ehren unsere geschundenen Kriegsveteranen, gehören zum Mittel- oder Bauernstand, glauben an die Rettung Deutschlands durch den Führer.

Dieser erschien persönlich am 30. Juni 1934 zur sogenannten „Nacht der langen Messer" in der „Pension Hanslbauer", Bad Wiessee am Tegernsee, um versammelter SA-Führerschaft den Garaus zu machen. Mit entsicherter Pistole, Reitpeitsche in der Hand, eskortiert von Kriminalbeamten und SS-Männern, brüllte er um halb sieben Uhr morgens den schlaftrunkenen Ernst Röhm aus dem Bett: „Du bist verhaftet!" Das stammelnde „Heil, mein Führer", fand knurrende Verstärkung mit einem erneuten: „Du bist verhaftet, Röhm!"

Jener Röhm, den der pfälzische Jack London genannte Armin Otto Huber „Auf abenteuerlichen Pfaden", so sein Buch, Ende der zwanziger Jahre am „Gran Chaco" traf, der großen Ebene zwischen den Kordilleren von Tucuman in Argentinien und dem Rio de la Plata Paraguays. Er zählte, wie Oberstleutnant Wilhelm Kaiser aus Landau, der gerne Vor- und Zuname tauschte, und General Klundt zu den ausgewanderten, einst brotlosen, deutschen Berufsoffizieren. Sie instruierten das bolivianische Heer mit preußischem Drill und kämpften gegen Paraguay um die Grenzregion wegen der Ölvorkommen.

In Santa de la Sierra, heute Metropole, damals eine öde, von einstöckigen Lehmhäusern, Schnapsbuden und pompöser Kirche im spanischen Kolonialstil geprägte bolivianische Garnisonsstadt, stieß Huber auf Capitan Ernesto Roehm. Er saß im „Cuartel Militar" der Kaserne und zischte aus schiefem Mund samt Triefaugen: *„Soso, Sie sind Berichterstatter? Worüber berichten Sie denn und für wen? Na, an diese deutsche Mistpresse? Aber gut, Oberstleutnant Kaiser hat Sie mir empfohlen, und ich werde sehen, was ich für Sie tun kann."* Der spätere SA-Führer schleppte ihn durch alle Likörläden, „Tienda de licores". Soff einen Maisschnaps, den *Pisco*, nach dem anderen, um am Ende festzustellen: *Du bist ein schlechter Trinker!* Zu jener Zeit hätte niemand Röhms protagonistische Rolle als SA-Führer prognostizieren können. Auch nicht sein tragisches Ende, welches mit weiterem pfälzischem Bezug aufwarten sollte.

Zwei Wochen nach Hitlers Reichstagsrede zur mutmaßlichen Revolte saß Familie Reiss an einem Sommersonntag mit der Verwandtschaft und Freunden im Hof des Nußdorfer Elternhauses bei Kaffee und Kuchen zusammen. Gedämpfte Gespräche, was Pfälzern schwerfällt, aber alle wussten vom Risiko politischer Einlassungen, Lauschaktionen oder Denunzierungen. Die Runde sprach über das Geschehene. Wenige Details drangen zu den Ereignissen durch. Man orientierte sich an Hitlers Worten. Onkel Wilhelm: „Jetzt hat der Führer die grauenhaften Pläne der Meuterer und Hochverräter enthüllt! Er sollte ja ermordet werden!"

„Aber grausam war die Aktion schon. 77 Verschwörer sind tot, mit dabei Schleicher. Ich habe von einer Pfälzer Beteiligung gehört", ergänzte Vater Reiss.

In der Tat spielte der kaltschnäuzige Aufbauleiter der Pfälzer SS Theodor Eicke aus Ludwigshafen, dessen Karriere vor dem Ersten Weltkrieg beim bayrischen Infanterieregiment Landau begann, eine grausame Rolle. Selbst Gauleiter Josef Bürckel vermochte ihn nicht zurückzuhalten. Wegen der Herstellung von Bomben landete er 1932 im Gefängnis und floh kurz darauf nach Italien in ein Heim SS-Flüchtiger. Wütend kehrte er zurück und wollte, wie in der Öffentlichkeit publiziert, sogleich *„gewissen Leuten eine Bombe mit verkürzter Zündschnur unter den Hintern legen!"* Bürckel ließ ihn deshalb in die Nervenklinik nach Würzburg schaffen. Alles kam jedoch komplett anders: Himmler beförderte Eicke nach dessen Freilassung im Juni 1933 zum Kommandanten des KZ Dachau, wo er *sein* System von Brutalität und Terror entwickelte.

Am 1. Juli 1934 kommandierte Hitler seinen „Fachmann" ins Münchner Gefängnis Stadelheim und überließ ihm den Schlussakt im Fall Röhm. Um 18 Uhr erhielt der zermürbte oberste SA-Chef die Aufforderung, innerhalb von zehn Minuten Selbstmord zu begehen. Nach Ablauf des Ultimatums beorderte man Eicke in die Zelle. Ihm kam schweißgebadet, mit aufgerissenem Hemd, starren Augen und ohne bereitgestellte Pistole der auserkorene Staatsfeind entgegen. Eicke drückte unter Geleitschutz seines Mordkumpans Michael Lippert ohne Skrupel ab. Als Lohn erging die Beförderung zum SS-Gruppenführer, Inspekteur der Konzentrationslager und Führer der Wachverbände für Dachau, Sachsenhausen, Buchenwald und Lichtenburg bei Leipzig.

Am 2. August 1934 gab Hindenburg, der sogenannte „Held von Tannenberg", den Marschallstab auf Gut Neudeck im Alter von 86 Jahren ab. Trotz deutscher Trauerstimmung gingen die Opernsängerin Gussa Heiken aus Essen und der Nußdorfer Wilhelm Übel am übernächsten Samstag in Mannheim den Bund der Ehe ein – ohne Tamtam und Verwandtschaft, in engstem Künstlerkreis mit Wein, Gedichten und Sonetten. Sie vierzig, er fünfundfünfzig Jahre alt. Die Familie staunte. Aber keine Bange. Was der Onkel machte, lief immer gut. Seit längerem gehörte Nichte Susi zum Haushaltspersonal, erneut eine verwandtschaftliche Anstellung. Zum Wochenendbesuch bei ihrer Schwester Martha in

Landau schwärmte sie von den noblen Herrschaften, guten Manieren, dem feinen Geschirr und französischen Essen. Sie lernte dort auf hohem Niveau Kochen und Servieren, Benimm-Regeln inbegriffen.

Nur das Großstadtleben machte ihr Angst. Unzählige Menschen am Hauptbahnhof, die zahlreichen Autos, das Rattern der Straßenbahnen und die Kundgebungen. „Ach, das könnt ihr euch gar nicht vorstellen. All die Ausschreitungen. Die SA marschiert öfter auf und schreit die Kommunisten nieder. Deren Hochburg hier soll in Trümmer fallen, tönt es lautstark bei ihren Umzügen. Viel raus komme ich nicht. Aber an den wenigen freien Nachmittagen erlebe ich immer wieder so ein Politiktheater. Na, wenn ich ganz ehrlich bin, nicht nur. Ich treffe mich ab und an mit einem netten Mann, der richtig Manieren hat. Ein Großstädter halt. Am schönsten sind für mich die Abende, wenn so schöne Opern-Melodien bis hinauf in mein Zimmer im Dachgeschoss klingen. Da bin ich in Gedanken bei meinem kürzlich Angebandelten. Einfach wunderbar."

Angenehm gestalteten sich Emmels Kindertage. Täglich spielte sie mit Freundinnen aus der Nachbarschaft auf der Straße oder den oft mit Wäschestangen ausgestatteten Höfen, sprang Seil, hüpfte über aufgemalte Kästchen, um den „Himmel" zu erreichen und nicht in der „Hölle" zu landen; sie lernte Tretroller fahren, probierte Stelzenlaufen. In der Sommersaison radelte sie ins 1930 errichtete „Stadionbad" zum Schwimmen. Im Winter lockte der Ostparkweiher zum Schlittschuhlaufen, im Volksmund „Schwanenweiher" genannt: ein kleines Gewässer inmitten der Stadt, umrahmt von bis zur Eisfläche hinunterragenden dünnen Ästen babylonischer Trauerweiden.

Wie viele andere im Stadtviertel schickten die Eltern Emmel vor der gesetzlichen Pflicht zum „Jungmädelbund der Hitlerjugend". In weißer Bluse, blauem Rock, Kletterweste, Halstuch und Lederknoten kam sie von den wöchentlichen Heimtreffen nach Hause. Sie bastelte und sang nachmittags mit Liesel Schäfer, die ihren Jungmädelring als „ganze Kerle" in Reih und Glied aufstellen ließ. Die „Führerin" erzählte spannende Geschichten über Adolf Hitler, wie der als einfacher deutscher Mensch zum Retter der Nation aufstieg, und diktierte in Notizbücher Leitsprüche: *„Jungmädel, Du folge! Gehorsam sei Deine Pflicht! Treue Dein Wesen. In der Kameradschaft stehst du – Kamerad sei anderen. Dein Stolz sei dein Dienst – Dein Glaube Dein Führer – Deine Verpflichtung Dein Volk."* Schwungvoll und zackig sollte die Jugendhymne erklingen: *„Wir marschieren für Hitler durch Nacht und durch Not. Unsere Fahne ist mehr als der Tod."*

Einmal im Monat fanden Fahrten mit Übernachtung statt, generell in den Pfälzer Wald, ob auf den Taubensuhl, nach Dahn, zur Edenkobener Hütte oder zum Zelten ins Buschmühltal. Die „Jungmädel" erlebten beim Wandern, Singen und Kochen ein Gruppen- und Zugehörigkeitsgefühl, bereichert um Sportwettbewerbe, wobei Emmel das Schwimmen bevorzugte. Alle fühlten sich behütet und umsorgt. Disziplin und Gehorsam schnürten gleichwohl ein eisernes Korsett. Wer nicht mitmachte, fiel aus dem Rahmen und musste mit Repressalien rechnen. Die Eltern unterstützten als Parteimitglieder – die NS-Erziehung. Moderat Beteiligte standen dem nur unerheblich weniger nah.

Emmel besuchte die „Städtische Höhere Töchterschule" und kam wenig zurecht. Lehrerzentriert verabreichte das Personal Unterrichtsinhalte. Als Handwerkertochter mit einem im Aufbau befindlichen Bücherregal zu Hause, Annäherungen zur Malerei und Musik der Familie verbrachte sie quälende Stunden in einer ihr fremden Anstalt. Umso präziser schlug beim Gros des Kollegiums der Zeiger des Erziehungskompasses Richtung Braunau aus. Die Mädchen sollten Adolf Hitler lieben und verehren. Direktor Dr. Sahrmann hielt als überzeugter Nazi die Schule auf Kurs. Zusehends gerieten die „Stern-Kinder" der jüdischen Familien, Gertrud und Inge sowie Ilse Teutsch oder Doris Weil ins Visier der Unterrichtenden.

Herablassende Bemerkungen, Ignoranz oder Aggressionen zählten zum Repertoire der Ausgrenzung. Nur geduldet und stets vom Rausschmiss bedroht, durften sie drei Jahre später die Höhere Lehranstalt nicht weiter besuchen. Laut Anweisung der pfälzischen Regierung sollten jüdische Schülerinnen und Schüler aus Landau und Umgebung in einer „abgesonderten" Klasse und einem Saal der Volksschule im „Schulhof" Unterricht erhalten. Von vierundvierzig vorgesehenen schaffte nur die Hälfte den Weg dahin. Vor allem, weil es von außerhalb, den umliegenden Dörfern, viel zu weit war. Die meisten der Eltern wanderten aus. Andere Schicksale verloren sich in der Vernichtungsmaschinerie der Nazis. Emmel schnappte von überall her antisemitische Hetze auf. Sie verstand nichts, glaubte der Erwachsenenwelt, konnte sich die Vorgänge nicht erklären. Was hatte es mit den „Juddekinnern" auf sich? Das Verbot der Eltern lautete: „Mit denen spielst du nicht, das ist kein Umgang!"

Alles wankte, aber die Metzgerei glänzte durch solides, handwerkliches Können und Erfolg. Entsprechend fiel die Präsentation des Warensortiments im kleinen Schaufenster aus. Auf drei Ebenen fanden allerlei Fleisch- und Wurstwaren auf zweieinhalb Metern Breite der Etalage in der Königstraße Platz. Zuoberst thronte mittig vor ovaler Ornamentsteinplatte ein bemalter Schweinskopf auf einem Marmorsims. Rechts und links davon standen in Wurstkittel gekleidete, fröhlich glotzende Ferkelpuppen. In der mittleren Ebene prangte ein zehn Blutwurstringe hoher Turm. Dazwischen lagen halbierte Wurstsorten, deren Inhalt das Auge des Betrachters entzückte: Schinken-Jagd-Bier-Gelb-Griebenwurst, im Schachmuster gefertigte Speckblutwurst, Leberkäse, Mortadella oder Lyonerringe, wie Pfälzer die Fleischwurst nennen. In der unteren Ebene rankte frisches Blattwerk von Weinbergreben. Die Kundschaft schwärmte: „Ach, Frau Reiss, Sie können so schön dekorieren. Da macht es Spaß, ins Schaufenster zu gucken."

Doch damit war es schlagartig vorbei, als ein Briefträger am frühen Abend des 25. Mai 1935 ein Telegramm aus Mannheim über die Ladentheke reichte: *„Wilhelm Übel heute um 12 Uhr gestorben."* Fassungslos sackte Martha auf die durchgesessene mattgrüne Ottomane. Als Emmel und Karl im kleinen Büro zwischen Verkaufsraum und Wurstküche erschienen, stammelte sie: „Ach God, ihr Kinner. De Mannemer Unkel is dod. Was fär ä Uglüg. Warum nur hod unser Herrgod den so frie abgerufe. Welches Oragel laschded uf unsrer Familie?" Ludwig reagierte ruhiger: „Das ist sehr traurig. Alla, geht hoch in eure Zimmer und denkt an den Unkel. Wir rufen euch zum Abendessen. Du Martha, trinkst jetzt einen Obstler und bleibst sitzen. Ich versorge bis zum Feierabend den Laden."

Wie konnte das passieren? Gerade erst geheiratet. Hing es mit dem großen Altersunterschied zusammen? Oder doch die Herzinsuffizienz des umtriebigen Kaufmanns?

Wilhelm Übels Schwager, Kaufmann Otto Haberland aus Düsseldorf, zeigte am Montagvormittag auf dem Standesamt Mannheim den Todesfall an. Laut Akteneintrag Nummer 1105 verstarb der Großkaufmann Georg Friedrich Wilhelm Übel im Alter von fünfundfünfzig Jahren und fünf Monaten. Eine Woche später beraumte Witwe Gussa die Beerdigung an. Zeit: um halb vier Uhr am Nachmittag. Ort: Friedhofskapelle. Ihre in der „Neuen Mannheimer Zeitung" erschienene Todesanzeige lautete: *„Heute Mittag verschied unerwartet infolge Herzlähmung mein lieber Gatte, unser guter Bruder, Onkel, Schwiegersohn und Schwager."*

Darunter bekundeten Prokuristen und Angestellte der Firma Wilhelm Übel: *„Wir betrauern aufs tiefste einen ebenso ausgezeichneten wie liebenswürdigen und vornehm denkenden Menschen. Wir werden seiner stets in Dankbarkeit ge-*

denken." Das galt auch für seine Pfälzer Freunde und die Familie. Fortan gab es keine Wohltaten mehr.

Im Juni 1935 wandte sich ein gewisser Bäcker namens Becker aus Nußdorf brieflich an die Firma Übel zwecks Zahlung von Mietzinsrückstandsforderungen des Neffen Ludwig. Bisher habe der Onkel diese gezahlt. Prokurist Pfeifer antwortete, solche Verpflichtungen seien der Firma unbekannt. Daraufhin schaltete sich Georg Reiss per Antwortschreiben ein. Er verwies auf den Brief des „Mannemer Unkels" für Ludwig vor zwei Jahren, aus dem wörtlich hervorging, *„für die Miete will ich haften."* Weiter hieß es: *„Herr Übel bezahlte seitdem persönlich die Miete, ohne irgendwelche Gegenleistung zu erhalten. Bitte hiervon geflissentlich Kenntnis nehmen zu wollen und die Zahlung des Rückstandes zu regeln. Heil Hitler. Bürgermeister Reiss."*

Da die geringe Gesamtsumme 90 RM für fünf Monate betrug, sollte man annehmen, dass alles geregelt sei. Doch weit gefehlt. Rechtsanwalt Eder als Vertreter der Kohlenfirma wollte von Ludwig Übel Genaueres wissen. Es sei eine Stellungnahme sämtlicher Erben erforderlich. Außerdem liefen die wirtschaftlichen Verhältnisse des Betriebes nach festgestelltem Status auf Überschuldung hinaus. Auch das noch.

Abermals schrieb Georg Reiss an Rechtsanwalt Karl Eder. Er sollte Einsicht zeigen und die geringe Summe begleichen. Doch dieser schaltete auf stur und empfahl allen Ernstes, sich mit den Erben in Landau und Detroit/USA in Verbindung zu setzen, da er von ihnen keine Vollmacht hätte. Es dauerte sehr lange, bis das Geld zur Zahlung gelangte. Bestimmt ein erster Grund für den „Unkel", sich im Grabe umzudrehen.

Kleinkariert ging es bei manchen Alltagsereignissen in Nußdorf zu. Bei einer geselligen Zusammenkunft traf im November 1935 in der Straußwirtschaft von Witwe Hochdörfer die „Vereinigung der Klein- und Invalidenrentner" aus Landau zusammen. Mehr als dreißig Leute nahmen daran teil. Für die ebenfalls der Organisation angehörende Wirtin eine enorme Herausforderung. Schwiegersohn und Töchter bedienten die Gäste, schienen aber deutlich überfordert. Besonders, wenn es um die Preise ging. Das Tohuwabohu führte am Ende soweit, dass Gast Ludwig Schmitt aus Landau sich bemüßigt fühlte, Anzeige wegen „Wuchers" bei der Gendarmerie zu erstatten. Ein starkes Stück, zumal diese Begrifflichkeit oft zur Stigmatisierung der jüdischen Bevölkerung diente, auf Raffen und Parasitäres hindeutete. Maliziös überredete der Saubermann einige andere Teilnehmerinnen und Teilnehmer zur Aussage. Den Landauer Kriminalkommissaren schmerzten die Finger wegen zahlreicher Protokolle, die sie zu tippen hatten. Auf der Wache erklärte Witwe Magdalena Renner, 61 Jahre alt: *„Ich saß in dem Zimmer, in welchem der Schwiegersohn der Hochdörfer servierte. Ich aß eine Bratwurst mit Brot und musste dafür 0,85 RM bezahlen. Nachdem die Witwen Schmitt und Schwörer in dem anderen Zimmer bei der ledigen Tochter nur 0,70 RM für eine Bratwurst mit Sauerkraut bezahlen mussten, fühle ich mich betrogen. Für ein Leberwürstchen zum Mitnachhausenehmen musste ich 0,35 RM bezahlen. Das Würstchen war etwa 8 Zentimeter lang und nicht besonders dick."*

Die präzise Angabe lässt einen schmunzeln, dem protokollierenden Gendarmen schien sie nicht aufzufallen. Wo sollte es in der Pfalz solcherlei verkümmerte Exemplare einer Wurst geben, die Wilhelm Busch allgemein geistreicher interpretierte: *„Das Leben ist zu kurz, die Kunst ist lang, aber noch kürzer als das Leben ist eine Wurst im Vergleich mit der menschlichen Gefräßigkeit, ob schon diese keine Kunst ist."*

Nicht betrogen fühlten sich nach Vorladung der Polizei die zitierten Witwen. Den Klamauk beendete in einer Stellungnahme an das Bezirksamt Landau der „Reichseinheitsverband des deutschen Gaststättengewerbes" Weihnachten 1935. Straußwirtschaften wären nicht auf große Gästescharen eingerichtet, ihre Küchen seien eher wie in Privathaushalten gestaltet. Die genannten Preise enthielten keine Auffälligkeiten. Es verhielte sich oft so, dass „für dieselben Speisen verschiedene Preise gefordert, je nachdem ob der Gast ein besserer Herr oder ein Arbeiter ist." Diese soziale Komponente spielte in vorliegendem Fall sicher keine Rolle.

Feierlich läuteten die Glocken am Palmsonntag im April 1936. Emmel schritt mit anderen Konfirmanden durch das Eingangsportal der Landauer Stiftskirche, um vor der Kanzel auf schmalen Bänken Platz zu nehmen. Das Rede- und Antwortspiel zum Katechismus und zu Bibelweisheiten enthielt keine Ausreißer. Verwandtschaft und Freunden stand der weltliche Sinn bereits nach festlichem Mittagessen mit besseren Weinen. Zum Kaffee und Kuchen tranken die Männer Weinbrand, rauchten Zigarren und verkündeten Lebensweisheiten. Früh verabschiedete sich Emmels Klavierlehrerin Cäcilie Hoffmann und hinterließ im Poesiealbum ihrer unbegabten Schülerin den Eintrag: *„Des Lebens Sonnenschein ist Singen und Fröhlichsein. Möge dir einmal später liebe Emmel dieses Buch recht viel von jenem Sonnenschein künden."*

Der Wunsch sollte sich während der Hitlerei nur anfänglich erfüllen. Zunächst wechselte sie die Schule und fand Aufnahme im „Institut der Englischen Fräulein", der „Maria-Ward-Schule" in Landau – ein von Ordensschwestern betriebenes katholisches Lyzeum mit Höherer Mädchen- und Haustöchterschule. Emmel besuchte letztere. Fast alle Lehrkräfte waren Nonnen. Zu den nebenamtlichen zählten drei Männer, die Pfarrer für katholische, israelitische und protestantische Religionslehre. Letzterer gehörte Emmel an. Es war zwar förderlich, aber nicht Bedingung, katholisch zu sein. Die klösterlichen Erzieherinnen legten allergrößten Wert auf Kenntnisse des praktischen Frauenlebens. So ging es darum, nicht Mathematik, sondern geschäftliches Rechnen und Buchführung zu lernen, nicht wissenschaftliche Physik und Chemie, sondern Ernährungs- und Gesundheitslehre, Kranken- und Säuglingspflege, ergänzt um Haus- und Gartenarbeit, Kochen, Waschen, Nähen und Schneidern. Erziehungskunde und Betätigung im Kindergarten sollten das Programm einer künftigen Hausfrau und Mutter abrunden. Englisch sowie Kurzschrift gab es als Wahlangebot.

Neugierig betrat Emmel die Eingangspforte der Schule. Ihre Erwartungen erhielten bald Bestätigung, hier am richtigen Ort zu sein. Freundin Heddel, die Metzgerstochter aus der Meerweibchenstraße, hatte sie vorher regelrecht angeworben: „Geschenkt bekommst du auch hier nichts. Aber wie ich dich kenne, fallen dir die Aufgaben viel leichter. Du bist doch praktisch veranlagt." Landauer Mitschülerinnen waren in der Minderheit. Gerade acht von zweiunddreißig in ihrer Klasse. Die Mehrheit kam aus umliegenden Dörfern, und die Winzertöchter bereicherten mit Offenheit und unverfälschtem Dialekt die Gemeinschaft. „Ich bin die Karola und kumm vun dem schäne Dorf Edesheim zu Füßen des Pälzer Walds. Kumschd mich emol am Wocheend besuche? Do führ ich dich in die Wingerte." Während der Behandlung des Plusquamperfekts im Deutschunterricht von Klassleiterin Mater Martha Krämer kam die Offerte von Emmels neuer Schulbanknachbarin zur Unzeit. „Liebes Mädel Karola, jetzt ist aber Schluss mit deinem störenden Gerede. Du benimmst dich ja wie die maskuline Form deines Namens, also wie ein Karl. Steh einmal sofort auf." Furchtbar erschrocken und ungelenk erhob sie sich. Ihr Kopf errötete, als ob er gerade aus einem Spätburgunder Bottich aufgetaucht wäre. Was sie der Nachbarin erzählt habe und weshalb während ihres Unterrichtes? Karola druckste herum, betonte ihre Freude über eine neue Freundschaft. Die Schwester hob an: „Wir behandeln gerade die Zeitform der Vorvergangenheit, auf Lateinisch Plusquamperfekt. Jetzt also zu dem, was war. Gottes Augen und Ohren sind überall. Ich gebe dir eine Chance. Was musst du antworten, nachdem ich dich auf dein Störverhalten während meines Unterrichtes aufmerksam machte?" Karola rutschte das Herz in die Hose. Sie konnte nicht antworten. Stattdessen führte Mater Krämer aus: „Es muss heißen: Ich hatte den Unterricht durch unerlaubtes Sprechen gestört, das darf nicht mehr vorkommen. Ich diktiere dir den Satz, der bis morgen zwanzigmal in deinem Deutsch-Heft steht!"

Der Wohlstand kehrte 1936 ein. Ludwig kaufte ein Auto. Für über 3 000 RM eine Limousine der Marke Opel, 1,3 Liter, viersitziges Cabriolet, Höchstgeschwindigkeit 90 km. Im Frühsommer fuhr die Familie zur Burgruine Geroldseck in der Ortenau und den Wasserfällen bei Triburg sowie zur Donauquelle nach Donaueschingen. Es folgten Reisen nach Bad Münster am Stein und Trier. Sonntagsausflüge führten in die Kurstadt Wildbad im Schwarzwald. Oft ging es zum Lieblingsort. Auch längere Urlaubstage verbrachten die Metzgersleute dort. Ob beim Nachmittagskonzert am Musikpavillon, Kaffee und Kuchen im Waldhotel Riexinger, auf dem Sommerberg oder im Haus Rath zum Übernachten, sie genossen das Angebot und kannten sich gut aus.

Noch immer litt Ludwig an seiner Kriegsverletzung. Das Eitern wollte selbst nach sechzehn Jahren nicht aufhören. Zu viele feine Knochensplitter und abgestorbene Gewebeteile bildeten im zertrümmerten Oberarm Fisteln oder Abszesse. Ein halbes Dutzend Mal musste er zur stationären Behandlung ins städtische Krankenhaus Landau. Es ängstigte Martha: „Warum nur hat das nie ein Ende mit dem Weh?" Wenig beeindruckt zeigte sich Ludwig: „Du hast halt einen tapferen Soldaten zum Mann. Ich überstehe das schon. Eigentlich hätte ich gern gute Chirurgen, die wissen, wo man das Messer ansetzt. Für mich kein Problem!"

In Landau ging es aufwärts. Auch das Kolonialwarengeschäft von Marthas Schwager Otto, Ehemann ihrer Schwester Bawettel, lief gut. Am 2. August 1936 stand die Einweihungsfeier des bereits beschriebenen „Ehrenmals deutscher Kraft", des sieben Meter hohen steinernen Löwen, an – in gerade mal fünfzig Meter Sichtweite zum Laden. Der Wunsch, einen Logenfensterplatz zu ergattern, war groß. Zahlreiche Anfragen lagen vor. Einkäufe ehemaliger Kriegsteilnehmer im Laden von Onkel Otto endeten stets mit der Frage, wie es um einen Fensterplatz für die Veranstaltung bestellt sei. Die Wahl fiel auf einen Zollinspektor, der unschlagbar viel eingekauft hatte. Wortreich warb er für seinen Kriegskameraden aus der Hinterpfalz: „Wir haben gemeinsam im Dreck des Schützengrabens gelegen, den Angriff der Feuerwalzen abgewehrt. Es wäre uns eine Freude und Auszeichnung, die Einweihung des Ehrenmals gemeinsam in nächster Nähe zu erleben." Otto stimmte zu. Am Tag des Festakts erschienen beide Veteranen, Arme schwingend, im Marschrhythmus. „Dort geht es hinauf, aber aufpassen, die Treppen sind sehr steil", wies Otto die Richtung zum Beobachtungsposten. „Das kommt uns gerade recht", triumphierten sie, „in unserer Gefechtslage war kein Weg zu schmal oder zu hoch." Als ihre Blicke über die „feldgraue" Ansammlung rund um das Löwendenkmal hinaus schweiften, jubilierten sie: „Ein großer Tag für uns deutsche Frontsoldaten." Ansonsten nutzten die Nazis den Anlass, Massen von Grauröcken, SA und SS in Sonderzügen aus allen Teilen Deutschlands anzukarren. Sie dominierten die Stadt, welche laut Befehl des Gauleiters Bürckel am Abend illuminiert sein sollte. Hakenkreuzfahnen flatterten von den Häusern. Soldatenlokale in Nähe der Kasernen platzten, wie drei große Festzelte auf dem Alten Messplatz, vor Menschen aus den Nähten.

Olympiade 1936 und Elsässer Freundschaft

Am Spektakel nahm auch Ludwig Reiss teil. Aber es sollte für ihn ein noch attraktiveres Programm folgen: der Besuch der Sommerolympiade, gerade eröffnet. Im „Gasthaus zum Blumenkorb" in der Königstraße kreisten Stammtisch-Gespräche um das Weltereignis, voller Bewunderung für Sportler, Organisatoren und die herausgeputzte, weit entfernte Reichshauptstadt. Beziehungsreich kam die Meldung der deutschen Goldmedaille am ersten Tag der Spiele an. Tilly Fleischer, Tochter eines Metzgers aus Frankfurt am Main, gewann das Speerwerfen!

Spätestens jetzt ließen Ludwig und sein Freund sowie Namensvetter, der beleibte „Schoppe-Wirt", die Katze aus dem Sack: „Es gibt ein Angebot fürs verlängerte Wochenende. Anreise Mittwoch, Rückreise Sonntag. Das wollen wir machen." Großes Erstaunen der Zuhörerschaft. „Habt ihr in der Reichslotterie gewonnen?" – „Ach was. Zeitung lesen ist bei euch Fehlanzeige. Es gibt doch viele günstige Angebote. Die Reichsbahn gewährt über dreißig Prozent Ermäßigung für Hin- und Rückfahrt. Die bezahlbaren Berliner Hotels sind alle ausgebucht. Aber durch das Olympia- Verkehrs- und Quartieramt ließ sich eine

Privatunterkunft reservieren. Also haben wir die Reise gebucht." Obwohl sie nur einen Wettkampftag während des Aufenthaltes beinhaltete. Immerhin blieb viel Zeit zum Erkunden der Weltstadt.

Am Abend des 5. August kamen die beiden mit einer Pfälzer Reisegruppe am Anhalter Bahnhof an. Die Staatspolizei kontrollierte gerade zwei eingetroffene Züge. Der ihrige war nicht dabei. Die Schnüffler fanden weder Klebezettel noch Hetzschriften. In Schöneberg bezogen Ludwig Reiss und sein Freund Ludwig Schoppe in einem Privatlogis der Kategorie „Gruppe D" einfache Zimmer für drei Reichsmark. Keine schlechte Wahl und preisgünstig, Bedienung, Reinigung des Schuhwerks und Beleuchtung inbegriffen. Verglichen mit ihren Kleinstadtwohnungen empfanden sie die Räumlichkeiten als sehr stilvoll. Vier Meter hohe Decken mit Stuckornamenten, überdimensionale Leuchter, dicker Teppichboden, schwere Vorhänge und Biedermeier Möbel, wie Ludwig meinte, gehörten zum Interieur der Zimmer: „Jetzt sind wir fast schon bessere Leut, mein lieber Schoppe-Wirt! Dann lass uns mal die Gegend erkunden und einen heben."

Obwohl sie im Zug bereits zwei Flaschen Riesling verkostet hatten, war der Durst nicht gestillt. Einige Schritte von der Herberge entfernt, gerieten sie in eine Eckkneipe Berliner Zuschnitts. Laute, schnarrende Gesprächskulisse, dazwischen schrilles Gelächter. Am Tresen debattierten selbstbewusst dreinblickende Männer. Die Pfälzer fanden in der Nähe einen Tisch. Eine korpulente Kellnerin begrüßte sie freundlich: „Na, ooch uff die Olympiade. Watt darfs denn sein?" – „Zwei Bier bitte, und gibt es eine Speisekarte?" – „Nee, ha wa nich. Zwee Buletten sind noch da und jede Menge Schmalzstullen." – „Das hätten wir dann gern." – „Ooch die zwanzig Schmalzstulln?" – „Bestimmt nicht, sondern halt jeweils die Portion."

Das Bier schmeckte, die zwei lauten Pfälzer weckten die Aufmerksamkeit des Stammpublikums, von denen sich einer nach dem anderen dem Tisch zugesellte. „Is ja ne schöne Jejend mit die Weinberje, die Se da ham. Aba ick schwör uff Molle und Korn." – „Dit wes ick vom Schlachta zu schätzen, Sauerkraut, Kartoffelpüree und fetter Schweinebauch." – „Da sollten Sie mal mein Pfälzer Rumpsteak probieren. Mit ganz viel Zwiebeln, scharf angebraten, innen etwas rosa und ein gutes Viertel Riesling dazu. Das hat Geschmack." Angesichts üppiger Bestellungen sympathisierte die Bedienung mit den fremden Gästen, die ihr Lächeln belohnten. „Dürfen wir Ihnen einen ausgeben?" – „Wenns unbedingt sein muss, nehm ick een Mampe halb & halb." Das mit Kräutern aromatisierte Bitterorangenlikörgemisch kippte die Dame in ihre Kehle. Aus einer solchen tönte von der hinteren Nische:

„Zu Brandenburg uff'n Beetzsee,
ja, da steht een Fischerkahn,
und darin sitzt Fritze Bollmann
mit dem janzen Angelkram.

Sofort fielen einige Gäste ein. Die Stimmung im Lokal schlug Wogen – und die Pfälzer mittendrin. Alle Strophen des Liedes über den Brandenburger Friseur, klangen durch die verrauchte Schankstube:

Fritze Bollmann wollte angeln,
da fiel die Angel rin,
Fritze Bollmann wollt se' langen,
und da lag er selber drin..."

So vergnüglich hatten sich die beiden ihren ersten Abend nicht vorgestellt. Einfach hineinrutschen in die Berliner Volksseele. Aber Geselligkeit ist nun mal Talentsache und andererseits von Neugier geprägt. Schweren Schrittes, begleitet von guten Wünschen, kehrten sie nach Mitternacht in die stattliche Herberge und ihr gemeinsames Zimmer zurück.

Verkatert nahmen sie das üppige Frühstück ein. Zu Schrippen gab es Spiegelei und Spreewälder Gurken, Himbeermarmelade, Aufschnitt, Käse und ein Kännchen Kaffee. Um 10 Uhr sollte Treff am Alexanderplatz für eine sechsstündige Stadtrundfahrt sein. Die Wohnungsbesitzerin erklärte die Gehstrecke zum Innsbrucker Platz und das Prozedere zum Benutzen der U-Bahn. Freundlichen Service erfuhren sie beim Kauf der Tickets am Bahnschalter: „Wünsche den Herren jute Fahrt und een schönen juten Tach." Zum ersten Mal in ihrem Leben fuhren sie mit dem Zug unter der Erde in rasender Geschwindigkeit von einer Station zur anderen, sahen Menschen hinein- und hinaushasten. Nach zwanzig Minuten am Ziel, kamen gleich drei U-Bahnlinien in den Katakomben an. Wieder am Tageslicht, pulsierte am „Alex" unvorstellbarer Verkehr. Eingerahmt von den riesigen Kaufhäusern Tietz, Wertheim und Hahn, kreuzte eine Armada von Bussen, Straßenbahnen, Autos, Motorrädern und Fußgängern unentwegt den Prachtplatz. Ludwig verschlug es die Sprache; schließlich kommentierte er:

„Also, in München war ich von dem Großstadtverkehr überwältigt, aber das hier sprengt alle Vorstellungskraft."

An der Haltestelle trafen sie auf ihre Reisegruppe. Mit dem offenen Bus der Firma „Elite" erkundeten sie Berlin. Fast überall Flaggen- und Girlandenschmuck, dominiert von schwarzen Hakenkreuzen auf weißem Kreis und rotem Hintergrund. Der Humor blieb ständiger Begleiter auf der Strecke. Die meist süddeutschen Teilnehmer lachten über Witze, welche aus der Berliner Schnauze des Reisebegleiters schnatterten. An den Hackeschen Höfen hieß es: „Erstmal die Linden runter." Der „Schoppe-Wirt" Ludwig zückte seine „Leica", unsicher, das richtige Motiv zu knipsen. Als er sich kurz vor der Weiterfahrt am Brandenburger Tor in Position brachte, intervenierte der Fahrer: „Jehn Se ma vonne Tür wech, sonst müssen wa hier übawintarn!"

„Janz weit draußen" fuhr der Bus zum Wannsee, danach zum Funkturm und eine extra Runde auf der 1921 gebauten Autorennstrecke „Avus". Nach Besichtigungen von Museen, Schlössern, Kirchen, Siegessäule, Reichstag, Ehrenmal, Alter Bibliothek, Humboldt Universität, Hotel „König von Portugal" oder „Adlon" war „Ausspannen" angesagt. Am „Kudamm" stiegen die beiden Ludwigs aus, um sich in das Gewimmel des anlässlich der Olympiade international präsentierenden Nobel-Boulevards zu stürzen.

Ein Jahr zuvor hatte es hier noch anders ausgesehen. Immer mal entlud sich der von militanten kleinbürgerlichen Nazis angestachelte „Volkszorn", richtete sich gegen das bunte Gemisch aus Künstlern, Intellektuellen und Großbürgern. Es kam zu Provokationen, Rempeleien oder Beschimpfungen. Bekannten jüdischen Geschäften schlug der Pöbel die Schaufensterscheiben ein. Die Presse bediente Ressentiments und vermeldete jüdische Störer des in einem Kino laufenden schwedischen, antisemitischen Spielfilms „Petterson & Bendel". Vor dem Lichtspielhaus versammelte sich daraufhin eine Menschenmenge, um alle vermeintlich jüdisch aussehenden Passanten zu verprügeln. Sie setzten die Hatz in umliegenden Lokalen fort, und selbst der Polizei gelang es nicht, die Ruhe wiederherzustellen. Stattdessen skandierte der Mob gegen deren Einsatz vielstimmig „Judenknechte". All diese Vorkommnisse schienen nun vergessen, und Berlin präsentierte sich als die gast- und menschenfreundlichste Stadt der Welt.

Den beiden war um knapp vor siebzehn Uhr nach einem Bier zumute. Anstatt ins Wirtshaus zu gehen, stolperten sie im Pulk der umgebenden Menschenmenge ins „Café Rumpelmayer", jene elegante Konditorei, Ecke Uhlandstraße.

Aber von wegen *Café*. Im Hintergrund musizierte eine Combo, auf der Tanzfläche wirbelten Paare. Ein „Chef de Rang" empfing sie herzlich: „Wollnse uff de Terrasse oda drinnen?" – „Uns gefällt's bei der Musik." – „Na, dann müssnse keene weitere Wanderung untanehm. Ick platzierse gleich hier mit Spitzenaussicht uff dit Tanzjeschehn. Kostet nüscht extra." Das ging prima los. Was aber bestellen? Drum herum stand auf den weiß eingedeckten Tischen mit den vielen Gästen ein kulinarisches Sammelsurium. Vom gepökelten Eisbein mit Erbspüree bis zur Wiener Sacher Torte oder „Berliner Luft", der schaumigen Dessertcreme aus Eigelb, Eisschnee, Zucker, Gelatine und Himbeersaft. Ergänzt von unterschiedlichsten Getränken wie Mokka, Champagner, Kaffee in Kännchen, Moselwein im Stielglas, Schultheiß Bier in Humpen.

„Alla, do känne mir jo aach ä Bier bestelle!" Treffsicher schloss die Kellnerin auf Landleute aus dem südlichen Deutschland. „Da solltense aba mal ne Berliner Weiße probirn. Ick empfehle Waldmeesta." Opa Ludwig legte trotz des imposanten Ambientes seine Hemmungen ab: „Und ich empfehle mich als Metzgermeister. Dann bringen Sie uns zwei." – „Fehlt was zum Futtern. Kostense die ‚Leber Berliner Art mit jebratenen Apfelscheibn'." Ziemlich verdutzt über die „Weltstadtpreise", verließ das Duo nach drei Stunden die Lokalität. Beschwingt setzten sie den Weg Richtung Schöneberger Unterkunft fort, um am Ende des Abends ihren preiswerten „Trollschoppen" in der Eckkneipe gegenüber zu genießen.

Beizeiten nahmen sie am Morgen des 7. August ihr Frühstück ein. Belustigt las der „Schoppe-Wirt" aus der „Berliner Zeitung" den Anzeigentext vor: *„Einen guten Platz bei den Olympischen Spielen hast du am Lautsprecher. Werde Rundfunkhörer."* Als Stehplatzkartenbesitzer für die Leichtathletikveranstaltungen zum Preis von einer Reichsmark war ihnen das Ereignis heute vor Ort vergönnt. Die Wettervorhersage prognostizierte: freundlich, heiter, schwach windig, trocken, Sonnenschein und 23 Grad.

Die Stadion-Terrassen des Reichssportfeldes passierend, eilten sie gegen 11 Uhr dem Haupteingang zu. Hinein in die Riesenschüssel, den Stehrängen der Kurve entgegen, welche sich allmählich füllten. Ausgerechnet heute erfuhr die Siegesserie der deutschen Athleten durch Verletzungspech eine Unterbrechung. Der Tag gehörte den USA-Athleten im Zehnkampf, allen voran dem Gewinner des 400 Meter-Laufes, Archie Williams, einem afroamerikanischen Studenten aus Berkeley. Opa Ludwig interpretierte in bester Gönnerlaune: „Ei do gewinne mir ach ä bissel mit. Schwägerin Anna un de Oswald sin jo Amerikaner." – „Awer doch kä Nescher!" ätzte der andere Ludwig dagegen. Sie genossen trotz ausgebliebener deutscher Erfolge die Stimmung und bemerkten schnell die ausländischen Fans im Stadion. Immer wieder schallten Sprechchöre einiger Hundertschaften durchs Stadion, etwa „Heja, heja, heja" oder „Hyvä, hyvä, hyvä Suomi" anlässlich des 5000-Meter Endlaufes und finnischen Gewinners. Eines verstanden sie aber nicht: das Pfeifkonzert bei gelungenen Aktionen der Amerikaner. Auf ihr Kopfschütteln hin klärte sie ein Berliner Nachbar auf: „Na det hab ick och erst kürzlich erfahren. Bei uns läuft det unter Protest, aber bei die Amis eben als Beifall!" Und wie. Als Archie aufs Treppchen stieg, toste und pfiff es wie ein Hurrikan aus dem amerikanischen Block heraus. Das Infanterieregiment 21 aus Speyer unter Leitung von Obermusikmeister Gaul krönte den Akt mit der US-Nationalhymne. Kräftig in die Posaune blasend ein Unteroffizier, mein Vater Harry. In der Kurve Metzgermeister Ludwig, mein Großvater. Letzterer warf ab und an einen Blick zur weit entfernten Kapelle. Der Posaunist konzentrierte sich auf die Melodie. Einige Jahre später sollten sie als Schwiegervater und Schwiegersohn direkt beieinandersitzen und die Episode verklärend erläutern.

Musikus Harry verbrachte die Pause bis zum übernächsten Arbeitstag in einer Charlottenburger Kaserne. Ludwig stürzte sich mit seinem Freund „Schoppe-Wirt" ins Berliner Abendvergnügen. Die beiden Pfälzer erwiesen sich als gewiefte Reisende. Ihre Tour begann am frühen Abend in der Friedrichstraße mit einem Imbiss im „Franziskaner". Die Empfehlung für das riesengroße Speise-, Bier- und Weinlokal mit mehr als 2 000 Plätzen erhielten die beiden von einem befreundeten Winzer und Berlin-Kenner. Schon lange Zeit transportierte dieser vier Mal im Jahr seine Flaschenweine persönlich in die Hauptstadt zu Stammkunden: „Das könnt ihr euch gar nicht vorstellen. So ein Wahnsinnsbetrieb. Und für uns Pfälzer inmitten der preußischen Übermacht eine Redoute zum Verzehr von Weißwürsten und Leberkäse." Sie bekamen Plätze an einem Zwölfertisch zugewiesen. Zwei Paare und vier Männer debattierten in norddeutschem Akzent. Höflich senkten sie die Stimmen angesichts der neuen Gäste. „Reden Sie ruhig weiter. Wir sind auch nicht von hier", bedeutete der „Schoppe-Wirt". Es war der Auftakt zur Unterhaltung. „Sie sehen aus wie Olympia-Besucher. Wir wiederum sind zum Wochenendtreff in Berlin und ‚alle blaue Jungs', nämlich Mariner, nebst den beiden Frauen." Hauptstadtflair machte sich breit. Von überall her stellten sich Leute aus unterschiedlichen Schichten und Berufen ein. Jung und Alt. Die beiden Pfälzer erfuhren etwas über ein ihnen unbekanntes Metier: das Leben von Marinesoldaten, deren Liebe für die Weite der Ozeane, Häfen und Schiffe. Drill und Gehorsam fanden beiläufig Erwähnung. Die Ausführlichkeit der Unterhaltung überschritt ihr Zeitlimit für den vorletzten Hauptstadtabend. Immerhin konsumierte jeder derweil ein Wiener Schnitzel und drei Biere. „Seien Sie uns nicht gram, aber wir müssen weiter. Ein wenig Kultur gilt es noch zu tanken." Strikt, ohne Abwarten weiterer Rückfragen, verließ das Duo den Seefahrer-Tisch.

„TROCADERO" blinkte es rot und gelb von der Fassade in der Friedrichstraße Nummer 80. Auf dem Schaukasten stand: „Die intime Tanz-Bar – Programm der Tänzerinnen ohne Pause – Nachtleben". – „Wollen wir es wagen? Gehen wir da hinein? Eigentlich haben wir eine andere Empfehlung." – „Ja, gugge, kann nix schade." Sie tauchten in einen dichten Tabakrauchnebel ein. Auf der Bühne eine Combo, welche Rumba spielte und zum Bewegen animierte. Das Publikum wogte hin und her. Neben der Kapelle ließen leicht bekleidete Frauen ihre Hintern entspannt nach dem Rhythmus kreisen. „Jetzt bleiwe mir hald do. Des ATLANTIC am Kudamm losse mir sause." Sie probierten zum ersten Mal in ihrem Leben einen Cocktail, bewunderten die exotischen Vorführungen der Damen, und Ludwig, der „Reißdeiwel", wie ihm sein Freund begeistert zurief, wagte ein Tänzchen. Ihr *TROCADERO*-Besuch zog sich hin. Entsprechend die Schlussrechnung. Untergehakt schlenderten sie zum Taxi. Zuvor begegnete ihnen ein „Wurstmaxe", der jedem aus dem Kessel vor seinem Bauch eine Gebrühte auf die Hand reichte. Erschöpft sackten sie später in ihre Betten und schliefen sofort ein.

Das Frühstück in der Pension fand später statt. Draußen war es trüb. Anlass für einen Handelsvertreter aus Hannover, seine Erlebnisse bei der Funkturmbesichtigung zu erzählen. Der Stadtführer konnte demnach selbst dem schlechtesten Wetter die besten Witze abgewinnen. „Er empfing uns mit den Worten: Steigen Sie ein, meine Herrschaften. Sie sehen zwar heute nicht die Spitze der Potsdamer Garnisonskirche, dafür bieten wir Ihnen aber den Blick auf drei Meere! Erstens sehen Sie das Berliner Häusermeer, zweitens zeigt sich Ihnen in der Ferne ein Nebelmeer, drittens sehen Sie gar nichts mehr!" Sie lachten ihren Kater weg und brachen zur Innenstadtbegehung auf. Ab und an regnete es.

Der Nachmittag klang im seit 1932 von NS-Direktor Lutz Heck geleiteten Zoo aus. Der „Schoppe-Wirt" fotografierte eine Kreatur nach der anderen. Rhinozerosse, Löwen, Tiger, Affen, Gorillas. Am Flusspferd-Gehege gestikulierte ein kauziger Typ in die Gaffer-Menge: „Dit könnse mir globen. Es handelt sich hier um een Exemplar von Wasserross." Aus dem Hintergrund tönte es: „Na, dann jebnse ma Sporen, Sie verhinderta Zoo-Direktor!" Massen von Menschen flanierten an Gehegen vorbei. Durch internationales Stimmengewirr klang schneidiges Berlinerisch. „Na, nu aba. Habe jrade erfahrn, dass meen süßet Jorillamädchen Joja eene Freundin bekommen hat. Ick sehse janich." Ein „Mayser-Hutträger" spottete: „Ick globe fast, mir laust der Affe. Kiekense mal uff din Klettabaum. Wer räkelt sich denn dort im Jeäst?" Da saß Lore, eine Bananenschale umklammernd. Sie warf diese Richtung Joja. Zur Freude aller Zuschauer entwickelte sich eine Toberei. Am Ende lagen sich beide in den Armen. „Die reinste Affenliebe!" rief Metzgermeister Ludwig und erntete beifälliges Gelächter.

Auf der Fahrt zurück in die Pfalz schwärmten beide Ludwigs angesichts des glitzernden Rebenmeeres an den Hängen der Haardt von ihrer Heimat. Bei den übrigen Fahrgästen kreisten die Gespräche um die Wettbewerbe der „Spiele". Fußballanhänger beklagten zwei Tage später noch das „Versagen" der deutschen Nationalmannschaft beim 0:2 gegen Norwegen im Poststadion. „Ach, Sie waren an dem Tag bei den Leichtathleten. Seien Sie froh, die schweren Deckungsfehler, die Geschenke für die Norweger, nicht miterlebt zu haben. Ohne jede Einstellung. Wie der Trainer. Otto Nerz muss weg!" Nach kurzer Interimszeit übernahm sein Assistent Sepp Herberger die Mannschaft.

Wieder zu Hause schloss Martha ihren Ludwig in die Arme. Zum Abendessen servierte sie sein Lieblingsessen: Pfälzer Rumpsteak mit extra viel Röstzwiebeln. Hinterher packte der Chef die Mitbringsel aus. Sohn Karl erhielt ein Taschenmesser und Tochter Emmel ein Leder-Münz-Portemonnaie, aufgedruckt olympische Ringe und Berlin 1936. Martha nahm einen silbernen Junghans-Wecker mit Silhouette des Olympiastadions als Ziffernbild entgegen. „Ich kumm jo ganz gud ohne aus. Awwer des is was Schänes un en Schmuck für mein Nachttisch."

Im Laden sprachen Kunden die Chefin auf den Olympiade-Besuch ihres Mannes an. Sie plauderte alles weiter. Durchaus werbewirksam fürs Geschäft. Zwei Wochen später, an einem Samstag, lieferte die Metzgerei einige Fleisch- und Wurstwaren zur Wiedereröffnungsfeier der in Nachbarschaft befindlichen Gaststätte „Bratwurstglöckl" an. Gerade mal zweihundert Meter entfernt, Ecke König-, Ostbahnstraße. Wirt Edmund Renner aus Hagenau im Elsass lud nach gründlicher Renovierung seines Anwesens Freunde und Bekannte ein. Das neue Bauernstilmobiliar im hellen mit frischem Weiß herausgeputzten Gastraum beeindruckte. Die Gäste staunten über die Installation einer modernen Warmwasserheizung. Wegen der Jahreszeit unterblieb ein Probelauf.

Selbst die Kunst im Wirtshaus erfuhr Auffrischung. Drei im Stil der „Münchner Schule" gestaltete Wandgemälde des Heimatmalers Phillip Frank dekorierten das Lokal schon länger. Nun besserte er seine Motive von Kropsburg, Annweiler-Tal sowie der Aussicht von den „Drei Stein" bei Frankweiler und Nußdorf auf die Weinberge nach. Eine farbenprächtige Werbung für die Pfalz. Nach der Verköstigung mit einheimischen Spezialitäten, Naturweinen oder Lagerbieren stimmten zahlreiche Gäste ein Prosit auf die Gemütlichkeit an, sangen heimatliche Melodien und Loblieder auf die Gastgeber.

Obschon aus dem Elsass stammend, geriet das Wirtspaar hinsichtlich seiner arischen Abstammung nicht in Beweisnot. Im benachbarten Edenkoben aber sollten Geschäftsleute Schilder an der Eingangspforte ihrer Betriebe zwecks Nachweises anbringen, um *„Irreführungen des auswärtigen Publikums durch mangelnde Kennzeichnung jüdischer Geschäfte zu verhindern"*. Im Artikel des „Landauer Anzeigers" hieß es abschließend, die Hinweisschilder seien im Büro der „Deutschen Arbeitsfront" erhältlich.

Am 18. Oktober 1936 zierten die Dörfer an der vor einem Jahr deklarierten „Deutschen Weinstraße" Triumphbögen aus Wald- und Rebenlaub, Hakenkreuzflaggen, auf Fenstersimsen drapierte Herbstblumen. Gekehrte Gassen empfingen ein Heer von Patrioten, Nationalisten und Völkischen. NSDAP-Kader reisten in Sonderzügen der Reichsbahn an, „Kraft durch Freude-Betriebsgruppen" in Bussen und Autos. Fahrradfahrer oder Fußgänger aus der unmittelbaren Umgebung verstopften die Verkehrswege. Die Einweihung des „Deutschen Weintores" fand in Schweigen statt, dem pfälzischem Dorf direkt an der französischen Grenze. Alles schien zu passen. Nur das Wetter mit grau-dunklen Wolken, heftigen Regenschauern und Windböen vermasselte die Stimmung.

Opa Ludwig fuhr um neun Uhr in der Früh mit Frau und den beiden Kindern los. Sie trafen sich eine Stunde später mit Familie Geyer aus dem Elsass. Die von gemeinsamen Kriegserlebnissen geprägte Freundschaft zwischen Ludwig und Karl hatte die schwierigen 1920er Jahre überdauert. Nicht einfach war es, Zusammenkünfte während der französischen Besetzung in der Pfalz oder Gegenbesuche im Elsass zu arrangieren. Allen Schwierigkeiten zum Trotz gelangen in den letzten vier Jahren immerhin mehr als ein Dutzend Verabredungen. Heute sollte das Bauwerk auch Elsässern offenstehen. Gar als „Tor des Friedens", so die Nazi-Botschaft.

Die Landauer Architekten August Josef Peter und Karl Mittel erstellten in kurzer Bauzeit und im von den Nazis favorisierten neoklassizistischem Stil das Gebäude auf einer Anhöhe der Weinlandschaft. Der Sockel bestand aus heimischem Sandstein. Eine Galerie und Mauerflanken verliefen seitlich und oberhalb des Rundbogens. Unter dem Dachrand klebte ein Adler als Hoheitszeichen, im Flug einen Weinkranz hinter sich herziehend. In den Krallen das Hakenkreuz, welches die US-Amerikaner nach ihrem Sieg 1945 herausmeißelten. Der Torkomplex sollte ein „beschwörendes Sinnbild der Grenzmarkverpflichtung" darstellen.

Gauleiter Bürckel suggerierte in seiner Festansprache vor der stattlichen Menschenmenge dem französischen Nachbarn die Symbolik des Friedenstores. Meinte aber definitiv das deutsche Bollwerk. Nicht zuletzt attackierte er die aktuelle linke Pariser Regierung als verlängerten Arm Moskaus: *„Uns ist ein anständiger elsässischer Franzose ein angenehmerer Nachbar als ein unanständiger französischer Russe."*

Der Slogan beruhte auf einer längeren Geschichte. Hitler hatte beleidigt auf Kritiker an seiner Rheinlandbesetzung, der deutschen Remilitarisierung auch in der Pfalz, so Speyer, Germersheim, Landau, reagiert. In einer Rede am 26. März 1936 in Ludwigshafen polterte er: *„Was fällt dieser Welt eigentlich ein? Sie vergisst ganz, dass hier nicht ein Negerstamm, sondern ein europäisches Volk von einer tausendjährigen Kultur und siebenundsechzig Millionen Menschen steht."*

Ein halbes Jahr später griff in Straßburg der französische Kommunistenchef Thorez während seiner Kundgebungsrede den rassistischen Spruch auf und parierte ihn mit den Worten: *„Wir Kommunisten ziehen einen ehrenhaften Neger einem unehrenhaften Hitler vor."* Der bauernschlaue Bürckel scheute keine kommunistische Anleihe, sondern bediente sich der geschliffenen Retourkutsche während seiner „Weiherede". Das gab kräftigen Beifall vom Elsässer Karl und dem Pfälzer Ludwig. Allmählich war ihnen aber wichtiger, ein ordentliches Wirtshaus zu finden. „Den Abmarsch anordnen", wie sie einvernehmlich befanden, um dem Trubel und Menschenauflauf zu entgehen. Ein deftiges Sonntagsmahl mit ihren Familien wartete auf sie. Nach Ministerpräsident Sieberts Beitrag und einem Zwischenspiel der Musikkapelle setzten sie sich in Bewegung. Durch heftigen Regen, an durchnässten Uniformträgern vorbei, ging es mit Regenschirmen zum Ortsrand von Schweigen, wo die Autos sie ins Trockene brachten.

Sie durchquerten Rechtenbach, fuhren auf der neu benannten Weinstraße nach Oberotterbach an unzähligen Wingerten vorbei, durchsetzt von Weizenfeldern. „Jetzt musst Du aufpassen. Hier geht es scharf links ab", soufflierte Martha vom Beifahrersitz ihrem dösigen Ludwig. Gerade rechtzeitig setzte er den Blinker und bog in ein Waldstück ein. In Dörrenbach wollten sie einkehren. Auf den üblichen Rundgang im Dorf mit eindrucksvoller Kirche, Fachwerkhäusern und alten Kastanienbäumen verzichteten sie wegen des schlechten Wetters. Stattdessen parkten die beiden Fahrzeuge direkt vor dem Gasthaus „Zum Lamm". Das Lokal war bereits um kurz nach zwölf Uhr mittags vollbesetzt. „Hättet ihr Städter doch vorher Bescheid gegeben. Im Moment ist nichts zu machen. Kein Platz", bedauerte die Wirtin. „Dann leisten wir uns etwas Besseres und fahren nach Bergzabern ins RÖSSEL", schlug Ludwig entschlossen vor. „Bei dem heutigen Trubel keine schlechte Idee. Der kleine Umweg zum guten Essen wird sich bestimmt lohnen", antwortete Karl und scheuchte seine Familie zurück ins Auto: „Vite dans la voiture!"

Nach zehn Minuten erreichten sie den Luftkurort und das am Ludwigsplatz gelegene „Hotel Rössel" mit seiner kunstvollen Fachwerkfassade. „Sie haben Glück. Ein großer Tisch in der Ecke ist noch frei. Das dürfte für acht Personen reichen. Es ist allerhand los wegen der Weintoreinweihung. Wenn Sie mich fragen zu viel. Verstehen Sie mich bitte nicht falsch. Wir Pfälzer sind stolz auf das Bauwerk." Der Kellner platzierte die Gäste an einen Buchentisch unter mächtigem Kronleuchter. Der Speisesaal mit Wandgemälden, Holzvertäfelung und dicken Trägern an der Decke war bis auf den letzten Platz gefüllt. Entsprechend der Lärmpegel. Pfälzer Menschen neigen dazu, ihrem Redeschwall lautstark Lauf zu lassen. Die Tischordnung ergab sich von selbst: an einer Seite die Ehepaare Martha, Ludwig und Karoline, Karl, daneben die vierzehnjährigen Emmel und Tilly sowie die Buben Karl und Robert, elf und dreizehn Jahre alt.

Das Speiseangebot gefiel allen. Die Erwachsenen entschieden sich für Ochsenschwanzsuppe, Zander an holländischer Soße mit Salzkartoffeln oder Königinnen-Suppe, Rehrückenbraten mit Bandnudeln sowie eine Flasche Silvaner der Lage „Kloster Liebfrauenberg". Die Kinder freuten sich über Wiener Schnitzel und Bratkartoffeln. Zu sämtlichen Gerichten gab es Kopfsalat, als Dessert Apfelkuchen und Vanilleeis, was Begeisterung bei der Jugend auslöste. Ebenso wie das Angebot von Karoline: „Der Regen hat aufgehört. Ihr dürft nach dem Essen raus auf den Platz. Da könnt ihr euch bewegen, aber nur dort. Nicht weglaufen. Wenn was ist, sagt ihr Bescheid."

Karl oder Charles, wie Karoline ihn nannte, bestellte zur Abrundung des Essens für alle Kaffee und den Männern einen Digestif. „Herr Ober, bringen Sie uns bitte zwei ‚Asbach-Uralt'." An die Frauen gerichtet: „Keine Angst, das ist vorerst das letzte ‚Eau de Vie'. Wir müssen ja noch ans Lenkrad." Beschwingt fuhr er fort: „Da fällt mir was zum ‚Asbach' ein. Kannst du dich noch an die Plakate in den Wirtshäusern von 1915 erinnern, Ludwig? Vor einem Artilleriegeschütz waren zwei sich zuprostende Bundesbrüder abgebildet, ein Preuße und ein Österreicher. Darunter stand ein guter Rat zum Durstlöschen geschrieben, nämlich im Felde einen Schuss Asbach-Cognac dem Trinkwasser hinzuzufügen. Macht es bekömmlich, wohlschmeckend, erfrischend, wie es wörtlich hieß. Schön wär's gewesen. Die Wirklichkeit sah ganz anders aus. Aber jetzt sind bessere Zeiten – und darauf trinken wir. Santé!"

„Dass du nach Berlin gereist bist, Ludwig, alle Achtung. Aber den tragischen Finallauf der deutschen 100-Meter-Frauen hast du verpasst." – „Das war am Sonntag. Da saß ich schon wieder im Zug. Ich bin ja kein Millionär, sonst wäre ich länger geblieben. Aber das Drama wollte ich sowieso nicht sehen. Wie man hörte, wackelte der Führer heftig mit dem Kopf und schlug sich wütend auf die Knie. Danach tröstete er die Mädels aber."

Am 9. August 1936 um 15.30 Uhr hatte der Endlauf der Vier-mal-hundert-Meter-Staffel der Frauen während der Leichtathletikwettkämpfe im Berliner Olympiastadion stattgefunden. Im Vorlauf gelang der deutschen Equipe ein Weltrekord. Sie ging als Favorit ins Rennen. Nach dem Startschuss preschte die erste Läuferin Emmy Albus an der Konkurrenz vorbei. Käthe Krauß, die Gewinnerin der Bronzemedaille im 100-Meter-Lauf übernahm und baute den Vorsprung aus. Marie Dollinger sollte den Stab weiterreichen, doch der landete auf der Laufbahn, weil Ilse Döffeldt ihn nicht zu fassen bekam. Schockstarre im Stadion. Die Goldmedaille war dahin.

Käthe Krauß lernte ich Mitte der 1950er Jahre als sportbegeisterter Junge in Landau kennen. Was sie genau in meine unbedeutende Heimatstadt zog, weiß ich nicht. Jedenfalls lebte die gebürtige Dresdnerin seit 1947 hier. Sie betätigte sich als Verbandstrainerin für Leichtathletik, spielte sehr gut Klavier und leitete ein Sportartikelgeschäft. In letzterem stand ich als Zwölfjähriger voller Ehrfurcht vor ihr, um in Begleitung meines Vaters Turnschuhe zu kaufen. Sie überragte ihn um einen Kopf, aber das war nicht entscheidend. Vielmehr die voluminöse basslastige Stimme, welche sie unablässig, sehr zur Freude meines Vaters in sächsischem Singsang intonierte. Die Beratung verlief kurz und präzise, die Schuhe waren schnell erstanden und verpackt. Komischerweise unterlag auch ich dem hartnäckigen Landauer Gerücht, dass Käthe Krauß den Staffelstab fallen gelassen hatte, wie es irrtümlich hieß. Ihrer sportlichen Berühmtheit in der Pfalz tat es keinen Abbruch. Gelegentlich verfolgte ich im Stadion das Training der Leichtathletinnen und hörte ihre lauten Kommandos, die bis hinüber ins benachbarte Schwimmbad schallten.

Das Mittagsmahl näherte sich dem vermeintlichen Ende. Am Nachbartisch saßen zwei jüngere Männer. Immer mal gab es Blickkontakte während des ausgiebigen Essens und der lauten Ausführungen der Kriegsveteranen. Nun stand der ältere Schnauzbartträger auf und bat höflich um das Wort: „Ich komme aus Karlsruhe und unterrichte Geschichte an einem Gymnasium, mein Freund ist Elsässer und Anwalt. Wir kennen uns schon sehr lange und machen eine gemeinsame Pfalztour. Auch so etwas gibt es in diesen Zeiten, eine deutsch-französische Freundschaft. Sie pflegen ja eine ebensolche, aber eher ohne französische Anerkennung. Was wir nun wissen wollen, ist Ihre Meinung zur heutigen Stellung des Elsass?" Nichts Ungewöhnliches in Pfälzer Gasthäusern, wenn unbekannte Leute jemanden anreden. Gleichwohl rangen die Angesprochenen um Fassung. Charles antwortete voller Elan: „Sie kennen das ewige Hin und Her unseres Landes. Nun sind wir wieder seit längerer Zeit französisch. Die fast fünfzig deutschen Jahre von 1871 bis 1918 haben uns aber mehr geprägt. Mit meinem Freund Ludwig zog ich in den Ersten Weltkrieg. Wohlgemerkt als Elsässer wurde ich zur kaiserlichen deutschen Armee eingezogen. Nach der Niederlage wollte uns die neue Regierung aber ganz französisch machen. Einzig Französischunterricht in den Schulen, obwohl die meisten Kinder nur Deutsch sprachen. Die konnten das gar nicht kapieren. Da sind nur Dummschüler rausgekommen. Aber das war dem Franzmann egal. Alles Deutsche unterdrücken sie. Das verbittert uns und ist völlig unangemessen. Außerdem läuft die Wirtschaft immer schlechter. Das sollte auch mein Elsässer Landsmann wissen. Hier in Deutschland geht vieles aufwärts. Daher ist die beste Lösung: Das Elsass muss wieder deutsch werden. Und ich sage Ihnen ganz deutlich: Wir Elsässer wollen wie die Österreicher heim ins Reich!" – „Aber nun mal langsam, verehrter Monsieur.

Das geht mir zu schnell. Über unser Land sind alle Invasoren hergefallen, Hunnen, Panduren, Preußen und Kaiserliche. Deutsche und Franzosen haben gleich viel Anrecht auf das Elsass. Aber sie konnten sich nie einigen. Die Elsässer hatten erst recht keine Chance auf Autonomie. Niemals boten die Annektierer ein Plebiszit an. Ich finde, nur ein unabhängiges Elsass ist gerecht." – „Das erlaubt der zentralistische Franzose nie! Im Kaiserreich gab es sogar eine Option und immerhin eine eigene Administration", bemerkte Ludwig. „Das stimmt so nicht. Wir sind lange Zeit wie eine Kolonie von Preußen verwaltet und erst 1911 den anderen deutschen Bundesstaaten gleichgestellt worden.", erwiderte der Straßburger Anwalt. Dagegen Charles: „Generell geht's uns wie dem ‚Hans im Schnokeloch' im berühmten zwanzig-strophigen Elsässer Lied:

> „D'r Hans im Schnokeloch
> hat alles, was er will.
> Un was er will, das hat'r nit,
> un was er hat, das will'r nit,
> d'r Hans im Schnokeloch
> hat alles, was'r will!"

Es ist unsere Geschichte. Mir sind immer hüwe und drüwe. Mol do, mol dort. Damit muss emol Schluss sin. Die Sproch und Kultur gehört zu Ditschland." Der Karlsruher Geschichtslehrer fügte an: „Der Hans, also der Elsässer, könnte sich mit seiner Doppelnatur zufriedengeben und dem Sumpfloch der Schnaken und Komplexe entweichen. Denn was er eigentlich braucht, ist Gleichgewicht und Seelenfriede. Und das kann ein Hitler überhaupt nicht bieten. Die Elsässer wollen und brauchen Ihren Heilsbringer nicht. Obwohl als schrullige Species von den Franzosen angesehen, neigen sie eher zur Grande Nation." Ludwig: „Das reicht jetzt. Für uns ist das Gespräch beendet. Ihnen ist wohl die glanzvolle Aufbauzeit entgangen, in der wir uns befinden. Die wollte ich einem deutschen Elsass wünschen. Dafür lagen wir schließlich auch in den Schützengräben."

Dichter Zigarrenrauch waberte über den Köpfen der politisch so unterschiedlichen Grenzland-Figuren. Fast eine halbe Stunde hatte sich die Debatte hingezogen. Das anfänglich freundliche Gesprächsklima war unter den Gefrierpunkt gefallen. Mit bösen Blicken und Kopfschütteln stampften die Weltkriegsteilnehmer davon und bewahrten sich davor, ihren Widersachern an die Gurgel zu springen. Martha und Karoline hatten vorzeitig das Geschehen verlassen. Zusammen mit den Kindern erwarteten sie ihre vergrellten Männer im Hof. Infolge dichten Verkehrsaufkommens und erneuten Regens kamen sie nur langsam voran. Das Abendessen wollten die „Elsässer" in Landau einnehmen.

Die beiden jungen deutsch-elsässischen Freunde übernachteten am Abend in Bad Dürkheim, philosophierten und verglichen kulturelle Glanzstücke, Personen oder Erkennungsmerkmale der unversöhnlichen Nachbarländer. Sie schmiedeten Pläne für eine konstruktive Politik, was in dieser Zeit exotisch wirkte. Nach dem Abendessen und zwei Vierteln „Mußbacher Eselshaut" sprachen sie sich unter schallendem Gelächter Stolpersätze vor: „Fischers Fritz fischt frische Fische. Chasseurs, sachez chasser sans chien."

Die trüben Novembertage 1936 verstrichen mit der Unterbrechung eines Kinobesuchs von Ludwig und Martha im nur hundert Meter von der Metzgerei entfernt gelegenen „Casino-Film-Theater": „Schlussakkord". In den Hauptrollen Lil Dagover, Maria von Tasnady und Willy Birgel als Dirigent. Ein in Deutschland auf der Flucht in die USA zurück gelassenes Baby wollte die reuige Mutter nach langer Trennung wieder in ihre Arme schließen, was ihr unter komplizierten Umständen gelang. So der dramatische Inhalt des Films. „Ich bin noch ganz ergriffe, Ludwig. Was für eine mutige Mutter." – „Ich fand besonders die Orchestermusik der Berliner Staatsoper schön und die Szenen in New York interessant. In der Riesenstadt sind doch die Anna und der Oswald auch als emol gewesst." Ludwig bestellte ein weiteres Viertel im „Bratwurstglöckl", diesmal einen „Walsheimer Silberberg", und wandte sich seinen Freunden zu. Mehr Nachbetrachtung für das seltene Erlebnis eines Kinobesuchs mit Ehefrau sollte wahrlich nicht sein.

Martha, beseelt von dem Melodram, machte es zum Gesprächsthema. Neuerdings ließ sie sich vor ihrer Arbeit im Geschäft die „Haare richten". Ganz so, wie es für das gehobene Bürgertum vor Tagesantritt üblich war. Friseuse Irmgard erledigte das Anfertigen der Frisur zur allergrößten Zufriedenheit. Ihre Beredsamkeit sorgte außerdem für gediegenen Unterhaltungswert. Überhaupt interessierte sie sich nicht nur für Mode oder Aussehen, sondern las täglich Zeitung. „Frau Reiss, Sie haben mir doch so viel von der menschlichen Kälte dieser Hanna erzählt, die ihr Kind ins Waisenhaus gegeben hat, aber dann alles in Bewegung setzte, um es wieder zu bekommen. Sie sagten, jeder kann sich zum Guten ändern. Und waren so gerührt darüber. Jetzt stand gestern eine für mich schreckliche Geschichte im ‚Pfälzer Anzeiger', denn da wird ein Mann, nur weil er eine

Frau liebt, als Rassenschänder für zwei Jahre ins Zuchthaus geschickt. Wie grausam."

„Passen Sie auf, Fräulein Irmgard, das war sicher ein Jude – und das sind Volksschädlinge. Sie bringen sich in Gefahr, wenn Sie so gedankenloses Zeug erzählen." Traudel fuhr trotzdem fort: „Es hieß, der Landauer Simon Siegfried Mayer, der mir unbekannt ist, lernte vor einigen Jahren die Kellnerin Bürckle in Ludwigshafen kennen. Er verliebte sich in die ‚deutschblütige' Person, wie die Zeitung schreibt. Aus Geldmangel konnten sie nicht heiraten. Sechs Jahre war das Paar zusammen. Im Herbst 1935 verbot die Ludwigshafener Stadtbehörde ihr wegen des Geliebten das Arbeiten in den Wirtschaften. Sie zogen nach Frankenthal und später nach Karlsruhe, wo ihn die Gestapo verhaftete. Nun das Urteil. Sie haben niemanden etwas zuleide getan und wollten nur zu sich selbst finden. Wie es Liebende halt so tun. Haben Sie mir doch auch erzählt, Frau Reiss. Ist das nicht sehr, sehr traurig?" Marthas Kopf lief puterrot an: „Jetzt habe ich genug von ihrer Litanei. Fräulein Irmgard, verschonen Sie mich mit solchen Geschichten. Vor allem mit Ihren Schlussfolgerungen. Sie sind doch nicht dumm. Also hören Sie einfach damit auf."

Der Jahreswechsel bescherte der Metzgerei famose Umsätze. Der Laden brummte wie nie. Es hing mit der „Wiederbelebung Landaus durch das Militär" zusammen. Bereicherte Harry mit seiner „*Regimentskapelle 104, den Konzerten und Standmusik das musikalische und gesellige Leben sehr*", wie der „Pfälzer Anzeiger" schrieb, so freute sich der Einzelhandel über den „*erheblichen wirtschaftlichen Aufschwung*". Dieser sollte für Ludwig Reiss größere Ausmaße annehmen; es bahnte sich ein lukratives Geschäft an. Die Garnisonsküche benötigte Fleisch- und Wurstwaren. Er bewarb sich und gehörte zum Favoritenkreis. Als Mitglied der SA seit 1934 standen die Chancen nicht schlecht. Den Zuschlag gab es mit dem Eintritt in die Partei am 1. Mai 1937. Das Aufnahmeverfahren lief schon länger. Zwang oder Druck beizutreten, empfand er durchaus, obwohl die „Bewegung" den „*Grundsatz der Freiwilligkeit als eines der wertvollsten und wesentlichsten Merkmale*" offiziell proklamierte. In Wirklichkeit war nichts freiwillig. Viele andere in seinem Umfeld waren schon lange dabei, unter anderen Bruder Richard und Vater Georg. Nun wollte er den Sprung, die monetäre Großchance, nicht verpassen. Der Landauer Maimarkt eignete sich vortrefflich zum Eintritt, lautete doch das Motto von Bürgermeister Maschemer: „*Freut euch des Lebens!*"

Das große Südpfälzer Volksfest verzeichnete in der wieder auferstandenen Garnisonsstadt Rekordbesuche und Attraktionen. Ludwig besuchte die Kerwe einmal mit der Belegschaft, den Metzgergesellen und Hilfskräften, zum ausgiebigen Anstoßen im „Winzerdorf" mit Oberhaardter Weinen. Anschließend am „Nationalen Feiertag des deutschen Volkes" im braunen Gefolge von Metzgerinnungs- und Parteimitgliedern im Bierzelt anlässlich kollektiven Eintritts in die NSDAP. Die 104er-Kapelle und Harry spielten auf, aber nicht in Uniform. Mit Marschmusik und Schunkelwalzer. So ließ es sich leben.

Einige Tage zuvor, am 20. April 1937, kutschierten Heinrich Spitzfaden, namensgleich mit dem Unglücksraben des überfahrenen Jagdhundes in Nußdorf, und sein Schwager nach der Feldarbeit bei Einbruch der Dunkelheit mit ihrem Fuhrwerk nach Frankweiler. Sie befanden sich auf dem Heimweg. Unvermutet lauerte ihnen die Gendarmerie auf und hielt das unbeleuchtete Gefährt an. Auf Vorhaltung antwortete der vergraulte Spitzfaden: „Wir haben nur noch ein paar Meter bis nach Hause. Und für mich ist die Dämmerung eher hell, anstatt dunkel. Besonders anlässlich des heutigen Geburtstages unseres Führers!" Zugleich hieb er mit seiner kräftigen Winzerhand auf das Hinterteil des Ackergaules, der im Galopp am Gendarmen vorbei preschte. Es folgte eine Anzeige wegen *„Widerstandes gegen die Staatsgewalt und Übertretung der Reichsstraßenverkehrsordnung"*. In der Gerichtsverhandlung am 8. Juni beantragte der Staatsanwalt drei Monate Gefängnis und zwanzig Mark Geldstrafe. Das Urteil lautete auf Geldstrafe von 100 Mark wegen Widerstandes und 6 Mark wegen Fahrens ohne Licht. Am „Bratwurstglöckl"-Stammtisch bewegte der Fall die Gemüter. Aller Saubermann-Mentalität entgegen überwog klammheimliche Sympathie für den Delinquenten.

Emmels Schulabschluss, Heimtücke

Im April 1937 begann das neue Schuljahr der Maria-Ward-Schule mit feierlichem Gottesdienst, Fahnenhissung und Verlesen der Schulsatzung. In der folgenden Zeit sollte das Direktorat bei nationalen Gedächtnistagen die Schulgemeinde vor die Lautsprecher im Schulhof zitieren. Solche Veranstaltungen gehörten nun zum Schulalltag. Emmel fuhr mit ihrer Abschlussklasse vom 3. bis 13. Juli 1937 zum „nationalpolitischen Lehrgang" in die Reichsjugendherberge Ebersteinburg im Schwarzwald, begleitet von Studienassessor Freund sowie Studienlehrerin Weitmann. Beide gehörten als überzeugte Nationalsozialisten dem Lehrpersonal an. Während der Busfahrt über Karlsruhe durch das Murgtal zum Mummelsee, das Dos-Tal und Baden-Baden als Reiseziel wollten die Gesänge nicht enden:

> *„Aus grauer Städte Mauern*
> *ziehn wir durch Wald und Feld.*
> *Wer bleibt, der mag versauern,*
> *wir fahren in die Welt.*
> *Halli, hallo, wir fahren,*
> *wir fahren in die Welt."*

Vor Ort verstummte die Heiterkeit. Das holprige Motto des Aufenthaltes lautete: *Willst du, dass wir mit hinein in das Haus dich bauen, lass es dir gefallen, Stein, dass wir dich behauen.* Das „Behauen" meinte Disziplin, Einordnung und Ehrgeiz. Dafür gab es sportliche Wettbewerbe und Drillübungen. Entspannung boten Wanderungen in die Natur zu Burgen und Aussichtspunkten, ergänzt um einen bunten Abend. Der Vortrag über den schottischen Essayisten und Historiker Thomas Carlyle sollte die Schülerinnen intellektuell fordern. Sein Werk zur Geschichte der Französischen Revolution stand nicht im Mittelpunkt der Erörterungen, sondern „Helden und Heldenverehrung". Altbundeskanzler Helmut Schmidt urteilte in seinen Memoiren darüber: *„Ich war entsetzt von so viel falschem Pathos. Es gehört für mich bis heute in die Reihe jener schlimmen Bücher, die zur Kriegsbegeisterung beigetragen haben."*

Ein anderer Gesichtspunkt kam angesichts des Stichwortes verlorener deutscher Kolonien nach dem Ersten Weltkrieg zur Sprache: „The Nigger Question". Die Meinung der 1881 in London gestorbenen *Koryphäe der englischen Schriftstellerwelt* Carlyle lautete: Aufgrund natürlicher Faulheit und Lasterhaftigkeit der Farbigen hat das Recht des Stärkeren zu gelten. Übertragen auf die zivilisierte Gesellschaft Europas folgte daraus: Nur der Genius mit höchster schöpferischer Geisteskraft ist auserkoren das Leben zu bestimmen. Angeblich soll Adolf Hitler das Buch von Carlyle „The History of Friedrich II. called Frederick the Great" als letzte Lektüre vor dem Exodus in Händen gehalten haben.

Beim Gesang auf der Rückfahrt drückten sich neue Freundinnen die Hand. Vergessen das verquere Referat. Kurz vor den Sommerferien erhielt die Firma

Henkel Gelegenheit, den Haushaltsschülerinnen zu zeigen, wie man mit „Persil" wäscht. Nach der Vorführung erhielten alle ein kostenloses Probepäckchen mit dem Aufdruck „der weißen Dame".

Im PKW reiste Familie Reiss während der Sommerferien ins geliebte Bayernland zum Schliersee und „dem Führer entgegen" Richtung Berchtesgaden. Man gehörte zur Schar von „Wallfahrern", die Hitler auf dem Obersalzberg, seinem „Berghof", näherkommen wollten. Am besten aus nächster Nähe den Gebäudekomplex oder gar den „Auserwählten" bestaunen. Doch das „Führersperrgebiet", die lückenlose Abgrenzung und Überwachung des großen Geländes, schloss Einblicke aus.

„So habe ich mir das nicht vorgestellt! Da wird man ja richtig abgedrängt", beklagte sich Ludwig. Martha erwiderte: „Unser Führer muss gut geschützt sein, da gilt es Abstand wahren. Aber riechst du nicht ein wenig die besondere Luft, die hier durchweht? Mir kommt es vor, als ob er bei offenem Fenster in seinem Arbeitszimmer sitzt und über unser deutsches Weltreich grübelt."

Nach Landau zurückgekehrt, lieferten sie außer einigen kolorierten Ansichtskarten nichts Originales vom Besuch des Alpenpanoramas ihres „Führers" ab. Ein Foto mit Waldlandschaft legten sie den Daheimgebliebenen vor. Es zeigte eine Formation junger Männer in Uniformen und Wimpeln auf geschwungenem Feldweg als „Abmarsch der HJ vom Obersalzberg". Sehr enttäuschend.

Mehr Pläsier bereitete im Spätsommer 1937 das „Hockenheimer Motorradrennen", welches der zwölfjährige Karl und ein zwei Jahre älterer Junge namens Rudi aus der Nachbarschaft mit Papa Ludwig und einigen seiner Stammtischkollegen besuchte. Nahezu fünfzigtausend Zuschauer wollten bei herrlichem Sonnenschein das Spektakel sehen. Die am Rheinbogen gelegene Kleinstadt war von Motorrädern, Autos und Omnibussen zugeparkt. Auf dem Veranstaltungsgelände, einem Areal des Hardtwalds, traten sich unzählige Leute auf die Füße; sämtliches Getier nahm Reißaus. Die Landauer Gruppe fand an der „Radbuckelkurve" nahe dem Start freie Plätze. Besonders hier röhrten und knatterten die Maschinen. Vom permanenten Standgas verdüsterte blauer, weißer und schwarzer Qualm die Sicht.

Papa erklärte Karl die Rennstrecke. „Die Straße ist gerade mal 4,50 Meter breit und besteht nur aus Waldboden. Damit es nicht so staubt, wurde ordentlich gewässert. Die Route ist 12 Kilometer lang. Nach dem Start führt sie nach der ersten Kurve kerzengerade auf die Spitzkurve zu, wo die Fahrer stark abbremsen müssen. Danach geht's weiter bis zur ‚Stadtkurve Hockenheim' und gleich auf den letzten Metern zum Ziel. Es ist ein regelrechter Dreieckskurs. Aber ein sehr spitzes Dreieck, ihr Buben." Vom Rennen bekamen sie nicht viel mit, weil die Erwachsenen vor ihnen standen. Ab und an hievte Papa oder ein anderer aus der Gruppe Karl hoch auf die Schultern, was aber die dahinter Stehenden nicht duldeten. „Nehmen Sie das Kind herunter, oder sind Sie Vorsteher?" Ludwig schickte daraufhin die beiden Kinder zu den Getränke- und Bratwurstständen. „Setzt euch an den Tisch von vorhin. Rudi, du passt gut auf. Ich hole euch ab."

Eine wenig durchdachte pädagogische Maßnahme. Die Buben standen ewig lang an und bekamen nur mit Mühe die gewünschte Wurst, weil die Erwachsenen sie stets wegscheuchten: „Wo sind denn eure Väter?" Gleich nach dem Rennen machte sich die Menschenmenge auf den Weg. Ludwig musste schwer drängeln, um den verabredeten Tisch zu erreichen. Rudi gelang es, den verzweifelten Karl von einer Flucht in den Wald abzuhalten. Nur deshalb kam es zum Wiedersehen. Das weinende Karlchen schloss Papa in die Arme.

Nach nerviger Abfahrtsprozedur rollten sie gemütlich über die Rheinbrücke bei Speyer zurück in die Pfalz. Am Horizont erblickten sie die Hänge des Pfälzer Waldes, davor das Farbenmeer der frühherbstlichen Weinberge. Das Panorama versöhnte auf ganzer Linie. „Jetzt besuchen wir zum Abschluss noch ein Winzerlokal!"

Ende September 1937 fuhr Ludwig Reiss nach Godramstein, um ein Kalb von Heinrich Übel zu kaufen. Schnell schienen sie handelseinig, aber kurz vor Abschluss des Geschäfts bezeichnete Ludwig das Tier als untergewichtig. Außerdem sei ihm die trockene Nase aufgefallen. Deshalb wolle er Abzüge vom Preis. Übel widersprach energisch und ignorierte die Einwände. Unwirsch einigten sich beide. Den angebotenen Schoppen Weißwein zum Abschluss trank Ludwig zwar, mäkelte aber weiter: „Also, dein Wein schmeckt mager und ist sauer."

Der Godramsteiner Übel, nicht verwandt mit der Familie, blieb ruhig. Es hätte auch anders kommen können. Man durfte ihn zur Spezies der derberen Pfälzer zählen, die gelegentlich aufbrausten und lautstark ihre Interessen vertraten. Bei Verstocktheit von Kontrahenten bestand die Gefahr, Angelegenheiten handgreiflich zu regeln. Hinterher folgten reumütige Kehrtwenden. Generell veredelten solche Leute ihre Redewendungen mit bissigem Humor.

Heinrich Übel, 1883 geboren, aufgewachsen mit sechs Geschwistern in Godramstein, erlernte nach Abschluss der Volks- und Fortbildungsschule bei seinem

Vater die Winzerei. Im Anschluss an die Militärzeit 1905 arbeitete er in Weinkellereien in Landau und Böchingen. Schon im November 1914 verwundet, war für ihn der Erste Weltkrieg beendet. Nach vier Ehejahren starb seine Frau und hinterließ ihm zwei Kinder. Ein Jahr später 1916 heiratete er zum zweiten Mal und wurde Vater eines weiteren Kindes. Er machte sich als Winzer durch den Kauf eines Anwesens mit „siebzehn Morgen", etwa viereinhalb Hektar Weinbergen, selbstständig. Die Finanzierung erfolgte solide. Das zufriedenstellende Auskommen veranlasste ihn nie zu einer Aufsässigkeit gegenüber Obrigkeiten. So wählte Heinrich Übel immer *„diejenige Regierung, welche gerade am Ruder war"*. Nicht anders verfuhr er mit der NSDAP. Allerdings entwickelte er fortan eine gesteigerte Anteilnahme. Bei der Machtübertragung trat er in die Partei ein. Sofort erhielt er einen Posten als Godramsteiner Gemeinderat, den er mit findigen Beiträgen und Aktivitäten ausfüllte. Die große Politik jedoch scherte ihn wenig, und die despotischen Maßnahmen der Nazis nahm er nicht ernst. Geschäftliche Beziehungen zu jüdischen Weinhändlern stellten für ihn kein Tabu dar. Salomon Wolff aus Böchingen kaufte im Jahre 1934 nach wie vor Heinrich Übels Weine – bis Lauscher und Späher einiges aufrollten. Wegen parteischädigenden Verhaltens flog Übel aus dem Gemeinderat. Grund für ihn, sich zurückzuziehen und keine Parteiversammlungen mehr aufzusuchen.

Die Herbstmonate des Jahres 1937 bargen Gefahren für das bäuerliche Leben in der Pfalz. Aufgrund von Quarantänebestimmungen des Gesundheitsamtes wegen der Maul- und Klauenseuche durften einige Schülerinnen der Maria-Ward-Schule am Unterricht nicht mehr teilnehmen und ihre Ortschaften nicht mehr verlassen. „Jetzt fehlen acht Mädel schon zwei Wochen. Die Wege des Herrn sind unergründlich. Warum hat er ihren Dörfern diese Seuche geschickt? Es ist für das dahin geraffte Vieh schlimm genug. Mögen tüchtige Veterinäre nun schnell alles unter Kontrolle bringen. Nur mit der Sperrung von Dörfern ist es nicht getan. Liebe Töchter, lasset uns für eure Klassenkameradinnen beten, dass sie bald wieder am Unterricht teilnehmen können." Mater Manfreda lag besonders daran, die Verbindung zu den Abgeschnittenen aufrecht zu erhalten. Jeden zweiten Tag erkundigte sie sich telefonisch über die Entwicklung der Epidemie bei den Dorfbürgermeistereien. Nach und nach hob das Gesundheitsamt die Quarantäne auf.

Währenddessen grenzte das NS-Regime nicht infizierte oder „artfremde" Menschen weiter aus. Laut Ministerialerlass vom 9. September 1937 mussten letzte verbliebene jüdische Schülerinnen am 1. November die Maria-Ward-Schule verlassen. Emmel verband eine Freundschaft mit ihrer Sitznachbarin Emilie aus dem Dorf Rhodt unter der Rietburg. In der Schule flüsterte diese Emmel aufgebracht ins Ohr: „Das verstehe ich nicht. Was hat Margot getan? Wo müssen sie jetzt hin? Ich nehme an, sie sollen aus Deutschland hinaus. Schlimm, sehr schlimm."

Margot Schwarz, im selben Jahr wie Emmel geboren, besuchte bis dahin die erste Klasse der Haustöchterschule. Sie entging dem Holocaust durch die geglückte Auswanderung ihrer Familie in die USA noch Ende des Jahres. Irmgard Kerns Schicksal, dritte Klasse des Lyzeums, ist unbekannt. Anna Schwarz, sechste Klasse des Lyzeums, überlebte als „Mischling zweiten Grades" in Landau. Elisabeth Jeremias, Tochter eines Arztes, flüchtete mit ihrer Familie in die Dominikanische Republik und schließlich nach New York. Zuvor erfolgte die Enteignung sämtlicher Umzugsgüter, und das verbliebene Vermögen beschlagnahmte die deutsche Besatzungsbehörde im Ausfuhrhafen Rotterdam. Lyzeumsschülerin Dorothea Drexler widerfuhr im Biologieunterricht ein tätlicher Angriff. Der Lehrer schlug ihr einen Ast ins Gesicht: „Du verdammte Jüdin!" Tränen- und blutüberströmt flüchtete sie zur Direktorin, die ihr das Gesicht wusch und hilflos zum Kruzifix starrte.

Schon etwas früher mussten jüdische Schülerinnen das „Institut der Seligen Jungfrau Maria" verlassen. Henriette Weil flüchtete mit ihrer Familie nach Straßburg, Doris Kern nach Chile und Margit Löb nach Luxemburg. Annemarie Joseph, Frauenschülerin, flog von der Schule. Im Oktober 1942 nach Gurs in Südfrankreich deportiert, wohin man die meisten Landauer Juden verschleppte, kam sie später in Auschwitz um.

Oh, Jesus Christ, wo bist du geblieben? Obwohl im Ordenskleid, musste sich die Schule einreihen. Der Schulalltag verlief im braunen Trott. Übers Jahr verteilt, entfalteten sich die Ungläubigen auf der Kanzel. Major Genschow referierte im Auftrag des Reichskolonialbundes in der Festhalle mit einem Lichtbildervortrag über Deutsch-Südwest-Afrika. Der Besuch war für alle höheren Lehranstalten Landaus verpflichtend. Das galt auch für staatspolitische Filme wie „Verräter", „Männer machen Geschichte", „Tannenberg", „Tag der Freiheit", „Wolkenstürmer". Am 18. September hielt die Direktorin während der Feierstunde zum „Tag des deutschen Volkstums" eine Ansprache, umrahmt von musikalischen Beiträgen und Gedicht-Rezitationen:

*"Lasst uns beten; lasst uns rufen
ein Gebet fürs Vaterland.
Lasst uns zünden, lasst erglühen
heiligen Brand fürs Vaterland.
Herr und Vater aller Völker,
unser Friede, unser Brot,
unsre Reinheit, unsre Stärke,
Gott der Allmacht, unser Gott!*

*Herr und Vater deiner Kinder,
Gott sei Volk und Führer nah!
Gott der Wahrheit, Gott des Rechtes,
schütze du Germania!"*

Zufrieden gelangte Familie Reiss ins Jahr 1938. Der Aufschwung setzte sich fort. Da feierte man besonders gern Fasching, diesmal unter dem Motto „*Landau Stadt und Land stehen Kopf.*" Martha kostümierte sich zum Hofball als „Gräfin Mariza". Ludwig trug Frack und Zylinderhut, dazu eine rote Pappnase. Die Stimmung schlug hohe Wellen mit Singen, Tanzen und Schunkeln. An den Sektbars plauderte man zunächst gepflegt auf hohen Hockern. Mit steigendem Konsum Pfälzer Schaumweins schallten plumpe Scherze über die Theke.

*„Kornblumenblau
ist der Himmel am herrlichen Rheine.
Kornblumenblau
sind die Augen der Frauen beim Weine.
Darum trinkt Rheinwein, Männer seid schlau,
dann seid am Ende auch ihr kornblumenblau."*

Am nächsten Tag berichtete Martha ihrer Tochter lustige Details unter Wahrung der „Etikette", während Emmel vom ausgelassenen Faschingsnachmittag in ihrer Nonnenschule schwärmte. Fast alle waren kostümiert, kleine Büttenreden und Musikeinlagen gehörten zum Programm. Am besten gefiel ihr die Polonaise durchs Schulhaus an der offenen Tür des Direktorats vorbei, wo Mater Aurenilla gütig lächelte und dem Narrenzug zuwinkte. Wehmut und Traurigkeit verbargen sich dahinter, denn die Schule stand, ohne sich oppositionell verhalten zu haben, vor der Schließung. Mitte des 19. Jahrhunderts hatte Fanny Becht in

Landau eine „Private- Unterrichts- und Erziehungsanstalt" für Mädchen gegründet und sie mit großem Erfolg geführt. In Ermangelung weltlicher Interessenten wandte sie sich an die „Congregatio Jesu" in München-Nymphenburg zwecks Übernahme. Oberin Isabella Wild und weitere sieben Schwestern vom Haupthaus fingen 1896 mit der Arbeit in Landau an. Die Namensgebung des „Instituts der Englischen Fräulein", wie die Schule fortan hieß, bezog sich auf die englische Nonne Maria Ward, welche Anfang des 17. Jahrhunderts den Frauenorden „Institutum Beatae Mariae Virginis", Institut der Seligen Jungfrau Maria, schuf, um eine bessere Bildung für Mädchen zu erreichen.

Nun ging alles zu Ende; das „Bayrische Staatsministerium für Unterricht und Kultus" erlaubte keine klösterlichen Schulen mehr. Im Schreiben vom 11. Mai 1938 an die Herren Oberbürgermeister und Bürgermeister der Städte hieß es: *„Schon unter den früheren Regierungen wurde der Grundsatz aufgestellt, dass das Unterrichts- und Erziehungswesen eine öffentliche, keine private Angelegenheit ist. Der nationalsozialistische Staat vertritt den gleichen Grundsatz, lässt ihn aber nicht auf dem Papier stehen, sondern führt ihn durch."*

Emmel gehörte zu den letzten offiziellen Abgängerinnen. Die vergangenen Wochen waren anstrengend verlaufen. Zusammen mit einunddreißig Klassenkameradinnen musste sie die Abschlussprüfung der Haustöchterschule bestehen. Mitschülerin Anneliese beruhigte die Gemüter, lockerte die Stimmung auf: „Machd eich nid verrickt. Des wärd schunn. De liewe God is doch bei uns. Un gebäde hän mir all genuch." Turn- und Schulküchenprüfungen liefen glatt. Rechnen, Deutsch und Englisch stellten Emmel vor Probleme. Übungsstunden mit Gretel und Hedwig zahlten sich aus, denn auch dieser Part klappte, und sie erwarb den Schulabschluss der Mittleren Reife. Es machte sie sehr glücklich.

So gestimmt, reiste sie eine Woche vor der Abschlussfeier am 3. April 1938 zu Geyers ins Elsass, wo die Familie zusammen mit Ludwig Schoppe zur Konfirmation von Sohn Robert eingeladen war. Über Wissembourg, Hagenau und Pfaffenhoffen gelangten sie mit dem Auto zum Fuße der Nordvogesen. Hinein in eine hügelige Waldlandschaft nach La Petite Pierre oder mit deutschem Namen Lützelstein. Die gleichnamige Burg, von einem gewissen Graf Hugo im 12. Jahrhundert gegründet, überragte die Ortschaft.

In der Gemeinde wohnten über 650 Einwohner. Es gab einige Gastwirtschaften, so auch die von Charles Geyer mit Metzgerei und Hotel. Daneben betrieb er seit kurzem ein Kraftwagenunternehmen. Herzlich begrüßten sich die Familien. Viel Zeit blieb nicht, denn der Gottesdienst begann recht früh. Andächtigen Schrittes stolzierte die Gruppe in die 1417 erbaute Simultankirche „Notre Dame de l'Assomption", Maria Himmelfahrt. Der kirchliche Kalender bezeichnete den fünften Sonntag der Passionszeit als „Judika". Mutter Marthas Blicke schweiften während der Zeremonie immer wieder zur Decke des gotischen Chores, wo die im letzten Jahrhundert frei gelegten Fresken biblische Geschichten erzählten. Das kindliche Jesulein, gehalten von Maria, und deren einfühlsamer Blick rührte sie an. Sie dachte an ihren eigenen Buben und bereute, dass der dreizehnjährige Karlemann nicht mit auf der Kirchenbank saß. Dem gefiel es zu Hause bestimmt besser als bei dem offiziellen Brimborium.

Der Pasteur predigte mit viel Überzeugung und gab Hinweise auf ein nützliches, christliches Leben. Gehalten in Deutsch, weil dies laut Konkordat aus dem Jahre 1802 immer noch erlaubt und üblich war. Offiziell fand es im französischen Elsass kaum Gefallen. Psalm 43 verkündete: *„Sende dein Licht und deine Wahrheit; sie sollen mich leiten; sie sollen mich bringen zu deinem heiligen Berg und zu deinen Wohnungen. So will ich kommen zu Gottes Altar, zum Gott meiner Freude und meines Jubels."*

Nach weiteren liturgischen Riten und ausgiebigem Frage- und Antwortspiel von Konfirmandinnen und Konfirmanden in elsässisch gefärbter deutscher Sprache spazierte die Gemeinde mit den Prüflingen ins Freie, vorbei an blumengeschmückten Fachwerkhäusern. Es folgte ein einzigartiger Gaumenschmaus im festlich dekorierten Speisesaal der Geyers. Neben Gänseleberpastete – Pâté de foie gras, dem absoluten Renner – gab es Aufschnitt- und Salatplatten – Assiette de Charcuterie und Crudités – als Vorspeise. Hinterher Coq au Riesling, Hahn in Weißwein mit hausgemachten Nudeln. Zum Nachtisch kam eine Käseplatte und die Tarte aux pommes alsacienne, der Apfelkuchen, auf den Tisch. Außerdem Gugelhupf. Die Erwachsenen genossen in Kombination mit den Speisen abwechslungsreiche alkoholische Erfrischungsgetränke. Einen Elsässer Crémant als Aperitif, Bier zur Vorspeise, Riesling zum Hahn und Gewürztraminer zum Dessert. Am Ende der elsässischen Schlemmerei gönnten sich besonders die Herren beim Kaffee ein „Eau de Vie", Obstschnaps oder „Lebenswässerle" aus Kirsche, wahlweise Birne.

Karl zitierte seinen Sohn Robert herbei, drückte ihn und bat die Gesellschaft einen Moment um Ruhe. „Jetzt ist es ja fast so weit, dass mein Bub ein Mann wird. Aber nur fast. Er ist als denkender Mensch in die Kirche aufgenommen und versteht, was das bedeutet. Genug der ernsten und besinnlichen Worte. Weil wir heute so einen schönen Tag haben, in großer Harmonie zusammengekommen sind, der Herrgott uns das Feiern erlaubt hat, will ich mit einem kleinen Scherz aufwarten. Das Rauchen ist der Gesundheit nicht förderlich. Aber ein schmackhaftes Laster. Nach so einem guten Essen kann es nur einen letzten Höhepunkt geben, nämlich eine gute Zigarre. Die wollen wir Männer uns gestatten. Und weil er knapp zu uns gehört, gönne ich Robert eine Kostprobe. Er darf mir die Zigarre anstecken." Geraune im Saal, Robert erschrak, Mutter Karolina schüttelte den Kopf. Der Vater reichte die Zigarre dem vierzehnjährigen Sohn, der sie nervös annahm. „Du musst nur ein wenig dran ziehen. Dann ist es gut. Alors, c'est bon." Keine allzu schwere Übung, weil Robert auch vorher derlei Mutproben mitgemacht hatte. Die Feiergesellschaft fand die Aktion gelungen. Beifall prasselte auf.

Im Laufe des Nachmittags und bei einem Verdauungsspaziergang durch das idyllische Tal, an dessen Ende La Petite Pierre liegt, kam es zum Politisieren unter den Männern. Karl Geyer sah sich unter Gleichgesinnten und schilderte den deutschen Freunden seine Position: „Die Assimilationspolitik Frankreichs nach dem Ersten Weltkrieg hat uns Elsässern viel zu schaffen gemacht. Alles wieder auf Französisch umgeschaltet. Wo wir doch gern autonom sein wollten mit unserer eigenen Sprache und Kultur. Leider kriegen die Autonomisten auch nichts mehr hin. Die ‚Unabhängige Landespartei' vom Karl Roos hat viele Stimmen verloren. Und er selbst ist am Ende. Am besten orientieren wir uns an euch, wo der Hitler so erfolgreich ist. Aber das ist sehr gefährlich. Immer wieder verhaften die ‚Franzosen' unsere Aktivisten." Voll von gutem Essen und Trinken versicherten die beiden Ludwigs, dass der „Führer" auch das Elsass wieder heim ins Reich führen würde. Spät in der Nacht kehrten die Landauer Gäste zurück. Verwunderlich, wie der Schlachtermeister Ludwig nach ordentlichem Alkoholgenuss das Automobil durch den Hagenauer Forst und die Rebengärten der Südpfalz zurück chauffierte. Ohne Pardon klingelte um sechs Uhr des nächsten Morgens der Wecker und läutete das Tagwerk in der Metzgerei ein.

Heinrich Übel aus Godramstein machte sich in den Weinbergen zu schaffen. Zuverlässig und erfolgreich. Allerdings hatte ihn seine Frau am 6. April 1938 schon während des Frühstücks kritisiert. Als der genervte Winzer zwei Stunden später von der Arbeit zurückkehrte, beruhigte sich die Lage nicht. Im Gegenteil, der Disput schaukelte sich hoch. Heinrich trank einen Schoppen, um die

Nerven zu beruhigen. Es veränderte wenig. Mittlerweile einen Liter Schorle intus, entschloss er sich nach Landau zum „Schoppe-Wirt" in die Gaststätte „Zum Blumenkorb" zu fahren. Um kurz nach elf Uhr betrat er das Lokal und setzte sich zu einem ihm unbekannten Gast. Sie plauderten vor sich hin, dass bald Ostern käme und über die Weinsorte, welche Übel trinkfest konsumierte. Der Gesprächspartner verabschiedete sich; er müsse auf seiner Baustelle vor der Mittagspause nach dem Rechten schauen. Ruhelose Blicke des Alleingelassenen schweiften durch den Schankraum. Übel sehnte eine zünftige Debatte mit anderen Gästen herbei. Am Nachbartisch entdeckte er Ludwig Reiss und den „Schoppe-Wirt". Ohne Umschweife setzte er sich dazu. Etwas seltsam mutete es den Godramsteiner trotzdem an. Aber so richtigen Krach mit dem Reiss hatte er ja auch nicht. Na, wie es denn so wäre, und andere Floskeln bildeten den Auftakt der Begegnung. Eine neue Bestellung folgte. und Übels Angriffslust kam auf Touren. Ludwig Reiss schien milde gestimmt und formulierte Alltagsweisheiten: *„Das Wetter ist nun schön, vieles blüht so prächtig draußen, es muss doch alles schon weit vor sein."* Das ließ Übel nicht unwidersprochen: *„Wenn es nur einmal nachts gefrieren würde, dass das Lumpenzeug kaputt ginge. Die Wingerte sind noch zu."* Denen tut es nichts. Er meinte damit das Ungeziefer und die Weinbergschädlinge. Und hatte sicher nicht die Obstbäume im Sinn, die erstaunlicherweise sein Gegenüber anführte: *„Warum bist du denn so egoistisch, denk doch an die armen Leute. Da ist jeder Apfel nötig."*

„Das mag ja sein. Aber mal was anderes: Wieso ist eigentlich der Anschluss Österreichs nötig? Da haben wir etwas geerbt! Ums Handumdrehen wäre unser Wein so viel billiger geworden, wenn der Reichsnährstand nicht eingegriffen hätte. Jetzt können wir noch denen ihre Brühe verkaufen!" Die Augen funkelten, der Kopf schoss in die Höhe, die Arme untermalten die stakkato vorgetragenen Worte. Erstmal Sendepause. Opa Ludwig wechselte das Thema und erzählte von seinem Aufenthalt im Elsass anlässlich der Konfirmation. Auf die Frage, wie es denn dort aussähe, meinte er, dass die Leute froh wären, wenn sie einen „Führer" hätten wie wir. Es provozierte die nächste Tirade: *„Ach was, Führer! Guck unser Heer an, haben wir noch Führer? Die Heerführer, die etwas getaugt haben wie Blomberg und Fritsch, hat man davongejagt. Ist Göring auch ein Heerführer? Der versteht doch nichts davon!"*

Ludwig grollte, weil ausgerechnet der dicke Reichsfeldmarschall seine Sympathien genoss: „Mir reicht's, ich muss sowieso wieder heim. Das Mittagessen wartet, und danach darf ich vierhundert Bratwürste für die Wehrmachtskaserne wursteln. Einen schönen Tag noch." Außerordentlich betrunken führte Heinrich Übels Weg am späten Nachmittag zurück nach Godramstein. Betäubt wackelte er ins Schlafzimmer und sackte aufs Ehebett. Am nächsten Morgen erwachte er mit dumpfem Kopf. Sein Blick fiel auf die aschfahle Decke. Umgeben von kalten geweißelten Wänden und dem durchs Fenster scheinenden Schummerlicht einer Nebelbank. Der Platz neben ihm war unberührt geblieben. Seine Frau hatte es vorgezogen, auf der schmalen Couch in der Küche zu übernachten.

Ludwig traf an diesem Tag den SS-Mann Hugo Müller aus Böchingen und erzählte brühwarm von der Begegnung. „Mensch, alter Schlachtermeister, das ist doch mein Schwager! So ein Ausrutscher! Der kann sich auf was gefasst machen." Sofort und im Stechschritt marschierte er zur Wohnung des Hauptlehrers Schäfer, seines Zeichens stellvertretender Ortsgruppenleiter der NSDAP Godramstein. Sie redeten über den Vorgang. Bis zum Wochenende dauerten die Überlegungen. Dann, am 10. April 1938, griff Schäfer zum Telefon und teilte der Gendarmeriestation Landau mit, dass Parteigenosse Heinrich Übel in der Wirtschaft „Zum Blumenkorb" am Biertisch gehässige und von niedriger Gesinnung zeugende Äußerungen getätigt habe, welche das Ansehen des Reiches und seiner Führer aufs Schwerste schädigten. Die Formulierungen des Anrufers entsprachen den inhaltlichen Vorgaben des „Heimtückegesetzes" vom Dezember 1934. Als Musterbürger fungierte Lehrer Schäfer. Obwohl mit fast schon staatsmännischen politischen Aufgaben betraut, kümmerte er sich wie in anstehendem Fall auch um die kleinen Dinge im Alltagsleben. Das große Ganze verkündete er unter anderem während seines Referates als Lehrervertreter vor den Schulleitern des Bezirks Landau am 6. November 1933, wo das berufliche Rampenlicht über ihm leuchtete:

„Wir Erzieher erziehen nicht ein Geschlecht, nur damit es lesen und schreiben lernt, sondern wir erziehen das künftige deutsche Volk. Tag für Tag müssen die Kinder heimkehren mit heißem Herzen und Liebe für Volk und Vaterland. Und dieses heiße Herz muss sich zu Hause öffnen und muss helfen, das Eis zu schmelzen, das da und dort noch vorhanden ist."

Die örtlichen Nazi-Mühlen mahlten schnell. Für Mittwoch, den 13. April, lud Gendarmerie-Meister Louis die Zeugen Reiss, Schoppe und die Bedienung Luise Weber, geborene Zäpfel, zur Zeugenaussage ein. Alle erinnerten die Äußerungen von Heinrich Übel ohne zusätzliche Gehässigkeiten. Opa Ludwig vermerkte immerhin, dass über den „Führer" kein schlechtes Wort gefallen sei. Schoppe, bereits 58 Jahre alt, verwies auf Schwerhörigkeit, Erinnerungslücken und häufige Abwesenheit als im Dienst befindlicher Wirt. Frau Weber, welche aufgrund ihrer Kellnerinnen-Tätigkeit wenig gehört hatte, sparte mit Informationen zum eigentlichen Geschehen, fügte aber weitere an. So zum spektakulären Fall des Juden Emil Mai. Denn darüber hätten Reiss und Übel an dem Tisch ebenfalls debattiert. Der Prozess gegen den inhaftierten Weinhändler ging in diesen Tagen los. Wegen vermeintlicher Weinpanscherei drohte ihm eine beträchtliche Strafe. Frau Weber gab Übels Kommentar zu Protokoll: *„Der kann froh sein, dass er sein Geld im Ausland hat."* Die Kriminalbezirkssekretäre Scherer und Metzger schlossen die Zeugenvernehmung unter der Tagebuchnummer 19/41.38 ab. Die Protokolle erhielt die „Geheime Staatspolizei-Gestapo" in Neustadt an der Weinstraße. Am 26. April verhörte Kriminaloberassistent Denzer den nervösen und auf die Vorwürfe devot reagierenden Beschuldigten. Ja, die ihm zur Last gelegten Äußerungen streite er nicht ab, könne sich aber aufgrund seines stark angetrunkenen Zustandes nicht mehr an Einzelheiten erinnern. Zutiefstes Bedauern. Nein, er sei kein Gegner des Staates, hätte keinen Grund, feindliche Äußerungen zu machen und habe als Parteigenosse schließlich den Treueeid auf den Führer geleistet: *„Die Angelegenheit lastet furchtbar auf mir, und ich weiß nicht, was ich darauf sagen soll. Ich kann nur betonen, dass ich weder ein Gegner des heutigen Staates bin, noch jemals ein solcher sein werde."* Zur gefälligen Kenntnisnahme legte Denzer drei Tage später der Oberstaatsanwaltschaft in Frankenthal die Originalanzeige samt Schriftsatz zu den Vernehmungen vor. Zugleich informierte er die Gauleitung der NSDAP Saarpfalz über das Verhalten des Parteigenossen Übel aus Godramstein, wohnhaft Adolf-Hitler-Straße 313. Dort schlich die Angst um. Kein Tag endete ohne Schreckensmomente, wenn es am Tor klopfte, ein Auto laut bremsend auf der Hauptstraße hielt. Ledermantelmänner im Dorf flanierten. Das bisschen Geschimpfe, Opponieren, Stänkern, wie es seit Jahr und Tag in diesem Pfälzer Landstrich üblich gewesen war, hatten die Nazis wegradiert. Wie Wachhunde stürzten sie sich auf ihre Opfer. „Was soll ich nur machen, wenn sie dich nach Dachau schaffen?" warf Ehefrau Gretel, von Weinkrämpfen geschüttelt, ihrem Heinrich vor.

Ein ewig andauerndes Vierteljahr verging. Am 9. Juli verfügte die Staatsanwaltschaft Frankenthal die Einstellung des Verfahrens aufgrund des neuerlichen Straffreiheitsgesetzes vom 30. April 1938 wegen Geringfügigkeit der zu erwartenden Strafe. Drei Wochen später erfuhr der Winzer vom glimpflichen Ausgang. Mein Großvater Ludwig ebenfalls. Er bemerkte lapidar: „Glück gehabt. Nun darf er nicht mehr so vollmundig auftrumpfen."

Das Gaugericht der NSDAP Saarpfalz schloss am 10. Oktober 1938 mit dem Aktenzeichen Nummer 4302/38–II H. den Fall ab. Der gesamte Schriftverkehr fand Aufzeichnung in der Personalakte des Parteimitglieds Heinrich Übel. Er musste auf der Hut sein. Für seinen ehemaligen, sehr geschätzten jüdischen Geschäftspartner, den Weinhändler Salomon Wolff aus dem Nachbardorf Böchingen, lief es in den nächsten Wochen nicht so gut ab.

Am 8. April 1938 fand die Schlussfeier im „Institut der Englischen Fräulein" statt. Die Freude der Abgängerinnen und ihrer Eltern schien getrübt und die des anwesenden Lehrpersonals ohnehin. Das fehlende Feier-Motto wies in eine düstere Zukunft. Kein „Gott grüß dich, deutscher Rhein" oder wenigstens „Das klagende Lied" von Ludwig Bechstein und Gustav Mahler wie in den Jahren zuvor. Nein. Nur eine vorsichtige Ansprache von Mater Oberin Ferreria Mutzbauer mit Feingefühl und Respekt für das Gelingen des neuen Lebensabschnittes. Musikalisch umrahmt von einem Adagio und Menuetto, dem Chorlied „Die Glocken", Sopran Solo „An Maria und Dank sei dir, o Herr". Emmel lauschte gerührt. Herausgeputzt saß sie neben ihren Klassenkameradinnen in der ersten Reihe. Heiterkeit fehlte. Das Menetekel der Schließung drückte wie eine dunkle Wolke auf die Gemüter der Versammlung in der Aula.

Zwischentöne, kritische Anmerkungen während der Reden entfielen. Sie hätten Verhöre oder Verhaftungen provoziert. So kehrten nach dem definitiven Aus dreiundzwanzig Schwestern nach Bayern zurück. Die Stadt Landau übernahm das Gebäude und nutzte es als Mädchenober- und Musikschule weiter. Acht Nonnen zogen in das dem Orden gehörende Anwesen Westbahnstraße um. Dort verschafften sie sich kleine Einkünfte mit Handarbeiten, Nähereien und Nachhilfeunterricht, vermieteten Zimmer mit *„vorzüglicher Küche an alleinstehende berufstätige katholische Frauen"*, wie sie in der Zeitung inserierten, und verkauften Devotionalien sowie Kircheninventar.

> *„Ora pro nobis, du Mutter der Deinen!*
> *Breite den Mantel in Not und Gefahr!*
> *Trockne die Tränen, stille das Weinen,*
> *segne der Deinen geheiligte Schar!"*

Abseits aller politischen Widrigkeiten, die meine Mutter Emmel wenig berührten, führte man sie ins gepflegte gesellschaftliche Amüsement ein. Auftakt bot ein Tanzkurs. Halbwegs betuchte Bürger der Stadt genehmigten ihren jugendlichen Kindern diesen gesitteten Eintritt ins Erwachsenenleben. Die richtige und einzige Adresse dafür lautete: „Tanzschule Wieandt". Inhaber Hans, einer von vier erfolgreichen Tanz- oder Ballettlehrersöhnen seines Künstlervaters Jean, gab höchstpersönlich Kurse. Außerdem unterrichtete er in umliegenden Dörfern Volks- und Formationstänze. Die Landbevölkerung schwärmte von seinem Engagement. Es trug zu großer Bekanntheit und Erfolg bei. Unnachahmlich elegant schwebte er übers Landauer Parkett, führte und korrigierte. Besonders gern ungelenke Männerhände, damit sie junge Damen beim Foxtrott im Rhythmus exakt hielten. Daneben gehörten zum Grundrepertoire seines Unterrichts Walzer, Polka, Tango oder Slowfox. Swing nicht, aber dafür Umgangs- und Benimmregeln.

Zum Abschluss des Tanzkurses posierten vierzig Paare fürs Gruppenfoto vor der Bühne des großen Saales im „Hotel Schwan". Die Damen fast ausnahmslos mit schneeweißem, knöchellangem Kleid, Nelken- oder Rosenblumenstrauß in den Händen. Die Herren, schwarzer Anzug und Krawatte, weißes Kavalierstuch als Dreiecks- oder Kronenfaltung in der Brusttasche. Genau in der Mitte der ersten von vier Tribünenreihen thronte der Impresario, aufrecht sitzend, souverän neben Gattin Thea lächelnd. Eigentlich spekulierte der Sohn des Elektrohändlers auf das Schlussballduett mit der begehrten Emmel. Es kam anders, und so bestritt sie mit Hans, dem Sohn vom „Gummi-Mayer", das „Tanzkränzel". Der promovierte Filius sorgte nach dem Zweiten Weltkrieg für eine rasante ökonomische Entwicklung des Vulkanisierbetriebes und der Reifenflickerei – weit über die Grenzen Landaus hinaus, bis zum allseits bekannten Konzern für Reifenerneuerung und -handel in Deutschland.

Der Kaiser-Walzer ertönte zur Eröffnung, und die Debütantinnenpaare wogten durch den Saal. Tanzspiele, Damenwahl und Saalpost folgten. Ausgerechnet der höfliche Egon rempelte Emmel beim Zurückbringen an ihren Tisch. „Oh, das tut mir leid. Jetzt habe ich gegen die Anstandsregeln unseres verehrten Tanzdirektors verstoßen. Obwohl ich die so gut kenne. Also: *„Herrscht an dem Tische große Enge, dann mache man sich möglichst schmal. Aus Artigkeit wird im Gedränge sogar der Elefant zum Aal!* Wünsche weiter viel Vergnügen, Fräulein Emmel."

Zusammen saßen Eltern und Freunde an einem festlich gedeckten Tisch. Zwischendurch schwangen sie selbst mal das Tanzbein. Man spendierte sich gegenseitig die eine oder andere Flasche Wein, derweil die Paare auf der Tanzfläche Kostproben ihres Könnens abgaben. Die Geschäftsleute unterhielten sich über die gestiegene Auftragslage und darüber, dass es mit Deutschland aufwärts ginge. Gern wollten sie gegenseitig in den nächsten Tagen mal im Laden oder Betrieb vorbeischauen.

Am Tegernsee

An das gesellschaftliche Spektakel in der Heimatstadt sollte Emmel künftig wehmütig zurückdenken, für sie ging es nun hinaus ins fremde Leben. Allerdings auf angenehme Art. Die Familie beriet nach dem Mittelschulabschluss der Tochter ausführlich über deren weitere Zukunft. Eine Berufsausbildung stand nicht zur Debatte. Eher die dem vermeintlichen Wohlstand angemessene höhere, haushaltsbezogene Qualifikation. Und so erkundigte sich Mutter Martha bei den „besseren Leuten" nach Möglichkeiten. Anfang Juli offerierte Postinspektor Volz beim Einpacken diverser Wurstsorten und eines gut abgehangenen Rumpsteaks eine solche: „Frau Reiss, Sie kennen ja meine Schwester. Die hat für ihre Erna ein Töchterheim in Bayern ausgesucht." An Emmel gewandt, die in diesem Moment hinter dem Verkaufstresen stand, fuhr er fort: „Ihr kennt euch doch? Na, jedenfalls ist sie für Oktober angemeldet. Rottach am Tegernsee. Da werde ich direkt neidisch. Ganz billig ist es nicht, eher hochpreisig. Aber Frau Reiss, Sie sagten mir immer, nur das Beste für die eigenen Kinder. Am Wochenende kommt meine Schwester zum Einkauf. Sie hat auch einen Prospekt."

„Dann soll sie ihn doch bitte mitbringen und etwas Zeit, wir wollen uns gern darüber unterhalten. Herzlichen Dank, Herr Volz. Grüßen Sie bitte ihre Familie in Speyer."

Martha war aufgeregt und Emmel erst recht. Drei Tage vergingen schleppend im täglichen Einerlei des Metzgereibetriebes. Endlich erschienen am Sonnabend gegen 12 Uhr der Zigarrenfabrikant Karl Hammann, seine Frau Lina und Tochter Erna aus Speyer. Selbst Vater Ludwig begab sich ins Nebenzimmer des Verkaufsraumes, das Büro. Als Überraschungsimbiss servierte Lehrling Kurt Weißwürste. Ein passendes Arrangement. Die jungen Damen saßen sofort zusammen.

Erna schwärmte von der Möglichkeit, längere Zeit am Tegernsee zu verbringen. Nach Herumreichen der Werbeschrift und flüchtigem Lesen übernahm Karl Hamann die Gesprächsführung und zog das Fazit zum Internatsvorhaben: „Wir haben uns umgehört und nur Gutes über die Haushaltungsschule erfahren. Seit vier Jahren existiert die Anstalt. Die Leiterin, Frau Dr. Schneider, hat einen hervorragenden Ruf. Durch ihr großes Verständnis für die Jugend, ihre Mütterlichkeit und auch Strenge. Ein Jahr lang dauert die Ausbildung. Am Ende dürften unsere Backfische heiratsfähig sein."

Das Gegackele der Mädchen angesichts der in Aussicht gestellten Zukunft war unüberhörbar. An beide gewandt, moralisierte Martha: „Da braucht es allerdings mehr Zeit zur Besinnung. Ihr sollt erstmal tüchtige Hausfrauen werden. Lernen, wie man fein kocht und ordentlich den Haushalt führt. Auch bessere Manieren dürft ihr üben." Sie ergänzte nicht, wie üblich, dass die deutsche Frau dem Mann im Heime dienen, ihm viele Kinder schenken, selbstlos und allseits pflichtbewusst sein sollte. Ihr selbst definiertes Schicksal, unter dem sie aber ausgesprochen litt.

Das Gesamtpaket stimmte. Die jungen Frauen erwarteten frohgelaunt die Entscheidung, ob auch Emmel nach Rottach durfte. „Ihr könnt jetzt einen Spaziergang machen. Seid in einer halben Stunde wieder da. Erna, du als die zwei Jahre Ältere, hast die Verantwortung. Dann geben wir Bescheid." Als die Kosten offen lagen, erblasste Martha. Neunzig Reichsmark im Monat! Das entsprach dem Verdienst eines Arbeiters für diese Zeit. „Mit so viel hätte ich jetzt nicht gerechnet", wandte sich Martha an ihren Ludwig. Der fasste sich kurz an die Stirn, hob entschlossen beide Hände und verkündete: „Dann muss sich unser Emmele halt ganz besonders anstrengen. Und wir verzichten auf das eine oder andere Viertel." – „Das sollten Sie sich aber schon noch gönnen, und wenn wirklich die letzte Mark fehlt, dann sind Sie halt öfter unsere gern gesehenen Gäste", erwiderte die Gattin des Fabrikanten. Genau in jenem Moment erschienen die beiden gespannten Spaziergängerinnen. Lockere Gesichtszüge und auf dem Tisch eine dickbäuchige Flasche Sekt verrieten das Votum. „Also stoßen wir auf die besseren Töchter und ihr Heim in Bayern an!" Besonders Martha erfüllte es mit größter Freude, denn ihre Tochter wandelte nun auf dem besten Weg zur feineren Gesellschaft.

Bis dahin mussten sie mancherlei bedenken. Trotz des hohen Pensionspreises waren etliche Utensilien zu besorgen: Bettwäsche, Handtücher, Servietten, Kochhäubchen, bunte und weiße Schürzen, Wanderschuhe, Nähkasten und sogar Besteck. Mitte September schickten sie ein Federbett per Post ab. Am 1. Oktober 1938 erreichten Erna und Emmel mit der Bahn München. Sogleich erlebten die beiden am überfüllten Hauptbahnhof das erste Malheur mit zwei kräftigen Bauernburschen aus Holzkirchen. Diese wollten sie unbedingt, aber recht unbeholfen zur Wiesn, das auf dem Höhepunkt des Feierns befindliche Oktoberfest, abschleppen. Nur einem resoluten Dienstmann, der die Pfälzer Mädchen sofort als „Landeier" erkannte, verdankten sie eine unbeschwerte Weiterreise. Sein Fluchen dröhnte über den Bahnsteig: „Jetzt schleicht euch, ihr depperten Hornochsen. Ich schick' euch gleich die Gendarmerie hinterher."

Endlich, gegen Abend an einem mäßig regnerischen, kühlen Samstag, kamen sie am Bahnhof Tegernsee an. Den Aussteigenden klang aber keine fröhliche Begrüßungsmusik entgegen wie Fahrgästen der sogenannten Kaffeezüge, welche zweimal wöchentlich in diesen Tagen aus München eintrafen. Auch Kurdirektor Klengel als Empfangsdirektor befand sich nicht vor Ort. Dafür der Autobus, der weiter zur Haltestelle Postamt fuhr. Anschließend ging es wenige Meter zu Fuß ins Töchterheim. Der Wallberg, sonst mehr als eintausend Meter das Tegernseer Hochtal überragend, lag in einer dicken Nebelwand. Heimleiterin Frau Dr. Schneider empfing sie persönlich mit aufmunternden Worten: „Grüß Gott. Da sind nun unsere beiden Damen aus der schönen Pfalz. Herzlich willkommen. Bayern und Pfalz, Gott erhalt's."

So freundlich ging es an diesem Tag, etwa dreihundert Kilometer nordöstlich, nicht zu. Die deutsche Wehrmacht marschierte ins Sudetenland ein. Das Töchterheim blieb davon unberührt, das Ereignis sollte aber zwei Jahre später für Emmel bedeutsam werden. Sie und Erna bezogen Zimmer 5 zusammen mit Gretel aus Grottkau in Oberschlesien und der blonden Sigrid, die sofort nach Begrüßung und Vorstellung über die Trennung von Peppo, ihrem Foxterrier jammerte. In Drahthaarausführung weit verbreitet ein eleganter Begleiter feiner Damen. Solch vornehme „Fräuleins" aus wohlhabenden Elternhäusern und den unterschiedlichsten Ecken Deutschlands traf man in der Pension an. Deren Väter waren Geschäftsleute, kleine Fabrikanten oder gut situierte Handwerker. Gemeinhin kamen sie vor allem aus der Provinz. Überkandideltes Verhalten fiel dadurch weniger exzentrisch aus.

Die vor zwei Jahren neu erbaute kleine Internatsschule verfügte über eine moderne Ausstattung. Das Anwesen bestand aus achtzehn hellen, freundlichen Zimmern mit fließend kaltem und warmem Wasser. Zentralheizung, große Terrasse und Balkone für Liegekur. Lehrküche, Unterrichtsräume, allgemeiner Wohnbereich, Garten und Gewächshaus. Sportwiese und ein großer Park mit Rasenflächen gehörten ebenfalls dazu. Frau Dr. Schneider beabsichtigte, die „höheren Töchter" als deutsche Hausfrauen und Mütter zu erziehen und auszubilden. Sie sollten sich überdies in der gehobenen Gesellschaft bewegen können. Letzteres unterschied sie vom gemeinen Leitbild der Nazis. Der Rest passte und fand ideologische Untermauerung. Andernfalls hätte man die Haushaltungsschule sofort geschlossen.

Die Tageseinteilung sah ein klares Programm vor: 7 Uhr Wecken, zwanzigminütige Gymnastik, Frühstück. Von 8 bis 12 Uhr praktische Unterweisung in Küche, Haus, Wäsche und Garten. Am Nachmittag ab 16 Uhr Kaffeetrinken. Schneidern, Wäschenähen, Hand- und Werkarbeit bis zum Abendessen um 19 Uhr. Schlafengehen oder Zapfenstreich um 21.30 Uhr. Sport- und Gymnastikunterricht umrahmten das Angebot. Im Sommer Leichtathletik, Wandern, Schwimmen, Tennis oder Rudern. Im Winter Skisport und Schlittschuhlaufen. Ferner gab es Unterweisungen in Gesundheits- und Krankenpflege.

Rottach-Egern mit knapp 3 000 Einwohnern idyllisch im oberbayrischen Hochland gelegen, bot eine prächtige Kulisse am Südufer des Tegernsees. Im Spätherbst, als Emmel eintraf, sah sie ein immer noch sattes Grün der Wiesen. Der See reflektierte an klaren Sonnentagen den weiß-blauen Himmel, wog friedlich vor sich hin und plätscherte an seichtem Ufergrund. Dahinter standen prächtige Häuser, in Holz verkleidet, mit rundumlaufenden Balkonen inmitten parkähnlicher Gelände.

Besonders viel Grund und Boden gehörte den Wittelsbachern. Sie hatten sich 1817 das Kloster Tegernsee angeeignet und zum Schloss umgebaut. Erhalten blieb die Pfarrkirche St. Quirin, hinzu kam der Bau eines Gymnasiums und das herzoglich-bayrische Brauhaus. Bis heute brauen sie gutes Bier für zahlreiche durstige Erholungsgäste im „Bräustüberl", ergänzt um vorzügliche Speisen. Unter anderen lebten Ludwig Thoma, Ludwig Ganghofer und Operntenor Slezak am Tegernsee. August Macke schärfte hier seinen Blick für das Dunkel des Waldes, Wiesen und Wolken, fand Ruhe und Inspiration zum Malen.

Der „Simplicissimus"-Zeichner Olaf Gulbransson, der auf dem „Schererhof" lebte, schwenkte zu den Nazis um. Diese und vor allem ihre Prominenz machten sich breit, so Karl Wolff, Himmlers Adjutant. Himmler selbst, der ein Ferienhaus in Gmund besaß. Bormann und Göring, Eigner eines Jagdgebietes. Überhaupt ließen sich die Nazi-Granden, allen voran der „Führer", mit kurzer Anreise vom „Berghof" immer mal am „Lago di Bonzo" blicken. Volksnah als in Lederhose und Trachtenjanker gekleidete Urlauber.

Frau Schneider machte auf ihre Zöglinge im Nu einen respektgebietenden Eindruck. Die ersten Tage vergingen mit Hinweisen zu Heimregeln, bayrischen Gepflogenheiten, Besonderheiten am Tegernsee und Zusammenleben: „Wir sind hier eine Familie. Alle gleichberechtigt, gleich viel wert und geschätzt. Meine Kolleginnen und ich fördern euch neben dem Unterricht in allen anderen Belangen: Gesundheit, Mitarbeit im Hause, Verantwortung. Ich sage euch eine gute Betreuung zu. Das Vertrauen zwischen uns Erwachsenen und euch steht über allem. Bei uns herrscht ein froher und kameradschaftlicher Geist. Aber ihr müsst konsequent unseren Anweisungen Folge leisten! Wer sich daran hält, hat gewonnen. Wer Regeln nicht beachtet, bekommt Schwierigkeiten und muss mit Konsequenzen rechnen!"

Schon im Vorfeld klärte Frau Schneider die erzieherisch bedeutsame Taschengeldfrage mit den Eltern. Sie bestand darauf, allen die gleiche Summe auszuzahlen. Ohne Wenn und Aber musste diese bis Monatsende reichen. Die Tochter des Bezirksschornsteinfegermeisters aus Trebbin in Brandenburg hätte sicher weniger als jene des Textilgroßhändlers aus Chemnitz erhalten. Emmel staunte über so viele Tipps, Gespräche und begreiflich gemachte Anordnungen. Zuhause hieß es lapidar: Jetzt mach mal, geh dort hin oder bring mir das, pass halt auf und siehst du das nicht? Erläuternde Instruktionen, gepflegte Unterhaltungen: Fehlanzeige. Es fiel ihr schwer, verbal zu kommunizieren, Wünsche darzulegen, sich zu behaupten. Sie schaffte es andererseits auf ihre liebevolle, unkomplizierte, konfliktscheue Art. Es war mühsam. Besonders litt sie am Heimweh in den langen, sternenklaren Nächten, die nie vorübergehen wollten.

Als Emmel nach Tagen gegen elf Uhr nachts wieder vor sich hin weinte, gesellte sich Erna, die Freundin aus Speyer, zu ihr. „Komm Emmel, wir gehn raus. Ich erklär dir jetzt was." Sie schlichen zum Aufenthaltsraum. Erna drückte Emmel ganz fest und tröstete sie. Dankbar nahm Emmel die Situation wahr. Und mit jeder Geste, jedem weiteren guten Zureden ihrer engsten Vertrauten und Freundin entspannte sie. Allmählich glätteten sich die Gesichtszüge, stellte sich ihr Schluchzen ein. Erna, zufrieden mit der Reaktion blickte Emmel voller Zuneigung und Optimismus in die Augen, um betont weich zu verkünden: „Ich bin dein *Schniggel*. Wir halten zusammen. Darauf kannst du dich verlassen. Ich habe irgend sowas in einer Zeitung oder Buch gelesen. Da war *Schniggel* der gute Mann, ein Ritter. Immer beschützte er seine Leute. Und so möchte ich jetzt auch als ältere Freundin für dich da sein. Ich helfe dir vor allem, das blöde Heimweh zu besiegen. Jetzt müssen wir aber ins Bett, bevor es Ärger gibt."

„*Schniggel*, das klingt gut." Wenige Tage später firmierte Erna nur noch unter diesem Namen im Heim. Ein Volltreffer als Kosename.

Schon bald entwickelte sich eine gelassene Routine im Alltag der Anstalt. Am Wochenende gab es einige Stunden Ausgang, und die jungen Damen ernteten sehnsüchtige Blicke junger Männer und Burschen im Ort. Deren Phantasie schöpfte aus alten Traditionen, indem sie wünschten, nächtliche „Kammerfenstlereien mit den Freileins" zu veranstalten. Aussichtslos. Dagegen stand das strenge Reglement und der Ruf des Hauses. Trotzdem passierte in den ersten Wochen von Emmels Aufenthalt Unerwartetes.

An den schon kühlen Oktoberabenden trafen sich einige junge Damen nach dem Abendessen auf einem der drei Balkone vor Zimmer 5, jenem von Emmel. „Jetzt seid auf jeden Fall leise. Also, Vorsicht beim Husten. Ich habe gestern eine Packung „Reemtsma R 6" gekauft. Die sollen nicht so stark sein. Ach, Emmel, du bist zu jung. Gut, ausschließen wollen wir dich auch nicht." Sigrid bot Zigaretten an. Aufgrund des starken Windes war das Anzünden mit den Streichhölzern kompliziert. Nach Genuss des ersten Zuges reichte Marianne aus Trier ihren Glimmstängel weiter. Schließlich funkelten mehr als ein halbes Dutzend davon. Und wie die Werbung für die Zigarettenmarke damals versprach, keimte während des Getuschels „etwas von einer Stimmung geistiger Abgeklärtheit" auf. Sie verflog jedoch am nächsten Morgen. Frau Schneider fragte nach dem Frühstück, ob jemand die vielen Glühwürmchen am Balkon gesehen hätte. Betroffenes Schweigen. Sodann die Brandrede: „In diesem Hause raucht niemand! Ihr höheren Töchter nicht und ebenso eine deutsche Frau nicht!"

Der entsetzliche Tod einer aus Schweden eingeheirateten Adligen bewegte Mitte Oktober die Menschen am Tegernsee. Frau Ulrike von Schlicher begleitete ihren Mann zur Jagd. In Nähe des sogenannten Waldweihers spazierte sie ahnungslos im Gehölz herum und verursachte ein Rascheln. Der seitlich seines Jagdherrn patrouillierende Gehilfe Peter Staber vermutete eine Bisamratte und schoss ins Gebüsch. Die Schrotladung traf die Bedauernswerte am Kopf. Blutüberströmt blieb sie am Boden liegen. Auf dem Transport zurück ins Schloss nach

Dietramszell erlag die zweifache Mutter ihren Verletzungen. Jäger Staber kam in Haft. Am 22. Oktober erhielt die Schlossherrin auf dem Friedhof Kreuzbichl unter Anteilnahme Hunderter von Trauergästen aus nah und fern das letzte Geleit. Frauen in Heimattracht trugen den Sarg. Feierliche Töne der Andachtsjodler klangen über den sonnenüberfluteten „Gottesacker".

Die Tragödie, welche selbst im Unterricht, beim Schneidern und Wäschenähen zur Sprache kam, schockierte die jungen Frauen. Emmel berichtete in ihrem ersten Brief an die Eltern darüber. Ansonsten schwärmte sie übers neue Zuhause: „Rings um das Heim ragen die Berge empor. Traumhaft liegt der See. Es ist ein wunderschönes Fleckchen Erde."

Das stimmte in der Pfalz zufrieden. Mutter Martha bemerkte beim Lesen am Frühstückstisch in ihrer mitunter blumigen Ausdrucksweise: „Bei uns ist es aber auch sehr malerisch. Die anmutigen Weinberge, die sich bis zum Waldrand strecken und besonders im Herbst ihre Farbenpracht zeigen. So etwas Erhabenes – und Landau mittendrin." Eine Woche später, Anfang November 1938, sollten viele Menschen in dem nun trostlos-nasskalten und nebligen Landstrich ganz anders gestimmt sein und ihre hässliche Fratze zeigen.

In Paris hatte der polnische Jude Herschel Grynszpan den deutschen Legationssekretär von Rath aus Rache für die Deportation seiner Eltern erschossen. Goebbels mobilisierte gleich nach der Todesmeldung am 9. November mit einer Hasspredigt gegen „Jüdische Kriminelle" vor allem die SA, um ein Pogrom zu starten. In Windeseile verbreitete Heydrich in der folgenden Nacht um 1.20 Uhr geheime und eilige Anweisungen an Polizei- und Sicherheitsämter, welche sofort fernmündliche Kontakte zu Gau-Kreisen oder sonstigen NS-Leitungen zwecks Durchführung geeigneter Aktionen herzustellen hatten: Zerstörung ja, Plünderung nein. Synagogenbrände nur ohne Gefahr für die Umgebung.

In Landau besuchte am nämlichen Abend Sturmbannführer Karl R. mit seinem Sturm III/18 die Kundgebung vor dem Schlageter-Denkmal in der Pestalozzistraße. Auch Opa Ludwig nahm als Zuschauer teil. Über Lautsprecher ertönte eine Rede von Rudolf Hess aus München. In der Masse keimte Empörung über den vermeintlichen Meuchelmord auf. Aber konkret etwas unternehmen wollte niemand. Ludwig kehrte mit seinen Leuten auf einen Schoppen im „Blumenkorb" ein, blieb aber nicht lang.

Karl R. musste sich erst noch umziehen. In Zivilkleidung zischte er mit seinen Gesinnungsgenossen im „Goldenen Kreuz" etliche Biere. Gegen ein Uhr schritt er nach Hause. Gerade eingedämmert, weckte ihn Telefonklingeln. Am Apparat der Brigadeführer D. aus Neustadt/Weinstraße. Aus der Ohrmuschel drangen schnarrende Laute: „*Heute Nacht Sprengung der Synagoge oder Inbrandsetzung. Sofort ins SA-Haus begeben. Dort weitere Befehle!*" Standartenführer Köhler empfing ihn und ordnete ohne Umschweife die Durchführung an: „*Sie stecken das Objekt an. Wie und mit wem, denken Sie sich selbst aus. Abtreten.*" Sofort fielen ihm seine Kameraden ein, die hoffentlich noch beim Bechern waren. Und tatsächlich stolperten ihm drei, gerade aus der Gaststätte kommend, entgegen. Es bedurfte keiner großen Erklärung, um sie für die Aktion zu gewinnen.

Das Quartett zog zur Tag- und Nachttankstelle Ecke Königstraße/Reiterstraße und kaufte einen 15 Liter Kanister Benzin. Die Synagoge lag direkt gegenüber. Von hinten schlichen sie auf das Gebäude zu, schlugen eine Scheibe ein und öffneten den Fensterflügel. Ungeachtet der sakralen Umgebung, gossen die angetrunkenen Gestalten Benzin auf kunstvoll gezimmerte, hölzerne Kirchenbänke und steckten sie an. Um zwei Uhr nachts flackerte ein gewaltiges Feuer in der prächtigen Landauer Synagoge. Die Brandstifter schlichen durch das Einbruchfenster hinaus, hielten einige Minuten nach der Tat in sicherer Entfernung inne, um ihr Werk zu begutachten. Karl R. kam gegen drei Uhr nach Hause, legte sich ins Bett und schlief bis 12 Uhr mittags.

In der Metzgerei Reiss begann der Tag gewöhnlich um sechs Uhr morgens. Doch heute war es anders. Die zum Haushalt gehörende „Eck-Großmutter" klopfte eine halbe Stunde früher aufgeregt an die Tür des Elternschlafzimmers. „Martha, wach auf. Es riecht so furchtbar nach Rauch. Da brennt es doch im Haus. Das schwelt überall." Benommen quälte sich Martha aus dem Bett. Ludwig blieb vorerst liegen. „Ich rieche das auch. Aber hier im Haus ist es nicht. Lass uns mal nach draußen schauen." Die beiden zogen sich schnell etwas über und gingen hinaus. Überraschend begegneten ihnen einige Personen. „Ja, die Synagoge brennt. Wir sind nicht die einzigen, die es gemerkt haben. Kommen Sie doch mit, um einen Blick drauf zu werfen." Nein. Um diese Zeit musste das nicht sein. Aber man wusste jetzt, dass es nicht das eigene Haus betraf oder die unmittelbare Umgebung.

Aufgeregt diskutierte das Metzgerehepaar den Brand beim Frühstück. „Jetzt geben sie es aber den frechen Juden. Sie sind halt nach außen ehrenwert, aber innen Verbrecher. Wie bei dem Attentat. Trotzdem darf man keine Gotteshäuser abbrennen. Das ist einfach zu viel." Die Worte von Ludwig hörten sich relativ gesetzt an, denn Martha konnte sich nicht beruhigen. Sie faselte von gerechter Strafe und dem fundamentalen Groll Martin Luthers gegen die Juden. Im Verlauf des Vormittags reihten sich Martha und Ludwig in die Reihe der Gaffer ein. Nach Schulschluss kamen der zwölfjährige Sohn Karl und seine Freunde hinzu.

Landaus Leiter der freiwilligen Feuerwehr Franz Hastrich erfuhr angeblich erst um 8 Uhr morgens durch den Besuch des Brandmeisters Karl Ebner von dem Synagogenbrand. Verunsichert und beunruhigt rief er sogleich die Polizeiwache an, ob ein Brand gemeldet sei. Derlei sei nicht bekannt, hieß es knapp. Trotzdem machte er sich zum Ort des Geschehens auf und sah das Feuer. Einige seiner Kollegen beauftragte er, Feuerwehrgeräte zu holen. Inzwischen zersprang das große, runde Fenster an der Westseite. Dadurch entstand ein kräftiger Luftzug und bewirkte die Vergrößerung des Feuers, das jedoch angrenzende Gebäude nicht gefährdete. Für Hastrich immer noch kein Grund zu löschen. Ihm erschien die Bekämpfung des Brandes zwecklos, wie er Jahre später begründete. Die Feuerwehr konzentrierte sich im weiteren Verlauf, entsprechend instruiert, auf den Schutz benachbarter Gebäude. Explosive Gefahr drohte recht nah von der Tankstelle.

Landau, Südring Nr. 1, Wohnhaus der Familie des Ledergroßhändlers Alfred Scharff. Kurz vor sieben Uhr weckte die bestürzte Hausangestellte Tochter Lore: *„Wenn du die Synagoge noch einmal sehen willst, eil dich, sie brennt lichterloh!"* Fröstelnd, aber ohne Mantel rannte sie los, stoppte am „Hotel Körber", um zu verschnaufen. Beißender Brandgeruch raubte ihr den Atem. Am Ende der Straße schlugen riesige Flammen aus der großen Kuppel. Fassungslos nahm sie das Szenario wahr, näherte sich unter spöttischen Blicken mancher bekannter Personen dem Gotteshaus. Schockiert kehrte Lore sofort um und rannte tränenüberströmt nach Hause zurück. Sie traf ihre Eltern beim Frühstück an. Doch nicht lange allein, denn Sekunden später drangen acht Männer in die Küche. Wortlos riss einer das Tischtuch herunter, sodass sämtliches Geschirr krachend zu Boden fiel. Ein anderer bedeutete Herrn Scharff, er sei verhaftet. Auf die Frage „Warum?" gab es die Antwort: „Heute kriegen wir alle Juden!"

Nach Abführen des Familienoberhauptes erschienen nahezu zwanzig Männer mit Äxten und Hämmern bewaffnet und durchkämmten die gesamte Wohnung. Zerschlugen Möbel und Porzellan, zerschnitten Teppiche und Anzüge. Wüteten rabiat. Den Schrecken verkürzte eine mutige Frage von Frau Scharff.

"Was wollen Sie eigentlich von uns? Meine Familie und ich haben Deutschland stets treu gedient." Zum Beweis deutete sie auf das Ordenskissen der Familie aus dem deutsch-französischen Krieg 1870/71 und dem Ersten Weltkrieg. Ein letzter Reflex von Verstand veranlasste den Anführer, die Zerstörung zu beenden.

Hilfsarbeiter Foid spazierte am Nachmittag durch die Landauer Gerberstraße und beobachtete, wie Personen aus dem jüdischen Geschäft „Strauß" Wäsche und Kleidungsstücke auf die Straße warfen, die andere Passanten einsteckten. Derart motiviert, nahm er selbst drei Decken, ein Hemd sowie den Rest von Damenkleiderstoff mit. Am 15. März 1939 verurteilte ein Gericht Foid wegen Diebstahls im Rückfall zu einer Gefängnisstrafe von sechs Monaten und Übernahme der Kosten des Verfahrens, *„weil er durch seine Tat das Ansehen des deutschen Volkes empfindlich geschädigt und der ausländischen Presse Vorschub geleistet hat."* Man hatte an ihm, einem der schwächsten Mitglieder der Volksgemeinschaft, ein Exempel statuiert.

Weinkommissionär Salomon Wolff, gepflegtem Essen, guten Getränken und Gemütlichkeit zugeneigt, tätigte schon lange keine Geschäfte mehr mit Heinrich Übel aus Godramstein. An jenem Morgen, dem 10. November, polterte ein Gendarm ans Tor seines Böchinger Anwesens, um den achtundsechzig Jahre alten Vorstand der hiesigen jüdischen Gemeinde abzuholen. „Herr Wolff, Sie sind verhaftet. Machen Sie sich für einen Transport fertig. Nehmen Sie nur ihre persönlichen Sachen mit." Die Fahrt führte nach Landau in den jüdischen Betsaal. Dort kam er zu vierzig anderen verhafteten jüdischen Männern. Tags darauf fanden in den beengten Räumlichkeiten zahlreiche Verhöre bis zu weit vorgerückter Stunde statt. Sehr spät hieß es, „Wolff zum Verhör". Es muss gegen 23 Uhr gewesen sein. *„Saujud, sag, wo hast du das Geld hingetan? Gesteh. Mehr als fünf Minuten lebst du ja doch nicht mehr!"* Die Frage bezog sich auf ein angebliches Verstecken von Geld der jüdischen Kultusgemeinde vor oder während seiner Abholung. Wimmern und herzzerreißendes Schluchzen folgte. Schreie gellten über den Hof: *„Sag die Wahrheit. Du Schwein, wir geben dir noch zwei Minuten Zeit!"* Verzweifeltes Heulen, dann Stille.

Konditormeister Max Mai, wohnhaft Ostring 18, befand sich in dieser Nacht ebenfalls als Inhaftierter im Betsaal. Eine Stunde später erging an ihn und drei andere Männer die Order, den blutüberströmten und mit geschwollenem Kopf am Boden liegenden Wolff auf eine Pritsche zu legen. „Es ist ihm schlecht geworden. Aber er erholt sich gleich wieder." Dem war aber nicht so. Nach zwei Stunden stand ein Sarg im Betsaal. Max Mai sollte diesen zusammen mit anderen zum Leichenwagen tragen.

Der Ilbesheimer SS-Oberscharführer und spätere KZ-Wachmann Jakob Bosch leitete die Aktionen. Während des von Bosch durchgeführten Verhörs, bei dem Wolff meistens aufrecht stehen musste, soll dieser plötzlich mit kurzem Schrei zusammengebrochen sein. Es veranlasste die Peiniger zu dem Spruch: *"Wie der Jud sich verstellen kann!"* Stattdessen verfärbten sich nach Beobachtung von Bosch die Lippen des Opfers blau. Woraufhin die Konsultation eines Arztes erfolgte. Auszug aus dem Protokoll: *"Der Arzt stellte Tod durch Herzschlag fest."*

Der Betsaal lag in der Schützengasse etwa dreihundert Meter von der Metzgerei Reiss entfernt. Die jüdischen Männer mussten im Gänsemarsch, flankiert von SA-und SS-Leuten, antreten. Jeder hatte eine Generalvollmacht zur Abtretung seines Vermögens zu unterschreiben. Einen Tag später las Martha während der Mittagspause im *Pfälzer Anzeiger* die Ankündigung von Kreisleiter Lämmel: *"Der weitaus größte Teil unserer israelischen Mitbürger hat das Weite gesucht bzw. sich in Sicherheit begeben. Wir müssen die Judenfrage nun restlos lösen dadurch, dass der gesamte jüdische Besitz in deutsche Hände übergeführt wird."* Die Zeitung an Ludwig weiterreichend, kommentierte sie: „Jetzt führen sie die Judde ab und nehmen ihnen das viele Geld weg." In der Tat ging es für die meisten der jüdischen Männer nun ins KZ Dachau. Fast zeitgleich erfolgte die Sprengung der Synagoge.

Das Pogrom drang nicht ins Tegernseer Tal, aber nur weil hier keine jüdischen Bürger wohnten. Daher vermerkte die „Tegernseer Zeitung" in einer kleinen Notiz lediglich den geschlossenen Marsch von SA und Hitler-Jugend zur Kriegerkapelle Egern, wo Ortsgruppenleiter Winkler einen prächtigen Kranz für die Gefallenen niederlegte. Die Titelseite am 9. November wiederum lautete: *"Das Weltjudentum ist angeklagt. Überall Abscheu vor dem jüdischen Verbrechen".* Emmel konnte kaum glauben, was ihre Mutter in einem Brief über die Vorfälle in Landau mitteilte. Von einigen der Mitschülerinnen kamen ähnliche Berichte, in denen die Täter-Opfer-Rolle ebenso verdreht war.

Der Winter kehrte in Rottach ein. Emmel erlebte eine langanhaltende, weiße Pracht. Ungewohnt, denn in der Pfalz hielt sich der Schnee nur kurze Zeit. Skilaufen gab es so gut wie gar nicht, höchstens Rodeln. Die beste Piste verlief gerade mal dreihundert Meter von Nußdorf, die „Hohl" hinunter nach Landau. Aber das war lächerlich. Je länger der Dezember dauerte, desto mehr plagte sie die Sehnsucht nach daheim. Nicht anders ging es den Mitschülerinnen. Alle wollten zum Christfest bei ihren Lieben sein. Selbstverständlich gab es Weihnachtsferien. Die Feiertage verbrachte Emmel im Kreise der Familie, erlebte eine wunderbare Bescherung, traf einige Freundinnen, spielte mit Bruder Karl, frei vom Druck des Töchterheimes. Schnell nahten Abschied und Rückkehr ins tief verschneite Rottach.

Dort erschien zum Jahresbeginn 1939 eine neue Schülerin namens Gretel, Tochter des Bremer Kaufmannes und Gründers von EDUSCHO Eduard Schopf. Dieser hatte in den 1920er Jahren als Einmannbetrieb einen Direktversand von Kaffee, Kakao und Tee gestartet mit der Geschäftsidee, „röstfrischen Kaffee in jeden Winkel Deutschlands" zu liefern. Es gelang fulminant und erfuhr treffliche Ergänzung durch eine Kaffeegroßrösterei. Auf dem Gipfel des wirtschaftlichen Erfolges ereilte den Einundvierzigjährigen plötzlich der Tod. Beim Baden im Frühsommer 1935 in einem See bei Bad Segeberg erlag er einem Herzinfarkt. Seine Frau Friedel übernahm den Betrieb. Sohn Rolf katapultierte ihn nach Kriegsende in ungeahnte ökonomische Höhen. Die Witwe meldete nun ihre knapp sechzehnjährige Tochter im Töchterheim an. Die Idee fand schnell Korrektur, denn bereits am Ostersamstag 1939, dem 8. April, verabschiedete sich Gretel von den zum Teil weitaus älteren „Töchtern", um nach Bremen in die Großgörschenstraße zurückzukehren.

„Tischkultur" stand in den ersten Stunden des neuen Jahres auf dem Plan. Frau Schneider referierte ihr Lieblingsthema: „Jede Mahlzeit hat eine musikalische Atmosphäre. Sie drückt sich im lebendigen Durcheinander von Gesprächen, Lachen, aber auch dem sanften Klang von Glas, Porzellan und Metall aus. Es sollte leise bleiben. Lautes Klappern verrät keine besondere Geschicklichkeit! Manches Geschirr ist schon aus der Hand oder vom Tablett gefallen. Aber noch keine Serviermeisterin vom Himmel. Daher, meine Damen, geben Sie sich Mühe, dem Ideal nahe zu kommen."

Es folgten Benimmregeln: Die Finger nicht durch den Henkel der Tasse stecken, das Weinglas immer am Stil, nicht Kelch anfassen. Klöße nicht mit dem Messer, sondern der Gabel zerteilen. Der Theorie folgte die Praxis nebst ständigen Korrekturen: „Fräulein Marianne, weder Ellenbogen noch Unterarme gehören beim Essen auf den Tisch. Liebe Ilse, Rücken gerade halten. Hier nehmen Sie mal das Exemplar der „Tegernseer Zeitung", die klemmen Sie sich jetzt zwischen die Achseln." Ilse reagierte verdutzt. „Ja, richtig gehört. Na, dann los." Sehr komisch, dies Experiment. Die anderen jungen Damen fingen an zu glucksen. „Da gibt es überhaupt nichts zu kichern. Alle hinschauen. In dieser Haltung sitzt eine Dame vor einem gedeckten Tisch! Die Zeitung dient selbstverständlich als Anschauungsmittel. Die müssen Sie sich in Zukunft denken."

Fasching nahte. Am 19. Februar 1939 zog es die Mädels des Töchterheims in tiefem Schnee hinauf zur Piste am „Sonnenbichl". Die Skiläufer des Tegernseer Landes gestalteten vor mehr als dreihundert Zuschauern eine zünftige Faschingsgaudi. In der vorherigen Nacht schlichen Narren in Vorgärten von Häusern, um Gartentüren, Zaunteile oder Holzkisten zum Aufbau ihres „großen Völkertorlaufes" mitzunehmen. Die gesamte Abfahrtsstrecke steckten sie dann sorgfältig mit dem Gerümpel ab. Auch das Publikum kam in Faschingskostümen, Emmel als „Ungarmädel". Die anderen „Töchter" trugen bunte Kopftücher, Zylinder oder Federn am Paillettenstirnband. Die Einheimischen missachteten jede Kleiderordnung und unterliefen geschlechtsspezifische Gesichtspunkte. Ob Großmütterchen, Almbäuerin, Holzknecht, Schulmädchen mit Ranzen auf dem Buckel, Gentleman oder Miss, genauso standen sie auf Skiern und schlängelten unter lautem Gejohle die Slalomstrecke hinunter. Zusätzliche Attraktion boten *„Zulukaffer oder sonstige Neger mit Bastrock kostümiert und braun angemalten Gesichtern"*, wie tags darauf die „Tegernseer Zeitung" berichtete. Es entsprach der xenophoben Seite des Faschings und bediente die Geisteshaltung der Nazis.

Das Frühjahr nahte, und Emmel fand nun besser Anschluss. Die jungen Frauen ließen sich viel einfallen, um der Alltagsroutine zu entgehen. Bei Geburtstagen schminkten sie sich, was eine deutsche Frau eigentlich nicht tun sollte. Sie pellten sich in feinste Garderobe, denn alle hatten, warum auch immer, ein Abendkleid dabei. Das machte umso mehr Spaß, weil Rosemarie eine Fotokamera besaß und alles aufnahm: Das Strahlen, Posieren, Umarmen, Landschaft und Umgebung.

Mitte Mai führte ein Wandertag zum „Riederstein-Kircherl". Vom See aus sieht man die winzige Wallfahrtskirche in 1207 Meter Höhe auf einem hohen, weißen Kalksteinfelsen aus dem Wald ragen. Direkt darunter steht das „Berggasthaus Riederstein", die Galaun-Alm. Im Winter ging es zum Rodeln hin. Nun stand gemütliches Bergwandern bis zum Kapellengipfel an, wie es die Heimleitung nannte. Die Überwindung von fünfhundert Höhenmetern brachte die jungen Frauen gehörig ins Schwitzen. „Nur nicht schlappmachen, ihr Grazien. Ihr brauchts noch ein wenig Kraft. Jetzt kommt der Kreuzweg mit seinen 500 Stuferln und vierzehn Stationen. Wir machen an der Grotte Pause." Hinten in der Nische kauerte eine Rosenkranz behangene Madonna. Kein Tröpfchen Schweiß perlte der Turnlehrerin über die Wange. Stattdessen ein breites Grinsen. Fräulein Christl stammte aus dem Tal und war dem Bayerischen sehr zugewandt. Sie erzählte den Schülerinnen, was hier Schauerliches stattgefunden hatte:

„Wir schreiben das Jahr 1897. Der Wegmacher namens Bergmaier war genau an diesem Abschnitt mit Ausbesserungsarbeiten beschäftigt. Seine Schaufel stockte. Vorsichtig grub er weiter und nach zwei Aushebungen bestanden keine Zweifel mehr, er war auf Teile eines menschlichen Skeletts gestoßen. Unbeeindruckt sammelte er alles ein und steckte es samt Schädel in seinen Rucksack. Zum Feierabend traf er sich mit Kumpanen im Tegernseer Bräustüberl. Nach der dritten Maß packte der Bergbauernbub seine Fundstücke aus und legte sie auf den Wirtshaustisch. Ein ohrenbetäubendes Geschrei begleitete den Akt. ‚Jetzt seids halt mal stad. I hob den Schiedler Hartl von Quirin gfundn!' Es handelte sich tatsächlich um Überreste des Wildschützen Leonhard Pöttinger, der im Jahre 1861 auf der Flucht vermutlich von einem Förster und seinem Jagdgehilfen erschossen worden war. Die Täter hatten eine falsche Spur gelegt, indem sie den Hut des Opfers in gehöriger Entfernung am Wallberg wegwarfen. Die gerichtsmedizinische Untersuchung anhand der Zähne verwies zweifelsfrei auf die Identität des Toten. Den Mördern kam man nicht auf die Schliche. Sie müssen sich aber vorm Jüngsten Gericht verantworten. Dafür wird unser Herrgott schon sorgen. Der Grabstein mit dem Kreuz drauf in der Gruft erinnert an die gruselige Geschichte."

Stufe um Stufe stieg man anschließend hinauf zur Kapelle, wo sich ein herrlicher Ausblick auf das Tal bot. Die streng katholisch erzogene Hilde aus Werl in Westfalen zog es vor, länger in dem winzigen Kirchlein zu verweilen. Auf Anfrage ihrer Mitschülerinnen, was es denn so Interessantes in dem kleinen Raum gegeben habe, antwortete sie verklärt: „Wenn ich schon mal hier oben und dem Herrgott näher bin, dann will ich diesem auch danken. Selbstverständlich habe ich ein Kerzlein entzündet und bin ins Gebet versunken." Sogleich ging es hinunter zum Riederstein-Gasthof zur Brotzeit. Unterwegs schubste Lucie grinsend Emmel an: „Ach Gott. Was mänscht denn jetzt zu unserm heilige Hildche. Awer wenn die zu uns noch Schifferstadt käm, do wär se dem Herrgott gar nid so nah, weil unser aldi Sankt Jakobus Kärch ach uffm Bodde gebliewe is, wie die ganz Rhei Ebene." Lucie, Tochter eines erfolgreichen Kleinstadtgeschäftsmannes – Kohlenhandel, Tankstelle, Gaststätte –, gehörte zum „Club der Pfälzerinnen" und sorgte mit ihrem Humor für Gelächter. Angekommen, bestellte Emmel „ihren" Apfelstrudel mit Vanillesauce. Süßes mochte sie, weil zu Hause Fleischiges und Wurstiges den Alltag dominierte. Schniggel dagegen orderte einen Wurstsalat mit Brezn.

Je mehr die Zeit auf den Sommer zulief, desto vielfältiger die Aktivitäten in der Bergwelt. Fast alle Wochenenden ging es zu einer der umliegenden Alm- oder Wanderhütten. Größere Unternehmungen führten zum Königssee über Schönau samt einer Schifffahrt vom Bootssteg Seelände nach Sankt Bartholomä mit der gigantischen Watzmann-Ostwand dahinter. Frau Schneider erklärte ihren Schülerinnen vor dem Ausflug die einmalige Lage des Sees, der tief eingekeilt von Gebirge umgeben ist. „Auch die sportlichsten unter Ihnen brauchen sich keine Illusionen zu machen, den See am Ufer entlang zu umrunden. Das geht nicht; ein Großteil der Felswände ragt direkt in das Wasser hinein. Es erwartet Sie aber sicher eine Überraschung bei der Überfahrt." Diese kam bei Emmel und ihrer Gruppe gar nicht gut an, denn die Böllerschüsse, welche ein vielfaches Echo erzeugten, donnerten ihnen zu laut. Dem Bootsführer entging der Unmut nicht, weshalb er sich charmant an seine Passagiere wandte: „Mir können nicht nur böllern. Sondern haben's auch mit der Musik. Daher spiel ich Ihnen eine Zugabe auf meiner Trompete." Sanft schallten nun gegen die Felswand kurze Melodiefolgen. Sie hallten prompt zurück. Klatschen – und auch das hörte man erneut.

Ende Juli besuchten die Eltern Martha und Ludwig während ihres Bayern-Sommerurlaubs die Tochter in Rottach. Im Gasthof Lindl bezogen sie ein Doppelzimmer mit fließendem Kalt- und Warmwasser. Übers verlängerte Wochenende von Donnerstag bis Sonntag buchten sie Halbpension. Spaziergänge am See, eine Wanderung zur Wallbergmoos Alm und die Schifffahrt über den See gehörten zum Programm. Hier tummelten sich zur Hochsaison unzählige andere „Luftschnapper", wie hiesige Maler und Schriftsteller die Sommerfrischler nannten. In den Urlaubstagen jagte ein Fest das andere. Einer stimmungsvollen Serenade im Kurgarten folgte der Heimatabend im proppenvollen „Tegernseer Hof"; Rottacher „Trachtler" und die Trachtengemeinschaft „Wallberger" feierten im Überfahrtssaal ihr fünfzigjähriges Bestehen.

Auf ihrer Seerundfahrt beim Anlegen des Dampfers in Gmund erlebten Martha und Ludwig mit Tochter Emmel eine zünftige Blechmusik. Sie staunten über die bunte Zuschauerschar und deren Kleiderordnung. Bei den Männern oder Burschen überwogen kurze Lederhosen, karierte Hemden, Joppen und Hüte. Darunter sogenannte Scheiblinge mit dreifacher Reiherfeder, der Roagaspitz. Junge Frauen trugen Dirndl, die älteren meist einen Hut dazu. Das urwüchsige Aussehen, wie überhaupt Sitten und Gebräuche, die Traditionen der Einheimischen gefielen den dreien. Sie amüsierten sich über den Schuhplattler-Auftritt einer Gruppe im „Tegernseer Braustüberl" samt Jodeleinlagen. Während einer Unterhaltung mit Tischnachbarn fiel ihnen auf, dass beide Ehepaare in Bayern-Kluft heftig berlinerten. Ja, einige Kurgäste aus anderen Regionen Deutschlands wollten gern ganz dazugehören und an den einheimischen Traditionen teilhaben. Nicht alle mochten in eine Tracht investieren, dann reichte das Leihkostüm vom Fotografen, der einen Schnappschuss im Alpenoutfit erstellte.

Auf der Terrasse beim „Lindl Gasthof" erzählten die Eltern Emmel, dass es nichts Neues aus Landau zu berichten gäbe. Nur der Berufungsprozess gegen den jüdischen Wein- und Spirituosenhändler Emil Mai, der in großem Stile Destillate verpfuscht und als französischen Weinbrand deklariert hätte, zögere sich immer länger hinaus. Das beschäftige viele Leute, besonders die Winzer und Weinkommissionäre. „Aber der wird seine gerechte Strafe erfahren", war Mutter Martha überzeugt. Emmel interessierte es kaum. Eher was Bruder Karl treibe und einige ihrer ehemaligen Schulfreundinnen. „Der Karlemann macht sich jetzt ganz gut in der Schule. Sein Lehrer sagt, er könnte im nächsten Jahr zur Fortbildungsanstalt nach Speyer. Aber das passt ihm gar nicht." Ludwig sah Martha an: „Lass den Buben doch erst mal in Ruhe machen. Für mich wärs besser, er würde unser Handwerk lernen. Aber Frau Reiss schwebt immer in höheren Regionen. Also, Emmele, im Moment ist er mit der HJ im Dahner Felsenland unterwegs. Am Sonntag kommt er retour." Pikiert fiel Martha nun ein, dass ihre Tochter zum Abendbrot ins Heim müsse.

Schlecht gelaunt nahmen sie hinterher eine bayrische Brotzeit im Gastraum vom „Lindl". An ihrem Tisch gab es zwei freie Plätze. Ein gleichaltes Paar in Trachtenjanker und Dirndl fragte höflich und mit unverkennbar bayrischem Dialekt an, ob man sich dazu setzen dürfe. Unisono kam ein „Aber freilich". Aus Lohbichl seien sie, gerade mal eine halbe Stunde Fußweg entfernt und wollten mal wieder im Wirtshaus einkehren. Xaver, bei der hiesigen Forstwirtschaft beschäftigt, und seine Frau Rosi, den Hof mit versorgend, legten redselig los. „Bayern Pfalz – Gott erhalts", stimmten die Vier schnell an. Sie ließen es sich gut schmecken. Weißbier, Frankenwein, Stamperln, diverse Wurst- und Käsevariationen. Der Obazda kam besonders gut an. Ludwig erläuterte: „Bei uns in der Pfalz nennen wir den Liptauer. Er wird genauso wie bei euch mit Camembert, Butter, Frischkäse, Zwiebeln, Pfeffer, Paprika und Kümmel angemacht. Nun gut, Bier verwenden wir nicht dazu." Über alles Mögliche plauderte das Quartett.

„Jetzt spendier ich eine Runde und obendrein was zum Lachen." Xaver schwebte in höchster Geselligkeit. „Wart ihr schon mal auf dem Oktoberfest? Ach, der Ludwig schon. Also, ich erzähl euch jetzt eine schöne G'schicht darüber: Ein Mann namens Ambrosius Feichtenpelzer und seine Frau Portunkula sitzen bei beginnender Dunkelheit am Biertisch auf der Festwiese. Vier Maß und ein Brathendl hat Ambrosius intus. Jetzt kommt die Maß zum Abgewöhnen, sagt er und schwärmt von einer Laura, die angeblich öfter mit ihm an diesem Tisch gesessen hätte. ‚Des wär grad wie ein Rossgeräuchertes im Zucker gesotten', giftet Portunkula. ‚Du bist eine gscherte Vorstadtamsel, die wo keine Phantasie hat', gellt es zurück. Da erscheinen zwei hübsche junge Damen und setzen sich an den Tisch. Ambrosius ist höchst angetan. ‚Das g'freit mi Freileins, kommens nur her, meine Alte ist sowieso eingefroren. Wissens, es ist ein Kreuz für uns Männer in den besten Jahren, wenn man so etwas mitschleifen muss.'

Daraufhin stößt Ambrosius mit den Damen an und rückt seinen Stuhl näher zur Nachbarin. ‚Noch mal Prost Freilein!' Als er den Krug nehmen will, fällt dieser, von der Hand seiner Frau recht unsanft in Bewegung gesetzt, um. Der Inhalt fließt schneller, als man denken kann über das Kleid des Fräuleins. ‚So, jetzt kannst das Flitscherl trockenlegen. I geh.'"

Schallendes Gelächter, aber in Martha rumorte es. Die derbe Geschichte spiegelte ihr Ehedrama wider. Aller Tölpelhaftigkeit zum Trotz.

Im Nu verstrichen die Besuchstage der Eltern. Emmel erwartete im Internat eine sensationelle Abwechslung. Direkt um die Ecke in Sichtweite des Balkonzimmers konnte sie den Garten des berühmten Schauspielers Willy Birgel einsehen. Kürzlich vorübergehend eingezogen. Im Frühjahr startete sein neuester Film „Hotel Sacher", in dem er in einer Hauptrolle den österreichischen Beamten Stefan mimte, der sich in die Russin Nadja verliebte und in Verdacht geriet, ein Spion zu sein. Welch ungewöhnliche prominente Nähe. Selbstverständlich wollten die jungen Frauen gern eine persönliche Kontaktaufnahme herstellen.

Am 8. August um Viertel nach zwei Uhr schritt Birgel aus dem Haus. Davor eine Schar von Internatsschülerinnen, alle Blöcke oder Papier bereit, um ein Autogramm zu ergattern. Der Star reagierte charmant und gelassen auf die hibbeligen Bittstellerinnen. „Nur keine Eile, die hübschen jungen Damen. Ich schreibe Ihnen gern einen netten Gruß auf." Auf die Idee, ihr Poesie-Album dafür zu verwenden, kam Emmel nicht. Stattdessen legte sie einen Notizblock vor, auf dem sonst allerlei Vermerke für Erledigungen standen. Immerhin konnte man die Blätter abtrennen. Das tat sie und bewahrte das Autogramm in einem Fotoalbum auf. Sehr zur Freude ihrer Freundinnen und irgendwann in den sechziger Jahren auch ihrer Kinder.

Anfang August verfolgten Landauer Bürger das Ende des Berufungsverfahrens von Emil Mai. Die meisten boshaft und voller Hass. Das Gericht verwarf die Berufungen der Staatsanwaltschaft und der Verteidigung. Es bestätigte das Urteil wegen Vergehens gegen das Weingesetz und Betruges vom 26. Oktober 1938: zwei Jahre und sechs Monate Gefängnis, 100 000 RM Geldstrafe. Prozess und wohlhabender Angeklagter passten den Nazis zum Zelebrieren ihres Antisemitismus gut ins Bild. Mai war keinesfalls der Einzige, der solche unsauberen Geschäfte machte. Aber er galt als Zielperson, die in kurzer Zeit ein Millionenvermögen erworben hatte. Ein „jüdischer Schacherer und Raffer", besonders durch Betrug zu Reichtum gekommen – wie es propagandistisch hieß.

Während Emil Mai seine Strafe im Gefängnis Frankfurt-Preungesheim absaß, arisierte die „Saarpfälzische Vermögensverwertungsgesellschaft" sein beträchtliches Eigentum: drei Wohnhäuser, Weinkeller, Autohalle, Magazinräume, Lagerhallen und Fassschuppen. Die Firma definierte ihren Geschäftszweck mit der Übernahme, Verwertung und Verwaltung jüdischer Vermögenswerte aller Art. Sie unterstand der Gauleitung Saarpfalz der NSDAP, hatte zu dieser Zeit über fünfzig Landauer Immobilien „übernommen" und an „Arier" verramscht.

Spätestens seit der Landauer Reichspogromnacht sank alle Hoffnung auf ein gedeihliches Weiterleben in der jüdischen Gemeinde. Man wollte nur noch weg. Fast die Hälfte der ehemals vierhundert Bürger verzog. Den besser gestellten unter ihnen raubte man mit perfiden Methoden ihr Eigentum. Immer schikanösere Erlasse und Sanktionen flatterten in Amtsstuben, wo der Gummistempel mit Hakenkreuz und Reichsadler aufs Papier krachte: Judenvermögensabgabe, Verfügungsbeschränkungen über Bankkonten, Reichsfluchtsteuer, Sühneleistung für das Pariser Attentat, Auflösung von Betrieben, Verbot des Erwerbs und Verkaufs von Schmuck, Edelsteinen, Kunstgegenständen. Eine Ausreisegenehmigung zu erhalten, schien unmöglich. Nur ganz wenigen gelang die Auswanderung, also Flucht. Im neuen Land waren sie dann ohne Vermögen.

Unter diesen Umständen schien die Situation für Emil Mai aussichtslos. Trotzdem monierte er die Übernahmemodalitäten der „Saarpfälzischen Vermögensgesellschaft" mit einigen Anfragen aus der Haftanstalt. Niederschmetternd die Antwort im Schreiben aus Neustadt/Weinstraße vom 21. Oktober 1939: *„Ihre Mitteilungen beruhen auf irrigen Voraussetzungen. Diese Rechtslage ist für Sie und uns verbindlich, und Sie wollen Ihr jüdisches Gezeter bei Ihren Rassegenossen anbringen und uns mit weiteren Zuschriften dieser Art verschonen. Wir sind keine Juden, die drehen und wenden, wie sie es brauchen, sondern wir wissen, was Recht ist."* Seine Frau Isabella, geborene Wolff, versuchte einstweilen alle Möglichkeiten für eine Auswanderung auszuloten und besorgte Dokumente aus Straßburg, welche die französische Staatsangehörigkeit mütterlicherseits von Emil Mai auswiesen. Diese erhielten keine Anerkennung, wie die Polizeibehörde Landau am 31. Januar 1940 schriftlich mitteilte: *„Nach dem Erlass des Herrn Reichsministers des Innern vom 2. Januar 1940 bestehen keine Bedenken, Emil Mai, ungeachtet der gegenteiligen französischen Stellungnahme, als deutschen Staatsangehörigen anzusehen. Eine Entlassung aus der deutschen Staatsangehörigkeit kommt unter den gegenwärtigen Verhältnissen nicht in Frage."*

Der Antrag zur Auswanderung scheiterte wegen des fehlenden Passes von Emil Mai, den dieser erst nach seiner Entlassung am 7. März 1941 hätte beantragen können! Der Krieg verschlimmerte die Konstellation. Isabella Mai entkam dem Inferno und überlebte. Emil Mai deportierten die Nazis nach Lublin. Die Todesmeldung trägt das Datum 8. Mai 1942.

Emmel und Harry Liesigk bei ihrer Hochzeit, 12.März 1944

Hochzeitsfeier der Familie Liesigk in Lichterfelde bei Jüterbog – Zweite Reihe, von unten, ganz links Maria und Hermann Liesigk, 1914

Witwe Petzold (rechts) mit ihren acht Kindern. Stehend erste von links Maria, die Mutter von Harry Liesigk, etwa 1910

Stadtansicht von Plauen – Postkarte, vor 1914

Hermann Liesigk mit dem zweijährigen Sohn Harry, 1914. Rechts: Dirigent (Mitte) und Musiker des Stadtorchesters Plauen mit Hermann Liesigk (vorne rechts), 1926

Hermann Liesigk steht links vom Dirigenten, 20er Jahre

„Zum Andenken an das letzte Schuljahr" – *In der dritten Reihe von unten, dritter von links: Harry Liesigk mit Krawatte und weißem Hemd, Februar 1927*

Stadtorchester Kötzschenbroda mit Musikdirektor Wilhelm Laudel – Vorne links, als erster in der Geigenspieler-Reihe sitzt Harry Liesigk, 1929

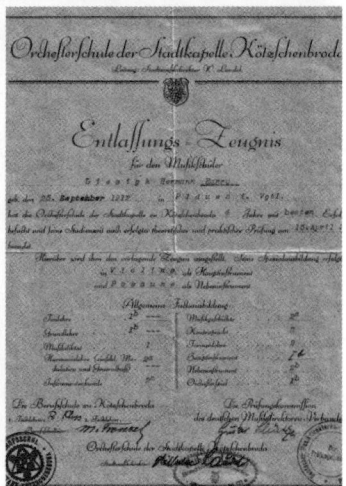

Sinfoniekonzert im „Heiteren Blick" – Handzettel, 1930. Rechts oben: Meldung im „General-Anzeiger Kötzschenbroda", 1931. Entlassungszeugnis für H. Liesigk, 15. April 1931

Emmel Reiss im ersten Schuljahr, 1928. Rechts: Schulabschluss in der Maria-Ward-Schule Landau. Obere Reihe ganz rechts steht Emmel Reiss, 1938

Familienfoto anlässlich Karls (Karlemann) Konfirmation, 1939 – Vorne: Großeltern Salomea und Georg Reiss. Dahinter von links: Karl, Eltern Martha und Ludwig, Emmel Reiss

Brüder im Ersten Weltkrieg. Von links: Karl Reiss (im Februar 1917 gefallen), Ludwig und Richard (Landsturmrekrut). Unten rechts: Emma Reiss, die Tante von Emmel, mit ihrem Mann Wilhelm Pfaffmann und Tochter Martha, 1939. Links: Verlobung von Martha Übel und Ludwig Reiss, 1920

Metzgerinnung Landau – Links mit Hackbeil Ludwig Reiss, 1923. Oben; Martha und Ludwig Reiss' Metzgerei und Wirtshaus im bayerischen Miesbach, 1924/25

Die Übel-Kinder: Martha, Barbara (Bawettel) als junge Frauen, Susi, Anfang 1970 (oben von links). Darunter Anna (USA) mit ihren Enkeln, 1961, und Ludwig, stehend in der Mitte (zweiter von links), Anfang 1960. Es fehlt Karl Georg.

Pfälzer Weinlandschaft, 2019

Georg Reiss, der Bürgermeister von Nußdorf. Rechts: Wilhelm Übel, genannt „Mannemer Unkel", etwa 1932

Konfirmation von Robert Geyer im Elsass – Von links ab der dritten Person: Ludwig Schoppe, Charles, Robert und Karoline Geyer, Ludwig, Martha und Emmel Reiss sowie Tilly Geyer, unbekannt, 1938

Karlemanns Konfirmationsgesellschaft mit der großen Verwandtschaft auf dem Balkon der Metzgerei, 1939

Die Metzgerei Reiss in Landau Ende der 1930-er Jahre

Harry Liesigks Reichswehr-Musikkorps des 21. Infanterie Regiments Nürnberg mit Obermusikmeister Gaul an der Spitze beim Üben in Grafenwöhr, Juli 1935

Musikkorps unterwegs auf Konzerttour – Musiker erkennbar an den weißen sogenannten „Schwalbennestern", eine Uniformzusatzkennzeichnung auf der Schulter, 1936

Löwendenkmal von 1936 in Landau, 2014   *Teilansicht der Landauer Festhalle, 2014*

Mit Marschgetöse Umzug des Infanterie-Regiments 21 (später 104) von Speyer nach Landau, Oktober 1936

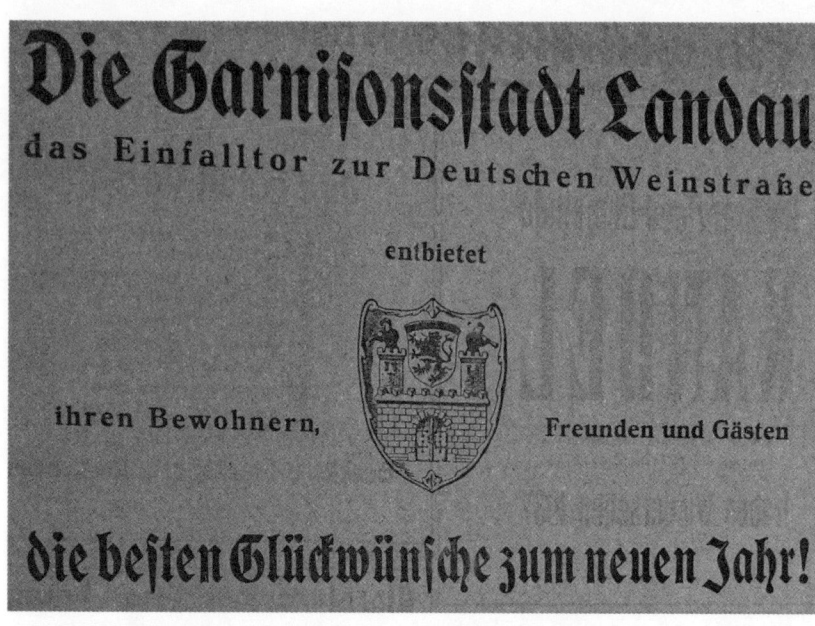

Garnisonsstadt Landau – Inserat im „Landauer Stadt-Anzeiger", 31. Dezember 1936

Metzgerinnung in Landau mit erkennbarem NS-Brimborium, etwa 1935

Winterolympiade – Ansichtskarte, von Harry Liesigk an seine Eltern gesandt, 1936

Olympia Erinnerungsbuch als Geschenk für die Mitgestalter – Titelseite. Rechts: Seite aus dem Olympia Erinnerungsbuch mit Flagge und Panorama von Garmisch-Partenkirchen, 1936

Programmheft zu den 11. Olympischen Spielen in Berlin 1936, Titelblatt. Rechts und unten links: Musikproben im Olympiastadion, 1936. Unten rechts: Käthe Krauß nach ihrem Staffelpech

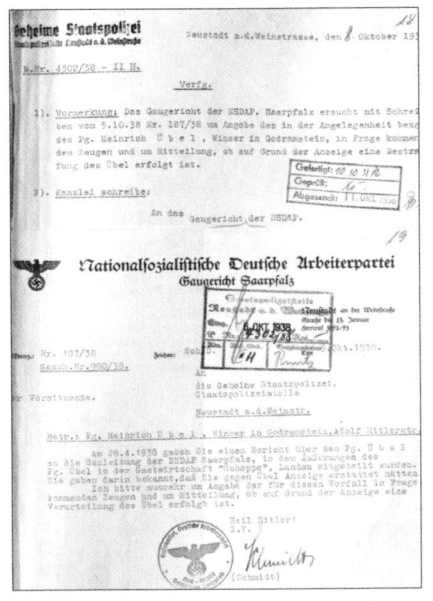

Seite aus der Gestapo-Akte von Heinrich Übel, Neustadt/Weinstraße, Oktober 1938. Rechts oben: „Feind hört mit"- Aufruf im „Landauer Stadt-Anzeiger", 1943. Unten: Ort des Geschehens: „Gaststätte zum Blumenkorb" in Landau, 1920er Jahre

Judenhetze auf dem Landauer Paradeplatz, 1933. Rechts: Brennende Synagoge in Landau, 9. November 1938. Unten: Fastnachtsumzug – „Jüdisches Schutzkorps", dargestellt von Wehrmachtsangehörigen, 1938

Emmel Reiss – Gemälde von Hermann Croissant (1,40 m x 1,20 m), 1940

Frühjahr 1939 in Rottach. Oben: Emmel Reiss rechts. Darunter links: Wäschekorb tragend mit ihrer Freundin „Schniggel". Oben rechts: Prospekt des Töchterheims Rottach, 1938. Unten: Emmel (Mitte) am Tegernsee, Sommer 1939

Reichsarbeitsdienstlager Nimlau in Mähren – Aufstellung vor der Hauptbaracke mit Emmel Reiss (dritte von rechts), 1941

Arbeitseinsatz von Emmel (rechts) bei der Ernte auf einem Weizenfeld, Sommer 1941. Rechts: Abschiedsfeier mit Emmel (ganz rechts in schwarzer Kostümjacke), Februar 1942

Soldaten von Harry Liesigks Musikkorps im Krieg gegen Frankreich in einer zerstörten Stadt, 1940

Schwarze Soldaten der französischen Armee in deutscher Kriegsgefangenschaft, 1940

Harry Liesigk mit dem Musikzug 104 im Einsatz beim Afrikakorps – Probe in der libyschen Wüste, 1941

Panzer des Afrikakorps im Gefecht – Foto eines Kameraden, 1941. Rechts: Begräbnis von Ludwig Erkenbrecher, Angehöriger des Musikkorps 104 – Gefallen vor Sidi Rezegh, 3. Dezember 1941

Gruppenfoto des 2. Musikmeisterlehrgangs im Hof der „Staatlichen akademischen Hochschule für Musik", Berlin-Charlottenburg, Fasanenstraße 1, mit Harry Liesigk (sitzend, zweiter von rechts; schräg links dahinter sein Freund Bernhard Urner, Herbst 1943

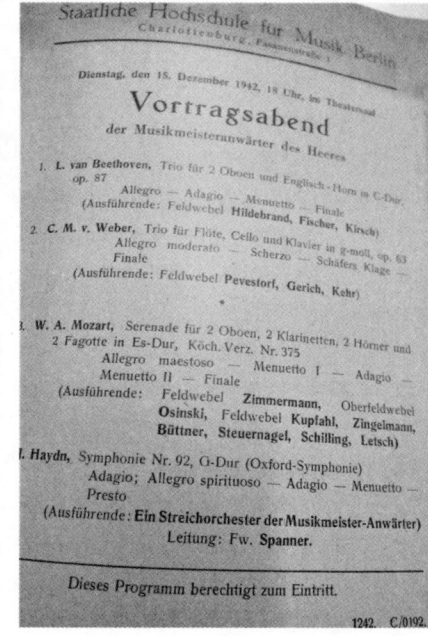

Eingang zur Musikhochschule Berlin, 2015. Rechts: Einladung zum Vortragsabend der Musikmeister-Anwärter, Dezember 1942

Hochzeitsfeier in der Landauer Festhalle – Vorne Musikoberinspizient Prof. Hermann Schmidt mit Maria Liesigk (links) und Susi Übel (rechts). Im Hintergrund das Brautpaar Emmel und Harry Liesigk mit den Gästen, März 1944

Siegesparole im „Pfälzer Anzeiger", 30. Dezember 1944. Rechts: Das umgebaute und zum Wohnhaus erweiterte „Häusel" in Nußdorf, 2014. Mitte links: Karl Reiss mit Mutter Martha im Lager Bitsch, Mai 1944. Mitte rechts: Auf der Terrasse des „Häusels" – Von links: Emmel Liesigk, Martha Reiss, Frau Stürz, Barbara Weidmann und (davor) Lorle und Ursula Weidmann, Sommer 1944

Weinberge mit der Wallfahrtskapelle „Kleine Kalmit" bei Landau, 2011

Ansichtskarte von Nußdorf mit dem Geschäftshaus von Eduard Übel (links oben), dem Kriegerdenkmal (darunter), der Hauptstraße (rechts oben) und dem alten Schulhaus, etwa 1940

Rathausplatz Landau mit dem Reiterstandbild Prinzregent Luitpold, 1930

Marktstraße in Landau mit dem Eingang zur Stiftskirche, 1935

Teilansicht der zerstörten Königstraße in Landau. Rechts: Die zerbombte Metzgerei Reiss in der Mitte des Trümmerfeldes, 1945

Zwangsarbeiter in der Metzgerei Reiss, Landau 1944

Blick von der Metzgerei auf die Landauer Trümmerlandschaft mit der Stiftskirche im Hintergrund – Gemälde von Hermann Croissant, 1945

Die wieder aufgebaute Metzgerei Reiss in Landau, 1959

Claus (im Kinderwagen), betreut von Wolfgang und Bärbel Liesigk. Rechts: Annette und Silvia Reiss mit Claus Liesigk im Landauer Zoo, 1960. Mitte links: Emy und Karl Reiss auf Urlaubstour zum Walchensee, 1952. Mitte rechts: Osterfeier mit Wolfgang und Claus Liesigk, Georg Hatzenbühler, Robert Weidmann und Bärbel Liesigk. Oben links: Harry Liesigk als Dirigent der Landauer Faschings-Big-Band, 1951. Oben rechts: Combo von Harry Liesigk (hinten) im „Cercle Français" Münsingen, am Schlagzeug Fritz Flick, 1948

Hermann Liesigk als Geiger im Theaterorchester in Plauen/DDR, etwa 1955. Oben: Harry mit Emmel Liesigk (ganz links) und Töchterchen Eva beim Betriebsausflug des Versorgungsamtes Landau, 1966. Mitte links: Volksbuchhandlung in Zwickau, 1980. Mitte rechts: Wolfgang Liesigk zu Besuch bei den Großeltern in Plauen/DDR, 1960

Landauer Sinti Quintett beim Konzert im „Hotel Osterdeich" in Bremen – Von links: Mingolo und Oskar Weiss, Reinhardt, Cerano Weiss, Loto Winterstein, 1979. Rechts: Ausflug ins Elsass – Von links: Regina Liesigk, Horst Schmidt, Michael McColgan, 1970

Szene von der Hochzeitsfête: Regina und Wolfgang Liesigk in den Rheinauen von Worms – Links: Trauzeuge Frank Nonnenmacher, 1970

Im Zweiten Weltkrieg

Kriegsbeginn

Der Monat August 1939 bescherte den Menschen am Tegernsee wunderbare, warme Spätsommertage. Krachend donnerten ab und an schwere Gewitter vom Himmel herunter. So starke Unwetter gab es in der Pfalz selten. Emmel bekam heftig Angst. Viel größeres Unheil aber nahte am Freitag, dem 1. September, aus Berlin. Angesichts der zugespitzten politischen Lage beorderte Frau Schneider im Rahmen der Staatsbürgerkunde ihre Schülerinnen morgens um zehn Uhr in den Gemeinschaftsraum zur Rundfunkübertragung der Regierungserklärung Adolf Hitlers vor dem Reichstag. Der Führer begründete mit markigen Worten die deutsche Kampfhandlung: *„Polen hat heute Nacht zum ersten Mal auf unserem eigenen Territorium auch mit bereits regulären Soldaten geschossen. Seit 5.45 Uhr wird jetzt zurückgeschossen! Und von jetzt ab wird Bombe mit Bombe vergolten!"*

Die Heimleiterin verdeutlichte, dass dies tatsächlich Krieg bedeutete. Die Unruhe im Heim stieg im Verlauf der nächsten Tage beträchtlich. Ab sofort galt Verdunkelungspflicht wegen nächtlicher Luftangriffe. Sogenannte Bezugsscheine für Lebensmittel, Kleidung und Tabak wurden an die Bevölkerung verteilt. Besorgte Eltern fragten wiederholt telefonisch oder schriftlich an, wie der Unterrichtsbetrieb weiter gehen sollte. „Jetzt schreibt ihr euren Eltern, dass sicherlich schwierige Umstände eingetreten sind, aber man hier, so gut es geht, normal weiterarbeiten kann. Vor allem ist Rottach kein Kriegsziel eines Feindlandes." Frau Schneider wirkte nervös. Nicht ohne Grund. In Anbetracht der kritischen Situation beorderten die Eltern von Gretl Siebert ihre Tochter schon Anfang September zurück nach Trebbin in Brandenburg.

Aus Landau kam ein langer Brief. Emmel solle die noch knapp vier Wochen in Rottach durchhalten. Man spüre sehr den Kriegsbeginn, es gäbe auch hier Bezugskarten, Juden hätten Ausgehverbot und eine strenge Verdunkelungspflicht wäre angeordnet. Die Bevölkerung der nahen Grenzdörfer musste ihre Häuser räumen und nach Franken oder Schwaben ziehen. „Aber nun, mein liebes Emmele, habe ich eine schlechte Nachricht, du sollst uns nämlich bald wieder verlassen, weil laut neuem Gesetz ab sofort auch für dich Arbeitsdienstpflicht gilt. Wir müssen halt alle viele Opfer in diesen Zeiten bringen." Es traf sie wie ein Schlag ins Gesicht. Unter Tränen berichtete sie Schniggel und den anderen davon. Bestürzt wandten sich alle an Frau Schneider, welche die Richtigkeit der Aussage bestätigte. „Aber bis Sie, Fräulein Emmel und Ihr Jahrgang dran sind, dauert es einige Zeit. Also beruhigen Sie sich."

All diese Veränderungen und Bedrohungen tangierten die Erziehungsanstalt. Man versuchte sie weitestgehend auszuklammern. Das „Haustöchterjahr" neigte sich mit Prüfungen dem Ende zu. Am 1. Oktober lauschten die „Töchter" bei einer kleinen Abschlussfeier andächtig der Rede von Frau Schneider. „Lassen Sie sich nicht unterkriegen, denken Sie an Etikette und Ihre Haushaltskünste. Sorgen Sie für ein trautes, wohnliches Heim, verwöhnen Sie Ihren zukünftigen Mann, seien Sie Ihren Kindern eine gute und vorbildliche Mutter. Streben Sie nach dem Wahren und Schönen, nach Großmut und Werten auch in den nun schweren Zeiten." In Emmels Zeugnis zum hauswirtschaftlichen Lehrgang stand bei Kochen, Haushalt, Säuglingspflege und Handarbeit die Zensur „Gut". Für Wäschenähen, Schneidern und Werkarbeit ein „Genügend". Die Zensuren entsprachen in etwa ihrem späteren Wirken als Hausfrau.

Voller Freude fuhr sie zusammen mit Schniggel im Zug nach Hause. Natürlich ohne den Artikel der „Tegernseer Zeitung" über den ersten Toten des Zweiten Weltkrieges aus dem Tegernseer Tal zu beachten. „Auf dem Felde der Ehre gefallen." Es betraf den Kaufmannssohn Rudolf Gansl, einen fünfundzwanzigjährigen, jungen Mann, der bei Gefechten um Lemberg gestorben war. Als einziger Sohn sei er *„Freude und Hoffnung seiner Eltern"* gewesen, wie der Reporter es ausdrückte. Bereits der Vater hatte im Ersten Weltkrieg ein Bein verloren.

In Landau setzte man zeitgleich den ersten gefallenen Soldaten der Stadt bei. Unter Geläut der im vorherigen Weltkrieg gestifteten „Heldenglocke". Am letzten Wochenende des ersten Kriegsmonats verhängte das Sondergericht Kaiserslautern eine Todesstrafe gegen den achtzehnjährigen, nahe Leipzig geborenen Hans Hanke. Er hatte aus im Grenzgebiet evakuierten Häusern Kleidungsstücke, Werkzeuge und Gebrauchsgegenstände entwendet. Als „Plünderer" fiel er der kurz zuvor in Kraft getretenen Verordnung gegen „Volksschädlinge" zum Opfer.

Emmel kehrte beglückt ins Elternhaus zurück. Ihre Mutter testete sie in allen haushälterischen Herausforderungen, so gesehen eine Nachprüfung der Internatszeit. Die Wursttheke blieb ihr nicht erspart, sie musste arbeiten. Mit großem

Vergnügen nahm sie Kontakte zu alten Freundinnen auf. Der Krieg machte sich bemerkbar. Anfang Dezember bescherte die „Reichsfleischkarte" der Metzgerei Mehrarbeit. Der Chef musste sein Personal auf Abweichungen von angeführten Fleischrationen hinweisen: „Das ist kompliziert. Aber ich weiß um die Feinheiten. Aufgepasst. Ihr könnt nur fünfzig Prozent der Gewichtsmenge anrechnen bei Schweinsköpfen mit Ohr, allerdings ohne Backe. Fünfundzwanzig Prozent für Schweinekamm, Speerknochen, Bauchrippen, Rinder- und Kalbsköpfe, Spitzbeine, Schweineschwänze, Fleck und Schwarten. Und was habe ich vergessen? Schafsköpfe! So wie ihr. Das war ein Späßel. Ich schreibe euch alles andere auf!" Bei Fleck handelte es sich um die pfälzische, küchensprachliche Bezeichnung von Pansen oder Kutteln.

Im ersten Kriegswinter 1939/40 schneite es unaufhörlich. Anfang Februar 1940 versank Landau geradezu in der weißen Pracht. Im Gleichschritt schippten Mitarbeiter von Ämtern, Behörden und Betrieben sowie Soldaten oder Reichsarbeitsdienstler Gassen, Straßen und Plätze frei. Es folgte die Frühjahrsbekämpfung der Ratten mit Hinweis auf das Vermehrungspotential: „Ein Rattenpaar hat im Jahr 1 000 Nachkommen!" Am letzten Februarwochenende sollten, angeordnet von der Landesregierung, Giftköder ausgelegt werden. Emmel weigerte sich, diese in der benachbarten Drogerie zu kaufen. Martha unbeeindruckt: „Jetzt stell dich nicht so an. Für den Menschen sind die Meerzwiebelpräparate ungefährlich. Du kommst doch gar nicht in Berührung damit." Ludwig reagierte sensibler: „Lass das mal jemand anders machen. Du kennst doch den Ekel deiner Tochter vor diesen Drecksviechern." Sie schickten Hugo, den Lehrbuben, los. Er musste auch die Köder auslegen.

Gesprächsstoff beim Feierabendschoppen im „Bratwurstglöckel" bot die Verdunkelungspflicht. „Also, ich hänge alles zu, denn die Luftschutzwarte schauen in jeden Hinterhof. Und bei Verwarnungen soll's nicht bleiben." Eilfertig ergänzte der Dachdeckermeister: „Den Gerüchte-Flüsterern wird es wohl jetzt an den Kragen gehen. Aber da ist ja niemand von denen unter uns." Fast alle Stammtischbrüder droschen auf den neu erkorenen Hauptfeind, die Engländer, ein: „Nun hat England die Maske fallen gelassen. Der Weltverbrecher muss auf die Knie! Die wollen uns zum zweiten Male nach dem Schandvertrag von Versailles und dem Klau unserer Kolonien vernichten. Solche Kriegsverbrecher jagen wir zum Teufel!" Kaum verwunderlich die Sprüche, denn es verging fast kein Tag, an dem nicht irgendwelche gehässigen Notizen in der Zeitung gegen die Tommys standen. Der Englandhass, schon im Ersten Weltkrieg weit verbreitet, feierte fröhliche Urständ. Das Kriegsgeschehen sparte Landau vorerst mit Attacken aus. Die Mangelwirtschaft schlich aber in viele Haushalte. Die Schlachterei blieb gut aufgestellt, besonders durch das Beliefern der örtlichen Kasernen. Derart saturiert, erweckte selbst die Malerei das Interesse der einfachen Leute. Seit längerer Zeit gehörte Hermann Croissant, Sohn einer hugenottischen Künstlerfamilie, zum Kundenstamm. Der Liebhaber pfälzischer Wurstspezialitäten plauderte recht gern, besonders mit Martha. Schließlich kam ein Atelierbesuch der Metzgerfamilie zustande.

An einem Sonntagnachmittag im Wonnemonat Mai betraten sie das schmucke Anwesen „Im Löhl", am nordwestlichen Stadtrand von Landau gelegen. Der Künstler öffnete die Eingangstür – und sie glaubten, in einer anderen Welt zu sein. Überall standen kleine oder größere Figuren, Büsten, Vasen, Gefäße auf Tischen, in Vitrinen, Schränken, Bücherregalen. In der Mitte des großen Wohnzimmertisches thronte eine stattliche Schale mit Früchten. Auf einer Fensterbank ragten aus einer Porzellanvase violette-, weiße- und pinkfarbene Levkojen. Ihr Duft erfüllte den Raum. An den Wänden hingen in verschiedenen Größen Skizzen, Gemälde, Portraits. Das Staunen kannte keine Grenzen. „Sie sind ja ein begnadeter Maler. So wunderschöne pfälzische Landschaften. Diese farbenprächtigen Still-Leben. Ach, der bunte Blumenstrauß und überhaupt Ihre Ölgemälde." – „Na, Frau Reiss, lassen Sie mal die Kirche im Dorf. Es gibt viele große Künstler. Mein Lehrer, Herr Haueisen aus Karlsruhe, hat mir sehr genau das Handwerkliche beigebracht. Vorbilder sind für mich Vincent van Gogh und Paul Cézanne. Gut, mir liegt viel an Harmonie und Schönheit. Lassen Sie uns zusammen einen Kaffee auf der Terrasse trinken." Es gab Erdbeerkuchen. So viel Gastfreundlichkeit und Eleganz. Blicke in den parkartigen Garten steigerten die Stimmung. *„Jeden Baum habe ich selber gepflanzt und aufwachsen seh'n. Das ist mein Milieu, aus dem ich schöpfe. Ich will malen, was um mich lebt, und die Jahreszeit gibt mir dazu die Richtung. Mir ist ein Apfel ebenso interessant wie der Kopf eines Menschen. Beide sind ein Stück Natur, aus dem sich das Leben deutet."* Etwas viel auf einmal für die Metzgersleute.

Schließlich ging man zum Anlass des Treffens über: das Anfertigen eines Ganzkörperporträts von Emmel. Obwohl längst eingeweiht, zuckte sie angesichts der bevorstehenden Besprechung zusammen. Martha aber schwebte endgültig im Reich von Kunst und Noblesse. Geduldig erklärte der Meister seine

Intentionen. Ludwig steckte den monetären Rahmen ab. „Herr Croissant, es ist großartig bei Ihnen, und wir fühlen uns sehr geehrt. Von uns aus können Sie mit Ihrer Arbeit beginnen. Es kommt Ihnen sicher entgegen, neben der Zahlung einer festen Summe in diesen Zeiten mit wohlschmeckenden Fleisch- und Wurstwaren versorgt zu sein." – „Herr Reiss, Sie treffen mit Ihrer Überlegung genau die Umstände. Lassen Sie uns das so machen. Ihre Tochter darf jetzt auch mal lächeln. Wir werden uns schon verstehen."

Emmels Skepsis wich mit jedem Besuch im Hause Croissant. Sie saß mehrere Male in ihrem besten bordeauxfarbenen Rüschenkleid, frisch gelockten Haares auf dem Hochlehner Empire Stuhl des Künstlers Modell. Geduldig und freundlich erklärte er viele Zusammenhänge beim Malen und überbrückte das lange Sitzen durch unterhaltsames Plaudern. „Fräulein Emmel, ziehen Sie bitte zur nächsten Sitzung an jeder Hand einen Fingerring an und Ihr geschwungenes, zierliches Silberarmband. Legen Sie bitte die Hände entspannt übereinander. Die himbeerrote Stoffrose am Dekolleté ist ein belebendes Element. Es steht ganz im Einklang mit Ihrer ebenmäßigen Nase und dem wohl geformten Amorbogen der Lippen. Ich bin begeistert von Ihrem Gesichtsausdruck. Sie blicken fast fürstlich in die Welt. Aber ganz gewiss vornehm melancholisch." Sie musste lachen. In der Verwandtschaft hingegen machten Gehässigkeiten von wegen Prinzessin oder Großbürgertochter die Runde, was ihr peinlich vorkam. Mitunter fragte sie sich: „Warum muss ich hier so lang rumhocken, um dann riesengroß an der Wand zu hängen?" Manche Freundin hätte gern mit ihr getauscht. Am Ende schuf Hermann Croissant ein beeindruckendes Ölgemälde in den Ausmaßen von einem Meter vierzig auf einen Meter zwanzig. Anfang Juni 1940 dann eine Familienvernissage. Tante Bawettel flüsterte ihrer Schwester nach Enthüllen des Bildes im Art Deco-Rahmen begeistert zu: „Ach Marthärle, ihr seid jo jetzt richtige vornehme Leut."

Die Gegensätze hätten nicht größer sein können: Hier der vom Regime ermöglichte Erfolg, dort die brutale Vernichtungsmaschinerie – und das direkt vor der Haustür! Von der Sammelstelle „Altes Stadthaus" ging es für die Landauer Zigeuner nach Hohenasperg in Württemberg ins Zuchthaus und später in die Konzentrationslager. Ausnahmsweise stand nichts darüber in der Zeitung. Monate später, genauer am 22. Oktober 1940, hämmerten Polizeibeamte im Morgengrauen gegen 5 Uhr an die Türen der letzten vierunddreißig in Landau lebenden Juden. Sammelplatz Festhalle. Wo sonst auch Mozarts Arie „In diesen heiligen Hallen kennt man die Rache nicht..." erschallte, ging es gnadenlos zu. Abends um sechs Uhr Abfahrt zur Verladerampe am Güterbahnhof. Reise mit dem Zug nach Saargemünd, Dijon, Lyon, Nimes, Toulouse, Lourdes, Pau, Oleron und der Endstation, dem schlammigen Gurs. Zum Transport gehörten mehr als 6 000 deutsch-jüdische Bürger aus Baden und der Pfalz. Sie füllten das überwiegend von hungernden Kindern und Frauen belegte Lager um das Doppelte. Die Deportation erfolgte konspirativ. Anders als bei den Ereignissen während der Pogromnacht. Und trotzdem sickerte alle Infamie in den braunen Landauer Alltag. Jeder wusste: „Die letzten Juden sind nun weg!"

Kriegsliebschaft

Die Tage schlichen, ungeachtet der Kriegszeit, ereignisarm im verschlafenen Landau dahin. Das sollte sich ein Vierteljahr später mit der Rückkehr des Regimentes ändern. Vor allem für junge Frauen und die Unterhaltungsbranche in Form von Tanzbällen. Emmel lernte, wie schon beschrieben, ihren Harry kennen. Dieser erhielt zum traditionellen Saumagenessen der Familie am Neujahrstag 1941 eine Einladung. Martha hatte darauf gepocht, den ständigen Begleiter ihrer Tochter, bekannten Musiker und Unterfeldwebel endlich auf dem Präsentierteller der Verwandtschaft servieren zu können.

Als Emmel ihrem Harry die Nachricht eröffnete, perlten Schweißtropfen von seiner Stirn. Saumagen? Welch schrecklicher Fraß sollte das sein? Genüsslich fuhr sie fort: „Ganz harmlos oder besser: lecker. Mein Papa bereitet ihn raffiniert zu. Der Magen ist sowieso nur als Hülle gedacht. Viele Leute essen diese, braun in Butter gebraten, sehr gern. Aber was drin ist, schmeckt vor allem gut. Mageres Schweinefleisch und Schweinehack, ein wenig Schweinebauch, Lauch, Eier, klein gewürfelte Kartoffeln. Dazu eine Gewürzmischung von Petersilie, Bohnenkraut, Pfeffer, Majoran. Kräftiges Sauerkraut, frisches Bauernbrot und Riesling sind die Beilagen." Es hörte sich prima an, und Harry beruhigte sich. Nur kurz, denn nun unterbreitete Emmel ihm die Zusammensetzung der Gesellschaft: „Es kommen die Onkels und Tanten vom Land. Du musst sie halt begrüßen. Ach, stimmt. Vielleicht kannst du sie nicht verstehen mit ihrem breiten Pfälzisch. Aber ich bin gern deine Dolmetscherin!" Liebevoll streichelte sie über sein gelocktes Haar und drückte ihm einen Kuss auf die Wange.

Dem großen Tag ging ein Silvesterball im „Hotel Schwan" voraus, auf dem Harry mit seiner Combo bis in die Morgenstunden Stimmungsmusik spielte. Übermüdet schritt er zum Metzgereigeschäft in der Königstraße und traf gegen 12 Uhr mittags ein. Vor dem Schaufenster schien ein Menschenauflauf versammelt zu sein. Laut hallte es auf der Straße von wild gestikulierenden Personen. Als Emmel ihren Gast in Empfang nahm, sprach sie die Gruppe an: „Na, wolld ihr nid hochkumme. Was gibts do die ganz Zeid zu dischpudiere?" Tante Käthel meinte: „Ach God, mir hän hald gedenkd, mir sin zu früh. Und dann is do noch ä bissel was geredd worre."

Gesittet ging es die Treppe hoch zur „Beletage", dem Wohnzimmer. Martha hatte stilvoll eingedeckt und freute sich über Flaschenweine, welche ihre Schwestern, Bruder, Schwägerinnen und Schwager als Geschenk überreichten. Mehr als zwanzig Erwachsene saßen an der Festtafel. Die Kinder fein getrennt in der Ecke an einem Behelfstisch. Trotz der zumindest für die männlichen Verwandten recht alkoholreichen Silvesternacht erhob Ludwig zur Begrüßung wieder das gefüllte Weißweinglas. „Wir freuen uns sehr über euer Kommen. Besonders in Kriegszeiten muss die Familie zusammenhalten. Unsere Emmel ist auf dem besten Weg, ihr Glück zu machen. Wir wollen Euch ihren netten Freund, den Musikus Harry aus dem Vogtland, vorstellen."

Harry stand auf, stammelte nervös, sehr angetan von der freundlichen Aufnahme zu sein. Onkel Richard, Ludwigs Bruder, sprach für die Eingeladenen Dank aus und rief Töchterchen Ilse herbei: „Sie sagt jetzt ein Sprüchel auf." Das sechsjährige Mädchen sprang hoch und kam an den Erwachsenentisch. Nach einer kurzen Verbeugung deklamierte sie: „Prost Neijohr, ä Brezel wie ä Scheierdor, en Kuche wie ä Ofeblad, dann wärn mir all minanner satt." Fröhlicher Beifall, zugleich Auftakt fürs große Essen. Fünf massige Saumagen, prall gefüllte Schüsseln Sauerkraut und deftiges Landbrot gelangten auf den Tisch. Eine einzigartige Geräuschkulisse aus Besteckgeklirre, Tellerklappern, Gläserklingen, Gelächter, donnernden Sprüchen und Singen erfüllte den Raum. Emmels einundzwanzigjähriger Nußdorfer Cousin Willy, in Wiesbaden beim Nachrichtenausbildungsbataillon stationiert, schwärmte Harry von seinen Erlebnissen im Frankreichfeldzug vor: „In unserem Standort und Frontabschnitt Héricourt in der Nähe von Belfort bekamen wir so gut wie alles. Täglich Koteletts und Bratwurst. Unser Tischgetränk war Champagner. Schade, dass ich keinen Wein nach Hause schicken konnte. Wir zogen mit Sang und Klang ein. Na, bei Preußens

Gloria bist du dabei. Bläst doch so oft die Märsche." Seine Schilderung endete mit triumphaler Siegerpose: „Beim Überschreiten des Rheins bei Breisach saß ich fast fünf Tage und Nächte im Sattel. Rast gab es nur zum Füttern und Tränken der Pferde. An uns vorbei zogen Tausende französischer Gefangener, die den Marsch nach Berlin und zum Wäschetrocknen am Westwall antraten." Emmel intervenierte: „Ihr wollt doch nicht wie Veteranen eure Kriegserlebnisse ausplaudern. Dazu ist das neue Jahr doch viel zu jung. Lasst uns lieber über hiesige Sachen reden. Bei Onkel Richard gab's vor zwei Wochen eine Schlachtpartie mit allerlei Komplikationen." Partout wollte die Sau nicht ins Jenseits, jammerte grell in Sirenentönen gegen das Ende und schubste ihren Peiniger an einen mit vollen Schoppengläsern stehenden Tisch. Gepolter, Aufschreien, nasse Gäste. Danach wiederholte sich die Prozedur des Abschlachtens. Die Sau musste dran glauben und lieferte Blutwurst und Wellfleisch. Pfälzer Alltagsgeschichten. Gegen sechs Uhr abends verließen letzte Gäste beschwingt die Festlichkeit. Mit ihnen Harry. Am folgenden Tag kaufte er die von Emma, Willys Mutter, empfohlene Hefeteigbrezel beim Bäcker. Sie schmeckte außerordentlich gut.

Mitte Januar 1941 warb die Firma „Gummi-Mayer" für gerade eingetroffene Tarnscheinwerfer, die tief an der Front bei allen Fahrzeugen anzubringen waren. Vor den Scheinwerfern musste eine Abdeckung mit Schlitzblende montiert werden, die das Streulicht reduzierte. Viele Autobesitzer, auch Ludwig, ließen sie ins Fahrzeug einbauen, um bei Verdunkelung ausreichende Sicht zu haben und überhaupt fahren zu dürfen. Das interessierte die frisch Verliebten Emmel und Harry herzlich wenig. Sie wollten weg vom tristen Einerlei des Kleinstadtkriegsalltages. Also hinein in die Welt der Abenteuer und Unterhaltung. Das „Casino" bot den Film „Kora Terry" an, in der Haupt- und Doppelrolle Marika Rökk. Die Abendvorstellung begann um 19 Uhr. Sie kamen zu früh und hatten Zeit, über den Revuefilm zu sprechen. Er suggerierte musikalische Leckerbissen, aber auch eine spannende Handlung. Die Kombination versetzte sie während der fast zweistündigen Vorstellung in ungewohnte Spannung und Exotik. Marika Rökk legte als Artistin im Glitzer-Bikini, eingewickelt von Schlangen, einen Bauchtanz aufs Parkett. Ließ sich zum Kuss mit deren Zungen hinreißen. Gekonnt spielte sie die ungleichen Zwillingsschwestern, pendelte zwischen Gut und Böse, gondelte über Musikbühnen und deren Männerwelt, floh nach Algerien und geriet in eine Spionageaffäre. Am Ende schloss sie als gute Mara ihren Geliebten Michael Varany, Komponist und Geiger, in die Arme, um ein neues Leben zu beginnen.

Aufgewühlt und unsicheren Schrittes tappte das Paar nach Verlassen des Kinos in die kalte Pfälzer Winternacht. „Wir könnten im Hotel Geist noch ein Glas Wein trinken. Aber dann ist gleich Verdunkelung und Sperrstunde." Das halbe Stündchen verglomm wie ein Funken im Kamin. Harry brachte Emmel zum Eingangstor der Metzgerei. Sie verschwand rasch im Haus und auf ihr Zimmer. So viel ratterte jetzt im Kopf. Allerlei Melodien, ein eigenes Leben, etwas Glitter, ihr liebevoller Geiger. Harry verfluchte indes seine Unteroffiziersstube in der Kaserne, ließ sich auf die Schlafstatt fallen, fantasierte im Traum von einer erfolgreichen Künstlerkarriere, Erotik und dem Happyend mit der Angebeteten.

Einige Tage später empfing Emmel die niederschmetternde Nachricht, ganz weit weg von Zuhause ihren „Reichsarbeitsdienst" ableisten zu müssen. Es sollte nach Mähren gehen. Noch drastischer erging es Harry. Es kursierten immer wieder Gespräche um den nächsten Einsatz nach der langen Erholungspause in der alten Garnison. Bereits Anfang des Jahres wiesen Informationen, aber besonders ärztliche Untersuchungen auf eine „Tropenverwendung" hin. Nun ging alles sehr schnell. Tropenarzt Dr. Ebell versuchte, umsichtig aufzuklären, besänftigte die Gemüter. Niemals hätte Harry angenommen, in Afrika zu landen. Ausgerechnet jetzt, wo er zum ersten Mal die große Liebe spürte. Das Soldatendasein, besonders in Hitlers Wehrmacht, war eben kein Wunschkonzert. Wie gern hätte der Musiker die Uniform abgelegt, um allein seiner Passion zu huldigen. An einem tristen Sonntagnachmittag war er zum Kaffee ins Haus Reiss eingeladen. Obwohl streng geheim, offenbarte er Emmel den Einsatz mit der 15. Panzerdivision in Libyen. Tränen flossen. Nach dem Meinungsaustausch über die neuen, unterschiedlichen Bestimmungsorte setzte sich Harry ans Klavier. Seine Finger flogen über die Tasten, spielten die Melodie von Marika Rökks Gassenhauer. Zurückhaltend klang der Refrain:

> *„Im Leben geht alles vorüber.*
> *Auch das Glück, doch zum Glück auch das Leid.*
> *Erst weinst du, dann lachst du darüber.*
> *Und zum Schluss wird aus Leid Seligkeit...*
> *Im Leben geht alles vorüber,*
> *nutz die Zeit, lass uns heut glücklich sein."*

Am 15. Februar 1941 erschien fast die gesamte, sich nicht im Kriegseinsatz befindliche Verwandtschaft zum großen Liederabend im Lokal „Deutsches Haus" in Nußdorf. Eigentlich gab es wenig Anlass zum Singen. Aber das Chorwesen als kulturellen Anker im Dorf duldeten die Nazis. Die Veranstaltung anlässlich der Vereinigung dreier hiesiger Gesangsvereine war jedoch nur mäßig besucht. Der geschrumpfte Männerchor bot eine reichhaltige Palette deutschen Liedgutes. Chorleiter Hauptlehrer Stamm und Richard Reiss als Vorsitzender des Vereins erläuterten die besondere Bedeutung des Volksliedes, welches bei jeder Gelegenheit des menschlichen Lebens Pate stehen sollte: Von der Wiege bis zum Grabe.

„Sanctus. Heilig, heilig, heilig" von Franz Schubert, Max von Schenkendorfs „An die Freiheit" schwangen im Saal, und mit „Der Jäger Abschied" klang die Veranstaltung aus:

> *„Wer hat dich du schöner Wald*
> *aufgebaut, so hoch da droben?*
> *Wohl den Meister will ich loben,*
> *so lang noch meine Stimm' erschallt!*
> *Lebe wohl du schöner Wald!"*

Martha rann eine Träne herunter, Ludwig dachte an manche Fahrt als Kind in den Nußdorfer Wald. Deutschsein und Heimeligkeit formten die Strophen des Dichters Joseph von Eichendorff. Keinem der anwesenden Nazis fiel auf, dass die ergreifende Melodie vom jüdischen Komponisten Felix Mendelssohn-Bartholdy stammte, der auf dem Index stand, aber nicht auf dem Zettel zur Vortragsfolge des Männergesangsvereins erwähnt war.

Emmels Woche vor der Abreise nach Mähren verlief hektisch. Allerorten musste sie beim Abschiedstreff vielerlei Ratschläge oder Wünsche aushalten. Ihren Harry erlebte sie öffentlich noch einmal zusammen mit den Freundinnen Gretel und Heddel beim „Zweiten Landauer Wunschkonzert" in der Festhalle am 20. März 1941. Sein Musikkorps spielte hauptsächlich Märsche, darunter den aus dem antiken militärischen Milieu herrührenden von Guiseppe Verdi. Der „Triumphmarsch" aus „Aida", Dauerschlager einer jeden Siegesfeier, durchdrang den Saal. Andere Künstlerinnen und Künstler trugen Lieder, Opern und Operettenarien vor. Über den „Bellemer Heiner", Heimatschriftsteller und Mundartdichter August Heinrich aus Bellheim, lachten die drei herzlich. Er mimte als

Conférencier, verhaspelte sich beim Vorstellen der vielen Akteure mehrmals und trug pfälzische Lebensweisheiten vor. Zum Beispiel solche „wegen der Leut", welche auch Mama Martha zu ihrem Verhaltenskodex zählte.

„Ach Marie, sagt d'Mutter, du bischt jo nit g'scheid,
was hoscht for en Hut uf, was sagen dann d'Leit,
was sagen dann d'Leit, wann die Röckel so kurz,
do isch jo noch weniger dra wie am Schurz
un de Ausschnitt owe, so tief un so weit,
so kannscht doch nit geh was sagen dann die Leit.
Was sagen dann d'Leit zu dem große Schlopp
hinne am Kläd un zum Buwikopp,
mit 'm Herreschnitt noch, du bischt jo nit gscheid,
jesses Mädel, was sagen dann d'Leit."

Die Pfälzer Nazis mochten den „Bellemer Heiner" so sehr, dass er als ihr Botschafter auch außerhalb der Landesgrenzen und in Städten wie München oder Nürnberg Soloprogramme vortragen konnte. Bei all seinem Humorpotential kamen ihm niemals kritische Gedanken zu den herrschenden politischen Verhältnissen.

In der Festhallengaststätte saßen die Freundinnen noch auf ein Glas Wein zusammen. Harry traf später als erwartet ein. Wie manchmal üblich, gab es einen Sonderappell, der den Feierabend hinauszögerte. Nach einer halben Stunde mussten alle wegen der Polizeistunde nach Hause. Harry begleitete die drei bis zur Metzgerei in der Innenstadt. Vor dem großen Hoftor umarmte er seine Geliebte. „Wir sehen uns am Dienstag vor deiner Abfahrt, liebe Emmel." Beide schlichen in ihre Heime. Die Metzgerstochter wenige Stufen hinauf ins komfortable Jugendzimmer. Der Militärmusiker nach etwa anderthalb Kilometern Fußmarsch auf seine Stube in der Kaserne, die er mit drei Kameraden teilte.

Die Sonne zeigte sich in diesen Tagen öfter bei milden Temperaturen. Erste Knospen sprossen durch feuchte Böden der Vorgärten. Der Frühling nahte. Kein Grund, Landau zu verlassen. Aber beiden stand es bevor. Die unerbittliche Hitze Afrikas, die fremden Lößhügel südlich von Olmütz in Mähren. Einsamkeit und Sehnsucht. Der Abschied verlief demgegenüber in heiterer Stimmung mit einem Abendimbiss von Freundinnen und Freunden im Wohnzimmer der Metzgerei. Alle erwarteten jetzt den großen musikalischen Abgesang Harrys. Befangen nahm er auf dem Klavierschemel Platz. Variierte umso entschlossener die Botschaft der Komposition Peter Kreuders:

„Sag' beim Abschied leise Servus,
nicht Lebwohl und nicht Adieu,
diese Worte tun nur weh.
Doch das kleine Wörterl Servus,
ist ein lieber letzter Gruß,
wenn man Abschied nehmen muss. "

Emmel beim Reichsarbeitsdienst in Mähren – Harry in Nordafrika

Emmels vorerst halbjährige Arbeitsdienstpflicht als Ledige im Alter von 17 bis 25 Jahren, nicht berufstätig oder in schulischer Ausbildung befindlich, führte sie in den Osten des Deutschen Reiches. In von Hitler „heimgeholte" Gebiete, wie das deutschsprachige Sudetenland und die „Tschechei", von ihm abschätzig so genannt und mit „unabänderlichem Entschluss" am 15. März 1939 durch den Einmarsch der Wehrmacht und anschließender Annexion „zerschlagen". Die „Rest-Tschechei", das „Protektorat Böhmen und Mähren", brachte neben allgemeinem wirtschaftlichem Nutzen und Zwangsarbeitern Kriegsgerät und technische Patente ein, da die Tschechoslowakei über eine hochentwickelte Rüstungsindustrie verfügte. Nimlau lautete der Name eines kleinen Dorfes, vier Kilometer südlich der Stadt Olmütz gelegen. Im Zentrum einer Sprachinsel im mittleren Teil Mährens befand sich Emmels RAD-Lager.

Am 26. März 1941, einem Wolken verhangenem Mittwoch, rollte um 8.30 Uhr der Zug von Landau nach Mannheim. Am Hauptbahnhof traf sie auf zwei junge, zukünftige Kameradinnen. In Frankfurt betrat eine junge Frau aus der Wetterau das reservierte Abteil. Über Nürnberg erreichte die kleine Gruppe um 17 Uhr Prag. Zwei Stunden später bog der Zug in die Auenlandschaft der March ein, an dessen Ufern Olomouc liegt, wie die Stadt im Tschechischen heißt. Von der Bahnstrecke aus sah Emmel die Silhouette der alten Bischofs- und Garnisonsstadt mit einigen Kirchen und stattlichen Bürgerhäusern. Zur Berühmtheit gelangte Olmütz 1848, als der Erzbischof den kaiserlich-österreichischen Hofstaat wegen dessen Vertreibung im Zuge revolutionären Wiener Geschehens beherbergte. Anfang Dezember übertrug Ferdinand I. hier dem erst achtzehnjährigen Franz Joseph I. die hernach achtundsechzig Jahre andauernde Regierung. Die Universität vor der Altstadt wurde von der Wehrmacht sofort nach der Besetzung geschlossen. Brutalere Behandlung erfuhr die Synagoge der großen jüdischen Gemeinde. Bereits in der Nacht der Okkupation verrichteten Brandstifter ihr Auftragswerk und fackelten das ehrwürdige Gebäude ab.

Am Bahnsteig begrüßte Maidenunterführerin Markus das Grüppchen betont dienstlich. Die sonstige Wirtschaftsgehilfin des Lagers Nimlau geleitete die Neulinge zu einem „Opel Blitz-LKW", unter dessen überdachter Pritsche das Gepäck verstaut und Sitzplätze eingenommen wurden. Mehrere Male rumsten die vier auf den harten Bänken aneinander. Die Fahrt endete an einer kleinen, dunklen Anhöhe. Aussteigen! Etwa zwanzig Frauen warteten unter einer Funzel von Laterne im Dämmerlicht. Klatschen und Gejohle brandete auf: „Hallo, willkommen!" Doch sofort hieß es: „Ruhe jetzt!" Auf der höchsten Treppenstufe, zur Stabsbaracke führend, thronte die relativ junge Lagerführerin: „Wir begrüßen unsere neuen Arbeitsmaiden herzlich und nehmen sie als Kameradinnen in unsere Gemeinschaft auf. Es ist spät und dunkel. Morgen früh um 6 Uhr ist auch für die Neuen Wecken angesagt. Alle Anweisungen erfolgen dann. Ihr Ankömmlinge, verteilt euch auf die Baracken, wie es in der Liste steht. Ich wünsche eine gute Nacht. Heil Hitler."

Übermüdet tippelte Emmel ihrer Begleiterin zur Baracke der 3. Kameradschaft hinterher. Auf dem Zimmer mit sechs Stockbetten und zwölf grünen Spinden angelangt, umarmte sie Ilse Seiffert aus Berlin zur Begrüßung. „Nüscht für unjut. Dit is jerade keen Varieté-Programm, obwohl dit Schummalicht jute Voraussetzungen böte. Morjen siehts ooch hier janz andas aus." Geduldig erklärte Ilse Gepflogenheiten im Lager. Elisabeth und Hedwig, zwei andere Zimmerkameradinnen, halfen beim Kofferauspacken und Klamottenverstauen. Nach „Lichtschluss" versuchte sie zu schlafen. Ohne Erfolg. Der Tag wollte ihr nicht aus dem Kopf weichen. Das monotone Geräusch des Ratterns der Zugräder, Quietschen von Bremsen, Bahnhofsansagen, Menschenaufläufe. Harry erschien verschwommen im Hintergrund, Befehlstöne und Anweisungen überwogen. Sodann wieder das geliebte Landau. Lachende Gesichter von Freundinnen. Die Bilder lösten sich erst nach Mitternacht auf.

Kurz vor sechs Uhr ertönte der Weckruf der Lagerführerin: „Guten Morgen, aufstehen, Frühsport." Die Saalbelegschaft erwachte sofort. Emmel kam nicht zur Besinnung. Nach mehrmaligem Schütteln und einem freundlichen „Hallo, aufwachen!" von Hedwig blinzelte sie in die von einer Lampe schwach erleuchtete Stube. Ihr Kopf realisierte zeitlupenhaft Ort und Umstände. Die anderen standen im Trainingsanzug bereit. Noch in „Zivil" erschien sie zum ersten Treff. Nach Antreten und Durchzählen starteten die Maiden ihren kurzen Dauerlauf, der mit Gymnastikübungen endete.

Emmel nahm am ersten Tag nicht am üblichen Programm teil, sondern verbrachte die Zeit mit Hinweisen zu Tages- und Dienstplänen, Formularen und Einkleiden. Almut überreichte ihr die Uniform: zwei halbleinene, kornblumenblaue Kleider mit Meldetasche und Gürtel, rotes Kopftuch. Zwei bunte Blusen und eine Zierschürze, lehmfarbene, respektive braune Kleidung: Kostüm, enger Rock, Jacke mit Kragen, Hut für den Ausgang. „Besonders auf die Brosche musst du aufpassen. Diese tragen wir zu festlichen Anlässen und an Sonntagen."

Es dauerte fast drei Wochen, ehe Emmel den kasernierten Rhythmus des Arbeitsdienstaufenthaltes begriffen hatte. Nach dem Frühsport ging es in die Duschräume zur Ganzkörperwaschung mit kaltem Wasser. Nur sonntags zum Haarewaschen floss warmes. Danach anziehen, faltenloses, akkurat rechtwinkliges Bettenbauen, Zimmer und Spind aufräumen, Stubendurchgang. Meistens von Führerin Fräulein Krauß durchgeführt. Fahnenappell. Bildung des Kreises. Ein Lied:

> *„Und die Morgenfrühe, das ist unsere Zeit,*
> *wenn die Winde um die Berge singen,*
> *die Sonne macht dann die Täler weit*
> *und das Leben, das Leben,*
> *das wird sie uns bringen."*

Es folgte das Hissen der Fahne. Die Lagerführerin Fräulein Günther beschwor: *„Deutsch sein, das heißt, treu, gut, stark und fröhlich sein."* Daraufhin fasste sich die versammelte Gruppe an den Händen und skandierte „Fanget an". Endlich gab es Frühstück mit Brot, Butter, Marmelade, Kaffee. Danach war eine halbe Stunde gesanglicher Darbietungen von Wander-, Morgen-, Volks-, oder Bekenntnisliedern angesagt:

> *„Singend wollen wir marschieren*
> *in die neue Zeit.*
> *Adolf Hitler soll uns führen,*

wir sind stets bereit!...
Unsre Hände wollen heben
deutschen Volkes Not.
Unsre Arbeit, sie soll geben
deutschen Menschen Brot.
Links und rechts schaut...
Unser Lager und die Fahnen
sind die neue Zeit,
der wir eine Gasse bahnen
in die Ewigkeit.
Links und rechts schaut."

Um 8 Uhr begann die tägliche Arbeit. Emmel war vorerst im Innendienst beschäftigt, half in der Küche, beim Waschen, Bügeln und im Garten. Hinzu kamen Rhabarber einpflanzen, Karotten, Zwiebeln, Pastinaken, Lauch und Rettich einsäen. Die altgedienten Kameradinnen traten in Reih und Glied täglich zum Außendienst im Dorf an. Um 16 Uhr kehrten sie zurück. Eine halbe Stunde später fing die Schulung an. Fräulein Günther berichtete über die hiesigen Bauern, deren Arbeit und schicksalsschwerer Geschichte. Sie erinnerte an den Auftrag der Maiden: „*Ihr sollt die feste deutsche Heimatfront bilden. Glauben, Zuversicht und felsenfestes Vertrauen zum Führer haben. Für jede Arbeit, die ihr hier zur Entlastung der Bauersfrauen leistet, danken euch die Soldaten im Feld.*" Zur Bekräftigung lieferte sie andere Beispiele volksgemeinschaftlichen Inhalts. Die Verlesung des politischen Zeitungsberichtes beendete die Stunde. Dem von einem Tischspruch eingeleiteten Abendessen schloss sich der Feierabend an, oft mit Volkstanz, Singen, Vorlesen und Stopfarbeiten. Zeit zur freien Verfügung gab es auch. Danach sehnten sich die meisten, um allein zu sein, mit der Freundin zu reden, Radio zu hören oder ein Buch zu lesen.

Nach vier Wochen fand die Vereidigung statt. Eine gequält weihevolle Angelegenheit. Danach Anerkennung als „Arbeitsmaid". Gleichbedeutend mit Außendienst und Sonntagsausgang. Es stimmte Emmel froh, wollte sie doch endlich raus aus dem abgezirkelten Karree des Lagers. Unter Leute, ins Dorf oder gar in die Stadt.

Die Maidenführerin Fräulein Otto brachte Emmel und Irmtraud zu deren erster Außenstelle nach Nimlau. Kein weiter Weg, das Lager grenzte direkt ans Dorf.

Es lag am rechten Ufer des Flusses March, zweihundert Meter hoch auf einem Lösshügel und zu Füßen des fast dreihundert Meter hohen Goldberges, auf dessen Anhöhe die Überreste eines Forts aus dem 19. Jahrhundert standen. Von dort aus hatte man eine gute Aussicht auf die Dörfer und Landschaft der Hanna, einer fruchtbaren nordmährischen Ebene mit Obstbäumen, Getreide-, Kartoffelfeldern, Zuckerrüben, Kräutern und Gemüse. An deren Ende verschwand die dahinschlängelnde March, umgeben von Buschwerk und dichtem Wald.

Entlang der Hauptstraße des Reihendorfes gab es Bauernhäuser, deren Stallungen und Scheuern südlich, der Sonne zugewandt standen. Sogenannte Gärtleranwesen, kleine gedrungene „Häuseln" von bei Bauern arbeitenden Deputat- und Lohnempfängern, lehnten sich dicht gedrängt daneben. Nimlau lockte aufgrund geringer Entfernung zu Olmütz und Anbindung der neu erstellten Bahnlinie Brünn-Proßnitz-Olmütz Bewohner an. So siedelten sich auch Gewerbetreibende und Geschäftsleute an: Fleischer, Schmied, Schuhmacher, Wagner, Lebensmittelkaufmann. Man nahm sie vorurteilsfrei auf, egal ob deutscher oder hannakischer Herkunft. Die Hannaken pflegten ihre Volkskultur mit eigenem mährischen Dialekt, Kleidungsstil, Bräuchen, Volksmusik und bäuerlicher Architektur. Eine dominante Rolle spielten im Gemeindeleben die deutsche Schule und deren Lehrer. Allesamt als Kulturbewahrer hoch verehrt. Ende des 19. Jahrhunderts entstand ein Gemeindehaus. Etwa dreizehnhundert Einwohner zählte das Dorf Nimlau während Emmels Aufenthalt.

Bis zum Ersten Weltkrieg lebten fast ausschließlich deutschsprachige Menschen hier. Das veränderte sich kaum nach dem von Deutschland verlorenen Krieg. Olmütz und umliegende Dörfer, so Nimlau, bildeten eine von mehreren Sprachinseln inmitten des Vielvölkerstaates Tschechoslowakei. Gezielt richteten die Nazis im Protektorat Böhmen und Mähren einen neuen Bezirk des Reichsarbeitsdienstes ein. Wirtschaftliche Hilfe erschien zweitrangig. Vielmehr sollten die „Arbeitsmaiden" verschüttet geglaubte deutsche Kultur auffrischen und in Sichtweise der Hitlerei den betreuten Frauen und Kindern zutragen. Gleichwohl standen die meisten ihrer Männer in Diensten der Wehrmacht. Es fehlten Arbeitskräfte. Die Höfe waren „führerlos".

Emmel quälten die ideologischen Zielsetzungen. Dennoch funktionierte sie als Befehlsempfängerin. Obwohl im bisherigen Leben nur als Zuschauerin des Landlebens unterwegs, scheute sie keine praktischen Arbeiten. Etliche kosteten Überwindung. Den Kuhstall auszumisten, konnte sie sich schon in Nußdorf bei

Onkel Richard kaum vorstellen. Nun überreichte Bäuerin Josefa ihr nach vorheriger Demonstration eine Gabel. Emmel schob couragiert eine Kuh beiseite, stach in den Mist, häufte ihn auf die Schubkarre.

Die erste Begegnung mit der mährischen Landfrau und ihren vier Kindern verlief seltsam. Josefina kam der Maidenabordnung am Gartentor ihres Hofes winkend entgegen. Knapp über vierzig Jahre alt, hageres Gesicht, strenger Ausdruck, trug sie ein braunes Kopftuch, eine helle Schürze und einen langen Rock. Hinterher bummelten ihre älteren Kinder. „Grüß eich Gout! Dos is mei Suhn Alois, der große Kerla. Dos mei Madln, die Katharina, Maria un Augusta. Mi Monn musst naus in de Krieg und tot sei Pflicht. Den gonzen Tog is Orbeit hie zu tun. Mir han stets auf Gott vertraut. Ich will mich nie beklougn. A Fleisch, a Knödl und a Kraut, des solls gebn noch de Orbeit woa hot getränkt mit Schweiß. Behüte eich Gout!" Irritiertes Schweigen. Fräulein Otto lächelte gütig über den Wortschwall der Bäuerin und setzte mit Blick auf ihre zwei Maiden zur amtlichen Mission an: „Heil Hitler, Frau Josefina. Wie ihr Ortsbauernführer, der Herr Rudolf, bestimmte, sind Ihnen für die nächste Zeit die Maiden Emmel und Irmtraud zugeordnet. Sie kümmern sich um Stall, Feldarbeit sowie Ihre Kinder. Ich schaue, so oft es geht, selbst vorbei, um den Einsatz zu kontrollieren. Irmtraud kann Ihren Töchtern bei den Hausaufgaben helfen. Wie Sie wissen, nehmen beide das zweite Frühstück und Mittagessen bei Ihnen ein. Ich denke, der neue Arbeitseinsatz läuft genau so gut wie die vorherigen. Wir leisten hier Ehrendienst für unsere Volksgemeinschaft. Fleiß, Deutschtum, Kameradschaft und Arbeit sind das Fundament. Frau Josefina, danken auch Sie dem Führer für diese Unterstützung. Ich gehe nun wieder. Sie machen Ihre Einführung. Heil Hitler."

Josefina geleitete durchs Haus und bot ein zweites Frühstück an. Kaffee, Brot, Wurst und Käse zierten den Tisch. Sie präsentierte, soweit auffindbar, das Getier des Hofes: zwei Pferde, fünf Kühe, zwei Kälber, drei Sauen, acht Ferkel, zwanzig Hühner, zwei Katzen und einen Hund. Außerdem gab es Knecht Johann und Magd Ingelore. Irmtraud begann im Garten, Unkraut zu jäten, Emmel half beim Zubereiten des Mittagessens. Zur Begrüßung sollte ein typisches Heimatgericht auf den Tisch. Josefina entschied sich für Graupenwürste, die aus Schweinefleisch, Schweineblut, einer Gewürzmischung von schwarzem Pfeffer und Piment sowie den Graupen, polierten Gersten- und Weizenkörnern zum Binden der Wurstmasse, bestanden. Als Beilage sollte es eingebrannte „Erdäplkasch" geben. Emmel schälte in Salzwasser gekochte Kartoffeln, schnitt dünne Scheiben und dünstete Zwiebeln in Öl an. Josefina schritt ein und gab Mehl hinzu. Es war der Augenblick des „Einbrenn", des Ablöschens mit Wasser, sogleich ergänzt um die Erdäpfel. Salz, Pfeffer und Majoran rieselten darüber. Aus der Vorratskammer holte Josefina Graupenwürste und briet sie in der Pfanne an. Einige platzten.

Die von der Schule heimgekehrten Kinder freuten sich mit Johann und Ingelore über das Mittagessen. Für sie ein Festmahl. Alle nahmen am rustikalen Küchentisch Platz. Alois betete mit gefalteten Händen: „O Gott, segne uns Speise und Trank, von Herzen kommt unser treuer Dank. Amen." Besonders beliebt waren die geplatzten Würste mit ihrer Bratkruste. Emmel aß vorsichtig. Mit jedem Bissen wich ihre Skepsis. Es schmeckte. Nach dem Abwasch erkundete sie mit Irmtraud und Josefa das landwirtschaftliche Gut. Einige Äcker und Wiesen. Am meisten Unterhaltung bot Hofhund Hasso von der feinen Rasse eines Pointers. Vor vier Jahren hatte der Gehöft-Besitzer und leidenschaftliche Jäger Wenzel das Tier angeschafft. Nicht gerade typisch für die Gegend. Aber nun wuselte der Hund über Stock und Stein, verharrte hier und da, stellte die Ohren und kläffte aus der Ferne. Sofort kehrte er auf Kommando zurück, um dafür Streicheleinheiten zu genießen. Letztere vermisste Emmel immer mehr im Verlaufe der Dienstzeit. Ihre Bereitschaft für das Zusammenleben in Eintracht nahm angesichts ständig wiederkehrender Tagesbefehle zusehends ab.

Sauberkeit, Pünktlichkeit und Ordnung sollte die Lagergemeinschaft besonders hochhalten. Aber kasernenmäßig hieß es: Antreten in Reih und Glied, Marschieren, Melden, Wegtreten. Pfiffe schrillten übers Gelände. Führerinnen gaben gehässig-schikanöse Befehle aus. Emmel fürchtete besonders die Spind-Appelle: „An die Schränke, Marsch, Marsch!" Fortwährend mussten peinlichst genau Kleidungsstücke platziert, Trainings- und Turnanzug passend zum Fach gefaltet, Wäsche nach Maß angeordnet sein. „Deine Taschentücher, Emmel, liegen nicht auf Kante, die Strümpfe sind miserabel gerollt, die nicht glatte Bluse ist schief gelegt. Und die Schuhe sind nur oben geputzt. Aber der Steg muss auch blitzen!" Führerin Markus zog alles aus dem Spind und ließ es fallen: „Durch Schaden wirst du hoffentlich klug!"

Nein, höchstens angepasster. Kein Hinterfragen. Nur manchmal fielen Zwang und Bevormundung ab. Speziell bei Gemeinschaftsunternehmungen. Bereits zum zweiten Mal spazierte die 3. Kameradschaft am Sonntag hoch zum Fort und auf den Goldberg. In entspannter Atmosphäre erfolgten Wanderung und Bewirtung. Emmel fühlte sich an Ausflüge in Rottach erinnert. Ein Hauch von Unbeschwertheit erfasste sie. Am 23. Juni 1941 zeigte der Ort anlässlich der Sonnwendfeier, dem Johannisfeuer, ein anderes Gesicht. Fräulein Krauß referierte während der Schulung davor: „An diesem Tag steigen von allen Bergen Deutschlands die Flammen zum Himmel empor. Sie erinnern daran, dass nach Nacht und Finsternis wieder Licht wird, für unser Volk nach schweren Zeiten wieder bessere kommen, Dank unseres Führers. Sein Licht möge leuchten in dieser Nacht und nie verlöschen. Darum ans Werk, ihr Maiden – zur Gestaltung des Ehrentages."

Emmel hatte mit einigen ihrer Kameradschaft Tage zuvor Altholz gesammelt und zum Brennplatz gebracht. Etliche Leute aus dem Dorf karrten mit Leiterwagen entflammbares Gerümpel den Berg hinauf. Ein riesiger Holzstoß entstand. Bis zum Einbruch der Dunkelheit trafen Hunderte Menschen aus der Umgebung ein, vor allem aus Olmütz. NS-Formationen traten an. Auf Kommando schallten zur Eröffnung Fanfarenstöße in den wolkenlosen Nachthimmel. Der Nimlauer Bauernführer entzündete unter Jubel das Feuer. Weitere Reden folgten. Als Emmel und andere Chöre zu singen anfingen und dann das Publikum, stieg die Stimmung. „Flamme empor." Das Burschenschaftslied, bezogen auf die Wachfeuer am Rheinufer nach dem Sieg gegen die Truppen Napoleons, hallte ins Tal:

„Flamme empor, Flamme empor.
Steige mit loderndem Scheine
auf die Gebirge vom Rheine
glühend empor, glühend empor...
Siehe, wir stehn
treu im geweiheten Kreise
dich zu des Vaterlands Preise
brennen zu sehn..."

Gleich darauf erklang ein anderes vaterlandsseliges Lied „Es braust ein Ruf wie Donnerhall". Danach war Schluss mit dem Gesang. Die örtliche NS-Führerschaft sah Totengedenken vor. Die beiden Maiden-Stabsführerinnen warfen zwei Kränze ins Feuer. Die Menschenmasse skandierte „Sieg-Heil", schmetterte die Nationalhymne und das „Horst-Wessel-Lied". Die meisten Teilnehmer machten sich auf den Heimweg. Viele trugen Lampions oder Fackeln und sangen sogenannte Heimatlieder. Eine Minderheit blieb, um das Feuer geschart, bis zum frühen Morgen. Emmels Kameradschaft schritt geordnet ins Tal ihrer Unterkunft zu.

In der Woche darauf hieß es für den Außendienst: Frühkartoffeln ausgraben. Ende Juli musste Bäuerin Josefa den Weizen ihrer beiden Felder ernten. Knecht sowie Magd, ihr vierzehnjähriger Sohn und die Maidenabordnung in weißen Schürzen standen auf dem sonnenüberfluteten Kornfeld. Die Handhabung der Sense mit Reff, einer am Stil befestigten Holzkonstruktion, um das abgeschnittene Getreide einzusammeln, fiel den Maiden schwer. Emmel verzweifelte, nichts gelang. Ilse tröstete: „Wat flennstn? Da stiefelste durch de janze Botanik und nüscht jenauet weeß man nich! Du schnallst och jarnüscht, wa?" Sie konzedierte, dass es ihr genauso erginge, aber Ingelore die bessere Anleiterin als Johann sei. Josefina beendete alle Versuche und teilte die Maiden ein. Irmtraud, Hedwig und Susanne, alle drei Bauerntöchter, halfen dem Stammpersonal beim Mähen, die übrigen hoben Getreidehalme auf und banden sie zu Garben. Im halben Dutzend aneinander gelehnt, blieben sie als „Puppe" zum Nachtrocknen vorerst auf dem Feld. Beim Abtransport zur Scheune eine Woche später halfen Emmel und Irmtraud, die alle Traudel nannten, allein. Es ging entspannt zu: Beladen des Leiterwagens, Platznehmen oben auf der Fuhre. Johann setzte den Gaul mit einem lauten „Hüja" in Bewegung. Drei Tage lang dauerten die Arbeiten. „Das Wetter hielt", und während der Krieg weiterging, sahen sich die Erntehelfer beglückt.

Endlich wieder ein Brief von zu Hause. Die Eltern schrieben vom Besuch in Lützelstein bei „Onkel Karl und Tante Karoline". Es hätte sich bei Geyers einiges ereignet, seit das Elsass nach dem Sieg über Frankreich wieder „deutsch" wäre. Es gehe bergauf. Das hing auch mit Karl Geyer zusammen. Am 1. September 1940 war er in die NSDAP eingetreten. Schnell hatte man ihm den Posten des Ortsgruppenleiters übertragen.

Ende des Jahres stellte der deutsche Landkommissar in Zabern fest, dass der bisherige Bürgermeister Mugler im Sinne der Nazis – offiziell aus Altersgründen – nicht mehr für das Amt geeignet sei. Resigniert trat dieser zurück. Es schlug Geyers Stunde als Nachfolger. Zuvor musste er ein klares Bekenntnis ablegen: *„Ich bejahe die Rückkehr des Elsass zum Großdeutschen Reich. Ich werde bedingungslos und freudig die mir als kommissarischen Bürgermeister der Gemeinde Lützelstein obliegenden Aufgaben und Pflichten erfüllen. Ich bin entschlossen für den Führer Adolf Hitler und das Nationalsozialistische Großdeutschland jederzeit aktiv einzutreten."*

Feierlich verlief die Einführung ins Amt am 12. Februar 1941. Wenige Tage später traf die Abkommandierung zu einem Lehrgang an der kommunalpolitischen Gauschule in Illkirch-Grafenstaden ein. Lützelstein spielte als Luftkurort in den Nordvogesen trotz der Kriegszeit eine beachtliche Rolle. Bei inzwischen 680 Einwohnern gab es acht Gaststätten und Hotelbetriebe. Als frisch gekürter Bürgermeister wollte auch Geyer etwas vom Kuchen abhaben. Er stellte einen Antrag auf Weiterführung und neuzeitlichen Umbau seiner Metzgerei mit Gastwirtschaft „Zu den drei Rosen". Trotz des Hinweises auf zu viele Wirtschaftsbetriebe in Lützelstein gab es Zustimmung. Insbesondere weil der Antragsteller, wie es in der Schlussbemerkung hieß, über einen guten Leumund verfüge. Ansonsten versuchte der neue Ortsvorsteher, das Dorfgeschehen sorgfältig zu regeln und bemühte sich um die Organisation von Lebensmittelkarten, die sich von Selbstversorgern, Gaststättenmarken oder Bestandserhebungen von Brot, Fleisch, Butter, Margarine, Eiern und Milch unterschieden. Straßennamen mussten sich ändern: Hauptstraße in Adolf-Hitler-Straße, Dorfplatz in Karl-Roos-Platz, nach dem von Franzosen hingerichteten elsässischen Germanisten und „Märtyrer".

Das Amt machte Laune, und Karl Geyer frönte mit Gesinnungsgenossen oder Freunden gelegentlich feuchtfröhlichem Umtrunk bis in die Morgenstunden. Dem linientreuen Ortspolizisten gefiel das überhaupt nicht. Er teilte seinem Vorgesetzten schriftlich mit, dass *„der Reichsführer SS und Chef der Deutschen Polizei mit Rücksicht auf den Ernst des Krieges angeordnet hat, über 1 Uhr hinaus keine Polizeistundenverlängerung zu genehmigen. Als Gemeindeführer müssen Sie wissen, was die Beachtung eines Befehls bedeutet. Es muss Ihnen ferner klar sein, welche Schwierigkeiten in der Durchführung meiner Anordnungen bestehen, wenn ich einerseits wegen Übertretung der Polizeistunde bestrafen soll, andererseits sich aber Bürgermeister, die allgemein bekannt sind und ein Ansehen genießen, bereits zweimal nicht im Entferntesten an die Vorschriften halten. Wenn die Sache nochmals vorkommt, werde ich eine ganz empfindliche Geldstrafe festsetzen."* Schon erstaunlich, wie der Ortspolizist, hierarchische Hürden ignorierend, im Dorf seinen Dienstobliegenheiten nachging. Oder gehörte es zur formalen Korrektheit innerhalb der Nazi-Dorf-Verwaltung? Weitere Vorfälle dieser Art bleiben aus. Das Schicksal des Polizisten verlor sich im Kriegschaos.

Indes begutachtete und befürwortete Geyer zwei andere Bauvorhaben. Die Wirtschaft „Zum unterirdischen See" von Witwe Wehring und Ludwig Dollingers Gasthaus „Zu den 2 Schlüssel". Ebenso stand das Erholungsheim der „NSV", der „Nationalsozialistischen Volkswohlfahrt", unter seiner Aufsicht.

Viel Ärger bereiteten die Konflikte von zerstrittenen Familien. Ob eine zu hoch gepflasterte Rinne, in der ungeklärtes Abwasser des Nachbarn vorbeifloss, oder individuell beschlossene Einzäunungen als Streitobjekte vorlagen, die Schlichtungen erforderten Fingerspitzengefühl. Auch für den Fremdenverkehr legte sich der Dorfführer ins Zeug. Das Dorf sollte schöner werden. Vorschläge dazu unterbreitete er dem Landkommissar: Gestaltung einer Grünanlage vor dem Kriegerdenkmal, Instandsetzen der historischen Kapelle und des alten verfallenen Friedhofs. Es trug zu Geyers Beliebtheit im Dorf bei.

Der Krieg tobte weiter. Die Ortschaft aber schlummerte, umgeben vom Naturpark Nordvogesen, vor sich hin. Sanfte Wälder, ruhige Täler, artenreiche Tiervielfalt. Hier ein paar Rehe oder Edelhirsche, dort ein segelnder Mäusebussard, eine stoische Waldeule oder Falken. Nicht weit entfernt, achtzig Kilometer südlich, entstand das Konzentrationslager Natzweiler-Struthof. Ausgewählt im Auftrag von Albert Speer, der einen seltenen roten Granit in der Gegend abbauen lassen wollte. Am 21. Mai 1941 trafen die ersten Häftlinge ein. Zehntausende Deportierte aus ganz Europa zerrten die Nazis seither ins südliche Elsass. Schwerstarbeit, Schläge, Hundebisse prägten ihren Alltag. Fast die Hälfte starb an Krankheiten, Kälte, Mangelernährung oder durch Mord. Nach der Suppenausgabe stürzten sich Hungernde auf Feldkessel, um sie auszukratzen. Andere stahlen im SS-Zwinger Hundekuchen. Die Nazis ernährten die Vierbeiner besser als die Häftlinge.

Für Ordnung und Disziplin sorgte das Wachpersonal des Konzentrationslagers unter Wahrung des Dienstgeheimnisses, das nach der Entlassung weiter bestand. In sogenannten Dienstleistungszeugnissen bescheinigte man den Schergen ihre Eignung. Ein Lager-SS-Rottenführer namens Ehrmanntraut aus dem Saarland, im Zivilberuf Transportunternehmer, erhielt großes Lob wegen seines besonderen Gefühls für Deutschtum und Weltanschauung: *„Sein Auftreten kennzeichnet ihn als aufrechten Waffen-SS-Mann. Zur vollen Zufriedenheit arbeitet er als Blockführer."*

Unbedingt wollte Karl Rieflin aus Lahr in Baden eine Anstellung als KZ-Wächter erhalten. Der wegen einer Kriegsbeschädigung nicht mehr einsatzfähige Bauernsohn arbeitete im Zivilleben als Kontrolleur bei der Ortskrankenkasse. Zur sofortigen Einstellung verfasste er ein Bewerbungsschreiben: *„Ich* habe außer meinen zwei Söhnen, die beide an der Ostfront stehen, einer bei der Waffen-SS, der andere bei der Wehrmacht, keine Kinder. Meine Frau ist etwas leidend. Durch eine Verwendung im KZ Lager Natzweiler wäre ich doch in der Nähe meiner Heimat, für den Fall, dass es notwendig werden sollte. Ich bin seit 1930 in der SS, arbeitete sieben Jahre im SD und führte vier Jahre einen Sturm der Allgemeinen SS ehrenamtlich. Meine Mitgliedsnummer 552460. Ich bitte das Verwaltungshauptamt nochmals, meinem Wunsche zu entsprechen und mich so bald wie möglich einzuberufen. Mein letzter Dienstgrad bei der Wehrmacht war Feldwebel. Heil Hitler."

Der Marschbefehl für Harrys Musikkorps betraf die Garnisonsstadt Baumholder, zugleich Truppenübungsplatz, nördlich des Pfälzer Berglandes im Westrich gelegen. Vom dortigen Bahnhof aus sollte am 18. April 1941 die frisch zusammengestellte 15. Panzerdivision abfahren, um dem deutschen Expeditionskorps unter Leitung von General Erwin Rommel zur Seite zu stehen und die bedrängten Italiener in Nordafrika zu unterstützen. Neben medizinischer Betreuung, wie Pocken- und Choleraimpfung, erhielten alle Soldaten eine spezielle Tropenbekleidung, eng anliegende dunkle Baumwollstoffuniform, weite Kniehosen, kurze Hosen, Leibbinde, Schirmmütze. Lederschnürschuhe, Tuchmantel, Tropenhelm. Für Musiker gab es wie bisher als Kennzeichnung das „Schwalbennest", ein Stoffaufsatz an den Schultern. Nicht nur die Garderobe sollte sich schon bald als Flop herausstellen.

Gegen Mitternacht fuhr der Transportzug ab. Harry logierte mit seinen Kameraden im Musikerabteil. Sie verbreiteten trotz des vorherigen Stresses beim Einladen von Instrumenten und Ausfüllen der Formulare eine lockere Ausflugsstimmung. Zunächst kreisten die Gedanken der meisten nicht um Afrika, sondern wandten sich Italien zu. Opernliebhaber Martens sang aus voller Kehle die Anfangsverse der Arie des Prinzen Kalif aus der Oper Turandot von Giacomo Puccini:

„Keiner schlafe! Keiner schlafe!
Auch du, Prinzessin,
in deinem kalten Zimmer
siehst die Sterne, die zittern
vor Liebe und Hoffnung!

Nessun dorma! Nessun dorma!

Tu pure, o Principessa,
nella tua fredda stanza
guardi le stelle che tremano
d'amore e di speranza!"

Welch anspruchsvoller Auftakt der Reise. Über Würzburg, Ingolstadt und München ging es zur „Stazione di Brennero", dann nach Trient, Verona und Bologna. Sie durchquerten den achtzehneinhalb Kilometer langen Apenninbasistunnel, passierten im weiteren gebirgigen Streckenverlauf Prato. Von Livorno aus fuhren sie, Elba in Sichtweite, durch die Toskana und das Latium, entlang des Tyrrhenischen Meeres nach Rom. Am späten Abend begrüßte sie Neapels Lichterkulisse. Nach dem Ausladen im Hafen bezogen die Soldaten morgens Unterkunft im „Hospizia Giano bei Caserta", einem ehemaligen großen Kinderheim in Nähe des Königspalastes. Ab Herbst 1943 diente das Schloss von Caserta als Generalhauptquartier der Alliierten für den Mittelmeerraum. Zugleich war es Ausgangspunkt des deutschen Rückzugs nach dem „Prinzip der verbrannten Erde" – mit Sprengungen von Häusern, Straßen, Schienen, Brücken, Fabriken, Energie- und Wasserversorgungsanlagen sowie willkürlichen Erschießungen.

Doch vorerst gönnte die Generalität ihren Leuten im Schloss Erholung und den Besuch antiker Stätten. Der Vesuv veranlasste Kamerad Dietenbeck, Literarisches zu bemühen, und erinnerte an Goethe, der beinahe in den Schlund des Kraters gestürzt wäre. Gut präpariert, zitierte der Germanistikstudent den Vorfall aus Goethes Bericht über seine „Italienische Reise": *„Noch ein paar Dutzend Schritte, aber der Boden ward immer glühender; Sonne verfinsternd und erstickend, wirbelte ein unüberwindlicher Qualm. Der vorausgegangene Führer kehrte bald um, ergriff mich, und wir entwanden uns diesem Höllenbrudel."*

Harry besichtigte mit den Kameraden Mark und Schumann die frei gelegten Ruinen von Pompeji. Nach dem Posieren fürs Foto an der Eingangspforte mit der Aufschrift „RR SCAVI DI POMPEI", Ausgrabungen von Pompeji, stellten die beiden die ehemals so reiche Stadt vor, zeigten Spuren, Gebäudeteile wie das Forum, Tempel, Theater, Markthalle, Thermen. Zu dritt schlenderten sie auf antiken, gepflasterten Straßen, staunten über das Kanalsystem. Mark redete ohne Ende: „Und hier siehste, Harry, wieviel Spaß die sich besonders unter Kaiser Augustus gönnten: Schwimmbecken, Erotik, Dichtung. Der Weingott Dionysos wurde hoch verehrt. Im Obergeschoss ging's zum Bordell. Ach ja, die Gladiatorenkaserne, *panem et circenses*, Brot und Spiele, durften natürlich nicht fehlen. Man mag es kaum glauben, aber wie schnell das alles unter dem Regen von Lava und Gesteinsbrocken ein jähes Ende nahm."

Zwei zusätzliche Tage zum Ausspannen oder kleinere Ausflüge gab es obendrauf. Die Musiker entdeckten im Foyer der Unterkunft ein Klavier und kündigten sogleich einen improvisierten Konzertabend an. Ordonnanzkellner Francesco beobachtete die Vorbereitungen neugierig. Da er gut Deutsch sprach, meldete der Neapolitaner seine musikalischen Ambitionen an. Die Gruppe baute den Sänger ein. Richard Straußens Sinfoniemelodie, das neapolitanische Volkslied „Funiculì, Funiculà", wollte er vortragen. Die Bläser packten ihre Instrumente aus, Harry griff in die Tasten, und die Anwesenden stimmten ein. Vor seinem Auftritt erläuterte Francesco den Text des Liedes: „Liebe Camarati, esse geht bei diese Canzone umme die Amore von de Sänger und seine Giovanna. Mit der wünsche er zu de Spitze von de Vesuv mit de Standseilbahn zu fahre. Dort die bene Aussicht nach Frankreich und Spanien genieße, aber vor allem da umme ihre Hand zu bitte. Sie zu heirate. Sposare!" Sofort trug er das Lied vor, wunderbar gefühlvoll, manche Zuhörer meinten einen Tick zu schmalzig. Der Refrain wurde von der soeben entstandenen Kapelle und schließlich vom ganzen Saal begleitet:

> *„Jamme, jamme 'ncoppa, jamme jà,*
> *funiculì, funiculà!"*

Das Publikum tobte, die Stimmung schlug hohe Wellen. Vergessen das Szenario künftiger Panzerschlachten in glühender Hitze im Wüstensand.

Fast acht Stunden dauerte der Transport mit Mannschaftslastwagen von Neapel über Caserta zu den Flughäfen nach Foggia an der Ostküste Apuliens. Ein Teil des Bataillons sollte den Luftweg nach Afrika nehmen. Harry gehörte dazu. Er hatte großen Bammel vor dem Fliegen. Kamerad Leistner beschwichtigte: „Wir sind in jedem Fall viel schneller in Afrika als der Rest der Truppe. Ich möchte gar nicht auf See mitfahren. Denk doch mal dran: Vor vierzehn Tagen torpedierte ein Tommy-U-Boot zwei unserer fünf Bananendampfer, die Walküre und Heraklea, auf der Überfahrt von Teilen der Panzerdivision nach Tripolis. Volle Kanne, eines versenkt, das andere manövrierunfähig."

Samt Instrumenten fanden die Musiker Platz im Bauch eines Junkers-52-Transportflugzeuges, „Tante Ju" genannt. Die drängelnden Kameraden, Enge und unzähliges Staumaterial setzten Harry zu. Wie sollte er mit diesem überdimensionierten Lastenbehälter in die Lüfte abheben? Zittrig umklammerten seine feuchten Hände den Geigenkoffer. Sein Gepäck und Posaunenkasten interessierten ihn schon lange nicht mehr. Plötzlich ohrenbetäubender Lärm der Propellerflügel. Nach dem Start ging das Geräusch allmählich in ein gleichmäßiges Brummen über. Die ständigen Aussetzer, wenn der riesengroße Vogel absackte oder ruckartig hin und her rumpelte, verängstigten Harry. Manche Kameraden entzückte der Blick durchs Fenster, weil ihnen die zum Schutz begleitenden Messerschmidt Me 110-Flugzeuge imponierten. In Catania, Sizilien, am Fuße des schlummernden Vesuvs, landete die Armada von nahezu vierzig Ju 52-Flugzeugen erstmal zwischen. Der Weiterflug nach Tripolis verlief ruhig. Die Ankunft hingegen weniger, weil die Küste in eine milchig gelbliche Dunstwand eingehüllt war, was auf Ghibli hindeutete, den mit Saharasand und -staub angereicherten heißen Wüstenwind, zugleich Auslöser heftiger Stürme. „Jo, do miassn mir durch. Dös is hoid grad wie unser Föhn in die Berg. Nur ham mir oiwei oa klare Sicht, und der Wind is ned so wuchtig." Kamerad Brandl hatte die Ruhe weg. Die Landung gelang ohne Probleme. Beim Anblick des Flugfeldes und Umgebung fiel der eigentliche Grund der Reise auf. Bombentrichter, Splittergräben und Wrackteile zerfurchten oder bedeckten die Landschaft. Aber immerhin kamen die Musiker unter die Fittiche des „Wüstenfuchses Rommel". Sie bedauerten es, nicht schon am 12. Februar 1941 bei der großen Parade durch die Straßen Tripolis dabei gewesen zu sein. An diesem Tag hatte sich der schwäbische Kommandeur des hernach gegründeten „Deutschen Afrika-Korps" seinem italienischen Generalgouverneur Gariboldi vorgestellt. Eine Freude wäre es gewesen, beim mehrmaligen Vorbeifahren der deutschen Panzer Märsche zu konzertieren, um den Bluff einer scheinbar riesigen Armee zu feiern.

Am nächsten Tag flogen die „Tanten", also die „Ju 52", samt Harry Richtung Osten nach Benina bei Benghazi. Keine angenehme Ankunft, denn englische Tiefflieger überraschten die Ankömmlinge. Es gab den ersten Toten. In Lastwagen ging es auf Pisten entlang des Mittelmeeres, dann durch Dschabal al Achdar, ein überwiegend aus Geröll und Steinen bestehender Höhenzug. Kilometer um Kilometer weiter fuhren sie auf der Via Balbia durch die nordlibysche Wüste bis Acroma – vorbei an zerschossenen Panzerwagen, verlassenen Geschützen und Minenkratern. Die Durchquerung der Cyrenaika vermittelte Harry düstere Perspektiven. Welchen Sinn machte es, noch dazu bei brütender Hitze, diese unwirtliche, menschenfeindliche Gegend in Besitz zu nehmen?

Doch sie sollte nur Weg zum Ziel sein. Rommels Auftrag lautete Vordringen zum Suezkanal, dann weiter den Ölquellen im Irak, Aserbaidschan und anderen östlichen Orten zu. Ironie der Weltgeschichte, denn viele Jahre später kam es 1959 zur Entdeckung von Erdöl, woraufhin Libyen zum Kreis der weltgrößten Exporteure avancierte.

Endlich Unterkunft. Im Lager des Trosses baute Harry mit drei seiner Musikerkameraden ein Zelt auf. In der vorgelagerten Felsenhöhle residierte der Bataillonsstab. Schlagartig fiel Dunkelheit ein, und es kühlte ab. Ihn fröstelte. Ein Temperatursturz von nahezu fünfzig auf kaum mehr als zehn Grad Celsius – Wo war er hingeraten?

Rommel respektierte seine italienischen Verbündeten offenbar wenig. Sie traten ihm gegenüber ebenfalls indifferent auf. Die wenigen deutschen Panzer wiesen ein technisch nur niedriges Niveau auf. Die Soldaten waren auf den Wüstenkrieg nicht vorbereitet. Indem Rommel sich auf Finten und Täuschungsmanöver spezialisierte, setzte er die ihm anvertrauten Menschen geschickt ein. Selbst standesgemäße Konventionen ignorierte er und ließ ohne Zustimmung des italienischen Befehlshabers Italo Gariboldi seine deutsche Truppe vier Wochen vor Harrys Eintreffen Marsa al-Brega erstürmen. Rommel nannte den Ort „Tor zur Cyrenaika". Er kannte bestimmt das dort von 1931 bis 1933 errichtete Konzentrationslager des faschistischen Italiens. Zwanzigtausend freiheitsliebende, gegen die Kolonialmacht kämpfende Insassen darbten, zu Tode gequält, dahin – bewacht von gnadenlosen Carabinieri, eritreischen Askari und den besonders gefürchteten Zaptie, der Kolonialpolizeitruppe mit Fes und roter Schärpe.

Schneidende Appelle rissen Harry aus dem Schlaf. Er pellte sich aus dem Schlafsack. Auf dem Weg zum Waschplatz löste die Sonne den Dunstschleier auf. Schwärme von Fliegen klebten sich unnachgiebig auf alle Körperteile. Oberflächlich gereinigt, vorbei an Kameldornbüschen, die herbe, angenehme Düfte ausströmten, stolperte Harry zum ersten „Spatengang" in den Wüstensand. Die Entleerung des Darminhaltes erfolgte fortan unter Attacken unzähliger Schmeißfliegen. Selbst auf dem ausgetretenen Pfad, nah zum Camp, überfiel ihn große Angst, einem Skorpion oder Wildhunden zu begegnen. Die nächste Unbill bahnte sich beim Kaffee an, der nach brackigem und salzigem Wasser schmeckte. Dazu gab es steinhartes Kommissbrot und ranzigen Tubenkäse. Frühstück, das dazu dienen sollte, in der Backofenhitze gefechtsmäßig auszurücken, was aber nicht zu den Aufgaben des Musikzuges gehörte – ganz im Unterschied zu den Truppen, die sich in den Kampf zu stürzen hatten.

Sofort nach ihrem Eintreffen in Libyen setzte Rommel am 30. April 1941 die 15. Panzerdivision und schwere Artillerie zum Angriff auf britische Bunker ein. Sein überhasteter Vorstoß Richtung Osten verlief unkoordiniert, weil er das aus Minen, Panzergräben und Drahtverhauen bestehende Festungswerk seines italienischen Kollegen Graziani nicht kannte. Es gab weder genaue Karten noch andere Unterlagen zur Gefechtsgegend. Die Soldaten bahnten sich mit Flammenwerfern, Trommel- und Sperrfeuer einen Weg zur alliierten Festung Tobruk. Den Gegenangriff von Australiern und Neuseeländern wehrten sie erfolgreich ab. Allerdings nicht ohne Verluste. Harry bekam es mit der Angst zu tun, als er vom Tod des langjährigen Stabsarztes seines Landauer „Infanterieregimentes 104" Dr. Kempf erfuhr.

Vierzehn Tage später rollte Commander Wavell mit seiner Panzerarmee gegen deutsch-italienische Stellungen und nahm Fort Capuzzo, Sollum und den Halfayapass unter schweren Verlusten ein. Hauptmann der Reserve Wilhelm Bach aus Mannheim und sein Schützenbataillon kämpften den Pass nach vielen eigenen Verlusten am 27. Mai wieder frei. Süffisant präsentierte der im Zivilberuf evangelische Pfarrer „sein Bajonett", einen Spazierstock. Er musste oder durfte als Kirchenmann nicht eigenhändig töten. Das Kriegshandwerk beherrschte der „Pastor des Fegefeuers" trotzdem. Seine ihm untergebenen Soldaten verehrten ihn. Rommel lobte: *„Wo Bach mit seinen Männern steht, kommt keine Maus durch."* Ansonsten hielt sich seine Sympathie für den Gottesmann in Grenzen. Großen Respekt zollten ihm die Gegner. Besonders, weil er vier über dem Halfaya-Pass abgeschossene britische Piloten zu deren Einheiten zurückkehren ließ.

Wie ein Spuk verflogen für Harry die ersten vier Wochen in Nordafrika. Vieles erschien ihm irreal. Natur und Umwelt blieben ihm fremd. Sein Körper rebellierte. Nur wenige Übungen auf Violine oder Posaune gehörten zum Tagesablauf. Musikkorpsproben entfielen. Das strategische Chaos durchschaute Harry ohnehin nicht. Allerdings zeigte ihm jede Stunde, wie nah das Kampfgeschehen um ihn herumtobte. Aus allen Himmelsrichtungen zischten Granatquerschläger oder grollten Artilleriegeschosse. Nur gelegentlich gab es feste Unterkünfte, ansonsten unstetes Hin- und Herziehen, ständige Gefahren in der Wüste. Todesmeldungen gehörten zum Alltag, damit verbunden schmucklose Begräbnisse. Eilig nagelten Kameraden aus zwei Latten Holzkreuze zusammen, versahen sie mit Vor- und Nachnamen, Geburts- und Sterbedaten, malten häufig Hakenkreuz und Eisernes Kreuz dazu. Es mussten Einzelgräber sein. Das Grab galt als Symbol des „Opfertodes" für „Führer, Volk und Vaterland". Rückführungen von Gefallenen waren während des Krieges strikt untersagt. Sie hätten enorme hygienische und logistische Herausforderungen bedeutet. Außerdem konnte man niemals alle Gefallenen bergen, identifizieren und bestatten. Auf dem „Heldenfriedhof" in Nähe des „Weißen Hauses", Kilometer 31 an der Via Balbia, fanden viele ihre letzte Ruhestätte. So auch der bereits genannte Dr. Kempf aus Landau. Während einer kleinen Gedenkfeier stimmte das Musikkorps den „guten Kameraden" an.

Mit der Panzerschlacht von Sollum am 16./17. Juni sollte sich das Frontgeschehen weiter verschärfen. Doch die Operation „Battleaxe", die Vertreibung des Afrika-Korps aus der Cyrenaika durch Engländer und Alliierte, scheiterte vorerst. Besonders die aus indischen Einheiten bestehende Infanterie erlitt blutige Verluste. Harry hörte im Lager den Gefechtslärm, sah die Bombenflugzeuge und Geschosse der Flak. Hernach sprachen die Kameraden von einer schweren Schlappe der Engländer. Sie hatten von ihren 500 neuen Panzern 270 verloren. Das Gemetzel hinterließ auch auf deutscher Seite Leichenberge. Die Eroberung von Tobruk misslang Rommel.

Am Morgen des 19. Juni 1941 brauste aus dem Süden der Sahara ein Orkan aus Sand auf die deutschen Stellungen zu. Heiß und trocken. Die Staubwand rückte bis auf ein zwei Meter vor. Schnell stülpte sich Harry seine Staubbrille über. Das Gelände verfiel in eine gelblich fahle Dämmerung. Erschrocken kroch er zurück ins Vier-Mann-Zelt, wo seine Kameraden mit Halstüchern über den Gesichtern kauerten. Der Sturm peitschte gegen die Plane, drang ins Innere, in Augen, Nase, Mund und Ohren. Den ganzen Tag schlug der Ghibli mit unberechenbarem Rhythmus zu. Am Abend hoffte Harry, dass es vorbei sei. Doch auch während der Nacht tobte der Sturm. Es gab kaum Abkühlung. Und so wälzten sich alle auf den schmalen Pritschen im Zelt schlaflos und schwitzend herum.

Aufgeregt rüttelte Harrys Zeltnachbar an ihm. „Sofort fertig machen, pack deinen Geigenkasten ein. Es geht nach Derna. Dort sollst du im Lazarett den verwundeten Kameraden exklusiv mit den anderen drei eures Quartetts ein Ständchen bringen. Aber erschrick nicht, Feldmarschall Rommel will zugegen sein."

Tatsächlich standen am Lagerplatz zwei leichte, geländegängige PKW. Die Musikerkollegen samt Ordonnanzoffizier warteten schon auf ihn. Ungelenk stieg Harry ein. Viele Kilometer fuhren die Autos durch rötlichbraune Wüstenlandschaft, über Geröll und Anhöhen, an Panzerwracks vorbei, tiefe Täler durchquerend. Am Ende des Wüstenplateaus, führten Serpentinen hinunter nach Derna, der reichen Provinz- und Hafenstadt. Hohe Palmen, weiße, flache Häuser und die prächtige Moschee mit dem Turm des Muezzins bildeten die Kulisse. „Absitzen. Fußmarsch zum Lazarett." Durch winzige Gassen tönte Marktgeschrei von Händlern mit rotem Fez oder Turbanen. Auf Türschwellen hockten Greise. Nicht weit davon entfernt spielten Kinder unter der Aufsicht verschleierter Frauen. Orientale Düfte begleiteten den Weg. Der Lärm schwoll an.

Die letzten Meter zum stattlichen Lazarettgebäude führten in einen weitläufigen Vorgarten. Links und rechts des Eingangsportals wedelten zwei hohe Dattelpalmen. Kamerad Heinrich flüsterte: „Übrigens Harry, du wirst dein Glück gar nicht fassen können: Deine Emmel ist hier im Dienst des Deutschen Roten Kreuzes als Krankenschwester tätig!" Vor Schreck geriet Harry ins Straucheln und stolperte. Die kleine Gruppe schritt unverdrossen durch die Aula Richtung Bühne weiter. Auf Bänken und Stühlen saßen Verwundete und Verletzte, in vorderster Reihe die Offiziere und Ärzte, dahinter Krankenschwestern und Sanitäter. Da, ganz außen auf der langen Bank, das musste sie sein! Sie trug eine piekfeine Schürze sowie eine gestärkte Haube auf dem Kopf. Als sie Harry sah, verwandelte sich ihr Gesichtsausdruck. Sehnsuchtsvolle Augen strahlten ihn an, schüchtern winkte sie ihm zu. Die Musiker verschwanden im Übungsraum. Es blieben nur wenige Minuten zum Einspielen des Kaiserquartetts in C-Dur, Opus 76, von Joseph Haydn. Die beiden Ehrensitze blieben leer. Dann das Kommando, Plätze auf der Bühne einnehmen. Gleich hinterher „Achtung!" Durch den Mittelgang stolzierten zwei Generäle. Links Kommandeur Streich, rechts der General des Afrikakorps Erwin Rommel. Harry erstarrte. Nein, das konnte unmöglich der große Feldherr sein. Statt eines untersetzten Mannes mit ebenmäßiger Stirn, kräftiger Nase, vortretenden Backenknochen, verschmitztem Blick, einem Reiterstandbild ähnlich, schritt eine größere, hagere Gestalt, Nickelbrille vor stechendem Blick, die schmalen Lippen zusammengepresst, auf ihn zu. Kalte Hände griffen an seine Schultern und schüttelten ihn: „Du lächerliches Durchfallbündel. Du vaterlandsloser Träumer, Angsthase und nur Liebe im Kopf. Raus jetzt. Raus! Ich mach dir Beine!" Mit einem Violinbogen trieb der Vater seinen Sohn vor sich her, haute ihm auf den Nacken. Harry wachte auf. Heinrich erklärte, dass er wegen seines Gejammers mal zum Stöckchen, das zur Vertreibung von Insekten oder sonstigem Ungeziefer diente, gegriffen und ihm zwei, drei leichte Schläge auf den Rücken verpasst habe. Betäubt schlich Harry zum Zelt hinaus. Ein Albtraum. Es ging ihm schlecht. Ein Wiedersehen mit Emmel schien angesichts der absurden Situation in der libyschen Wüste aussichtslos.

Es folgte eine längere Feuer- oder Verschnaufpause. Fast fünf Monate lang ruhte das Schlachtgeschehen, bis November 1941. Südlich von Bardia, einem kleinen libyschen Ort am Rande der Mittelmeerbucht des ägyptischen Sollum, bezog Mitte Juni das gesamte Bataillon Quartier in der Schlucht eines Wadis. Schnell entstand auf dem Gelände staubiger Betonbunker, verrotteter Geschütze, zerfallener Gemäuer eine wohnliche Anlage aus Zelten und Steinhütten. Das Kriegsdasein entschleunigte sich und bot dem Musikkorps die Möglichkeit, die Regenerierung der Frontkämpfer mitzugestalten. Fortan verlief Harrys Dienstplan in fast geordneten Bahnen, bestand aus dem Einüben von Musikstücken oder Hilfsdiensten für Verletzte. Kanonendonner oder berstende Granaten dröhnten, die Klanggewalt Richard Wagners bei weitem übertreffend, sporadisch über das Ensemble hinweg.

Kaum besser hätte ein avantgardistischer Filmregisseur die folgende Szene arrangieren können. Inmitten der riesigen ockerfarbigen Sandwüste, am Rande des Lagers auf einer kleinen Anhöhe, probten mehr als dreißig Musiker. Aufgeschichtete Steinbrockenbänke ersetzten und dienten als Orchesterstühle. Auf sechs solcher Reihen nahmen die Musiker Platz. Andere Sitzhilfen bestanden aus Kisten oder Brettern. Die Noten- und Trommelständer steckten im Sand. Trotz der Hitze war die Kleiderordnung einzuhalten: Uniformjacke und Schirmmütze, kurze Hosen und Kniestrümpfe. Hinter der Kapelle nur Sand, umrahmt von kahlen Bergen, die bizarr in eine imposante tiefblaue Bucht des Meeres abfielen.

Angelockt vom Einblasen, näherten sich Kinder aus dem in Nachbarschaft befindlichen Ort am Rande des Wadis Halgh el-Anz. In etwa einhundert Metern Entfernung kauerten sie vor einem Felsbrocken und lauschten dem Einstudieren flotter Konzertmärsche. Darunter Franz Schuberts „Marche Militaire" sowie Trauermärsche. Beschwingte Walzer ließen Lockerheit aufkommen. Zum Schluss ertönte, unpassend für die Jahreszeit, der Schlager „Veronika". Weshalb, wurde schnell klar. Ein Geburtstagsständchen für die Frau des Hornisten

Jupp aus dem Ruhrgebiet sollte es sein. Sand knirschte fein in den Luftsäulen der Blasinstrumente, verstärkte das Vibrieren auf den Membranen der Trommeln. Der Wind trug die Botschaft Richtung Meeresbucht und Front. Mit Freudengesang oder Ululation, wie es genauer heißt, dem rasend schnellen Zungen- und Gaumenschnalzen, zusätzlich hohem Gesang, rannten zwei Dutzend Kinder nach Ende der Veranstaltung ins Dorf zurück.

> *„Veronika, Veronika, Veronika, der Lenz ist da!*
> *Veronika, der Lenz ist da!*
> *Die Mädchen singen tralala.*
> *Die ganze Welt ist wie verhext.*
> *Veronika, der Spargel wächst!*
> *Ach du, Veronika, die Welt ist grün.*
> *Drum lasst uns in die Wälder ziehen.*
> *Sogar der Großpapa sagt zu der Großmama:*
> *Veronika, der Lenz ist da!"*

Harry schrieb Feldpostkarten nach Hause. Verblüffend schnell erreichten ihn die Antworten. Von der Sammelleitstelle München fuhren täglich Züge über Rom nach Neapel, wo man die Sendungen in Flugzeuge verlud, die sie nach Tripolis, Bengasi, Tobruk, Derna oder Marsa Matruth brachten. Pakete gelangten über den Seeweg an ihr Ziel, was aber lange dauerte. Viele Schiffe versanken zudem, von Bomben oder Torpedos getroffen, im Mittelmeer. Umgekehrt gab es nach Deutschland genügend Platz für Postsendungen, denn die Nachschubflieger waren meist leer. Emmel, „mit ganz lieben Grüßen aus Mähren", hoffte, ihn Weihnachten wiederzusehen. Harry legte die Feldpostkarte traurig aus der Hand. Welch abweger Wunsch in dieser von Stein, Felsen, Sand, Skorpionen, Chamäleons, Insekten und gnadenloser Hitze dominierten Gegend. Weihnachten? Wie sollte das gehen? Unvorstellbar. Umso mehr erfasste ihn grenzenlose Sehnsucht nach diesem Fest mit Emmel! Wie oft in solchen Situationen holte er sich Kraft aus der Musik. Endlich gab es wieder Mucke. Sie sollten im Camp aufspielen. Die Kameraden wollten aber nicht nur stramme Preußen-Märsche hören. Mehr stand ihnen der Sinn nach leichter Muse, nach beschwingten Liedern, Walzern oder Schlagern. Der Stabsmusikmeister sah es ähnlich. So gestalteten sich Auftritte zu Muntermachern für die gestresste Truppe. Begeistert sangen sie Heinz Rühmanns Lied „Wozu ist die Straße da, zum Marschieren" mit.

Als „Nachthüpferl" lechzte das Publikum nach „Lilli Marleen". Den geschlauchten Panzerkriegern tat das von Bläsern in weichen Tönen gespielte deutsche und inzwischen internationale Soldatenlied außerordentlich gut. Und die Militärmusiker fühlten sich wie Künstler im Soldatenrock.

Der elende Kriegsalltag, die unerträglichen Temperaturen und öde Landschaft zermürbten einen nach dem anderen Kameraden. Organisatorische und logistische Mängel ergänzten das Dilemma. Die Verpflegung setzte den Soldaten zu. „Na Harry, dann öffnen wir mal bei dieser Affenhitze unsere ADMINISTRATIONE MILITARE." – „Das ist ja wohl Dosenrindfleisch aus Italien?" – „Selbstverständlich. Und du weißt doch, wie wir Landser diesen Fraß nennen: Alter Mann oder angeschwemmter Matrose, alter Mohamed oder alter Maulesel." Corned Beef mit gummiharten Knorpeln. Findige Köche machten aus der klumpigen Masse Frikadellen. Mitunter briet man Ölsardinen auf dem Grill. Vor allem deutsche Lieblingsspeisen füllten in Dosenportionen die Regale der Feldküche in Afrika: Schweinebraten und Sauerkraut, Linsen und Bohnen in fetter Fleischeinlage. Tagsüber gut vorgewärmt und nachts abgekühlt, nicht gerade der Haltbarkeit förderlich und den Mägen der Landser erst recht nicht. Oft mussten sie die Konserveninhalte ungekocht essen. „Durst ist schlimmer als Heimweh." Die Zuteilung des Wassers, anfänglich fünf Liter, später drei pro Mann und Tag zum Trinken, Kochen, Waschen und Rasieren. Doch weniger das Wasser, welches manchmal in hoher Qualität aus Derna, dem schönsten Ort an diesem libyschen Küstenstrich, kam, sondern die Verpflegung führte zu Unmut. Bis hin zum Absingen des umgedichteten „Ein Heller und ein Batzen" und dessen letzten rassistischen Vers:

„Die Neger in Ostafrika,
die rufen allzu gleich,
wir wollen deutsche Neger sein,
wir wollen heim ins Reich."

Stattdessen sang man „Wir wollen heim, uns reichts!" Als Rommel, dem die Nörgelei aufstieß, davon erfuhr, machte er seinem Unmut in einem Tagesbefehl Luft und nahm zur Versorgungslage Stellung: Das Essen entspräche zwar kaum den Vorstellungen, aber niemals sei ihm zu Ohren gekommen, dass ein deutscher Soldat seine Ration nicht erhalten hätte. Jeder solle seine Pflicht erfüllen, andere Tendenzen werde er zu verhindern wissen.

Den verbündeten italienischen Infanteristen ging es noch schlechter. Bessere Verpflegung erhielten Offiziere und Unteroffiziere, während Mannschaften, die „Bersaglieri", bei Maisbrot, Rotwein, Anisschnaps und „Nationali-Zigaretten" in schäbigen Uniformen und kümmerlichen Unterkünften dahin darbten.

Bei einer der seltenen Fahrten mit Geländewagen zur Auslieferung von Medikamenten an einen Frontposten trafen Harry mit Musikerkamerad Albert und zwei Sanitätern nach der Rückkehr auf ein italienisches Arbeitskommando. Die „Camarati" bauten nicht weit vom Lager entfernt eine Schotterstraße aus Wüstensteinen. In Anbetracht der klimatischen Verhältnisse hatten sie gegen 15 Uhr längst Feierabend. Dem heftigen Winken einiger Italiener am Straßenrand zum Anhalten wollte Fahrer Eberhard gern stattgeben. „Sind doch unsere Bundesgenossen, da können wir ruhig mal stehen bleiben. Außerdem ist genug Zeit bis zur Dunkelheit. Wir brauchen gerade mal zwanzig Minuten bis Bardia." Harry zappelte nervös auf der Hinterbank herum. Nur keinen Dienstverstoß. „Dann fahr halt ran", forderte Sanitäter Detlef. Beim Stopp umringten heftig gestikulierende und lachende Männer das Fahrzeug. Ein kleiner agiler Bursche namens Franco begrüßte sie im Namen aller seiner Kameraden herzlich. Gut Deutsch sprechend, führte er das Quartett zu einer nahe liegenden Höhle, der Unterkunft. Schnell saßen sie mit einigen der verhärmten Gestalten an einem langen Tisch. Franco erklärte ihre Lage. Als Straßenarbeiter hatten die meisten am Angriffs- und Eroberungskrieg des faschistischen Königreichs Italien in Abessinien teilgenommen. Den Heimaturlaub selbst zu finanzieren, war ihnen unmöglich. Daher gelangten sie direkt zum nächsten Einsatz nach Libyen. Der Sold war äußerst gering. Wer die wenigen Lira erhielt, verdeutlichte Franco mit einem Schwarz-Weiß-Foto. Zu sehen war seine junge, hohlwangige Frau aus Neapel mit schwarzem Kleid und traurigen Augen. Links von ihr ein Junge, etwa sechs Jahre alt, schwarze Hose, weißes Hemd und Schiebermütze, daneben ein fünfjähriges Mädchen in hellem Karokleidchen. Beide die Augen weit geöffnet und ehrfurchtsvoll in die Kamera blickend.

Plötzlich stand eine Karaffe Rotwein und eine Flasche Sambuca auf dem Tisch. Die Gäste sollten zugreifen. Harry verwirrten das südländische Ambiente und die Gastfreundlichkeit der unterprivilegierten Verbündeten. Doch es ging weiter, seiner Antwort auf die Frage, was er für Aufgaben in der Armee hätte, folgte eine prompte Reaktion. Luigi holte seine abgegriffene Gitarre hervor. Guiseppe zauberte aus einem Karton eine Geige. Sie spielten neapolitanische Volkslieder. Alle waren nun auf die Gegenseite gespannt. Albert beherrschte das Klampfen und Harry natürlich die Violine. Sie einigten sich auf ein „Programm". Weil die Italiener betont „adagio" und sentimental vorgetragen hatten, nahmen die beiden die Weisen auf, spielten romantische Lieder und endeten mit „Kein schöner Land in dieser Zeit".

„Jetzt aber los, sonst gibt es Ärger!" presste Fahrer Eberhard hervor. Sie kramten ihre Zigarettenschachteln zum Verschenken aus und drückten Franco eine Blechschachtel Aspirin in die Hand. „Arrividerci amici!" Kurz nach 18 Uhr traf das Sanitätsauto im dämmernden Lager ein. Man wunderte sich über die Verspätung. „Alles gut. Wir haben nur unterwegs Waffenbrüderschaft gepflegt", erklärte Eberhard forsch gegenüber den Vorgesetzten, um sogleich ausführlich über ihre Begegnung zu berichten. Harry befürchtete disziplinarische Konsequenzen, doch derlei entfiel.

Vielleicht wirkte der italienische Anisschnaps. Jedenfalls rumorte sein Magen erstmals seit Tagen nicht. Nach dem Abendessen zog es ihn an den Rand einer Düne, umgeben von der Stille der Wüste. Kein Kriegsgetöse. Vom Meer wehte eine frische Brise, noch nicht zu kalt. Über ihm erhob sich die majestätische Weite des funkelnden Himmelszeltes – Sterne, die wohl auch seine Emmel sehen würde. Harry begann zu weinen. Er nahm seine Umgebung kaum noch wahr. Plötzlich huschten Schatten auf ihn zu. In etwa fünf Metern Entfernung stand ein großer, bunt gescheckter, verlotterter Hund. Wartete er nur neugierig, oder war er aggressiv? Harry erschrak und schrie auf. So laut, dass der Köter sofort das Weite suchte. Zwei Kameraden eilten herbei und beruhigten ihn.

Zugleich erging für den nächsten Abend eine Einladung zu einem, wie sie meinten, großen Naturereignis. Harry traute der Sache wenig. Aber schließlich waren weitere Sanitäter, Musiker, aber auch Landser dabei. Darunter beste Kumpels wie Theo aus dem Ruhrgebiet, mit dem er in Landau oft um die Häuser gezogen war und der dabei seine Friedel kennengelernt hatte.

Der Morgen verging mit einigen Proben der Posaunisten, welche Harry anleitete. Am späten Nachmittag übertrug er Krankendaten auf Listen in der Revierstube des Lazaretts. Zur Hauptmahlzeit um 18 Uhr servierte die Feldküche Konservensuppe mit Rindfleisch, eine Gurke, Tee als Getränk sowie frisches, mit Meerwasser gefertigtes Brot, das besser schmeckte als die knochentrockene Dosenkomisssorte und die Verdauung fördern sollte. Gegen acht Uhr trafen alle Neugierigen auf der Anhöhe ein – mit Blick auf das Meer und das zweihundert

Meter entfernte Lager. Gottfried, stets seine humanistische Gymnasialbildung hervorkehrend, freute sich über das zahlreich erschienene Publikum „Kameraden, wir erleben jetzt ein einzigartiges Spektakel. Die Uraufführung, das biologische und kulturhistorische Wunder des Pillendrehers Skarabäus. Es wird noch viel Spaß geben, aber vorweg eine Erläuterung. Sogleich erscheint der gemeine Mistkäfer bei der Arbeit. So wie dieser seine Kugel über die Erde rollt, stellten sich die Ägypter einen göttlichen seiner Art vor, der am Morgen die Sonne den Himmel empor schiebt."

Gemessen an dem, was folgte, eine abgehobene Darstellung. Rudi aus Niederbayern brachte es auf den Punkt. „Jetzt scheißt der mit dem größten Druck hier kräftig in den Sand. Dann krabbeln die Mistkäfer aus ihren Löchern. Wir kennen das Spiel schon länger. Es ist ein lustiger Zeitvertreib. Die sind so eifrig, dass nach einer halben Stunde schon darauf gewettet werden kann, wer als erster zur Brutkammer, also ins Erdloch, vorstößt."

Ohne große Umstände, aber mit der Weisung an alle wegzuschauen, schiss Erwin im Abstand von fünf Metern zur Gruppe in den Sand. Breiig das Exkrement. Fünfzehn Minuten lang tat sich wenig unter funkelndem Sternenhimmel. Vom Meer her wehte ein angenehmer Wind. Zigarettenstummel glommen verbotenerweise unter vorgehaltener Hand. In der Ferne grummelte schwacher Donner. Leises Rauschen klang aus der Meeresbucht. Blicke streiften den Kothaufen. Der erste Krabbler tauchte auf. Hinterher gleich mehr als ein Dutzend, emsig die Demonstrationsmasse bearbeitend. Mit Grab- und Schaufelbeinen werkelten sie an dem Brei, kneteten ihn zum Kotbällchen und wälzten es im Rückwärtsgang über den Sand. Es gab auch Partnertransporte, indem ein Käfer auf der Pille mitritt, Vorder- und Mittelbeine im Vorwärtsgang nach hinten walzend.

Wer verschwand nun als erster an geeigneter Stelle im Erdreich? Fast zwanzig Käfer konkurrierten miteinander. Die Wetten begannen. Alle Bieter warfen fünfzig Pfennige in einen Pott. Nach einer halben Stunde und in Entfernung von zwei Metern kam es zur Versenkung der Siegerpille. Gewinner war Sanitätsgefreiter Fred. Um nicht beiseite zu stehen, nahm Harry am Spiel teil. Ihn erstaunte, wie schnell die „Müllmänner der Wüste" den Kot wegputzten. Aufgrund seiner Erziehung zur Sauberkeit und extremen Reinlichkeit ekelte ihn die Vorführung an. Statt zu sagen, wie absonderlich das Spektakel auf ihn wirkte, trat er kommentarlos und lächelnd mit den Kameraden den Weg zum Zelt an.

Der Stabsmusikmeister bestand nach Absprache mit der Kommandantur darauf, sein Musikkorps am nächsten Morgen um den provisorischen Exerzierplatz ziehen und den Revue-Marsch sowie das Waidmannsheil spielen zu lassen. Die Musiker vergossen Ströme von Schweiß, die Laune der übrigen Frontsoldaten stieg. „Na, dit passt aba hier in de Landschaft! Ick schieß den Hirsch im wilden Forst, im tiefen Wald das Reh, den Adler auf der Klippe Horst, die Ente uffm See!" So die Berliner Kommentierung. Ein Bayer setzte noch eins drauf: „Na immerhi a feine Melodie und so schmissig im Laffa vortrogn! Do krachts wia bei uns auf dera Wiesn!"

Am 1. September 1941 zog Harrys Abteilung wieder um, etwa sechzig Kilometer westlich von Bardia entfernt nach Marsa Belafarith, in Meeresnähe über einer Bucht. Achtzehn Wochen Afrika lagen hinter ihm, geplagt von heftigen Durchfällen und Juckreiz. Er gehörte somit zu dem einen Viertel deutscher Soldaten, die nicht nur gegen die britische Armee, sondern gegen Diarrhoe und Hautinfektionen kämpfte. Der Krankenstand erreichte eine exorbitant hohe Zahl. In Bardia campten besonders betroffene Kameraden direkt neben der Latrine. Abends standen Hunderte Durchfallgequälte stundenlang in der Dünung des Mittelmeerstrandes, um ihre Hintern zu reinigen.

Kaum angekommen, verschlimmerte sich Harrys Dysenterie. In tiefster Dunkelheit rannte er aus dem Zelt heraus hinunter zum Meer. Flüssigkeit sickerte aus dem After. Voller Panik flog er in einen Kameldornstrauch und zog sich an Armen und Beinen Schürfwunden zu.

Der immer mal kurzfristig geheilte Darmkatarrh wollte nicht weichen. Nun begann ihn noch eine hartnäckige Hautkrankheit zu quälen: Eitern, Nässen und Jucken. Nach zwei Wochen suchte er den Stabsarzt auf. Es empfing ihn Dr. Ebell: „Ach, wen haben wir denn da? Unseren musikalischen Lazarus." Nach eingehender Untersuchung erläuterte er ausführlich und konziliant: „Sie hat es leider sehr erwischt. Den Dünnschiss kriegen Sie nicht mehr los. Die Hautirritationen ohnehin nicht. Eigentlich will ich Sie nicht gehen lassen. Wer geigt denn sonst am Abend im Offizierszelt? Gern habe ich Ihnen zugehört. Ich versuche ja, selbst ein wenig Violine zu spielen. Hier natürlich nicht, sondern in der Heimat. Mit meiner Schwester am Piano klappte sogar die Violinsonate in G-Dur von Mozart." Harrys Gemütszustand hellte sich auf. „Ja, Herr Stabsarzt, da musizieren Sie zweifellos fortgeschritten. Im Zusammenspiel mit dem Klavier ist Können gefragt." In Anbetracht von über sechzig wartenden Patienten beeilte sich der

Militärmediziner und gab seine Diagnose ab: „Ihr Gesundheitszustand verträgt keinen weiteren Aufenthalt in diesem Einsatzgebiet. Sie müssen schleunigst zum Hauptverbandsplatz. Hinterher mit dem nächsten Lazarettschiff nach Deutschland zurück. Wir hoffen auf einen freien Platz. Der Andrang ist immens. Bitteschön, Ihr Attest. Den Rest erledigt das Stabsbüro. Alles Gute in der Heimat."

Eine Glücksbotschaft. Aber um welchen Preis. Fast nur noch Haut und Knochen, taumelte Harry dem bereitstehenden Sanitätsbus entgegen, der ihn zum nahen Hauptverbandsplatz brachte. In Zelten und Barackengebäuden lagen Hunderte Leidensgenossen sowohl auf dem Boden als auch auf Pritschen. Sanitäter verteilten schwarzen Tee und Kohletabletten. Es half nichts. Harry kotzte, Flüssigkeit sickerte durch den Anus, aufgehalten von Einlagen. Drei Tage später Verlegung ins Lazarett nach Derna. Beim Transport flogen durch die kleine Fensterluke des Krankenwagens schemenhaft Palmen, Bougainvillea berankte, weiße Häuser, Orangenbäume, Balustraden vorbei. Während kurzer Aufenthalte drang Stimmengewirr an Harrys Ohren: Rachenlaute, Pfeiftöne, schrilles Lachen, Gesang und Kindergeschrei von Plätzen und Gassen. Schemenhaft huschten verschleierte Frauen mit Einkaufskörben auf dem Kopf, links und rechts Kinder an den Händen, vorüber. Im Lazarett wies man ihm ein Feldbett zu. Tabletten und Tee, später Haferschleim verminderten die Beschwerden. Beide Arme und Hände eiterten trotz Salbenbehandlung unentwegt. Andere Kameraden hatten es noch schwerer. Sie quälte die Flexner-Ruhr oder Gelbsucht, ganz abgesehen von dramatischen Fällen wie Amputationen, Kopf- und Bauchschüssen oder Verstümmelungen.

Zwei lange Wochen siechte er dahin. An seinem neunundzwanzigsten Geburtstag feierte die Divisions ihr Sportfest – inmitten karger, unwirtlicher Landschaft und erbarmungslosem Kriegsgeschehen. Bis zum Beginn der Krankheit hatte er intensiv an den Vorbereitungen teilgenommen. Pioniere planierten ein Wüstengelände, befreiten es von Steinen, zirkelten ein Fußballfeld ab und stellten Tore auf. Harry probte mit dem Musikkorps Stücke und Lieder. Darunter Unterhaltungsmusik und offizielle, denn militärische Prominenz, an der Spitze General Rommel, standen auf der Zuschauerliste. Alle möglichen Wettbewerbe sollte es geben: Fuß- und Handball, Laufstaffeln, Schwimmen oder Floßsackrudern. Das Sportereignis gelang. Ohne Störmanöver der englischen Armee. Harry litt darunter, nicht mitmachen zu können.

Nach fünf Monaten in Nordafrika spottete seine „Tropentauglichkeit" jeder Beschreibung. Sein Zustand war erbärmlich, die Reserven aufgebraucht, wie es in der Militärsprache heißt. Die Wunden wollten nicht heilen. Juckreiz riss ihn ständig zu unbedachten Kratzverstümmelungen hin. Es floss Blut, nicht nur bei ihm, und so attackierten Legionen von Fliegen die lädierten Körper. Auf allen Pritschen stöhnte und rumorte es. Tag um Tag verging ohne Hinweise auf eine Heimfahrt. Gerüchte kursierten. Plötzlich hieß es, ein italienisches Schiff mit Kurs auf Bari solle im Hafen liegen. „Na, du abgehalfterter Musikus. Jetzt kannste bald wieder feingeistige Sonaten fiedeln oder den deutschen Wald samt Drossel, Fink und Star mit deiner Posaune erklingen lassen. Mensch, beneide ich dich um deine Heimreise!" Es tat gut, den Sanitäter Jürgen aus Jena so reden zu hören. Mit ihm verstand sich Harry ausgezeichnet. Seit der ersten Begegnung im Krankenlager bewunderte er dessen Mutterwitz: „Nu. Wer bin ich denn? Ein Sanitüter, Sanitöter oder Sanitäter namens Jürgen Schädler, der dir jederzeit hilft!"

Am 11. Oktober 1941, zwei Tage vor dem geplanten Auslaufen des Schiffes, geriet Harrys Zuversicht ins Wanken, beunruhigt durch einen glutheißen Ghibli, der Unmengen von feinem Sand in Haare, Augen und zwischen die Zähne trieb – auch in die Operationssäle, deren Besteckkästen und Pritschen. So plötzlich er gekommen war, so überraschend sein Erschlaffen. Erleichtert nahm Harry das Kommando „Fertigmachen zum Abtransport" auf. Einpacken von Zahnbürste und Rasierzeug, der Uniform und Unterwäsche im Tropenseesack. Zurück blieben Geige, Posaune und das Kriegsgeschehen in der Cyrenaika. Endlich durfte er im Hafen einsteigen. Mittschiffs des einstigen Passagierdampfers bezog er im großen Tanzsaal eines von Hunderten weißer Gitterbetten. Am Fußende lagen Rettungsringe. Die Mehrzahl der Verwundeten hatte ebenso wie die Krankenschwestern die italienische Staatsangehörigkeit. Es verunsicherte ihn, obwohl sie deutsche Redewendungen beherrschten, und Verpflegung und Betreuung einwandfrei waren. Ab und an kam ein deutscher Arzt. Zu ihm eher selten, weil sein Zustand nicht kritisch war. Das Mittelmeer wogte in den beginnenden Herbsttagen wild hin und her. Auch Harry blieb von der Seekrankheit nicht verschont. Er wollte sterben. Stickigkeit und Schmerzgestöhne besonders gegen Abend waren schlecht zu ertragen, und so schleppte er sich aufs Oberdeck. Doch der Wind blies viel zu kalt. Er hastete zurück in die stickige Höhle. Das regelmäßige Stampfen der Maschinen beruhigte ihn. Er dachte an das Wiedersehen mit seiner Emmel.

Deren rechtzeitige Rückkehr aus Mähren in die Pfalz verhinderte eine unerwartete Verlängerung des RAD-Einsatzes. Laut Nazi-Gesetzerlass vom 29. Juli

1941 hieß es, sechs zusätzliche Monate „Kriegshilfsdienst" seien zu leisten. Um nicht schlimmstenfalls in einer Munitionsfabrik oder der Kriegsfront im Sanitätsdienst zu landen, folgte Emmel den Darlegungen ihrer Führerinnen und der Möglichkeit, im Nimlauer Lager zu bleiben. „Sie können ohne weiteres die Betreuung der Bäuerin Josefina fortsetzen. Allerdings kehrt Irmtraud kriegsbedingt auf den eigenen Bauernhof in der Wetterau zurück. Eine andere fähige Kameradin wird einspringen. Jetzt freuen Sie sich erst einmal auf unser großes Volks- und Sportfest."

Mitte September, an einem Sonntag bei schönstem Wetter und vor zahlreichem Publikum aus Nimlau und Umgebung auf dem Dorfsportplatz, war es soweit. Braungebrannt, in Reih und Glied lauschten die angetretenen Mädel den Begrüßungsworten des Bauernführers Rudolf, welcher als Vertreter der verhinderten Bezirksführerin Anneliese Göckeritz die Begrüßung vornahm: „Die Arbeitsmaiden, wo immer sie in diesem Kriegsjahr wirken, haben ihre Probe bestanden. Besonders bei uns eroberten sie mit Arbeit und Frohsinn viele Herzen. Munter, siegessicher und tapfer. Sie verdienen es, dass wir sie liebhaben. Nun auf zum sportlichen Wettkampf!"

Am Vormittag duellierten sich vier Kameradschaften des Lagers im Tauziehen, bei Medizinballstafetten, Völkerball und Staffellauf, der sogenannten „Olympiade", ergänzt von rhythmusgymnastischen Darbietungen. Nachmittags folgte ein „Sängerkrieg". Emmels Kameradschaft präsentierte aus des „Knaben Wunderhorn" Friedrich Silchers Vertonung: „Es ritt ein Jäger wohlgemut". Die Landleute spendeten ausgiebig Beifall. Offenbar interessierte es sie, wie es dem Jäger gelang, eine Liebschaft in die Wege zu leiten:

„Der Kuckuck schreit, der Auerhahn falzt,
dazu die Turteltauben,
da fing des Jägers Rößlein an,
zu schnarchen und zu schnauben.
Der Jäger dacht in seinem Mut,
das Jagen kann noch werden gut,
im Maien,
am Reihen,
sich freuen alle Knaben und Mägdelein..."

Es reichte zum ersten Platz. Bei der anschließenden Volkstanzdarbietung gingen sie indes leer aus. Als Preis erhielt Emmels Abteilung ein Buch und zwei Handbälle.

Der Herbst kehrte ein und mit ihm Ungewissheit. Laubbäume, gelblich fahl und tiefbraun, warfen ihre Blätter ab. Das Flusstal der March schimmerte blässlich, immer wieder in dicke Nebelfelder eingehüllt. Entsprechend Emmels Stimmung. Mama schrieb von Luftangriffen in der Pfalz. In den nahe Landau gelegenen Dörfern Arzheim und Godramstein hätten einige Bomben getroffen. Vor allem Ludwigshafen sei nicht mehr sicher. Dazwischen erreichte sie Harrys Feldpostbrief mit Datum Anfang Oktober: „Liebe Emmel, du wirst es kaum glauben, aber ich bin für einen Rücktransport in die Heimat vorgesehen. Wie ich dir schon mitteilte, hat mich Dauerdurchfall und eine schwere Hautkrankheit dahingerafft und dienstunfähig gemacht. Ich bekam hohes Fieber und fürchterliche Diarrhoe. Es ist hier schwierig und hart. Obwohl die Kameraden helfen, wo sie können, fühle ich mich wie ein Häuflein Elend. Zu nichts mehr zu gebrauchen. Der Stabsarzt hatte ein Einsehen und stellte den Transportschein aus. Nun hoffe ich, in Deutschland gut anzukommen und ein passendes Lazarett zu finden, auf dass es mir bald besser geht und ich wieder auf die Beine komme. Vor allem, um dich, mein liebes Emmele, in die Arme schließen zu können."

Fast drei Wochen mit Schiff und Bahn unterwegs, verbrachte Harry einige Zwischenaufenthalte in italienischen und bayrischen Krankenrevieren. Am Ende erfolgte seine Einweisung ins nicht weit von seiner Garnison Landau entfernte Reservelazarett Homburg/Saar. Der Transport hatte seiner Gesundheit zusätzlich geschadet. Erst allmählich realisierte er den Umstand, der brutalen Front entronnen zu sein. Die zeigte sich überraschend als nicht minder hässliche Variante in unmittelbarer räumlicher Nähe. Direkt neben dem ehemaligen Landeskrankenhaus, kriegsbedingt zum Reservelazarett der Wehrmacht umgeräumt, standen Baracken sowjetischer Kriegsgefangener. Sie ließ man schlicht verhungern oder wegen angeblicher Fluchtversuche erschießen. Die nahezu sechzig Toten während seiner vierwöchigen Genesungszeit registrierte Harry aber nicht.

Nach umständlicher Aufnahmeprozedur dirigierten ihn Krankenschwestern mit einem halben Dutzend anderer Versehrter in die Gemeinschaftsdusche. Erfrischt bezog er das gestärkte, weiße Bett im Schlafsaal eines von zwanzig Pavillons auf dem weitläufigen Gelände. Aus dem Fenster fiel sein Blick auf die Aula, Kirche, den Friedhof mit der kleinen Kapelle sowie mehrere Wohnhäuser.

In der einstigen Heil- und Pflegeanstalt zur Versorgung Geisteskranker oder „Irrer", wie es in den 1920er Jahren hieß, sterilisierten Ärzte von 1935 bis 1939 über tausend Geisteskranke, Schwachsinnige, Fallsüchtige, Psychopathen, Blinde, Taube, Missgebildete, Alkoholiker und andere Behinderte.

Überall im öffentlichen Leben und gezielt an Schulen, zum Beispiel durch Rechenaufgaben, propagierten Nazis, dass solche Anstaltsinsassen die deutsche Gesellschaft belasteten: *„Ein Geisteskranker kostet täglich etwa 4 RM, ein Krüppel 5,50 RM, ein Verbrecher 3,50 RM. In vielen Fällen hat ein Beamter täglich nur etwa 4 RM, ein Angestellter kaum 3,50 RM, ein ungelernter Arbeiter noch keine 2 RM auf den Kopf der Familie. Stelle die Zahlen bildlich dar. Nach vorsichtigen Schätzungen sind in Deutschland 300 000 Geisteskranke, Epileptiker usw. in Anstaltspflege. Was kosten diese jährlich insgesamt bei einem Satz von 4 RM?"* Ausgerechnet Oberbürgermeister Eugen Wörner aus Harrys Heimatstadt Plauen forderte während einer Sitzung des „Deutschen Gemeindetages" Anfang April 1940 weitergehende Schritte: *„Vor diesen Menschen müssen die übrigen geschützt werden. Wenn man heute schon Vorkehrungen für die Erhaltung gesunder Menschen treffen muss, dann ist es umso notwendiger, dass man diese Wesen zuerst beseitigt, und wenn das vorerst nur zur besseren Erhaltung der in den Heil- und Pflegeanstalten untergebrachten heilbaren Kranken ist. Den freiwerdenden Raum braucht man für alle möglichen kriegsnotwendigen Dinge: Lazarette, Krankenhäuser, Hilfskrankenhäuser. Im Übrigen entlastet die Aktion die Gemeinden sehr, denn es fallen bei jedem Einzelnen die künftigen Unterhalts- und Pflegekosten weg."*

Während der Räumung des Homburger Krankenhauses zwecks militärischer Nutzung im Jahre 1939 war vielen Behinderten bereits der „Gnadentod" gespritzt worden. Weitere brachte das Begleitpersonal der Anstalt mit dem Zug oder Bussen nach Hadamar bei Limburg an der Lahn, eine von sechs Tötungsanstalten der „Aktion T4". Dort wurden sie umgebracht – wie mehr als 70 000 andere Menschen durch Vergasen. Oberstabsarzt SS-Mann Dr. Hanns Heene fungierte als Euthanasiegutachter und wickelte als stellvertretender Direktor die Evakuierung ab. Zusammen mit Professor Oscar Orth leitete er das Reservelazarett.

Harry schlich in Lazarettkleidung von einer zur anderen Untersuchungsstelle. Vorschriftsmäßig musste er unverhofft auftauchende Feldunterärzte grüßen, welche gern einfache Landser im Krankensaal oder Labor oft arrogant abfertigten. Die Diarrhoe erfuhr Linderung durch diätetische Ernährung und Vitaminanreicherung. Was aber den Gemütszustand aufhellte, war ein amtliches Schreiben, welches ihm Schwester Doris überreichte. Es enthielt die Einladung zur Teilnahme an der Aufnahmeprüfung zum Musikanwärterlehrgang an der „Staatlichen akademischen Hochschule für Musik, Berlin-Charlottenburg, Fasanenstraße 1". Ein Traum sollte in Erfüllung gehen!

Bis zum 15. November mussten die Bewerbungsunterlagen eingereicht sein, und nach der Rückkehr zum Regiment konnte er mit Dienstbefreiung zur Vorbereitung auf den Testtag rechnen, wie es in der Mitteilung hieß. Doch existierten die Wundheilstörungen an den Armen immer noch. Deshalb beorderte man ihn exklusiv in die Sprechstunde von Oberkriegsarzt Dr. Orth. Der bereits Vierundsechzigjährige galt als chirurgische Kapazität bei zu behandelnden Kriegsverletzungen. Seine Bulletins zu Brustwandschüssen oder der Momburgschen Blutleere fanden sogar Beachtung in ärztlichen Fachblättern.

Leutselig begrüßte er Harry: „Aus dem Afrikakorps mussten Sie ausscheiden. Sicher. Aufgrund der mir vorliegenden Krankenakte gab es keine Möglichkeit mehr zum weiteren Einsatz unter der Leitung unseres allseits verehrten Generals Rommel. Ich entdecke einige Effloreszenzen, so ein dyshidrotisches Ekzem, Macula, Pusteln, Urtica. Das muss ja unheimlich jucken. Zu Recht sind Sie hier. Landau ist also Ihre Stamm-Garnison. Gut getroffen, junger Mann. Vor mehr als zwanzig Jahren war ich im städtischen Krankenhaus als Chirurg Leiter dieser Anstalt. Dann ging's nach zwei Jahren wieder zurück in mein Saarland. Die Pfälzer sind ja Dank des Weines genussfreudig. Aber auch wir hegen und pflegen unser Glaubensbekenntnis, welches *Hauptsach, gudd gess* lautet oder besser *heesd*. Schwester Annegret hat Ihre Arme freigelegt. Der Verband war viel zu lang drauf. Wie oft muss ich das predigen: Täglich wechseln! Musikant sind Sie? Klavier und Violine? Da sollen doch die Finger tanzen. Aber denen geht es, wie ich sehe, schlecht. Trotzdem. Gegen die miserable Wundheilung werde ich vorläufig nicht plastisch-rekonstruktiv vorgehen. Ich verabreiche ein Antibiotikum. Nach zusätzlich zwei Wochen Schonkost und entsprechenden Salben gegen die atopischen Ekzeme dürften Sie dienstfähig sein."

Fast komplett geheilt traf Harry am 28. November 1941 in seiner Landauer Kaserne ein. Dienstabläufe und Personal entsprachen der kriegsbedingten Situation. Die Kommandantur unterstützte die umfangreichen Prüfungsvorbereitungen. Vierzehn Tage später kam Feldpost, die ihn erschütterte: *„Ludwig-Johann Erkenbrecher, gefallen am 3.12.1941 vor Sidi Rezegh als Unterfeldwebel und Angehöriger des Musikkorps 104."* Sie hatten sich gut verstanden! Es überfiel ihn zudem ein schlechtes Gewissen, weil Emmel weit im Osten Dienst fürs Vaterland leistete und er im gesicherten Hinterland an seiner Karriere feilte. Entsprechend demütig fiel sein Besuch in der Metzgerei aus. Dort hieß es: „Mit dir haben wir gar nicht gerechnet. Schön, dass du aus Afrika zurück bist. Im Homburger Lazarett haben sie dir wohl ganz gut geholfen. Unser Emmele kann leider Weihnachten nicht kommen, doch dafür drei Wochen eher ihre Kriegsdienstpflicht beenden. Sie ist ganz traurig."

Wie andere „Arbeitsmaiden" im Lager Nimlau auch. Denn sie mussten infolge einer Urlaubssperre „Kriegsweihnachten 1941" dort verbringen. Enttäuschung, Unwille und Trotz bestimmten die Stimmungslage, wenn auch nur unterschwellig. Susanne flennte unentwegt, Ilse schmetterte ein Weihnachtslied nach dem anderen und „janz" provokativ den „Tannenbaum", der janisch nur zur Sommerzeit grünte, „ne ooch im Winter hier im ollen Nimlau, wenn et schneit!" Kameradschaftsführerin Fräulein Krauß reagierte nervös und besprach sich mit Fräulein Otto. „Konfrontationen müssen wir vermeiden. Die Mädels sollen kapieren, was es bedeutet, wenn Väter oder Brüder draußen im verschneiten frostigen Gefechtsfeld ohne Lichterbaum, nur dem der Stalinorgeln, für unser Vaterland ausharren. Gemeinschaft ist alles. Ebenso für unsere im Dorf Anvertrauten. Sie brauchen eine deutsche Weihnachtsfreude. Aber bitte schön schneidig!"

Es menschelte knapp eine Woche vorm Weihnachtsfest. Freundlich und rücksichtsvoll ertönten braune Lagermelodien. Backdüfte durchströmten Küche und Essenskantine. Tannensträuße, Schalen mit Obst und Gebäck zierten Tische. Emmel und Susanne, Irmtrauds Nachfolgerin, kneteten mit Josefina in deren Küche Plätzchenteig. In einem fort redete die Bäuerin auf beide ein. Sie zeigte zum Küchenschrank, an dessen Glastürsprosse eine Feldpostkarte klebte: „Mei Monn Alois han sa nich an Ham gelossn. Wo ich stets auf Gott vertrau, hout mich dos sehr gereut. Er muss zum Christfest im Felde bleiben für dos deizsche Vaterland. Dos bringt mir Kummer und nie an Fried." Danach wehmutsvolle Worte, wie die Familie früher das Weihnachtsfest gefeiert hatte. Vom festlichen Mahl in tiefer Dorfstille schwärmte sie: Nudelsuppe mit getrockneten Schwammerln, Erdäpfelsuppe, breite Nudeln mit Mohn, Zucker und Butter, ausgebackene Krapfen, Nüsse mit Honig, getrocknetes Obst, sogenannte Tschipken und Weihnachtsstriezel, Rosinenhefezopf.

Am Heiligabend gingen Emmel und Susanne mit kleinen Bescherungspäckchen zu Josefina. „Ja, das freut mich und meine lieben vier Kinder, Knecht Johann und Magd Ingelore so sehr. Schade, dass Sie am Festmahl nicht bei uns sein können. Es ist gar nicht so reich wie sonst. Aber Fräulein Günther und Bauernführer Rudolf sagten, Sie haben eine eigene Feier, in höherem Sinn sozusagen. Für das Vaterland und die Soldaten draußen im Feld. Möge der Herrgott diese segnen. Jetzt trinken wir als Schnaufpause einen Tee mit Rum. Und dann nehmen Sie bittschön an unserem alten Brauch teil. Wir schneiden Brotscheiben, bestreuen sie mit Salz und füttern das Getier im Stall." Kühe, Gäule und Sauen schnappten schwerfällig nach den Happen und befeuchteten mit ihren rauen Zungen die kalten Spenderhände. Josefina bedankte sich überschwänglich und erklärte: „Jetzt glaube ich, dass meine Viecher, weil sie ja in dieser Heiligen Nacht sprechen können, nur Gutes über mich als Hausfrau sagen und keinen Grund zur Klage haben."

„Verehrte Frau Josefina. Wir müssen weiter und Ihre Kinder in die gute Stube. Sie platzen vor Ungeduld wegen der Bescherung." – „Gott möge euren Heimweg begleiten, aber zuvor singen meine Lieben ‚Stille Nacht, Heilige Nacht'. Das ist ein gar andächtiger Moment. Zur Christmette in der Pfarrkirche von Schnobolin, die wir alle besuchen, sind Sie ja leider verhindert." Wie wahr, denn allzu klerikal durfte die Interpretation des Weihnachtsfestes im Kriegshilfsdienst-Jahr nicht ausfallen. Die jungen Frauen sollten unter sich bleiben und gefälligst Adolf Hitler als Messias und Welterlöser ansehen. Emmel liefen beim Gesang einige Tränen über die roten Wangen. Susanne drückte ihre Hand. Dann nahmen sie Abschied.

Punkt 19 Uhr saß die komplette Lagerkameradschaft mit Sonntagsblusen vor dem Festbaum im Essenssaal. Eilig zündeten Kameradinnen die Wachskerzen an. Fräulein Günther positionierte sich neben der illuminierten Weißtanne und sprach: „Wenn diese Kerzen frohe Gesichter erhellen, so seid ihr das. Ihr habt Bäuerinnen und deren Kindern mit kleinen Geschenken, vor allem Spielzeug, eine Freude gemacht. Es spannt den weihnachtlichen Bogen zu den Soldaten draußen in den Schützengräben. Wir fühlen uns ihnen sehr verbunden. Wir erleben nun, was es heißt, an diesem Tag nicht daheim sein zu können. Aber dafür fühlen wir hier das Erlebnis der Kameradschaft so tief und stark, wie wir es nie im Leben sonst spüren könnten."

Die Worte verfehlten die erhoffte Wirkung. Frustriert kehrte Emmel mit ihren Kameradinnen auf die Stube zurück und zog sich die Bettdecke über den Kopf. Niemand konnte jetzt ihre Gefühlswelt erreichen. Harry lag außerdem gar nicht im Schützengraben, sondern vermutlich auf dem elterlichen Sofa, wo er den Weihnachtsurlaub genoss. Sie vermisste Bruder Karl und die Eltern, die brummige „Eck-Großmutter", das Weißwurstessen mit allen Angestellten der Metzgerei vor der Bescherung, die gemeinsam gesungenen Weihnachtslieder, den großen, phantasievoll geschmückten Pfälzer Tannenbaum, die Atmosphäre im Wohnzimmer und die Überraschungsgeschenke.

Silvester brachte bessere Stimmung. Ilse übertölpelte nach Abschluss der offiziellen Feier mit gezielt wohltätigem Einschenken von Schaumwein die ansonsten abstinente Emmel in der Schlafbaracke. Drei Gläschen reichten zur Gesangsdemonstration aus Zarah Leanders Filmmelodram „Es war eine rauschende Ballnacht":

> *„Nur nicht aus Liebe weinen*
> *Es gibt auf Erden nicht nur den Einen*
> *Es gibt so viele auf dieser Welt*
> *Ich liebe jeden der mir gefällt*
> *Und darum will ich heut **Harry** gehören*
> ***Er** soll mir Treue und Liebe schwören*
> *Wenn ich auch fühle, es muss ja Lüge sein*
> *Ich lüge auch und bin **Sein**!"*

Die russische Melodie, auf ihren Harry gemünzt, befeuerte die Stimmung unter den sechs Zimmergefährtinnen. Ilse: „Dit is großet Kino! Mensch. Da kann sich dein Musikant aber *Von* schreiben bei so einer duften Nummer!" Es schwang reichlich Übertreibung mit, denn Emmels Singen klang eher wie der Ruf einer heiseren Amsel, um je einen Halbton zu tief. Susanne mahnte zur Vorsicht: „Führerin Günther hält zum morgendlichen Appell ihre Neujahrsansprache. Ohne Pardon für Langschläfer. Fräulein Markus hat mich vorgewarnt. Deshalb sollten wir jetzt Vernunft walten lassen und schlafen." Ilse blieb aufgedreht: „Pass uff, dass de nicht ins Bette einnässt vor lauter Duckmäuserei. Ick wollte jetze noch ufm Kudamm ne Runde drehn." Doch schneller als gedacht, kehrte Nachtruhe ein. Vom Flur schallte es: „Lichtschluss! Weckzeit wie immer!"

Wenigstens fiel der Frühsport am Neujahrstag aus. Dafür weckte sie ein Gesangsquartett mit dem Aufstehvolkslied:

> *„Jeden Morgen geht die Sonne auf in der Wälder wundersamer Runde.*
> *Und die schöne scheue Schöpferstunde, jeden Morgen nimmt sie ihren Lauf."*

Keine Sonne in Sicht, nur fahles Licht vom Deckenstrahler. „Mädels, wird' s bald? Lockt euch nicht der warme Duschstrahl am Feiertag?" Fräulein Krauß verbreitete erzieherische Herzensgüte, verzichtete auf eine dienstliche Ansprache. Diese hielt um acht Uhr im Schneegestöber auf dem Versammlungsplatz Fräulein Günther. Elisabeth und Lotti hissten die Fahne. Begleitet von empor gereckten rechten Armen zum Hitler-Gruß. Das „Horst Wessel-Lied" ertönte, danach die Worte der Lagerführerin: „Ich wünsche euch allen ein gutes neues Jahr. Auch unser Lager soll weiterhin Stätte des Glaubens an den Führer und der Arbeit für Deutschland sein. In Tagen des Kampfes und Krieges spüren wir umso mehr, dass der eine den anderen hält und führt. Wir sind ein festes Ganzes. Daran habt ihr mit diesem Ehrendienst euren Anteil. Fangt also an!"

All die Phrasen beeindruckten Emmel nicht. Für sie zählte die Atmosphäre in ihrem Umfeld: präzise Arbeitsanweisungen, Befehlsempfang, konfliktfreier Umgang mit den Kameradinnen. Sie musste nur noch die Wochen bis Mitte Februar 1942 überstehen. Doch der Winter hielt Mähren in bitterer Kälte gefangen. Der Frost drang in die Holzbaracken. Angesichts ihrer baldigen Entlassung nahm sie auch das hin. Überraschend kam hinzu, dass die Menschen in Nimlau und Olmütz Fasching feierten. Josefina schwärmte vom Feuerwehrball: „Es kimmt holt ollerhand vor, es wird gejuxt, gejohlt und gelocht, getonzt, geschnapselt und a geschmust und was mon holt mocht in der Nacht." Ab dem Dreikönigstag wäre es losgegangen und hätte bis Aschermittwoch gedauert. Doch wegen des Krieges fiel alles aus.

Emmels Dienstzeit endete am Faschingsdienstag, dem 17. Februar 1942. Die Führerschaft erlaubte zum Abschiedsfest eine Feier in der Gruppenbaracke. Zwei Wochen zuvor hatten die zwölf jungen Frauen ihr Programm beschlossen. Ilse schwärmte vom berühmten Varieté-Theater „Scala" in Berlin, zeigte Fotos mit den „Scala Girls", die sie sich zum Vorbild nehmen sollten: „Mensch, ihr Jören, dit nachspielen kann doch een richtich dufter Abschied von diesa jottverlassenen Jejend sein!" Emmel, wie andere aus ländlichen Regionen erschrak angesichts der spärlich kostümierten Aufmachung. Doch der Reiz, auszubrechen und das Lagerdasein hinter sich zu lassen, überwog.

Hedwig organisierte ein altes Grammophon mit einem riesigen Trichter. Andere kümmerten sich um Schellackplatten. Ilse legte zusammen mit Elisabeth die Auftrittsfolge und Rollen fest, stellte die Garderobe vor. Zwischendurch gab es Proben. Als die Party begann, porträtierte Lotti mit ihrer Kamera jede einzelne Akteurin. Emmel schaute kokett in die Linse. Sie trug eine weiße Bluse und einen Rock. Ihre Hände in die Hüften gestemmt, klebte zwischen ihren Mundwinkeln eine Pappzigarette. Stirnbänder, Schleifen, Unterröcke, Gürtel gehörten zur sonstigen Garderobe. Zunächst legten die jungen Frauen ihre Lieblingsstücke auf. „Du und ich im Mondenschein", „Das kann doch einen Seemann nicht erschüttern" oder „Der Wind hat mir ein Lied erzählt". In schwarzen Turnhosen und BH-Oberteilen oder im Sommerschlafanzug mit kurzer Hose sowie niedrigen Stöckelschuhen formierte sich die Gruppe zum Varieté-Tanz. Zuvor schlängelte sich Dorit mit ihrem Schleier als „Salome" nach dem gleichnamigen Schlager von Robert Stolz auf dem Fußboden herum und verrenkte ihre Glieder. Welch Beginn! Schon lag die nächste Platte auf dem Teller. Die Mädchen stellten sich auf, und sogleich erklang Jaques Offenbachs Cancan aus „Orpheus in der Unterwelt". Aneinander gelehnt, vor- und zurückwippend, die Beine weit ausschwingend, die Köpfe in die eine und andere Richtung reckend, tanzten sie den Frust der letzten Wochen und Monate aus sich heraus. Zugaben, improvisierte Tanzquadrillen, Solo- oder Paarvorführungen komplettierten das Finale. Zwei Tage später erfolgte die Abreise.

Harry erhielt als Angehöriger der „Genesenden-Kompanie" des Landauer „Schützenregiments 104" Weihnachtsurlaub. Er reiste in seine Heimatstadt Plauen, wo ihn bitterkalte Tage erwarteten. Das Leben in Kriegszeiten fühlte sich für die kleine Familie Liesigk trist an. Sie wohnte in einem Mietshaus in der Neundorfer Straße. Vater Hermanns Dienstzeiten als Geiger im Stadtorchester fielen immer spärlicher aus. Für Kultur fehlten Geld, Zeit und Muße. Das Auskommen war dürftig. Ein strenger Winter, Schnee und Eis beherrschten das Vogtland seit November 1941. Während der Christfesttage kehrte „weiße Weihnacht" ein. Aber der leise rieselnde Schnee ließ weder Kummer noch Harm verschwinden, Herzen warm werden oder Stimmen lieblich erschallen. Ab erstem Weihnachtsfeiertag fuhren keine Straßenbahnen mehr. Immerhin gab es eine halbe Gans. Vater Hermann hatte sie von einem Bauern aus Syrau besorgt. Eine Hand voll Äpfel und drei Kilogramm Kartoffeln für die rohen Klöße landeten obendrein im Rucksack. Doch vermochte dessen Inhalt die Stimmung nur kurz aufhellen.

Nach Klavier- und Violinklängen hielt das Familienoberhaupt eine zerknirscht fordernde Weihnachtsansprache. „Lieber Harry, wir freuen uns natürlich sehr, dass du hier und ausgewählt bist fürs Musikstudium! Das macht uns stolz. Wie gut, in schweren Kriegszeiten als Familie zusammen zu sein. Irma, deine Schwester, ist schon länger in der Lazarettbetreuung tätig. Sicher weißt du das zu schätzen. Bist ja lange krank gewesen. Zu den Kameraden ins Feld zurück geht es für dich wohl nicht mehr. Obwohl unser Land jede Unterstützung bräuchte – auch als Krankenträger oder Musiker. An der Ostfront ist Verstärkung nötig. Wir müssen unsere Stellung vor Moskau halten. Jetzt, da der sowjetische Gegenangriff von Schukow voll im Gang ist und die USA uns den Krieg erklärt haben. Da solltest du mitmachen. Dein Studium könnte bis zum Endsieg doch noch einen Moment warten." Mutter Maria intervenierte heftig. Es sei genug: „Freiwillig geht mein Harry da nicht hin! Auch nicht für deinen Führer! Merkst du nicht, wie die Zeiten immer schlechter werden? Oder gefällt dir so ein Sparweihnachten, bei dem es kaum Spielzeug oder Geschenke zu kaufen gibt? Gucke mal das kleine Bäumel an! Da kommen mir die Tränen. Und nimm endlich nicht weiter den Mund so voll mit deinem braunen Gesülze." Vater Hermanns rechte Hand krachte auf den Tisch. Hochroten Kopfes schrie er mit vernichtendem Blick in den Raum: „Untersteh dich, noch einmal solch eine Bemerkung zu machen. Ich schrecke vor nichts zurück!" Schnurstracks marschierte der Beleidigte zum Schlafzimmer und schlug die Tür hinter sich zu. Betretenes Schweigen. Harry war bedient und starrte mit glasigen Augen auf die Tastatur des an der Wand stehenden Klaviers. In seinem Kopf arbeitete es: Was nur geht in seinem Vater vor? Wie verbohrt und verbittert ist er eigentlich? Wie wenig er mich doch anerkennt und nicht mal meine Musikpläne unterstützt. Ach überhaupt, hat er mich jemals in den Arm genommen und gedrückt? Warum nur bin ich hier? Aber er wagte nicht, Fragen zu stellen.

Nach einer halben Stunde klopfte Maria an die Tür, verschwand und kehrte samt Ehemann einige Minuten später an den Tisch zurück. Betretenes Schweigen, stockende Worte. Schließlich vorsichtige Annäherung durch Erzählungen der Kinder bei einem Glas Rheinwein.

Harrys Rückfahrt in die Pfalz dauerte aufgrund der winterlichen Verkehrssituation länger als gewöhnlich. Weihnachten kam ihm wie eine persönliche Schikane vor. Er sehnte sich weg von den braun gebliebenen Wänden seiner Kindheit und Jugend, dem gefühlskalten, nazihörigen Vater und dessen autoritären Vorstellungen, die ihn stets erdrückten. Selbst das Kasernendasein erschien ihm erträglicher. Da galten die Schikanen zumindest allen.

Auch Landau präsentierte sich im Winterkleid. Er nahm allen Mut zusammen, um den Weg in die Metzgerei zu finden und die besten Wünsche für das neue Jahr auszusprechen. Das geschah an einem frühen Mittwochabend, als er mit Martha im Büro ein Gläschen Riesling trank. Nur kurz gesellte sich der Hausherr hinzu, der dringend zu seinem Stammtisch musste. Harry berichtete von der Einladung zum Auswahlverfahren des Musikstudiums in Berlin, was Martha ungemein imponierte. Ein Kapellmeister in der Familie. Keine schlechte Partie. Etwas verunsichert dachte Harry über den Besuch nach. Was, wenn er durchfallen sollte?

Ungewissheit und Sehnsucht nach Emmel bestimmten die folgenden Wochen. Er zählte die Tage bis zu ihrer Rückkehr. Unermüdlich lernte er für die Prüfung. Als Vorbereitungsmaterial fiel ihm bei der Gattung „Liederzyklus" Franz Schuberts Winterreise samt Plattenbeispiel in die Hände. Die „Wasserflut" gehörte fortan zu seinen Lieblingsstücken. Am Klavier im Kasernenübungssaal vertiefte er den gleichmäßigen Rhythmus, langsames, trauermarschmäßiges Tempo, und betonte das emotionale Forte.

> *„Manche Trän' aus meinen Augen*
> *ist gefallen in den Schnee;*
> *seine kalten Flocken saugen*
> *durstig ein das heiße Weh.*
> *Wenn die Gräser sprossen wollen,*
> *weht daher ein lauer Wind,*
> *und das Eis zerspringt in Schollen,*
> *und der weiche Schnee zerrinnt.*
> *Schnee, du weißt von meinem Sehnen,*
> *sag', wohin doch geht dein Lauf?*
> *Folge nach nur meinen Tränen,*
> *nimmt dich bald das Bächlein auf.*
> *Wirst mit ihm die Stadt durchziehen,*
> *muntre Straßen ein und aus;*
> *fühlst du meine Tränen glühen,*
> *da ist meiner Liebsten Haus."*

Endlich, an einem Sonntagnachmittag im Februar 1942 beim Nachmittagskaffee, traf er Emmel zum ersten Mal wieder. Glückselige Freude erfüllte den Raum. Harry brachte keinen Bissen des geliebten Hefekranzes zum irgendwie ergatterten Bohnenkaffee hinunter. Ludwig scherzte. Seine Schwägerin Susi wollte etwas über die Tierwelt Nordafrikas erfahren. Sie wohnte inzwischen, seit Schwager

Ottos Einziehung zur Wehrmacht, bei Schwester Bawettel und arbeitete im Kolonialwarengeschäft. Um über die Runden zu kommen, hatten sie schwer zu kämpfen. Nebenher mussten sie sich um die sechsjährige Ursel und die vier Jahre alte Lorle kümmern, welche öfter in der Nähstube der Stiefgroßmutter mit Hunderten von Knöpfen spielten. Das reichte natürlich nicht als Erziehungsangebot. Außerdem hielt Schwiegervater Jakob das Zepter im Laden in der Hand und verhinderte jedwedes Mitspracherecht.

Die Eck-Mutter freute sich über das junge Paar. Martha bestellte wie so oft ein Wunschkonzert am Klavier. Wie lange hatte es stumm herumgestanden?! Für Harry eine willkommene Gelegenheit, den vielen Fragen auszuweichen. Gefühlvoll erklangen Walzer, Schlager und Operettenmelodien. Ludwig erfasste die Situation: „Ei, ich denk', dass die jungen Leute mal ein bissel allein sein mögen. Beim Spaziergang kann man sich so viel erzählen. Es ist ja eine herrliche Winterluft draußen." Erleichtert nahmen sie die Offerte an, durchquerten Schiller- und Goethepark, bei jedem Kuss vorsichtig um sich schauend.

Während ihre Liebe zunahm, erkaltete ringsum das gesellschaftliche Leben. Der „Landauer Anzeiger" berichtete über Fälle des Amtsgerichts zum verbotenen Umgang mit Kriegsgefangenen. So erhielt eine junge Frau aus Jockgrim wegen fortgesetzter Konversation mit einem Gefangenen zwei Monate Gefängnis. Besonderer Vorwurf, Zustecken einer Tafel Schokolade in die Tasche der vermeintlichen Delinquentin. Ja, der Kriegsgefangene beschenkte die deutsche Frau und nicht umgekehrt! Begründung des Urteils: „Vergehen gegen das Gesetz zur Erhaltung der Wehrkraft des deutschen Volkes". Vergeblich beteuerte die Neunzehnjährige, dass dies ohne ihren Willen geschah. Zeugen oder genauer gesagt Denunzianten widerlegten den Vorfall im Sinne der NS-Gerichtsbarkeit.

Wilhelm Z., auf einem Weingut in Birkweiler angestellt, arbeitete mit französischen Kriegsgefangenen zusammen. Einem von ihnen schenkte er spezielle Aufmerksamkeit und unterhielt sich ausführlicher mit ihm, als es die Arbeit erforderte, wie es in der Anklageschrift hieß. Er sollte sogar zum Bier eingeladen, eine Landkarte ausgehändigt und darauf den Heimatort des Franzosen gezeigt haben. Die Hauptzeugin ging über die Angaben hinaus und sprach vom Überreichen einer Karte zum Kriegsschauplatz im Westen. Das Urteil lautete auf zehn Monate Gefängnis.

Am 2. März 1942 reiste Harry früh mit dem Zug zur Aufnahmeprüfung nach Berlin. Gegen 17 Uhr traf er beim Wachbataillon in Moabit, Rathenower Straße, ein. Von dort ging es zur Prüfungsstätte und Unterkunft. Am nächsten Tag, dreißig Minuten vor Prüfungsbeginn um Punkt 9 Uhr, saß er fiebernd mit sieben anderen Kandidaten im Vorraum des Haupteinganges der Musikhochschule. Alle Probanden beherrschten mindestens ein Melodie- oder Rhythmusinstrument. Im Künstlerzimmer mussten nun alle unter Vorsitz des Musikoberinspizienten Professor Hermann Schmidt ihre Fähigkeiten auf dem jeweiligen Hauptinstrument Cello, Tuba, Trompete, Klarinette und zusätzlich Klavier unter Beweis stellen. Harry spielte Posaune. Anschließend erging die freundliche Einladung zum Kolloquium über Instrumentenkunde, Musikgeschichte, Gehörbildung, Dirigieren, Formenlehre und Tonsatz. Mit gutem Gefühl verließ Harry den Ausschuss.

Alle warteten am frühen Abend nervös vor dem Prüfungszimmer. Max Gerich, in Bayern aufgewachsen und aktuell beim Musikkorps des Berliner Wachbataillons, sorgte für Auflockerung. Er gab Details aus der jüngsten Geschichte der Musikhochschule zum Besten: „In der Nacht vom 23. zum 24. März letzten Jahres verbrannte bei einem Fliegerangriff dem Studenten Hermann Schreiber eine Böhm-Flöte mit versilberten Klappen, heutiger Preis 400 Reichsmark. Er hatte sie ausgeliehen. Jetzt gibt es ein Hickhack darüber, wer den Schaden ausgleicht. Gemäß der Kriegsschäden-Verordnung kommt die Hochschule für ihn auf. Gesetzt den Fall, einer von uns hier rauscht hier durch, kann er sich doch freuen, nicht in einer so bedrohten Stadt wie Berlin sein zu müssen. Oder?"

Die Antwort erübrigte sich. Harry sollte zur Resultatsverkündung eintreten. Die Ausschussmitglieder lächelten ihn an. Geschafft! Er zählte tatsächlich zu den besser bestandenen Prüflingen. Beschwingt trat er den Weg nach Moabit an und gönnte sich in der nächsten Eckkneipe eine Berliner Molle. Den Eltern schrieb er: „Bin angenommen! Endlich geht mein Traum in Erfüllung. Freue mich riesig auf das Studium."

Überglücklich erfuhr Emmel an ihrem Geburtstag das Ergebnis. Schnell sprach sich die Neuigkeit im Verwandten- und Freundeskreis herum. Einziges Problem: wieder so weit weg von ihr, aber wenigstens nicht an einer Kriegsfront. Nur der „Heldengedenktag" am 15. März 1942 in Landau auf dem „Herbert-Norkus-Platz" erinnerte daran. In einem zusammengewürfelten Musikkorps spielte Harry, als der stellvertretende Standortälteste die Formationen der Wehrmacht, Kriegsversehrten, NSDAP und NS- Reichskriegerbund abschritt, den Präsentiermarsch. Die Festrede ließ jene Millionen Gefallenen und tote Helden aus allen Schlachten auf *„uns sehen, die wir jetzt das Schwert in der Hand halten.*

So wollen wir an diesem Heldengedenktag aufs Neue geloben, dass wir die Waffe nicht niederlegen wollen, bis der Sieg, für den sie den Heldentod starben, erfochten ist." Mit Senken der Fahnen, dem Lied vom guten Kameraden und der Nationalhymne endete die Zeremonie.

Harrys Berliner Jahre

Mitte April 1942 begann Harrys erstes Semester an der staatlichen Hochschule für Musik in Berlin. Parallel dazu erfolgte eine militärische Weiterbildung und allgemeinwissenschaftlicher Unterricht an der Heeresfachschule in Spandau. Erziehung und Ausbildung sollten dem Niveau von Offiziersanwärtern entsprechen. Harry galt als Selbstmieter. Er musste privat unterkommen.

Das Sekretariat vermittelte ihm ein Zimmer in der Berliner Straße 156, drei Kilometer von der Hochschule entfernt. Der Umzug verlief problemlos. Wäsche, militärisches Equipment, ein paar Musikbücher, Violine und Posaune gehörten zum Inventar des Miltärmusikstudenten. In bestem Berlinerisch begrüßte ihn die Zimmerwirtin: „Wat ick Ihnen anbiete, is dit Zimmer meines ältesten jewesen. Kürzlich uffm Felde der Ehre in Russland jefalln. Jetzte ha ick nur noch meene beeden Jörn. Die jehn zur Schule. Aber meen Paule, der hat ma ooch ohne Krieg schon vor drei Jahrn verlassen. Also, mit dem jroßen Blechinstrument hier uff de Stube übn, dit kann ick Ihn gleich untersajn. Nicht unbedingt wegen mir. Aba jejenüber lauscht eener von Berufs wejen. Dit is der Blockwart. So empfindliche Ohrn. Ne Jeije hamse och mit. Ach klar, Se wolln ja Kapellmester werdn. Da hab ick nischt dajejn. Aber bitte keen Etüden-Marathon. Vielleicht ooch mal 'n schönet Largo in diesen Zeitn. Frühstücken könnse inne Küche und Abendbrot da ebenfalls zu sich nehm. Dit Stille Örtchen befindet sich draußen uff halba Treppe." Es hätte schlimmer sein können. Harry stellte Emmels Porträtfoto auf den Nachttisch.

Die Feierstunde zum Studienbeginn, begleitet von konzertanten Klängen des Hochschulorchesters, stimmte freudig. Ein exakt festgelegter Stundenplan diktierte von nun an Studium und Leben. Zwei Mal wöchentlich musste sein Lehrgang in der Heeresfachschule Spandau erscheinen. Sie befand sich in der Schlemminger Straße 3, vormals Brückenstraße, nach dem bei einem Überfall der SA auf das Arbeiterlokal „Am Brückenkopf" ums Leben gekommenen NS-

Anhänger Gerhard Schlemminger benannt. Exerzierübungen und Schießen, Propagandawissen, Kartenkunde, Waffenlehre, Soldatenpflichten und Kenntnisse der Disziplinarstrafordnung, offiziersmäßiges Verhalten und Leibesübungen bildeten das militärische Gerüst – ergänzt vom Unterricht freitags von 14 bis 19 Uhr in den Fächern Deutsch, Geschichte, Erdkunde, Staatsbürgerkunde und Recht. Insgesamt vier personell ausgedünnte Militärmusikmeisterlehrgänge betreute die Hochschule. Der Studiengang existierte bereits seit dem Kaiserreich, zumeist geleitet von Professoren, die sich speziell der Militärmusik verbunden fühlten. Seit Beginn des Zweiten Weltkrieges war die Zahl der Studierenden von einst mehr als einhundertzwanzig auf siebzig gesunken. Rundfunkgeräte oder Feldlautsprecher ersetzten die Blasmusik an der Front. Der Ausbildungsbedarf ging drastisch zurück. Die Immatrikulationen stagnierten infolge vieler Einberufungen. Männliche Studierende gab es außer den Militärs nur noch wenige.

Der Krieg berührte die Hochschule sowie die mit ihr verbundenen menschlichen Schicksale. Erschüttert kondolierte der Direktor der Hochschule, Professor Stein, am 21. Juli 1942 einem sehr geehrten Fräulein Rieche zum „Heldentod" ihres Verlobten: *„Wie wir Ihrer Anzeige entnehmen mussten, hat er sein Leben in treuester Pflichterfüllung für Großdeutschland dahingegeben. Er ist auch als Studierender unserer Hochschule alle Zeit von dem gleichen Pflichtbewusstsein und der gleichen Hingabe durchdrungen gewesen, die ihn als Soldat ausgezeichnet haben. Sein Andenken wird uns unvergessen bleiben."*

Trotz militärischer Verpflichtungen und ideologischer Vorgaben stand die musikalisch-künstlerische Ausbildung im Mittelpunkt. Bei nahezu allen Lehrkräften steckte das „Bonbon" genannte Parteiabzeichen am Frackkragen. Manche trugen es aus Überzeugung, andere aus Opportunismus oder Karrieredenken. Das deutsche Musikleben isolierte sich in den Kriegsjahren immer stärker von der Außenwelt.

Neben Tonsatz, Gehörbildung, Musikgeschichte und weiteren musiktheoretischen Fächern sollten die Studierenden Volkslieder oder Märsche komponieren lernen. Chorische Schulung, das Mitspielen im Hochschulorchester für Übungszwecke als auch öffentliche Aufführungen zählten zu den Standards. Harry studierte Posaune als Hauptinstrument und Klavier im Hauptfach. Ihm behagten von Beginn an festgelegte Abläufe. Bei jeder Veranstaltung gehörte er zu den ersten, die eintrafen. Bald kannte er viele seiner Kommilitonen. Ihre Biografien wiesen verblüffende Ähnlichkeiten auf. Die Väter waren meist Handwerker wie

Silberschmied, Maurer, Maschinist, kleiner Beamter oder Bediensteter, Eisenbahnschaffner, Kanzleiassistent, Bahninspektor, Telegrafenleitungsaufseher oder eben Musiker, Instrumentenbauer sowie Soldaten, manche im Felde gefallen. Die Studierenden kamen aus mannigfaltigen Gegenden des Reiches, unter anderen dem schlesischen Schweidnitz, Eger, Weferlingen, Pappenheim, Altruppin, Bad Freienwalde, Halle, Quedlinburg. Ebenso aus Großstädten wie Karlsruhe, Breslau, Berlin und Hannover. Niemand stammte aus einer akademischen Familie oder begüterten Verhältnissen. Aber jeder verfügte über große Fähigkeiten, spielte im Jugendalter mehrere Instrumente. Mangels finanzieller Polster hatten die meisten keine höhere Schule oder Konservatorium besuchen können. Nach der Volksschule schloss sich eine vierjährige Musikerlehre an. Es folgten der Besuch einer Fortbildungsschule und die Ausbildung im Stadtorchester oder bei Kur- und Theaterkapellen. Nahezu alle hatten diesen Weg beschritten. Oft führte die Vermittlung solider musikalischer Grundlagen weit über ein Basisniveau hinaus, und ausgezeichnete Musiker wären im Falle einer Anstellung in der Lage gewesen, die deutsche Kulturlandschaft zu bereichern. Doch letztere darbte im Schatten wirtschaftlicher Schwierigkeiten vor sich hin. Die vielen von Kommunen unterstützten lokalen Ensembles konnten sich außer ihren Lehrlingen kein gut bezahltes Personal leisten. Ausgebildete Musiker erhielten keine adäquaten Anstellungen.

„Die blauen Dragoner, sie reiten mit klingendem Spiel durch das Tor, Fanfaren sie begleiten hell zu den Hügeln empor." Solch romantisch-musikalische Verklärung des Soldatendaseins, zu Beginn des Ersten Weltkrieges in aller Kriegsbegeisterung getextet, schien Auswege anzudeuten. Überall tönte und trommelte es auf den Straßen. Längst hatten die Nazis besonders Lieder der Arbeiterbewegung für ihre Zwecke adaptiert. Ansonsten zelebrierten sie deutschen Sing-Sang, ergötzten sich wie der „Führer" an Richard Wagner und der Operette vom Schwarzwaldmädel. Individuelle und experimentelle künstlerische Ambitionen blieben unerwünscht. Nach der Musikerlehre landeten viele in irgendwelchen pseudo-militärisch-faschistischen Organisationen wie SA-Musikzügen, dem Reichsarbeitsdienst, der Hitlerjugend oder staatlichen Institutionen wie der Polizei. Dort spielte für sie und mit ihnen die Musik.

Die Anstellungen befriedigten selten, weil unterbezahlt oder nur kurzfristig angeboten. Zumeist führte der Weg zum Militärmusiker. Für Hochtalentierte keine Erfüllung eines künstlerischen Daseins, aber vielversprechende Aussichten für das Gros. Hitler brauchte die Soldaten, und die zahlreichen Musikkorps boten Beschäftigung – nicht zuletzt für viele Studienkollegen Harrys.

Ob bei Standkonzerten, in großen Blasorchestern, Combos, Kammermusik- und Streicherensembles, oder ob es sich um Opernarien, Operettenlieder oder Schlager handelte, all das gehörte zum Programm von Wehrmachtsmusikdarbietungen. Orchesterinstrumente wie Posaune, Viola, Bariton, Fagott, Cello, Klavier, Oboe, Trompete, Klarinette, Kontrabass, Tenorhorn, Violine wiesen auf ein besonderes Können hin. Bedauerlicherweise waren die Musiker auch Soldaten, hatten den Eid auf Adolf Hitler, zugleich Oberbefehlshaber der Wehrmacht, geschworen, ihm unbedingten Gehorsam gelobt und erklärt, für ihn jederzeit ihr Leben einzusetzen. Ab September 1939 nahmen ihre soldatischen Pflichten zu. Viele mussten parallel zur Regimentsmusik als Sanitätsgehilfen oder Hilfskrankenträger dienen. Welch glückliche Fügung inmitten des Kriegsgeschehens, die Gunst des Musikstudiums zu erfahren.

In den ersten Wochen fühlte sich Harry wie im Orchestergraben vor einer Opernouvertüre. Er war präsent, spielfreudig und willig. Berlin beeindruckte ihn, die Größe und Anonymität forderten einiges ab. Die ehrwürdige Hochschule für Musik, ein ästhetisches Bauwerk mit allem dazu gehörenden Interieur, animierte zu künstlerischer Betätigung. Das Lehrpersonal, zumeist professoral betitelt, flößte Ehrfurcht ein. Dagegen erschien das militärische und allgemeinwissenschaftliche Programm banal und als ärgerliches Muss.

In Harrys Posaunenklasse von Professor Alfred Jakobs blies auch der aus Kronach in Bayern stammende Max Baumann. Er gehörte zum Zweiten Lehrgang und bestand im Frühjahr 1944 sein Musikmeisterexamen. Es war der Auftakt zu seiner großen Karriere als Komponist für Kirchenchormusik. 1960 kehrte er zur Berliner Musikhochschule zurück. Zahlreiche Preise und Ehrungen begleiteten seine Vita, unter anderem der Kunstpreis von Berlin 1953 oder 1977 die Orlando di Lasso-Medaille des Allgemeinen Cäcilien-Verbandes, einer Chorvereinigung der katholischen Kirche. Nach dem Üben oder während der Pausen schwärmte Baumann im Gespräch mit Harry von der Klavierlehrerin Valesca Burgstaller. Sie vermittle ihm besondere künstlerische Erlebnisse, überzeuge mit Interpretationskunst und Ausstrahlungskraft. „Übrigens schaute sie während des Unterrichtes nie zur Uhr, es waren nicht selten zwei bis drei Stunden." Auch Professor Hugo Distler, den am 1. November 1942 das Zeitliche segnete, lobte Baumann in höchsten Tönen: Phänomenal gestalte er Chorsätze aus Wort und Geist des Textes, zeichnete Motive und Phrasen nach, streichelte und präsentierte sie in eindrucksvollen Rhythmen. Eine faszinierende Welt der Musik begegnete Harry fortan.

Nach seinem Abschied aus Landau schrieb Emmel Ende Mai des Jahres 1942 aus der pfälzischen Provinz einen ausführlichen Brief. Alles sei gut. Sie helfe fleißig in der Metzgerei, und vom Krieg spüre man, abgesehen von der Verdunkelung, wenig. Ach, in Nußdorf habe es einen dreisten Hühnerdiebstahl gegeben: „Eine umherziehende Mutter samt Tochter fragten bei einer Bäuerin nach Kartoffeln. Während die Tochter ein Ablenkmanöver inszenierte, schnappte sich die Mutter im Stall ein Huhn. Sie wurden schnell überführt. Es kostete die beiden je drei Monate Gefängnis.

Aber nun die Sensation. Mit Gretel ergatterte ich zwei Eintrittskarten für ‚Lili Marleen'. In der Festhalle trat Lale Andersen auf. Komplett ausverkauft und wir dabei. In elegantem, langem Kleid betrat sie die Bühne. Ihre tiefe Stimme beeindruckte mich sehr. So romantisch klangen die Lieder von hoher See, Matrosenliebe, Heimat und Soldatenleben. Sie sang auch norwegisch oder schwedisch, was ich ja nicht verstand. Aber sie übersetzte es dem Publikum. Oft musste ich an diesem Abend an dich, mein geliebter Harry, denken. Eine Dreingabe folgte der nächsten. Du kennst ja die Pfälzer!! Finale unter tosendem Beifall mit ihrem, auch unserem Lied:

> *„Aus dem stillen Raume,*
> *aus der Erde Grund*
> *hebt mich wie im Traume dein verliebter Mund.*
> *wenn sich die späten Nebel drehen,*
> *werd' ich bei der Laterne stehen –*
> *wie einst Lili Marleen."*

In der Festhallengaststätte tranken wir noch eine Limonade. Dann ging es schnell nach Hause. Auf deinen Besuch in der Pfalz freue ich mich so sehr. Deine Emmel."

Verklärt nahm Harry tags darauf sein Frühstück ein, nicht ohne den süffisanten Kommentar seiner Zimmerwirtin: „Na da hab ick Ihn vermutlich nen wunderschönen Brief rinjebracht. Wo Se mir immer mal von Ihrem Pfälzer Sonnenschein erzähln. Steht jetzt ne Verlobung an? Da dürfn Se ooch mit meinem Segen weiter fröhlich fiedeln." Geduldig ertrug Harry das morgendliche Geplapper der redseligen Person.

Es klopfte an der Wohnungstür: Bernhard stand zum Abholen für die ersten Unterrichtsstunden in der Hochschule bereit. Mit dem aus Osternburg bei Oldenburg stammenden Studienkollegen hatte er sich auf Anhieb verstanden. Der Bildhauersohn spielte Streichbass, Klavier und Orgel. Er gehörte bis zur Aufnahme an der Musikhochschule dem Musikkorps des Infanterieregiments Oldenburg an. Die klare Ansprache, seine trockenen Witze aus der norddeutschen Tiefebene beeindruckten Harry. Gemeinsam belegten sie das Hauptfach Posaune.

Das erste Semester verging wie im Flug. Eine Veranstaltung jagte die andere. Der Wochenplan war minutiös ausgefüllt. Samstag und Sonntag standen zur freien Verfügung, mussten dann aber doch zum Üben herhalten. Die wenigen „zivilen" Studierenden verabschiedeten sich in die Semesterferien. Nicht zum Erholen, sondern als studentische Arbeitskraft in Munitionsfabriken, auf Truppenkonzerttourneen oder zur Erntehilfe in die Ukraine, um dort Volksliedgut zu sammeln oder Musik zu spielen. Für Militärstudenten galt die Maßgabe verstärkter Ausbildung in den militärischen Unterrichtsfächern. Der Erholungsurlaub war auf vierzehn Tage beschränkt zuzüglich zweier Reisetage vom 3. bis 18. August. Am 1. Juli erhielt Harry seine Beförderung zum Feldwebel. Vier Tage später, am Sonntag, überfielen ihn heftige Bauchschmerzen, eine Blinddarmentzündung. Bernhard fand ihn am Nachmittag wimmernd im Bett vor. Die Zimmerwirtin riet zum Besuch des nächst gelegenen Lazaretts: „Nu bewegense sich mal. Hakense Ihrn Musikuskolejen unter und fahrnse mit der Elektrischen direkt zur Spandauer Chaussee. Ick globe dit is momentan dringend anjesacht. Aba nu ma dalli!"

Im Reservelazarett 101, dem späteren Westend-Krankenhaus, verfrachtete ihn eine Krankenschwester ins überfüllte Krankenzimmer. „Ihr Kolleje kann nun jehn. Dit is een echter Kamerad. So ne Jeduld. Der sieht ooch janz schick aus. Ansonsten is dit krass mit Ihrn Beschwerden. Da droht ne Opee. Aber verglichn mit den anderen Lazarussen sind Se jut bedient." Zwei Tage später erfolgte der Eingriff. Alles lief glatt, nur der Heilungsprozess schleppte sich hin. Zehn Tage Aufenthalt, erst dann entließ man ihn. Bis einige Tage nach der offiziellen Urlaubszeit reichte die Krankschreibung. Mit einer Sondergenehmigung durfte Harry nach Plauen zu den Eltern reisen. Deren Gedanken kreisten um die bevorstehende Verlobung mit seiner Emmel. Irgendwie fiel dem Nazi-Vater nichts Störendes ein. Im Gegenteil: „Da haste eine ganz gute Wahl getroffen. Das sind tüchtige Geschäftsleute. Auf den Führer lassen sie genau wie wir nichts kommen."

Letzterer blieb während der Verlobungsfeier am Samstag, den 12. September 1942, im Wohnzimmer der Landauer Metzgerei außen vor. Stattdessen strömte die Verwandtschaft hinein. Ebenso die aus Plauen angereisten Opa Hermann und Oma Maria, Logiergäste in der Metzgerei. Auf Wunsch der Anwesenden sprach Altbürgermeister Georg Reiss einfühlsame Worte, zitierte Friedrich Schiller:

„Wo Starkes sich und Mildes paarten,
da gibt es einen guten Klang.
Drum prüfe, wer sich ewig bindet,
ob sich das Herz zum Herzen findet.
Der Wahn ist kurz, die Reu ist lang."

Tante Susi flüsterte ihrer Schwester Bawettel zu: „Ob sich nicht doch was Besseres findet. Jo alla. Bei dem Traumpaar müsse mir uns üwerhaupt kä Gedanke mache!" Bereits da rutschte Oma Martha nervös hin und her. Als ihr Schwiegervater mit den Worten „Nehmt euch in die Arme und schaut mutig *in die ungewisse Zukunft!*" endete, lief Oma Martha rot vor Ärger an. Sie wusste, was ihr Schwiegervater meinte. Denn die Kriegssituation sprach für sich. Erst am Wochenende zuvor war man im Garten des Nußdorfer Bauernhauses Reiss mit ihr anlässlich der Verlobungsvorbereitungen beschäftigt gewesen. In der Nacht vom 2. auf den 3. September 1942 hatten etwa 200 Lancaster-Flugzeuge die dreißig Kilometer entfernte Großstadt Karlsruhe bombardiert. Das Feuer der brennenden Lagerhäuser im Hafenviertel leuchtete bis in die Pfalz. Bedrückt und verängstigt registrierte die Verwandtschaft die Folgen des Angriffs. Die deutschen „Kriegsspaziergänge" der ersten beiden Jahre gehörten offenbar der Vergangenheit an.

Artig sprach Harry nach Schluss der Laudatio von Georg Reiss seinen Dank aus: „Ich bin kein Redner. Was ich am besten kann, möchte ich mit einem Klavierstück ausdrücken, dem Ständchen von Franz Schubert für meine Emmel."

„Leise flehen meine Lieder
durch die Nacht zu dir;
in den stillen Hain hernieder,
Liebchen, komm zu mir!"

Harry erfüllte die Bitte nach einer Zugabe. Pfälzer Volkslieder waren gewünscht. Tante Susi sang melodiös und textsicher alle Strophen. Dem Rest der Gäste fehlten längst die Verse. Vater Hermann saß stocksteif vor seinem Sprudelwasser. Mutter Maria herzte ihren Harry: „Dass ich so was Schönes erleben darf, mein Liebster. Eine große Freude bereitest du uns."

Am Sonntag reiste Harry in aller Frühe nach Berlin ab. Wie einen falsch getrommelten Paukenschlageinsatz erlebte er die Rückkehr an seinen Studienort. In der Hauptstadt Hektik, Lärm, Verkehr, Rennen und Rasen. An der Hochschule eiserne Disziplin. Büffeln und Üben. Dagegen in der Pfalz anmutige Dörfer mit fröhlichen und leutseligen Menschen, umrahmt von im Sonnenschein ruhenden Weinbergen. Einfühlsam schrieb ihm die künftige Schwiegermutter Martha wenige Tage später: *„Nun wirst du wieder fest im Alltag stehen und dich langsam an das Berliner Tempo gewöhnen müssen. Es kommt dir sicher alles vor wie ein Traum, bist du doch förmlich aus der Feier gerissen worden. Schade, dass du die Blumenpracht nicht mehr genießen konntest. Es war halt doch so kurz und überstürzt. Zu allem gehören eben Vorbereitung und Muße."* Und zur Verlobung merkte sie an: *„Lieber Harry, der erste Schritt ins Glück ist getan. Du gehörst nun zu unserem Familienkreis, und gegenseitige Pflichten beginnen. Wohl ist Verlobungszeit auch Prüfungszeit und verlangt Bewährung der Herzen. Ich hoffe sehr, dass ihr beide euch eurer Schritte bewusst seid."*

So redete sie dem wohl überforderten Harry ins Gewissen. Die „neu gebackene Mutti", gerade mal zwölf Jahre älter als der Schwiegersohn-Aspirant, appellierte an Energie, Willen und Kampfgeist, damit sich alles zum Besten entwickele. Fest in der Hand sollte er sich haben. Allein in der Arbeit läge das Glück. Generös räumte sie ein, dass Ludwig, ihr Mann, gern bereit wäre, ihn in monetären Notlagen zu unterstützen. Trotz vieler Sorgen um Harry sei Vertrauen da. An nichts sollte es fehlen, aber damit müsste auch eine Gegenleistung verbunden sein. Das Studium sei in jedem Fall erfolgreich zu beenden. Eine Enttäuschung würde Martha zugrunde richten! Sie schloss mit einem Hinweis auf die Mutterliebe. Diese lege ihr auf, sich um das gemeinsame Glück von „ihrem kleinen Emmele" und Harry zu sorgen. Statt Freude und Zutrauen in den Vordergrund zu heben, drückte sie dem Frischverlobten eine Zentnerlast auf, die Seele und Geist in Mitleidenschaft zog. Die Erwartungshaltung seiner künftigen Schwiegermutter war immens.

Die Plauener Eltern reisten am Montag zurück, sehnsüchtig von Tochter Irma erwartet. Seit fast zwei Jahren arbeitete sie als Krankenhelferin in einem Plauener Lazarett. Vorgesetzte lobten ihre umsichtige Arbeit, Patienten genossen ihre

Pflegedienste, welche zur baldigen Genesung beitrugen. So auch die eines gutaussehenden Feldwebels, der sich mit Irma verabredete. Sein Charme hatte sie sofort bezirzt. Nach dem ersten Ersatzkaffee und einem sündhaft teuren Stück Apfelkuchen im „Café Trömel" am Nachmittag verlegten die frisch Verliebten ihr Rendezvous einige Zeit später in die Abendstunden und Wiesen am Stadtrand. Es folgten „Schäferstündchen" bei Freunden oder Bekannten. Zweimal erschien der imposante junge Mann in der Neundorfer Straße zum Nachmittagskaffee. Oma Maria gefiel der schnittige Portepeeunteroffizier sehr. Opa Hermann orakelte hingegen: „Der hat einen Standesdünkel, redet zu viel und ist in keiner Parteiorganisation. So jemandem traue ich nicht."

Opa Hermann sollte Recht behalten. Die Beziehung erkaltete und endete, als Irma unter Tränen mitteilte, „in anderen Umständen" zu sein. Darauf hätte er nicht hingearbeitet, fiel die Antwort des Kavaliers aus, und er präzisierte, dass der Ausgangssituation ihrer Liebschaft keinerlei Kinderwunsch zugrunde gelegen habe. Niemals sei eine derartige Konstellation angestrebt oder gewollt gewesen. Und so meinte er: „Du warst mein Herzblatt, aber ich kann mit dir keine Familie gründen. Da hast du dir falsche Hoffnungen gemacht. Wir sind sehr unterschiedlich. Ich mochte deine Leidenschaft und Witz. Dein schönes Gesicht. Eine Seele von Mensch bist du. Aber leider kaum mehr länger für mich. Ich stelle mir mein Leben anders vor. Nicht so eng oder gesteuert. Sei mir nicht böse. Lebe wohl, Irma." Tatsächlich entschwand der Bonvivant ganz schnell aus dem Blickfeld der Geprellten.

Gegen Ende der Semesterferien erhielt Harry am 25. September 1942 zu seinem „Wiegenfest", wie es Martha ausdrückte, einen dicken Brief, in dem es u.a. hieß: *„Ich, vielmehr Vater und ich erlauben uns inliegendes Geldgeschenk zu machen. In der Annahme, dass du es vielleicht zu Studienzwecken verwenden kannst und es dir so zum Segen gereicht. Du musst wissen, dass wir es nur gut mit dir meinen. Das versichere ich immer wieder. Möge der Allmächtige dich erleuchten, damit du dein dir gesetztes Ziel erreichst und dann das Glück vollständig ist."*

Harry war indes im Konzertsaal der Hochschule mit Dirigierübungen beschäftigt, die jeweils montags, dienstags und freitags von 8 bis 12 Uhr stattfanden. Am Dirigierpult Einfluss auf das musikalische Gesamtgeschehen zu nehmen, stärkte sein Selbstbewusstsein. Nicht mehr nur anderen folgen, nachspielen oder gehorchen. Beim Schwingen des Taktstockes beeinflusste ihn sein bis dahin großes Vorbild, Musikdirektor Wilhelm Laudel aus Kötzschenbroda, der besonders Wert auf Haltung und Stil legte. Aber das sollte sich bald ändern. Während einiger Proben unterbrach ihn forsch, aber dennoch freundlich der Musikinspizient Professor Hermann Schmidt. Als Klarinettist, geschätzter Geiger und Komponist zahlreicher Militärmusikwerke hob er vor allem auf die Kombination von Klang und Rhythmus ab. „Ja, da gilt es, einen Schwung auf das Orchester zu übertragen. Nicht grübeln. Taktmaß zügig forcieren, Instrumenteneinsatz exakt berücksichtigen. Sie stehen erst am Anfang. Aber das sieht gut aus. Nu machen Sie mal andern Platz." Harry fühlte sich motiviert. Ab sofort orientierte er sich an diesem Kapellmeister.

Wenig anregend fing das zweite Semester an. Der militärische Lehrgangsleiter Oberstleutnant Osann instruierte seine Studenten in einem Tagesbefehl zum dienstlichen Verhalten. Vor Beginn von Orchesterproben sollte am Eingang des Konzertsaales geschlossen und in Linie zu drei Mann angetreten werden. Die militärische Formation dürfte aber auf keinen Fall durch laute Kommandorufe den Betrieb der Hochschule stören. Der Lehrgangsälteste müsste die Stärke melden. Unregelmäßigkeiten, Verstöße gegen Pünktlichkeit oder Ordnung führten zu Bestrafung. Die Militärs erwarteten vor allem Disziplin.

Der neue Ton schlug sich auch musikalisch nieder. Jeder Kandidat musste bei der Aufnahmeprüfung *„die praktische Geschicklichkeit des Trommelschlagens"* nachweisen. Direktor Stein formulierte das damit verbundene Ziel sodann in einem Schreiben an das Oberkommando der Wehrmacht folgendermaßen: *„Das Trommeln bildet in besonderer Weise die rhythmische Sicherheit, die für Wehrmachtsmusik als eine entscheidende Grundlage anzusehen ist. Trommeln können in beachtlichem Maße dem Gesang der Truppe eine weitere Bewegtheit und Gebundenheit bieten. Die musikalische Heraldik kann angesichts der historischen Entwicklung der Militärmusik auf diese einfachsten, natürlichen Instrumente nicht verzichten."*

In Vorlesungen erlangten die Studenten musiktheoretische Kenntnisse. Professor Friedrich Mahling unterrichtete Musikgeschichte. Er verstand sich als entschiedener Nationalsozialist. Trotz einiger Differenzen blieb sein Bekenntnis zur Reichsmusikkammer unumwunden. Sie und das deutsche Musikleben müssten ein und dasselbe werden, propagierte er. Dr. Dräger vermittelte Instrumentenkunde und referierte über die Hornbostel-Sachs-Systematik des Erich Moritz von Hornbostel und des Berliners Curt Sachs. Beide arbeiteten an der Sammlung alter Musikinstrumente. Dazu prasselte jede Menge anderer instrumentaler theoretischer Konstrukte auf die Studenten ein. Harry brummte der Kopf. Weihnachtsferien erhielten auch die Militärstudenten. Zutiefst bedrückend war der Empfang in Plauen bei Eltern und Schwester Irma, die hochschwanger vor dem ausgefransten Bäumchen saß. Keine Edeltanne wie üblich. Nicht mal eine Gänsehälfte. Aber ein Gockel. Verdammt klein. Man jammerte. Christus als Retter? Den akzeptierte Vater Hermann ohnehin nicht. Sein „Erlöser" hieß immer noch Adolf Hitler, und das machte er auch am Heiligen Abend deutlich. Augenblicklich sollte Ruhe herrschen und hatten alle zuhören. Mit bitterernster Stimme und vernichtendem Blick hob er an: „Das ist ein Skandal in unserer kleinen Familie. Diese Leichtfertigkeit, keine Kontrolle oder Vorsicht. Irma, du hast dich einem Halunken hingegeben. Dein Vater weiß, wovon er spricht. Wie oft habe ich dir gesagt, nur in Parteikreisen zu verkehren. Da gibt es wirklich nichts zu grinsen, Harry! Es ist geschehen. Irma muss mit dem Balg zurechtkommen. Wir schämen uns nur. Aber ich merke auch in der Familie, wie der Glaube an unsere Bewegung verloren geht. Täuscht euch nicht. Es gibt keine andere Wahl. Da bin ich ganz sicher. Sieg oder bolschewistisches Chaos. Der Sieg wird gelingen und gehört uns."

Was sollte Harry sagen? Und was erst Irma? Harry fehlte der Mumm, eine Reaktion zu zeigen. Besser schnell dem Unbehagen entfliehen hin zu seiner Emmel. Nach den Feiertagen reiste er in die Pfalz. Die Zugfahrt gestaltete sich wegen unerwarteter Fahrplanänderungen strapaziös. Umso herzlicher fiel der Empfang in Landau aus. Die Silvesterfeier im engsten Familienkreis mit der „Eck-Mutter", den Tanten Susi, Bawettel und Onkel Otto samt Kindern Ursel und Lorle entwickelte sich zu einem harmonischen, auch musikalischen Miteinander. Reichlich Glühwein trank die gesellige Runde, und Harry begleitete Susi ermunternd am Piano. Konzertant sang sie ohne besondere Schulung Arien. Kurz vor Jahresschluss wünschte Emmel Zarah Leanders Ohrwurm:

„Der Wind hat mir ein Lied erzählt
von einem Glück, unsagbar schön.
Er weiß, was meinem Herzen fehlt,
für wen es schlägt und glüht.
Er weiß, für wen.
Komm, komm, ach!"

Am Neujahrstag 1943 traf sich Familie Reiss im Nußdorfer Bürgermeisteranwesen in der Kirchhohl-Straße, nur einen Steinwurf von der evangelischen Johannes-Kirche entfernt, zum Prost-Neujahrs-Umtrunk. Die Großeltern Salomea und Georg, ihre drei Kinder Ludwig, Richard und Emma samt Ehepartner palaverten bei einer kräftigen Vesper und Schoppenweinen am Eichentisch im Esszimmer. Aufmerksam lauschten Harry und Emmel sowie deren Cousine Martha und Cousin Willy den Gesprächen. Letzterer war auf Fronturlaub. Bruder Karl, gerade fertiger Schlachtergeselle, zeigte seiner Schwester den Einberufungsbefehl zum Arbeitsdienst. Ironie der Ereignisse. Der Einsatzort lag gerade mal fünfzig Kilometer nordöstlich von Emmels ehemaligem RAD-Lager Nimlau/Olmütz entfernt. Mit seinen siebzehneinhalb Jahren sollte der Junge deutscher Bevölkerung in Bärn, einem kleinen im Talkessel gelegenen Städtchen in den Sudeten, beim Ertrag aus „Blut und Boden" helfen. Während seiner späteren dreimonatigen Dienstzeit änderte sich das Konzept: Anders als beim weiblichen Arbeitsdienst und angesichts heikler Kriegslage gerieten Arbeiten auf Äckern, bei Straßenbau und Geländepflege ins Hintertreffen. Dagegen dominierten Militärübungen, Wachdienste und Märsche als Vorbereitung zum Einsatz in der Wehrmacht.

Am Nebentisch spielte die neunjährige Ilse mit ihrer jüngeren Schwester Edith wenig begeistert „Schwarzer Peter". Onkel Richard erfasste die Situation und verkündete den Mädchen: „Ei, jetzt dürft ihr naus uff di Gass zu denne annere Kinner. Mir sehn uns beim Kaffee um halwer Viere. Un basst uffenanner uf." Direkt danach rumorte es heftig, weil Sohn Ludwig Vorhaltungen wegen einer vermeintlich neuen Liebschaft vom Vater erhielt und in Erklärungsnot geriet. Martha brach in Tränen aus. Tante Emma meinte, wo das Jahr so frisch sei, möge man doch nicht über familiäre Probleme reden. Sogleich erläuterte ihr Mann Wilhelm die „Gefechtslage" zur 6. Armee in Stalingrad: „Die stecken so im Kessel fest. Wer sollse do bloß raus hole?" Allenthalben herrschte Ratlosigkeit. Das Treffen endete wie immer. Jeder kam nur mäßig in seiner Selbstdarstellung voran. Spott und Hohn feierten Urstände. Am Schluss hieß es, die Familie müsse zusammenhalten.

Am nächsten Tag reiste Harry in der Frühe ab. Erst gegen Mitternacht erreichte er Berlin. Überall Bahnchaos, Verspätungen, Zugausfälle, Streckenreparaturen. Am Sonntag endlich ausschlafen und entspannen. Voller Behagen packte er die Violine aus dem Kasten und fiedelte Etüden herunter. Es klopfte an der Zimmertür. Harry schreckte auf. „Frohet Neuet" schallte es ihm entgegen. Und hinterher: „Wat is denn in Se jefahrn, Herr Musikus? Na, dit hab ick befürchtet. Imma übungshalber de Jeije weinen lassn. Tun Se mir een Jefalln, un spielense uff den ersten Sonntach im neuen Jahr 'n paar lebensfrohe Lieder. Dit wäre janz jut." Wie nett, dass sie sich um ihn kümmere, äußerte Harry und schob ein „Glückliches Neues Jahr" nach. „Was möchten Sie jetzt hören?" Ob er einen Csardas spielen könne, so rasante ungarische Musik. Das käme ihr gelegen. Zum Grundrepertoire von Violinisten gehörte die von Vittorio Monti 1904 komponierte Rhapsodie. Ungarischer Tradition gemäß beinhaltete sie sogenannte „Zigeunermusik". Gassenhauer allemal. Harry klemmte die Geige unters Kinn und spielte das ihm bekannte Stück. Klatschend und wippend hüpfte die Zimmerwirtin vor dem Interpreten herum.

Als Emmel mit ihren Eltern am 9. Januar 1943 von einem Wirtshausbesuch gegen 23 Uhr zu Hause ankam, stieg ihnen im Hof beißender Rauch entgegen. „Ihr bleibt hier. Ich schaue im Büro nach." Opa Ludwig rannte zum ebenerdig liegenden Zimmer, schloss unsicher die Eingangstür auf. Dichter Rauch drang aus dem Raum. Aufgeregt rief er nach draußen: „Ein fürchterlicher Qualm. Ich muss die beiden Fenster öffnen!" Mit großem Schnupftuch vor Mund und Nase stolperte er darauf zu. In die kalte Winternacht zog grauer Schmauch ab, der von einem an der Verbindung herausgerutschten Abzugsrohr des gusseisernen Ofens stammte. Wie ein Elefantenrüssel ragte es aus der Wand. Der Rauch vernebelte den Raum. Ein kleines Häuflein restlicher Briketts lag aschfahl im Ofen. Ruß aus dem Rohr verteilte sich um den Ofen herum auf dem Holzfußboden. Etwas mehr Dynamik an Feuerkraft hätte durchaus einen Wohnzimmerbrand auslösen können. Glück im Unglück. Ludwig stoppte das Feuer mit Wasser, was zusätzlich für stinkenden Rauch sorgte: „Am Montag muss das Rohr sofort vom Ofenbauer gerichtet werden. Der soll auch die anderen Öfen kontrollieren." Martha und Emmel kehrten die Brandspuren zusammen. Weit nach Mitternacht verließen sie den Ort des Geschehens. Vor dem Einschlafen lamentierte Martha ihrem Ludwig ins Ohr: „Jetzt ist unsere Behaglichkeit für einige Zeit dahin. So ein Schrecken. Die graue, verschleierte Frau Sorge lässt uns einfach nicht los. Wie furchtbar, wenn ich daran denke, dass wir vielleicht vor dem Nichts hätten stehen können!"

In Berlin trafen die Einschläge immer genauer. Laut Strategie der Briten unter Kommando von Luftmarschall Arthur Harris sollte die Kriegsmoral der deutschen Bevölkerung durch Bombardierung von Wohnbezirken in Großstädten aufweichen. Die Maßnahmen schlugen ins Gegenteil um. Zugunsten der Nazi-Propaganda, die entrüstet von „Terrorangriffen zur Vernichtung des deutschen Volkes" sprach – und damit offenbar Anklang fand. Die Royal Air Force flog ab 16. Januar 1943 weitere Angriffe auf die Reichshauptstadt. Bis zum 30. März gelangten Treffer auf die Deutschlandhalle und Universität, das deutsche Opernhaus, die Komödie und das Theater am Kurfürstendamm. Brände allerorten, Hunderte von Toten. Die Hochschule für Musik kam glimpflich davon. Lediglich Fensterscheiben zerbarsten durch eine der abgeworfenen Sprengbomben. Das Oberlicht des Konzertsaales hielt dem Luftdruck nicht stand, Scherben knallten klirrend ins Innere. 500 Quadratmeter Sperrholz mussten zum Abdichten der Fenster bestellt werden.

Höchstpersönlich mahnte Goebbels in einem Schreiben am 1. Februar 1943 an die Staatliche akademische Hochschule für Musik und andere Behörden, *„dass es bei den Zerstörungen aufgrund einiger Beschwerden aus Partei und Bevölkerung Anlass zur Kritik im Umgang mit Arbeitskräften und Reparaturmaterial gäbe"*. Leiter oder gehobene Beamte hätten ihre Privatwohnungen mit *„außerhalb der regulären Kontingente und einem Riesenaufwand von privat aufgetriebenen Arbeitskräften wiederhergestellt"*. Bei den Bürgern sei der „verständliche Eindruck" entstanden, dass die Beseitigung von Fliegerschäden mit zweierlei Maß gemessen werde. Das führe zur politischen Beunruhigung. Dienststellen hätten dafür zu sorgen, ausschließlich kriegswichtige Aufgaben zu erledigen. Alle für die Wiederherstellung von Dienst- und Wohngebäuden verwendbaren Arbeitskräfte und Materialien seien dem Oberbürgermeister der Reichshauptstadt Berlin, „Baugruppe Pfeil" unterstellt. Für Direktor Stein bedeutete die Anweisung zusätzlichen bürokratischen Aufwand während immer fatalerer Kriegstage.

Gegen Abend klopfte es an Harrys Tür. Die Zimmerwirtin brachte ein Telegramm: „Friedhelm Walter, geb. 16. Februar 1943. Mutter und Kind wohlauf. Gruß deine Schwester." Ein Junge, hineingeboren in finstere Zeiten. „Jratulation Herr Musikmeester! Bei alla Zuversicht. Ick globe nich, dass der kleene Knirps uns noch retten kann. Verjessense dit eben Jesachte janz schnell und jönnense sich 'ne Molle. Schreibense Ihre Schwester een schönen Brief."

Oft unterbrochen vom Sirenengeheul der Luftalarme, besuchte Harry Vorlesungen, verfeinerte sein Posaunenspiel, übte am Klavier und der Violine. Bernhard und er gehörten zur Bläserabteilung des Hochschulorchesters, das sich für den Auftritt anlässlich des vierzigjährigen Dienstjubiläums von Heeresmusikoberinspizient Hermann Schmidt vorbereitete. Sie fieberten der Feierstunde am 1. April 1943 entgegen. Überdies ein öffentlicher Auftritt als Bewährungsprobe. Gegenüber nicht beteiligten Kommilitonen äußerten sie: „Obermusikmeister Stephan hat uns ganz schön gezwiebelt. Sind aber nur drei Stücke zu spielen; zwischen Anfang und Schlussmusik wird mächtig gequasselt."

Allmählich füllte sich der mit Blumen und Lorbeer festlich geschmückte Theatersaal. Tags zuvor waren wieder Bomben auf die Dächer der Stadt gefallen. Die „Heroische Ouvertüre", ein Werk des Jubilars, eröffnete den Festakt. Pauken und Trompeten beschallten den Raum. Für untere Tonlagen und Harmonie sorgten die Posaunen. Der Chef des Heeresamtes General Olbricht hielt die erste Laudatio, skizzierte Schmidts Laufbahn, die beim „Füsilier-Regiment 36" in Kassel begonnen hatte. Er hob die außergewöhnlichen Fähigkeiten des Geigers, Klarinettisten, Komponisten und Militärmusikers hervor. Professor Rühlmann, stellvertretender Direktor, lobte die umsichtige Art des Jubilars als Hochschullehrer und Ausbilder des Heeresmusiknachwuchses: *„Die von Ihnen qualifizierten Musikmeister haben den Begriff Militärmusik klingend ins Volk getragen. Ihrem leuchtenden Vorbild Professor Schmidt gleich, der durch seine Konzerte im Zoologischen Garten zu den populärsten Gestalten der Reichshauptstadt zählt."* Als Geschenk der Hochschule überreichte der Professor Faksimile-Ausgaben des „Meistersinger-Vorspiels" und „Siegfried-Idylls" von Richard Wagner.

Der von Musik, wenn auch Militärmusik durchdrungene achtundfünfzigjährige Kapellmeister Hermann Schmidt blieb in seiner Rede linientreu. Neben allgemeinen Hinweisen zum Werdegang seien die bestimmenden Situationen seines Lebens das erste Konzert vor dem Führer im Jahre 1933, die musikalische Betreuung der Olympiade und das Konzert vor dem Duce gewesen. Unauslöschlich hätten sie ihn geprägt. Entsprechend angepasst klang die von ihm komponierte „Deutsche Reiterfanfare" am Schluss der Feierstunde.

Bis die Nazi-Prominenz den Saal verlassen hatte und von dannen zog, mussten die Orchesterspieler noch ausharren. Bernhard lud Harry zu einem Ausflug nach Mariendorf ein. „Dann lernst du endlich mal meinen Schatz, die Ingeborg, kennen. Ein halbes Jahr sind wir zusammen. Sie ist ne echte Berliner Göre. Wohnt in der Dido-Straße, ganz dicht beim Mariendorfer Volkspark." Dido? Anfang der 1930er Jahre baute die Berliner Regierung in Mariendorf neue Straßen, die sie, wie im Falle Dido, nach römischen Persönlichkeiten benannte.

Bei ungemütlichem Aprilwetter und fünf Grad Celsius gingen sie zur U-Bahn und fuhren vom Zoologischen Garten bis Tempelhof. Anschließend mit der Linie 99, der „Elektrischen", an Äckern und Wiesen vorbei durch Alt-Mariendorf. Von ihren Fensterplätzen aus beobachten sie die Mitfahrenden. Eine trotz schlechter Zeiten gut beleibte Landfrau mit Weideneinkaufskorb löste ihren Fahrschein beim Schaffner: „So, hier is dit jute Teil. Aber da könnse jetzt nich stehn bleim. Dit is meen Platz. Ja, jehnse schon da rüba. Sie halten sonst den janzen Betrieb uff." Weiterfahrt. Eine junge Frau: „Warum stoppen Sie denn nicht, ich wollte doch aussteigen!" Schaffner: „Ja, gnädjes Frollein, denn hättense eher uffstehn müssen. Ick kann doch nich ratn, wennse aussteijen wolln! Jetzt fahn wa schon." Auf Einwand eines Fahrgastes, das könnte höflicher klingen, schnauzte der Schaffner: „Übrijens jeht Sie dit janischt an. Hier uff'n Wagen bestimme ick. Aber wenn Ihnen meen Ton nich passt, könnense sich ja beschweren."

An der Haltestelle „Trabrennbahn" verließen sie die Bahn. Bernhards Ingeborg empfing sie. „Da habt ihr ein Sauwetter mitgebracht. Schlechter Aprilscherz! Im Übrigen, kleines Trösterchen. Gegen Abend soll de Sonne hervorkieken." Bernhard zauberte eine violette Ranunkel aus dem Rucksack und umarmte seine Freundin. „Jetzt lernst du meinen Mitstreiter kennen. Das ist Harry, der Musiker aus dem Vogtland. In der Pfalz sein Glück er fand." Ingeborg kam es vor, dass er wieder lyrische Eingebungen hätte. „Wir zeigen Harry die Rennbahn, machen einen kleinen Rundgang und anschließend Rast auf einer Bank vor dem Haupteingang. Ich habe Buletten gebraten. Bitte keine falschen Erwartungen. Schrippen und Hackepeter sind mengenmäßig umgekehrt gewälzt und mit Weißkohl angereichert." So genau wollten die beiden es gar nicht wissen.

Kein Regen mehr, aber immer noch graue Kulisse. Vor ihnen das imposante Oval der Rennbahn, rechts die große Stehtribüne, daneben das Teehaus. Zielrichterturm und Sitzplatztribüne lagen in Schutt und Asche. Ein Zwangsarbeitertrupp räumte die Trümmer beiseite. Vor drei Wochen hatten die Alliierten hier einen Volltreffer gelandet. „Ob die das schaffen bis zum 8. Mai?" fragte Bernhard. An diesem Tag sollten wieder Männer in Sulkys ihre Runden drehen, Pokale und Siegerkränze einfahren. Trotz des von Goebbels Sportpalastrede im Februar verkündeten „totalen Krieges" legten die Nazis größten Wert auf eine funktionstüchtige Pferderennbahn. Willkommene Abwechslung für einige Berliner Bürger und Nazi-Funktionäre. Als Stimulanz für die Moral sogar kriegswichtig. Bis zum bitteren Ende wurden – inmitten der Ruinenlandschaft – Rennen veranstaltet.

Beim Rundgang entdeckten die drei in Nähe der Stallungen eine Barackensiedlung. Der Anblick war ihnen nicht geheuer. Lieber Abstand halten. Dafür hätte sicher auch das davor patrouillierende Wachpersonal gesorgt. Verunsichert kehrten sie Richtung Eingangsbereich um. Auf einer Parkbank aßen sie die Buletten. „Trockene Angelegenheit", bemerkte Harry und entnahm seiner Aktentasche drei Flaschen Schultheiss-Bier. „Na denn Prost. Auf ein besseres Leben." Am Horizont über dem mächtigen Verwaltungsgebäude der „Askania-Werke" schien kraftlos die Sonne. Die Werke waren in den 1920er Jahren entstanden und produzierten marktführend Luftfahrt- und Navigationsinstrumente. Filmkameras, darunter die erste tragbare Schulterkamera von 1935, gehörten zu den Erzeugnissen. Man verwendete sie bei den berühmten UFA-Filmen wie „Der Blaue Engel" mit Marlene Dietrich, Leni Riefenstahls „Die weiße Hölle vom Piz Palü" oder „Quax der Bruchpilot". In der Kriegszeit arbeiteten Kameraleute an der Front und die der „Deutschen Wochenschau" mit dem Gerät. Im Rahmen der Wiederaufrüstung wuchs das Auftragsvolumen der Firma, die Spezialisierung für Kriegsequipment nahm zu. Instrumente für Schlachtschiffe und Flugzeuge, U-Bootperiskope, optische Zielvorrichtungen für Flak- Geschütze wurden geordert. Die Palette der Kriegsmaterialien vergrößerte sich durch die Herstellung des Flugleitsystems der V1-Marschflugkörper und V2-Rakete. Das meiste zusammengebaut von Tausenden Zwangsarbeitern, die in etlichen Barackenlagern rund um Mariendorf, Marienfelde und Lichtenrade dahinvegetierten. Ingeborg wusste vom Hörensagen etwas über die Zustände im Werk. Mitunter sah sie eine ausgemergelte Menschenmenge, begleitet von bewaffneten Soldaten, Richtung Fabrik marschieren. Aber sie dachte nicht weiter darüber nach. Manche Fußgänger blieben stehen und gafften auf den armseligen Zug. Andere, wie sie, sahen betroffen weg. Aber es gab auch einige, die hochnäsig ihre Verachtung demonstrierten.

„Es ist spät geworden. Bevor ihr wieder nach Berlin reinfahrt, werft noch einen Blick in die Dorfkirche. Sie ist nur einhundert Meter entfernt von der Straßenbahnstation. Das schafft ihr", ermutigte sie Ingeborg. Im Eilschritt liefen sie hin. Äußerlich schien die Kirche in einem ansehnlichen Zustand. Lediglich zwei zerborstene Fensterscheiben fielen auf. Im Innern des aus dem 13. Jahrhundert stammenden und häufig restaurierten Gotteshauses sah es schlecht aus. Vergilbte Wände und Feuchtschäden zeichneten ein trauriges Bild ab. Was die beiden Musiker vor allem interessierte, thronte auf der kleinen Emporenbrüstung: die

Orgel. Viel musikalische Variabilität bot sie nicht. Bernhard spielte einige Takte auf dem siebzehnstimmigen Instrument. Sein Kommentar: „Klingt nicht schlecht. Zur munteren Begleitung von Gottesdienst und Kirchenliedern reicht es allemal." Ingeborg hegte andere Sorgen: „Darfste denn hier eenfach so orgeln? Sicher nich. Also nu wieder los." Im Dämmerlicht des Abends erreichten sie die Straßenbahnhaltestelle. Hier trennten sich ihre Wege.

Das Gesicht des Krieges sah in Landau 1943 zunächst milder aus. Bomben fielen hauptsächlich auf die Großstädte. Für Lebensmittel oder Waren brauchte man seit gefühlten Ewigkeiten Bezugsscheine und Karten, kaum jemand musste hungern. Ein wenig Luxus fehlte: Bohnenkaffee, Schokolade oder Südfrüchte. Alles Mögliche sollte aufbewahrt werden. Winterhilfswerk, Volkswohlfahrt und Rotes Kreuz sammelten turnusgemäß vielerlei Altwaren oder Wollsachen. In einer Sonderaktion hieß es, jede Hausfrau spendet Spinnstoffe und Schuhe für die Kriegswirtschaft. Denn *„ totaler Krieg fordert auch totalen Einsatz "*. Gnadenlos reagierte die Justiz auf kriminelle Aktivitäten. Anfang des Jahres verurteilten Sondergerichte in Saarbrücken und Ludwigshafen fünf junge Männer zwischen achtzehn und achtundzwanzig Jahren zum Tode. Die sogenannten „Kriegsverbrecher" und „Volksschädlinge" standen wegen Seriendiebstählen und Betrügereien sowie Straßenraub in dreizehn Fällen vor Gericht. Als „Volksschädling" bezeichneten die Nazis Personen, die unter Ausnutzung des Kriegszustandes eine Straftat begingen. Seit Kriegsanfang galt die „Volksschädlingsverordnung". Sie beinhaltete u.a. folgende Straftatbestände: *„Wer im frei gemachten Gebiet oder in freiwillig geräumten Gebäuden oder Räumen plündert, wird mit dem Tode bestraft. (§ 1) ... Wer unter Ausnutzung der zur Abwehr von Fliegergefahr getroffenen Maßnahmen ein Verbrechen oder Vergehen gegen Leib, Leben oder Eigentum begeht, wird mit Zuchthaus bis zu 15 Jahren oder mit lebenslangem Zuchthaus, in besonders schweren Fällen mit dem Tode bestraft. (§ 2) ... Wer eine Brandstiftung oder ein sonstiges gemeingefährliches Verbrechen begeht und dadurch die Widerstandskraft des deutschen Volkes schädigt, wird mit dem Tode bestraft. (§ 3)"*

Mitte Mai 1943 traf Ludwig zum Feierabendschoppen im „Bratwurstglöckel" ein. Am Stammtisch saßen als willkommene Auswärtsgäste zwei Nußdorfer Landwirte. Vorsichtig analysierten die nicht zur Wehrmacht eingezogenen, älteren Männer die Kriegslage. Am Abend zuvor war die Kapitulation des Deutschen Afrikakorps in Tunesien gemeldet worden. Jakob sagte dazu: „Befehlsgemäß bis zur Kampfunfähigkeit haben unsere Afrikaner sich geschlagen. Heia Safari. Das soll auch der letzte Funkspruch gewesen sein. Nun müssen wir abwarten, wie es weiter geht." Fast wie auf Kommando ergriffen alle ihre Gläser, um einen kräftigen Schluck zu trinken. August murmelte benommen: „Oh weh. Das bedeutet doch unser zweites Stalingrad. Damit habe ich nicht gerechnet."

Um lautstarken Defätismus zu dämpfen, intervenierte einer der Nußdorfer: „Nun ist erstmal genug mit der großen Politik. Wir Landleute an der Heimatfront haben auch Sorgen. Vielleicht wisst ihr das schon, aber die Maikäferplage lässt uns keine Ruhe. Gestern war ich mit meinem Russen in der Früh zum Bäume abschütteln. Gleich hinterher haben wir das Dreckszeich mit kochend Wasser abgemurkst. Wir trocknen und schroten die toten Käfer als Beifutter. Morgen kommen Schulkinder zum Sammeleinsatz. Das Wichtigste ist die rechtzeitige Bekämpfung, um das Ablegen der Eier in Wiesen und Äcker zu verhindern. Die Engerlinge fressen sonst sämtliche Grumbeere oder Rüwe weg." – „Das erwischt uns Städter ja auch im Garten. Aber sagt mal, wie ist es möglich, dass Nußdorfer Frauen mit Franzgiggel poussieren?" Adolf sprach auf den vergangenen Prozess von verbotenem Umgang mit einem französischen Kriegsgefangenen an. Eine 21-jährige geschiedene Frau musste vors Landauer Amtsgericht. Als Wiederholungstäterin und somit besonders schwerer Fall, wie es in der Anklage hieß. Zu neun Monaten Haft verurteilte man sie damals. Nun hätte sie *„ohne jedes Schamgefühl als Mutter zweier Kinder wieder Beziehungen zu einem Franzosen aufgenommen und ihm Geschenke gemacht."* Ihre 23-jährige Freundin hatte für Zusammenkünfte die Wohnung zur Verfügung gestellt. Sie erhielt ein Jahr Gefängnis, die Hauptangeklagte drei Jahre Zuchthaus. Gustel schimpfte: „Wir sind im Krieg. Die Franzmänner sind unsere Feinde. Da ist keine Strafe hoch genug." Die anderen verstummten. Namen von Denunzianten fielen nicht. Keine weitere Erörterung. Selbst des bürgerlichen Spießers Gehorsam schien endlich. Zu offensichtlich waren die Ungerechtigkeiten einer grausamen Justiz. Man ertappte sich beim Hegen von Zweifeln, ob das „Tausendjährige Reich" weiter bestehen könne.

Alle Stammtischbrüder, unter ihnen Geschäftsleute und Handwerker, beschäftigten Kriegsgefangene, Ost- und Zivilarbeiter oder hatten wie das Gros der Bevölkerung Umgang mit ihnen. In vielen Privathäusern waren „Ostarbeiterinnen" als Haushaltshilfe beschäftigt. West-Ost- oder Fremdarbeiter hieß es im NS-Jargon, äußerlich durch „Volkstumsabzeichen" erkennbar, zu tragen als Armband oder am Revers mit weißer Schrift und blauem Untergrund: „OST". Über dreitausend Ausländer malochten in Landau und Stadtdörfern wie Nußdorf. Sie gehörten zum Alltag. Die meisten, vor allem Russen und Polen, hausten unter schlimmen Bedingungen in Lagern am Stadtrand. Kommune, Reichsbahn, Geschäfte und Firmen oder Privatleute profitierten von ihnen. Auf den Dörfern schufteten sie in der Landwirtschaft. Dort ging es ihnen besser. Onkel Wilhelm, Ludwigs Schwager in Nußdorf, erhielt über Jahre vortreffliche Unterstützung für seinen Landwirtschaftsbetrieb. Er war sehr zufrieden, und es war bitter notwendig, denn „der Franzose" musste seinen an der Front kämpfenden Sohn Willy ersetzen.

Vorschriften, Verbote und Diskriminierungen bildeten den Rahmen zur Deklassierung der Zwangsarbeiter auf Sklavenniveau. Die „Ostarbeiter" traf es am härtesten. Das „Merkblatt zur Behandlung der im Reich eingesetzten Zivilarbeiter(-innen) polnischen Volkstums vom 11.4.1940" beinhaltete drastische Verhaltensmaßregeln: *„Haltet Abstand von den Polen! Werdet nicht zu Verrätern an der deutschen Volksgemeinschaft! Lasst Polen nicht an Eurem Tisch essen! Bei Euren Feiern und Festen haben die Polen nichts zu suchen! Nehmt die Polen nicht in Eure Gasthäuser mit! Gebt den Polen auch sonst keine Vergünstigungen! Seid gegenüber den Polen selbstbewusst! Haltet das deutsche Blut rein! Größte Vorsicht im Umgang mit Kriegsgefangenen! Denkt vor allem an die Spionagegefahr! Deutsche, seid zu stolz, Euch mit Polen einzulassen!"* Das Elend verstärkten Zynismus, Häme und Überheblichkeit großer Teile der deutschen Bevölkerung. Aber es gab auch positive Beispiele, beruhend auf Menschlichkeit, Nächstenliebe und Mitleid.

Die Standortschlachterei lief erfolgreich weiter. Recht früh erhielt der Firmenstempel das Prädikat „kriegswirtschaftlich wichtig". Öffentlicher Verkauf gehörte schon länger der Vergangenheit an. Die Wurstelei galt ausschließlich der Kaserne. Die Belegschaft war jedoch ausgedünnt. Alle ehemaligen Gesellen verstärkten die Fronten. Ersatz gab es durch Kriegsgefangene und „Zivilarbeiter". Martha und Ludwig besuchten im Sommer 1943 ihren Sohn Karl in Saint-Avold in Lothringen. Die Kleinstadt, ehemals preußische Garnison, hernach französische und ab 1940 wieder deutsche, beherbergte das Grenadier Ersatz-Bataillon 485, wo Karl seine militärische Grundausbildung als Infanterist absolvierte. Aufgrund geringer Kriegsaktionen in der Region konnten die Eltern bequem die 150 km Entfernung mit dem Auto über den Zwischenstopp Saarbrücken erreichen. Das Besuchswochenende verlief trügerisch ruhig, niemand erahnte das bevorstehende Himmelfahrtskommando des Sohnes. Man wollte ein vorzügliches Mittagsmahl genießen, wofür Ludwig die „Winstubb" ausgesucht hatte. Für alle bestellte er „Potée Lorraine". Eintopf aus Schweinefleisch, Kohl, Lauch, Kartoffeln, Karotten, Bohnen und Rüben. Als Krönung begleitete die „Bouchée à la Reine", Königspastete mit Kalbsbries, das Menu. Unbedingt sollte ein „Gris de Toul" die Gaumenfreuden abrunden. Es schmeckte vorzüglich. Wie so oft hatte Ludwig die richtige Entscheidung getroffen. Vier Wochen später fuhr Karl fünf Tage lang im Truppentransportwaggon als Infanterist an die Ostfront, den Dnjepr. Seine Schwester Emmel konnte daher ihre seit geraumer Zeit vorhandene Anstellung in der Metzgerei behalten. „UK" lautete die Klassifizierung, was unabkömmlich, nicht für andere kriegswichtige Tätigkeiten einsetzbar, bedeutete.

Harry studierte nun im dritten Semester. Fliegeralarme begleiteten immer öfter seine Musik. Sie führten zu Unterrichtsausfällen, deren Nachholung außerhalb des Stundenplans stattfand. Obschon Harry lieber die Violine streichelte, lernte er in der Posaunenklasse von Professor Alfred Jacobs die harmonischen, kraftvollen und weichen Töne des Blasinstrumentes extenso kennen. Sein Lehrer beherrschte die kaum noch eingesetzte „Altposaune", unterrichtete am „Sternschen Konservatorium" und nahm jährlich als Posaunist und Basstrompeter an den Wagner-Festspielen teil. Vom Vorgänger an der Hochschule für Musik, Paul Weschke, stammte seine Aufforderung: *„Meine Herren, blasen Sie tüchtig hinein, aber letztlich muss die Posaune klingen können wie ein Cello!"* Der Kammermusiker der königlichen Kapelle zu Berlin, Posaunensolist allererster Güte, sollte es wissen. Dessen außergewöhnlicher Tonumfang versetzte die Fachwelt ins Staunen. In seiner Komposition „Carneval in Venedig" blies er bis zum Höhengipfel und bestach mit filigraner, technischer Virtualität.

Gewissenhaft und solide unterrichtete Jacobs, was Harry entgegen kam. Tonleitern in Moll und Dur, melodisch, harmonisch, rauf und runter. Viermal leise, aber gut gestoßen anblasen. Tief Luft holen, pianissimo beginnen bis fortissimo und wieder retour. Beim Crescendo und Decrescendo sollte der Ton stehen, sich nicht wie eine Palme im Wind biegen. Immer wieder solche Übungen von einer bis zur zweiten Oktave. Einfach, was so schwer zu machen ist: rhythmisch und korrekt blasen, Atmung und Dynamik beachten. Das anschließende Darbieten von Opernarien, Liedern oder Märschen basierte auf Ausdauer, Technik und Tonreinheit.

In der Klasse lernte Harry zusammen mit Bernhard den im letzten Semester befindlichen Wilhelm Domroese kennen. Der spätere Nachfolger von Professor Jacobs an der Hochschule erzählte ihnen einiges über Altposaune und Spezialstunden bei ihrem Lehrer. Einen außergewöhnlichen Auftritt legten sie zusammen während einer Sonntags- Matinee im Berliner Schillertheater hin. Während Heinrich George und Will Quadflieg aus der „Edda" vortrugen, bliesen sie aus dem Dunkel des Orchesterbodens auf „Luren" germanisch düster feierliche Klänge. Mystisch illuminiert ragten ihre Schallteller hervor. Skurril diese Naziposse.

Wilhelm, gleichfalls ehemalige „Stadtpfeife", erzählte in den Pausen im weitläufigen Garten der Hochschule über seine Bremer Zeit beim Reichswehr-Musikkorps. Der gerade gegründete Bremer Rundfunk „Norag" – Nordische Rundfunk AG" sendete häufig Volkskonzerte mit maritimem Flair und örtlichen Orchestern wie dem Blasorchester „Fredo Niemann" oder den „Bremer Stadtmusikanten" unter Reinhold Krug und das berühmte Hafenkonzert. Oft erhielt Wilhelm als Bläser ein Engagement. Vor allem über die „Mucke" außerhalb des Dienstes bei Varieté- und Tanzveranstaltungen amüsierten sich die drei. Der aus dem nahen Oldenburg stammende Bernhard wartete mit städtegeografischen Details auf und fügte eigene Spektakel hinzu. Über solche konnte selbst Harry aus der Provinz berichten: „Wir spielten meist als Combo in Tanzsälen. Das ging bis in die Morgenstunden, besonders in der Faschingszeit. Aus weinseligen Kehlen schrien die Pfälzer nach Schlagern zum Mitsingen. Da lief mir ungebremst Schweiß auf die Tasten. Höllisch aufpassen mussten wir, um nicht besoffen zu werden. Weil sie einem fortwährend randgefüllte Weinschoppen aufs Podium brachten."

Zwar blühten die Reben noch, reiften die Trauben, und die Sonne breitete sich Ende Juli 1943 auf den lieblichen Pfälzer Hügeln aus. Doch Wein, Weib und Gesang wollten nicht mehr ins verstörte Leben passen. Der Krieg und die Hitlerei erstickten alle Freude. Gaststätten liefen im wahrsten Sinne des Wortes auf Sparstrom, denn der Verbrauch musste um dreißig Prozent gesenkt werden. Tanzveranstaltungen waren seit Kriegsbeginn untersagt. Einzig „bunte KdF-Nachmittage" an Sonntagen zur Urlauberbetreuung von Soldaten sollten Frohsinn simulieren, Verbundenheit von Front und Heimat vorgaukeln. Ausgelassenes Feiern gab es nicht mehr. Oft verstärkten „Dünnbier" und Tanzverbot das depressive Ambiente unter den offiziell geladenen Gästen.

Emmels Freizeitmöglichkeiten fielen bescheiden aus. Gern ging sie ins Freibad schwimmen, traf Freundinnen im Garten oder Hof auf eine Tasse Ersatzkaffee. Geliebte, Verlobte oder gar Ehemänner fehlten kriegsbedingt, tauchten allenfalls schwärmerisch in den Unterhaltungen der „Strohwitwen" als intelligente, humorvolle und charmante Partner auf. Doch sie mussten auf irgendeinem Schlachtfeld weit weg von der Heimat durchhalten. Harry nicht.

Gretel hatte seit längerer Zeit ihr Glück mit Heinrich Gandorfer aus Bayern gefunden, weder verwandt noch verschwägert mit dem gleichnamigen blinden Bauernführer der bayrischen Räterepublik Ludwig und dessen Bruder Karl Gandorfer. Zeitgenosse Max, Heinrichs Vater aus Schrobenhausen, Lehrer und Oberleutnant der Reserve, schien schon gar nicht im Geiste vereint, denn er hielt es mit den Konservativen. Sohn Heini, wie ihn alle nannten, war gegenwärtig dem Kampfgeschehen ausgesetzt. Gretel riet Emmel energisch, ihren Schatz zu besuchen und die Gelegenheit beim Schopfe zu packen: „So eine Chance, denn an die Front kann niemand von uns reisen. Du solltest dich beeilen, wer weiß, wie lange wir unter den jetzigen Umständen noch durch Deutschland fahren können. Als Verlobte steht dir das zu." Entschlossen trug Emmel ihren Wunsch vor, nach Berlin zu reisen. Es boten sich Harrys Sommersemesterferientage dafür an. Der Familienrat tagte. „Allä fahrschd du mir do nid hi. In so ä großi Stadt un mid dänne Gfahre vun Bombeagriffe. Der kinnd doch ach do här kumme." Mutter Martha blockte ab. Nein, entgegnete Emmel, sie wolle Harrys Welt kennenlernen, Einblick erhalten und etwas von Berlin sehen. Vater Ludwig nickte zustimmend. Martha reagierte kompromissbereit: „Also, ich hab schun mid deiner Tante Susi gsproche, die kennd dich begleide. Die will dess gern mache. Dann hoschd ä Stütz. Tante Bawettel kann ach emol im Gschäfd fär ä kurze Zeit uf sie verzischde. De Oba Jakob wolld dann weider helfe. Dein Babba is ach defür." So hatte Emmel sich das nicht vorgestellt. Immerhin eine Zusage, und mit der toleranteren Tante Susi würde sie auskommen. Harry, höchst erfreut, besorgte ein Hotelzimmer in Charlottenburg.

Am 2. August 1943 stiegen Emmel und ihre Tante frühmorgens in den Zug. Koffer und Taschen vollgepackt. Vor allem mit Essbarem. Ein Privileg. Seit mehr als einer Woche herrschten „Hundstage" in der Pfalz. Die Sonne knallte vom Firmament, Kinder sprangen zur Abkühlung in den sprudelnden Brunnen des Goetheparks. Das Stadionbad musste am Sonntag davor achtmal schließen, um den Andrang zu regeln. Susi pflückte am Wochenende in Nußdorf Äpfel und sammelte zum Einmachen Fallobst für Marmelade und Kompott: „Da hängt alles voll, und auf dem Boden kommt man gar nicht mehr nach mit dem abgefallenen Zeugs. Sparen ist nötig. In der Zeitung weisen sie darauf hin, nichts verderben zu lassen. Wir müssen bei der Hitz sehn, dass uns unterwegs nix kaputt geht." Nach einigen Stationen strömte penetrantes Aroma von ihrem in der Proviant-Tasche befindlichen Handkäse ins Abteil. Emmel bat Susi, sie noch mal in Zeitungspapier einzuwickeln. „Die laafen uns sowieso devu. Liewer esse mer se beim näxschde Umstieg." Aber die nächste Station ließ die Passagiere warten. Der Zug musste auf freier Strecke eine Pause einlegen. Streckenausbesserungen verhinderten die Weiterfahrt. Bahnarbeiter werkelten an den Gleisen. Nur im Schritttempo bewegten sie sich weiter. Im Angesicht bohrender Blicke über den beißenden Gestank schlangen die beiden den klebrigen Käse hinunter. Wer hatte ihn nur eingepackt?

Gegen 23 Uhr kamen sie am „Bahnhof Zoo" an, durchgeschwitzt und entnervt. Verdunkelung, trotzdem Großstadthektik, rennen, fluchen, lachen. Bahnsteig auf und ab. Menschengruppen, Liebespaare, Polizisten. Harry hatte ihre verspätete Ankunft dem Hotel mitgeteilt. Dort ging es jetzt direkt hin. „'N Abend, die Damen. Hat die junge Frau ne Jouvernante mitjebracht? Sehr umsichtig. Entschuldijense, Herr Jemahl. Aba Sie sind nach meenem Tableau für unsa Etablissement nich vorjesehn?" Harry erklärte dem mit buschigem Schnauzbart, nach hinten frisierten Haaren und imponierendem Leibesumfang vor dem Tresen thronenden Portier die Verhältnisse. Allmählich konnte ihn der Berliner Charme erheitern. „Dann wünsch ick Ihn 'n anjenehmen Nachhauseweg. Übrijens, wennse hinfalln, sindse ja gleich zu Hause. Na jenau. Wejen de Kurzstrecke. Die Damen, dritte Etage. Zimmer mit Aussicht uff de Felsenwelt eenes Trümmerjeländes. Aber jetze nich de Fensta öffnen. Allet bleibt vadunkelt!"

Der kurze Aufenthalt gestaltete sich harmonisch. Harry führte die beiden in die Hochschule, zeigte Studierräume und den Garten. Auf einer Bank unter einer dicken Linde genossen sie den Schatten. Susi legte sofort los: „Das Plätzchen ist ja wie geschaffen für euch Verliebte. Kennt ihr das Liedchen: *„Es steht ein Baum im Odenwald, der hat viel grüne Äst; Da bin ich schon viel tausendmal bei meinem Schatz gewest."* „Jetzt aber nicht tirilieren, liebe Tante", argwöhnte Harry. „Ich kann mich schunn benemme", kam es entschieden zurück. Eine Stadtrundfahrt, Wannseeausflug, Zoobesuch und ein Treffen mit Bernhard und Ingeborg standen auf dem Programm. Letztere wollten am Monatsende heiraten.

Die Tante zeigte sich von ihrer besten Seite! Stets gegen Abend, wenn die drei ins Hotelzimmer zurückkehrten, kam nach kurzer Zeit ihr „Ade", um, wie sie erklärte, einen Spaziergang zum Charlottenburger Schloss zu unternehmen. „Aber stellt mir nix an!" Nein, das machten sie nicht. Sie genossen nur für eine kurze Zeit ihre Zweisamkeit. Regelmäßig kehrte Susi nach zwei Stunden zurück. Die Tage vergingen trotz großer Hitze wie im Flug und ohne Bomben vom Berliner Nachthimmel. Vier Tage blieben sie.

Während Emmel und Tante Susi an einem Freitag um sechs Uhr morgens in den Zug nach Frankfurt stiegen, blieb Harry übers Wochenende in Berlin. Danach reiste er über Leipzig zu den Eltern und seiner Schwester Irma ins Vogtland. Am späten Montagnachmittag traf er in Plauen ein. Kaum im zweiten Stock des Mietshauses angelangt, drückte Irma ihm den halbjährigen Friedhelm in die Arme. „Ist ein nettes Bübel. Oder?" Wie zum Beweis begann das Kind zu heulen. „Ach, was hat er denn? Der liebe Mann ist dein Onkel." Das Zappeln konnte Harry nicht ertragen. Energisch gab er das fremdelnde Bündel seiner Mutter zurück. Vater Hermann berichtete, dass Plauen vom „Bombenterror unserer Feinde" verschont geblieben sei: „Das läuft bei euch in der Reichshauptstadt ganz anders. Der Engländer und seine RAF, die Royal Air Force, produzieren immer öfter verbrecherische Akte. Da heißt es Rache nehmen!" Durch eindringlichen Blickkontakt stoppte Mutter Maria die Floskeln ihres Mannes. Dann nahm sie Harry in die Arme. „Schön, dass de mal wieder da bist. Aber nur so kurz. Während der vier Tage machen wir nen schönen Ausflug."

Am nächsten Morgen musste Opa Hermann ins Textilveredelungswerk in die Hofwiesenstraße. Der Betrieb stellte Verbandsmull, Filtertücher, Tarnnetze und Arbeitskleidung her. Außerdem verfügte die Fabrik über eine große Wäscherei und Färberei für Drillich- und Tropenanzüge sowie Segeltücher und weitere Stoffe. Alles kriegswichtige Aufträge. Viele Zwangsarbeiter gehörten dort zur Belegschaft. Hermann hatte nach kriegsbedingter Auflösung von Theaterensemble und Orchester eine Stelle erhalten. Er musste tagaus, tagein als im Rüstungseinsatz stehender Musiker in einem Büro Listen anfertigen. Zugleich blieb er Bediensteter der Stadt. Die Nazis hatten das Städtische Theater bis Ende 1938 nach ihren Vorstellungen umgestaltet, Intendanten eingesetzt, Eingriffe an Fassade und im Innern vorgenommen, um die Dekadenz von Ornamentik zu beseitigen, wie sie es nannten. Unversehrt und unbespielt stand es nun in Plauen herum.

Harry genoss die ungewohnte Ruhe in seiner Heimatstadt. Kein Fliegeralarm, keine Hektik, keine Eile. Heute hatte auch Vater Hermann Urlaub, und die komplette Familie spazierte bei herrlichstem Sonnenschein zur Haltestelle. Da die Straßenbahnen ohne Einschränkungen fuhren, kürzten sie den vorgesehenen Wanderweg ab. Endstation Preißelpöhl. Gleich ihnen stiegen weitere Spaziergänger mit dem Ausflugsziel Gaststätte Pfaffenmühle aus. Friedhelm hielt im Kinderwagen, den Irma schob, ein Nickerchen. Der Weg führte durch den Ortsteil Reißig entlang der Pfaffengutstraße in den Reißiger Wald. Harrys Blicke schweiften über die von hügeligen Wäldern umgebene Stadt, durchschlängelt von der Weißen Elster, deren langer Weg durch viele Täler führt und in die Saale mündet.

Kontraste bildeten Schlote und mächtige Fabrikgebäude, alle die „Vogtländische Maschinenfabrik AG" (VOMAG) überragend. Deren Geschichte war mit dem Auf und Ab des Plauener Wirtschaftslebens unmittelbar verbunden. Strickmaschinen für die weltberühmte „Plauener Spitze" lieferte die VOMAG um die Jahrhundertwende. Zur Produktion zählten außerdem Druckmaschinen, Lastkraftwagen, Omnibusse und später Panzer. Das Geschäft während des Ersten Weltkrieges brummte überdies mit der Herstellung von Granaten, Granatminen und Fliegergeschossen. In Friedenszeiten ergänzte die Herstellung von Omnibussen das Hauptgeschäft des LKW-Baus, u.a. die Neuheit eines „Niederrahmenbusses". Daraufhin wuchs der Betrieb extrem. Drei Werke standen schließlich auf einem riesengroßen Gelände. Das Aktienkapital stieg und stieg. Der New Yorker Börsenkrach 1929 erwischte auch die VOMAG. Mangels Absatzes taumelte man, begleitet von Fehlern der Geschäftsleitung, in den Konkurs. Von 6 000 Mitarbeitern schrumpfte der Betrieb auf 500. Mit den Nazis nahte die Wiedergeburt – Aufträge zur Produktion von Panzern.

Am südwestlichen Ende der Stadt, wo die Weiße Elster ihren Bogen macht, entstand am Leuchtsmühlenweg die Endmontagehalle. Opa Hermann zog beim Spaziergang durch den dichten Tann Harry beiseite und erzählte mit gedämpfter Stimme von der unmittelbar bevorstehenden Inbetriebnahme. „Du willst doch Neuigkeiten von deiner Heimatstadt erfahren. Nu, da kann ich dir was von unserer VOMAG berichten. Nur zwei Jahre Planung, und jetzt geht es schon in die Produktion. Zum Musterbetrieb sind wir aufgestiegen. Am 1. Mai gab es das Gau-Diplom. Wir können stolz sein. Ja, lieber Harry, das ist eine Erfolgsgeschichte, wenn die Jagdpanzer IV vom Band laufen und direkt über die Panzerbrücke auf die Schiene geschickt werden! Aber Vorsicht. Feind hört mit!" Im Oktober 1943 rollten die Panzer vom Band. Insgesamt 1374 unter Einsatz Hunderter von Zwangsarbeitern komplett gefertigte verließen das Werk. Im Frühsommer 1944 beendete die USAAF (USA Airforce) mit Einsatzziel „VOMAG Tank Factory" durch Bombenabwürfe die Fabrikation.

Oma Maria näherte sich den beiden Männern, Blickrichtung Hermann. „Was haste wieder getuschelt. Jetze lässte deine Sprüche mal im Wald. Willst uns doch den schönen Tag nicht verderben. Schau mal, Friedhelm ist aufgewacht. Du wärst imstande und würdest mit dem Bübel schon den Hitlergruß üben." Hermann entgegnete vergrault, sie seien in der Öffentlichkeit, und da gehöre kein falsches Wort hin! Hinter ihnen lag nun Plauen und davor Jocketa. Indessen tauchte das außer Betrieb befindliche Lokal im Tal des Kaltenbaches auf. Den Wanderern ließ man gastfreundlich Holztische und Bänke im Biergarten zum Vespern. Sie nahmen Platz. Appetitlos kaute Harry seine Butterstulle. Nein, familiäre Ruhe und Heimat schienen trügerisch.

Wieder in Berlin. In der Nacht des 23. August 1943 fielen Bomben auf das Rathaus Mariendorf. Totalzerstörung. Bernhard Unger und Ingeborg Lydia Meiner wollten sich dort trauen lassen. Welch ein Omen! Nach einer Woche Wartezeit durften sie im Nachbarbezirk Tempelhof in den Hafen der Ehe einfahren. Während dieser Nacht bebte auch die Hochschule. Ziegel flogen von Dächern. Türen und Fenster zerbarsten. Zwei Wochen später zischten Stabbrandbomben auf das Gebäude. Luftschutzwache und Freiwillige, darunter Musikmeisterstudenten, stöberten gefährliche Brandnester auf und löschten sie. Der gefährdete Ort beherbergte mittlerweile andere bombengeschädigte Institutionen. So die Rundfunkversuchsstelle zur Einrichtung eines Elektro-Akustischen Instituts des Heereswaffenamtes, das Theater am Kurfürstendamm für Aufführungen im großen Saal, das städtische Orchester an Samstagen und Sonntagen zur Truppenbetreuung und öffentlichen Veranstaltungen im Konzertsaal.

Peu à peu erreichte das Kriegsgeschehen den Luftkurort Lützelstein in den Nordvogesen. Penibel musste Ortsgruppenführer und Bürgermeister Geyer Aufnahmemöglichkeiten für „Luftkriegsbetroffene" erstellen. Alle Hausbesitzer sollten Wohnungsmeldungen abgeben. Fast überall hieß es nach vorheriger geringfügiger Instandsetzung: Zimmer frei. Er selbst nahm sieben Personen auf. Sohn Robert diente seit einem halben Jahr bei der Wehrmacht. Es verschlug ihn als Elsässer nach Norddeutschland zu einer Ausbildungskompanie. Wie seine zwei

Jahre ältere Schwester Tilly trug er seit September 1942 das NSDAP-Parteiabzeichen. Eine bisher unbekannte Betriebsamkeit ergriff das Dorf – Publikumsaufkommen der besonderen Art, die wenigsten davon Kurgäste.

Frau Berta Arnold, in der Mannheimer Parkringstraße mit Aussicht auf den Rhein wohnend, schritt in diesen heißen Augusttagen des Jahres 1943 zum Hauptbahnhof. Sie wollte ihre Tochter im Mütterheim Lützelstein besuchen. Diese durfte dort angesichts zahlreicher Bombenangriffe im Rhein-Neckar-Gebiet abseits und relativ geschützt längere Zeit mit ihrem kleinen Kind verbringen. Beide Ehemänner indessen kämpften an unterschiedlichen Fronten. Obwohl die Strecke kurz war, musste Berta fünfmal umsteigen. Die Bahn fuhr über Neustadt/Weinstraße, Landau und Weißenburg nach Hagenau. Von da ging es mit dem Bus über Ingwiller zum Luftkurort. Tochter Annemarie hatte ein schönes Zimmer mit Talblick im „Vogesenhotel" reserviert. Ausgiebig genossen die beiden in den nächsten Tagen zusammen mit dem kleinen Hannele die anmutige Natur und Ruhe des Domizils.

Gegen Abend auf dem Rückweg vom Mütterheim kehrte Berta Arnold am vorletzten Tag ihres Aufenthaltes zur Entspannung im „Wirtshaus Matter" ein. An der Theke standen als einzige Gäste drei Greise vor feinen hochstieligen Pinot Noir-Römergläsern. Ihre Blicke richteten sich auf die Eingetretene: „Buschur. En schöne Owend." Sie setzten ihre Unterhaltung fort, die um den ehemaligen „Sedanstag" kreiste. Nach Ende des deutschen Kaiserreiches hatten die Republikaner ihn abgeschafft. Seither bewegte er die konservativen Gemüter. Frau Arnold nahm an einem Vierer-Tisch in Mitte des Lokals Platz. Freundlich kam die Wirtin auf sie zu. „Was darf es sein? Wollen Sie eine Vesper? Viel gibt es nicht in diesen Zeiten, aber ein Pärle Straßburger Würstchen mit Brot kann ich anbieten. Nehmen Sie dazu ein Viertel Silvaner." Das passte und ließ nicht lange auf sich warten.

Beim Geschirrabräumen blieb die Wirtin einen Moment stehen: „Sind Sie Kurgast?" – „Nein. Aber das sollte man schon werden in diesem malerischen Dorf." Auf das Kompliment hin setzte sie sich. Entspannt redeten beide über den Umgang mit Kindern und das Fehlen der Väter in Familien. Einfach sei es nicht. Aber die Frauen stünden immer „ihren Mann"! Manchmal sei es leider kaum zu schaffen. „Sehen Sie, Frau Matter, beim letzten Angriff auf Mannheim traf eine Bombe unsere Hausrückfront und rasierte einige Balkone ab. Sämtliche Fensterscheiben zersprangen. Wir mussten einen Küchenbrand löschen.

Glück im Unglück! Aber zu welchem Preis! Das Nachbarhaus bekam die volle Ladung ab. Menschen starben. Unsere Aufräumarbeiten dauerten mehrere Wochen." Unterbrochen von einer Bestellung, „Emma, mir wollte noch a Wi", nahm sie erneut Platz. Zwischenzeitlich hatte Frau Arnold beim Umschauen im Lokal ein Hitler-Porträt an der Wand entdeckt. Anlass, das Thema zu vertiefen. Sie wies mit dem Finger auf das Führerbild: *„Der dort hängt, wollte die Städte der Engländer ausradieren. Und jetzt werden wir radiert!"*

Die Wirtsfrau zuckte zusammen und fragte reflexartig: „Nehmen Sie noch ein Viertele? Ich bin schon unterwegs." Nein. Darüber reden oder gar etwas in Zweifel ziehen, konnte sie nicht. Das ließ die Atmosphäre im Dorf nicht zu. Weil die beiden eingangs über die Rezeptur des „Coq au Riesling" gesprochen hatten, nahm sie diesen Faden stattdessen dankbar auf: „Ja, die Kocherei. Es kommen sicher wieder bessere Zeiten. Und wir können unsre Künste beweisen. Für die Elsässer Spezialität gilt vor allem, dass ein guter, geräumiger Bräter vorhanden ist. Zwiebeln, Knoblauch, Petersilie hacken und zum Gockelfleisch geben. Cognac darüber gießen. Thymian und Champignons dazu. Mit Riesling ablöschen. Schön lange köcheln."

Es erschienen neue Gäste. Die drei Senioren schritten schleppend zur Tür. „Adieu binander." Frau Arnold trat ebenfalls den Weg zu ihrer Unterkunft an. Als interessierte Besucherin des Luftkurortes war sie gekommen, und ohne weiteres Aufheben ging ihr Weg zum Flächenbombardement des Dreiecks Ludwigshafen-Mannheim-Frankenthal zurück. Anders die Reaktion im Dorf. Frau Matter traf einige Tage später Bürgermeister Geyer. Das Gespräch drehte sich um die in Lützelstein untergebrachten Fliegergeschädigten. Die Wirtin schilderte ihre Begebenheit mit Frau Arnold. Sie betonte, wie schlimm die Situation in Mannheim sei. Auch die Bemerkung zum Hitler-Foto erfuhr arglose Erwähnung. Jetzt aber schrillten die Alarmglocken des Ortsgruppenleiters. „Das ist eine verächtliche Äußerung gegen unseren Führer! Ich muss der Sache nachgehen. Kanntest du die Frau, Emma?" – „Nein. Sie hat sich namentlich nicht vorgestellt. Wegen ihrer Tochter war sie da. Die ist im Mütterheim." Umgehend stattete Geyer daraufhin einen Besuch ab. Eine Stunde später teilte die Heimleiterin Namen und Adresse mit. Geyer bat um Diskretion. Vor allem sollte Unruhe im Heim ausbleiben.

Am 1. September 1943 stellte die Gendarmerie Strafanzeige. Es läge eine rechtswidrige Handlung gegen das „Heimtückegesetz" vor. Seit dem 20. Dezember 1934 galt es. Unzählige Male verurteilten Nazi-Richter seither Menschen wegen *heimtückischer Angriffe auf Staat und Partei"*, wie es hieß:

„*Wer öffentlich gehässige, hetzerische oder von niedriger Gesinnung zeugende Äußerungen über leitende Persönlichkeiten des Staates oder der NSDAP, über ihre Anordnungen oder die von ihnen geschaffenen Einrichtungen macht, die geeignet sind, das Vertrauen des Volkes zur politischen Führung zu untergraben, wird mit Gefängnis bestraft.*" Gendarmerie-Meister Dietrich vernahm als Zeugen Karl Geyer und Emma Matter. Ihre Aussagen gingen auseinander. Der Ortsgruppenführer erweiterte den Vorwurf gegen Berta Arnold. Er behauptete, sie hätte gesagt, „*dass ihr den da noch hängen habt!*" Und als Beleg lautete seine Formulierung: „*So wurde mir die Sache wenigstens von der Frau Emma Matter in Lützelstein mitgeteilt.*" Dem widersprach laut Protokoll die Wirtin entschieden. „*Dieselbe hat nicht die Äußerung gemacht. Hier kann es sich von Seiten des Bürgermeisters nur um ein Missverständnis handeln.*" Schnell schickte der Landkommissar des Kreises Zabern die fertig gestellte Anzeige an die Geheime Staatspolizei Mannheim.

In der Nacht vom 5. auf 6. September 1943 flog die Royal Airforce den bis dahin schwersten Luftangriff auf Mannheim und Ludwigshafen. Es starben nahezu 400 Menschen. Etwa 90000 verloren ihr Zuhause. Das Schreckensszenario leuchtete bis in die Südpfalz. Den Brief des Landkommissars fraßen die Flammen auf. Drei Wochen später schrieb Landrat Müller abermals: „*Habe eine Anzeige gegen Frau Berta Arnold übersandt. Da ich annehme, dass mein Schreiben infolge des Fliegerangriffs auf Mannheim nicht in den Besitz der dortigen Dienststelle der Gestapo kam, bitte ich, die Ihnen zugeschickte Zweitschrift zur weiteren Verfügung der Angelegenheit zu überlassen.*" Vielleicht erreichte auch diese nicht den Schreibtisch der Häscher. Aber gewiss verblassten B. Arnolds harmlose Aussagen im Inferno des Luftkrieges selbst für die Nazis. Die Zeichen standen zunehmend auf Ende des Spuks.

Anfang Oktober 1943 endlich ein Lebenszeichen für die Metzgersleute von ihrem Sohn Karl. Im Feldpostbrief hieß es: „Ihr Lieben. Von Caen/Normandie sind wir an den Dnjepr in die Ukraine kommandiert worden. Ewig lange Zugreise. An der Front gibt es harte Kämpfe. Bisher alles gut gelaufen. Jetzt ist Regenzeit. Wir klemmen im Morast fest. Hoffe Euch wieder zu sehen. Euer Karl." Die eigentliche Odyssee sah komplizierter aus. In Viehwaggons verfrachtet, reiste die neu aufgestellte „Infanterie-Division 389" an die Ostfront, bestehend aus

Überlebenden und Urlaubern der untergegangenen Stalingrad-Armee. Den neu aufgenommenen, fast achtzehnjährigen Karl schickten Militärstrategen sofort an die „Hauptkampflinie". Es begrüßten ihn Artilleriegeschosse, Granatwerfer und Maschinengewehrfeuer. Leuchtkugeln erhellten das Nachtgeschehen. Als „Fußsoldat" lebte er fortan in Erdlöchern, stets den Tod vor Augen. Um ihn herum Gefallene, Schreie von Verwundeten, Ratschbumm-Beschuss, Stalinorgeln. Überall russische Soldaten, Nahkämpfe und Verluste. Nach einem Monat erfolgte die Ablösung des Kommandos. Von 120 Mann seiner Kompanie überlebten vierzig. An der Frontlinie stiegen die Verluste entsprechend. Unvermeidlich war der Rückzug hinter den Dnjepr. Die Rote Armee durchbrach die Demarkationslinie der Wehrmacht von der Ostsee bis zum Schwarzen Meer.

Drei lange Wochen in Erdlöchern, dem Grabensystem der Wehrmacht. Stets den „Iwan" vor Augen, wie deutsche Soldaten ihren Gegner nannten. Scharfschützen reagierten auf jede Bewegung. Dann der Befehl zum Rückmarsch. Karl bildete mit seinem Zug die Nachhut. Als Melder irrte er in tiefster Dunkelheit an den Ufern des mächtigen Flusses der Truppe hinterher. Unerwartet kam Orientierungshilfe – am Horizont leuchtete gleißendes Licht. Es zeigte ihm die Marschlinie. Die Kameraden empfingen ihn überschwänglich. Deren Rückzug entsprach Hitlers Befehl von „verbrannter Erde". Konsequent ausgeführt. Die russische Armee folgte der Feuerspur. Tag und Nacht hieß es für deutsche Soldaten Richtung Westen marschieren. Sie requirierten gnadenlos Essbares, raubten den Mamuschkas, den Bäuerinnen, ihre letzte Kuh. Verlaust bis zum Hemdkragen litt Karl abgestumpft und gleichgültig im Schlamassel. Täglich knipsten seine Finger fünfzig Kleiderläuse weg. Klick, und sogleich spritzte die Fontäne eines Blutstrahls. Wenig später notierte er ins Tagebuch: „Nun war es November. Die ersten Schneeflocken fielen vom Himmel. Nachts fror der Boden, am späten Morgen taute er auf. Wir hatten keine Winterausrüstung. Die Klamotten waren durchnässt. Richtig trocken wurden sie nie. Unsere Kompanie bildete wieder die Nachhut. Von allen Seiten waren wir Angriffen ausgeliefert. Wir kämpften jetzt Mann gegen Mann. Jammervolles Schreien von Verletzten überall um uns herum. Man konnte weder Freund noch Feind unterscheiden. MG-Salven und Handgranatenbeschuss begleiteten uns durch aufgeweichte Wege, Pfützen, bergauf und bergab. Stockdunkel war alles drumherum und der Feind immer in der Nähe. Am nächsten Morgen stürmten die Russen mit lautem ‚Hurrä, Hurrä' auf unsere Löcher zu. Wir mussten raus und rannten los.

Alle paar Meter gab es Einschüsse. Da kam schon die nächste Salve. Wir lagen mitten im Feuer. Jetzt hieß es ganz eng zusammenbleiben."

Harrys Beförderung zum Oberfeldwebel begleitete Mitte November 1943 den Beginn der „Luftschlacht um Berlin". Ganze Stadtteile wurden zu Trümmerfeldern. Viele bekannte Innenstadtgebäude wie das „Kaufhaus des Westens", die Technische Hochschule, der Fernsehsender „Paul Nipkow" oder die Neue Synagoge fielen dem Angriff zum Opfer. Aus dem schwer getroffenen „Zoologischen Garten" entliefen Tiere oder starben jämmerlich. Flusspferd Knautschke, Elefant Siam und Schimpansin Suse überlebten als einzige ihrer Art. Flammen loderten aus der Gedächtniskirche. Die Spitze des Hauptturmes knickte ab. Mehrere Tausend Menschen verloren ihr Leben, Hunderttausende ihr Obdach. Obwohl im Radius des Bombardements befindlich, blieb Harrys Wohnhaus in der Berliner Straße unversehrt. Die Hochschule erlitt geringfügige Schäden.

Die Weihnachtszeit 1943 in Landau vermittelte ein anderes Bild. Kein Kriegselend. Die Schaufensterauslagen der Geschäfte zierten von der HJ angefertigtes Spielzeug für Soldatenkinder: Pferdefuhrwerke, Panzer mit Tarnanstrich, Puppen, fein gekleidet oder mit Dirndl. Gegen Vorlage von Kinderkleiderkarten sollte jedes Kind im Alter von einem bis sechs Jahren ein Geschenk unter dem Tannenbaum finden. Ähnlich bereitete Familie Reiss das Fest vor. Das Hauptanliegen galt der Beschaffung von passenden Präsenten. Im Austausch mit Harry schrieb Schwiegermutter Martha in einem Brief: „Beim Geschenk kommt es darauf an, ob es mit Liebe ausgesucht und entsprechend präsentiert wird. Im Frieden ist es halt herrlich Geschenke zu machen und auch da wird oft nicht das Richtige getroffen. Na gut. Das sind jetzt deine Sorgen als Bräutigam!" Zum 19. Geburtstag Emmels komponierte der Verlobte einen Pfälzer Walzer. Fröhlich und unbeschwert die Melodie, anspruchsvoll die Notation. Jetzt in solchen Zeiten musikalisch glänzen? Als Posaunenstück lernte Harry die Komposition „Es wird schon gleich dunkel – Es wird scho glei dumpa" aus Tirol kennen. Ein schlicht aufgebautes Volkslied und ein einfacher Text. Er setzte sich hin und schrieb es fürs Klavier um. Drei harmonische Strophen entstanden unter Beibehaltung der Grundmelodie als Geschenk zum Heiligen Abend. Den Text ließ er weg, wenngleich dieser zum Standardrepertoire bekannter Weihnachtslieder gehörte:

> *„Es wird schon gleich dunkel, es wird ja schon Nacht,*
> *drum komm ich zu dir her, mein Heiland auf d'Wacht.*

*Wir singen ein Liedlein dem Kindlein dem klein'n.
Du magst ja nicht schlafen, ich hör dich nur wein'n.
Ei, ei, ei, ei, schlaf süß, herz lieb's Kind!"*

Das „Karlemännel", Emmels Bruder, fehlte beim höchsten deutschen Familienfest. Martha verkündete: „Daran müssen wir uns nun auch gewöhnen. Karlmann tröstet sich und uns, dass andere schon viele Weihnachten unter Fremden in Feindesland stehen mussten. Und so wollen auch wir uns damit abfinden und nur eines wünschen, dass unser liebes Bübel Glück hat und im Schutz der Vorsehung stehen möge, damit wir ihn wohlbehalten in der Heimat begrüßen dürfen." Sie glaubte an Hitlers oft propagierte „Vorsehung als Vollstrecker eines göttlichen Willens". Dabei wusste sie gut, dass dies nicht für alle Menschen galt. Nur für die Guten, das zur Weltherrschaft auserkorene „deutsche Volk". Das achtzehnjährige „Bübel" Karl irrte für diesen Größenwahn immer noch in der ukrainischen Winterlandschaft umher.

Allerdings seit Wochen auf der Flucht. Durch brennende Dörfer, an steckengebliebenen Geschützen und ratlosen Tross-Einheiten vorbei. In seinen Erinnerungen hieß es: „Da, während des Laufens bekam ich einen Schlag auf meinen rechten Fuß. Ich zögerte ein wenig. Doch dann ging es weiter. Am Abend Rast. Ich zog meinen Stiefel aus. Ein Loch im Fuß, alles war blutig. Der Sanitäter entfernte den erbsengroßen Splitter. Ohne Socken oder Fußlappen musste ich tags darauf weiter. Der Fuß schwoll an. Nur unter größten Schmerzen konnte ich das Marschtempo mithalten. Endlich erreichten wir die Einheit. Mit einem Panjewagen fuhren wir zum Hauptverbandsplatz, der in einem Dorf lag. Beim Aufschneiden des Stiefels kam eine vereiterte stinkende Masse zum Vorschein. In einem russischen Bauernhaus kam ich unter. Auch Frauen und Kinder waren im Raum. Ein durch die ganze Stube reichender Lehmofen wärmte auch andere hier untergebrachte Verwundete. Aber keine Gemütlichkeit. Zu allem Unglück bekam ich noch die Ruhr. Der Dünnpfiff schoss mordsmäßig aus dem After. Nach der Einnahme von Kohletabletten ging es drei Tage später besser. Fast eine Woche lag ich in dem Haus und fing Läuse. Nur die in meinem Verband konnte ich nicht knacken. Sie machten mich verrückt. Plötzlich rückten Sanitäter an, legten mich auf eine Tragbahre, brachten mich in einen Sanka und ab ging's. Wir fuhren Stunden lang in einer Wagen-Kolonne zum Lazarettzug, der mit Stroh ausgelegte Viehwaggons beförderte. Jetzt hatte ich Hoffnung aus dem

Kessel herauszukommen. Oder passierte doch noch etwas Unvorhergesehenes? Mehr als zwei Tage zuckelte der Zug durch die endlose Gegend. Wir dösten vor uns hin. Auf einem großen Bahnhof hielten wir. Es war Lemberg in Polen."

Das vorerst gröbste Kriegsszenario lag hinter Karl. Im Lazarett wechselten Sanitäter seinen Verband. Entlausung, Bäder, Nachthemd und Strohmatratzen-Bett folgten. Nur eine Woche danach transportierte ein Lazarettzug den Verwundeten nach Wernigerode in den Harz. In einem evangelischen Krankenhaus genoss er den Komfort eines warmen Bettes, bekömmliches Essen und ein Einzelzimmer. Mit treu umsorgenden Krankenschwestern verbrachte der Glückliche das Weihnachtsfest 1943.

Harrys Eintreffen am Heiligabend in Landau machte Emmel glücklich. Sein musikalischer Vortrag im Metzger-Wohnzimmer gelang, aber Feierstimmung kam nicht auf. Leichte Freude erhellte die Gemüter, als die Verlobten ihre Heiratsabsicht fürs kommende Frühjahr mitteilten. Martha reagierte elektrisiert und versicherte, sämtliche standesamtliche Obliegenheiten erledigen zu wollen. „Do gehören jo zwä dezu", bemerkte Ludwig und bat zum Essen. Auf dem Tisch standen schlanke Riesling-Flaschen und ein großer Topf heißen Wassers, in dem dicke Weißwürste schwammen. An Essen und Trinken mangelte es hier selbst in den kärglichen Zeiten nicht. An Zuversicht, wie das so gestörte Leben weiter gehen sollte, schon.

Schnell musste Harry nach Berlin zurück. Die Hochschule zeigte sich infolge der Luftangriffe in einem jämmerlichen Zustand. In den Hörsälen bröckelte der Putz. Türen und Fenster schlossen nicht mehr. Spanplatten ersetzten Fensterscheiben, durch defekte Dächer drang Wasser. Trotzdem funktionierte der Hochschulbetrieb. Und der Kriegsalltag frohlockte mit kleinkarierten Geschichten. So bat eine Zimmerwirtin namens Elfriede Pickert aus Charlottenburg in ihrem Schreiben an die Hochschulleitung „*um geflissentliche Intervention*" im Falle ihres Mieters Feldwebel Heinz Schubert. Ihr Vorwurf lautete: „*Herr Schubert bewohnt seit einiger Zeit ein möbliertes Zimmer bei uns. Nachdem meine mehrmalige Aufforderung, weibliche nächtliche Besuche zu unterbinden, keinen Erfolg hatte, sah ich mich am 22. des Monats genötigt, dem Herrn zu erklären, dass wir kein Absteigequartier hätten und er sich, wenn diese Besuche nicht unterblieben, nach einer anderen Unterkunft umsehen müsse.*" Daraufhin erklärte der genervte Schubert, er mache von dem Angebot sofort Gebrauch und ziehe zum nächsten Ersten aus. Frau Pickert wandte ein, dass dies erst am 1. März möglich sei, da eine gesetzliche Kündigung frühestens zum 15. des vorherigen Monats erfolgen könne. Die Hochschulleitung solle ihren Studenten Schubert auf den Tatbestand hinweisen und zur Einhaltung verpflichten. Bei Nichtakzeptieren werde sie sich an das Wehrmachtsgericht wenden. Das wäre kein Zuckerschlecken. Im Nu machte der Fall die Runde, zumal der forsche Schubert offensiv damit umging.

Das imponierte Bernhard Urner ungemein. Während einer Pause beim Posaunenblasen sprach er Harry an: „Na, so ein Drachen von Vermieterin. Und ob der dargestellte Fall überhaupt stimmt. Mensch, wir sind alle mehr als volljährig. Ab und an Besuch von einer unserer besten Hälften ist doch etwas Feines. Außerdem leben wir in der Reichshauptstadt. Wen soll denn so was stören? Wie ich hörte, will unser Kommilitone einlenken. Aber moralisch ist er allemal im Recht." Harry zweifelte an der Einschätzung, denn für ihn handelte es sich immerhin um Übernachtungsbesuche, und da gäbe es Grenzen. Ein jeder sollte diese selbst bestimmen dürfen, meinte Bernhard entschieden liberal. Harry schluckte. Der fidele Feldwebel Schubert beschritt schließlich den Pfad des geringsten Widerstandes und hielt sich zur Beendigung der Posse an die Vorgaben.

Um den ständigen Luftangriffen in Berlin zu entgehen, zog Bernhards Frau zu Verwandten nach Chemnitz. Dort kam Sohn Winfried am 29. Januar 1944 zur Welt. Freudestrahlend überreichte der frisch gebackene Vater Harry das Telegramm und lud ihn zu einem Umtrunk ein. Schnellstmöglich sollten Mutter und Säugling wieder nach Berlin zurückkehren. Tatsächlich geschah das schon nach drei Wochen.

Harry feilte derweil an seiner eigenen Familienkarriere. Beim Heeresamt reichte er den Heiratsantrag ein, der prompt positiven Bescheid erfuhr. Professor Schmidt erhielt Kenntnis und bestellte ihn ins Büro. Harry betrat in Erwartung eines Kolloquiums den Ehrfurcht einflößenden Raum. Stattdessen sprach ihn der musikalisch begnadete Lehrer persönlich und vertrauensvoll an. Seine blauen Augen strahlten Freude und Heiterkeit aus, die gerade Nase ragte keck hervor, und der hohe Scheitel des Kurzhaarschnitts wirkte gar nicht mehr akkurat. Das Monokel lag ungebraucht neben dem Aschenbecher seitlich auf dem Schreibtisch. Ja, er habe die Entwicklung seiner Studenten im Blick. Und er handle, weil Teil der eigenen Biografie, ihnen immer zugewandt. „In der Pfalz findet also die Hochzeit statt, ein wunderbares Fleckchen Erde und relativ abseits von der verheerenden Gefechtslage. Wissen Sie was, verehrter Herr Liesigk, ich wäre nicht abgeneigt, Ihrer Feier beizuwohnen und ein Wochenende als Erholung in dieser schönen Gegend zu verbringen." Harry konnte es kaum fassen. Ein Professor auf seiner Hochzeitsfeier! Wie immer rang er um Worte. „Es ist mir eine hohe Ehre, und Sie sind herzlich eingeladen. Mein Schwiegervater sorgt für eine angemessene Unterkunft." Die Neuigkeit teilte er dem erstaunten Bernhard mit, der kürzlich als Trauzeuge zugesagt hatte. „Kompliment, mein lieber Freund Harry. Das ist schon eine große Anerkennung deiner Person." Verschmitzt ergänzte er: „Unter uns gesagt, kann der Maestro dann ein wenig hamstern, denn hier in Berlin gibt es kaum noch was Gescheites zum Futtern."

Am Abend des 15. Februar 1944 beeilte sich Harry, möglichst schnell auf sein Zimmer zu kommen. Ab 20 Uhr war Luftgefahr angekündigt. Eine halbe Stunde später heulten die Sirenen: dreimal Dauerton von je zwölf Sekunden. Gleich danach eine Minute lang Fliegeralarm. Er hastete mit anderen Bewohnern in den Luftschutzkeller, allen voran der Blockwart, dabei seine Rolle als „Treppenterrier" bestätigend. Ungemütlich donnerte er: „Jetze passense ma uff, gnädije Frau, Ihre Enkelin schafft den Abjang schon alleene. Nischt wie rin Meester, dann brauchense nich mehr tippeln. Noch eene Minute, dann iss de Tür zu!"

Über eine Stunde verharrte die Notgemeinschaft unter Gedröhne, Donnern, Vibrieren im stinkigen Mief ausdünstender Körper. Einmal knallte es brutal laut, Decken und Wände schienen zu bersten. Die Hölle aber blieb aus. Mehr als fünfhundert britische Flugzeuge warfen derweil unzählige Minen-, Brand-, Phosphor und Stabbrandbomben ab. Von Spandau herkommend, drang die Fliegerarmada fächerförmig über Charlottenburg und Wilmersdorf in östliche Richtung vor. Im Umfeld von Harrys Wohnblock loderten größere und kleinere Feuer. Am nächsten Morgen besichtigte er in Begleitung seiner Zimmerwirtin die nähere Umgebung. Das nur fünfzig Meter entfernte Wilmersdorfer Gesundheitsamt lag in Schutt und Asche. Als sich die Blicke der beiden trafen, schossen Tränen in die Augen, und die wackere Witwe kommentierte: „Ick weeß nüsch jenauet, Herr Kapelmeester, üba de Bibel und so, und bin ooch keen Christ. Aba letzte Nacht da müssen sowat wie Schutzengel bei uns uffm Dach Wache jehalten ham." Allein in den Verwaltungsbezirken Charlottenburg und Wilmersdorf registrierte die Hauptluftschutzstelle der Stadtverwaltung Berlin 35 000 obdachlose Menschen.

Harry fiel es schwer, die Erlebnisse der letzten Nacht zu verkraften. Er grübelte auf seinem Zimmer: Macht der Krieg mir alles kaputt? Kann ich mein Studium noch zu Ende führen? Ich will doch heiraten, aber jetzt fällt alles in

Scherben. Kein Gedanke galt dem Warum, den Ursachen. Er rappelte sich auf. Wegen der starken Luftattacke begann der Appell erst nachmittags. Zu Fuß lief er an ausgebombten Gebäuden vorbei zur Hochschule. Dort hatte es den Zuschauerraum des Konzertsaals getroffen, Spreng- und Luftdruckauswirkungen hatten einige Stuhlreihen zerstört. Major Otto teilte den versammelten Militärmusikstudenten die Ausbombung der Heeresschule in Spandau mit. Gestern noch hatte dort allgemeinwissenschaftlicher Unterricht stattgefunden. Ab sofort sei dieser nun in der Hochschule zu erteilen. Häuserblocks der Spandauer Altstadt, die Gegend des Hauptbahnhofs und die Kaserne in der Schmidt-Knobelsdorfstraße waren getroffen. Der Major zitierte als Erläuterung des Geschehens im Wesentlichen die Verlautbarung des „Oberkommandos der Wehrmacht": *„Britische Flugzeuge führten in der vergangenen Nacht erneut einen Terrorangriff auf die Reichshauptstadt. Sie warfen bei bedecktem Himmel auf verschiedene Stadtteile eine große Anzahl von Spreng- und Brandbomben, die Schäden in Wohnvierteln, an Kulturbauten, Kirchen und Krankenhäusern verursachten. Die Bevölkerung hatte Verluste. Trotz ungünstiger Abwehrbedingungen vernichteten Luftverteidigungskräfte nach bisher noch unvollständigen Meldungen 48 Terrorbomber."* Innerlich begrüßten alle Studenten die Verlegung des Unterrichtsortes, entfielen nun doch die beiden wöchentlichen Anfahrtswege nach Spandau, welche bisher so viel Zeit beanspruchten.

Hochzeitsfeier

In Landau fieberte die Verwandtschaft der bevorstehenden Hochzeit entgegen. Martha erledigte zusammen mit Tochter Emmel die Gästeplanung, und Vater Ludwig, von seinen besten Freunden seit langem nur Edde genannt, organisierte das wichtige Materielle. Am Samstag, den 11. März 1944, entstiegen einem „Landauer", der von zwei Pferden gezogenen viersitzigen, mit vis-à-vis Sitzbänken ausgestatteten Hochzeitkutsche, das Brautpaar und zwei Kinder. Die Glocken der Stiftskirche läuteten zum Einmarsch des Brautpaares. Emmel ganz in Weiß und langer Schleppe, getragen von ihrer jüngeren Cousine, der sechsjährigen Lorle Weidmann, Blumenkranz im Haar, zusammen mit dem neun Jahre alten Cousin Hans Übel, im blauen Kinderanzug. An ihrer Seite Harry in Wehrmachtausgehuniform und Schleppsäbel. Dahinter die Entourage von Familie,

Freunden und auch die während der ungemütlichen Kriegstage an bunten örtlichen Ereignissen interessierten Leute. „Treulich geführt" tönte es vom Orgelboden herunter. Pfarrer Stempel fasste seine Worte bibeltreu ab – ohne Ausrutscher in die traurige Gegenwart. Gott sollte es nach Psalm 37, 5 richten: *„Befiehl dem Herrn deine Wege und hoffe auf ihn, er wird's wohl machen."* Für Deutschland schien das unwahrscheinlich, doch hier und jetzt in Landau feierte man. Nach einem Imbiss und Kaffee ging es um sechs Uhr abends zur Festhalle, wo die rauschende Feier begann. An einer langen Tafel saßen nahezu siebzig Personen. Kulinarisch hatte Ludwig vorgesorgt. Drei Gänge kamen auf den Tisch: als Entree Aufschnitt-Platten, Hauptgang Forellen, von einem Kumpan aus Eußerthal besorgt, und schließlich flambiertes Eis als Gag. Die Kinder jubilierten. Sie mussten keinen Fisch essen, sondern erhielten Kartoffel-Kroketten mit Soße serviert. Die Gästeschar staunte ob solcher Opulenz, die eigentlich nur Parteibonzen vorbehalten war. Musik begleitete den Abend. Trauzeuge Urner packte sein Mundstück aus und übernahm die Posaune eines Kollegen, um die Tanzkapelle zu verstärken. Harry gesellte sich hinzu und bediente den Flügel. Aber nur für zwei Stücke, schließlich galten die Darbietungen ihm und seiner Emmel.

Ehrengast Professor Hermann Schmidt genoss das illustre Spektakel und trug ordentlich zur Bereicherung bei. Verschiedene musikalische Kostproben seines Könnens beeindruckten die Zuhörer. Auch Marthas Schwester Susi hatte sich vorbereitet. Vom Impresario am Flügel begleitet, trug sie „Tom der Reimer", eine Ballade von Carl Löwe, vor und endete mit der Strophe:

> *„Sie ritten durch den grünen Wald*
> *bei Vogelsang und Sonnenschein,*
> *und wenn sie leicht am Zügel zog,*
> *so klangen hell die Glöckelein."*

Große Heiterkeit erregte das abschließende Tremolo ihres Glöööööckeleins – Ausdruck für eine Atempause in sonst trost- und humorloser Zeit. Eltern, zahlreiche Onkel, Tanten, Cousinen und Cousins, Nichten und Neffen des Brautpaares waren begeistert. Zuletzt konstatierte Emmels Trauzeuge Wilhelm Pfaffmann, Ehemann von Emma, der Schwester ihres Vaters: „Des is heid Owend wie im wunnerbare Varieté, un so ä Brautpaar noch dezu. Do wolle mir all den Kriech vergesse." Weit gefehlt. Abrupt nahte das Finale um 21 Uhr. Es war halt doch nur eine Kriegshochzeit! Durch die verdunkelte Stadt schlichen in ihrer Fröhlichkeit gebremste Menschen nach Hause. Vater Ludwig hatte für die Dorfverwandtschaft einen Fahrdienst eingerichtet. Ein Freund fuhr im Auto die Mütter mit ihren kleinen Kindern nach Nußdorf und Böchingen zurück. Alle anderen Frauen, Männer und Jugendliche bewältigten die Heimstrecke zu Fuß.

Emmel und Harry waren am Ziel ihrer Sehnsüchte angelangt. Glücklich wie alle frisch getrauten Paare liebten sie sich während ihrer Hochzeitsnacht, die morbide Außenwelt vergessend. Gar nicht gut kam die prunkvolle Feier in der Kleinstadt an. Manche Nachbarn und Bekannten munkelten: „In diesen schweren Zeiten allergrößter Entbehrungen so zu feiern, das gehört sich nicht!" Zur Reputation der Familie trug das Ereignis also nicht gerade bei, zumal die braune Gesinnung überall bekannt war.

Gleichwohl spazierte der Obermusikinspizient des Heeres, Professor Hermann Schmidt, auf „Hamstertour" durchs Städtchen – vor und nach der großen Feier stets einen geräumigen Rucksack auf dem Buckel, der bei seiner Heimreise nach Berlin prall gefüllt war. Salopp nannten ihn einige Pfälzer daraufhin „Rucksack-Hermann". Zeigte bereits Fleischermeister Ludwig bei der Ausgestaltung des Festes als Profiteur der Nazi-Wirtschaft generöse Züge, so vermittelte die Bekanntgabe des Hochzeitsgeschenkes den Eindruck, man sei tatsächlich unter den „besseren Leuten" angekommen. Das sechzig Quadratmeter messende, anderthalb-stöckige sogenannte „Häusel" mit Terrasse und Schwimmbassin, auf einem eintausend Quadratmeter großen Gartengrundstück von Weinbergen der Reblage Herrenberg umgeben, offerierte er als Geschenk und ließ es im April 1946 auf das Paar überschreiben. Im Oktober 1942 inmitten des Krieges hatte er das Anwesen vom Drogisten Belling und dessen Ehefrau erworben. „*Wochenendhaus in der Mistgrube, Garten und Weingarten im Ochsenloch*" lautete die Bezeichnung des Grundstücks. Emmel verbrachte im Sommer viele Stunden mit der Familie und Freundinnen dort. Ihre Cousinen und Vettern genossen das attraktive Wasserbecken. Die „Sommerresidenz" zierte ein parkähnlicher Garten und bedeutete Wohlstand. Nun also Eigentum des Hochzeitspaars. Für Harry unbegreiflich. Er, der Mann aus kleinen Verhältnissen, war nun Inhaber eines „Landsitzes"!

Sonntags herrschte weiter Betriebsamkeit im Hause Reiss. Ausgiebiges Frühstück im engsten Familienkreis mit Ehrengast. Professor Schmidt dozierte über Musikalisches, lobte die humorvollen Menschen in der Pfalz, welche er trotz manch sprachlicher Hürde schätzen gelernt habe. Harrys Vater Hermann zermarterte sich das Hirn darüber, wie leger und konziliant die Situation mit der professoralen Respektsperson und überhaupt ablief: „Eigentlich nicht dem Ernst der allgemeinen Lage angemessen. Nun gut. Es gab ja Feieranlass. Der Führer kennt am besten die Grenzen. Kein Alkohol, was genau auf mich zutrifft. Das erreichen sie hier nie, wo so viel Wein produziert wird. Aber wie vorlaut und bedenkenlos die Leute miteinander umgehen, das missfällt mir." Am frühen Nachmittag leerte sich das Haus. Bis auf Harry, der wie seine Eltern am Montag abreisen sollte, blieb nur noch „Karlemann", Emmels nunmehr neunzehnjähriger Bruder, als Logiergast. Beim Abendessen erzählte er über seine abenteuerliche Anreise zur Hochzeitsfeier nach Landau: „Wie ihr wisst, erfolgte meine Entlassung in den Genesungsurlaub aus dem Krankenhaus in Wernigerode vor drei Tagen. Welch ein Glück. Da die Kleiderkammern geleert waren, es weder Taschen, Rucksäcke, geschweige denn Koffer gab, musste ich mit einem Pappkarton als Gepäckstück abreisen. Darin befanden sich Bücher und etwas Wäsche, mehr nicht. Am Bahnhof in Halle/Saale regnete es fortwährend. Der Bahnsteig hatte kein Dach. Ich musste den schweren Karton aber abstellen. Auf dem nassen Boden weichte er vollends durch. Sämtliche Bücher fielen beim Hochnehmen heraus. Gerade mal zwei konnte ich mir vor der schnellen Abfahrt des Zuges unter die Arme klemmen. Der Rest blieb auf dem Bahnsteig zurück. In Mannheim am Hauptbahnhof, auf der Suche nach einem Anschluss sprachen mich Feldgendarmen an. Ja, so zwei ‚Kettenhunde'. Ihr kennt doch die Bezeichnung, weil sie eine metallene Plakette mit Aufschrift um den Hals tragen. Sie zischten mich im Befehlston an: ‚Halt! Mitkommen! Wir müssen Sie verhören. Sie wollen doch nicht behaupten, ein Soldat der deutschen Wehrmacht zu sein, so wie Sie daher laufen!' Meinen Einwand und Wunsch, Ausweispapiere vorzeigen zu dürfen, ignorierten sie mit dem Hinweis, dass ich ab sofort den Mund halten solle. Alles Weitere würde veranlasst. Falls nicht, müssten sie andere Methoden anwenden, wobei der Wortführer demonstrativ am Abzug seines Gewehres hantierte. Sie führten mich in ein Verhörzimmer im Bahnhof. Schroff eröffnete mir der Wachtmeister: ‚Setzen. Jede der zurzeit um sich greifenden Zersetzungserscheinungen und Verwahrlosungen bekämpfen wir. Sie behaupten also, Soldat zu sein. Ein Soldat kann sterben. Aber ein Fahnenflüchtiger muss sterben!' Mir rutschte das Herz in die viel zu kurze Hose. Sie gehörte zu meiner traurigen Kleidung: Übergroße Uniformjacke, schlechtsitzendes Hemd, Mütze vom Umfang eines Klodeckels, Schuhe ohne Schnürsenkel, kein Ledergürtel mit Koppel. Deshalb war ich aufgefallen. Endlich ließen sie mich sprechen. Ich erklärte die Situation und zeigte meine von der Lazarettleitung ausgestellten Papiere. Daraus ging der Umstand des Versorgungsengpasses der Kleiderkammer in Wernigerode hervor. Auf diesen Passus hatte ich angesichts der fehlerhaften Klamotten allergrößten Wert gelegt. Es zahlte sich aus. Nach Durchsicht hieß es knapp: ‚Dann gute Weiterfahrt'."

Hermann schüttelte den Kopf. „So schlecht soll es um unsere deutschen Soldaten stehen?" Selbst Martha konnte es kaum fassen: „Ich war so erschrocke, wie ich unser Karlemännel bei seiner Ankunft gsehe hab! Ich konnt ihn kaum erkenne. Erst hab ich gedenkt, des is en Obdachloser oder Baräckler. Glaubs mir, lieber Schwocher." – „Awer mir sin hald vor allem froh, dass unser Büwel heil aus all däm Schlambambel zurückgekehrt is", betonte Ludwig. Die „Eck-Mutter" rumorte vom Ende des Tisches: „Wenns hald ämol Friede gäb, ob ich dess noch alleweil erläwe därf." Solche Wünsche standen an diesem Sonntag nicht auf dem Landauer Tagesprogramm. Das „Winterhilfswerk" veranstaltete ab frühem Morgen, begleitet von Fahnen und Trompeten, eine große Aktion mit Eintopfessen an verschiedenen Anlaufstellen der Stadt. Auf dem Paradeplatz spielte eine Wehrmachtskapelle. In der Festhalle, gestern noch Feierort einer illusionären, kleinbürgerlichen Hochzeit präsentierte man am Abend Theater und Varieté.

Voller Trübsinn und Wehmut fuhr Harry nach Berlin. Zwischenprüfungen vor dem letzten Semester erwarteten ihn. Hinter demolierten Türen, zerstörten Fenstern im kaum geheizten Seminarsaal musste er Klausuren in Tonsatz und Komposition schreiben, Posaune sowie Klavierstücke intonieren, darunter Edvard Griegs E-Moll Sonate oder die Polonaise von Johann Ludwig Krebs. Alles lief glatt, und der Weg fürs Abschlusssemester war geebnet. In die Freude hinein erreichte ihn der Brief seiner Schwiegermutter Martha. Vertraulich lasen sich ihre Ausführungen zur Ehe, und sie redete Harry ins Gewissen, es mit ihrer Tochter besser zu machen: „Selbst hatte ich nur Mühe, Sorgen und Enttäuschungen in meiner Ehe. Doch trug ich mein Los still, und nur meine vier Wände wissen von meinem Leid und meinen Tränen. Manchmal glaubte ich, zerbrechen zu müssen, doch mein Halt waren immer wieder die Kinder, für die ich leben musste und für die ich eine glückliche Zukunft schmieden wollte. Nun sind die Würfel gefallen, Emmels Schicksal liegt in deiner Hand. Ich bitte dich nochmal dringend, mache sie recht, recht glücklich, Sie verdient es. Eine Enttäuschung würde mich knicken, weil ich in dir nur Edles sehe. Am Abschiedstage tatest du mir in deiner Traurigkeit so leid. Allein musstest du zurück in den freudlosen Alltag, obwohl du ja nun ein Recht auf Emmel hast. Doch tröste dich, Tausende haben das gleiche Schicksal, im Gegenteil müssen noch viel mehr Umstände und Schwierigkeiten über sich ergehen lassen. Eines Tages wird die Stunde schlagen, die euch zum wirklichen Eheglück zusammenführt, und mein Segen wird mit euch sein."

Unterdessen saß der Ehebrecher oder Schwerenöter „Edde", also Ludwig, mit seinen Freunden im Landauer „Bratwurstglöckl" am Stammtisch. Herzlich lachte die Runde bei der Erzählung über den geplatzten Sack Weizen auf dem Fahrrad eines „Hamsterers", der bei Nacht und Nebel eine Riesel-Spur von Nußdorf nach Landau legte und der Polizei so die Arbeit erleichterte. Schreinermeister Rudolf gab ein anderes Missgeschick zum Besten: „Do is die ledschd Woch in Nußdorf durch des Gegnadder vun äme Modorrad dem Karl Jung sei neier Gaul samt Gspann durchgange un in die Bäckerei Übel nei gallobiert. Selle hän vielleicht än Schreck griechd. Die Fenschderscheib hodds zerdeppert und de Gaul Abschürfunge g'habbt."

Ein ganz anderes „Gegnadder" schreckte die Stammtischbrüder wenige Wochen später aus ihrer vermeintlichen Kleinstadtidylle auf. Am 25. April 1944, vormittags um 10.20 Uhr, hagelte es US Airforce-Bomben vom Frühjahrshimmel auf Landau. Sie trafen Teile der Panzerkaserne und Zivilgebäude im Südosten der Stadt. Mehr als fünfzig Menschen starben in den Flammen. Selbst der linientreue Ludwig äußerte kleinlaut: „Ich bin erschüttert. Das gesamte Bombenszenario aus den großen Städten kommt jetzt zu uns. Meine Trauer ist bei den Toten. Wo enden wir?" Sein Gegenüber, ein benachbarter Konditormeister, machte hingegen geltend: „Mit dem Bombenterror wollen die nicht nur Hitler, sondern vor allem uns Deutsche vernichten!" Vom Tresen her näherte sich der beunruhigte Wirt Renner: „Nun ist es aber genug. Politische Debatten und Defätismus sind in meinem Lokal unerwünscht. Auch für euch." Sofort drehte sich die Gesprächsrichtung hin zum schlechten Wein, dem für die Jahreszeit zu kalten Wetter, der umständlichen Versorgung mit den Lebensmittelkarten.

Professor Stein, Direktor der Staatlichen Hochschule für Musik in Berlin, schilderte Ende April in einem Brief an das Neubauamt den Zustand des altehrwürdigen Gebäudes. Verhandlungen, den Hochschulbetrieb nach außerhalb Berlins zu verlegen, scheiterten. Trotz schwerster Schäden in den Unterrichtsräumen und dem Konzertsaal sollte es weiter gehen. In Selbsthilfe ließen sich ein Teil der Seminarräume wiederherstellen und auch Dachschäden reparieren. Nun aber müssten nach Beginn des Sommersemesters weitere Reparaturarbeiten in Gang kommen. Die Dringlichkeit begründete der Direktor als kriegswichtig, zumal die Ausbildung der Musikmeisteranwärter der Wehrmacht nach wie vor an der Hochschule stattfände. Wenig später, im Mai, appellierte er an den Reichserziehungsminister, die Arbeiten zu forcieren und vor allem den großen Saal wieder benutzbar zu machen: *„Da nahezu sämtliche Konzertsäle der Reichshauptstadt vernichtet sind, läge die Wiederinstandsetzung des Konzertsaales nicht nur im Interesse des Unterrichts- und Ausführungsbetriebes der Hochschule, sondern des ganzen Berliner Musiklebens."*

Doch überwog insbesondere während des andauernden Krieges das Primat des Militärischen, was dagegen die Hochschuldirektoren Professor Stein und Professor Rühlmann auf den Plan rief. Sie mussten mit Major Dr. Otto um Kompetenzen sowie bessere Unterrichtsbedingungen streiten und konstatierten eine Überforderung. Das OKH, Oberkommando des Heeres in Berlin, ließ nicht locker, seinen Einfluss zu verstärken. Das Verhältnis blieb gespannt. Direktor Stein drückte weiterhin seine Sympathien für die Heeresmusikschüler aus: *„Ich habe von vornherein der Ausbildung der künftigen Musikmeister der Wehrmacht besondere Aufmerksamkeit und Sorgfalt zugewendet. Immer wieder darauf gedrungen, dass ihre musikalisch-künstlerische Ausbildung intensiviert und diese in allen Fächern auf eine breitere Grundlage gestellt würde. Ganz von mir aus zum Beispiel die chorische Schulung eingeführt und persönlich geleitet. Schon früh habe ich darauf hingewiesen, dass die dirigentische Ausbildung zu wünschen übriglasse. Und daraufhin veranlasst, dass die Professoren Thomas und Jacobi in die Schlagtechnik einführten."* In einer Aktennotiz hielten die Direktoren Stein und Rühlmann die Unterredung vom 5. Juni 1944 fest. Major Otto wollte partout nicht nachgeben. Er blieb bei seiner Androhung, den zweiten Lehrgang aus dem Hochschulorchester zurückzuziehen. Daraufhin Professor Stein: *„Dann ist wohl jede weitere Diskussion überflüssig, und wir haben uns nichts mehr zu sagen."*

Harry tangierte der Streit nur mittelbar; sein Lehrgang vollendete in wenigen Wochen das vorletzte Semester und strebte im Herbst dem Examen zu. Aber nur zwei Wochen später, am 21. Juni 1944, zerstörte eine Sprengbombe den Konzertsaal. Allmählich zerschmetterte der Bombenhagel sämtliche Bühnenbretter

Berlins und begrub sie unter Trümmern. Inmitten der Vorbereitungen auf das Konzert zum fünfzigjährigen Dienstjubiläum des scheidenden Obermusikinspizienten des Heeres Professor Adolf Berdien saß der Schock tief. Es blieb als letzter Ort zum Auftritt nur noch der intakte Theatersaal. Am 6. Juli spielte Harry mit seinen Musikmeisteranwärterkollegen unter anderem die Ouvertüre zu Händels Oper „Agrippina", Beethovens 8. Symphonie, aber auch Bläsermusik mit Variationen zum Lied „I bin Soldat, valera" seines Kompositionslehrers Hermann Grabner. Ein bescheidenes Flugblatt lud dazu ein.

Schwiegermutter Martha feierte am 19. Juli 1944 ihren 44. Geburtstag. Zum Nachmittagskaffee erschien ein geschrumpftes Verwandtschaftspublikum im „Metzgersalon", dem Wohnzimmer, welches von Tochter Emmel fast in einen Rosengarten verwandelt worden war, wie die Jubilarin schwärmte. „Edde" ließ sich nicht lumpen und schenkte ihr ein Gemälde des Pfälzer Malers Phillip Frank. Es fiel, den Kriegsumständen geschuldet, geringer aus als sonst. Ein auf Presskarton festgehaltenes Stillleben bildet vier in einer Glasschale befindliche Pfirsiche fahlgelb, hellrot und dunkelrot schimmernd auf graubraunem Hintergrund ab. Daneben liegt ein Pfirsich auf prall hellrotem Untergrund, dessen gespaltener Stilbereich aussieht wie die Vulva einer Frau. Nur in ihrem Innern leuchtet es grün. Gerade mal zwanzig auf dreißig Zentimeter misst das Gemälde, eingefasst von einem matt vergoldeten, fünf Zentimeter Hohlkehlen-Rahmen. Sicher interpretierte Ludwig beileibe nicht die Malerei, vermochte die Symbolik wohl auch kaum zu deuten. Aber ungewollt entlarvte das Geschenk sein Seitensprung-Dilemma. Denn das „Wandern" von einer zur andern hielt an und vollzog sich im Dunstkreis von Verschwiegenheit, Täuschung und schmerzvollem Erdulden seiner Gattin.

Tante Susi schwang sich während schleppender Gespräche zur Hauptunterhalterin auf, kitzelte manche familiäre Ungereimtheit hervor, stichelte über die akute Not im Lande, ohne jedoch konkret zu werden. Ach ja, der elende Krieg war an allem schuld. Schon am frühen Abend löste sich die Gesellschaft auf. Emmel half fleißig beim Aufräumen. Mutter Martha nahm sie in den Arm und meinte, sie solle doch nicht so traurig sein angesichts ihres hoffnungsvollen Zustandes. Nein, nach Berlin zu gehen, das käme als im vierten Monat Schwangere nicht in Frage. Das Risiko sei viel zu groß – und wie sich zurechtfinden? Zwei Tage später, am 21. Juli 1944, schrieb sie Harry einen Brief und bedankte sich für seine herrlichen Rosen und die wunderbare Vase. Einfühlsame Wor-

te galten der Ehesituation: „Ich weiß, dass es für dich sehr schwer ist, verheiratet zu sein – und doch allein sein zu müssen. Es ist nun mal das Schicksal aller junger Ehen. Darum tröste dich, mein lieber Harry, mit den Abertausenden."
20. Juli 1944. Das Attentat auf Hitler in dessen Hauptquartier, der Wolfsschanze, war gescheitert. Der Deutschlandsender meldete am frühen Abend die nur leichte Verletzung. Martha dazu in ihrem Brief an Harry: „Was sagst du zu den Ereignissen? Es ist furchtbar, was für Elemente in den Reihen unserer tapferen Kämpfer stehen. Die sind doch bar allen Gewissens. Ich möchte mich heute nicht näher mit der Politik befassen. Hauptsache der Führer lebt. Wir wollen darum dem Allerhöchsten danken." Worüber Martha angeblich nichts wusste, die Existenz von Konzentrations- und Vernichtungslagern, hätte Hitlers Tod Einhalt bieten können. Vor allem aber ängstigte sie die aussichtslose Lage an den Fronten und die unentwegten Luftangriffe der Alliierten. Stattdessen stieg Hitlers kultische Verehrung, gab es weitere Millionen Tode. Im Bendlerblock-Hof, sowohl Sitz des Heeresamtes als auch Zentrum der Widerstandsgruppe, erschoss ein Kommando kurz nach Mitternacht Stauffenberg, Generaloberst Beck und drei weitere Vertraute vor einem Sandhaufen im Scheinwerferlicht eines Lastwagens. Ursprünglich als standesgerichtliche Exekution befohlen, begrub man die Erschossenen samt Orden, Ehrenzeichen und Uniformen auf dem Sankt-Matthäus-Kirchhof in Schöneberg. Am nächsten Tag jedoch exhumierte die SS auf Befehl Himmlers die Leichen, verbrannte sie im Krematorium Wedding und verstreute die Asche auf Rieselfeldern von Berliner Kläranlagen.

Der Präsident des Volksgerichtshofes, „Blutrichter" Roland Freisler, vollendete den Rachezug. Er tobte im Gerichtssaal, schrie Angeklagte nieder und teilte ihnen hämisch Todesurteile mit. Nur wenige Stunden nach der Verkündung kam es zu Vollstreckungen. „Wie Schlachtvieh aufgehängt" wollte Hitler die Männer sehen. Das geschah in der Hinrichtungsstätte Plötzensee. Mit Drahtschlingen an Fleischerhaken strangulierten Henker die Mitglieder des Widerstands. Ungeachtet all dieser Vorgänge endete Marthas Brief: „Heute hatte Landau wieder einen kleinen Beigeschmack eines Fliegerangriffes. Es fielen etliche Brandbomben, und es entstanden auch Brände, besonders im Nordring und Nordparkstraße. Hoffentlich bleiben wir fernerhin von solchen Schrecken verschont. In den Keller müssen wir ja täglich."

Ihren Brief schrieb sie am Abend. Zuvor, bereits am späten Nachmittag dieses 21. Juli, strömten Menschenmassen zur zentralen pfälzischen Treuekundgebung für den Führer. Die Verschwörer seien nicht Soldaten, sondern Halunken erster Ordnung, mutmaßte Gauleiter Bürckel und telegrafierte an Hitler: *„In Kaiserslautern haben sich 20 000 Arbeiter, Bauern und Soldaten versammelt, um Ihnen, mein Führer, zu sagen, Sie brauchen sich um uns keine Sorgen zu machen. Wir werden wie immer Ihnen folgen. Heil dem Führer."* Seine „Errettung" deutete Hitler selbst als „Fingerzeig der Vorsehung" – und ließ zahlreicher gewordene Zweifler des Endsieges verstummen. Zugleich verlängerten er und sie den irrationalen Opfergang des so beschworenen deutschen Volkes in den Untergang.

Musikmeister – dem Kriegsfinale entgegen

Viele Sonnentage verwandelten das Pfälzer Land in ein prachtvolles Farbenmeer. Allmählich blieb der Regen aus. Wasser wurde knapp, und die Hitze nahm zu. Am meisten Kummer aber bereitete den Bauersleuten und Winzern die fast täglichen Tieffliegereinsätze. Ungestörtes Arbeiten schien kaum noch möglich. Jederzeit lauerte tagsüber Lebensgefahr aus dem schimärisch stahlblauen Himmelszelt, wenn die „Lightnings" und „Thunderbolts" Angriffe flogen. Seit Juli bombardierten Jagdbomber, „Jabos", das von den Alliierten ins Visier genommene links-rheinische Gebiet. Den Stadtbewohnern verging zusehends die Laune, weil sie sich in ihrer Mobilität eingeschränkt fühlten. Dreimal musste man zum Beispiel überlegen, tagsüber mit der „Oberlandbahn", der Elektrischen, von Landau nach Nußdorf zu fahren. Oder mit dem Auto Naturalien aus umliegenden Dörfern zu besorgen.

Ende August saß Familie Reiss nach Geschäftsschluss beim Abendbrot auf der Dachterrasse zusammen. Alle schwitzten, die Luft schien zu stehen. An der Hoftür polterte es. Emmel ging hinunter und öffnete. Vor ihr stand Onkel Ludwig, Marthas Bruder. Anfang des Krieges hatte dieser als über Vierzigjähriger an die Ostfront gemusst. Immerhin war er unversehrt zurückgekehrt. Danach arbeitete der Weinküfer und Winzer als Wachmann eines Lagers für russische Kriegsgefangene in Böchingen, seinem Wohnort. Schon länger hatten er und Emmel sich nicht mehr gesehen. „Obend. Sinnse all drowe? Ach, wie geht dirs dann, Emmelsche. Jetzt werschd hald ach Mudder in denne Zeide. Ich hoff, dass alles gud laafd." Sodann rannte er die Treppen hoch. Der Nichte schwante nichts Gutes. Da aber Edde, sein Namensvetter Ludwig, anwesend war, legte sich die Aufregung nach der Begrüßung erst einmal. Ja, der Metzgermeister strahlte Souveränität aus, und die Verwandtschaft bewunderte seine wirtschaftlichen Erfolge. Eine Respektsperson halt. Nur die „Weibergeschichten" schadeten seinem Ruf. Obgleich deshalb hinter manch vorgehaltener Hand sogar Bewunderung raunte.

„Was is jetzd los, liewer Schwager? Du bischd jo reichlich ufgebrochd un ä bissel getankt hoschd ach schun." Freundlich lächelnd schob der Hausherr dem schweißtriefenden Ludwig ein Schoppenglas Weinschorle zu. „Lösch dann mol weider dein Durst." Zu Emmel gewandt: „Bring deim Unkel än Deller, der kann noch midesse." Es verging geraume Zeit in allgemeiner Plauderei, bis es zum eigentlichen Furor kam. In aller Entschiedenheit und ohne Rücksicht auf seine gefährliche Miesmacherrolle trug der aufgebrachte Rotschopf Groll vor: „Vom ‚wandernden Kessel', der Flucht aus den Wäldern und Sümpfen Russlands, hat euch bestimmt euer Karl geschrieben. Hoffentlich kommt er durch. Auch mein Wilhelm muss auf dem Balkan die Stellung halten. Und Georg liegt mit seiner U-Bootbesatzung in Stavanger auf Bereitschaft. Nun geht im Westen alles drauf, Paris ist zurückerobert. De Gaulle hat das Kommando. Von wegen die Invasion ‚Overlord' zurückschlagen. Fehlanzeige. In Saint-Lô ist alles zerbrochen. Südfrankreich sowieso weg. Aber jetzt habe ich von meinem Fritz nach fast zwei Wochen nichts mehr gehört. Den Kessel von Falaise hat er wohl nicht überstanden. Es gibt keine Hoffnung. Warum nur musste er sich freiwillig zur SS-Panzergrenadierdivision melden? Damit geht's zu Ende." Tränenüberströmt saß er da, der ansonsten streitbereite achtfache Vater, den die Sorge um seine drei an der Front befindlichen Söhne umtrieb. Aber wie so viele in der Familie verhielt auch er sich kompromissbereit und obrigkeitshörig. Mutige Vorsätze verliefen im Sand. Allerdings knurrte er nun vergrellt.

Die Worte kamen so vehement, dass niemand dazwischenfahren konnte. Die Inhalte trafen in die Magengrube. Nervös sog Edde an seiner Zigarette, die Hausangestellte räumte betreten Geschirr ab, Martha hielt Emmels Hand, und die Eck-Mutter wippte ausdruckslos hin und her. Als ob es nur die Ruhe vor dem Sturm gewesen wäre, beklagte Martha: „Hör, hör mir mol gud zu, mei Bruder. Verschdeschd du mich? Ich sach dir äns. Des mid deim Fritz is dragisch. Sicher. Aber damid kannschd du doch nid alles, was mir un unser Führer ufgebaud hänn, verdamme. Do sollschd dich schäme." Ihr Ludwig fuhr dazwischen: „Niemand hat sich hier zu schämen. Nur allmählich nimmt unsere Zuversicht für den Endsieg ab und die Angst um die Zukunft zu. Martha, beruhige dich. Was ist denn mit unserm Karl in Russland? Der hat auch schon lange nicht mehr geschrieben." Nun schaltete sich die bislang schweigsame Eck-Mutter ein: „Warum nur gibt's so än Streit, wo eier Buwe un mei Enkel im Kriech drin sin, wo mer gar nid wäß, ob ses lebendich naus schaffen. Ich ded do zwä mol bete. Vorher sin ihr voll in dän Schlamassel nei gange, ach ihr zwä Ludwigs. Un jezd is Matthäi am Letschde." Alle starrten sich an. Die Emotionen ließen das „Feind hört mit" oder eine Denunziation an die Gestapo vergessen.

Defätismus und kriegsgegnerische Äußerungen und Haltungen wurden gnadenlos verfolgt. Ohne besonderes Aufheben oder Prozess vollstreckten Richter Todesurteile. Wohl deshalb verzichtete Edde auf weitere Erklärungen und beschwichtigte. Letztendlich den Familienzusammenhalt beschwörend, der in diesen Zeiten so wichtig sei. Und vor allem hätte man eigentlich gar nichts in dieser Runde zum Kriegsgeschehen verlautbaren lassen. Das müsste jedem Anwesenden klar sein! Damit schien auch der Böchinger Schwager Ludwig besänftigt. Seine Einlassungen stießen nicht auf taube Ohren. So gegen halb zehn Uhr in der Nacht machte er sich mit dem Fahrrad auf den Heimweg.

Am anderen Morgen, den 31. August 1944, blätterte Emmel während des Frühstücks im „Landauer Anzeiger". Sofort fiel ihr die Schlagzeile „Zwei Todesurteile gegen Gewohnheitsdiebe" auf. Sie las weiter. Der wegen Krankheit meist arbeitslose 39-jährige Friedrich Schwalb stahl oft während der Verdunkelung in Neustadt/Weinstraße und Umgebung Fahrräder, Kaninchen oder Kleidungsstücke. An den Diebesfahrten nahm der sieben Jahre jüngere, „schwachsinnige" Wilhelm Maurer teil. Weitere Mittäter und auch Hehler erhielten Zuchthausstrafen bis zu sechs Jahren. Die Haupttäter Schwalb und Maurer, als Volksschädlinge und gefährliche Gewohnheitsverbrecher gebrandmarkt, wurden mit dem Tod bestraft. Der Metzgertochter blieb der Bissen vom Marmeladebrot im Hals stecken. Sie fasste sich auf ihren gewölbten Bauch und hatte das Gefühl, als ob er rumorte. Sicher, kriminelle Handlungen, doch deswegen sterben zu müssen? Sie konnte es nicht verstehen. Nur die Eck-Mutter saß noch am Tisch, alle anderen waren schon zur Arbeit unterwegs. Emmel trug ihr den Fall vor. Nach einigem Stöhnen und Kopfschütteln orakelte die Angesprochene, stoisch vor sich hinblickend: „Der Herrgott holt die Ungerechten vors Jüngste Gericht. Sie werden gerichtet, ein jeglicher nach seinen Werken. Die Verfluchten erhalten ihre Strafe und kommen ins ewige Feuer, das für den Teufel und alle gefallenen Engel bestimmt ist." Mit ihrem Bibel-Mix drückte die alte Frau ihren Missmut aus. Emmel hielt das für wenig hilfreich. Sie musste sich sputen, um in die Wurstküche zu gelangen, wo sie beim Herrichten und Verpacken von diversen Wurstwaren für die Kasernen half. Das Geschäft lief wieder auf Hochtouren, da ständig Durchgangstruppen zu beliefern waren.

Zwei Wochen vor Harrys Examensprüfungen erreichte ihn zum 32. Geburtstag ein ausführlicher Brief von Schwiegermutter Martha. Darin äußerte sie besorgt ihre Gedanken zur Kriegslage und folgerte: „Bisher hatte ich den Glauben und die feste Zuversicht. Nachdem uns der Feind aber bald erdrückt und immer noch nichts geschieht, das einen Lichtblick gibt, werde auch ich ins Lager der Pessimisten gestoßen. Der Schock des 20. Juli hat zu große Dimensionen angenommen, dass man sich manchmal fragt, wie konnte das so unbemerkt von unserer Führung passieren. Wir, das Volk, müssen halt aushalten und die Kriegswalze über uns ergehen lassen. Drum hat alle Philosophie keinen Sinn. Dumm müsste man sein und in den Tag hineinleben leben können. Bringt unsereins das aber fertig? Das kann nur der Pöbel, der nichts zu verlieren hat. Nicht seine Ehre, nicht seinen Nationalstolz. Das wäre mir das Furchtbarste im Falle einer Niederlage."

In Naziverträumtheit und fast schon erotischer Nähe fuhr sie in dem Brief fort: „So möchte ich Dir, lieber Harry, in diesem Moment Dein liebes Haupt streicheln und liebe, tröstende Worte zuraunen, dass auch für Euch die schöne Zeit des Zusammenlebens kommen wird, und wenn dann der Kreis mit lieben Mädeln und Buben geschlossen ist, will ich mich mit Euch freuen und Euch mit Liebe und Fürsorge umgeben, damit nichts versäumt wird in der Erziehung unserer Nachwelt. Nur Liebe will ich sein, Gott möge mir die Kraft erhalten um meiner Kinder willen."

Solche optimistische Zukunftsmalerei entbehrte jedoch der Realität, die sich längst in den Niederungen des gemeinen Landlebens abspielte. So hatte eine einzige Ratte sechzig Hühnerküken aus dem Gehege eines Bauernhofes in der Bienwaldgegend gezogen und sie getötet, um ihre Brut zu füttern. Auf ähnliche Weise ging auf dem Nachbarhof der Hühnernachwuchs verloren. So jedenfalls nach dem Bericht des „Landauer Anzeigers" am 21. September 1944. Der Appell des Blattes mahnte: „Denkt an die Rattenbekämpfung". Des Weiteren befassten sich die Pfälzer mit ihrem Lieblingsthema: „Der neue Wein kocht." Besonders der heiße Monat August klang vielversprechend. Und im September sollten die Trauben „braten", wie es die Winzer ausdrückten. Ein feuriger Tropfen, ein ausgesprochen guter Jahrgang sollte es werden. Doch ging der Wunsch nicht in Erfüllung. Mäßige Erträge und mittlere Qualität standen am Ende der Bilanz. Ursächlich war das Wetter. Bis Anfang September war alles ideal gewesen. Dann aber verhinderten heftige Regenfälle bessere Ergebnisse.

Die Hauptluftschutzstelle Berlin registrierte am 12. Oktober 1944 ihren 251. Fliegeralarm. Nur fünfzehn bis zwanzig schnell fliegende Kampflugzeuge waren in der Nacht unterwegs. Die Angriffe verliefen moderat. Ausgerechnet in der Kolonie Schätzelberge Mariendorf traf es vier Sommerlauben in unmittelbarer Nähe zum Wohnblock von Bernhard Urner, der daher genervt zum ersten Prüfungstag der „außerordentlichen Musikmeisterprüfung des Heeres vom 13. bis 19. Oktober 1944 an der Staatlichen Musikhochschule Berlin" erschien. Seinem Freund und Mitprüfling Harry teilte er als erstem das Erlebnis mit: „So ein Schreck. Den ganzen Abend hatte ich gepaukt, fiel todmüde ins Bett. Dann schrillte mitten in der Nacht die Sirene. Ab in den Keller. Der kleine, acht Monate alte Winfried quengelte unentwegt. Ingeborg musste ihn pausenlos schaukeln. Kurz darauf der fürchterliche Knall. Ich glaubte, jetzt sei unser Leben zu Ende. Einige Minuten später war die Bomberei vorbei. Oben angekommen, sahen wir in der Ferne die Laubenkolonie brennen. Hätte schlimmer sein können. Jetzt bin ich erledigt, aber bereit zur Prüfung, mein lieber Harry." Am 13. Oktober um 9 Uhr stellte Professor Dr. Grabner im Fach Formenlehre die erste Klausuraufgabe. Der stramme, in Graz gebürtige, deutsch-österreichische Nazi, Beirat in der Reichsmusikkammer, Parteimitglied und Komponist zahlreicher systemkonformer Stücke, aber auch Autor von Lehrbüchern wie der „Allgemeinen Musiklehre", hätte vermutlich liebend gern das Hakenkreuz als neues etwaiges Pausenzeichen auf einem Notenblatt eingeführt. Unabhängig davon gehörte das von ihm geprüfte Fach zu Harrys Stärken. Man könnte es als Grammatik der Musik bezeichnen. Freudig entledigte er sich der Klausuraufgabe, in der es darum ging, die Dialektik von Notierungen in Instrumentation darzulegen und ein Musikdiktat aufzuschreiben. Ohne Probleme gestaltete sich später die Entnazifizierung von Professor Grabner. Bereits 1950 unterrichtete er wieder am Städtischen Konservatorium West-Berlin, trat ein Jahr später in den Ruhestand und starb 1969 in Bozen.

Am 16. Oktober erfolgte die schriftliche Klausur in Tonsatz, u.a. mit der Komposition eines Chorals in strenger Imitation. Harrys Lehrer für dieses Fach, Professor Wunsch, hatte als einer von wenigen keinen eindeutigen NS-Bezug und schuf etliche Tondichtungen wie Kammerkonzerte oder Opern. Bemerkenswert seine Hammerwerkssinfonie, für die er 1929 den Preis des Sozialistischen Kulturbundes der SPD erhielt. Im Dezember 1954 starb er in Berlin.

Nach einem Tag Ruhepause waren die praktischen und mündlichen Prüfungen dran: Geschichte der Schlaginstrumente in Instrumentenkunde, systematische Musikwissenschaft mit Themenstellung der Resonanzlehre und dem Beispiel Hermann von Helmholtz von der Glocke und deren besonderen Intervallen, Darstellung von Passionsmusik, Suite und Sinfonieformen. Harry spielte am Klavier Edvard Griegs E-Moll Sonate und „vom Blatt" die Polonaise von Johann Ludwig Krebs vor. Romuald Wikarski beurteilte den Vortrag. Mehr als zwanzig Jahre, ab 1941 Professor, unterrichtete der Sohn eines Schneidermeisters aus Stettin das Fach Klavier. Bis Kriegsende dauerte seine Anstellung. Am 29. April 1945 erschoss ein sowjetischer Soldat den in Kleinmachnow ansässigen 53-jährigen sechsfachen Vater. Aus „reiner Willkür", wie die Witwe während ihrer flehentlichen Antragstellung an die Hochschule zur Regelung von Pensionsansprüchen Anfang der fünfziger Jahre vortrug.

Auf der Posaune gab Harry Konzert-Variationen und Bach-Stücke zum Besten. Seinem Kommilitonen Georg Elsner erließ die Prüfungskommission das Blasen, weil ein kürzlich eingesetztes Gebiss dies vermasselte. Das Gremium bewertete ihn aufgrund bislang dargebotener Leistungen als qualifiziert.

Am Donnerstag endete der Prüfungsmarathon mit dem Orchester- und Chordirigieren im Theatersaal der Musikhochschule. Für Harry kamen Schuberts „Lindenbaum" und die „Heroische Ouvertüre" seines Förderers Professor Hermann Schmidt zum Vortrag. Der Heeresmusikinspizient ging 1945 in die Pension. Obwohl Zivilist, behandelten ihn die Sowjets als Kriegsgefangenen, was er überstand. Den Gehirnschlag am 5. Oktober 1950 im Alter von 65 Jahren in Berlin-Tempelhof überlebte er nicht.

Schließlich hielt Harry das gelblich gerippte, vierseitige Zeugnis aus Büttenpapier in der Hand. Der Briefkopf firmierte mit „Staatliche Hochschule für Musik in Berlin". Darunter der das Hakenkreuz im Eichenlaubkranz krallende Reichsadler als Hoheitszeichen. Der Text lautete: *„Aufgrund der am heutigen Tage abgelegten Prüfung ist ihm die Befähigung zum Musikmeister mit dem Gesamturteil musikalisch gut zugesprochen worden."* Alle Last war abgefallen: Entbehrungen, Anstrengungen und Ängste. Vorbei das theoretische Pauken, die tonangebende Disziplin, der militärische Mummenschanz, das Nazi-Gesülze. Bernhard fiel ihm um den Hals. Auch er hatte es geschafft. Doch der „große Zapfenstreich" blieb aus. Direktor Stein überreichte die Zeugnisse und sprach ein paar anerkennende Worte, garniert mit Durchhalteparolen. Sie fielen, seinem Feingeist entsprechend, gehoben aus.

Geboren 1879 als Sohn eines im Kloster Gerlachsheim beschäftigten Taubstummenlehrers, aufgewachsen in Heidelberg, studierte er dort und in Berlin evangelische Theologie. Anschließend begann sein Musikstudium, spezialisiert auf Kirchenmusik und Orgel. Er promovierte und beerbte Max Reger als Meininger Hofkapellmeister. Nach dem Ersten Weltkrieg erhielt er Berufungen zum außerordentlichen Professor für Musikwissenschaft in Jena sowie zum ordentlichen in Kiel. Dort spielte er die Orgel in der Nikolaikirche. Als Mitglied der Bach- und Händelgesellschaft war er tonangebend im deutschen Chorwesen. Sein Ruf in der deutschen Musikwelt der 1920er Jahre war immens. Die Position des Generalmusikdirektors in Kiel nahm er von 1925 bis 1933 wahr. Auch äußerlich kam Fritz Stein wie ein Künstler daher. Dunkelbraunes Haar, halblang gewellt, in alle Richtungen von der hohen Stirn flüchtend. Die Augen voller Klarheit, an der geraden Nase mit den ovalen, etwas zu großen Löchern vorbeiblickend. Darunter der schmale Mund, horizontal im Gesicht ruhend. Modisch der Anzug, gebrochen steigendes Revers, preußisch-blau mit Weste. Die Krawatte kirschrot grau, durchkreuzt von gelben, feinen Streifen. So jedenfalls ließ er sich im Kieler Fotoatelier Esenwein ablichten.

Sein glühendes Nationalbewusstsein jedoch, die Teilnahme als Freiwilliger am Ersten Weltkrieg und die strikte lutherische Theologie führten ihn schon während der 1920er Jahre als Pfeifer und Trommler in die Reihen der Nazis. Später machte er seine Berufung zum Direktor der Staatlichen Musikhochschule in Berlin von der fristlosen Entlassung jüdischer Musiker „zwecks künstlerischen Neuaufbaus" abhängig. Emanuel Feuermann, Professor für Cello, war das prominenteste Opfer. Wie dessen Streicherkollegen Szymon Goldberg und Paul Hindemith emigrierte er nach London. Fritz Stein wiederum sah sich kurz vor der Ernennung zum Reichsleiter „Fachgruppe Musik" des „Kampfbundes für deutsche Kultur" einer eigenartigen Anschuldigung ausgesetzt. In einem Schreiben vom 23. April 1933 beklagten Mitglieder der „nationalen Studentenschaft" aus Kiel, dass Herr Professor Stein durch die Veröffentlichung des „Kampfausschusses" in den Kieler Zeitungen als Jude oder antinationaler Gesinnung verdächtig sei. Den Anlass dazu hatte der recht häufige jüdische Name gegeben. Ferner hieß es: *„Wir können bezeugen, dass sein ganzes Denken und Handeln streng national sind ... Jeder Hörer seiner Vorlesungen muss von seiner rein-deutschen Einstellung überzeugt sein ... Herr Prof. Stein ist Mitglied der Hochschulgruppe des ‚Kampfbundes' ... Wir nehmen an, dass der Name nur durch ein Missverständnis auf die Liste gekommen ist und erwarten, dass er baldigst gestrichen wird."* Das lag natürlich auf der Hand. Gelegentlich ließ die Loyalität des nationalsozialistischen Gelehrten hier und da zu wünschen übrig, vielleicht in Gedanken an seinen jüdischen Schwiegersohn. Jedenfalls leistete er sich kleine Verfehlungen, wie belastenden Aktenvermerken zu entnehmen: Eine aufgrund der Lobrede auf die jüdische Cembalistin Wanda Landowska und einer anderen wegen der Vergabe eines Stipendiums an einen jüdischen Musiker.

Ganz schlecht stand Stein gegenüber den Alliierten da, zumal Musikkenner erzählten, er sei Feind der Jazzmusik gewesen und hätte sie als eine *„Mischung aus Negergeilheit und Judenfrechheit"* bezeichnet. Freischaffend für „Christian Science" sowie als Präsident des Verbandes für evangelische Kirchenmusik überlebte er knapp den Bau der Berliner Mauer und starb im November 1961.

Die Musikmeisterabsolventen wussten um ihre trübe Zukunft. Nichts gab es zu dirigieren, nur einen aussichtslosen Krieg zu gewinnen. Direktor Stein betonte felsenfest: *„Ein Volk, das einen Bach und einen Beethoven hat, wird den Krieg nicht verlieren."* Unmissverständlich verfügte der Generalstab des Heeres schon am 14. September 1944: *„Auflösung sämtlicher Musikkorps im Feldheer, freiwerdendes Personal ist über Feldersatz-Bataillone zum Fronteinsatz zu bringen."* Harrys Einsatzbefehl lautete: Umschulung als Zugführer beim „Panzer-Grenadier- und Artillerie-Bataillon 104" in Landau/Pfalz. Welch vordergründiges Glück. Der Abschied von seinen dreiundzwanzig Kommilitonen vollzog sich hektisch. In alle Himmelsrichtungen vertrieb es sie. Einige direkt an die Ost- oder Westfront. Bernhard hielt Harry lange in den Armen: „Mensch, min Jung. Was haben wir nicht alles zusammengeblasen hier in diesem edlen Gebäude, welches ja nur noch halb steht. Oft begleitet von Bombenhagel. Und am Ende, wo wir die Música beherrschen, nichts wie ins Feld? Ich werde mich rarmachen. Vielleicht sowas wie Dienst nach Vorschrift. Aber in den Schützengraben oder welche dahin befehlen: Nee." Wieder traf Harrys bester Freund dessen Gehorsamsnerv. Das sei viel zu kompliziert – und Befehl ist eben Befehl. Das könne er bestimmt nicht schaffen. Bernhard hingegen war aus anderem Holz. Wie schade, jetzt auseinanderzugehen. „Falls das Finale nicht allzu lange dauert, komm' ich dich mit unserem Winni zur Sommerzeit in der schönen Pfalz besuchen. Dann hast du ja auch Nachwuchs, und die Kleinen können miteinander spielen." Harry schluchzte. Bernhard klopfte ihm kräftig auf den Rücken. „Dann geht's für mich erst mal nach Mariendorf. Ingeborg trauert auch, dass ich schon übermorgen Richtung Westen muss. Gute Reise, alter Vogtländer!" Schweren Schrittes lief Harry zur Berliner Straße. Bestens informiert empfing ihn seine Zimmerwirtin: „Ick habse über de janze Zeit fast schon lieb jewonnen. Nur ihre Druckserei, di passt ma nich. Inne Anstalt is wohl ausjefidelt. Übrijens Glückwunsch Herr Kapellmeester. So wat Doofet. Hamse sich so jut jeschlajen und am Ende könnse nüscht damit anfangn. Falls se dit Inferno allet übalebn, wat ick ooch für mia hoffe, dann hamse beste Jelejenheiten mal jute Tanzmusike zu spielen. Kommense jesund bei ihrer Familie an."

Am 31. Oktober 1944 begann Harrys Dienst in der Landauer Panzerkaserne. Überglücklich hatte ihn am Wochenende zuvor seine hochschwangere Emmel in die Arme geschlossen. Alles sollte jetzt gut werden. Doch auch Landau blieb nicht verschont. Anfang Oktober zerstörten Jagdbomber den Nord- und Mittelteil des Bahnhofs sowie Anlagen der Stadtwerke, was einen viertägigen Stromausfall nach sich zog. Weitere Angriffe beschädigten Wohnhäuser und forderten Todesopfer. Am 25. November traf es die Panzerjägerkaserne und das umliegende Wohnviertel schwer. Harry absolvierte inzwischen mit seinem Freund und Afrikakorps-Kameraden Theo einen Zugführerlehrgang auf dem Truppenübungsplatz in der thüringischen Kleinstadt Ohrdruf. Fast zeitgleich errichtete die SS in unmittelbarer Nähe ein Konzentrationslager, das Außenkommando Ohrdruf S III des KZ Buchenwald. Wusste Harry davon? Beim militärischen Training brachte man den beiden das Führen von kleineren Einsatzgruppen im Nahkampf bei. Ausbilder wiesen auf die Notwendigkeiten von Befehl und Gehorsam hin und erklärten, wie die infanteristische Begleitung von Kampfpanzern mit Abwehrwaffen, meist Handgranaten, funktionieren sollte. Panzer fahren konnten nur noch wenige, weil es keine mehr gab. Vom frühen Morgen bis zum späten Nachmittag schrillten Kommandos über die Kasernenhöfe. Die Rekruten mussten rennen, sich tarnen und robben, nach dem Ruf „Achtung Tiefflieger" in Deckung springen und in Wasserlachen oder Schneematsch fallen. Stumpfe Abhärtung hieß das Motto. Harry und Theo sollten lernen, wie ein Volkssturmkommando zu führen sei.

Der Lehrgang dauerte sechs Wochen. Innerhalb dieser Zeit gab es keinen Urlaub. Emmel und die Metzgerei waren wieder weit entfernt, das Stimmungsbarometer zeigte nach unten. Allzu nah rückten die Alliierten der Grenzregion jetzt auf die Pelle. Mehr und mehr zerbröselte die braune Bastion. Einer der glühendsten Pfälzer Verfechter, Reichsstatthalter Bürckel, selbsternannter Erfinder der „Deutschen Weinstraße", gab sich in seiner Neustadter Wohnung am 28. September 1944 den Gnadenschuss. Martha las mit zittrigen Händen und glasigen Augen in der „NSZ-Westmark" vom Begräbnis des angeblich an einer Lungenentzündung gestorbenen Gauleiters. Bis zum Stammtisch im „Bratwurstglöckl" drang der klammheimliche Spott vom „Bierleiter Gaukel".

Der Schanzeinsatz tat sein Übriges. Überall in Landau und Umgebung klebten Plakate: *„Wer nicht schanzt, hilft dem Feind."* Und so mussten Jugendliche oder Alte hinaus zum Panzergraben buddeln, um möglichst eine durchgehende Sperre vom Bienwald bis zum Haardtgebirge zu errichten. Aus Lothringen holperten Pferdefuhrwerke mit sogenannten Reichsdeutschen und deren Hausrat in die Südpfalz. Sie waren ebenso unterzubringen wie Ausgebombte aus den Großstädten Ludwigshafen oder Mannheim. Der Flüchtlingsstrom schwoll an. Man musste zusammenzurücken. Schließlich kam es zur Vereidigung des Volkssturms, jene waffenfähig geheißenen Männer zwischen sechzehn und sechzig Jahren. Sie sollten in Schnellkursen an MG, Karabiner oder Panzerfaust den Endsieg erringen. Onkel Richard, Ludwigs Bruder, hatte Glück. Als aktiver Feuerwehrmann galt er als „UK", unabkömmlich, und somit selbst für das Senioren- und Kinderkommando nicht verwendbar. Seine Frau Käthel drückte ihn fest: „Wenigstens das bleibt mir am Ende erspart. Oder willst du mit einem Höllenkommando aufsteigen zum Herrgott?" Richard reagierte verdattert. Ein letzter Funke Hoffnung auf die Wende gärte in ihm: „Mir hänn doch grad unser Wunderwaffe, die V2, abgschosse. Vielleicht lafd noch was." – „Was lafd, aber eher kommt, siehst du um dich rum. Überall Blitze, Donner, Einschläge. Und wir sind machtlos. Das reicht nicht mehr. Sei froh, dass wir noch einen Stall und Viehzeug haben. Du musst nicht zum Volkssturm. Unserem Allmächtigen sei gedankt. Nun geh die Tiere füttern. Schmeiß zur Feier des Tages ein paar Steckrüben in die Tröge."

Überraschend erhielt Metzgermeister Ludwig an einem grauen Novembertag Besuch aus dem Elsass. Kriegskamerad Karl Geyer, seines Zeichens Bürgermeister von Lützelstein, stand im Hof. Lange dauerte die Umarmung der alten

Freunde. „Ach, ich hab's Auto in meine Landauer Werkstatt gebracht, und jetzt habe ich noch drei Stunden Aufenthalt." Erregt beschrieb der Elsässer beim Nachmittagskaffee die Zustände in seinem Heimatort und der Umgebung: „Nichts ist mehr wie erwartet. Ihr glaubt es gar nicht. Im August kamen Klagen des sowjetischen Kriegsgefangenenkommandos in Loostal. Ganz dicht von unsrer Gemeinde entfernt liegt das Lager. Immer wieder liefen Tauschgeschäfte zwischen den Russen und der Bevölkerung ab. Daher sollte ein Stacheldraht als Absperrung gezogen werden. Aber mangels Material kam nichts zustande. Heute muss ich darüber lachen. Denn ein Vierteljahr später stehen die Amis und Franzosen kurz vor Straßburg. Die nehmen uns gleich ein. Das sind die wahren Probleme. Ich steck' gewaltig in der Bredouille. Es geht mir an den Kragen." Martha erläuterte: „Also, ich habe gehört, dass die Front bei Hördt zum Stehen gekommen ist. Das macht Hoffnung." Ludwig verzog das Gesicht und entgegnete: „Jetzt bleib auf dem Teppich. Nix macht mehr Hoffnung. Bei Ingwiller an der Moder sind sie schon, und in der Pfalz heißt es nur noch Schanzen. Der Westwall fällt gewiss. Lieber Karl, ich glaube, da kann ich wenig helfen. Hier verstecken macht keinen Sinn. Sie finden dich über kurz oder lang. Und Wertgegenstände bunkern wird schwierig." Karl wirkte in all seiner Niedergeschlagenheit gefasst. „Das erwarte ich auch nicht. Nur ein letztes Tauschgeschäft können wir jetzt durchführen. Eine Kiste Champagner gegen zwei Rinderlenden. Wie ich dich kenne, Edde, hast du eine solche noble Reserve?" – „Das ist zwar völlig ungewöhnlich, aber ich habe tatsächlich noch letzte gut abgehangene Exemplare in der Wurstküche hängen. Steht denn was Besonderes an?" Nun grinste Karl: „Meine opulente Henkersmahlzeit. Nein, nein. In Wirklichkeit eine Jubiläumsgeburtstagsfeier im Restaurant. Ich hole nun das Auto ab. Dann sind wir uns gleich handelseinig." Kein Problem. Beim Abschied klopften sie sich wie verrückt auf die Rücken, wohlwissend um das Ende ihrer Verirrungen.

Tatsächlich rückte das 6. US-Korps Mitte Dezember 1944 Richtung Nordelsass aus, unterstützt vom 13. Regiment der „Tirailleurs Sénégalais". Die Schlachten tobten in der eiskalten Winterlandschaft. Talofotien Solo beklagte: *„Es war furchtbar kalt. Wir lagen in einem Wald, und uns sind die Füße abgefroren. Viele, viel zu viele Schwarze sind dort ums Leben gekommen."* Voller Verzweiflung schilderte der Sanitäter Joseph Issoufou Conombo seinen Einsatz: *„Eines Abends waren wir in einem Kapuzinerkloster einquartiert. Ich war so durchgefroren, dass mir andere das Gesicht abreiben mussten, da ich keinen Muskel mehr re-*

gen konnte. Selbst meine Tränen erstarrten sofort zu Eis." Niederbronn, Bischwiller, Hagenau fielen. Vermutlich auch Lützelstein inmitten der Hügellandschaft des sogenannten „Krummen Elsass". Aber das erfuhren sie im Hause Reiss noch nicht. Die Invasion der Pfalz stand, flankiert von ständigen Luftangriffen, unmittelbar bevor.

Angesichts der Lage bat Harry, gerade wieder aus Ohrdruf zurück, die Schwiegereltern, seine hochschwangere Emmel aus dem Krisengebiet herauszuholen: „In Plauen gab es gerade mal einen Luftangriff bis Ende des Jahres. Das ist doch gar nichts, verglichen mit hier. Und bei meinen Eltern ist Emmel absolut sicher. Sie können sich um alles kümmern. Es besteht keine Gefahr für Mutter und Kind." Nach langem Abwägen erklärte sich Martha bereit, mit ihrer Tochter ins Vogtland zu reisen, um sie bei der Entbindung möglichst ohne Kriegsbelästigungen zu unterstützen. Kurz vor Weihnachten fuhren sie mit dem Zug los und kamen nach etlichen Stopps, Verspätungen und Fahrplanänderungen am Plauener Hauptbahnhof an. Todmüde und unglücklich. Mit einem Taxi ging es am frühen Abend zur Wohnung der Schwiegereltern. Freudige Begrüßung, und deren Mienen hellten sich noch mehr auf angesichts des reichhaltigen Proviants, den ihre Gäste auspackten: Würste, Käse, Fleisch und Schinken. Eine unvorhergesehene Bereicherung des bevorstehenden Weihnachtsfestes, wobei es in Plauen so gut wie keine Lebensmittel mehr zu kaufen gab. Nach dem Abendessen zeigte Maria, Emmels Schwiegermutter, die Logismöglichkeit: „Wir haben euch das Zimmer von Irma freigemacht. Sie schläft so lange auf dem Sofa im Wohnzimmer, und das Bettchen vom kleinen Friedhelm steht direkt daneben." Irma wandte sich an Emmel: „Keine Bange. Das wird schon alles klappen, hab's ja auch erst vor kurzem geschafft."

Gleich nach der Abreise von Emmel und Mutter Martha änderte sich die Kriegssituation. Hitler startete seine „Ardennenoffensive" mit etlichen deutschen Truppenteilen gegen die Alliierten am 16. Dezember 1944 – zunächst sogar mit überraschendem Erfolg. In Folge dessen zogen die Alliierten auch Kräfte vom Pfälzer Frontabschnitt ab, um gegen den „letzten Coup Hitlers" vorzugehen. Der Beschuss in Landau ließ nach und hörte nach einigen Tagen ganz auf. Auch am Heiligen Abend blieben Luftangriffe aus. Da Harry keinen längeren Urlaub erhielt, saß er mit seinem Schwiegervater, dessen Freund Schoppe-Wirt, der Eck-Mutter, dem Hausmädel und einem Lehrbuben vor einem schlicht geschmückten Tannenbaum. Weißwürste dümpelten träge im Topf, daneben lagen zwei von der Eck-Mutter gebackene Mohnzöpfe. Metzgermeister Ludwig hob das bis an den Rand gefüllte Riesling-Glas: „Frohe Kriegsweihnacht. Zum sechsten Mal. Möge uns der Heiland nun etwas hold sein. Ein Geschenk beschert sogar der Feind, weil er vorübergehend das Schießen eingestellt hat. Aber unsre Kinder fehlen und meine Martha auch. Ich denke an die Männer aus der Familie, die im Fronteinsatz sind: Wilhelm auf dem Balkan, Fritz leider vermisst in Frankreich, Georg auf einem U-Boot in Narvik, Willy an der Ostfront, ebenso wie Schwager Otto. Ich weiß nicht, wie es Karlemännel mit seiner Verwundung in Kurland geht. Wollen hoffen, dass er's irgendwie schafft. Nach dem Essen spielt Harry auf dem Klavier ein kleines Stück, und wir singen ein Lied. Darauf dürfen wir uns in diesem kleinen Kreise freuen. Prost. Greift zu." Keine Freude bereitete den sonst in der Wurstküche anwesenden sechs Zwangsarbeitern der Heilige Abend. Wladimir, René, Zygmund und die anderen durften nicht am Weihnachtstisch sitzen. Ihre wirklichen Namen habe ich nie erfahren.

Nach einer kurzen Verschnaufpause zeichnete sich das Scheitern von Hitlers Offensive ab. Schnell hatten die Alliierten ihre Verstärkungen herangezogen und schlugen die Angriffe um Bastogne zurück. Danach änderte sich das Wetter von diesig und neblig hin zu einem aus Russland nahenden Hoch, welches strahlendes Frostwetter bescherte und somit freie Flugbahn für die Luftflotten der Alliierten. Sie bombardierten sämtliche Anmarschwege der Deutschen in Grund und Boden. Ende Januar standen die stark geschrumpften, deutschen Angriffsarmeen wieder an der Reichsgrenze, elend geschlagen und in klirrender Winterkälte.

In Plauen haderten Martha und Emmel mit ihrem Schicksal. Winterliche Öde und fremde Umwelt drückten aufs Gemüt. Vieles irritierte. So die übertrieben korrekte Gesprächsweise der Schwiegereltern: Maria im egerländisch gefärbten Vogtland-Dialekt oder Hermanns brandenburgisches Knurren. Schwägerin Irma fragte unentwegt nach ihren Wünschen. Der kleine Friedhelm wuselte zwischen den Erwachsenen herum und erheischte Aufmerksamkeit. Außer einigen kurzen Spaziergängen gab es keinerlei Abwechslung. Die meiste Zeit verbrachten sie in der Enge der Dreizimmer-Wohnung. Am beklemmensten geriet der Heiligabend. Vor dem winzigen Bäumchen und nach einer weihnachtlichen Intonation auf dem Klavier von Musiker Hermann aß man die dunkelbraunen Kanten des vom Nachbarbäcker organisierten Brotes, ergänzt um zehn „Wienerle-Würstchen", eigens als Mitbringsel fürs Fest gedacht. Nachdem Hermann ansetzte, „der Soldaten draußen an der Front zu gedenken und im Sinne des Führers an die Wende und den Endsieg zu glauben", meinte Emmel, einen gehörigen Tritt in ihrem Inneren zu verspüren. Martha nickte, aber Maria pfiff wie so oft ihren Ehemann zurück: „Du weißt, dass Karl schwer verwundet in einem Lazarett im Osten liegt und die Russen immer weiter vorwärts marschieren. Wir werden es noch erleben, wenn sie hier ankommen. Und du redest vom Endsieg? Ausgerechnet an einem solchen Tag, wo es um Frieden und Zuversicht geht? Dann lasst uns lieber beten, dass nichts Schlimmeres passiert, sowohl hier in Plauen als auch in der Pfalz. Freuen wir uns lieber auf ein gesundes Enkelchen."

Das ließ angesichts des Dauerstresses auf sich warten. Zum Jahreswechsel setzten erste Wehen ein. Ein Klinikaufenthalt kam nicht in Frage. Einmal wegen Überbelegung in den Plauener Krankenhäusern und weil Hausgeburten nazikonform waren. Irma verständigte ihre Hebamme, die am Neujahrstag Untersuchungen durchführte. Zwei unruhige Tage vergingen, in denen Emmel fern der Heimat und voller Angst ihr erstes Kind erwartete. Sie wollte unbedingt einen Arzt als Geburtshelfer. Am 3. Januar 1945 erschien dieser genau zum richtigen Zeitpunkt und flößte ihr eine gehörige Portion Zuversicht ein. Nach schmerzhafter Schwerstarbeit überreichte die Hebamme ein in weißes Linnen gepacktes Mädchen. Tränen der Erleichterung und Freude rollten dem kleinen Lebensbündel entgegen. „Sieglinde Barbara" sollte das Kind heißen. Barbara, wie ihre Patentante, die Schwester von Martha. Aber Sieglinde als Synonym für die aberwitzige Annahme eines vermeintlichen Endsieges, entnommen einer verbrämten germanischen Götterwelt Richard Wagners. Mama Emmel nannte meine Schwester von Anfang an nur Bärbel. Das setzte sich durch.

Trotz gesunden Säuglings und Mutterglück flossen in den nächsten Tagen unablässig Tränen. Die Hormonumstellung machte ihr zu schaffen, und zusätzlich peinigte sie die Ungewissheit, wie es an ihrem Zufluchtsort weiter gehen sollte. Mutter und Großmutter wollten mit dem Kind nur noch nach Hause in die Pfalz. Auch, weil dort die Lage ungefährlicher erschien. Für Sachsen und so auch Plauen planten die Alliierten, wie man munkelte, eine Luftoffensive. Die Großstadt mit weit verzweigter Rüstungsindustrie und besonders der Panzerfabrik galt als vorrangiges Ziel.

Nach drei Wochen sollte die Rückreise in die Pfalz erfolgen. Am 16. Januar 1945 begleitete Maria frühmorgens Martha in die Stadt. Die Sonne schien kraftlos vom blassblauen Himmel. Hier und da lag Schnee. Das Thermometer zeigte knapp unter null. In dem wohl einzig verbliebenen Kurzwarengeschäft Plauens besorgten sie einige Deckchen als Mitbringsel für die Verwandten. Nach dem Einkauf kehrten sie über den kaum belebten Klostermarkt ins „Café Trömel" ein. Dort saßen nur wenige Gäste. Freundlicher Empfang und Service durch den Ober, der zugleich erläuterte: „Genießen Sie Ihre zwei Käffchen. Ich muss Ihnen aber raten, rechtzeitig unser Haus zu verlassen. Vom Kurzwellensender haben wir soeben die Luftlage erhalten. Starke Bomberverbände in der Lausitz und südlich von Dresden sind unterwegs. Meine Damen, die lassen uns hier nicht aus. Machen Sie sich also bitte auf den Heimweg." Vor lauter Aufregung verbrannte sich Martha am heißen Kaffee. Maria fragte: „Nu, fahren de Straßenbahnen noch?" Es sei der Fall. Wenn sie sich beeilten, kämen sie beizeiten zur Neundorfer Straße, betonte der Kellner und bereute fast, die beiden so aufgeschreckt zu haben, als sie schnurstracks aus dem Café hinaus zur Haltestelle stürzten.

Inzwischen zeigte die Uhr auf halb zwölf mittags. Die Straßenbahn traf nach nur fünf Minuten Wartezeit ein. Sie fuhr gut gefüllt Richtung Neundorf. Die Stimmung war nervös, aber es gab keine Panik. Eine Frau mit zwei kleinen Kindern an der Hand klagte: „Wenn Voralarm ertönt, schmeißt der Schaffner uns alle raus, und die Bahn bleibt stehn." Ein untersetzter, beinamputierter Mann wippte unaufhörlich mit seinen Krücken hin und her. „Wie kann ich denn so schnell in einen Keller kommen?" – „Wo soll's denn hingehen?" fragte Maria. „Westend." – „Da steigen wir auch aus. Beruhigen Sie sich. Nur noch zwei Haltestellen." Andere Fahrgäste schauten unaufhörlich nach draußen. „Sind kaum Leute unterwegs, nu fahren Sie doch mal ein wenig schneller, Herr Strapazenbahnfahrer!" Niemand lachte. Kurz nach zwölf Uhr Ankunft. Behänd hüpfte der Krückenmann auf die gegenüber liegende Straße und verschwand an der nächsten Kreuzung. Kaum in der Wohnung angekommen, ertönte Voralarm, langanhaltendes Sirenengeheul. Irma, die an diesem Tag Spätdienst hatte, beschrieb das Dilemma: „Es bleibt uns jetzt nichts anderes übrig, als in den Schutzraum zu gehen. Denkt an die wichtigen Papiere. Euer Koffer ist gepackt. Hätte nie gedacht, dass Plauen bombardiert wird, wo wir doch im letzten September nur Gelegenheitsziel der Amis waren. Schlimm genug mit über 130 Toten und vielen zerstörten Häusern. Will Euch aber keine Angst machen, geht sicher günstig ab. Hier ist ja nur Wohngebiet."

Nahezu dreißig Personen, darunter viele Kinder, polterten die Treppen hinunter zum Gewölbekeller. Einige Männer fehlten, die meisten waren bei der Arbeit, auch Hermann. Stoisch ertrug das gerade geborene Bärbele den Umtrieb in den Armen ihrer entnervten Mutter. Tief traurig und wie betäubt hing diese im Pulk der so anders sprechenden Menschen, hörte dumpf den sächsischen Singsang, welcher ihr nie vertraut werden sollte. Schwiegermutter Maria und Tochter Irma trugen je einen kleinen Koffer mit allen wichtigen Sachen. An der Linken führte Martha den kleinen Friedhelm, und rechts hielt sie eine Tasche. Der Luftschutzführer monierte: „Nu, meinen Sie, wir wollen hier überwintern, wo Sie so viel Krimskrams dabeihaben?" Maria konterte: „Unsre Verwandtschaft aus der Pfalz ist da, die machen sich große Sorgen und haben auch Gepäck. Jetze is genug. Warum führen Sie sich so auf. Schon mal was von gegenseitiger Hilfe gehört?" – „Na, dann gehen Sie weiter zu Ihrer Bank, da hinten in der Ecke. Ich rede mal morgen mit Ihrem Mann. Der kennt ja alle Regeln." Immer noch erschienen Leute. Die Stahltür stand offen. Dann ertönte bis in den Keller hörbar das schrille durch Mark und Bein dringende Sirenengeräusch zum Vollalarm. „Beeilung. Gleich kommt hier niemand mehr rein!"

Die schwere Tür schloss mit lautem Schlag. Ruhe. Nur hier und da leises Flüstern. Wenige Minuten vergingen in lähmender Stille. Sie schien eine Ewigkeit zu dauern. Die Eingeschlossenen vernahmen monotones Brummen. Es verebbte. Doch wenig später brach gewaltiges Donnern los. Die Erde bebte. Das infernalische Krachen dauerte fünfzehn Minuten. Genau um 13 Uhr endete das Drama. Haus, Keller, Bewohner unversehrt. Aber draußen in der Stadt sah es anders aus. Weithin sichtbar waberte eine dunkle Rauchwolke über dem oberen Bahnhof. Drumherum loderten Feuer aus Ruinen. Spreng- und Stabbrandbomben hatten das Bärensteinviertel, die südöstliche Bahnhofsvorstadt und Haselbrunn getroffen. Davon zwei Gebäude der Rähnisstraße, erster Begegnungsort im Leben von Maria und Hermann. Letzterer erschien am späten Nachmittag und vermeldete die Unversehrtheit des Textilverarbeitungswerkes in der Wiesenhofstraße. Halsstarrig berichtete er, wie diszipliniert die Gefolgschaft den geräumigen Schutzraum aufgesucht habe, um den „Terrorangriffen" der Feinde zu trotzen.

Wie nun in die Pfalz gelangen nach den schweren Zerstörungen des Bahnhofs, dessen im vorderen Teil vollständig ausgebrannten Empfangsgebäudes, erheblicher Gleis-, Stellwerk- und Bahnsteigschäden? Über eine Woche verging. Maria verständigte das Pfarramt. Falls alles in Scherben fallen sollte, musste das Kind wenigstens getauft sein. Am 25. Januar erschien Pfarrer Riegel in der Wohnung, Neundorfer Straße 99. Er brachte einen kleinen Weihwasserkessel und Dorle Straub samt Mann Werner mit. Sie durften als Patin und Pate dem Zeremoniell beiwohnen. Endlich jemand aus der Petzold-Familie. Zu einer verwandtschaftlichen Annäherung sollte es jedoch nie kommen. Die Pfälzer Patentante Bawettel und Patenonkel Otto übernahmen den Part exklusiv.

Man beratschlagte und wägte ab. Nachdem es hieß, der Zugverkehr wäre wieder in Betrieb, machte sich Hermann auf, um am Bahnhof Verbindungen zu erfragen und Fahrkarten zu kaufen. Vergeblich suchte er nach den Schalterhäuschen. Sie waren vollends abgebrannt. Im Innern, einem hergerichteten Ruinenteil, wurde er fündig.

Schneller als gedacht, traten Emmel mit Säugling Bärbel und Mutter Martha die Heimfahrt an. Ohne Störungen erreichten sie Hof in Bayern. Drei Stunden dauerte es nach Nürnberg. In einer großen Schleife fuhren sie durch eine riesige Trümmerlandschaft zum wenig beschädigten Bahnhof. Der Blick auf die Altstadt gegenüber offenbarte eine einzige Steinwüste. Über fünfhundert Bomber der Royal Air Force hatten am 2. Januar große Teile der fränkischen Metropole und „Hauptstadt der Bewegung" zerstört. Immer wieder fragte Martha, wo der Zug nach Karlsruhe stünde. Die Bahngleise wirkten verwaist. Im Wartesaal herrschte reges Treiben. Nun schrie auch noch Bärbel jämmerlich. Vielleicht lag es an dem so kalten, durch demolierte Fensterscheiben peitschenden Wind. Er drang in alle Glieder, kroch bis an die Waden hoch. Mit Hilfe eines älteren Herrn im Trachtenmantel gelangten sie zum passenden Zug: „Do genngs na. Allmächd, des Grisdkindl do, a wenng leiser kinnds scho sei. Aber die Glaa hod ganz kalde Badscherla. Kimmens fei gud ham." Emmel kramte eine zweite Decke hervor, packte sie ums Bärbele und massierte zart deren Händchen. Im proppenvollen Abteil standen sofort zwei junge Frauen auf, um Platz zu machen. Das beruhigte vorerst.

Nach anfänglichem Gerumpel fuhr der Zug gleichmäßig eine längere Strecke. Dann Entsetzen bei den Fahrgästen. Ruckeln und Gequietsche, abruptes Bremsen. Drei Jagdbomber näherten sich. Aus Bordkanonen schossen kleine Granaten. Sie verfehlten ihr Ziel. Intuitiv beschleunigte der Zugführer das Tempo, um in ein etwa fünfhundert Meter entferntes Waldstück zu gelangen. Hier stoppte der Zug zwecks Deckung. Die meisten Fahrgäste stiegen aus, einige krochen unter Sitzbänke. Emmel beugte sich schützend über ihr Baby und suchte mit Martha eine mächtige Buche auf. Die Jabos kehrten zurück und feuerten in den

Wald. Ohne Erfolg. Eine lange Stunde verharrte die Zuggemeinschaft, bis der Lokführer Order zur Weiterfahrt gab, die nur unwesentlich bequemer verlief. Allenthalben Zwischenstopps. Mal auf freier Strecke oder Bahnhöfen kleinerer Ortschaften. Schließlich Einfahrt in das verdunkelte Karlsruhe. Tatsächlich stand auf einem Nebengleis der letzte Zug an diesem Abend in ihre geliebte Heimatstadt Landau. Ein kleines Wunder angesichts des miserablen Zugverkehrs, der im gesamten deutschen Reich seit einigen Tagen überwiegend ausfiel. Um 21 Uhr betraten sie erleichtert, herzlich empfangen von Ludwig und der Eck-Mutter, die Metzgerei.

Aber Harry fehlte. Immer noch der Landauer Panzerkaserne 104 zugehörend, schwärmte er mit einem Heimatfrontkommando in anliegende Ortschaften aus, wo er für wenige Tage blieb, um letzte, meist unsinnige militärische Operationen zu begleiten. Im Dorf Siebeldingen erlebten Kameraden seines Regiments ein Fiasko. Unbekümmert bewegten sie sich mit einigen Fahrzeugen im Ort. Am Dreikönigstag überraschte ein Tieffliegerangriff zwanzig Soldaten direkt an der Gulaschkanone. Alle tot. Von der Zivilbevölkerung erlitt niemand Schaden. Wohl aber ein gewaltiges Kulturgut. Beim Bürgermeister Wolf liefen sage und schreibe einhundert Kubikmeter Rotwein aus, die in einem Bombentrichter einen See bildeten. Zum Baden zu kalt, zum Saufen zu viel. „Weingeruch erfüllte das ganze Dorf."

Harry durfte für kurze Zeit nach Hause. Mit glasigen Augen und feuchten Händen hielt er sein Töchterchen hoch. Doch die Ausgangszeit währte nur wenige Stunden. Er musste zu den Bunkern am Westwall.

Nach dem Desaster

Volltreffer – Lange Schatten nach dem Krieg

Landau erlebte nach kurzem Aufatmen trotz Tauwetter und Regenfällen an zwei aufeinander folgenden Tagen Flächenbombardements. Betroffen waren der Altstadtkern und Nordwesten. Niemals hätte die Bevölkerung ein solches Ausmaß von Zerstörung erwartet. Vergangenen Sommer bis weit in den Herbst hinein hatte die Schlachterfamilie Reiss viele vergnügliche Stunden im „Häusel" in den Weinbergen verbracht. Oft empfing sie Besucher. Marthas Schwestern Susi und Bawettel mit deren Töchter Lore und Ursel gehörten zu den Dauergästen. Oma Salomea Reiss betreute ihre Enkelinnen Ilse und Edith, die nicht mehr aus dem Schwimmbassin heraus wollten. Seit vier Jahren genoss Rauhaardackel „Hexel" ein privilegiertes Hundeleben. Jeder Gast schenkte ihm Aufmerksamkeit und manch Leckerli. Für die Rasse untypisch knurrte er nie jemanden an. Edde kartelte häufig mit Freunden auf der geräumigen, von einer Glyzinie, dem Blauregen, umrankten Terrasse.

Das kleine Gebäude bot angesichts vieler Fliegerangriffe Schutz. Es stand fast verborgen im Schatten mächtiger Nuss- und Kirschbäume. Den großen länglichen Garten umrahmte ein riesiger Teppich von Weinfeldern. Kein lohnendes Ziel anliegender Jagdbomber. Im Winter fuhr man aus Bequemlichkeit weniger zur „Sommerresidenz". Nach den letzten schlimmen Bombenangriffen meinte Martha jedoch: „Unser Keller in der Königstraße ist mir zu unsicher. Am besten wir nutzen wieder das Häusel. Emmel bleibt mit dem Bärbele ganz dort. Ich komme mit unserm Mädel, der Elfriede, um ihr zu helfen. Der neue Heizofen wärmt schön durch." Vier Wochen vergingen so. Zweimal erschien Harry überraschend für ein paar Stunden. Gerade erst vergangenen Sonntag. Sein Kommando irrte rechtsrheinisch in der Kurpfalz zu letzten Scharmützeln herum.

Am 16. März 1945 schien früh am hellblauen Himmel die Sonne. Sie verhieß aber nichts Gutes. Avro Lancaster Flugzeuge der Royal Air Force hatten zwei Tage zuvor Zweibrücken und US-Amerikaner einen Tag danach Pirmasens in ein Flammenmeer und eine Trümmerwüste gebombt. Angesichts des drohenden Angriffs auf Landau verließ, wer konnte, die Stadt, vor allem Frauen und Kinder, um in umliegenden Dörfern Schutz zu finden. Doch auch dort war es gefährlich.

In der Metzgerei begleitete ein Disput das zweite Frühstück. Susi kam vom Kolonialwarenladen herübergeeilt und rumorte: „Des kann heid schlimm wärre." Sie verwies auf alle möglichen Gerüchte, die ihr gestern zugeflüstert worden waren. „Ei, deshalb machen mir uns uf de Wäch", entgegnete Martha.

„Awer warum is denn de Edde die ganz Zeid in de Worschdkich? Muss der noch do rumworschdle. Wos sowieso nix mehr zu worschdle gibt?"

„Sei nid so vorlaud, mach känn Zores, Susi. Mir gäwen uns nid uf. Liebe Schwester, ich hab ä bissel Vorrad präpariend, dass draußee im Heisel niemand verhungere muss. Die annere Metzgergselle sin schun grad nimmi do."

„Awer jezd zu dir, mei Marthärle. Ich hab grad ufgäwe. De Führer is erledischd. Der hod uns schä im Stich gelosse. Hoffe mär mol, dass die paar Daach noch gud gehn. Na, dann machd eich ferdich. Mir schnabben uns des Urselsche un die Lorle un schaffen uns uf de Wäch noch Nußdorf."

Sie bepackten das Auto vor allem mit Lebensmitteln. Dann stieg die erboste Martha ein. Ludwig wandte sich an Susi: „Alla, ich fahr dich nunner in die Kramstroß. Dann nämmen mir die zwä Kinner mid un ihr fahrd gleich midm Fahrrad los. Ihr hold die zwä bei uns im Heisel ab und fahrd weiter noch Nußdorf zum Wilhelm. Do seid ihr in Sicherheit." Die Kinder stiegen begeistert ins Auto. Unbehelligt von Jabos, fuhr Ludwig die zwei Kilometer über die Hindenburgstraße und den Nußdorfer Weg an kahlen Weinbergen vorbei Richtung Norden zum Sommerhaus. Emmel empfing sie freudig. Die Eck-Mutter und das Hausmädchen hatten die Nacht mit ihr im „Häusel" verbracht. Ganz sicher fühlte sie sich nicht. Schnell entlud Ludwig das im Hof geparkte Auto und bedeckte es mit olivgrünen Decken und Geäst. Auf der Terrasse stand der Kinderwagen mit der kleinen Bärbel, um noch die warmen Sonnenstrahlen einzufangen. Weit weg kreisten am Stadtrand Jabos, hier und da einige Salven abfeuernd.

Martha und Emmel erledigten Gartenarbeit, stutzten Hortensien, schnitten Rosen, harkten Laub zusammen. Die Eck-Mutter und das Hausmädchen bereiteten das Mittagessen vor. Eine halbe Stunde später holten Bawettel und Susi die Kinder ab und beeilten sich, nach Nußdorf zu kommen.

Um vierzehn Uhr brummte es aus der Ferne und kurz darauf direkt über dem „Häusel". Ludwig spähte von der Terrasse aus zum Himmel. Er sah einen Verband amerikanischer Bomber herannahen. „Schafft euch ins Haus" rief er den im Garten hantierenden Frauen zu. Sie rannten hinein. Wenig später ertönte ein schmetterndes Krachen. Die Erde bebte. Entsetzt verkrochen sich die geschockten Bewohner in die nächst beste Ecke, packten sich in Wolldecken und zogen sie als vermeintliche Schutzhülle über den Kopf. Nur nichts mehr sehen, nichts hören. Sie schrien, jammerten und heulten. In den Schreckenschor stimmte das Bärbele ein. Emmel, zittrig und fahrig, umklammerte das Baby und ließ nicht von ihm los. Grelle Detonationsgeräusche, dumpfe Schläge, Grollen und Pfeifen umgaben sie. Eine knappe Stunde verging. Als Sirenen zur Vorentwarnung ertönten, wagten sie erste Schritte nach draußen. Von der Veranda aus sahen sie helle Feuer und dunkle Rauchwolken zirka drei Kilometer entfernt aus dem südwestlichen Bereich der Innenstadt lodern. Sie spekulierten, welche Ziele getroffen waren. Vinzentiusstift und Bürgerviertel mussten es sein, mutmaßte Emmel. Und sicher brannte auch die von Kriegsgefangenen und Kranken belegte 104er-Panzerkaserne. Die Einschätzungen währten nur kurz. Von neuem flogen amerikanische Bomber auf die Stadt zu. Unzählige Sprengbomben fielen. Als erster wagte sich Ludwig ins Freie. Beim Blick auf die Stadt sah er einen großen Brandherd, der Richtung Innenstadt züngelte. Das sollte es gewesen sein.

Nur zwanzig Minuten später folgte der nächste Akt. Mitten ins Herz Landaus hinein, das Zentrum von Geschäftshäusern und der Augustiner Kirche. Die Altstadt loderte wie eine überdimensionale Fackel. Während der kurzen Verschnaufpause erblickte auch Martha das grausige vor ihr entstandene Bühnenbild. Entsetzt schrie sie: „Oh, mein Gott! Das ist bei uns! Wir müssen sofort los!"

„Lass uns lieber abwarten. Die Leute brauchen Hilfe, die Brände müssen gelöscht werden. Wir stören nur. Viele flüchten aus der Feuerhölle. Und da willst du hin?" warnte Emmel.

Die Entscheidung mussten sie ohnedies aufschieben, weil die vierte Vernichtungswelle nahte. Das finale Grauen. Letzte Einschläge trafen um 16 Uhr den Norden der Stadt. Die Stromversorgung fiel aus; es gab danach keine Entwarnung mehr. Gebeutelt und gedemütigt kroch die Notgemeinschaft eine Stunde später aus ihren Verstecken. Sie blieb nicht allein. Schwager Richard und Wilhelm aus Nußdorf mit Tochter Martha sowie Ludwig aus Böchingen mit Sohn Hans trafen ein. Ihnen war das apokalyptische Szenario nicht entgangen. „Schön, dass ihr da seid und uns unterstützen wollt. Dann gehen wir Männer los. Kinder und Frauen bleiben hier", ordnete Metzgermeister Ludwig an. Völlig außer sich fiel Martha ihrem Edde um den Hals und wimmerte: „Sag mir, dass alles gut ist mit unserem Lebenswerk. Dass es uns nicht getroffen hat. Ich bete zum Allwissenden. Passt auf in der brennenden Stadt."

Nach einer Viertelstunde erreichten die Männer zu Fuß den Nordring. Überall Rauchsäulen oder offenes Feuer. Sie bogen in die Kramstraße ein. Die gesamte nördliche Seite stand in Flammen, Berge von Trümmergeröll häuften sich auf. Sie mussten in gehörigem Abstand auf der anderen Straßenseite weiter gehen. Keine Feuerwehr in Sicht. Mit Wassereimern versuchten einige Leute, Brandherde zu löschen. Sie erreichten mühsam die Kreuzung zur Königstraße und schauten nach links: Große Erleichterung kam auf. Das Weidmannsche Haus war unversehrt. Auch der Blick hinüber zu Eddes Freund, dem Schoppe-Wirt und dessen Gasthaus „Blumenkorb", stimmte optimistisch. Das Lokal war unbeschädigt. Dann aber gab es kein Durchkommen mehr. In der Königstraße brannte es lichterloh. Unmöglich, durch die Geröllberge zur Metzgerei zu gelangen. Deprimiert drehten sie ab. Ludwig fragte einen Feuerwehrmann: „Wie ist denn die Lage Kreuzung Gerber-, Ostbahn-, Königstraße?" Die vernichtende Antwort: „Do is alles hi." Aus der brennenden Stadt kehrten sie zurück ins Häusel. Was nur ist mit unserem Geschäft passiert, fragte Martha den konsternierten Ludwig. Der antwortete lapidar, das scheint erledigt zu sein. Genau wisse er es nicht. Ans Gebäude ranzukommen, war ausgeschlossen. Erst morgen könne er das Schlamassel begutachten. „Aber jetzt trink ich mit Bruder Richard und meinen Schwagern Wilhelm und Ludwig eine Flasche ‚Silvaner' auf den Untergang."

In aller Frühe trat Ludwig erneut den Weg zur Metzgerei an, diesmal zusammen mit Martha und Richard sowie Bawettel und Susi. Beim „Kolonialwarengeschäft Weidmann" verabschiedeten sich die beiden Frauen, um nach dem Rechten zu sehen. Die anderen drei setzten ihren Weg fort. Überall kohlten Holzbalken vor sich hin. Es stank entsetzlich nach Rauch. Ein Gebirge von Sand und Mauersteinen durchzog die zugrunde gerichtete Stadt. Als sie über viele Umwege an die Vorderseite des ehemaligen Geschäftshauses in der Königstraße 43 gelangten, kollabierte Martha. Nichts erkannte sie mehr. Volltreffer. Das Vorderhaus komplett weggebrochen. Ein Feuerwehrmann begrüßte sie. „Bis vor zwä Stunde hän mir noch gelöschd. Do wär noch mehr druffgange. Dud mir so läd. Awer do isch alles bladd. Suchen Se sich ä paar Leid für morche zum ufrahme." Ein Kollege ergänzte: „Gut, dass Sie nicht im Haus waren, das hätte Ihr persönliches Ende bedeutet. Und wenn Sie Richtung Augustiner Kirche schauen und wissen, dass dort im Keller zweiundvierzig Menschen jämmerlich erstickten, dann ist das vielleicht ein Zeichen vom Herrgott, dass Sie weiterleben sollen. Ein schwacher Trost!" Nebenan fehlte auch dem „Bratwurstglöckl" die Vorderfront. Das Kaufhaus Christmann gegenüber war zur Hälfte eingestürzt. Bis zur Bäckerei Zahneisen gab es weitere große Schäden. Martha warf sich auf den kalten Boden, krallte ihre Finger in die Erde, als glaubte sie, damit alles rückgängig machen zu können. Richard hob sie auf. Das verzweifelte Trio betrat die Ruine.

Nur ein geringer Teil des Hinterhauses lugte hämisch mit halben Wänden, demolierten Türrahmen und scheibenlosen Fenstern aus dem Trümmerberg hervor. Der Ladenraum samt Büroräumen komplett, die Wurstküche halb zerstört. Die oberen Schlafräume alle verwüstet. Dann ein kleines Wunder. Die halbe „Belle-Etage", das Wohnzimmer, stand noch. Emmels Porträtbild war von der Wand gerutscht, aber nicht zerborsten. Den von Harry so gefühlvoll bedienten „Zimmermann-Flügel" hatte es nicht gänzlich auseinandergeschlagen, nur durch Risse im Resonanzboden beschädigt. Wo immer sie suchten, tauchten kaputte Gegenstände auf. Dinge, die sie schätzten. Das Durchstochern glich einer irregeleiteten Orientierung vergangener Zeit. Edde erahnte die Symbolik. Das Verzocken mit der Nazi-Kumpanei bei all seinem Erfolg. Martha kannte nur Zorn, keine Reue, keine Einsicht.

Der militärisch unnötige „schwarze Freitag" Landaus hielt Schlachterfamilie Reiss einen Spiegel vor. Sicher nicht ganz gerecht setzte es die Höchststrafe für ihr Handeln: Aufstieg mit den Nazis, wirtschaftlicher Erfolg, Kriegsgewinnler, gesellschaftliche Anerkennung in der Kleinstadt. Immer profitiert, alles geglaubt, toleriert, goutiert. Und den Judenhass gepflegt. Hinter spießigen Masken verbarg sich Wissen, über das freilich später nie geredet wurde. Landauer Parteifreunde nahmen teil an Pogromen, SS-Mitglieder bewachten Konzentrationslager in Natzweiler-Struthof, Dachau, Buchenwald. Abgesehen von der allgemeinen Wehrmachtsverpflichtung gehörten Landauer zum Personal von SS-Totenkopfverbänden, der Leibstandarte Adolf Hitler, des Reichssicherheitshauptamtes in Berlin, SD in der Ukraine oder SS-Polizeidivisionen. Landaus Bürger und meine Familie gaben das perfekte Abbild Nazi-Deutschlands wie eine Blaupause ab.

Gleich nach dem ersten großen „Freitags-Angriff" flüchtete Kreisleiter Ochßner mit seinem Auto aus der brennenden Stadt. Wer glaubte aus Einsicht, irrte. Vor Ortsgruppenleitern und Volkssturmführern verkündete er am nächsten Tag, *„dass Landau bis zum Letzten verteidigt werde, es seien deswegen auch Straßen und Brücken zu sprengen."*

Einem solchen „Nachhutkommando" gehörte Karlemann an, den es in diesen Tagen nach einer wahren Odyssee an der Ostfront zurück in die Heimat verschlagen hatte. Mannheim-Käfertal lautete der neueste Marschbefehl. Aus Libau im Kurland stammte die damalige Weihnachts-Feldpostkarte mit Hinweis auf eine Verwundung. Im Detail geschah Folgendes: Sein Drei-Mann-Spähtrupp geriet Ende November 1944 beim Erkunden in russischen Artillerie- und Granathagel. Geschosse zerfetzten dem einen Kameraden die Brust, dem anderen flog der Schädel weg. Beide waren sofort tot. Karl selbst nahm ihnen die Erkennungsmarken ab, ließ Seitengewehr, Munition, Gasmaske liegen und robbte, den stark blutenden Unterschenkel hinterherziehend, durch „Niemandsland" zum Bataillonsgefechtsstand. Ein Sanitäter empfing ihn, trennte den rechten Stiefel auf, aus dem ein loser Fleischfetzen herausquoll. Sodann verpasste er ihm eine Wundstarrkrampfspritze, legte Karl auf einen Panjewagen, dessen davor gespanntes Pferd über eine weite Hochebene, begleitet von „Ratsch-Bum-Geschossen", bis zum Hauptverbandsplatz galoppierte. Auf dem weitläufigen Gelände standen Sankas und Schuppen, die als Krankenlager und Operationsräume dienten. Den Verletzten legten Krankenschwestern auf einen der Tische, stülpten ihm eine Chloroform Maske über, der Arzt entfernte sogleich die Geschossspäne. Karl erwachte auf einem Strohlager. Drumherum stöhnende und schreiende Kranke. Anschließend Abtransport nach Libau, wo Lazarettschiffe ankerten. Unter den Verwundeten am Kai stand Karl, auf Mitnahme hoffend. Ein Gerücht machte die Runde, Generalfeldmarschall Schörner, Befehlskoordinator im Kurland, höchstpersönlich sei anwesend, um das Aussieben der Verletzten zu inspizieren. Schlechte Nachrichten, denn Schörner galt als unerbittlicher Nazi und Menschenverächter. Viele Wehrmachtssoldaten hatte er zum Tode verurteilen lassen, und grundsätzlich sollten seiner Meinung nach Soldaten *„mehr Angst im Rücken als von vorne haben"*. Karl erhielt keine Bordkarte. Er wurde als leichter Fall eingestuft und kam in ein Lazarett in Lettland. Dort erholte er sich. Das Eitern der Wunde wollte aber nicht aufhören. Trotzdem entließ ihn ein Arzt als gesund zum weiteren Fronteinsatz. Nur für wenige Tage. Der Unterschenkel schwoll an, erneute Operation. Diesmal klappte die Aufnahme ins Lazarettschiff. Die Fahrt nach Danzig dauerte wegen einiger U-Boot-Alarme zwei Tage länger als üblich. Ausladung in Gotenhafen, Weitertransport nach Posen. Das Bein verheilte ganz gut. Inzwischen zeigte der Kalender den 10. Januar 1945 an. In der von den Nazis besetzten, gequälten und zerstörten Großstadt an der Warthe klingelten für die deutsche Bevölkerung Alarmglocken. Auf den Straßen kursierten Parolen: „Der Russe ist durchgebrochen. In zwei, drei Tagen schaut er hier vorbei. Das kann heiter werden. Also, nichts wie los auf den Weg nach Westen." Betriebsamkeit und Hektik. Zusammenpacken von Hab und Gut zur Flucht. Auch das Lazarett leerte sich. Selbstverständlich wollte Karl weg, trotz seines geschienten Beines. Um nicht als Deserteur zu gelten, besorgte er sich einen Marschbefehl. Die Feldgendarmerie machte kurzen Prozess, wenn sie einen ohne Papiere aufgriff. In einer Alarmkompanie, auf Lkws verladen, ging es schnurstracks an die Front und in die vorderste Linie. Mit Ausweispapieren abgesichert, stürzte er sich ins Getümmel des beschädigten Posener Bahnhofs. Die Bahnsteige quollen vor Menschenmassen über. Alte, Junge, Mütter mit kleinen Kindern, Invaliden, Soldaten. Koffer, Taschen, Säcke, Kinderwagen. Geschrei und Gezeter, Angst. In der Ferne schlugen Granaten ein. Karl errang einen Platz im Abteil. Nichts als einen Brotbeutel in der Hand, schlugen ihm Ausdünstungen, Erbrochenes und der Geruch eines überfälligen Tilsiter-Käses entgegen. Nach knapp zwei Tagen Zugreise erreichte der Infanterist seinen Bestimmungsort, die Kleinstadt Rathenow, siebzig Kilometer westlich von Berlin gelegen. Im Lazarett der Jahnschule attestierten Militärärzte nach einwöchigem Aufenthalt uneingeschränkte Einsatzfähigkeit. Der neue Befehl führte zurück in die Heimat, an Neckar und Rhein.

Sein letztes Kampftruppenkommando sollte einen US-Brückenkopf bei Mainz „bereinigen". Durch Schlamm und Dreck robbte er mit einer Gruppe ausgezehrter Fußsoldaten, begleitet von einer Handvoll Panzern, am rechtsrheinischen Ufer entlang, empfangen von Granatwerfern, Artilleriegeschossen und M.G.-Feuer der US-Armee. Es grenzte an ein Wunder, dass Jabos Karlemännel nicht trafen. Das große Ganze war erledigt. Die Nazi-Elite verheizte ihre Gefolgschaft. Den Neunzehnjährigen interessierte während der ganzen Hetzerei nur das eigene Überleben. Angetrieben von militärischen Vorgesetzten, gehorchte er ohne Aussicht auf Besseres. Er kannte seit langem kein ziviles Leben mehr. Sein Kopf war leer. Es fiel ihm nichts ein. Den Kameraden auch nicht. Stumpfsinnig führten sie die Anordnungen ihrer Unteroffiziere aus, die ebenfalls nur als kleine Befehlsempfänger funktionierten. Von oben kam der Druck und erstickte alles Denken, vor allem jegliche Gedanken an Widerstand. Warum kämpfte er unnütz gegen haushoch überlegene Amis weiter? Endlich näherten die sich seinem Granatwerferloch. Entwaffnung und Gefangennahme folgten. Zusammen mit Hunderten anderer Wehrmachtssoldaten ließen sie ihn einen Tag und eine Nacht auf den Rheinwiesen stehen. Sitzen untersagt! Dann mussten sie auf offene Lastwagen der U.S. Army springen. Vollbeladen mit eng zusammenstehenden deutschen

Kriegsgefangenen auf der Ladefläche, überquerten diese die gerade errichtete Pontonbrücke, über den Rhein westwärts, um ins Saarland zu gelangen. Von hier, dem zentralen Gefangenenlager, führte der Weg hinein nach Frankreich.

Zu Brückensprengungen kam es in Landau nicht mehr. Paralysiert kauerte Martha auf der Ottomane im kleinen Wohnzimmer des Häusels. Sie war nicht ansprechbar. Die Verwandtschaft bot Hilfe an. Erste Aufräumarbeiten in der Ruine begannen. Richard, der Böchinger Ludwig und ein Metzgergehilfe sortierten mit Edde Gegenstände und Möbel in geschützte Ecken und sperrten das Gelände ab. Es rumste am 19. März abermals. Bezeichnenderweise bekam der Schlachthof sein Fett ab. Vormittags um halb neun Uhr beschädigten Splitterbomben die Schlachthalle schwer.

Wohin nun als Ausgebombte? Plötzlich teilte man das Los mit der vorher lästigen Masse von Obdachlosen. Fürs Erste blieb das Häusel. Wie gut, noch ein Auto zu besitzen. Wertgegenstände und wichtige Papiere transportierte Edde vorsichtshalber ins Häusel oder zum Bruder nach Nußdorf. Die „Reisse-Mutter" Salomea nahm sich Schwiegertochter Martha vor und appellierte: „Hör uf mit de Jammerei. Do krischd ma noch de Dalles. Zum Dunnerkeil, reiß dich zusamme. Mir sin fär eich do. Un mir helfe, wo mir känne. Des isch doch kä Froch. Awer mid deim Gröfaz un dem anre Lumbechores is jezd zabbeduschder. Dodevu will ich nix mehr höre." Puterrot zuckte Martha zusammen. Alle Lethargie wich. Sie musste wieder funktionieren.

Aus Kaiserslautern rückten amerikanische Einheiten durch das Speyerbachtal nach Neustadt vor. Parallel dazu durchquerten sie das Wellbachtal Richtung Annweiler. Im Pfälzer Wald herrschte Chaos. Pferdekadaver, Waffen, Gerätschaften des Heeres, liegengebliebene Fahrzeuge bedeckten den in frühlingshaftes Erwecken geratenen Waldboden. In vielen Dörfern existierten weiterhin Verteidigungsformationen. Vor den US-Panzerkolonnen flüchteten die meisten deutschen Soldaten oder Volkssturmkommandos. Manche ihrer Führer verloren die Kontrolle. In den meisten Fällen konnte man sie zurückhalten. Sie hätten in ihrer Verzweiflung großen Schaden angerichtet. Vor allem Frauen verhinderten sinnlose Scharmützel. Sie bewahrten Ruhe, sorgten dafür, dass ihre Männer keinen Unsinn mehr machten und räumten Panzersperren weg. Wenn nötig, zersägten sie eigenhändig Baumklötze. Die Wälder steckten voller Deserteure. Hier und da marodierte die Waffen-SS mit panischen Rachegelüsten. Ein Pfälzer Dorf nach dem anderen begrüßte die Befreier. Auf dem Kirchturm von Gleisweiler wehte eine weiße Fahne. Am 22. März 1945 um die Mittagszeit erreichte die US-Panzerspitze Landau.

Da war die militärische und zivile Führung bereits auf der Flucht ins Rechtsrheinische, das verbliebene Fußvolk zuvor von Kreisleiter Ochßner zwecks ehrenvoller Verteidigung instruiert. Ein kurzer Beschuss begleitete die Einfahrt von motorisierter US-Infanterie und Panzern. Dann große Erleichterung bei der Bevölkerung. Kein Gemetzel. Fast die Hälfte war überdies infolge der ständigen Bombenbedrohung aus der Stadt weg. Martha und Edde harrten derweil im Häusel aus. Die Okkupation geschah in zwei Kilometer Entfernung. Sie sahen von der Terrasse auf ihre verlorene Stadt, die zerronnenen Trugbilder.

Die US-Armee erreichte Nußdorf. Hier hatten sich die noch vorhandenen Obernazis zur Abwehr und zum „Endsieg" gerüstet. Ein Dutzend Panzersperren standen im Dorf. In Erwartung der grundsätzlichen Wende jedoch öffnete der Volkssturm unter Mithilfe einiger Frauen die Blockaden. Freilich oben bei den „Drei Steinen", einer Wegkreuzung am Ortseingang, lauerten die allerletzten Getreuen auf den Feind. In Anbetracht von über zwanzig Panzern schwand der Mut. Die Waffen lieferten sie ohne besondere Aufforderung ab. Lediglich ein mit dem Gewehr herumfuchtelnder, alter Herr blieb halsstarrig. Schnörkellos riss ein GI dessen Waffe an sich und zerschmetterte sie auf einem Wingertstein. Den Greis setzten sie auf ihren Panzer und fuhren ins Dorf hinein.

Im Hause von Altbürgermeister Georg Reiss herrschte vorsichtiger Optimismus. Es musste endlich Schluss sein. Keine Bombenflieger und Artilleriegeschosse mehr. Eddes Bruder Richard, aber besonders Käthel, seine Frau, freuten sich insgeheim auf die Ankömmlinge aus dem fernen Amerika. Und als keinerlei Komplikationen zu befürchten waren, erlaubten sie den Töchtern Edith und Ilse, „auf die Gass" hinauszugehen, um die Amis zu empfangen. Am Dorfbrunnen stoppten drei Panzer. In den Häusern, die im Carré drumherum standen, mussten alle Einwohner ihre Fensterläden öffnen. Nachdem weiter nichts geschah, durfte sich die große Schar von Kindern und Jugendlichen den Panzern nähern. Die fast sechzehnjährige Ilse erschrak, als ihr ein pechschwarzer US-Soldat eine Tafel Schokolade und Bonbons in die Hand drückte. Edith juchzte vor Begeisterung. Noch nie in ihrem Leben hatte sie bis dahin einen schwarzen Menschen gesehen. „Ach, hod der so schä mit dänne weiße Zäh gelachd", erzählte sie ihrer Oma Salomea.

Einige Tage später, an Ostern, quartierten sich sechs amerikanische Soldaten ein. Das versprach keine Gemütlichkeit. Von heute auf morgen mussten alle Bewohner aus dem Bauernanwesen in der Kirchhohl heraus. Bei Verwandten und Freunden kamen sie im Dorf unter. Die vorübergehenden Logiergäste Emmel und Bärbele bei Lehrer Hinkelmann. Morgens und abends zur Fütterung des Viehs und Zugpferdes gestatteten die Besatzer Zutritt. Angesichts der prekären Lage beschleunigte sich das Entsorgen von Nazi-Devotionalien im Hause Reiss. Hitlerbilder, Abzeichen, Bücher oder Uniformjacken verscharrte man unter dem Schuppen des Obstgartens.

Beim Freiräumen von Schutt in der Landauer Metzgerei tauchte unter allerlei zerdepperten Gegenständen in Eddes ehemaligem Büro jene Holzkiste Champagner auf, die aus dem Tauschgeschäft mit seinem Freund Geyer stammte. Unversehrt. Solche jetzt eingetretene Notsituationen schwebten ihm damals vor. Mit dem Edelgetränk im Kofferraum fuhren er und Martha am Ostermontag gegen vier Uhr nach Nußdorf. Käthel, Richard sowie beide Töchter empfingen sie. Für die Stallarbeit durften Familienmitglieder anwesend sein. Sergeant John aus Massachusetts sprach Deutsch. Ein Segen, denn alle anderen verstanden gerade mal „yes" oder „no". Edde wollte ihn artig begrüßen, aber anders als gedacht, gab es einen frostigen Empfang.

„What are you doing here? So, what wollen Sie?" Das Gewehr im Anschlag reagierte John unwirsch. Richard sprang ein. „Sir, das ist mein Bruder, er hat auch hier gewohnt."

„Ok, aber er fährt einen großen Wagen. Ist er ein Nazi-Bonze, ein Nazi fat cat?"

„Nein, er ist Metzgermeister. Sein Geschäftshaus in Landau ist völlig zerstört. Ausgebombt."

John erklärte den anderen im Hof erschienen US-Boys das Geschehen. James, Hafenarbeiter aus Baltimore, bemerkte: „So he has already received his punishment", und fragte zugleich: „Was will er denn eigentlich?" – „Er möchte uns freundlich begegnen und sein Elternhaus besuchen", antwortete John. Edde selbst präzisierte: „Nachdem ihr hier nichts kaputt macht und uns eine Chance gebt, sollt ihr unsere Gastfreundschaft genießen. So wie es in der Pfalz üblich ist. Und wir haben Verwandtschaft in den USA wohnen. In Detroit, Ford City." John erwiderte entschieden: „No fraternization! It's pointless. Zwecklos. Everybody come in. Kommt mal alle rein in die Kitchen."

Es klang überraschend gut. Alsbald saßen außer den beiden Mädchen und wachhabenden GIs alle an dem robusten Küchentisch. Edde entkorkte eine Flasche Champagner, die mangels Kühlung kräftig aus der Flasche schäumte. Erstes Gelächter. Der richtige Umgang mit der köstlichen Assemblage war auch dem Metzgermeister nicht geläufig. Allmählich kam eine Unterhaltung in Gang. Martha fistelte Fotos ihrer „amerikanischen Schwester" Anna aus der Handtasche. Die Skepsis schwand. Edde schenkte nach. Lässig und aufgeschlossen kauderwelschten die US-Soldaten mit den zu Hass und Gehorsam erzogenen Besiegten. Das prickelnde Nass der nächsten Flasche machte die Runde. Richard wollte dem Ganzen eine musikalische Note geben. „Wir haben im Dorf einen Gesangsverein. Ich bin der Vorsitzende und möchte anlässlich der so schönen Begegnung ein Lied vortragen." – „Here we go!" schallte es zurück. „Dann singe ich Ludwig van Beethovens *Die Ehre Gottes*. Ein majestätisches, erhabenes Lied. Wir wollen auch unserem Gottvater danken und auf ein versöhnliches Kriegsende hoffen." Die Chorbrüder fehlten, aber auch solo beeindruckte der Sänger die Amis:

> *„Die Himmel rühmen des Ewigen Ehre,*
> *ihr Schall pflanzt seinen Namen fort.*
> *Ihn rühmt der Erdkreis, ihn preisen die Meere,*
> *vernimm, o Mensch, ihr göttlich Wort."*

Unvermittelt hieb Sergeant John nach der zweiten Strophe mit der rechten Faust auf den Tisch. Dem High-School Absolventen reichte es. Sofort Grabesruhe. Schrill sein Schrei: „Your heaven!" Aus der Brusttasche seiner Uniform zog er einen Zeitungsausschnitt der New York Times. Darauf abgebildet ein Foto von ausgemergelten Kindern und kahlköpfigen Erwachsenen in Streifenschlafanzügen, barfuß hinter Stacheldraht. Menschliche Skelette. „Sie wissen, wann das war, und wer es getan hat. In solch eisig kalter Zeit. Die gequälten Menschen konnten nicht mehr sprechen, ihre Köpfe nicht bewegen, als man sie befreite. Bestialisch hielt man sie gefangen. Millionen hat Ihr Hitler umbringen lassen. Warum? Das Werk Ihres Landes, Ihrer Herrenmenschen. Und darum der verdammte Krieg. So ein Bull Shit im Land Ihrer Dichter, Musiker und Denker. Und immer noch singen Sie Beethoven. Wo ist eure Zivilisation geblieben?" Johns ausgeprägter amerikanischer Akzent unterstrich seine Aussagen. Die Häupter der Zuhörer knickten voller Scham vornüber. Ihre Schultern klappten wie bei einem vor dem Skalpell stehenden Todeskandidaten zusammen. Devote Blicke. Gestammel. Nein, davon hätte man nichts gewusst.

Mit lauten Rufkommandos erschien viertel vor sechs Uhr die Wache und verkündete das Ende der Ausgehzeit. Schleunigst musste die Nazi-Mischpoke das Haus verlassen. Gut, dass inzwischen die Töchter Edith und Ilse zusammen mit Mutter Käthel das Vieh versorgt hatten.

Edde fuhr mit dem Auto zum Häusel. „Eine Schande, was wir uns als Verlierer alles bieten lassen müssen", zischte Martha ihrem Mann ins Ohr. Der reagierte unwirsch: „Wir haben zwar Hab und Gut verloren, aber nicht das Leben. So viele Tote allein am schwarzen Freitag. Mir jedenfalls reicht's. Und Auschwitz, das war zu viel! Das musst du endlich kapieren. Alles umsonst. Jetzt fangen wir halt von vorn an. Ich schaue morgen gleich nach Albert. Wer weiß, wie lange der noch auf dem Trümmergrundstück Wache hält. Überall wird geplündert. Ja, all die Fremdarbeiter und Kriegsgefangenen fordern Tribut und viele auch Rache. Nein, wir müssen jetzt ruhig und vorsichtig sein. Es gilt zu überleben." Hoppelnd rollten sie über den Feldweg an kahlen Weinbergzeilen vorbei zum Häusel. Allmählich dämmerte es. Das auf dem Vorplatz geparkte Fahrzeug bedurfte keiner Tarnung mehr. Im Haus entzündete Martha zwei Petroleumfunzeln und den Ofen. Strom gab es nicht mehr. Immerhin aber Wasser aus dem eigenen Brunnen. Ein Privileg, denn die Wasserversorgung in Landau war durch Schäden an den Hauptleitungen zusammengebrochen. Auch das Kanalnetz funktionierte nicht mehr.

Am nächsten Tag kam Richard mit dem Fahrrad angestrampelt. „Ich habe ganz schlechte Nachrichten. Der John hat mich nach eurer Abfahrt gefragt, ob wir in der Partei gewesen waren. Vor allem der Autofahrer und Champagner-Spendierer, also du Ludwig. Er hielt mir das Gewehr vors Gesicht und drohte. Falls ich ihn anlügen sollte, wollte er mich sofort internieren. Da bin ich mit der Wahrheit herausgerückt. Er meinte, sie kämen heute im Laufe des Tages mit einem Kommando vorbei, um euer Auto zu konfiszieren." Fassungslos, tränenüberströmt schauten die drei sich an. Martha: „Wie können wir denn jetzt die notwendigsten Sachen aus der Königstraßenruine transportieren? Wo soll das nur enden?" Richard verschwand nach der Hiobsbotschaft. „Ich muss sofort zur Feuerwehr, es gibt eine Besprechung wegen der Aufräumarbeiten." Vier Stunden später fuhren zwei Jeeps mit sechs GIs als Kommando vor. Die Beratung von Ludwig und Martha, das Auto im Nußdorfer Wald zu verstecken, hatte sich erübrigt. Ohne jegliche Distanz durchkämmten zwei Soldaten das Häusel, während ein anderer gestenreich nach dem Autoschlüssel verlangte. Die restlichen lümmelten auf der Terrasse herum. Dummerweise hatte Martha einen Pelzmantel unter der kleinen Kommode im winzigen Wohnzimmer versteckt. In der Annahme, es handele sich um ein ihnen geläufiges Waschbär-Modell, feixten die US-Boys miteinander. Der eine zog das Fell über, der zweite packte ihn am Nacken und kommandierte: „Start moving. Let's dance. One, two, three":

> „*For he's a jolly good fellow*
> *which nobody can deny.*
> *For he's a jolly good fellow,*
> *which nobody can deny!*"
>
> „*Denn er ist ein lustiger guter Kerl,*
> *was niemand leugnen kann.*
> *Denn er ist ein lustiger guter Kerl,*
> *was niemand leugnen kann!*"

Alle stimmten in den Chor ein, und der vermeintliche Waschbär tanzte einige Runden unter Geklatsche und Gejohle. Entgeistert und angstverzerrt verfolgten die Geschädigten das Geschehen. Hier und da noch Utensilien eingesackt, stiegen die Plünderer in ihre Autos. Quietschend fuhr Ludwigs ganzer Stolz vom Hof. Am Steuer ein US-Soldat, Lucky Strike im Mundwinkel und lässig aus dem Seitenfenster den Ellbogen gelehnt. Eine Requisition ohne Legitimation, wie sich später ohne Folgen oder Korrektur herausstellte. Das Auto erhielten sie nie wieder.

Am Landauer Rathaus wehte das Sternenbanner nur kurze Zeit. Schon während der Ostertage kamen französische Einheiten in die Stadt, und vierzehn Tage später übernahm Colonel de Gouvello die Militärregierung. Gravierend die Folgen. Tief saß der Hass des gedemütigten Nachbarlandes. Obendrein assistierten Kolonial-Marokkaner bei der „Nettoyage", dem Säubern der eroberten Gebiete. Zur so genannten „Goum" gehörten hauptsächlich Berber, arme, ungebildete Bauern des Atlas-Gebirges, die aus ökonomischem Antrieb ihrer Militärarbeit nachgingen. Sie hatten als Elite-Truppe bei der Festigung des amtierenden französischen Generalresidenten im formal unabhängigen Marokko gedient, schnörkellos und unnachgiebig. Dann integrierte man die zuvor durch allerlei Vergünstigungen und Privilegien bei Laune gehaltenen Muslime während des Zweiten Weltkrieges in die französische Armee, häufig als Vorhut. Es folgten nach der

Niederlage gegen Deutschland Dienste für das Vichy-Regime unter Marechal Pétain. Doch der Nazi-Statthalter des französischen Kolonialreiches wankte. De Gaulle trat auf den Plan. Ihm gelang es, allerdings unter viel Blutvergießen, afrikanische Truppen zu rekrutieren, um die Befreiung Europas zu forcieren. Zuletzt traten die „Goumiers" im Verbund der Alliierten an. Sie sollten den Feind mit allen Mitteln besiegen. Man impfte ihnen ein, dass die Deutschen auch eine Bedrohung für ihr Volk, ihre Heimat darstellten. Und sie außerdem als Affen verspotten würden. Entsprechend eilte ihnen ein furchteinflößender Ruf voraus, bestätigt durch Plünderungen und Vergewaltigungen. Die anfangs passiven französischen Offiziere reagierten später strikt mit Erschießen oder Erhängen der Täter. Oft im Kapuzenmantel, dem „Djeballa", rannten die von Wehrmachtssoldaten „Todesschwalben" genannten dem Feind entgegen. Nun sollten sie sich in der Pfalz einnisten. Verhängnisvoll für die einheimische Bevölkerung, der noch viel mehr schwante. Die NS-Propaganda hatte ihr zum Kriegsbeginn bei Räumung der „Roten Zone", dem Gebiet an der französischen Grenze, weisgemacht, Marokkaner seien die Plünderer ihrer aufgegebenen Häuser gewesen. In Wirklichkeit waren Angehörige von Wehrmacht, Feuerwehren und Polizei hauptsächlich beteiligt gewesen.

In all dem Wirrwarr erschien eines Tages auf ihrem Fahrrad das Dienstmädchen Elfriede aus Freckenfeld im Häusel. „Ja, wie kommst du denn daher. Isch ebbes? Es gibt doch nichts mehr zu arbeiten. Alles ist hin. Mir sin ferdich wie ä Rieb. Unser Haus ist weg. Dem Erdboden gleich."

Ein gewohnt herrischer Empfang der Metzgerfrau Martha. „Ach, ich wollte gern nach Ihnen sehen und wissen, wie es geht. Ich weiß natürlich Bescheid über Ihr großes Unglück. Vielleicht kann ich ein wenig helfen in der Not."

„Na gut, Friedel. Das ist aller Ehren wert. Aber im Moment wissen wir überhaupt nicht weiter und müssen abwarten. Der Krieg ist außerdem noch im Gange. Falls sich was ergibt, sage ich Bescheid."

Elfriede schossen Tränen in die Augen. „Chefin, was ich erlebt habe, das können Sie sich gar nicht vorstellen. Als die Franzosen zu uns ins Dorf kamen, war keine Frau mehr sicher. Selbst vor über Siebzigjährigen machten die Marokks nicht halt. Ich hatte Riesenglück, bei unserer Nachbarin im verschütteten Keller zusammen mit anderen Mädchen ein Versteck zu finden. Zwei Tage hielten wir es dort aus. Durch ein kleines Loch reichte uns Hans, mein Cousin, Essen herein. Dann kamen endlich ein Colonel und andere Offiziere aus Straßburg. Sie fragten unseren Bürgermeister Karl Schmidt, wie denn die Leute hier leben. Er antwortete klipp und klar: Ohne Lebensmittel, die Männer werden geschlagen, die Frauen vergewaltigt, Häuser und Ställe ausgeraubt. Daraufhin schrie der Colonel: Nein, das kann gar nicht sein. Hier gibt es keine Einquartierung mehr. Doch, meinte Herr Schmidt. Sie sitzen in den Bunkern. Endlich schaffte der Franzose Ordnung und verhaftete die Täter. Es hieß, die Marokks wären einfach von ihrem Truppenteil aus Freudenstadt im Schwarzwald abgehauen, um hier bei uns Orgien zu feiern. Gestern kam die Nachricht vom Todesurteil."

„Sei froh, dass dir nichts passiert ist. Auch in Landau wurden Wohnungen demoliert, Frauen vergewaltigt, Lebensmittel geklaut, Papiergeld verbrannt. Alles die Marokks. Bei Beschwerden hieß es, die Deutschen haben es ebenso gemacht, es vorgemacht, es noch schlimmer gemacht. Das kann man doch nicht glauben. Wie müssen wir leiden! Unser Auto wurde von den Amis beschlagnahmt. Und einiges mehr. Sie sind gnadenlos. Beseelt von Rache. Jetzt bleib noch ein bissel und trink dein Glas Sprudel aus. Ich melde mich bei Bedarf. Sorg dich vor allem weiters um deine ‚Mamme' und gib acht." Die fast empathischen Schlussworte ihrer Respektsperson rührten Friedel zu tröstlichen Abschiedstränen.

Entsetzt stellten die Liesigks in Plauen fest, dass der schreckliche 16. Januar 1945 nur Auftakt zu rasch folgenden Bombenangriffen war. Zehn an der Zahl bis Kriegsende. Die Panzerschmiede galt als Hauptziel für Militärtransporte. Entsprechend das apokalyptische Treiben der alliierten Luftflotten, ihr Einsatz. Blockbusters, Wohnblockknacker oder Flares, sogenannte Christbäume, an Falschschirmen befestigte Leuchtbomben fielen auf die Stadt, begleitet von infernalischem Krachen und grellen Illuminationen. Abwechselnd RAF und USAAF verwüsteten Straßenzüge, setzten Wohnanlagen und Arbeitsstätten in Brand. Eine Woche nach Ostern, am 10. April, kehrte Hermann gegen Abend aus der zerstörten Stadt zurück. Brot, Schweineschmalz, Zucker, Quark und vier Eier in seiner Aktentasche. Zum Essenbeschaffen brauchte er, zwischenzeitlich von Alarmen unterbrochen, fast den gesamten Tag. „Ganz schlimm soll es heute Nacht kommen. Viele Plauener sind wieder raus aus der Stadt ins Umland geflohen. Wir schaffen es aber nicht mit dem kleinen Friedhelm. Und wohin auch, außer in den Möschwitzer Wald." Unwirsch entgegnete Maria ihrem braunen Gesellen: „Deine Kreisleitung ist ja rechtzeitig getürmt. Aber ohne vorher den Feinden mitzuteilen, dass wir uns ergeben. Also müssen wir damit rechnen, von der Landkarte gelöscht zu werden." Tochter Irma: „Haste dem Jungen ein paar ‚Bongsl' mitgebracht? Nee, eine Zuckerstange wenigstens?" Alarmsirenen heulten. Schnell hinunter ins Luftschutzzuhause.

Die sternenklare Nacht über Plauen beleuchtete das Zielgebiet perfekt. Die Masterbomber warfen ohne Unterlass ihre tödliche Last ab, entfachten einen Feuersturm, der länger dauerte als bei allen Bombenwellen zuvor. Im Morgengrauen schlich die Hausgemeinschaft aus dem Schutzkeller. Hinaus auf die Straße, die nicht mehr erkennbar war. Drumherum glühte die Luft, überall loderten Feuer. Doch außer einigen zerborstenen Fensterscheiben und dem abgebrochenen Dachstuhl gab es keine Schäden am Wohnblock. Unglaublich, denn genau hier in der Neundorfer Vorstadt erwischte es neben dem Innenstadtbereich, Pauluskirchviertel, Haselbrunn, Bärsteingebiet die meisten Gebäude. Kein Strom und kein Wasser mehr. Bäckerei und Lebensmittelladen um die Ecke in Schutt und Asche.

Am späten Vormittag schauten Maria und Hermann aus dem demolierten Fenster der Wohnung im 2. Obergeschoss auf die rauchige, staubige Trümmerwüste. Der ganze Dreck flirrte zu ihnen hoch. „Dein verdammtes Mitmarschieren für dieses Elend. Ich will nichts mehr davon hören. Schau auf diese Steinberge von Stadt. Nichts erkennste mehr. Jetze geh runter und geig den Leuten Mozarts Requiem vor. Das kannste doch. Und du weißt, es macht den Tod leichter, aber auch schlimmer, weil die ganze Sache hoffnungslos ist. Oh Gott, ich habe ganz vergessen, dass du nischd mehr spielen darfst. All die Jahre! Wofür haste nur gelebt? So 'nen schönen Beruf geopfert? Stattdessen kriegswichtige Arbeit verrichtet!" Speiübel war ihr. Sie rannte ins Schlafzimmer, geschüttelt von einem himmelschreienden Weinkrampf.

Auch in Plauen zerstieben die Illusionen. Verbissen hinter den Nazis herzulaufen, hatte sich für den Konzertgeiger nicht gelohnt. Noch nicht mal während der vermeintlich guten Zeiten, die viel zu kurz gewesen waren. Anders als die Schwiegereltern in der Pfalz, verloren sie jetzt nicht ihr Eigenheim. Es blieb die Mietwohnung. Aber ansonsten kaum etwas zu essen und eine unsichere Zukunft. Die Alliierten rächten gegen Kriegsende die unfassbaren Gräueltaten der Nazis. Das Zerstörungsausmaß überschritt die militärische und strategische Sinngebung.

Am 16. April 1945 rollten in Plauen Panzer der US-Armee ein. Ebenso wie in Landau gab es vereinzelte Volkssturmkommandos. Einige Hitlerjungen vor der Markuskirche in Haselbrunn hielten verbohrt die Stellung und versuchten, durch Maschinengewehrsalven das Debakel aufzuhalten. Mit dem Erfolg vermehrten Bordwaffenbeschusses durch Tiefflieger bis zur endgültigen Aufgabe. Als Besatzer verbreiteten die GIs von vornehmerein eine gemütliche Atmosphäre. Manche Frauen leisteten ihnen gern Gesellschaft. Die Amis blieben nur kurze Zeit und bauten zügig eine neue Zivilverwaltung auf. Am 1. Juli übernahmen Sowjets die Besatzungszone. Die „Ruskis" bedeuteten für die Plauener ähnliche Ungemütlichkeiten wie die Franzosen für die Landauer.

Dort suchten die Geschundenen Ordnung im Chaos. Auto weg. Das Metzgereianwesen unbewohnbar. Amis verschwunden. Franzosen stets präsent. Die gesamte Familie konnte unmöglich in Nußdorf bei den Eltern und Bruder Richard unterkommen. Zu wenig Platz. Also blieb man vorerst im Häusel. Die Amis hatten gleich zu Beginn der Besetzung einige Straßen in der Innenstadt mit Bulldozern frei geräumt. In der Königstraße kam die Trümmerbeseitigung nur mühsam voran. Es fehlten Arbeitskräfte, da viele Männer noch unterwegs, gefangen, verschollen, inhaftiert oder tot waren. Frauen, die fürs tägliche Brot und Wohlergehen ihrer Kinder sorgten, mussten trotz großer Beanspruchung einspringen. Immer wieder suchte Martha ihr ruiniertes Anwesen auf und sammelte allerlei Utensilien ein, Haushaltsgegenstände, Kleinmöbel oder Geschirr. Mit hektischem Aufräumen gingen die Tage dahin. Als eine Woche vor offiziellem Kriegsschluss Harry unvermutet auftauchte, endete das bisher gruselige Finale glimpflich.

Zuletzt sollte er in der Gegend von Lindenfels im Odenwald gemeinsam mit Offiziersfreund Theo, einigen verbliebenen Reservisten aus dem 104-er Regiment sowie einem Dutzend Volkssturm-Angehörigen aus der Umgebung gegen vorrückende Amerikaner kämpfen. Ein aussichtsloses Unterfangen. Die „Verteidigung bis zur letzten Patrone" ersparten sich die Auserkorenen schlauerweise. Angesichts ständiger Luftbedrohung und dem Herannahen von Panzerdivisionen der US-Armee sah keiner mehr eine Chance, diesem Gegner etwas entgegen zu setzen. Dem bunt zusammen gewürfelten Haufen galt folgende Empfehlung: „Wenn ihr den Heldentod sterben wollt, dann müsst ihr nicht mehr viel machen. Einfach den Amis mit der Knarre entgegen stürmen. In kürzester Zeit seid ihr erledigt. Ein Weiterleben mit euren Familien dürfte sich lohnen. Also schafft euch nach Hause. Den Krieg können wir nicht mehr gewinnen. Geht vor allem der SS aus dem Weg. Kehrt zurück in eure Dörfer. Schmeißt die Karabiner weg. Entschärft die Panzerfäuste." Ungläubiges Staunen, Entsetzen, böse und erleichterte Blicke in dem Haufen von Jugendlichen und Greisen, ausgemergelten Wehrmachtsfiguren. Ein alter, hagerer Brillenträger stolperte nach vorn. „Sie bringen uns vors Kriegsgericht! Desertieren heißt Todesurteil. Sie treten die Volksgemeinschaft, das Kriegsgebot aller Schichten, Stämme, Stände und Alters mit Füßen. Das ist Feigheit und verwerflich." Andere murrten. Als der Dorflehrer sein MG ins Gestrüpp warf und demonstrativ den Appellplatz vor der alten Scheune verließ, folgten immer mehr.

Harry und Theo erwartete eine komplizierte Flucht. Als erstes entledigten sie sich ihrer Waffen, Erkennungsmarken und Rangabzeichen. Dann ging es südwärts durch den Odenwald an Rimbach und Weinheim vorbei nach Schriesheim und Ladenburg. Dort stöberte Theo einen Kahnfahrer für die Neckarüberquerung auf. Wenige Kilometer weiter quartierten sie sich im Geräteschuppen eines Rübenackers zur Nachtruhe ein. Tagsüber hatte die Sonne fast sommerlich geschienen, aber nun fiel das Thermometer auf einstellige Grade. Sie froren schauderhaft. In aller Früh ging es weiter. An Schwetzingen und Ketsch vorbei zum Angelhofer Altrhein. Ein abseitig im Boot dümpelnder Angler sah sie von weitem. „Wo wollt ihr abgehalfterte Gestalte hi? Ach, in die Palz, do niwer wollt ihr. Saugefährlich is des. Awer im Moment is rischdisch Ruh. Machd eich nei in de Kahn." Am anderen Ufer fühlte sich Theo wie Jesus im Markus Evangelium: *„Und er stand auf und bedrohte den Wind und sprach zu dem Meer: Schweig! Verstumme! Und der Wind legte sich und es ward eine große Stille. Und er sprach zu ihnen: Was seid ihr so furchtsam? Habt ihr noch keinen Glauben?"* Die geglückte Überfahrt blieb das Schlüsselerlebnis für seine christliche Geisteshaltung. Eine Übernachtung noch im Waldstreifen bei Schwegenheim, dann standen beide vor den Türen ihrer Familien.

Im Tohuwabohu französischer Machtübernahme und Enttrümmerung gelangte Harry auf wundersame Weise zurück ins Zivilleben. Schon im Juli 1945 stellte ihn sein Schwiegervater als Metzgereihilfsarbeiter ein. Um diese Zeit erreichte Harry ein Brief aus Oldenburg. Absenderin Ingeborg Urner. Er hoffte auf ein Lebenszeichen seines besten Berliner Freundes und öffnete das Kuvert. Als gleich ein Foto von Bernhard herausfiel, ahnte er nichts Gutes. Die in gestochener Handschrift auf dem Briefpapier gemalten Worte schilderten das traurige Ereignis. „Am 12. Januar 1945 beim Rückzug aus den Ardennen fuhr Bernhard als Kurier zur Kommandantur nach Schoenberg bei Sankt Vith, der total zerstörten Stadt in Ostbelgien. Während sein Kamerad das Gebäude betrat und er draußen wartete, flog eine Granate auf das Auto. Er war sofort tot. Es ist unsagbar traurig. Aus dem völlig zerstörten Berlin bin ich mit dem kleinen Winfried nach Osternburg zu den Schwiegereltern gezogen. Alles ist sinnlos geworden." So vieles hatten sie sich vorgenommen und geplant, nach dem Krieg irgendwo gemeinsam beruflich unterzukommen. Wie sehr könnte ihn Bernhard, der fidele Optimist, jetzt aufmuntern. Alles dahin. Vergeblich die Rackerei an der Hochschule. Verloren das musikalische Können, um Menschen mit Klang und Harmonie zu erfreuen. Die Nachricht verdüsterte Harrys ohnehin kniffliges Berufsintermezzo und trübte die Freude am eigenen Überleben.

Ohne Glockengeläut nahm die Familie Kenntnis vom offiziellen Ende des Krieges. Zwei Wochen danach bezogen Emmel, Bärbele und Harry eine kleine Wohnung in der Gerberstraße 27, dem unversehrten „Schokoladenkaufhaus". Nachdem die eigene Metzgerei nicht in Betrieb zu nehmen war, wurstelte Edde geraume Zeit später bei seinem Kollegen Paul in dessen unbeschädigt gebliebenen Laden in der Martin-Luther-Straße. Für den Abtransport von Schuttmassen orderte der von den Franzosen eingesetzte, einst in Nazi-Schutzhaft genommene Oberbürgermeister Forthuber eine Baufirma, die ein Kleinbahnsystem mit vier Loks und 120 Schuttwagen einrichtete. Die größte Halde auf dem Wiesengelände am Kanalweg nahm allein über 40 000 Kubikmeter Schutt auf. Zusammengeschaufelt von Freiwilligen und später auch allen 16- bis 60-jährigen männlichen in Landau wohnenden Personen. Von Beginn an dabei waren die in der Fort-Kaserne internierten NSDAP-Mitglieder bis zum 55. Lebensjahr. Schon im Jahre 1948 war Landau nahezu trümmerfrei. Auch das zerstörte Metzgerei-Haus profitierte von der öffentlichen Hilfe. Die gröbsten Schuttberge wurden entfernt. Nach einem halben Jahr konnten Martha und Edde wieder behelfsmäßig dort wohnen. Sie schöpften Hoffnung und wollten so schnell wie möglich weiter wursteln!

Während die provisorische Schlachterei unter strenger behördlicher Aufsicht in der „Gastwurstküche" Paul fürs Überleben sorgen musste, galten Eddes Gedanken, Pläne und Energie der Gestaltung eines neuen Geschäftes. Aus Ruinen wieder auferstehen! Aber erstmal ging es bei den meisten Menschen um die nackte Existenz. Für Stadtbewohner ungleich schwerer als für Landleute. Die hatten immer irgendwo eine Kartoffel im Keller. Wer in der Stadt mit Lebensmitteln handelte oder sie herstellte, zudem einen eigenen Garten besaß, konnte ebenfalls zufriedener sein. Folglich ging es der Verwandtschaft gar nicht schlecht. Hamsterei, Schlangestehen vor Ämtern und Geschäften, Bezugsscheine gehörten in Landau und Umgebung wieder zum Alltag. Lebensmittelkarten bestimmten, wie in Kriegsjahren, die Haushaltsführung. Viele Grundnahrungsmittel kamen verspätet oder in zu geringen Mengen an. Der Schwarzmarkt blühte, geschäftstüchtige Krämer verhökerten ihre „Bückwaren" im Tauschgeschäft. Auch Edde blieb nicht strikt gesetzestreu. In exklusiver Komplizenschaft mit einem Landauer Juristen einigte man sich auf eine diskrete Schwarzschlachtung.

Selbst schöngeistige Bande tauchten aus dem Desaster trübster Finsternis auf. An einem strahlend hellen Sonntag Ende August 1945 spazierte der Landauer Maler Hermann Croissant durch die Königstraße. Er hoffte, das Metzgerehepaar anzutreffen. Beide saßen auf einer Holzbank, die sie auf der kleinen Restfliesenfläche des vormaligen Verkaufsraumes platziert hatten, um ihre Mittagspause nach dem Aufräumen zu genießen. „Was für ein herrliches Wetter. Der Sommer lässt uns von besseren Zeiten träumen. Und die werden kommen. Vor allem endlich friedliche. Herr Reiss, ich habe gehört, Sie sind schon wieder fleißig und verkaufen Fleisch- und Wurstwaren. Oben beim Paul, Ihrem Kollegen. Es ist so schrecklich, was Ihnen widerfahren ist. Aber Sie sind eine Kämpfernatur. Sie kriegen das hin." Martha liefen während der Worte des Künstlers Tränen über die Wange. „Womit nur haben wir das verdient? Der Krieg hat uns um alles gebracht, unser Fleiß und Leistung haben nichts genutzt. Andere wurden vollkommen verschont. Wir sind doch einfache Leute. Wo ist unsere Schuld?"

„Aber verehrte Frau Reiss, wenn ich jetzt so alles bilanziere und meine eigene Passivität betrachte, dann ist da schon eine Last. Jedenfalls waren wir viel zu gutgläubig. Hinterfragten zu wenig. Ertrugen die Hetze gegen alle Andersdenkenden. Jetzt müssen wir die Strafe erdulden. Bei Ihnen ist sie allerdings zu hoch ausgefallen. Das tut mir sehr, sehr leid." Auch der Künstlerhaushalt hatte eine russische Hausgehilfin beschäftigt. Von Dezember 1942 bis Februar 1944 arbeitete Warwara Ratnikowa aus der Kleinstadt Slanzy, in der Nähe von Leningrad gelegen, im Hause Croissant. Die Nazis beorderten sie anschließend nach Schwarzbach in die Lausitz. Ob ihr von dort die Rückkehr in ihre Heimat glückte, blieb ungewiss. Edde meinte nun: „Herr Croissant, Sie sind Gott sei Dank unbehelligt geblieben. Eine gute Fügung."

„Ja sicher, aber wer will in diesen Zeiten Kunst kaufen? Ich lebe doch davon. Darf ich einen Auftrag anbieten? Mein Blick schweift von hier Richtung Westen auf die fast unversehrte Stiftskirche. Dazwischen das Trümmerfeld und Ruinen. Lassen Sie mich dieses bizarre Motiv in einem Gemälde festhalten. Nicht allzu großformatig in diesen Zeiten von Knappheit. Als Erinnerung und Mahnung an das fürchterliche Kriegsende." Überraschend reagierte Edde als erster: „Herr Croissant, das gefällt mir. Sie fangen mit der Arbeit an und nennen Ihre Vorstellungen. Wir werden bestimmt handelseinig."

Am folgenden Montag postierte der Maler seine Staffelei direkt vor der Holzbank. Drei Tage lang flitzten Bleistift und Pinsel über die Leinwand. Die Ruinenlandschaft mit Lore schiebenden Arbeitern, Dachstuhlgerippen, dem unter Brücken plätschernden Flüsschen Queich erschien in freundlichem Türkis, Ocker und Lehmbraun. Die Stiftskirche, das Wahrzeichen Landaus, ragte verschwommen aus dem Hintergrund hervor. Ein gelungenes Zeugnis geschichtlicher Momentaufnahme. Voller Bewunderung nahmen die Metzgerleute das Kunstwerk entgegen.

Allmählich kehrte die männliche Verwandtschaft von den Kriegsfronten zurück. Emmels Vettern Willi und Wilhelm, Onkel Otto. Andere fehlten. So Fritz. Onkel Ludwigs Sohn hatte den Kessel von Falaise nicht überlebt. Georg blieb in englischer, Karlemann in französischer Kriegsgefangenschaft. Kommen und Verschwinden während unübersichtlicher Nachkriegszeit.

Am 1. März 1946 drückte Mutter Emmel mich unter großen Schmerzen während einer Hausgeburt in der Landauer Gerberstraße ins Licht der Trümmerwelt. Die Eck-Mutter segnete Anfang Januar 1947 das Zeitliche. Hochschwanger stand ihre Tochter Bawettel am Grab. Kurz darauf wurde deren Sohn Robert geboren. Tante Susi schritt mit Orthopädieschuhmachermeister Robert Hatzenbühler im März 1947 zum Traualtar. Sohn Georg erblickte im Januar 1948 den grauen Nachkriegshimmel. Harrys Schwester Irma heiratete im März 1948 Karl Boos und zog mit dem Eisenbahner und Sohn Friedhelm nach Saarbrücken.

Alle mussten sich schütteln, sammeln und sehen, wie es weiter gehen sollte. Erwartungsgemäß braute sich politisches Gewitter über dem tief gefallenen Vaterland zusammen. Die amerikanische Militärregierung hatte sofort das Entfernen von Nazi-Schildern und Beschriftungen an Gebäuden gefordert und die Abgabe aller Nazi-Devotionalien im Schulgebäude der Landauer Oberrealschule angeordnet. Unter französischer Regie leitete man Säuberungen ein. Bald knöpften sich deutsche Untersuchungsausschüsse und Spruchkammern Parteimitglieder, Funktionäre, Beamte und Gemeindevertreter vor. Bis dahin kam es zu einigen Amtsenthebungen in der Verwaltung. Die dicksten Fische, falls nicht längst in rettende Gewässer geschwommen, internierte man.

Schließlich mussten alle ehemaligen Nazi-Angehörigen einen Entnazifizierungsbogen ausfüllen. Bis März 1947 überprüften Behörden und Kommissionen in der Pfalz 108 000 Personen und belegten ein Drittel davon mit Sanktionen wie Entlassung, Versetzung, Gehaltskürzung, Berufsverbot, Geldstrafe. Volkes Meinung kommentierte die Beurteilungen kritisch: „Die kleinen Nazis sperrt man ein, die großen bleiben in Amt und Würden." Überwiegend bestätigten Kommissionen Entlastungsschreiben Dritter, sogenannte „Persilscheine", zu beschuldigten Personen. Eine treffende Metapher für Belege, die den Nazi-Machern wieder Türen und Tore in Politik, Justiz, Verwaltung, Polizei und Universitäten öffneten. Die Verfahren liefen immer routinierter ab und kamen Ende des Jahres 1949 in den Westzonen zum Abschluss.

In Landau errichteten die Franzosen im April 1945 in der Fortkaserne ein umzäuntes, mit Stacheldraht gesichertes Internierungslager. Die gesamte Pfalzprominenz, soweit greifbar, musste einsitzen: NSDAP-Beamte, Gestapo, SS-Offiziere, SA-Angehörige vom Sturmbannführer aufwärts. Außerdem Personen mit Beschuldigung eines Kriegsverbrechens oder Verbrechens gegen die Menschlichkeit sowie verdächtige Delinquenten wegen aktueller Gesetzesverstöße. NS-Aktivisten und Minderbelastete bildeten die überwiegende Mehrheit. Eine bekannte Figur zählte zu den Insassen: Robert Mohr. Vom 18. bis 22. Februar 1943 verhörte der damalige Kriminalobersekretär Sophie Scholl wegen ihrer Flugblattaktion in der Münchner Universität gegen das NS-Regime. Zwei Tage später ließen die Nazis Hans und Sophie Scholl sowie Christoph Probst mit dem Fallbeil hinrichten. Mohr erhielt nach Abschluss seiner Ermittlungstätigkeit den Posten des Gestapo-Chefs im elsässischen Mulhouse. Deswegen internierten ihn die Franzosen. Für seine Rolle bei der Zerschlagung der Widerstandsgruppe „Weiße Rose" zog man ihn nie zur Rechenschaft.

Die Belegung veränderte sich durch Zu- und Abgänge ständig. Von anfänglich 250 Insassen stieg die Zahl innerhalb eines Jahres auf über 1 000 bis zum Höchststand von 2 500 im Mai 1947. Französische Militärs übertrugen im August 1945 dem erst 20-jährigen Herbert Wolff vorübergehend die zivile deutsche Leitung. Ein Kuriosum mangels fehlender Verwaltungsfachkräfte. Die Kommissionen arbeiteten schwerfällig. Es kam zu Verzögerungen wegen schwieriger personeller Besetzung von Lagerspruchkammern durch politisch unbelastete deutsche Laienrichter. Entsprechend ihrer Personalakten und Überprüfung konnte das Gros von Inhaftierten mit Freilassung rechnen. Bevorzugt betrieb man die Entlassung von

Frauen. Auch wegen des bestehenden Raummangels und um, wie es hieß, „Promiskuität" zu vermeiden! Nach vierjährigem Bestehen schloss das Lager 1949.

Von der Verwandtschaft musste niemand einsitzen. Der befreundete Landauer Nachbar Porzellankaufmann K. als ehemaliger NSDAP-Stadtrat schon. Die Unwirtlichkeit des Lagers sprach sich in der Bevölkerung herum. Schmale Kost, Gerüchte über Misshandlungen, Heizverbot – nur erlaubt bei anhaltendem Frost –, Gehorsams- und Grußpflicht gegenüber französischen Vorgesetzten verleiteten einige Leute und besonders Angehörige der Insassen, vom „Nazi-KZ" zu sprechen. Das „Rote Kreuz" stellte bei seinen Kontrollen keine Beanstandungen fest. Die Vorgehensweise der Franzosen war nachvollziehbar. Sie kamen aus ihrem ausgebeuteten und zerstörten Land. Für die Pfälzer wiederum lag deren Abzug nach dem Ersten Weltkrieg erst fünfzehn Jahre zurück. Franzosen nahmen sie als verspätete Sieger und Erzfeinde wahr. Einsicht über das NS-Unrechtsgeschehen gab es kaum. Die Verbohrtheit überdauerte und leistete sich Dreistigkeiten. Im Jahre 1953 besuchten 3000 rheinland-pfälzische, ehemals Internierte als „Verband der Entnazifizierungsgeschädigten" die Landauer Festhalle. Das Grußwort sprach Bürgermeister Ecker. Die Veranstaltung schloss, man mag es kaum glauben, mit der dritten und nicht der ersten Strophe des Deutschlandliedes. Ein Jahr später folgte unter Beteiligung der „Hilfsgemeinschaft auf Gegenseitigkeit der ehemaligen Angehörigen der Waffen-SS – HIAG" eine weitere. Redner behaupteten, die politische Justiz in ihrer Form seit 1945 sei die „Krankheit unserer Zeit" und forderten Straffreiheit für politische Irrtümer. In der vollbesetzten SÜWEGA-Halle hing über dem Podium ein Vierteljahr später bei einer neuerlichen Zusammenkunft der Waffen-SS-Wahlspruch „Meine Ehre heißt Treue". Den Franzosen lag nur an einem störungsfreien Ablauf. Die Landauer Bevölkerung döste in politischem Tiefschlaf trotz rechtsradikaler Provokationen weiter vor sich hin. In selbigem Zustand schlummerte auch ich als Jugendlicher während meiner häufigen Besuche des „Café Kälberer", eines während der 1960er Jahre beliebten Schülerlokals. Dort veranstaltete die „HIAG" zeitgleich öfter Treffen – geschickt konspirativ und unauffällig. Niemals hätte ich jenem leutseligen und lustigen Versteher meiner jungen Generation eine solche Rückwärtsgewandtheit zugetraut. Rechtslastige Äußerungen ließ Heinrich Kälberer seinem „Wohl bekomms" nicht folgen. So ab und an, wenn die stets halb gefüllte, mit Obstler angereicherte Limonade kurz vor Feierabend Wirkung zeigte, fiel dann doch die eine oder andere Bemerkung. Franzosen mochte er. Engländer waren ihm unsympathisch. Zahlreiche Burschenschafter logierten während ihres jährlichen Festkommerses in seinem Hotel und feierten Urständ. Die Anmaßung menschenverachtender Sprüche blieb außen vor. Verschmitzt bediente er die eindeutig als Schulschwänzer identifizierten Gäste an Vormittagen in seiner Weinstube und lachte später lauthals über Scherze offensichtlicher Kleinstadtjugendrebellen.

Letztere befeuerten seinen Plan zur „Schiffbarmachung" des Flüsschen Queich, welches in dreißig Metern Entfernung am Gasthaus vorbeirauschte. Die Faschingszeit bot gute Gelegenheit für eine Werbeaktion, und so wollte man das vor längerer Zeit gekaufte Schlauchboot endlich aufs Wasser setzen. An einem Fastnachtsdienstag, kurz vor Ende der Mittagszeit, bliesen im Hof drei seiner jungen Stammgäste abwechselnd den Zweisitzer auf. Dann riefen sie den Wirt herbei, präsentierten das Objekt und skandierten unter dem Gejohle des Kneipenpublikums:

„Nimm uns mit, Kapitän, auf die Reise!
Nimm uns mit in die weite, weite Welt!
Wohin geht, Kapitän, deine Reise?
Bis nach Shanghai, da reicht unser Geld…"

Dem schmächtigen Wassersportliebhaber wich abrupt das Strahlen aus dem Gesicht, als seine Frau Hilde im Getümmel auftauchte. Einige Umstehende vermuteten ein Kochmesser in deren Hand, um Luft aus dem Corpus Delicti abzulassen. Jedenfalls schrillte die Stimme der Wirtsfrau durch das Gelärme: „Heinrich, du machst dich zum Gespött der Leute!" Den Klamauk aber konnte sie nicht aufhalten. Über ein Dutzend Personen verließ singend das Lokal, vorneweg zwei Schüler mit Schlauchboot auf den Schultern. Vor dem Stapellauf hielt ein aufgedrehter Student die Laudatio auf das Ereignis: „Zukünftig wird unser River Queich als nutzbarer Wasserweg aus dem Tale des majestätischen Pfälzer Waldes hin zum Vater Rhein und den Meeren schlängeln. Darauf hoffen wir für alle Paddler, Ruderer, Segler und den Personentransport. Wir danken unserem Landauer Pionier, Herrn Kälberer, für seine Initiative." Man half ihm ins Boot und sah noch in fünfzig Meter Entfernung flussabwärts den Kapitän winken. Seinen konstruktiven Plan durchkreuzte schnell der Landauer Stadtrat, welcher im Zuge städtebaulicher Veränderungen der 1970er Jahre das etwa knietiefe Flüsschen größtenteils unter Beton verbannte.

Auch Nußdorfer kamen in Haft. Ein Dutzend gleich im Sommer 1945. Lokale Nazi-Prominenz wie HJ- und Ortsgruppenführer, sogenannte Belastete und gerade straffällig gewordene Personen wegen Diebstahls, Schwarzbrennerei oder Nichtbefolgen von Weinverkehrsvorschriften. Edde schien für die Kommissionen nicht zu existieren. Nirgendwo lagerten seine Unterlagen. Anklage erhob der „Landeskommissar für die politische Säuberung" gegen Bruder Richard und Vater Georg. Dem Alt- und Ehrenbürgermeister beschied im Oktober 1949 die Spruchkammer Neustadt Mitläuferschaft und ordnete die Sühnezahlung von hundert Reichsmark an. Onkel Richard erhielt ebenfalls das Etikett „Mitläufer". Den Widerspruch des „Öffentlichen Klägers", *„warum der Betroffene ohne Leistung eines Sühnebetrags davonkommen soll",* lehnte die Spruchkammer I in Neustadt unter Vorsitz des Oberamtsrichters Stabel zu seinen Gunsten ab. Lediglich die Kosten des Verfahrens fielen an.

Als ob das unter dem Hakenkreuz sich wohl fühlende Nußdorf eine Fata Morgana gewesen wäre: Wunschkonzert paarte sich mit Wahrnehmungstrübnis. Nun klagten sogar Parteigänger über ein deutliches Unbehagen in der NS-Zeit. Sie seien verzagt in die innere Emigration geflüchtet oder hätten konspirativ Widerstand betrieben. Zur Entlastung ausgewiesener Nazis lauteten die Einlassungen entsprechend: Unterblieben gewesen wäre daher die Mitgliedschaft des Tünchermeisters E. als Angehöriger der SS, *„wenn er um die verbrecherischen Ziele gewusst hätte. Seiner charakterlichen Veranlagung wegen sei das überhaupt nicht anzunehmen."* Karl A. betrieb ein gut gehendes Geschäft. *„Durch die schlechten Wirtschaftsverhältnisse hat er in den Jahren 1929-31 sein ganzes Hab und Gut verloren. Um nicht stempeln gehen zu müssen, ist er dann beim RAD eingetreten. Er hat sich nie für die NSDAP eingesetzt. Es ist nichts bekannt, wonach er sonst für die hitlerischen Ideen eingetreten sein sollte."* Der stets freundliche Landwirt E., NSDAP- und SS-Mitglied, hatte niemandem etwas zuleide getan. Sein Austritt aus der SS erfolgte *„als positiver Christ, da er sich nicht mehr mit deren Prinzipien einverstanden erklärte."* Dem geistig schwerfälligen Hilfsarbeiter und Pferdepfleger B. bescheinigte man, als SS-Rottenführer niemals politisch sich betätigt oder an Ausschreitungen teilgenommen zu haben. Sattler B. überwarf sich angeblich als NSDAP-Mitglied mit dem NSKK, *„setzte sich nie für die Belange der Partei ein. Nur durch seine Altersgenossen ließ er sich hinreißen, der alles versprechenden neuen Partei Gefolgschaft zu leisten."* Alle erlangten die Einstufung als „Mitläufer".

Schon im Sommer 1945 stellte der Nußdorfer Bürgermeister auf Nachfrage fest: *„Die Liste aller hierorts ansässigen Parteimitglieder wurde bezüglich no-*

torischer Nazis überprüft. Es konnten dabei keine Parteimitglieder festgestellt werden, die andere Personen gedrückt oder ihnen etwas Übles angetan haben." Es folgte der Hinweis auf den bereits 1936 verstorbenen „Hauptmacher" Maurermeister Kraus und den 1937 verzogenen August Apfel. Letzterer, Gemeinderatsmitglied, alter Kämpfer und treibende Kraft, habe offenkundig Fäden gezogen, welche zu Gewalttätigkeiten geführt hätten. Schließlich seien durchaus bei der sogenannten „Judenaktion" SS und SA-Leute von hier beteiligt gewesen. Sie befänden sich in Kriegsgefangenenlagern oder dürften der Polizei in Landau bekannt sein.

Der Nußdorfer Untersuchungsausschuss unter Vorsitz von Bürgermeister Braunger trat entschieden der drohenden Strafversetzung zweier spät in die Partei eingetretenen langjährigen Lehrer entgegen: *„Das ganze Dorf ist der Überzeugung, dass Herr Franck auch fernerhin seine ganze Kraft dem Schuldienst der Gemeinde widmen und sein Möglichstes für den Wiederaufbau tun wird."* Lehrer Hinkelmann bescheinigte man *„während des Krieges für die in hiesiger Gemeinde untergebrachten Ostarbeiter ohne Auftrag und jederzeit eingetreten zu sein."* Resümierend hieß es: *„Er kann als äußerlicher Nationalsozialist angesprochen werden, der in Wirklichkeit mit den Prinzipien der Partei nicht einig ging, sondern seine eigenen Wege einschlug."* Beide *„huldigten den Machenschaften der Partei nicht und konnten nie mit der Hitler-Jugend einig gehen."* Oberlehrer Franck erhielt das Prädikat: *„Belassung im Dienste".* Hinkelmann schnitt schlechter ab: *„Belassung als Lehrer, Zurückstufung um drei Stufen, Vorrückungssperre und Bewährung auf vier Jahre."*

Enteignetes jüdisches Vermögen kam auf den Prüfstand. Als meldepflichtig deklarierte die französische Militärregierung alle Personen, die sich nach dem 30. Januar 1933 aufgrund der Rassegesetze Vermögenswerte von Verfolgten aneignet hatten. Als solche galten *„jeder ehemalige jüdische Besitz, gleichgültig ob er vertragsmäßig, unmittelbar oder mittelbar erst aus zweiter oder dritter Hand erworben wurde"* – wie es in der Bekanntmachung des Landesamtes für die Verwaltung beschlagnahmter Vermögen vom 26. März 1947 hieß. Entschädigungslos sollte die Rückgabe jüdischer Vermögen allerdings nicht ablaufen. Restitutionskammern arbeiteten die Sachverhalte auf. In Nußdorf ergab die Überprüfung der Grundbuchauszüge fünf Fälle von Eigentumsübertragung aus dem Frühjahr 1941. Tatsächlich meldete sich Familie Weiss aus New York und verlangte ihre beiden in „arischen Besitz" überführten Äcker zurück sowie die Zahlung der angefallenen Pachtnutzung. In einem konfliktreichen Rechtsverfahren erhielt sie eine geringe Erstattung. Auch sogenannten ausländischen Grundbesitz erfassten die Ämter. Es betraf Nußdorfer Auswanderer in die USA. Darunter Oswald Pfaffmann, verheiratet mit Marthas Schwester Anna. Sein Vermögen: etwas Land und ein kleines Sparguthaben in Reichsmark. Anfang der 1950er Jahre hob er das in Deutsche Mark geschrumpfte Sümmchen ab, verkaufte die Liegenschaften, genoss einige Wochen Urlaub im Kreise seiner Verwandten. Der gelernte Konditor buk im Hause Reiss einen wundervollen Kuchen. Wir Kinder schwärmten noch Jahre später vom „Unkel aus Amerika", der so lustig kauderwelschte. Als vermutlich guter Christ spendete er der Nußdorfer Johannes-Kirche zum Abschied seines Besuchs eine Altardecke.

Solche Generosität ging ihm leider in seiner Eigenschaft als Familienvorstand ab. Nach anderthalb New Yorker Jahren suchte er 1928 mit seiner hochschwangeren Frau Anna und Sohn Oswald junior sein Glück in Detroit. Für einen besseren Lohn schuftete der gelernte Bäcker und Konditor in der Ford-Fabrik, kaufte ein kleines Häuschen mit Garten. Das Geld reichte auf Dauer nicht. Auch, weil die Familie anwuchs. Sieben Kinder kamen zur Welt. Obendrein musste Großtante Anna ein halbes Dutzend Fehlgeburten ertragen. Oswald buk Brot und Kuchen als Nebenerwerb. Die Kinder fuhren auf einem Leiterwagen Backwaren sowie selbst angebautes Obst und Gemüse aus. Dann eröffnete er eine kleine Bäckerei. Langsam ging es wirtschaftlich aufwärts. Es trug nur wenig zur Entkrampfung der autoritären Verhältnisse in der Familie bei. Oswald herrschte despotisch. Seine Frau Anna litt sehr darunter. Im Sommer 1935 brach sie aus, wagte die Überfahrt mit ihren drei Buben Oswald, Georg und William in die alte Heimat, um nach vier Wochen Aufenthalt in Nußdorf wieder zu ihrem Oswald zurückzukehren.

Die Auswandererkarriere klappte trotz vieler Hürden. Oswald gelang es, sich seine Existenz aufzubauen und allmählich einen Platz innerhalb der amerikanischen Gesellschaft zu gewinnen. Alle sieben Kinder, den bereits genannten gesellten sich von 1936 bis 1945 Valentine, Susan, Barbara und Martha hinzu, schlugen typische mittelständische Wege ein. Deren zahlreiche Nachkommen wiederum schwärmten in sämtliche Himmelsrichtungen des „Landes der unbegrenzten Möglichkeiten" aus, auf der Suche nach der besten Ausbildung und Jobs. Ob Indiana, Florida, Denver, California, New York, überall verteilt werkeln, heilen, unterrichten, dozieren oder verkaufen gegenwärtig Pfaffmanns.

Sie blieben nicht die einzigen in der „Neuen Welt". Großonkel Ludwigs Zwillinge Anni und Susanne wanderten in den 1950er Jahren aus, etablierten sich in Richmond und Colorado Springs. Es gab noch eine andere Migration. Sohn Georg baute sich nach seiner Kriegsgefangenschaft in England eine Existenz auf, heiratete Kitty Brown und starb in der Nähe von London. Die Geschwister Wilhelm, Selma, Hans und Harald hielt es erfolgreich und zufrieden in der Pfalz.

Auf dem Boden der Trümmer regten sich zarte Sehnsüchte nach Kultur, Ästhetik, Zivilisation. Eine neue Landauer Musikszene entstand. Harry, jenes Chamäleon militärischen Finales, tauchte sofort in sie ein. Mit Kollegen spielte er bereits ein Jahr nach Kriegsende in dem unversehrt gebliebenen Tanzsaal einer Landauer Restauration Unterhaltungsmusik. Unter den Besuchern Herr Fuchs, der für sein Casino-Lokal in Münsingen auf der schwäbischen Alb eine Hauskapelle suchte. Die Franzosen hatten die Wirtschaft „Karlsgarten" beschlagnahmt und in das „Cercle Français" umgewandelt. Es war ausschließlich Offizieren und deren geladenen Gästen vorbehalten. Der Club unterlag weder Steuern noch anderer Überwachung deutscher Behörden. Abwechslung in „Schwäbisch Sibirien" tat not. Die französische Militärbehörde förderte an ihrem rauen Einsatzort, dem Lager der „Companie Autonome" unter Oberst Paulze d'Ivoy, das Unterhaltungsbedürfnis. Fuchs, ein gewiefter Geschäftsmann, machte sich als Manager nützlich. Er schlug der Combo eine verlockende Gage vor, was alle Zweifel am Engagement vertrieb. Aber nun sollte Harry wieder weg. Nur etwas mehr als ein Jahr hatte er mit Emmel und den Kleinkindern verbracht – im ständigen Durcheinander von Trümmerlandschaft, Aufräumen und Hilfsarbeiten in der provisorischen Schlachterei. Das Musizieren ließ ihn zuletzt aufblühen. In der Schiller-Straße, unweit des Bahnhofs, kamen die Musiker unter. Sie mussten als Angestellte der französischen Militärbehörde einen festen Wohnsitz nachweisen. Die Besetzung mit fünf Musikern entsprach von Repertoire und Stilrichtung der einer „Big Band" im Kleinstformat. Die Betonung lag auf Tanzmusik aller Richtungen, aber auch Operettenmelodien sollten erklingen. Harry musste als Pianist und Bandleader den französischen Musikgeschmack bedienen, allerlei neue Stücke aufnehmen und einüben. Neben Saxofon, Klarinette und Violine spielte das Akkordeon für das Vortragen von Chansons eine wichtige Rolle. Swing, Walzer, Rumba, Tango oder Cha-Cha-Cha tönten ohne Verstärker durch das Lokal. Die „alliierten Gassenhauer" „A string of pearls" – Glenn Miller, „You are my sunshine" – Jimmie Davies, „Besame Mucho" – Jimmy

Dorsey, „As time goes by" – Dooley Wilson und Edith Piafs „La vie en rose" am Ende des Engagements im Juli 1948 erfreuten sich größter Beliebtheit. Spielort war gelegentlich das Casino des Alten Lagers auf dem schon in der Kaiserzeit errichteten Truppenübungsplatz.

Im Oktober 1946 trat die Combo im dunklen Anzug, Schlips und Kragen zum ersten Mal auf. Harry thronte hinter einem Konzertflügel auf der leicht erhöhten Bühne, die durch kleine Holzpfeiler mit Laternenleuchten darauf und Absperrketten vom Tanzparkett abgegrenzt war. Da niemand der Musiker französisch sprach, fiel die Anfangszeit besonders schwer. Chef Fuchs dolmetschte auf seine Weise. Das schlimmste folgte aber noch. Im November brach der kälteste Winter des Jahrhunderts über Deutschland herein, der bis März 1947 dauerte. Ab dann erst stieg das Thermometer auf Plusgrade. Auch die Franzosen traf die mörderische Witterung. Die Versorgungslage verschlechterte sich. Buchstäblich auf Sparflamme köchelte das Club-Leben. Mangels Heizkapazitäten wurde der „Cercle Français" vorübergehend geschlossen. Das war aber noch das geringste Problem. Den arg geschröpften Älblern, welche allerlei Maschinen, Autos, Möbel an die Besatzer verloren hatten, fehlte das Material zum Heizen. Essbares war kaum verfügbar. Ohne Lebensmittelkarten gab es nichts. Not, Elend und Dauerfrost drängten die Menschen an den Rand des Abgrunds. Einziger Lichtblick für Harry: Weihnachten 1946 feierte er in Landau mit Emmel und den beiden Kindern.

Herbst 1948. Karlemann bog, vom zerstörten Bahnhof kommend, in der Ostbahnstraße um die Ecke. Sein Blick richtete sich auf die Stelle seines Elternhauses. Keine Schaufensterfassade mehr. Das geordnete Trümmerfeld und die Baugerüste vor dem Hintergebäude irritierten ihn. Nein, damit hatte er nicht gerechnet. Mutter Martha erschrak, als sie ihren aus französischer Kriegsgefangenschaft zurückgekehrten Sohn auf dem provisorischen Gehweg antraf. Freudig schloss sie Karlemann in die Arme. Er sah ganz zivil aus, trotz seines viel zu großen Wollmantels.

Zögerlich berichtete er über sein Schicksal nach der Gefangennahme durch die Amerikaner in Mainz. Inmitten einer großen Kolonne deutscher Soldaten musste er in Cherbourg am schmerzvollen, beschämenden Gang auf der Hauptstraße teilnehmen. Am Rande die aufgebrachte Menge, welche unentwegt Schimpfworte brüllte, spuckte oder Schläge austeilte. US-amerikanische Soldaten verhinderten Schlimmeres. Aus deren Riesenlager ging es nach Rennes. Die französische

Bevölkerung litt unter Versorgungsengpässen. Es gab kaum etwas zu essen, nichts zum Anziehen. Die Folgen des Mangels bekamen vor allem die Kriegsgefangenen zu spüren. Apokalyptische Zustände herrschten im Lager. Tod, Kälte, Nässe, Ruhr, Dreck und immer wieder Hunger. Wassersuppe und eine Scheibe Brot gab es als Tagesration. Zum Schlafen eine Pappe statt Matratzenunterlage. In der Nacht hüpften katzengroße Ratten über taube Landsergestalten – quietschend, pfeifend, ohne Scheu.

Umzug nach Lamballe in der Bretagne. Karls Arbeitskommando hauste in einem Pferdegestüt, den Ställen der „Postiers Bretons", der berühmtesten Zugpferde Frankreichs, hauptsächlich fürs Militär eingesetzt. Alles in jämmerlichem Zustand. Die Gefangenen mussten Steine aus Felsen behauen und Feldwege verlegen. Immerhin blieb ihm der Einsatz als Minenräumer oder im Kohlebergwerk erspart. Die anschließende Zuweisung an einen Bauern bedeutete das versöhnliche Ende der Gefangenschaft. Er saß mit der Familie am Küchentisch, erhielt gutes und reichliches Essen. Sie nannten ihn beim Namen, schätzten seine Arbeitsleistung und scherzten. Besonders die drei pubertierenden Kinder des Bauern. Sie hatten den „Boche" liebgewonnen. Beim Abschied hieß es „Au Revoir" und „Auf Wiedersehen".

Architektenpläne für den Wiederaufbau der Metzgerei lagen im September 1948 vor. Gemäß den Empfehlungen des Bürgerrat-Komitees sollte ein Häuser-Ensemble entstehen. Kein individueller Pfusch, sondern ansehnliche Gebäude und vor allem Wohnraum. So fasste man die gesamte zerstörte Nachbarschaft in diesem Bereich der Königstraße zusammen, das Kaufhaus Christmann, Metzgerei Reiss, Firma Nähmaschinen Sänger und Schuhmacherei Schnaible. Baurat Ringeisen präsentierte der Militärregierung die Gebäudeskizze und heimste wegen des ruhigen, leichten Barockstils, welche die geplanten Häuser angeblich ausstrahlten, Lob ein. Ganz französischem Geschmack entsprechend. Hätte die Realisierung geklappt, wäre ein städtebauliches Juwel im Zentrum Landaus entstanden. Aber aufgrund unterschiedlicher finanzieller Voraussetzungen lief es völlig anders. Edde spielte den Vorreiter und akzeptierte mangels Eigenkapital überzogene Kreditangebote. In seiner bisherigen Geschäftslaufbahn konnte ihn niemand so schnell aus der Bahn werfen. Also ließ er Beziehungen spielen, vertraute auf alte Freunde, die Arbeitskräfte besorgten, Baumaterialien organisierten und Genehmigungen erwirkten. Kosten interessierten ihn wenig. Stein auf Stein wuchsen Mauern bis zur Fertigstellung des Rohbaus mit Holzdachfirst. Irgendwann kamen Dachziegeln, Fenster und Türen. Es dauerte ein Jahr. Die Franzosen benötigten Baumaterialien in großer Menge für ihr zerstörtes Land. Den Pfälzern blieb zweite und dritte Wahl oder gar nichts übrig. Entsprechend hoch die Preise und schlecht die Qualität. Wurstmaschine, Bottiche, Holztische, Wannen, Kessel und andere Gerätschaften zum Wursteln mussten her. Ein Verkaufsraum sollte gefliest, mit Theke, Tresen, Auslagenfenstern und Regalen ausgestattet sein. Die Nachbarn ließen sich Zeit, besonders Kaufmann Christmann. Mit mehr Bedacht akzeptierten sie bürokratische Vorgaben, Stichtage und Fristen. Das brachte Ersparnisse und Zuschüsse ein. Eddes Ungeduld sollte böse Folgen haben.

Seine Kumpels und er arrangierten sich mit den provisorischen Lebensverhältnissen auch beim Freizeitverhalten. Einfallsreich pflegten sie Gewohnheiten. Ob Frühschoppen oder Feierabendtrunk, in der nächsten nur noch halb vorhandenen Schankstube entdeckten sie ihren neuen Stammtisch. Der Lasterhaftigkeit entglitt ohnehin jede Kulisse. Edde unterhielt schon lange eine „Witwentröster"-Beziehung zu einer Geschäftsfrau in unmittelbarer Nachbarschaft. Für konspirative Treffs hatte er eigens eine Wohnung einrichten lassen, die unversehrt geblieben war. Und auch das Verhältnis zu seiner Konkubine dauerte fort. Indes streikte Eddes Gesundheit. Ständiger Husten, Kopfschmerzen und bisweilen Fieber vermiesten ihm die Tage. In seiner tristen Gemütslage besprach er sich mit der Geliebten, welche ihm riet, endlich die von ihm öfter erwähnte Stieftochter Lore kennenzulernen. Ende Februar 1949 sollte eine Begegnung stattfinden. Vor einiger Zeit hatte Lore ihr restliches Mündelgeld von viertausend Reichsmark, berechnet auf Grundlage von monatlich dreißig erhalten. Davon blieben nach der Währungsreform im Juni 1948 von der Reichsmark zur Deutschen Mark gerade mal 260 DM. Es reichte für ein „Göricke-Fahrrad" und ein paar Schuhe, wie Lore Jahre später erzählte. Zuvor hatte ihre Mutter Anna von dem Mündelgeld ein Klavier statt Aussteuer gekauft. Keine amortisierende Maßnahme. Und überhaupt deren Stigma, als Dienstmädchen, vom Metzgermeister geschwängert, ins Dorf zurückzukehren, wollte nie mehr weichen. Zu sehr kochten in den braunen, stockkonservativen Pfälzer Gemeinden Neid, Missgunst und Bedrohungsängste.

Emmels Stiefschwester, im Sommer 1930 geboren, wuchs in Knöringen, einem Winzerdorf nördlich von Landau gelegen, auf. „Man spielt nicht mit Bankert-Kindern", musste sie quälend oft hören, sowie Ausgrenzung, Hohn und Spott erdulden. Hartherzig die Erwachsenen. Gnadenlos die Kinder, welche den Vorgaben und Sprüchen ihrer Eltern rabiat folgten. Lores Grundschulzeit überdauerte nicht den Frieden. Die letzten beiden Jahre herrschte Krieg. Der weitere Schulbesuch in Neustadt/Weinstraße endete vorzeitig wegen der Belegung des Schulgebäudes als Lazarett. Die Vierzehnjährige musste nun zusammen mit Gleichaltrigen beim Ausschachten von Gräben, dem Schanzen, helfen. Unterdessen heiratete ihre Mutter Anna den Winzer Pfaffmann. Helmut und Waltraud hießen ihre neuen Geschwister. Der Stiefvater verwehrte Lore eine Adoption. Sie sah ihn nie wieder, denn er starb an der Ostfront. Vier Jahre betreute sie die kleinen Geschwister, half in der Landwirtschaft und tröstete die Mutter. Ihr Ansehen im Dorf stieg. Eherne Sittengebote lockerten sich angesichts Chaos, Zerstörung, Verlust von Freunden und Verwandten ein wenig. Lore fieberte dem Treffen mit ihrem leiblichen Vater entgegen, wollte ihn endlich kennenlernen.

Doch daraus wurde nichts. Eddes Beschwerden hielten an. Vierzehn Tage quälte er sich im Krankenbett. Martha umwickelte fortwährend seine Waden, um das Fieber zu senken. Ohne Erfolg. Hustenanfälle hallten durch das halb fertig gestellte Haus. Als Karlemann vor dem Krankenbett stand, richtete sich Edde zum ersten Mal seit langer Zeit wieder auf. Er fixierte trotz trüber Augen seinen Sohn, zog an dessen Arm und hielt ihn fest: „Lieber Karl, es ist so weit. Ich habe keine Kraft mehr. Niemals wollte ich es wahrhaben. Viel zu früh kommt mein Ende. Das Leben ist ein Streben und Geben, Buckeln und Treten. Aber meine Laster waren zu viel. Wenn ich jetzt vor den Herrgott treten muss, wie deine liebe Mutter sagen wird, dann ist sie ganz allein. Sie braucht jemanden, der für sie sorgt. Ich bitte dich, lasse sie nicht im Stich. Ich vertraue dir." Karlemanns Traurigkeit, den Vater zu verlieren, überwog die Zentnerlast der ihm auferlegten Verantwortung.

Kurz darauf wies der Hausarzt Edde mit der Diagnose Lungenentzündung ins Landauer Krankenhaus ein. Dort stellten die Ärzte einen Lungentumor fest und verlegten ihn nach Ludwigshafen. Als Martha drei Tage später zum Besuch eintraf, erlitt sie einen Schock. Von Blausucht, der Zyanose, gezeichnet, lag ihr einst so starker, selbstbewusster Ludwig greisenhaft ermattet auf dem schmalen Metallbett. Lippen tief violett gefärbt, ebenso die Fingernägel. Bläulich schimmernd seine Haut. Traurige, glasige Augen blickten sie an. Kurzatmigkeit verhinderte das Sprechen. Es ging nur noch ums Atmen. Zum Vater im Himmel betete Martha auf der Heimfahrt in der Eisenbahn. Aber die Gewissheit, ob der noch helfen konnte, fehlte. Am 20. Mai 1949 starb Metzgermeister Ludwig Reiss im

Alter von 53 Jahren, dahingerafft durch ein ausgedehntes Krebsgeschwulst der oberen Luftröhre, Lunge und Metastasen in sämtlichen Organen. Sein Herz setzte für immer aus. Marthas Lebensperspektive zerplatzte.
Ausgerechnet jetzt, wo der Wiederaufbau seiner Vollendung entgegenschritt, traf ihn das Zeitliche. Kleinlaut eskortierte die einst braune Kumpanei am Grab. Die Verwandtschaft zeterte um Edde, den großen Geschäftsmann und wohlhabenden Onkel. Stets half er aus, wann immer möglich. Ließ niemanden von der Familie darben. Aber woher stammte sein Reichtum? Wie der Irrsinn der Hitlerei fiel dieser krachend in Scherben. Vorgesorgt hatte Edde nicht. Im Gegenteil. Nonchalant ließ er bei Banken Schulden für den Neubau anschreiben. Die Erbengemeinschaft von Ehefrau und Kindern saß daher auf einem Pulverfass. Doch es kam noch deftiger. Beim Durchstöbern persönlicher Papiere fiel Martha die Lebensversicherungspolice ins Auge. Seit Kriegsende hatte Edde nicht mehr eingezahlt. Dadurch und nach Umrechnung des Sparguthabens von Reichsauf Deutsche Mark schrumpfte die Auszahlung auf einen niedrigen vierstelligen Betrag. Die überall spürbare Aufbruchsstimmung wankte im Hause Reiss. Ohne den verstorbenen Chef vollzog sich vieles kompliziert, umständlich und schicksalsergeben. Martha fehlte für den Neuaufbau resolutes und rationales Kalkül, um Banken Paroli zu bieten. Der Wohlstand siechte dahin. Kein Geld mehr da, keine Wertgegenstände, kaum Immobilienbesitz.

Sofort nach Rückkehr aus Münsingen im August 1948 schloss sich Harry dem von einer Liebhabervereinigung gegründeten Symphonischen Orchester der Stadt Speyer an. Viele seiner Berufsmusikerkollegen ließen sich engagieren und erhöhten die Qualität. Zugleich trat er der Gewerkschaft als „Kulturschaffender" bei. Endlich konnte Harry wieder konzertant geigen. Serenadenabende, Symphoniekonzerte, Opern- und Operettenstücke sowie Volkstümliches gelangten zur Aufführung. Das Orchester gastierte in vielen Orten der Pfalz und Hessens. Fast ein ganzes Jahr bis Ende Mai 1949 reiste er umher, lernte Theater-, Konzertsäle oder Turnhallen kennen. Etwa ein Dutzend Städte und fast zwanzig Dörfer. Darunter Speyer. Sehr zur Freude der Verwandtschaftslinie „Eck-Mutter", von Tante Annel und deren Mann Walter Lieser, frischgebackene Eltern mit Töchterchen Beate. Zugleich Liebhaber klassischer Musik. Die Finanzierung des Projektes stand jedoch auf wackligem Fundament. Die Musiker waren eklatant unterbezahlt. Harry verdiente mit seiner Tanz- und Unterhaltungsmusik mehr. Er kündigte – sehr zum Verdruss seiner Schwiegermutter, der trauernden Witwe. Vor zehn Tagen hatte er noch das Largo von Händel zu Ehren Eddes gegeigt. Und nun dies, wie sie haderte. „Warum kannst du nicht eine Fortbildung machen, damit du wenigstens in der Schule eine Anstellung findest. Du verschleuderst doch dein Talent!" Das saß. Nein, jetzt nochmals pausenlos büffeln – selbst ihm erschien das zu aufwändig. Er wollte musizieren, vom Publikum getragen, sein Können präsentieren. Danach stand ihm der Sinn. Vorerst nahm er deshalb das Tingeln als selbständiger Musiker von Engagement zu Engagement in Kauf.

Tatsächlich bahnte sich Großes an. Im April 1949 erhielt Landau den Zuschlag zur Ausrichtung der „Südwestdeutschen Gartenbau-Ausstellung–SÜWEGA". Ein sensationeller Erfolg für die Kleinstadt. Ausschlaggebend im Konkurrenzkampf mit vielen Mitbewerbern waren die bestehenden großzügigen Parkanlagen. Für eine Gartenbauausstellung bildeten sie ideale Voraussetzungen. Auf dem Gelände von 16 Hektar entstanden Gartenpflanzungen und neue Gebäude. Den Tiergarten schmückten nun Rosen- und Steingartenanlagen. Der Messplatz präsentierte das Vorführungsareal, Hallen für Ausstellungen und den Vergnügungspark. Der Schillerpark offerierte ein Ausstellungslokal einschließlich Tanzfläche, Blumen- und Staudenanlagen. Im Goethepark lockten eine Freilichtbühne, das Sommercafé „Stella" und Sondergärten zum Besuch. Erstaunlich das städtische Übernachtungsangebot von über fünfzehn Hotels und Gasthäusern für mehr als 200 Gäste. Fast vierzig Gaststätten und zehn Cafés hielten sich bereit, jede Menge Personen zu versorgen. Innerhalb von nur vier Jahren entwuchsen der Landauer Kriegssteinlandschaft blühende Gärten, umrahmt von Kunst und Musik, Volksvergnügen und Ökonomie. Dank mutiger „Gartenstädter", die einen enormen Aufschwung von regionalem Handel und Gewerbe erwarteten sowie ihren Ruf als Zentrum der Südpfalz festigen wollten. Ohne den garten- und kunstfreudigen französischen Oberst de Gouvello, der die Kriegsschäden in den Parkanlagen frühzeitig beseitigen ließ, wäre das Vorhaben wohl versandet.

Harrys Freund Fritz Flick setzte sich bei der Pächter-Vergabe der im Bungalow-Land-Stil errichteten Schillerparkgaststätte gegen einige Konkurrenten durch. Entscheidend erwies sich die Reputation als regional bekannter Musiker und die Karriere seiner Frau Paula in der Gastronomie. Ferner sein Angebot, die Innenausstattung von der „Schwarz-Storchen-Brauerei Speyer" kostenfrei beschaffen zu lassen. Die Klausel im Vertrag, *„die Pächter sind verpflichtet Samstag und Sonntag nachmittags und abends sowie an mindestens einem Abend der Woche eine Tanzkapelle zu beschaffen"*, toppte Schlagzeuger Flick: *„Wir beabsichti-*

gen während der SÜWEGA täglich Unterhaltungs- und Tanzmusik spielen zu lassen."

Am 16. Juli 1949 öffnete die Ausstellung ihre Pforten. Dreißigtausend Menschen zählten die Veranstalter am Schluss des ersten Wochenendes. Aus der Pfalz und den Nachbarregionen strömten die Massen herbei. Besonders viele mit Sonderzügen der Bahn. Sie rollten in die nur provisorisch reparierte Landauer Bahnhofsruine ein. Fahnen in Landes- und Stadtfarben wehten von zahlreichen Masten. Die Parkplätze für Omnibusse und Privat-Pkw reichten nicht aus. In der großen Ausstellungshalle gab es Obst- und Gemüsekulturen zu sehen. Alle Parks boten Sommerblumenbepflanzungen. Dahlien und Rosen verzierten den Tierpark. Bedarfsartikel, Gerätschaften oder Maschinen für den Gartenbau standen auf dem Messegelände. Der „Vergnügungspark" von Schaustellern und Fahrgeschäftsinhabern präsentierte „Kumpfs Kinderkarussell", „Klundts Süß-, Back- und Rauchwaren", Spielbuden, ein „Verzaubertes Schloss" als Grusel-Labyrinth und einen Silhouetten-Schneider. Zu einer besonderen Attraktion lud die „Seesturmbahn" von Willi Köster aus Köln-Nippes ein. Auf der fünfzig Meter langen Umlaufbahn konnten Fahrgäste durch vier Wellentäler und -berge in drehbaren Gondeln segeln.

Um fünfzehn Uhr klangen beim Auftakt im Tanzcafé Schillerpark beschwingte Teehaus-Melodien zur Kulisse der auch von der botanischen Bezeichnung her passenden Trompetenbäumen. Sie hatten gerade ihre orchideenähnlichen Blüten abgeworfen. Das Wetter spielte blendend mit. Spektakulär bediente Kellner Alfred Neuscheller, genannt „Blitz", auf Rollschuhen die Gäste. Harrys Combo musizierte in kleiner Besetzung. Ludwig Haug geigte, Bernhard Schädler blies Saxophon. Um den aus Beton erstellten „Tanzring" von etwa acht Metern Durchmesser schillerten ornamenthaft angeordnete Taglilien, roter Mohn, Flammenblumen und Rittersporne. Zum Wiener Walzer beschritten Paare älteren Semesters die Tanzfläche und wiegten tapsig bis zum Ende der Veranstaltung herum. Nach einer dreistündigen Pause setzte ab 20 Uhr das Abendprogramm ein. Stimmungskanone Rudi Bendel verstärkte die Kapelle, blies mit dicken Backen und überquellenden Augen neueste Schlager: „Die Rose vom Wörther See", „Das kann doch einen Seemann nicht erschüttern". Zum „Theodor im Fußballtor" hechtete der Trompeter über die Bühne.

Der Tod des Patriarchen Ludwig Reiss überschattete immer noch die Tage der Familie. Vor einem Vierteljahr hatte Emmel ihrem Vater eine rote Rose auf die

Urne ins Grab geworfen. Nun reifte neues Leben heran. Jederzeit konnte ihr Kind inmitten des Trubels der SÜWEGA zur Welt kommen, und so geschah es. Harrys Tanzmusik im Schillerpark dauerte am 6. August 1949 länger. Erst um 22.30 Uhr, nach Ende des Radsport-Nachtrennens im Landauer Stadion gleich nebenan, sollte die Musik groß aufspielen. Mit etlichen Zugaben zog sich das Vergnügen bis weit in die tiefe Nacht, sogar den nächsten Tag hinein. Gegen 3 Uhr empfing Harry ein hell erleuchtetes Haus. Aufgeregt signalisierte seine Schwiegermutter: „Gewidderdunnerkeitel. Wo kummschd du so späd her? Es isch soweid." Vergrellt über die Frage, aber in nun fast nüchternem Zustand dem Ernst der Lage entsprechend, rannte er ins Schlafzimmer zu seiner Emmel. Die machte nicht den Eindruck der sofort Gebärenden. „Ist sehr spät geworden. Jetzt leg dich noch ein bissel hin. Wir sind im Kontakt mit der Hebamme und dem Doktor." Drei Stunden schlief er wie ein Stein. Dann rüttelte Karl kräftig an seinen Schultern. „Hopp! Du sollschd mol kumme." Nein. Direkt dabei sein für ihn unmöglich. Stattdessen warten mit dem Schwager in der Küche bei einem starken Kaffee. „Do is noch ämol ä Büwel. Kannschd därs agugge." Um sieben Uhr in der Frühe des 7. August überreichte Emmel ihrem Mann den auf Klaus Ludwig getauften Sohn – meinen Bruder.

Am Nachmittag musste die Combo ohne Harry auskommen. Zum Tanztee erschienen nur wenige, sehr gereifte Paare. Direkt gegenüber ins Stadion strömten Menschenmassen. Viertausend Zuschauer. Die Fußballer des ASV Landau spielten gegen TSV 1860 München und unterlagen 3:8.

Die Sonntagabendunterhaltung im „Schillerpark Café" klang gegen 23 Uhr aus. Harry wollte schnell nach Hause. Freund Fritz überreichte ihm zum Abschied eine Flasche „Deidesheimer Herrgottsacker". „Die is gud gekühld. Un faschd ä Taufwässerle. Machse hald noch uf dehäm. Grüß mir dei Emmel." Auf leisen Sohlen schlich der frisch gebackene Vater zum Nebenausgang des Parks. Vorsichtig zupfte er hier und da aus der Vielfalt unterschiedlicher Blumenbeete einige Exemplare. Euphorie besiegte die Angst, beim Klauen erwischt zu werden. Dem üppigen aus Dahlien, Rosen, Geranien, Löwenmäulchen und Ringelblumen zusammengesetzten Strauß versagte Emmel aber die Anerkennung.

Auch das schräg über einen Gartenzaun lächelnde, mit Blumen und Früchten umrahmte Sonnengesicht, welches als Plakat der SÜWEGA firmierte, erhielt Dämpfer, nichts Bedeutsames, aber für Wilhelm T. Charakteristisches. So verweigerte er an einem Sonntagabend den Eintrittspreis in den Goethe-Park. Es ging um die Zahlung eines Konzertzuschlags von vierzig Pfennigen. Begleitet von seiner Frau, entfernte er sich mit den Worten: „Da bleiben wir heraus!" Kurze Zeit später drängelten sich die beiden am Kassenhäuschen und an einigen Leuten vorbei. Auf Zuruf und Einwand des Kassierers: „Sie sind nicht gezwungen, den Park während eines Konzertes zu besuchen. Kommen Sie doch morgen", schrie es zurück: „Das ist Nepp und Ausbeuterei!" Energisch schritt das Ehepaar in den Park. Kontrolleur Holtz konnte aufgrund des hohen Publikumsaufkommens das Eindringen nicht verhindern. Drumherum stehende Personen bestätigten ratlos die Identität des stadtbekannten Lebensmittelgroßhändlers. Verzweifelt teilte Hauptkassierer Weiser den Vorgang schriftlich seinem Bürgermeister mit.

„Soll das drei Monate so weitergehen?" beklagte die Landauerin Paula Kaußler in einem Brief an ihre Verwandtschaft. „*Nach Aufhören der Tanzmusik im Ausstellungscafé um zwei Uhr in der Nacht fängt das Singen, Grölen, Toben und Kreischen an. Mich wundert warum die Franzosen nicht los toben, wenn die Betrunkenen dann God save the Queen, Deutschlandlied und Horst-Wessel-Lied singen. Alle Nachbarn stöhnen. Fräulein Stelzenmüller klagt, dass sie auch tagsüber nicht imstande ist, geistig zu arbeiten, wenn Tanzmusik spielt. Dies alles hält uns jedoch nicht ab, die Ausstellung für sehr schön zu halten. Wir haben auch mehrere Besuche eingeladen, um ihnen alles zu zeigen.*" Trotzdem klang am Ende wieder Groll und Spott durch: „*Die täglichen Besoffenheitsorgien sind nicht mehr länger zu ertragen. Wir freuen uns schon auf die kommenden nächtlichen Radrennen, die seit Jahren das Entsetzen des ganzen Hauses sind. Und dann die Männergesangsvereine ... Erbarmen, Erbarmen!*"

Karlemann genoss die Vergnügungsmelange von SÜWEGA. Endlich Unbeschwertheit. Ausgelassen feierte er mit alten Landauer Kumpanen das einzigartige Ereignis, all den vorherigen Nazi-Müll hinter sich lassend. Nach einem Kegelabend, Ende August, ging es schnurstracks ins Schillerpark-Café. Kaum Platz genommen, fixierte er die Tanzfläche. Eine schwarzhaarige junge Frau wirbelte herum. Sie gefiel ihm auf Anhieb. Ohne die sonst übliche Scheu lief er auf ihren von Freundinnen besetzten Tisch zu und forderte sie zum Tanz auf. Der Abend gehörte am Ende ihnen beiden. Zum Schluss, beim Boogie-Woogie, den sie mit Pirouetten und wildem Schleudern garnierten, klatschte das Publikum laut Beifall. Ein starker Auftakt. Aus dem Tanzkreis des Schillerpark-Cafés erwuchs eine lebenslange Liebe und Partnerschaft von Karl und Emy.

November 1924 kam sie im ehemaligen Fischerdorf Wörth am Rhein zur Welt – in einem der typischen Fachwerkhäuser nahe dem großen Fluss. Ihr Vater betrieb im Nebenerwerb eine kleine Landwirtschaft, baute Dickrüben und Kartoffeln an. Er hielt Vieh, Hühner und Gänse fürs eigene Schlachten. Aus dem nahen Bienwald holte man Holz. Auch ein Tabakfeld gehörte dazu. Täglich musste der Vater über den Rhein nach Karlsruhe zu seinem festen Arbeitsplatz bei der Papierfabrik „Vogel und Bernheimer". Die Nazis hatten 1938 die jüdischen Besitzer gezwungen, ihr prosperierendes Werk an die Firma „Holtzmann und Konsortium" zu verkaufen. Im Laufe des Krieges war es immer wieder zu Angriffen und Beschädigungen bis zur vollständigen Zerstörung im Jahre 1945 gekommen.

Emy hatte als älteste von zuletzt neun Geschwistern – sechs Mädchen und drei Buben – schnell Verantwortung zu übernehmen. Schwester Margret war achtzehn Jahre jünger. Selbst noch Kind, musste sie auf die Kleinen aufpassen. In dem katholischen Dorf bestand Skepsis gegenüber den Nazis. Daher waren nicht alle ihrer Mitschülerinnen beim BDM – im Unterschied zu Emy. Ihre Schulzeit verlief erfolgreich. Danach brauchte die Familie sie zum Arbeiten. Keine erfüllende Zukunft für eine junge Frau. Auf Rat einer Freundin sprach sie 1942 im Regionalbüro des „DNB-Deutsches Nachrichtenbüro" in der Westendstraße Karlsruhe vor. Überall fehlten Arbeitskräfte. Die Anstellung als Tippkraft glückte. Nebenher besuchte sie die Handelsschule. Die Einarbeitung funktionierte vortrefflich, und so spannte man die wissbegierige, angehende Sekretärin immer häufiger in Arbeitsabläufe ein. Zum Meldungen Aufnehmen oder die vom Fernschreiber auf einer Endlosrolle übermittelten Nachrichten auf der Schreibmaschine als Bericht und im üblichen A4-Format zur Weiterleitung an örtliche Zeitungen Abtippen. Der hochdekorierte NS-Büroleiter setzte seinen Fettstift an und strich vieles durch. Nein, am Vertippen lag es nicht. Im Volksmund kursierte die Umdeutung von DNB: „Darf Nichts Bringen". Viele Mitteilungen unterlagen der Zensur: abgebrannte Scheunen, Verkehrsunfälle oder Schiffsunglücke. Hinter allem steckte vermutlich Sabotage. Auch der Suizid des „Engelwirtes" in Wörth blieb unerwähnt. Steine in seiner zusammengebundenen Hose, mit der er sich ins Wasser einer Kiesgrube schmiss, stützten die Annahme. Nachbarn sprachen von Schwermut. Woher selbige kam, blieb ungeklärt. Schließlich beging Emy dennoch einen offenkundigen Fehler. Sie ernannte den Reichsjugendführer Baldur von Schirach zum „Reichsjudenführer". Ihre Arbeit behielt sie trotzdem. Nur drei Wochen danach geriet die Anstellung anderweitig in Gefahr. In der zweiten Septembernacht 1942 griffen zweihundert britische Flugzeuge Karlsruhe an. Den Leuchtkaskaden folgte eine unglaubliche Masse von Spreng- Phosphor- und Stabbomben, Luftminen sowie Kautschukbenzolbrandbomben. Die Piloten notierten in ihre Flugbücher: „Whole town was burning beautifully." Etliche öffentliche Gebäude wie die Musikhochschule und Landesbibliothek, das Schloss und die Landessammlung für Naturkunde waren getroffen. Das Rheinhafenviertel brannte lichterloh. Mühlburg, die Innenstadt und fast die gesamte dazu gehörende Westendstraße hatte es erwischt. Starker Wind machte den Feuerwehren beim Löschen zu schaffen.

Emy erschien am nächsten Morgen vor dem Bürogebäude. Es stand nur noch zur Hälfte. Überall schwelte und kokelte es. Spärlich drangen Sonnenstrahlen durch die Rauchwolken. Nach Aufräumarbeiten und Rettung von Akten zog der Betrieb zum nicht weit entfernten Friedrichsplatz um. Ende 1944 versiegten selbst die minimalsten Nachrichten. Das halbe Dutzend fest angestellter Bürokräfte und Emy sollten nach Hause gehen.

Im Januar 1945 gelangte sie über den Rhein zur Familie. Früh genug vor dem Detonieren der Maxau-Brücke durch eine fehlgeleitete amerikanische Artilleriegranate am 21. März. Der „Ersten Französischen Armee", aus Weißenburg kommend, glückte das Vordringen zum Bienwald bis Wörth. Versprengte, auf der Flucht befindliche deutsche Soldaten, vereinzelt neben klapprigen Pferdewagen laufend, marschierten nach Osten Richtung Rheinauen. Fast alle warfen ihre Waffen und Munition weg, zumeist in Gärten oder auf Äcker. Sie schritten ihrem Verhängnis zu. Niemand konnte mehr den Rhein überqueren. Jabos beschossen rund um den Trümmerhaufen der Maxauer Brücke die entstandene Menschenansammlung. Verbohrte SS-Männer oder blindgläubige Hitlerjungen inszenierten vereinzelte Schießereien.

Am 23. März erreichten die Franzosen Wörth. Emy überstand unbehelligt die ersten Wochen. Nach einem Jahr Einquartierung suchten die Besatzer für ihre Offiziere samt nachgezogener Familienangehörigen Haushaltshilfen. Die Bezahlung war nicht schlecht, und die Zwanzigjährige wagte den Schritt aus dem kinderreichen Haus ins vorerst Ungewisse. Französisch hatte sie in der Handelsschule als Sprachfach gewählt. In Germersheim erhielt sie eine Anstellung bei einer Offiziersfamilie. „Comme il faut" erledigte sie ihr Arbeitspensum, oft ein Lächeln auf den Lippen und mit freundlichen Worten. Die Verständigung klappte von Anfang an, ihre Sprachkenntnisse nahmen schnell zu. Nach gut einem halben Jahr begann der gleichaltrige Sohn der Familie, Emy zu begehren und nachzustellen. Mit dem typischen Charme der Franzosen umgarnte der „Beau" die verwirrte Emy. Lange wehrte sie sich, hielt dem „Sturm auf ihre Bastille" stand. Zu sehr wusste sie um damit verbundene Illusionen und Risiken. Bisherige Erfahrungen im jungen Erwachsenenleben erforderten sachliches Kalkül. Doch es zerfiel. Die Schwangerschaft ging einher mit einem Umzug. Koblenz hieß der neue Ort laut Versetzungsbefehl im Frühjahr 1947. Im fünfzig Kilometer entfernten Cochem an der Mosel wohnte die Familie. Als der Zustand Umfang annahm, die Ratlosigkeit des Paares in Resignation umschlug, nahte die Stunde der Wahrheit. Die Eltern des Geliebten mussten reagieren. Le Père konnte sich durchaus eine passable Lösung vorstellen, aber Madame, la Mère, wies Emy an, ihre Koffer zu packen. Sie blieb noch einige quälende Sommertage. Die Amour erlosch wie ein ins offene Feuer flatternder Schmetterling. Entsetzt empfingen die Eltern in Wörth ihre Erstgeborene, als sie mit dickem Bauch und zwei Koffern anklopfte. „Sach bloß?" Sie wusste, das will ich ihnen nicht zumuten. Eine Freundin berichtete von der Möglichkeit, sich dem katholischen Fürsorgeverein im Sankt Anna-Stift Ludwigshafen anzuvertrauen. Junge, schwangere, alleinstehende Frauen erhielten Wohnung und Betreuung. Es klappte. Im September 1947 kam Silvia zur Welt.

Emy tat alles, um ihrem Kind gerecht zu werden. Sie litt einige Zeit unter der Gleichgültigkeit des Kindsvaters und fügte sich tief enttäuscht dem Los als ledige Mutter. Ob der leibliche Vater hätte zahlen müssen? Die Rechtslage blieb ungeklärt. Es galt zudem als besondere Schande und Makel, ein Kind von einem Franzosen oder „Besatzer" zu haben. Wie ihr erging es einigen Tausend im Nachkriegsdeutschland. Doch sie stellte sich der Aufgabe und Herausforderung, Silvia allein aufzuziehen und zu versorgen – und erstarkte. Nur eines konnte Silvia, der schon als Kind Unstimmigkeiten auffielen, ihr nicht nachsehen. Das beharrliche Schweigen um die leibliche Abstammung. Emy behielt ihr Geheimnis ein halbes Leben lang für sich.

Im Frühjahr 1948 verließ sie das Heim, um auf eigenen Beinen zu stehen, und nahm in Landau nochmal eine Stelle als Haushälterin bei einer französischen Familie an. Doch die neuerliche Madame war ihr nicht gut gesonnen. Pausenlos schikanierte sie ihr Dienstmädchen und behandelte sie von oben herab. Emy blieb, weil es ausreichend zu essen gab. Immer etwas mehr für die kleine Silvia.

Dennoch erkrankte diese schwer und musste in das Vincentius-Krankenhaus in Landau. Nun lehnte Emy das Angebot finanzieller Hilfen ihrer verflossenen französischen Familie aus Cochem nicht mehr ab. Manchmal hatte sich das Familienoberhaupt mit Postkarten oder kleinen Paketen gemeldet. Sie ignorierte alles, bot aufrecht die Stirn. Jetzt aber brauchte das Kind Penicillin, welches sehr teuer war. Also nahm sie das Geld an. Silvia gesundete schnell, konnte alsbald wieder nach Wörth zu den Großeltern, die sie liebevoll umsorgten. Ihre Mutter ließ nichts unversucht, eine bessere Stellung zu erlangen. Ab Mitte 1949 saß sie im Stabsbüro der fünften französischen Panzerdivision –„Cinquième division blindée" – als Secrétaire in Landau – endlich ihren Ansprüchen gemäß. Neben vielerlei militärischen Dienstanweisungen tippte sie Koranabhandlungen auf Papier, die der marokkanische Oberstleutnant Meliani diktierte. So gut, dass er augenzwinkernd meinte, Madame Emy seinem Vater als neunte Frau zuführen zu wollen. Aber nun trat Karlemann auf den Plan.

Auf anderem Parkett bewegte sich Harry mit seiner Combo auch nach der SÜWEGA-Zeit erfolgreich. Die Qualität der Musik sprach sich herum. In unterschiedlicher Besetzung eroberten ihre Darbietungen den Pfälzer Raum und darüber hinaus die „Planken" Mannheims. In der Straße im Herzen der Stadt leuchteten an der Außenfassade die Buchstaben „Café Kossenhaschen". Drinnen, im „KoHa", wie die Besucher es nannten, spielte die Landauer Kapelle zum Tanz auf. „Hier sah man sich und wurde gesehen." So prominent kam das Arrangement daher. Namensgeber und Hotelkönig Georg Kossenhaschen schlummerte längst im Grab, während seine Witwe den Betrieb weiterführte. Die glorreiche Zeit des Tanzsaales endete 1959. Ob im „Kurhaus Kohler" Neustadt, „Café Ludwig", „Villa Ludwigshöhe" Edenkoben, „Rosengarten Zweibrücken", „Hahnhof Deidesheim" oder anderen Spielstätten, das Repertoire der Kapelle bot dem unterhaltungssüchtigen Nachkriegspublikum alle Möglichkeiten zum Tanz. Man genoss die offenbare Leichtigkeit der neuen Zeit nach all den Gängeleien und Entbehrungen, tanzte wild hinein in die neue Freiheit, neuen Bekanntschaften, Lieben oder Freundschaften zu.

Während einer Auftrittspause erzählte Schlagzeuger Flick den Bandkollegen von der Begegnung mit der Fußballerprominenz in seinem Schillerpark-Lokal. Der Südwestdeutsche Fußballverband hatte einen Lehrgang im Landauer Stadion durchgeführt. Anwesend die fünf großen „unsterblichen" Lauterer Fußballer Kohlmeyer, Eckel, Liebrich, Otmar und Fritz Walter. Letzterem schmeckte das von Fritz Flicks Frau Paula zubereitete Nierenragout ganz besonders: „Ich hab noch nie so gude Närcher gesse, wie do", meinte Fritz im klarsten Hinterpfälzisch, worauf Bruder Otmar ergänzte: „Ei, die Fraa kann hald gud bruzzle."

Die Kochkunst überzeugte auch Fritz Siegel, genannt „Mulle", Freund der Familie Flick und Überlebender des Holocaust. Er stellte Paula, nachdem ihr Fritz viel zu jung im Jahre 1961 gestorben war, als Leiterin und Köchin des wieder aufgebauten jüdischen Altersheimes in Neustadt/Weinstraße ein. Der 1908 geborene Metzgersohn stammte aus Ingenheim bei Landau und hatte eine schmerzliche Odyssee von Verfolgungen während der Nazi-Zeit erlebt. Als SPD- und Reichsbanner-Mitglied nahm man ihn 1937 fast ein halbes Jahr in „Schutzhaft", weil er eine Göring Rede mit den Worten, „das sei doch der alte Käse" kommentierte. Nach weiteren Gefängnisaufenthalten und „Schutzhaft" in Dachau landete er im Herbst 1938 im KZ Buchenwald. Im Februar 1939 genehmigte ihm überraschend Standartenführer Koch die Durchführung der vermutlich letzten jüdischen Hochzeit in der Pfalz unter der Nazi-Herrschaft. Das Glück währte nur kurz. Seine Frau Elisabeth und Tochter Chana mussten im Oktober 1940 dem schon vorher inhaftierten Papa Fritz nach Gurs folgen. Während des Aufenthalts im Lager Reillanne von 1942 bis 1944 kam Sohn Pierre zur Welt. Vom Lager Drancy führte der Sammeltransport in die Gaskammern von Auschwitz. Mutter und Kinder starben grauenvoll, Fritz Siegel überlebte – selbst den Todesmarsch zum KZ Mauthausen. Erstaunlich, dass er sich nach seiner Befreiung sofort auf den Weg nach Landau machte, zum Ort der Peiniger, die seine Heimat zerstört hatten. Sein ganzes Streben galt nun der Hilfe von überlebenden Glaubensschwestern- und brüdern. Er gründete eine neue Kultusgemeinde, erwirkte den Bau eines Betsaals, amtierte als Synagogendiener und Vorbeter. Von 1946 bis 1952 gehörte er dem Landauer Stadtrat als Abgeordneter an. „Mulle" beschritt den Weg der Versöhnung, heiratete 1947 die Landauer Gärtnerstochter Gertrud Willerich, mit der er bis zu seinem Tode glücklich zusammenlebte. Als Vorsitzendem der Kultusgemeinde Rheinpfalz gelang es ihm, in der Nachkriegszeit wieder jüdisches Leben in der Südpfalz zu etablieren. Auf dem restaurierten jüdischen Friedhof in Ingenheim schloss sich 1978 der leidvolle und zutiefst humane Lebenskreis. Sein Grabstein erinnert ebenso an die ermordete Familie.

Aufwärts geht's – Die Schlachterei bankrott

Ein Jahr vor seinem Tod stellte Edde den ehemals besten Metzgergesellen wieder ein. Theo war unversehrt von der Ostfront zurückgekommen und suchte Arbeit. Martha übertrug ihm die Leitung des Fleischbetriebes kommissarisch. Neffe Hans Übel firmierte als erster Nachkriegslehrling. Ein Jahr lief die Metzgerei mit behelfsweisem Außer-Haus-Verkauf. Im August 1950 präsentierte Martha das wieder aufgebaute Geschäft. Nach erfolgreichen Eröffnungswochen gammelten die spärlichen Wurstauslagen nicht nur wegen starker Sonneneinstrahlung vor sich hin. Eine Kühltruhe fehlte. Die Qualität ließ zu wünschen übrig.

Die Zeiten hatten sich auch im Landauer Schlachthof geändert. Sohn Karl musste an Schlachtvieh nehmen, was übrigblieb. Er verfügte nur über geringe finanzielle Mittel. Es fehlte ihm ein Transportauto. Und so musste er anderthalb Kilometer weit auf einer großen Holz-Handkarre Schweine und halbe Rinder zur Wurstküche fahren. Die Viehhändler, einst dicke Freunde seines Papas, lächelten ihn überheblich an, wenn er um Bezahlaufschub bat. Im nächsten Moment unterstrichen sie gestenreich die Aussichtslosigkeit ihres Entgegenkommens. Und feixten insgeheim: Das geschieht dem Sohn des „Kriegsgewinnlers" ganz recht.

Um nichts unversucht zu lassen, mietete Martha zusätzlich zum Hauptgeschäft eine winzige Fleischereifiliale in Nußdorf an, geleitet von Frau Hauck, die mit mäßigem Umsatz ab Januar 1950 bevorzugt Wurstwaren verkaufte. Auf dem Fahrrad strampelte Lehrling Hans fast täglich drei Kilometer zu ihr und brachte Nachschub. Fiel Frau Hauck aus, versah Mutter Emmel ihre Vertretung. Sie nahm uns Kinder mit ins Dorf, auch das kleine Brüderchen Klaus. Emmel musste den Laden ebenso wie uns Kinder betreuen. Trotz geringer Kundschaft ließ Mama mir genüssliche Freiheiten. Ich schloss mich schnell den Dorfkindern an. Gar nicht so einfach für den „Stadtschisser", wie die Dörfler lästerten. Mir eröffnete sich eine rustikale, naturnahe Welt. Mutproben wie das Beschaffen und anschließende Zerdrücken einer Hand voll Maikäfer oder das Aufsetzen von Blutegeln auf den Bauch gehörten dazu. Aufregend verlief jener Tag, an dem der Dorfstier mit lautem Geschrei, links und rechts von Peitschen schwingenden Bauernburschen gegängelt, in den „Faselstall", gleich gegenüber vom Laden, tappte. Ich schaffte es im Alter von knapp sechs Jahren, neben einigen erwachsenen Zuschauern in den Hof hineinzukommen. Vor dem Gatter, an dessen Ende eine Kuh nervös die Glubschaugen verdrehte, rammte in rasender Geschwindigkeit der Stier seinen spitzen, langen Penis in die Vagina. Drumherum Gejohle. Als der Faselmeister die anwesenden Kinder entdeckte, schmiss er uns laut schimpfend hinaus. Ganz weit weg rannte ich mit den anderen bis hinter die Dorfkirche. Es brodelte in meinem Kopf. Besonders über die Furore und weil ich etwas Exotisches erlebt hatte.

Ein anderes, umso bedeutsameres Ereignis passierte kurz danach beim Aufenthalt in der Schlachterfiliale. Im Nachbarhaus entdeckten meine Dorffreunde den großen Weidekorb samt Flaschenzug zum Hochtransportieren von Brennholz in den ersten Stock der Scheuer als Personen-Aufzug. Einer nach dem andern durfte in dem Korb nach oben schweben und je nach Laune der am Seil Ziehenden bedächtig langsam oder rasend schnell herunterfahren. Die Insassen erhöhten das Vergnügen durch wildes Schaukeln. Im Hochgefühl von Leichtigkeit verlor ich das Gleichgewicht und knallte aus zwei Metern Höhe mit dem Kopf voran aufs Granitsteinpflaster. Aus dem linken Ohr floss viel Blut. Betäubt lag ich, von hilflosen Kinderaugen angestarrt, bereits im Vorhof des ewigen Lichtes. Relativ schnell reagierten die herbei gerufenen Erwachsenen: „Der muss sofort ins Krankenhaus." Trotzdem verging eine nicht enden wollende Stunde auf dem Kanapee im winzigen Büro des Fleischerladens. Einen Krankenwagen anzurufen, kam niemandem in den Sinn. Stattdessen traf Onkel Otto nach dem aufgeregten Hilferuf per Telefon aus der Stadt mit seiner grauen „Opel Olympia Limousine" ein, um mich in Begleitung meiner völlig verängstigten Mutter ins Spital zu fahren.

Schemenhaft meine Erinnerung: Alles Wahrnehmbare erschien mir bleich und hell. Ein breit grinsendes Gesicht mit dicken, schwarz eingefassten Brillengläsern neigte sich zu mir herunter, um sofort wieder im weißen Kittel wie ein Gespenst zu verschwinden. Das Oberlicht strahlte aggressiv, ließ blasse Wände auseinanderdriften. Stürmisches Dauerpfeifen, hässliches Überfrequenzquietschen, pulsierend – dumpfer Dauerton kamen hinzu. Hirn und Ohr im Stress. Die Gehirnerschütterung ging vorüber. Der Schaden eines verkrüppelten Ambosses blieb.

Am 21. Januar 1952 erhielt Harry eine feste Anstellung bei der Orthopädischen Versorgungsstelle Landau, „dem Versorgungsamt". Alle Bemühungen, als Musiker, insbesondere Kapellmeister unterzukommen, waren gescheitert. Um ein geregeltes Einkommen zu erlangen, musste er Kompromisse eingehen. Eine Berufsausbildung mit Hochschulabschluss sowie der Status als ehemaliger Berufssoldat reichten allemal für eine Umschulung zum Verwaltungsangestellten aus. Schnell arbeitete sich Harry ein. Aktenordner, Formulare oder Vorschriften schreckten ihn nicht ab. Vielmehr stieß das Ordnungsprinzip, seinem Naturell entsprechend, auf große Sympathie. Die vielen Fälle aber von versehrten Kriegsteilnehmern und Bombenopfern erinnerten ihn an die eigene vergangene, verpfuschte Zeit. Mit der Belegschaft kam er blendend aus. Nach dem Motto „Man muss die Feste feiern, wie sie fallen" sorgten Geburtstage, Beförderungen oder übergeordnete Anlässe wie Kerwe-Besuche, Betriebsausflüge sowie Fasching regelmäßig für Feiermomente. Sie förderten, alkoholisch und von Pfälzer Lebensart angereichert, das Betriebsklima.

Bei der Einstellung wusste sein Chef, Orthopäde Dr. Lothar Masson, um die musikalischen Fähigkeiten des neuen Mitarbeiters. Gleich ließ er ihn zu sich ins Büro rufen. Wortgewandt und gestenreich eröffnete der verhinderte Operntenor seinem Angestellten, mit ihm dauerhaft musizieren zu wollen. „Mein lieber Herr Kapellmeister. Sie sollten mich am Klavier begleiten. Und Sie sind sicher in der Lage, mit meiner leichten, beweglichen Stimme, schönem Schmelz und weicher Höhe umzugehen. Sie verfügen ja über ein beachtliches musikalisches Ansehen. Da in Ihrem Haus ein Flügel steht, erachte ich diesen Ort ideal zum gemeinsamen Spielen."

Dr. Masson erschien mit Blumenstrauß und Aktentasche in der Königstraße. „Guten Abend, gnädige Frau. Es ist einfach wunderbar, mit Ihrem lieben Mann heute musizieren zu dürfen. Ach, was haben Sie für goldige Kinder." Wir drei, Bärbel, Klaus und ich hielten uns noch im Vorzimmer zum Musizierraum auf. Der nette Onkel kniff jedem in die Wange und legte eine Tafel Schokolade auf den Tisch. „Schön teilen!" Kurze Zeit danach drang die voluminöse Stimme zu uns ins Kinderzimmer. Wir kicherten über die gestelzte Darbietung. Harry ließ die Tasten zu Schuberts „Forelle" hüpfen, und der Tenor besang des „muntern Fischleins Bade im klaren Bächlein" bis zur zappelnden Betrogenen. Auf angenehme Weise erklangen im weiteren Verlauf wunderbare Melodien. „Dies Bildnis ist bezaubernd schön" aus der „Zauberflöte" Mozarts, „Lied eines Schiffers an die Dioskuren" von Franz Schubert oder Robert Schumanns Dichterliebe „Am leuchtenden Sommermorgen".

Nachdem die Weinbrandflasche Asbach ausgetrunken, das Sangesrepertoire erschöpft war, nahte großes Finale, indem der Boss seine Abschiedsarie aus der „Winterreise" wählte: *„Was soll ich länger weilen, dass man mich trieb hinaus?*

Lass irre Hunde heulen vor ihres Herren Haus – Sacht, sacht die Türe zu! Schreib im Vorübergehen ans Tor dir: Gute Nacht." Während der Direktor nach Hause wankte und am anderen Morgen um zehn Uhr im Versorgungsamt erschien, galt für den alsdann wieder untergebenen Zechkumpan Harry Dienst nach Plan und Anwesenheitspflicht ab 7.45 Uhr.

Fast ein ganzes Jahrzehnt liefen solcherart Gesangsabende ab. Und weil der Papa so viel Zeit mit dem Chefarzt zusammen verbrachte, bot es sich an, mal wegen seines Sohnes Wolfgang nachzufragen, als dessen Füße lahmten. Der Orthopäde diagnostizierte einen Fersenhochstand. Mit drastischen Folgen. Meine beiden Unterschenkel packte er bis zu den Zehen in Gips und verordnete Krankenhausaufenthalt. Nach unendlich langen vier Wochen zwickte er höchstpersönlich mit einer bedrohlich großen Schere den Gipsverband auf. Bei ersten Gehversuchen knickte ich weg und glaubte nicht mehr an den aufrechten Gang.

Aber auch Harry geriet im Rahmen seines weiteren musikalischen Betätigungsfeldes, der Pfälzer Fasnacht mit den feucht-fröhlichen Sitzungen und Bällen, bisweilen ins Wanken. Fast zwei Jahrzehnte gab es Engagements beim „LCV – Landauer Carnevalsverein" und eine entsprechende Anzahl von Orden. Sie hingen am Krawattenhalter seines Kleiderschrankes und bimmelten bei jedem Öffnen. Häufig spielte Kapellmeister „Lissigk" – wie der Name auf pfälzisch oft geschrieben und immer so ausgesprochen wurde – solo als Pianist auf Prunksitzungen und arrangierte die Partitur für den „Landauer Fastnachtsmarsch". Mit seiner fünfköpfigen „HL-Combo" tingelte der Bandleader außerdem über die Dörfer und erfreute ländliche Narrenscharen. Emmels Cousine Lorle, *„Baronin von REWE am Löwe",* wie das „Pfälzer Tageblatt" die Tochter des Lebensmittelgeschäftes Weidmann als Faschingsprinzessin betitelte, trat 1961 ins Rampenlicht einer Kampagne.

Nach Vollendung des Neubaus zog unsere Familie mit fünf Personen ins zweite Stockwerk der Königstraße ein. Allerdings ohne Stutzflügel, der aus Platzmangel unten im Schwiegermutter-Trakt blieb. Bei der als bezugsfertig deklarierten Wohnung handelte es sich um ein eigenartiges architektonisches Konstrukt. Jedes Zimmer war mit dem nächsten verbunden. Es gab nur einen winzigen Vorflur zur Küche. Von dort ging es ins bescheidene Wohnzimmer, dann zu Bärbeles Raum, ins Elternschlafzimmer, wo auch das Bett meines Bruders Klaus stand. Im Korridor zum Badezimmer, am Ende der Raumansammlung, durfte ich schlafen. Fensterlos, vier auf zwei Meter. Von meinem Bettenrand aus die gegenüber stehende Wand greifbar. Bisweilen strauchelten Passanten mit schnellen Schritten auf dem Weg zum Klosett. Gut, dass ich als Kind einen tiefen Schlaf hatte. Viel Planungsumsicht lag dem Bauvorhaben nicht zugrunde, eher Konfusion beim Wiederaufbau.

Öfter trieb uns Kinder die Angst um, wenn wir gegen Abend im Hof spielten. Urplötzlich gellte ein heller Aufschrei in alle Ohren und verkündete die Anwesenheit einer Ratte. Fett und provokativ verharrte das Wesen in einer Mauernische oder huschte die Kellertreppe hinunter. Nicht nur der zweimal die Woche stechend durchziehende Geruch nach Schweineschmalz lockte die Spezies an. Aus dem nahegelegenen Flüsschen Queich führte ein ausgeklügeltes Tunnelsystem von unterirdischen Laufgängen zum nicht betonierten Kellerteil, direkt unter die Wurstküche. Von da enteilten die Ratten tagsüber eher selten, aber nachts umso zahlreicher zur Nahrungssuche in den Hof. Über dem Abflussgully pflegten sie Geselligkeit. Bis hinauf zu unserem Badefenster im zweiten Stock war das Fiepen und Pfeifen zu hören. Alle möglichen Mittel der Bekämpfung kamen zum Einsatz: Verschließen der Löcher, Gift, Erschlagen mit der Schaufel. Eines Tages baute Onkel Karl einen Zwinger für den vermeintlich unermüdlichsten und schärfsten Feind aller Nager, den Schnauzer Hund. Es zog ein „Leo" genannter, zotteliger, vor allem gutmütiger Rüde ein. Ideal zum Spielen für uns Kinder, den eigentlichen Aufgaben jedoch in keiner Weise gewachsen. Nicht ein Todesbiss gelang. Nach einem knappen Jahr folgte seine Entlassung.

Die aus der „Ostzone" geflüchtete Stammkundin Frau Kalinski nahm sich der Kreatur in der ihr zugewiesenen Zweizimmerwohnung eines Mehrparteienhauses am Rande der Auewiesen an. Bereits drei Wochen später schwärmte sie beim Wursteinkauf von „Ramses", wie sie das Tier nun nannte: „Er lässt sich ja durch nichts aus der Ruhe bringen, läuft brav am Fahrrad mit, wedelt mit dem Schwanz und legt die Ohren an. Aber das glauben Sie jetzt nicht, Frau Reiss. Neulich hat er mir 'ne totgebissene Feldmaus vor die Eingangstür gelegt!"

Karl strengte sich an, dem Vermächtnis seines Vaters nachzukommen. Im Februar 1952 überreichte ihm die Prüfungskommission der Handwerkskammer Frankfurt am Main den Meisterbrief. Siebenundzwanzig Jahre war er nun alt. Er wollte sich beweisen und auch als Geschäftsmann erfolgreich sein. Trotz widriger Bedingungen kreierte er schmackhafte Spezialitäten wie Sau- oder Schwartenmagen, Grieben- und Leberwurst. Vor allem die Stammkundschaft wusste es zu schätzen.

Am Ende eines zarten wirtschaftlichen Aufschwungs der Metzgerei im Jahre 1953 nahte Weihnachten. Die Tage wurden kürzer. In die frühe Dunkelheit leuchteten elektrische Kerzen von den Auslagen der florierenden Kaufhäuser, manchmal auch kleinen Läden. Bisweilen grinste ein Nikolaus mit Wattebausch im Gesicht und rotem Kapuzenmantel aus den Schaufenstern. Weihnachtslieder erklangen im Radio. Der Tannenbaum neben der Wursttheke verstärkte die Vorfreude auf den großen Geschenketag. Am Morgen des Heiligabends kam Hektik in der Schlachterei auf. Sämtliches Personal, herausgeputzt in weißen Kitteln oder Schürzen, musste die Schlange anstehende Kundschaft bedienen. Vater Harry half an der Kasse aus. In der Wurstküche brodelte der Kessel, schwitzten die Gesellen. Die Aushilfe, Frau Ottmann, bediente in erster Linie: „Darf es noch ein bissel mehr sein, Frau Doktor?"

Bis kurz nach vierzehn Uhr war der Laden geöffnet, dann hieß es für alle reinigen, Einnahmen zählen, vorbereiten auf die firmeninterne Weihnachtsfeier. Feierabend, Heiligabend! Die gesamte Belegschaft, bestehend aus drei Gesellen, einem Lehrling, zwei Verkäuferinnen, dem Hausmädchen, Oma und Juniorchef setzte zum Endspurt an. Zahlreiche Weinschoppen, nunmehr erlaubt, kreisten in der Wurstküche. Jäh ertönten martialische Schreie aus dem Hof. „Ich stech' dich ab, du Sau!" Jakob raste mit dem Filetiermesser auf seinen Kollegen Eugen zu. Onkel Karl warf sich dazwischen und übertönte den Angreifer: „Bist du denn von Sinnen, du bringst dich ein Leben lang hinter Gitter!" Als geübtem Ringer gelang es ihm, Jakob das Messer aus der Hand zu schlagen. Hart und klirrend schlug es auf den eiskalten Betonboden. Kurt rannte herbei und breitete beschwichtigend die Arme über die Streithähne. Jakobs Wut brach aus, weil Eugen, der Draufgänger und Witzbold, ihn unbarmherzig provoziert und geneckt hatte, obwohl er um die in den vergangenen grauen Novembertagen erlittene Fehlgeburt von dessen Frau wusste. Eugen hörte einfach nicht mehr auf, von seinem „Bankert" zu erzählen: „Der kann schun rischdisch grabble, machd än Schtorzelbock noch äm annere un babbelt wie bekloppt."

Nach einer Entschuldigung beruhigten sich die Gemüter allmählich, und gegen achtzehn Uhr war alles für die Bescherung gerichtet. In der „Belleetage", dem Wohnzimmer, stand vor dem grünen Kachelofen ein langer Tisch mit weißem Linnen eingedeckt. Traditionell gab es Weißwürste, Kartoffelsalat und Mohnzopf. Nach dem Essen folgte die Bescherung. Die Chefin dankte für Einsatz und verteilte Briefumschläge mit Geldbeträgen. Sogleich intonierte Harry am Stutzflügel „Stille Nacht", und alle stimmten gerührt ein. Tränen trieften Jakob über die roten Wangen. Mit zittrigen Händen öffnete er seinen Briefumschlag, legte Bärbel, Klaus und mir je einen Zehnmarkschein hin und verursachte dadurch Konfusion. „Nein. Das ist doch dein schwer verdientes Geld, die Ilse ist drauf angewiesen. Zurück damit. Und sei nicht so traurig." Weil Jakob nicht lockerließ, einigten die Erwachsenen sich auf einen Zehner für alle drei Kinder. Unterm Christbaum stand endlich der von mir lang ersehnte dicke Plastikackergaul, der dem lebendigen Original „Fuchs" von Onkel Richard in Nußdorf so glich.

Martha bekam allmählich die Liebschaft ihres Sohnes Karl mit. Eines Tages stellte er die wunderschöne Frau mit dem pechschwarzen Haar, Augen wie ein Rehkitz, wohlgeformten Lippen und Laufsteg-Figur vor: „Sie ist sehr tüchtig, gescheit, arbeitet als Sekretärin." Allerdings bei den „Franzosen in den Kasernen der Besatzungsmacht", wie die Mutter sofort entgegnete. Fast schlimmer erschien ihr die Herkunft des „Mädels aus einem armen Rheindorf mit neun Geschwistern ohne geringste Mittel." Sodom und Gomorrha rumorte im Hirn und blitzte in den Augen, denn: „Sie ist ledig und hat eine Tochter! So eine passt nicht zu unserer Familie." Dabei hatte Ludwig, ihr hochgelobter Ehe- und Geschäftsmann, den perfekten untreuen Hallodri verkörpert. Seine Techtelmechtel kursierten als Stadtgespräch, und mindestens drei weitere Kinder existierten mit nur geringer Fürsorge außerhalb der Ehe. Für die Chefin der zunehmend illiquiden Metzgerei zerbrachen vage Hoffnungen auf eine „gute Partie"; Karlemann ließ sich partout nicht von seiner Traumfrau abbringen – und sie nicht von ihm. Bis zur Heirat tobte ein verwandtschaftlicher Krieg mit erheblichen Kollateralschäden. Susi fuhr auf dringendes Geheiß ihrer Schwester Martha an den Rhein, wobei sie die fast dreißig Kilometer mit ihrem Fahrrad bewältigte, um das Haus auszuspähen sowie bei den Nachbarn Erkundigungen einzuziehen, was das für eine Familie sei mit den vielen Kindern. Heraus kamen ernüchternde Ergebnisse: „Das sind sehr ordentliche Leute!"

Susi mochte das Liebespaar und lud zur Wanderung auf die „Taubensuhl-Hütte" ein. Gestärkt von Schwartenmagen, Handkäs und einigen Schoppen Weinschorle erteilte die trinkfeste Susi praktische Ratschläge: „Ihr passt so gut zueinander, dann traut euch halt und sagt's der besseren Dame."

Martha traf das imaginäre Schlachterbeil, als Karl tatsächlich alle Formalien beim Standesamt erledigte und das kirchliche Zeremoniell beantragt hatte. An einem sonnigen Augusttag 1954, im Jahr des größten Triumphes deutscher Nachkriegsfußballer, schritten er und seine Emy zum Altar. Allerdings ohne Mama. Sie weigerte sich, an der Feier teilzunehmen, stand stattdessen in „Persil-weißer" Kutte purpurrot, mit glasigen Augen hinterm Fleischhauer-Tresen: „So einen Tag, so schrecklich wie heute, muss ich ertragen!"

Die kleine Hochzeitsgesellschaft versammelte sich im Kolonialwarenladen von Onkel Otto. Ein Dutzend engster Verwandter spazierte zur Stiftskirche, in der ein ständig hüstelnder Pfarrer seine protestantische Laudatio auf das Paar abhielt: *„Haltet die Ehe in Ehren und das Ehebett unbefleckt, denn Unzüchtige und Ehebrecher wird Gott richten."* Die Trauzeugen Otto und Robert zuckten zusammen, ertrugen weitere Bibelkanonaden – und freuten sich über das Ende der Predigt: *„Jakob sprach zu Laban: Gib mir meine Frau, dass ich zu ihr eingehe, denn meine Zeit ist erfüllt! Da lud Laban alle Leute des Ortes ein und machte ein Mahl."*

In der Metzgerei gesellte sich die Chefin hinzu und skandierte sogleich ungehemmt in die vor Schnittchen-Platten sitzende Runde: „Warum nur, warum?" Karlemann parierte den Angriff mit: „Du willst meine Mutter sein?" Onkel Otto forderte: „Schluss mit dem Krach!" Schließlich habe der Pfarrer seinen Segen gegeben. Emmel schubste Harry: „Sag doch auch was! Das ist dreist und ungerecht!" Aber der verharrte mit viel Respekt und Angst vor seiner Schwiegermutter in der Ecke. Tante Susi überwand allen Trübsinn, indem sie ihr Glas Sekt erhob und „ein Prosit der Gemütlichkeit" anstimmte. Die Hochzeitsgesellschaft fiel ein. Erleichtert kippten alle den als exklusiv empfundenen Perlwein in ihre Kehlen. Die vertrauliche Familienfeier dauerte vier weitere Stunden mit einigen Schoppen Riesling von Onkel Richard und am Ende derben Witzen.

Das glückliche Paar erreichte indes sein Hochzeitsreiseziel im Schwarzwald. In einem Hotel in Herrenalb atmete es die lang ersehnte frische Luft ein, spazierte vom Dobelbach aus im Pulk vieler Ausflügler durch Tannen- und Buchenwälder zum Rosskopf hoch. Wandern sollte ihre Passion werden, sie ein Leben lang erfreuen. Abends, nach einer zünftigen Schwarzwälder Vesper mit Schinken, Rauchfleisch, Biebeleskäs und dem obligatorischen „Kirschwässerle", ging es zeitig aufs Zimmer mit Blick auf satte Wiesen und Weiden. Nur kurz verweilten die Blicke, dann genossen sie ihre Zweisamkeit, träumten von einer harmonischen Zukunft. Diese nahm Gestalt mit Aufnahme der nun achtjährigen Silvia in ihr Eheleben an. Geraume Zeit hatte sie bei den Großeltern in Wörth verbracht, dort Kindergarten und Grundschule besucht, begeistert das Landleben auf Feldern und Wiesen genossen, stolz das Kuhfuhrwerk gelenkt, in der Scheune gespielt, den Erwachsenen beim Tabaknadeln gelauscht. Karl war zeitlebens ihr heißgeliebter Vater. 1957 erweiterte sich die kleine Familie um Schwester Annette.

Die Schulden, welche Ludwig hinterließ, türmten sich. Der geringe Lastenausgleich vermochte die Löcher nicht stopfen. Martha spekulierte auf eine Kriegswitwenrente und scheiterte. Die Granatsplitterverletzung ihres Ludwigs war nachweislich nicht ursächlich für seinen Tod. Daher entfielen Ansprüche. Endgültig schmetterte das Sozialgericht Speyer im November 1956 ihre Klage ab. Die „Bayrische Hypotheken- und Wechselbank" verfügte mittlerweile über sechs Grundbucheintragungen. Gesamtschuld 100 000 DM. Fürstlich verdiente das Bankhaus an Zinsen, die locker im zweistelligen Zahlenbereich lagen. Zur Tilgung verkaufte Martha unbedacht einen Weinberg nach dem andern aus dem Erbe ihrer Schwiegereltern. Schwager Richard verzweifelte. Ihre selbst gewählte Enteignung von Grundbesitz gipfelte im Verkauf des Häusels. Schon im Dezember 1949 ging es an Gustav Sauer, Pfarrer in Frankweiler, über. Emmel und Harry, die eigentlichen Besitzer, ebenso Karl blieben ungefragt. Die Verkäufe brachten geringe Beträge, reichten gerademal zur Zahlung der Zinsen. Weihnachten 1958 beantragte die „Hypo" die Zwangsversteigerung. Ein windiger Kaufinteressent namens Linke war zuvor abgesprungen. Das Landgericht Landau beschloss den Vollzug. Als letzten Rettungsanker ließ sich Emy auf dringendes Ansinnen ihre Sozialbeiträge als Sekretärin auszahlen. Die Abwicklung stoppte und verlängerte das Elend. Ebenso der letzte Wingert, Lage „Nußdorfer Kirchenstück", den Schwager Richard unter Tränen abgab. Bis zum Frühsommer 1961 zog sich das Untergangsdrama hin. Ein Käufer namens Hering erschien. Wir Kinder lachten prustend los, weil die Metzgerei nun so heißen sollte.

Zwei Tage vor dem Auszug reisten Robert, Sohn von Kriegskamerad Geyer aus dem Elsass, und seine Frau Florette mit ihrem Mercedes an. Bestens informiert, wollten sie helfen. Martha taumelte den Hof entlang zum Auto. Harry trug ihre beiden Koffer. Das Schluchzen wimmerte wie eine verstimmte Geige durch die Einfahrt. Sie drückte uns drei Kinder. Weg, bloß weg vom Ort des Grauens. Verzweifelt stieg die inzwischen 61-jährige Metzgerwitwe in die Limousine. Robert beschäftigte sie nach einer Eingewöhnungsphase als Weißbüglerin in seinem florierenden „Hotel Aux 3 Roses" in La Petite Pierre. Familienanschluss inbegriffen. Fünfzehn Jahre verbrachte sie dort, unterbrochen von längeren Aufenthalten in Landau während der Nebensaison. Aus ihrem Hotelzimmer sah sie täglich hinab ins Tal. Grüne Wiesen und Obstbäume, am gegenüber liegenden-Hügel, vereinzelt Tannen. Zu jeder Jahreszeit ein passendes Idyll. Erdrückend die Ruhe. Sie verleitete zum Nachdenken. Es kam ihr aber nicht in den Sinn, das eigene Handeln zu hinterfragen. Die Verknüpfung von wirtschaftlichem Aufschwung und dem Fall aufgrund der verbrecherischen Hitlerei. Und so dämmerte Martha in ihrem verbohrten Kummer dahin. Bettlaken um Bettlaken.

„*Enfin redde m'r nimm devun!*" Theaterautor Germain Muller, führte 1949 sein bekanntestes Stück im Theater „Le Barabli" (Regenschirm auf Elsässisch) in Straßburg auf und konfrontierte die Elsässer mit ihrer Vergangenheit im Zweiten Weltkrieg. Schon zuvor hatte der populäre Kabarettist die zerrissene Identität des Landes dargestellt. In der Revue 1947 „Daawi Miller, beesi Zunge" leuchtete der subtile Künstler als „Eugène Lampele" das Denunzieren aus. „Putzfrau Désiré" sollte den Boden reinigen: *„Do henne muss a mol ordentlich geputzt wäre!"* In einem weniger bekannten Text *„Die wo…"*, den der Historiker Jean-Laurent Vonau in seinem Buch „L'épuration en Alsace" zitiert, erfahren alle unterschiedlichen Verhaltensweisen der Elsässer poetische Untermalung:

„Die wo gschwobt han – Die wo net gschwobt han…
Die wo d'Hand in Teeh gsteckt han. Die wo e Fuscht im Sack gemacht han
Die wo wider komme sin
Die wo nemme komme sin
Die wo in de Partei sin g'sin
Die wo e Wuet han ghet dass'se nit nin kumme sin un hit Gott drum danke
Die wo Resistance gemacht han…
Die alli un noch viel anderi wisse jetzt weder wo se d'Heim sin
Awer die, die um dies's eingentlich gange esch,
Die us dem Corridor, die drawe hit noch schwar an ihrem Kifferle…"

Charles Geyer hatte einige Gründe mehr als

„Die wo's wajem gschaft gemacht han – un e gschaft debie gemacht han".

Deshalb verurteilte ihn am 8. Oktober 1946 der „Cour de la Justice de Saverne" zu drei Jahren Gefängnis und zehn Jahren Aufenthaltsverbot. Vieles deutete darauf hin, dass er jenen angehörte,

„De wo uf ‚hohere Befehl' ghandelt han – un tief debie gsunke sin."
Das Sinken traf auf festen Boden. In einem Schreiben Ende September 1953 teilte ihm die „Prefecture du Bas-Rhin" den Straferlass mit: „Ich habe die Ehre, Sie wissen zu lassen, dass wir Ihnen folgenden Gnadenakt erweisen: Amnestie in Anwendung des Gesetzes vom 6. August 1953."
„Die wo Sieg gebrielt han un Heil devun komme sin!"
Wie schon 1921 gelang Charles Geyer auch 1960 die erfolgreiche Reintegration zum qualifizierten Franzosen, *„des personnes réintégrées de plein droit dans la qualité de Français"*. Als Kanonier, einfacher Soldat, hatte er für die Deutschen am Ersten Weltkrieg teilgenommen und erhielt 1962 wie alle vom Deutschen Reich zwangsrekrutierten Elsässer und Lothringer eine Rente. Die Regierungschefs Adenauer und de Gaulle arbeiteten um diese Zeit intensiv an der deutsch-französischen Aussöhnung. Die Nazi-Vergangenheit rückte weiter in den Hintergrund. Dem Ruheständler Geyer tat das gut. Ziemlich gerupft hatte er sich zwischendurch gefühlt. Aber nun hängte er wieder das passende Tuch aus dem Fenster:

„Die wo e Fahne han. Die wo kenner han
Die wo zwei han. Die wo immer zwei han... "

Lange flatterte die neuerliche Zuversicht nicht. Im Juli 1963 starb der einstige und beste Kriegskamerad meines Großvaters. Bestürzt starrte Oma Martha auf der Beerdigung ins tiefe, dumpfe Loch, in dem die sterblichen Überreste des Elsässers verschwanden.

In der Bundesrepublik wich die Beschäftigung in der NS-Zeit einer rechtfertigenden Legendenbildung, die nicht nur die Täter und Mittäter, sondern auch die Mitläufer und jeden, der sich mit Hitler identifiziert hatte, entlastete. Der einstige „Führer" galt nun als eine Art „Dämon", dem wegen seiner Überredungs- und Überzeugungskünste niemand habe widersstehen können. Und dafür sollte man sich als schuldig bekennen? Dem Unwillen zur Reue über die Verbrechen war fortan kaum noch ein Kraut gewachsen. Während die Täter viel Verständnis fanden, gingen die Opfer weitgehend leer aus.

Aus der Konkursmasse des Gebäudes Königsstraße floss etwas Geld. Sowohl Harry als auch Karl nutzten es als Polster für die Zukunft. Harry kaufte ein Reihenhäuschen, Karl gründete eine kleine Metzgerei in Kandel. Im Juni 1961 zog Familie Liesigk aus der Königstraße 43 aus. Umzugsfirma Bullinger musste für diesen Auftrag eine Meisterleistung vollbringen. Fünf Fachkräfte hievten den Stutzflügel sowie das schwere Büfett über den Balkon in den Hof und schließlich ins neue Domizil.

Erzieherisches Fiasko ereignete sich im Verlauf der nächsten Jahre hinter den Gardinen des Reiheneigenheimes, obwohl manches aus desolater Vergangenheit sich auf geordneten Bahnen bewegte. Harmonie und Geborgenheit entfielen, nicht nur wegen des schmalen finanziellen Budgets für die Familie, welche sich im April 1962 um unsere Schwester Eva bereicherte. Wie ich heute weiß, hing viel mit der Unfähigkeit zum Sprechen und Hinterfragen des eigenen Tuns zusammen. Verdrängung, vielleicht sogar Scham ergänzten das Manko. Die Verwandtschaft schwieg wie das sprichwörtliche Grab.

Hinzu gesellte sich mangelndes Selbstwertgefühl. Aufgrund der Biografien überhaupt nicht nachvollziehbar. Harrys Lebensleistung konnte sich sehen lassen. Er schrammte knapp an einer imponierenden Karriere vorbei. Im Landauer Musikleben erlangte der Kapellmeister ein beachtliches Renommee. Er widmete sich fast vier Jahrzehnte der Unterhaltungsmusik und Klassik in unterschiedlichen Formationen, erteilte Klavier- und Violinunterricht, leitete einige Chöre und bis ins hohe Alter den Frauenkirchenchor Walsheim/Pfalz. Aber ohne Ego, Überzeugung funktionierte nichts. Eingemeißelt die Erziehungsspuren und Komplexe. Er ließ es uns Kinder spüren. Vor allem ich, der schon früh opponierte, bekam seine Ohnmacht ab. Außer Kontrolle und mit physischer Gewalt. Er handelte wie seine Kegelbrüder. Wohl eine Spur schonungsloser.

Geborgenheit empfand ich eher im Kreise der Verwandtschaft, besonders bei den fast gleichaltrigen Großcousins Robert und Georg schätzte die Gepflogenheit, reihum alle Geburtstage zu feiern. Auch die der Erwachsenen, wobei wir Kinder immer die neuesten Konflikte und Streitereien miterlebten. Nie endeten solche Treffen ohne Eklat! Zusammen waren wir bei den Pfadfindern, ließen die grauen Tapeten unserer Elternhäuser bei Wanderungen und Fahrten zurück, atmeten etwas Selbstständigkeit, aber auch Gemeinschaftsgefühl ein. Elegantes und vor allem Großstädtisches erhellte den Kleinstadthorizont, wenn ab und an Besuch aus Stuttgart anreiste. „Nachcousine" Ursel fasste beruflich erfolgreich Fuß in der Schwabenmetropole und heiratete den Diplomkaufmann Dieter Kiener. Das Kommen des Paars in einer Volvo-Limousine bedeutete Abwechslung feinster Güte. Unter anderem erlebte ich zum ersten Mal einen Diavortrag. Sie zeigten Bilder von ihrer Griechenlandreise.

Mit dem Zug zu den Großeltern nach Plauen in die DDR durfte ich 1960 in den Sommerferien reisen. Überhäuft von Tipps zum richtigen Verhalten im Kommunistendeutschland überstand ich drei Wochen Langeweile, Humorlosigkeit und Disziplin. Großvater Hermann begleitete seinen vierzehnjährigen Enkel emotionslos durch die wieder aufgebaute Stadt, zeigte restaurierte historische Gebäude und Plattenbauten. Wanderungen führten nach Jocketa, ins Elstertal zur großen Brücke und Syrau in die Drachenhöhle. Er, einst NS-Frontkämpferbund-Mitglied, lebte im „realen Sozialismus" ohne Andeutung eines Widerspruchs. Nur leises Klagen, kein grundlegender Protest gegen den ehemaligen Hauptfeind. Die Frau seines besten Musikerfreundes tischte im Schrebergarten Erdbeertorte auf. Schweigend verging ein sonniger Nachmittag. Der einstige Nazi profitierte von einer auskömmlichen Rente. Auf keiner Entnazifizierungsliste war je sein Name aufgetaucht. Überstand er den obligatorischen Fragebogen und erhielt die Einstufung als „Mitläufer", blieb lange Zeit „Karteileiche" oder entging allen Kontrollgremien? Beim Säubern von Schutt und Trümmern mit Hacke und Schaufel an den Wochenenden im Sommer 1945 half der Geiger nur aufgrund seines noch nicht vorhandenen Rentenalters, keineswegs wegen seiner Nazi-Zugehörigkeit, die Extraschichten bedeutet hätte.

Das Stadttheater Plauen erlitt infolge des anglo-amerikanischen Schlussbombardements 1945 schwere Schäden. Die Dächer über dem Zuschauerraum waren weggefegt, die Rabitz-Deckenkuppel eingedrückt, Fenster, Türen, Bühne, Garderobe, Heizungsanlage und die gesamte Technik zerstört. Niemand wollte glauben, dass es hier schon bald wieder Aufführungen geben sollte. Doch nach nur drei Monaten war vielen Freiwilligen und Firmen der Kraftakt des Wiederaufbaus und der Restaurierung gelungen. Am 15. Oktober 1945 hob sich der Vorhang zu Mozarts Oper „Die Hochzeit des Figaro". Ob mein Großvater mitspielte, weiß ich nicht. Wie das Gros des Personals bekam er aber eine Weiterbeschäftigung im Orchester und fiedelte bis zu seiner Verrentung etwa Mitte der 1950-er Jahre auf der Bühne des neuen sozialistischen Staates.

Schlussstrich

Es gärte im Laufe meiner Jugendjahre. Wenig empathisch die Atmosphäre in der eigenen Familie. Im Naturwissenschaftlichen Gymnasium Landau, das ich bis zur Mittleren Reife besuchte, verspotteten autoritäre Misanthropen in schneidendem Hochdeutsch mein Pfälzisch. Einige schlüpften als ehemalige Parteimitglieder im Schuldienst unter. Lernen hieß keine Fehler machen. Falls doch, hagelte es unter zynischen Kommentaren schlechte Zensuren, drohten Sitzenbleiben oder Abgang von der Schule. Aussieben als erzieherische Richtschnur, begleitet von Gewalt, Einschüchterung und Erniedrigung. Etliche gefeuerte, später im Leben erfolgreiche ehemalige Mitschüler fielen diesen Methoden zum Opfer. Ende der 1970-er Jahre bezeichnete man sie zutreffend als „schwarze Pädagogik". Ich selbst, nie ein guter Schüler, aber gelegentlich Erfolgserlebnisse durch überraschend gute Schulaufgabenergebnisse einheimsend, wie damals die Tests hießen, litt unter dem Stress. Ich wünschte es mir leichter. Im benachbarten Eduard-Spranger-Gymnasium, der humanistischen Anstalt, gab es das Angebot eines „Lehrer-Abiturs" mit einer Fremdsprache weniger. Dafür den Schwerpunkt musischer Fächer. Die drei Jahre verliefen aggressionsärmer, der Schulerfolg war mit weniger Angstschweiß verbunden.

Einen ersten kleinen Ausbruch wagte ich als Siebzehnjähriger, indem ich das Schülerangebot zum Theaterbesuch ignorierte und stattdessen mit Freunden zur Abendveranstaltung eines Boxkampfes in der „Süwega-Halle" ging. Jede Sportart, selbst Skispringen oder Geher-Rennen, stieß in dieser Zeit auf das Interesse von uns Jugendlichen. Wir kannten alle Athleten. Schon früher diente die Waschküche im Hinterhaus als Boxring, Freund Werner, genannt Ede, hatte Boxhandschuhe besorgt. Nicht gerade meine Paradedisziplin. Aber in unserer Familie gab es Hans Übel, meinen Onkel, neun Jahre älter als ich. Er konnte eine Boxerkarriere vorweisen. An die siebzig Kämpfe dokumentierte sein „Start-Ausweis" des Deutschen Amateur-Box-Verbandes im Seniorenbereich. Erst boxte er für den ASC Dudweiler im Saarland und anschließend von 1957 bis 1963 beim ASV Landau. Nur fünfzehn Niederlagen schlugen zu Buche. Eine davon 1958 im Endkampf um die Südwestdeutsche Amateurmeisterschaft in Kaiserslautern gegen Karl Mildenberger, der acht Jahre später Muhammad Ali im Frankfurter Waldstadion bis zum K.O. in der 12. Runde einen überragenden Kampf lieferte.

Hans avancierte für mich zum Landauer Boxer-Idol, und ich verfolgte die Szene. Durch einige skurrile Ereignisse erschien sie mir noch interessanter. Die örtliche Presse berichtete über einen Stuhl, der aus dem Publikum nach einem Kampfurteil anstatt eines Handtuchs unter Gejohle von Jugendlichen in den Gott sei Dank leeren Boxring flog. Daraufhin entstanden Tumulte, und der Werfer streckte den einschreitenden Funktionär mit einer gezielten Rechten nieder. Konsequent das Resümee: *„Solchen Fanatismus kann auch der Boxsport nicht gebrauchen!"* Aber dahinter blinzelte Rebellisches, was neugierig machte. Begeistert las ich über den K.O.-Sieg von Hans nach aussichtslosem Punkterückstand und erfolgreichem Leberhaken in der dritten Runde gegen den Hinterpfälzer Plauth, wobei „das Haus tobte". Miterleben konnte ich das alles noch nicht, denn geboxt wurde abends. Jetzt aber am Ende seiner Karriere im Mai 1963 kam ich in den Genuss, einen Kampf in der „Süwega-Halle" von ihm zu sehen. Die Staffel des ASV Landau boxte gegen die TG Worms. Mäßiger Besuch, da an diesem Samstag der 1. FC Kaiserslautern ein Spiel der Endrunde zur deutschen Fußballmeisterschaft gegen Hertha BSC im Ludwigshafener Südweststadion bestritt, und die Fußballfans fehlten. Die Stimmung entsprach trotzdem meiner Vorstellung, weil sich einige Zuschauer wie auf einer Theaterbühne präsentierten. Wild gestikulierten sie herum, schrien witzige Kommentare lautstark ins Publikum, stimmten Sprechchöre an, gerieten in Jubelstürme und Rage oder sackten zusammen, zutiefst niedergeschlagen. Diesen Zustand musste Hans nicht ertragen, allerdings eine Niederlage nach Punkten gegen den Wormser Kräußle. Sie traf mich wohl mehr als ihn selbst.

Zuhause gab es nicht viel zu sagen. Jeder ging seiner Wege. Die Eltern ihrer Arbeitsroutine nach, und ich selbst logierte quasi als Pensionsgast zwischen meinen zahlreichen Treffen mit Freundinnen und Freunden im Freizeitmilieu der Kleinstadt. Bruder Claus nächtigte immer noch als mein Schlafnachbar im Großeltern-Ehebett unseres Jugendzimmers. Als ich zwanzig und er siebzehn Jahre alt war, eskalierten die Konflikte. Meine Opposition gegenüber der Elterngeneration nahm zu. Dennoch meldete ich mich freiwillig zur Bundeswehr. Im Laufe der Ausbildung erlebte ich das Prinzip von Befehl und Gehorsam, reglementiertes Verhalten innerhalb von Kasernenmauern und mir absurd anmutende Übungsspiele mit dem Ziel der Vernichtung eines Feindes. Die strikte Hierarchie von menschlichem Miteinander beschleunigte mein Denkvermögen, zumal außerhalb dieses Kosmos einiges geschah. Im Juni 1967 erschoss der Polizist Karl-Heinz Kurras im Verlauf der Proteste während des Schah-Besuchs in Berlin den Studenten Benno Ohnesorg. Ein halbes Jahr hatte ich seither als Soldat gedient. Einige Tage später besuchte ich Landau und traf Freunde. Ich lauschte aufmerksam. Ja, zu denen wollte ich gehören, die offensichtliches Unrecht anprangerten. Auch politische Gedanken tröpfelten in mein Hirn. Sie blieben lange unscharf, regten aber immer stetiger zum genaueren Überlegen an, bis hin zur vorzeitigen Quittierung des Dienstes bei der Bundeswehr.

Das magische Jahr 1968 beschrieb den Aufstand eines Teiles meiner Generation gegen die salopp „Nazi-Eltern" genannte. Aktiv agierte sicher nur die von Franz Joseph Degenhardt besungene „kleine radikale Minderheit". Vor allem Studenten an vielen Universitäten. Aber auch dort bei weitem nicht die Mehrheit. Eine Auseinandersetzung mit der Nazi-Vergangenheit kam nie richtig in Gang. Die Aufarbeitung konzentrierte sich akademisch auf Faschismustheorien und Kapitalismuskritik. Im weiteren Verlauf meines Pädagogik-Studiums schlug ich mich auf diese Seite, gehörte dem Sozialistischen Hochschulbund-SHB in Worms an, lernte anders, gesellschaftskritisch denken. Nicht nur in Berlin, sogar in Landau existierte ein Grüppchen, welches sich „Außerparlamentarische Opposition-APO" nannte. Schlicht theoretisch, voller Emotionen und mutig. Das musste man sein in dieser betulichen Gesellschaft von Muff und Spießigkeit, wo schon die Missachtung der Kleiderordnung oder des Haarstils zu übelster Ausgrenzung führte. Administration und Presse sahen ihr Weltbild gestört und lästerten. Wir protestierten gegen Obrigkeitsgebaren, Notstandsgesetze, die Billigung des Vietnam-Krieges.

Bei Pizza und Rotwein gründeten etwa zwanzig Leute, in Anlehnung großer bundesdeutscher Vorbilder, den „Republikanischen Club Landau" (RC) im italienischen Lokal „Englischer Garten". Vorsitzender Charly Beck: „Wir repräsentieren die schlagkräftige APO der Südpfalz. Erfrischende und entschlossene Aktionen gegen die Kommunalrepräsentanten sind angesagt, aber die Theorie des Klassenkampfs und Anbindung an die Metropolen dürfen nicht zu kurz kommen." Solch forsche Sprüche kollidierten selbstverständlich mit der Kleinstadtwirklichkeit. Aufgebracht und zugleich belustigt zitierte „Genosse" Franki während einer Sitzung aus dem Drohbrief seines Vaters: „Wie wäre es, wenn die gesamte Elternschaft Deutschlands zu einer Demonstration gegen die studierende Jugend aufrufen würde mit dem Zweck, kein Studiengeld mehr zu bezahlen, bis ihr vernünftig geworden seid?" Die Hauptsorge betraf jedoch das

Äußere: „Bitte tue uns den Gefallen, rasiere den Bart und lasse dir die Haare schneiden. Wir möchten dich mal wieder ordentlich sehen!" Neben Debatten um den „Prager Frühling mit Dubcek" kümmerte sich der RC auch um artgerechte Tierhaltung im örtlichen Zoo.

Der gut besuchte Jazz- und Lyrikabend der Karlsruher Band „Uwe von Trotha und Check Point Charlies", eine vom Stadtjugendring geförderte Veranstaltung in der „PH-Aula" endete vorzeitig. Nach dem Song mit dem Endreim „Ficken ist Gott" zog ein erboster Zuhörer die Stecker aus den Verstärkern und provozierte endlose Tumulte. Ich mittendrin. Tuli Kupferberg, prominenter US-Beatnik-Poet, Mitbegründer der Rockband „The Fugs" und entschiedener Vietnam-Kriegsgegner, verursachte als Ideengeber den Eklat. Seine Botschaft zur Überwindung einer Welt von seelenlosen, kriegführenden, alten Männern blieb auf der Strecke.

Wenig Resonanz erzeugte die am Ostersamstag 1968 ausgerufene Aktion „Fünf Minuten Verkehrsstille" im Stadtzentrum anlässlich des Attentats auf Rudi Dutschke. Gehupe und Geschimpfe blökten aus Autos der ihrem Feierabend entgegenfahrenden Marktbetreiber. Die Sitzblockade auf der Hauptstraße verhinderte ihre Heimfahrt. Umherstehende Passanten erhielten Flugblätter zum Nachdenken über die Gewalttat. Das „Pfälzer Tageblatt" bemerkte süffisant: *„Es verlief alles so, wie Revolutionäres in Landau zu verlaufen pflegt. Man merkte nicht viel davon."* In diesem Klima, einer Mischung aus Biedermeier, Nazis, Adenauer, hielt unser Vater, der Musikmeister, dem Druck seiner mittelständischen Kegelbrüder nicht mehr stand. „Dein Sohn ist doch ein Umstürzler. Da musst du was tun, sonst machst auch du dich strafbar." Und so sammelte er eines Tages im Hause herumliegende Flugschriften meines Bruders Claus ein, um sie als sachdienliche Hinweise Kommissar Sommer zu überreichen. Der beschwichtigte: „Alles halb so tragisch."

Auf dem Höhepunkt der Pariser Maiunruhen reiste Franz-Josef Degenhardt auf Einladung der Landauer Jungdemokraten und des SDS Saarbrücken zum Konzert an. Er betrat die Bühne des evangelischen Gemeindesaals, hinter ihm an der Wand ein großes Konterfei von „Onkel Ho", Ho Tschi Minh, Symbolfigur der Befreiungsbewegung Südvietnams, des Vietcong. Das beeindruckte von vorneherein. Als er dann kämpferisch „Notar Bolamus", Inkarnation des Hinhaltens, Abwägens und Beschwichtigens vortrug, die Klampfe im Stakkato schlug, seine Stimme durch den Saal drang und melodisch Emotionen beförderte, ergriff mich die kollektive Aufbruchstimmung.

> **Kennen Sie**
>
> ## Franz-Josef Degenhardt?
>
> Er gilt als der beste deutsche Protestsänger und Chansonnier. Er ist Doktor der Rechte und habilitiert derzeit an der Universität des Saarlandes in Saarbrücken.
>
> **Eigenwilligkeit und kompromißlosigkeit** kennzeichnen die Texte.
> **Unbestechlichkeit und Lyrik** die Vortragsweise.
>
> **Hören Sie**
>
> ## Franz-Josef Degenhardt!
>
> **Freitag, 10. Mai 1968 - 20 Uhr - ev. Gemeindesaal Landau**
> (an der Stiftskirche)
> Eintrittspreis 2.- DM - Die Kasse ist ab 19,00 Uhr geöffnet
>
> **Veranstalter:** Deutsche Jungdemokraten (DJD) Landau - SDS Saarbrücken

Handzettel der Landauer Jungdemokraten und des SDS Saarbrücken zu einem Chanson- und Protestabend mit Franz-Josef Degenhardt am 10. Mai 1968

„*Die zwischen den Zeilen*
Widerstand leisteten,
damals,
die sich zurückzogen
in das Reich Beethovens,
damals,
und dann wieder herauskamen
und immer noch schreiben,
die heben jetzt mahnend die Stimme:
Maßhalten, sagen sie,
maßhalten ihr Polizisten,
maßhalten ihr Studenten,
maßhalten ihr Exploiteure und Gouverneure,
maßhalten ihr Arbeiter, Chinesen und Neger,
maßhalten ihr Mörder,
maßhalten ihr Opfer."

Die Botschaft, dem „Maßhalten" etwas entgegensetzen, kam an. Zur Teilnahme am Sternmarsch gegen die Notstandsgesetze nach Bonn am folgenden Samstag, den 11. Mai, zu dem „Väterchen Franz" aufrief, reichte es bei mir noch nicht.

Pfingsten 1968 jedoch reihte ich mich ein zum Protest gegen die Abschlussfeier farbentragender und Mensur schlagender Eliten an ihrem „Deutschen Burschentag" auf dem Landauer Rathausplatz. Strömender Regen. Hundertschaften von Fackeln tragende Studenten, allen voran mit Degen ausstaffierte Chargierte marschierten auf. Während der „Feuerrede" vor einem brennenden Holzstoß und ehrfürchtigem Bürgerpublikum skandierten wir, das Apo-Häuflein: „Ehre, Freiheit, Vaterland auch für Vietnam – Ho, Ho, Ho-Tschi- Minh!" Unsicher und mulmig in der Magengegend stimmte ich ein.

Im Spätsommer grinste John Wayne als Hauptdarsteller des Filmes „Green Baretts – Grüne Teufel" vom Kinoplakat des Tivoli-Kinos. Der US-Vietnamkriegs-Propagandafilm hatte es ins deutsche Kleinstadtkino geschafft. Auf dem Nachhauseweg vom Wirtshaus traf ich auf Freund Ernst. „Na, Wochenendbesuch in der Heimat?" Der Soziologiestudent aus Heidelberg wirkte aufgedreht. Schwarzes Barett auf dem ein roter Guevarra-Stern blinkte, grüner Parka, so stand er vor mir. Die Taschen prall gefüllt. Ernesto, wie er sich selbst nur noch nannte, legte los: „Also, heute ist Revolution angesagt. Stell dir diese Kriegshetze im Tivoli vor! Die Reaktionäre werden sich wundern. Logistisch alles im Lot. Autolackspray vorhanden, tutti paletti. Lass uns noch ein Bierchen trinken, dann bist du dabei." So ganz passte mir die Aktion nicht in den Kram. Aber gut. Zwei weitere Biere in der noch offenen Wirtschaft „Galeerenturm" reichten zur Sinnhaftigkeit. Um 23 Uhr Zapfenstreich. Wir warteten bis Mitternacht. Dann die „kraftvolle revolutionäre Tat", in deren Folge Schaufenster des Kinos mit Parolen, Forderungen und Fragen zugesprayt waren. Rote Lettern forderten: „Schluss mit dem Krieg in Vietnam." Drei Tage später, nachdem die örtliche Presse empört berichtet hatte, lösten für den Film die „Genossinnen" Ulrike und Regina Eintrittskarten, letztere meine Freundin seit mehr als einem Jahr und bis heute Ehefrau. Im Hippie-Look wallte ihr Haar goldgelb über die Schultern. Entschlossen der Blick aus grau-blauen Augen. *„To wear some flowers in your hand"*. Die hatten beide nicht dabei, sondern Stinkbomben. Die Vorstellung entfiel.

„*Kämpft Gott auch gegen den Vietcong?*" Die an der Sandsteinmauer des Quartier Chopin in roten Lettern aufgemalte Botschaft erinnerte einige Jahre an diese Zeit. Humane und aufklärend politische Positionen gelangten später auch in Landau zur Anerkennung, verdeutlichten, dass Millionen Menschen in den USA damals fundierte Kritik am Krieg ihrer Regierung in Südostasien äußerten und dagegen protestierten.

Diesmal mussten meine Eltern vom Gewohnten abweichen. Ihr angepasster Alltag war gestört. Ausgerechnet ihre Söhne gehörten mehr oder weniger den „APO-Gammlern" an, von der Mehrheitsbevölkerung ausgegrenzt als lästige Minderheit und in der Kleinstadt noch weniger geduldet. Weil die meisten befreundeten Familien davon kaum berührt waren, deren Kinder gehorchten, versanken sie in Scham und litten. Zum allersten Mal gerieten sie in schweres Fahrwasser und mussten gegen den Strom schwimmen. Die Ohnmacht kannte keine rationale Lösung. Ihre Kinder bewegten sich im Umfeld bürgererschrecklicher Gütezeichen: lange Mähne, Parka, Palästinensertuch, Blumen im Haar, Miniröcke. Aus den verrauchten Jugendzimmern wummerten die Bässe der Freiheitssounds, intoniert von Beatles, Rolling Stones, Jimmy Hendrix und schwarzen Soul-Bands.

Die heterogene, aus Studenten, Schülern, Lehrlingen oder Ausgeflippten bestehende Landauer APO-Clique existierte nur kurz. Hauptsächlich den „Provinz-Politikern" und „Spießern" wollte man eins auswischen. Gründe dafür gab es genug. Das Politische fungierte als Klammer, frei interpretierbar, oft sehr kompliziert, an radikaler Demokratie orientiert. Systematisch und ernsthaft damit umzugehen, lernte ich erst später während meines Studiums.

Wir wollten uns abgrenzen gegenüber der Elterngeneration. Besser wäre es gewesen, sie mitzunehmen. Schuld und Verhängnis liegen dicht beieinander. Ausreden oder Nichtreden auch. E.T.A. Hoffmanns Aphorismus „Wo die Sprache aufhört, fängt die Musik an", hing zeitlebens in verschnörkelter Schrift auf Kalbspergamentpapier und golden eingerahmt in unserem Wohnzimmer als Wandschmuck. Meinem Vater, dem es ausgezeichnet gelang, mit der Musik eindrucksvoll Stimmungen, Trauer und Freude auszudrücken, vermochte umgekehrt nicht, Sprache als eine Ausdrucksform der Verständigung, Zuneigung und des familiären Miteinanders zu begreifen. Meine Eltern sahen wenigstens im Nachhinein die Hitlerei als großes Unrecht an, nannten aber nie Details. Karlemann, Onkel Karl, hingegen litt unter seiner Nazi-Vergangenheit, zog Lehren daraus, positionierte sich aufrecht gegen das Vergessen und forderte ein „Nie wieder"!

Nachbemerkung

In meiner fast vierzigjährigen Berufszeit als Lehrer unterrichtete ich an einer Bremer Gesamtschule Geschichte und betreute etliche Projekte zum Thema Faschismus. Dazu gehörten Gedenkstättenbesuche und Befragungen von Opfern. Die eigene Familie, „mitlaufend" und eher in der Nähe der Täter, blieb außen vor. Meine Fragen stießen auf trotziges Schweigen. Nein, da gab es nichts zu diskutieren. Wenn ich, weit entfernt vom Heimatort Landau, mit Familiengründung und Beruf beschäftigt, ab und an nach „Hause" kam, ging es vorrangig um die Gesundheit der Alten und das Wohlbefinden der Enkel. Die Zeit zerrann. Meine Eltern starben. Sie hatten kaum über ihr intensives Leben geredet, wenig weitergegeben.

Zu Beginn meiner Recherchen glaubte ich, nichts Spektakuläres zu entdecken. Das stimmte – wenn auch nicht ganz. Die Familien meiner Eltern entstammten ursprünglich dem bäuerlichen Milieu. Sie lebten vor einhundertfünfzig Jahren in kleinen, ärmlichen Verhältnissen und erarbeiteten sich im Laufe der Zeit, wie viele andere, einen materiell besseren Standard, der es ihren Kindern leichter machte. Mein Opa väterlicherseits spielte als Geiger in einem Theaterorchester. Die Eltern meiner Mutter gründeten eine Metzgerei und erreichten relativen Wohlstand, wobei gute Beziehungen zu lokalen Nazigrößen opportun waren. In ihrem Dasein als Kleinbürger- und Bauernfamilien spiegelt sich viel Typisches und Alltägliches wider, blitzt Paradoxes und Anekdotisches auf – ebenso unerwartete Dramatik: Schicksalsschläge, wie der Tod fürs Vaterland, Kindstod, Suizid oder die Zerstörung des Geschäftes am Ende des Zweiten Weltkrieges.

Mit anhaltender Wissbegierde machte ich mich nach meiner Pensionierung daran, den Werdegang meiner Eltern zu ergründen. Es dauerte sehr lange, bis ich abgesicherte Informationen erhielt. Ich recherchierte in zahlreichen Archiven, wertete voluminöse Konvolute, NS-Dokumente und Gestapo-Akten aus, las in sämtlichen Jahrgängen des „Landauer Stadt-Anzeigers" sowie anderen Lokalzeitungen, sichtete Aufzeichnungen, Briefe und Fotos, befragte die letzten, an einer Hand abzuzählenden Zeitzeugen.

Allmählich entstand so etwas wie ein „Epochenbild". Meine Familie erschien mir mehr und mehr als Beispiel für das gewöhnliche, gemeine Volk in unglaublich bewegten siebzig Jahren Geschichte, geprägt von zwei Weltkriegen, der gescheiterten Weimarer Republik, Nazi-Diktatur, Nachkriegszeit sowie der Entwicklung der Bundesrepublik in den 1950er und 1960er Jahren. Meine Betrachtung des familiären Geschehens schwankte zwischen Nähe und Distanz. Ich entdeckte viel Widersprüchliches, aber auch Erklärbares. Wichtig erschien mir vor allem die Einbettung in die Zeitumstände, historischen Ereignisse und die Berücksichtigung historiografischer Darstellungen. Außerordentlich half mir dabei das regionalgeschichtliche Werk „Landau und der Nationalsozialismus" des dortigen Stadtarchivs. Neben vielen anderen Schriftstücken präsentierte das Archiv der Hochschule für Künste in Berlin eine nahezu lückenlose Sammlung von Klausur- oder Prüfungsaufgaben zum Militärmusikstudium meines Vaters: „Klavier – Vorspielen von Edvard Griegs E-Moll-Sonate. Sieben Punkte. Gut!"

Es lag mir daran, die Geschichte meiner Familie möglichst anschaulich zu erzählen. Einige Episoden habe ich fiktiv ausgeschmückt. Dialoge erfolgten selten wie wörtlich dargestellt. Die meisten Personen sind mit echten Namen genannt. Alles kursiv Gedruckte verweist auf Originalbezeichnungen oder Zitate. Überwiegend gehen die Quellen aus den hinzugefügten Erläuterungen hervor. Auf Einzelnachweise habe ich zugunsten der besseren Lesbarkeit verzichtet. Große Unterstützung erhielt ich von vielen Institutionen und vor allem den Archiven. Herzlichen Dank an alle Mitarbeiterinnen und Mitarbeiter! Mehrfach besuchte ich das Archiv der Universität der Künste in Berlin sowie das dortige Bundes-, Landes- und Zeitungsarchiv, ebenso die Stadtarchive Plauen, Radebeul, Landau und Speyer, sodann das Landesarchiv Speyer, Gemeindearchiv Rottach, Archiv der „Tegernseer Zeitung" und die Maria-Ward-Schule Landau, das Dokumentations- und Kulturzentrum deutscher Sinti und Roma in Heidelberg, Archives départementales du Bas-Rhin Straßburg, Staatsarchiv Bremen, Universitäts- und Landesbibliothek Münster. Wichtige Dokumente lieferten das Militärarchiv Freiburg i.Br., die Staatsarchive Freiburg i.Br. und Karlsruhe, die Stadtarchive Worms und Miesbach, ebenso die Wehrmachtsauskunftstelle in Berlin und Archives départementales du Haut-Rhin Colmar.

Das Überschreiten der Traditionslinie des Verschweigens in der eigenen Familie kostete mich einige Überwindung. Meinen Verwandten mute ich, obendrein öffentlich, manch Verdrängtes, Unangenehmes oder Verwünschtes zu. Ein besonderes Anliegen gilt meinen Töchtern Anna und Laura mit ihren Familien. Ihnen wollte ich das unrühmliche Verhalten ihrer Vorfahren vor Augen führen und sie darin bestärken, weiter für eine humane globale Zukunft einzutreten.

Dank

Vor allem danke ich meinem Freund Frank Nonnenmacher aus Frankfurt am Main für sein wissenschaftlich kompetentes, kritisches Lesen und seine konstruktiven Kommentare. Archivar und Historiker Rolf Übel, gemeinsamer Nachfahre unseres Urgroßvaters „Rotschorsch", beglückte mich über sehr lange Zeit mit immer neuen wichtigen Quellen und guten Ratschlägen. Herr Veith und Frau Kohl-Langer, Leiterin des Stadtarchivs Landau, unterstützten vorbildlich meine Recherchen, beantworteten viele detailreiche Anliegen und gaben Hinweise auf weitere Konvolute. Meine liebe Frau Regina korrigierte unermüdlich Texte und hinterfragte deren Sinn. Oft erhielt ich Anregungen und Ermutigung von Menschen, die mich geprägt haben und Teil meiner Geschichte sind. Schließlich geht ein großes Kompliment an Helmut Donat, meinen Lektor und Verleger. Seine unschätzbare Erfahrung, Umsicht und Sachkenntnis beim Gestalten von Büchern halfen mir enorm. Insbesondere ist sein kritischer Umgang mit Texten und historischen Ereignissen hervorzuheben. Mit Akribie und Verve begleitete er mich bis zur Fertigstellung. Ein herzlicher Dank geht an die Beate + Hartmut Schaefers Stiftung, Bremen, die freundlicherweise einen Druckkostenzuschuss gewährt hat.

Der Autor

Wolfgang Liesigk, geboren 1946 in Landau/Pfalz, 1952-1966 Schulbesuch in Landau, 1967-1968 Bundeswehr, 1982 Anerkennung als Kriegsdienstverweigerer. 1968-1971 Lehramtsstudium in Landau und Worms, außerplanmäßiger Lehrer in Hofheim/Ried, Hessen, danach Referendariat an der Gesamtschule Bremen West, hier 1974-2006 Lehrer für Gesellschaft/Politik und Sport sowie Koordinator des Förderprogramms „Demokratisch handeln", Projektleitung Schulpartnerschaften mit Tansania. 2006 Pensionierung, 2010 Teilnehmer am internationalen Lehrerseminar in Pretoria/Südafrika und gemeinsame Publikation des Lehrwerkes „Learning to take action – Anleitungen, die Welt von unten zu verändern", Mitarbeit und Veröffentlichung mehrerer Artikel im Projekt „Eine Welt in der Schule" der Universität Bremen.